징비(懲毖)의 삶, 임진왜란을 이기다

— 서애 류성룡 연보 —

수암 류진 찬술 · 류영하 편역

박영사

서문
『초고본 서애 선생 연보』를 편역하며

이 책은 서애(西厓) 류성룡(柳成龍) 선생의 연보(年譜)를 편역한 것이다. 연보란 어떤 인물의 출생부터 사망 때까지의 행적을 연도별로 기록한 것을 말한다. 기전체(紀傳體)가 아닌 편년체(編年體)의 개인 역사서인 셈이다.

서애선생(이하 서애로 부른다) 연보에는 초고본(草稿本) 연보와 간본(刊本) 연보가 있다. 1970년 서울대학교 출판부에서는 서애 종가(충효당)에 보존되어 오던 『초고본서애선생연보(草稿本西厓先生年譜)』 상하(上下) 2권(二卷)을 영인(影印)하여 간행한 바 있었다.

그 서문(序文)에 "서애 종가(宗家)에는 4종(四種)의 초고본(草稿本) 연보가 소장되어 있다. 하나는 셋째 아들인 수암 류진(修巖 柳袗)이 초안한 연보초기(年譜草記)(4책)이고, 또 하나는 간행 연보와 체재(體裁)가 동일하나 그 내용이 훨씬 상세한, 즉 간행본(刊行本)의 기본이 된 것이라 추측되는 초고본이며, 기타 2종(二種)이 있으나, 이는 아마도 행장(行狀)을 찬술(撰述)한 정경세(鄭經世) 선생과 이준(李埈) 선생이 수암공과 더불어 연보 자료로 작성한 초고본으로 보인다. 이 4종 가운데 수암공의 연보초기가 내용에 있어서 가장 상세하고 또 사료적 가치도 풍부하지만 애석하게도 묵선(墨線)으로 삭제한 부분이 많아 판독하기 곤란하여 영인(影印)에 붙이지 못하였다. 이제 영인에 붙이는 서애선생 연보(2책)는 간행본 연보의 기본이 된 초고본으로서 체제와 내용에 있어서 간행본과 거의 같으나 내용에 있어서 훨씬 상세하고 충실하다"라고 했다.

서애전시(西厓全書) 권일(卷一) 산본편(刊本篇)에 수록되어 있는 연보는 초고본을 뒷날 갈암(葛菴) 이현일(李玄逸) 선생의 교정(校正)을 받아 간행한 간본 연보이고, 서애전서 권3(卷三) 부록편(附錄篇)에 수록된 연보가 간행본의 기본이 되었던 『초고본 서애 선생 연보』이다.

본 편역서는 이 『초고본 서애 선생 연보』를 처음 편역한 것이다. 즉 간본연보를 교정할 때 하는 불필요한 글자나 글귀를 지우는 산삭(刪削)이 되기 전의 사실이 실려 있다. 간본연보는 1977년 민족문화추진회에서 초출(抄出) 편역한 바 있으나, 초고본과 비교해보면 많이 간략한 느낌을 지울 수 없다. 『초고본 서애 선생 연보』야말로 가장 풍부한 내용을 갖추고 있다. 다만 일부 친속(親屬)에 관계된 원문 기록은 그 당시와 지금의 사회적 체제 변동이 있음에 따라 최근 풍산류씨 세보(世譜: 2007년)의 기록을 참고하여 수정 증손(增損)하였다.

팔순의 나이를 넘긴 본 역자가 한학을 익혀 류성룡 선생의 연보(年譜)를 편역한 이유가 무엇인가? 이 책은 독자들에게 어떤 의미가 있는가? 임진왜란 당시 우리나라가 불의에 왜적에게 침략당하여 20일 만에 수도 서울이 함락되고, 두 달 만에 평양성이 함락되어 나라의 운명이 명재경각에 이르렀다. 이런 전시 상황에서 전시총사령관 겸 전시 재상으로서 전세를 역전시켜 7년간의 전쟁을 이기는 데 주도적인 역할을 한 서애 류성룡이 어떤 사람인가를 있는 그대로 이해하는 것이 필요하다.

이순신이 바다에서의 싸움에서 32전 32승을 거두어 완벽하게 왜군을 이겼다는 것은 잘 알려져 있다. 그러나, 육지에서의 전쟁, 자기 집의 사유노비를 전쟁에 징집하기를 거부하는 이기적 사대부들과의 전쟁, 그리고 원군을 보낸 것을 매개로 조선의 직접통치를 노리는 중국과의 외교전쟁을 이기는 데 주도적인 역할을 한 서애 류성룡에 대한 연구는 아직 미진하다. 서애가 조선 국가와 백성들에게 정치, 외교, 국방, 민생, 학문, 문학 등 다방면에 끼친 공훈은 아직 다 밝혀져 있지 못하다. 그의 진면목에 대한 연구는 현재진행형이며, 사계(斯界)의 연구가 가일층 희구(希求)되는 바이다.

본 연보를 편역하면서 본문에 나오는 인물과 주요 사항에 대해 이해에 도움이 되도록 900여 개의 각주를 달았다. 본 연보의 편역과 각주가 서애 연구에 다소나마 도움이 될 수 있다면 역자에게는 더 이상의 기쁨이 없을 것이다.

다행히 최근 서애에 대한 관심이 높아지고 연구에 참여하는 학자도 점증하는 추세에 있다. 서애학회가 창립되어 본격적인 연구도 진행되고 있다. 또 지난해 2022년은 서애 탄생 480주기(8주갑)가 되는 해이기도 한데, 이때 초고본이 번역되어 출판하게 된 것은 서애 류성룡의 진면목을 이해하는 데 의의가 크다고 하겠다.

이 책이 나오기까지 격려해주고 도움을 주신 분들에 대한 감사의 마음을 표현하는 것이 도리일 것 같다. 한학을 좀 익혔으나 부족한 점이 많은데, 책 출판 과정에서 격려와 지도 편달을 아끼지 않으신 서애학회 송복 회장님과 서애학회 회원 여러분께 이 지면을 빌려 깊이 감사드린다. 특히 이 책을 출간하면서 옛날 책을 현대적 감각의 책으로 거듭나도록 편집하는 데 여러모로 도와주신 서애학회 서재진 부회장에게 특별한 감사를 표하고 싶다.

풍산 류씨 문중에서도 두 차례나 원고를 정독하며 교열에 노구(老軀)의 몸을 아끼지 않은 동주(東柱)님께도 많은 빚을 졌음을 고백하지 않을 수 없다. 또 원문 강독을 함께 한 온지회 회원 여러분과 출판을 준비하는 과정에서 적극적으로 동참하며 수고를 아끼지 않은 대하(大夏), 종하(宗夏), 덕하(德夏), 을하(乙夏) 제공과 창해(昌海), 한익(漢翊)에게도 심심한 감사의 뜻을 올리는 바이다. 방대한 번역을 마치고 보니 잘못된 곳이 있지나 않을까 두렵기 짝이 없다. 독자 여러분의 질정(質正)을 바라마지 않는다.

2023년 3월
류영하(柳寧夏)

iii

일러두기

　본서는 『서애전서(西厓全書)』(1991년간) 제3권에 수록된 "연보(年譜)"를 저본(底本)으로 하여 편역하였다. 간본연보에 정조(正祖) 이후의 기록이 추가로 등재되어 있어 함께 편역, 수록하였다. 다만 일부 친속(親屬)에 관계된 기록은 최근의 세보(世譜: 2007년 간(刊)) 등에 수록된 기록을 참고하여 수정 증손(增損)하였다.

　번역문은 일반인들이 충분히 이해하기 쉽도록 쉬운 현대어로 하였으며, 원문의 뜻에 충실히 하고자 하였다. 본문은 한글로 표시하고 필요하다고 생각되는 경우에 한자(漢字)를 (　)안에 병기하였다. 독자의 이해를 돕기 위하여 원문을 일정한 단락으로 나누어 원문을 수록하고 다음에 편역문을 수록하였다. 주석(註釋)의 표기에 있어, 짧고 간략한 것은 편역문 가운데 (　)안에 표기하고, 고사(故事), 숙어(熟語) 등과 긴 설명이 필요한 어귀(語句)는 각주(脚註)로 표기하였다.

　본서에 사용한 주요 부호(符號)는 다음과 같다.

　　1) " 　" : 대화 또는 인용문
　　2) ' 　' : " 　"안에서의 재인용문이나 강조하는 말
　　3) 『 　』 : 서명(書名)
　　4) " 　" : 편명(篇名), 작품명(作品名), 보충역(補充譯)
　　5) 〔 　〕 : 번역문의 이해를 돕기 위한 원문의 한자(漢字) 또는 구절(句節),
　　　　　　　역주(譯註)에서 인용한 원문(原文)

차례

제5부 향리에서의 나날들

제6부 해제와 평가

제1부

성장기

① 출생과 소년시절, 1~12세

중종 37년(1542)[1] 임인(壬寅) 10월 초하루 정축(丁丑) 진시(辰時: 오전 8시)에 선생이 의성현(義城縣) 사촌리(沙村里)[2] 외갓집에서 출생하였다.

선생의 선조는 풍산현(豊山縣) 사람이다. 6대조 전서공(典書公)[3] 때부터 풍산 고을의 서쪽 하외촌(河隈村)에 터 잡고 살기 시작하였다. 의성은 곧 선생의 외할아버지 송은 처사(松隱處士) 김공(金公)[4]의 고향이다. 앞서 선생을 임신 중이던 어머니의 꿈에 어떤 노인이 하늘에서 내려와 말하되 "부인은 귀자(貴子)를 낳으려니와 다만 이곳에서 낳는 것은 안 되오"라고 하였다. 어머니가 놀라 깨어 하외(하회의 옛 이름)에서 친정 의성으로 갔는데, 이날에 이르러 선생을 낳았다.

중종 38년(1543) 계묘(선생 2세)

중종 39년(1544) 갑진(선생 3세)

인종 원년(1545) 을사(선생 4세)

처음 책을 읽기 시작하다.

---

1) 세종가정: 명(明)나라 제11대 황제 세종 가정(1507−1566, 재위기간 1521−1566) 21년이다. 정치적으로는 난정(亂政)의 시대였으나, 문학, 미술 부문에서는 명품이 많이 출현하였다.

2) 지금의 경상북도 의성군 점곡면 사촌리이다.

3) 전서공: 서애 선생 6대조인 공조전서(工曹典書)를 지낸 류종혜(柳從惠)를 말한다.

4) 송은처사 김공: 김광수(金光粹: 1468−1563)를 말한다. 자(字)는 국화(國華), 호는 송은(松隱), 본관은 안동(속칭 선안동)이다. 일찍이 진사시(進士試)에 등과하여 성균관에서 수학 하던중 연산군의 난정을 보고 대과(大科)를 포기하고 낙향하였다. 고향 의성현 점곡면 사촌(沙村) 마을에서 은거하며 강학(講學)하였다. 96세까지 장수하였으며, 저서로 경심잠(敬心箴)과 송은집(松隱集)이 있다.

명종 원년(1546) 병오(선생 5세)

명종 2년(1547) 정미(선생 6세)

종조부 류공석(柳公奭)5) 공에게서 『대학(大學)』을 배웠다. 선생은 어릴 때부터 기품과 행동이 어른 같았다. 여러 아이들과 놀 때도 상스러운 말을 입에 올리지 않았으며 오로지 독서에 마음을 기울여 부모나 스승의 재촉을 받지 않았다. 강가 암석 가운데로 놀러 갔다가 물속에 빠진 적이 있었다. 여러 아이들이 놀라서 어찌할 바를 몰랐는데 갑자기 풍랑이 크게 일어나더니, 잠깐 사이에 선생이 강 언덕에 올라와 있는 것이 보였다. 몰래 보호해 주는 분이 있는 듯하여 듣는 사람들이 기이하게 여겼다.

명종 3년(1548) 무신(선생 7세)

명종 4년(1549) 기유(선생 8세)

『맹자(孟子)』6)를 배웠다. 하루는 등문공(藤文公)7) 편을 암송하는데 처음부터 끝까지 한 자도 틀리지 않았다. 관찰공(觀察公)8)께서 마음에 기뻐서 새 과제를 주지 않고 "오늘은 너 쉬어도 좋다"고 하니, 선생은 물러나와 스스로 생각하기를 "내가 가르칠 수 없는 사람이라고 여겨 이러한 분부 말씀을 하시는구나" 하고서 하루 종일 근심하여 밥도 먹지 못하였다. '백이(伯夷)9)는 눈으로는 나쁜 빛을 보지 않고, 귀로는 나쁜 소리를 듣지 않았다'는 대목을 읽는데 이르러서는 소스라쳐 사모하여 마음에 새겼으며 때때로 꿈속에서 뵐 때도 있었다.

---

5) 류공석(柳公奭, 1493－1559): 자(字) 주경(周卿), 참봉(參奉), 서애선생 조부의 셋째 아우.

6) 『맹자(孟子)』: 맹자(孟子)와 그의 문도(門徒)들이 저술한 책 이름.

7) 등문공(滕文公): 『맹자』의 한 편명(篇名)

8) 관찰공(觀察公): 서애선생의 아버지 류중영(柳仲郢). 황해도 관찰사를 역임한 관계로 관찰공 또는 의정공(승지를 지냈기 때문)으로 호칭하고 있다. 이 책에서 관찰공은 선생의 아버지를 뜻한다.

9) 백이(伯夷): 중국 은(殷)나라 말기 주(周)나라 초기 사람. 전설적인 성인(聖人). 고죽국(孤竹國) 의 공자(公子)였으나 후계자가 되기를 사양하여 나라를 떠났다. 주나라 무왕(武王)이 은나라를 토멸하려는 것을 인의(仁義)에 위배된다고 항의하였으나 받아들여지지 않자, 주나라 곡식 먹기를 거부하고, 수양산(首陽山)에 들어가 고사리를 캐어 먹고 지내다 굶어 죽었다고 전한다. 유가(儒家)에서 청절지사(淸節之士: 깨끗한 절개를 이룬 선비)로 추앙하고 있다.

명종 5년(1550) 경술(선생 9세)

어머니를 따라 유신현(惟新縣)[10]에 갔다. 그 당시 관찰공께서 유신 현감으로 있었다. 8월 어머니를 따라 고향으로 돌아왔다. 그때 유신현은 큰 옥사를 겪는 중이었다. 뒤에 숨어서 기분 나쁜 마음을 품고 있던 권간(權奸)[11]이 관찰공을 역당(逆黨)이라고 무함하며, 임금께 불시(不時: 예상치 못한 때 갑자기)에 잡아 와 국문하기를 청하는 글을 올리니 일이 어떻게 될지 헤아리기 어려웠다. 선생은 식사를 전폐하면서 걱정하고 속 태우고 있었는데, 관찰공은 파관(罷官: 파직)되는 선에서 마무리 되었다.

『논어(論語)』를 배웠다.

명종 6년(1551) 신해(선생 10세)

명종 7년(1552) 임자(선생 11세)

명종 8년(1553) 계축(선생 12세)

==

世宗 嘉靖 二十一年 (中宗 大王 三十七年) 壬寅 十月 初一日 丁丑 辰時 先生 生于
義城縣 沙村里第 先生之先世爲豊山縣人 自六代祖典書公 始卜居于縣西河隈村 義城
乃先生外祖松隱處士金公之鄕也 初先生在娠 大夫人夢有老人 自天而下 爲言 夫人當
生貴子 但不可在此 大夫人驚寤 乃自河隈往義城 至是先生生

---

10) 유신현: 원래 고을 이름이 충주(忠州)이다. 을사사화가 지나고, 명종2년에 양재역(良才驛) 벽서(壁書) 사건이 일어나 윤임(尹任)의 사돈인 충주 사람 이약빙(李若氷)이 사사(賜死)되고, 그 아들 이홍남(李洪男)은 유배되었다. 이홍남이 유배에서 풀릴려고 자기 아우 이홍윤(李洪胤: 윤임의 사위)이 역모를 한다고 고변(告變)하니, 윤원형 일당들이 이 기회를 이용하여 충주사람 수십명을 도륙하고, 충주목(忠州牧)을 유신현(惟新縣)으로 이름을 고치고, 수령의 지위도 목사(종3품)에서 현감(종6품)으로 바꾸고 충청도(忠淸道: 충주 청주)를 청홍도(淸洪道: 청주 홍주)로 개명하였다.

11) 권간(權奸): 권세 잡은 간신. 여기서는 윤원형(尹元衡) 일당을 가리킨다.

二十二年 癸卯 (先生二歲)

二十三年 甲辰 (先生三歲)

二十四年 仁宗 大王 元年 乙巳 (先生四歲) 始知讀書

二十五年 明宗 大王 元年 丙午 (先生五歲)

二十六年 (明宗 大王 二年) 丁未 (先生六歲) 受大學于從祖柳公公奭 (先生自幼稚 氣度擧止 已如成人 未嘗與群兒遊戲 褻語嫚辭 不出於口 惟專心讀書 不待父師呵督 嘗出遊江邊巖石間 跌墜水中 群兒愕眙 莫知所爲 忽風浪大起 俄頃之間 已見先生在江岸上 若有陰護之者 聞者異之

二十七年 戊申 (先生七歲)

二十八年 己酉 (先生八歲)
受孟子 一日 誦藤文公篇 自首至尾 不差一字 觀察公心喜之 不授新學日 今日汝可休息 先生退而自念 必以我爲不可敎而有此命 終日憂歎不食 讀至伯夷 目不視惡色 耳不聽淫聲 竦然興慕不忘於心 至於夢寐之間 時或見之)

二十九年 庚戌 (先生 九歲)
隨大夫人往惟新 時 觀察公爲惟新縣監 八月 隨大夫人還鄕 時惟新經大獄 權奸方陰中不快意者 誣以黨逆 怒觀察公 上文狀 不時請拿問 事叵測 先生廢食憂煎已而 觀察公止於罷官 受論語

三十年 辛亥 (先生十歲)

三十一年 壬子 (先生十一歲)

三十二年 癸丑 (先生十二歲)

02 맹자를 읽고 선비의 길을 걷다, 13~16세

명종 9년(1554) 갑인(선생 13세)

동학[1]에 가서 『중용』과 『대학』의 암송 시험을 보았다. 그때 조정에서 과거의 규정을 새로 정하여, 유생 초학자는 『중용(中庸)』과 『대학(大學)』을 암송하는 시험을 본 뒤에 과거 응시를 허락하였다. 선생은 이 암송시험에 응시하였는데 구두법(句讀法)[2]이 익숙할 뿐만 아니라 뜻과 이치가 심오한 곳에 이르러서도 훤하니 꿰어 통하지 않음이 없었다. 시험관들이 크게 칭찬하고서 반드시 큰 선비가 될 것임을 알겠다고 하였다

명종 10년(1555) 을묘(선생 14세)

할아버지[3] 군수공을 간성으로 찾아뵈었다. 도착한 뒤에 향교[4]에서 책을 읽었다. 그곳에는 경치가 좋은 천석(泉石)[5]이 있었다. 선생은 생각이 막히고 마음이 권태로워지면 왕왕 함께 공부하는 사생(舍生)들을 이끌고 나가 깨끗한 냇물에 발을 씻거나 흐르는 구름을 바라보기도 하였고, 나무 사이로 해당화가 만발하여 향기가 몸에 스며들거나 하면, 선생은 이를 즐겨서, 한번 나가면 곧잘 돌아오는 때를 잊어버려서 해가 저무는지도 모를 지경이었다.

12월에 관찰공을 따라 의주(義州)로 갔다. 관찰공께서 그때 의주 목사(牧使)가 되었다.

---

1) 동학(東學): 조선 시대 서울의 세가(양반) 자제들을 위한 초등 교육기관. 사부학당(四部學堂)이라고 하여 동학, 서학, 남학, 중학이 있었다.

2) 구두법(句讀法): 한문의 문장을 읽으면서 끊고(句), 숨을 들이 쉬고 계속 읽기 시작할 곳을 두(讀)라 하며, 그런 곳마다 첨(點)을 찍었다.

3) 조고(祖考): 할아버지. 여기서는 서애 선생의 할아버지 공작(公綽)을 말하며, 이때 70세로서 간성(杆城) 군수를 역임하였다.

4) 향교(鄕校): 조선시대 지방의 교육기관.

5) 천석(泉石: 개울물과 돌): 산수(山水)의 경치.

명종 11년(1556) 병진(선생 15세)

명종 12년(1557) 정사(선생 16세)

봄에 의주에서 서울로 어머니를 찾아뵈었다. 길이 납청정(納淸亭)6) 아래로 나 있었다. 마침 중국으로 가는 사신인 황림(黃琳)7)이 정자 위에 있었는데, 선생이 말에서 내리지 않는다고 노하여 쫓아가 잡아오게 하였다. 선생이 되돌아와서도 행동거지가 태연자약하니, 황공이 선생이 인물임을 알아보고 또 행장이 초초(간소한 차림)하다고 생각하여 묻기를 "서생(書生)의 행장(行裝)이 어찌해서 이러한가?" 하였다. 그 후 선생이 과거에 급제한 뒤 황공은 "나는 납청정에서 벌써 공이 보통 사람 아닌 줄 알았다"라고 말하였다.

가을에 향시8)에 합격하였다.

===

三十三年 甲寅 (先生 十三歲) 往東學 講庸學 時 朝廷新立科擧規式 令儒生初學者 考講庸學 然後許赴 先生應是講 非惟句讀精熟 至於義理奧處 無不通貫 考官大加稱歎 知必爲大儒

三十四年 乙卯 (先生 十四歲) 省祖考郡守公于杆城 旣至 讀書 鄕校 其地有泉石之勝 先生下惟意倦 往往攜同舍生 以出濯足 淸流行雲 木之下 海棠盛發 香氣襲人 先生樂之 出輒忘歸 不知日之將暮 十二月 隨觀察公赴義州 觀察公時爲義州牧使

三十五歲 丙辰 (先生十五歲)
三十六年 丁巳 (先生 十六歲) 春 自義州省大夫人于京師 路過納淸亭下 時星使黃琳

---

6) 납청정(納淸亭): 평안북도 정주(定州)와 가산(嘉山) 사이에 있는 정자. 조선이나 명나라 사신들이 내왕할 때 주요 휴식처였다.

7) 황림(黃琳, 1517-1591): 문과. 공조, 호조, 이조 판서 역임하다. 본관 창원.

8) 향시(鄕試): 조선시대 과거시험의 문과(文科)나 생원진사시의 제1차시험으로 서울에는 관시(館試)와 한성시(漢城試)가 있고 지방에는 향시(鄕試)가 있었다. 향시에 합격하면 서울에 모여 복시(覆試: 2차시험)를 볼 수 있었다.

在亭上 怒先生不下馬 使人追之 先生旣至 擧止自若 黃知其爲先生 問何行裝草草曰
書生行裝 安得不如此 其後先生登第 黃公言 吾於納淸亭 已知公爲非常人 秋中鄕試

03 종실(宗室)과 혼인하다.
조부상(祖父喪)을 당하다, 17~19세

명종 13년(1558) 무오(선생 17세)

부인 이씨(李氏)에게 장가들었다. 현감 이경(李坰)[1]의 딸이다.

명종 14년(1559) 기미(선생 18세)

5월에 할아버지 군수공이 돌아가셨다.

8월에 관찰공이 상거(喪車: 상여 수레)를 모시고 남쪽 고향으로 돌아갔다. 선생은 충주까지 따라갔으나, 발에 종기가 나서 서울로 돌아왔다.

겨울에 군위(軍威) 여막(廬幕)[2]으로 관찰공을 찾아뵈었다.

명종 15년(1560) 경신(선생 19세)

군위(軍威)에서 시묘(侍墓) 생활을 하였다. 선생은 사람들과 남계(南溪)[3] 천석(泉石)을 찾아서 산책하며 시를 읊다가 크게 탄식하며 말하되 "만약 내가 성인(聖人:공자)의 문하에서 배웠다면 배움이 단목씨(端木氏)[4] 무리들의 수준 정도에는 이

---

1) 이경(李坰): 세종의 다섯째 아들이며 뒤에 무안대군 방번(태조와 신덕왕후 강씨 사이에 난 장자)에게 양자로 간 광평대군(廣平大君)의 5세손으로 서애 선생의 장인(丈人)이다. 혼인 당시 경상도 용궁(龍宮) 현감(縣監)으로 있었다.

2) 여막(廬幕): 무덤 가까이에 지어 시묘하는 상제가 거처하는 초막(草幕)

3) 남계(南溪): 군위군 군위읍 대북리. 서애 선생의 할아버지 할머니 산소 부근이다. 뒤에 서애 선생이 경상도 관찰사가 되어 (1583) 이곳에 남계서당을 건립하였으며, 광해군 13년(1621)에 남계서원(南溪書院)으로 승격되었다. 대원군이 서원철폐를 할 때 철폐되었다가 1991년에 복원되었다.

4) 단목씨(端木氏): 단목사(端木賜)를 말한다. 중국 춘추시대 사람. 공자(孔子)의 제자. 흔히 자공(子貢)이라 불린다. 공문십철(孔門十哲) 중의 한 사람. 뛰어난 언변으로 외교(外交)와 경제에 능하였으며, 노(魯)나라, 위(衛)나라 재상을 역임한 바도 있다. 공자도 그를 호연지기(瑚璉之器)라고 높이 평가하였다.

르렀을 것이다" 하였다.

　가을에 서울로 돌아왔다. 10월에 관악산에 들어가 『맹자(孟子)』를 읽었다. 그 당시 선생은 절에서 책을 읽었다. 마침 유생들이 떼지어 모여드니까, 선생은 번잡함을 싫어하여 작은 암자로 옮겨 생활하였다. 암자는 텅 비어 스님도 없고, 다만 한 어린 동자를 두어 식사 시중을 들게 하였다. 고개 숙여 책을 보고 하늘을 우러러 사색하기를 밤낮으로 계속하는데, 밤이 깊으면 산속에 괴물이 있는 듯하고 벽장을 치는 소리가 나기도 하였지만, 선생은 듣지도 못한 듯하였다. 어느 날 저녁에 어떤 스님이 갑자기 앞에 나타나서 "텅 빈 산에 홀로 지내며 도둑이 올까 겁나지 않소?" 하였다. 선생은 웃으며 대답하되 "사람 마음은 진실로 측량할 수 없으니 그대가 도둑이 아닌 줄 어찌 알겠는가?" 하였다. 스님이 대답을 않고 문밖에 나가서 오래 미심쩍은 듯한 모습으로 서 있는데, 선생은 아랑곳하지 않고 태연히 독서를 계속하니, 그 스님이 무릎을 꿇고 "선비가 나이 어린데도 뜻이 이처럼 확고하니 훗날 반드시 큰 인물이 될 것입니다" 하였다. 그 스님은 본래 도를 단련하여 어떤 경지에 이른 자인데 선생이 독실하게 공부하는 것을 듣고 밤을 틈타서 일부러 도둑놈 행세를 하여 마음가짐을 시험하였다. 담벽을 친 것도 그 중의 소행이 아닌가 한다.

12월에 산을 내려와 서울로 들어왔다.

　말을 타고 오면서 다른 일은 생각지도 않고 『맹자』의 양 혜왕 편(첫 장)에서부터 진심 편(마지막 장)에 이르기까지 모두 마음속에 새겨 넣었다. 선생은 늘그막에 기억을 더듬어 말하기를 '『맹자』를 읽은 이후에 비로소 유가(儒家)의 노맥(路脈)[5]을 해득하게 되었다'라고 하였다.

===

三十七年 戊午 (先生 十七歲) 聘夫人李氏 縣監諱坰之女

三十八年 己未 (先生 十八歲) 五月 祖考郡守公 卒 八月 觀察公奉喪車 南歸 先生從
至忠州 患脚腫還 冬 歸覲觀察公于軍威廬所

---

　5) 노맥(路脈): 거쳐 온 과정. 지나 온 길.

三十九年 庚申（先生 十九歲）侍廬軍威

先生嘗與人 步出南溪泉石間 徘徊吟詠 因喟然歎曰 如使吾得遊於聖人之門 端木氏之
徒 可學而至

秋 還京 十月 入冠岳山讀孟子書

時 先生讀書山寺 適儒生坋集 先生厭其煩擾 移寓小庵 庵空無僧 只留一童奴炊飯 俯
讀仰思 夜以繼日 夜深 或有山怪 或打墻壁聲 先生如不聞 一夕 有僧遽前 謂先生曰 獨
棲空山 不畏盜耶 先生笑曰 人固不可測 安知汝之非盜耶 僧不對而出 久立門外 以示可
疑之迹 先生猶讀書自若 僧跪曰 措大6)年少 而志確如此 他日必爲大人乎 蓋僧本鍊道
而有得者 聞先生篤學 乘夜故作偸兒狀 欲以驗所守也 或疑 來打墻壁者 亦僧所爲也

十二月 下山入京 馬上 不念他事 自梁惠王至盡心 皆入心 記先生晩年自言 讀孟子以
後 始解儒家路脈云

---

6) 조대(措大): 장차 큰일을 할 수 있는 사람(措置大事). 뜻을 아직 이루지 못한 가난한 선비, 즉
수재(秀才)를 가리키는 말이었으나, 뒤에 변하여 선비를 빈정거리는 투로 부르는 말이 되었다.
책만 보다가 현실감각이 뒤떨어지는 사람을 야유하는 말이다. 우리말 "쪼다"의 어원이라는 설
(說)도 있다. 경상도 사투리는 "쪼다리"이다.

명종 16년(1561) 신유(선생 20세)

고향에 돌아와 『춘추』[1]를 읽었다.

명종 17년(1562) 임술(선생 21세)

7월 기망(旣望: 음력 열 엿새)에 관찰공이 옛 소동파(蘇東坡)[2]가 적벽에 노닐었던 것에 대하여 시 짓기를 명하므로 선생은 즉시 근체시(近體詩)[3] 한 편을 지었다. "밝은 달과 맑은 바람은 만고에 변함없는데, 이름만 남기고 사람은 가버린 지 수천 년일세"라는 귀절이 있었다. 판서 이준민(李俊民)[4]이 보고 깜짝 놀라 "기재(奇才: 기이한 재주가 있는 사람)로다"라고 감탄하였다.

8월에 관찰공을 남교(南郊: 남대문 밖)에서 배송(拜送)하였다.

그때 관찰공께서 관압사(管押使)[5]로서 연경(燕京)으로 가게 되었다. 선생은 사현(沙峴)[6]까지 가서 전송하였다.

---

1) 춘추(春秋): 중국의 고대사(古代史) 책 이름. 5경(五經)의 하나. 722 B.C.─481 B.C.까지 242년 간의 간단한 기록으로 노(魯)나라의 사관(史官)이 기록한 것을 공자(孔子)가 수정편찬(修正編纂)하였다.

2) 소동파(蘇東坡): 중국 송(宋)나라 시인, 정치가. 본명은 식(軾)이고 동파는 호이다. 당송8대가의 한 사람. 특히 전, 후 적벽부(前,後赤壁賦)로 유명하다.

3) 근체시(近體詩): 한시체(漢詩體)의 한 종류. 고시체(古詩體)는 형식에 있어 비교적 자유로운데, 근체시에는 일정한 압운(押韻: 같은 음이나 유사음을 규칙적으로 배열)과 평측(平仄)에 맞게 시어(詩語)를 배열해야 한다.

4) 이준민(李俊民, 1524─1590): 호 신암(新菴). 문과. 평안도 관찰사, 병조판서, 좌참찬 역임하였다. 강직하고 검소하며 국방에 관심이 많았다. 관찰공과 절친하여 왕복한 시문이 있다. 시호 효익(孝翼). 본관 전의(全義). 남명 조식(曺植)의 생질.

5) 관압사(管押使): 조선시대 여진이나 왜로 납치되었다가 도망 온 중국 사람의 송환이나 말(馬)을 조공(朝貢)할 때 파견하는 사신. 4년에 한 번씩 정조사(正朝使)와 동행하였다. 이때 관찰공은 말을 조공할 임무를 띤 것으로 보이며, 사행기록(使行記錄)인 『연경행록(燕京行錄)』이 있다.

9월에 도산에서 퇴계 이선생[7]께 배알(拜謁)하였다.

퇴계 선생이 선생을 보고 크게 가상하게 여겨 몇 달 머물게 하며 근사록(近思錄)[8] 등을 가르쳐 주었다. 이때부터 이락지학(伊洛之學: 정주학)[9]에 잠심하여 강명(講明: 명백하게 강론함)과 실천을 반드시 성현(聖賢)[10]으로 지표를 삼았다.

훗날 선생이 금계(金溪)[11]로 가서 김학봉(金鶴峰)[12]을 방문한 적이 있었다. 그때 학봉은 관직을 그만두고 집에 있었고, 찰방 조종도(趙宗道),[13] 송암 권호문(權好文)[14]도 와서 모여 있었다. 이야기가 젊은 날 유학 시절의 즐거운 일에 미치자, 학봉이 선생께 이르기를 "우리들은 노선생(老先生: 퇴계선생)을 따라 배운지 오래되었는데도 아직 한 마디 허여(許與: 학문을 인정함)하는 말을 듣지 못했는데, 공이 한번 선생님을 뵈니, 선생님께서 곧 말씀하시기를 '이 사람은 하늘이 내었다. 훗날

---

6) 사현(沙峴): 서울 서대문구 현저동에서 홍제동으로 넘어가는 고갯길. 현재의 무악재이다.

7) 퇴계 이선생(退溪 李先生, 1501-1570): 이름 황(滉) 자 경호(景浩), 호 퇴계(退溪), 퇴도(退陶), 도수(陶叟) 등. 문과. 관직 단양군수, 풍기군수, 성균관 대사성, 양관 대제학, 지경연(知經筵) 등. 영의정에 추증. 시호 문순(文純). 본관 진보(眞寶). 저서 심경후론, 역학계몽전의, 성학십도, 주자서 절요, 자성록, 송원이학통론 등. 조선 최고의 학자. 이기이원론을 주장하였다. 성리학의 '주자 이후 제일인자'라는 평가. 이때 퇴계 선생이 도학을 처음 강론하였다.

8) 근사록(近思錄): 책 이름. 남송(南宋)의 주희(朱熹)와 여조겸(呂祖謙)이 공동으로 선배 성리학자인 주돈이(周敦頤), 정호(程顥), 정이(程伊) 장재(張載)의 말씀을 주제별로 분류하여 편집하였다. 14권. 근사(近思)란 가까운 우리 일상생활에서 이치를 생각한다는 뜻.

9) 이락지학(伊洛之學): 황하의 지류인 이수(伊水)와 낙수(洛水)가 낙양(洛陽) 부근에서 본류로 합쳐지는데, 정호, 정이 형제가 낙양에서 학문을 연마하며 제자를 기른 까닭에 성리학을 이락지학이라고도 한다.

10) 성현(聖賢): 성인과 현인. 성인(聖人)은 학문적으로 인격적으로 완벽한 분. 요, 순, 문, 무왕, 주공, 공자 같은 분이다. 현인(賢人)은 덕행이 뛰어남이 성인 다음으로 훌륭한 분. 성인의 말씀을 경(經)이라 하고, 현인의 말씀을 전(傳)이라 한다.

11) 금계(金溪): 학봉 김성일이 살던 마을.

12) 김학봉(金鶴峰, 1538-1593): 본명 성일(誠一). 자(字) 사순(士純). 호가 학봉(鶴峰)이다. 퇴계 문인. 문과. 나주 목사, 사성(司成) 때 통신부사(通信副使)로 일본을 다녀왔다. 홍문관 부제학. 임진왜란 때 경상우도 관찰사 겸 순찰사로 왜군 토벌에 진력하다 진주에서 병사(病死). 이조판서에 추증. 시호 문충. 본관 의성. 성리학자. 저서 학봉집, 상례고증, 해사록(海槎錄).

13) 조종도(趙宗道, 1537-1597): 호 대소헌(大笑軒), 시호 충의(忠毅), 생원시 합격. 안기도(安奇道: 안동 부근) 찰방(察訪), 임진왜란 때 안음 현감, 함양 군수로 학봉 선생을 도와 왜적을 방어하였다. 정유재란 때 의병을 모아 안의(安義) 황석산성(黃石山城)에서 왜군과 싸우다 전사(戰死)한다. 이조판서에 추증. 본관 함안. 남명 문인. 이준민 사위. 경사(經史)에 밝고 해학을 잘하였다. 저서 대소헌집. 촉석루 삼장사 중 한 분.

14) 권호문(權好文, 1532-1587): 자 장중(章仲), 호 송암(松巖). 진사시 합격. 본관 안동. 퇴계 문인. 청성산(靑城山) 기슭에 무민재(無悶齋)를 짓고 은거한다. 학행이 높아 서애, 학봉 두 분에게 높은 평가를 받았으며, 서애 선생은 그를 강호고사(江湖高士)라 칭송한다. 저서 송암집.

반드시 큰일을 해낼 것이다. 만약 조정에 나아간다면 어찌 국가에 크게 관계되지 않으랴!' 하셨네. 공은 어떻게 하여 선생님께 이러한 칭찬을 얻었는가?" 하였다.

학봉은 일찍이 "서애는 나의 사표이다. 내 어찌 감히 벗으로 지낼 수 있겠는가?" 하였으며, 뒤에 어떤 안동 사람이 학봉께 어떤 일을 청하자, 묻기를 "그대는 서애를 뵈었는가?" 대답하기를 "아직 못 뵈었습니다" 하니, 학봉이 꾸짖어 "선비가 천고(千古)의 일을 논함은 현인, 군자의 풍도를 듣고자 함이며, 마음에 느껴 분발하려 할 때 같은 시대 함께 지내지 못했음을 탄식하는데, 하물며 같은 시대, 같은 고을에 살면서 한 번도 만나 보지 않았으니 현인을 좋아하는 마음이 있다고 할 수 있는가?" 하였다. 선생도 일찍이 '학봉에는 내가 미칠 수 없다'라고 칭찬하였다. 서로 귀중히 여김이 이와 같았다.

==

四十年 辛酉 (先生 二十歲) 還鄕 讀春秋

四十一年 壬戌 (先生 二十一歲)
七月旣望 觀察公命先生 賦蘇子赤壁之遊 先生卽成近體一篇 有 月白風淸空萬古 名留人去幾千年 之句 李判書俊民見之 驚歎曰 奇才
八月拜送觀察公于南郊 時 觀察公 以管押使 赴京 先生送之沙峴

九月拜退溪李先生于陶山 退溪先生見先生 大加嘉尙 留數月 授近思錄等書 自是 潛心伊洛之學 講明踐履 必以聖賢爲指歸 其後 先生往訪金鶴峯於金溪 時鶴峯罷官家居 趙察訪宗道 權松巖好文 亦來會 因語及少時游學之樂 鶴峯謂先生曰 吾輩從老先生久 未嘗有一言之許 公一見先生 而先生卽曰 此人天所生也 他日樹立必大 若得立朝 豈不大有關於國家乎 公何以得此於先生云 鶴峯又嘗曰 西厓我之師表 我何敢與之友 後有安東人 請業於鶴峯 問曰 子見西厓乎 對曰 未也 鶴峯責曰 士之尙論千古 聞賢人君子之風 尙能感發 有不與同時之歎 況與之同世同鄕 而曾不一見 可謂有好賢之心乎 先生亦相稱鶴峯 以爲不可及 其相推重如此)

05 생원 진사 시험에 들다. 보우를 탄핵하다, 22~24세

명종 18년(1563) 계해(선생 22세)
가을에 생원, 진사의 예비시험인 동당(東堂)[1])의 초시(初試)[2])에 합격하였다.

명종 19년(1564) 갑자(선생 23세)
7월에 생원[3]) 1등 3인(3등)으로, 진사[4]) 3등 36인(36등)으로 합격하였다.

퇴계 선생께서 사람들에게 보낸 편지에서, "이현(而見: 선생의 자(字))은 빠른 수레를 타고 앞길을 열어가는구나. 그 사람 형제는 취향이 매우 가상하니 벗들이 서로 경하할 만하다"고 하였다.

황해도로 관찰공을 찾아뵈었다. 그때 관찰공은 해서(海西: 황해도)지방을 안절(按節)[5])하고 있었다.

명종 20년 (1565) 을축 (선생 24세)
4월에 문정왕후(文定王后)[6])께서 승하(昇遐)하였다.

---

1) 동당(東堂): 조선시대 문과(文科)의 별칭이다.
2) 초시(初試): 과거 시험에는 초시와 복시가 있다. 초시에 합격해야 복시(회시)에 응시할 수 있다.
3) 생원(生員): 오경의(五經義)와 사서의(四書疑)의 시험을 거쳐 급제한다. 문과 예비시험적 특성과 사인(士人) 자격시험의 성격을 가졌다. 합격한 사람을 ○○ 생원 또는 ○○ 상사(上舍)로 불렀다.
4) 진사(進士): 부(賦) 1편, 고시(古詩) 명(銘) 잠(箴) 중의 1편의 시험을 거쳐 급제한다. 특성은 생원과 같다.
5) 안절(按節): 안찰(按察)과 절도(節度). 관찰사는 문관으로써 관내를 안찰함과 동시에 무관(武官)으로써 절도사(節度使)를 겸직한다.
6) 문정왕후(文定王后, 1501-1565): 조선 11대왕 중종(中宗)의 계비(繼妃). 윤지임(尹之任)의 딸. 명종(明宗)의 어머니. 명종 즉위 초부터 수렴청정하여 20년 가까이 권력을 잡았다. 을사사화(乙巳士禍)를 일으켜 대윤(大尹: 윤인(尹任)) 일파를 제거하였으며, 승(僧) 보우(普雨)를 총애하여 불교중흥을 도모하였다. 윤원형의 누이. 태릉(泰陵: 서울시 노원구 소재)에 묻혔다. 본관은 파평.

문정왕후는 불교를 깊이 믿었다. 보우(普雨)[7]라는 중이 있었는데 왕후와 인연이 생기자 속여서 미혹(迷惑)하게 만들었다. 이 해에 또 회암사(檜巖寺)[8]에서 3달 동안 무차회(無遮會)[9]를 크게 열었는데, 모든 부처를 공양하고 또 중들을 먹이는 비용을 궁중에서 부담하였다. 달을 넘겨 끝낸 뒤 얼마 안 되어 왕후께서 돌아가시는 변고(變故)가 생기니, 외부에서는 보우가 왕후에게 궁중에서 여러 날 소식(素食)을 해야 한다고 청한 결과로 건강을 잃게 되었고 그래서 대고(大故: 승하)가 생겼다고 마구 소문이 전해졌으며, 듣는 사람마다 통분해 하였다.

이에 태학생들은 보우를 죽이라는 상소를 올리려고, 소장(疏狀)을 지을 사람 10여 인을 뽑았는데 선생도 그 속에 포함되어 있었다. 선생이 지은 문장이 명백하고 심히 간절하여 성균관 안에서 널리 전하는 바가 되더니 도하(都下)에까지 널리 퍼졌다. 임금께서 비록 윤허하시지 않았으나 이때로부터 보우를 가리켜 요승(妖僧)이라고 하였다.

재상 윤원형(尹元衡)[10]이 듣고 미워하여 일을 꾸며 죄로 엮으려 하였다. 윤원형은 그 이전에 본부인을 내쫓고 첩을 부인으로 삼았으며, 자녀를 낳아 모두 사족들과 혼인을 하며, 벼슬길에 나가게 하니, 그 기염을 두려워하여 감히 말하는 이가 없었다. 이때에 이르러, 윤원형이 조당(朝堂)에서 영평부원군 윤개(尹漑)[11]에게 말하기를 "들으니 유생 류모가 논의를 주도하여 내 자녀들을 금고(禁錮)하려 한다는구

---

7) 보우(普雨, 1515-1565): 문정왕후의 신임을 얻어 봉은사(奉恩寺: 서울시 강남구 소재) 주지(住持)가 되어 불교 부흥에 주도적 역할을 하였다. 선교(禪敎) 양종(兩宗)을 부활하고, 도첩제(度牒制)를 실시하며 과거에 승과(僧科)를 설치하였다. 문정왕후 사후에 제주도로 유배되어 참형되었다.

8) 회암사(檜巖寺): 경기도 양주시 천보산(天寶山)에 있는 절. 1328년 창건되었을 때는 266칸의 큰 사찰이었다. 문정왕후가 불교 부흥 정책을 펼 때는 전국 제일의 수선도량(修禪道場)이었다가 왕후가 죽고 나서 절이 불태워졌다. 회암사지(檜巖寺址)는 사적 제128호로 지정, 현재 골짜기 안쪽에 새 절이 세워졌다. 주요문화재로 나옹선사 부도, 무학대사비 등이 있다.

9) 무차회(無遮會): 법회(法會)의 명칭. 성범(聖凡), 도속(道俗), 귀천(貴賤), 남녀노소의 구별 없이 일체 평등으로 재시(財施)와 법시(法施)를 행하는 대법회. 이때 참석하는 승려의 수(數)에 제한을 두지 않으므로 오는 대로 받아들여 공양을 하기 때문에 큰 비용이 들어간다.

10) 윤원형(尹元衡, ?-1565): 소윤(小尹)의 영수. 문정왕후가 수렴청정을 할 때 권력을 잡아 을사사화(乙巳士禍)를 일으켜 대윤(大尹: 윤임) 일파를 제거하였다. 권력을 휘두르며 영의정까지 올랐으나 문정왕후가 죽자 강음(江陰: 현 황해도 금천군)으로 귀양 가서 죽었다. 본관 파평. 중종 계비 문정왕후 동생.

11) 윤개(尹漑, 1494-1566): 문과. 인종 1년 예조판서로 있으면서 윤원형과 함께 을사사화를 일으켰다. 영평부원군(鈴平府院君)에 봉해지고 좌의정까지 승진하였다. 사후, 선조 초에 을사 원흉으로 탄핵받아 모든 훈작이 삭탈되었다. 본관 파평. 김안국의 문인.

려” 하며 안색이 매우 노여워하는 모습이었다. 영평부원군이 집에 돌아와 손자 담휴12)에게 말하기를 “너의 동년인 류모는 어떤 사람이냐? 시사(時事)를 논하기 좋아하는 것 아니냐?” 하니, 담휴의 대답이 “그렇지 않습니다. 그 사람은 실로 침착하고 조용한 사람으로 여럿이 어울릴 때도 종일 묵묵하여 시사를 논의하는 것을 보지 못하였습니다”라고 하였다. 영평부원군이 “영상의 말이 이와 같아 심히 두렵더니, 과연 너의 말과 같다면 내 마땅히 그것으로 해명해야 하겠다”라고 하였다. 그후 윤원형을 만나 담휴의 말로서 해명하니 윤원형이 잠시 멈추었으나 속으로는 앙심을 품고 있었다.

얼마 지나지 않아 전체 태학생들은 자기들이 상소한 요청이 받아들여지지 않으면, 성균관을 비우고 향리로 흩어져 가버리자고 하는 회의를 하면서 서약하기를 “감히 공의를 무릅쓰고 서약을 위반하여 성균관에 남보다 먼저 돌아와 출석하는 자는 〔당적 아세(黨賊阿世)〕13)의 이름을 붙이겠다”고 하였다. 여러 학생들이 좋다고 하였으나, 선생은 “이런 이름을 붙이는 것은 너무 심하다. 지금 우리가 임금께 간하였으나 뜻이 통하지 아니하여 물러가는데, 어찌 달리 붙일 이름이 없어서 하필 당적아세라고 하는가?” 하고 불가함을 고집하니, 서약방문(誓約榜文) 속에 서약한 사람들이 모두 소매를 걷어붙이고 선생에게 말하되 “의론이 한쪽으로 귀결이 되었는데 그대는 홀로 자기 뜻을 밀어 다중(多衆)의 결의를 거슬리려 하는가?” 하니, 선생은 웃으며 “나의 견해는 이미 말한 바와 같으니, 어찌 구차스럽게 부동(附同)할 수 있겠는가?” 하였다. 여러 사람들이 두세 번 찾아와 을러댔지만 선생은 끝내 의견을 바꾸지 않았다. 결국 〔점신오명(玷身汚名)〕14) 4자로 고쳤다.

임금께서 제생(諸生)들이 성균관(成均館)을 비운다는 말을 듣고 날마다 승지(承旨), 사관(史官)을 보내어 타일러서 떠나지 않도록 달래었다.

그때 관찰공이 황해도를 안찰(按察)하고 있었는데, 서울에서 돌아온 사람이 ‘윤 정승이 류모가 혼자 조정의 뜻을 거슬러 부름에 응하지 않았으므로 마땅히 그 부형을 징치(懲治)해야 하겠다’고 했다는 말을 전하니, 듣는 사람들이 모두 두려워하였다. 선생은 곧 도성에 들어갔다. 그때는 윤원형의 흉측한 노여움이 치열하던 때라, 부형(父兄)이 있는 제생은 성균관에 출석해도 원점(圓點)15)을 받지 못하였다.

---

12) 담휴(覃休): 윤개(尹漑)의 손자. 문과. 통례(通禮). 본관 파평.

13) 당적아세(黨賊阿世): 도둑의 무리를 지어 세상에 아첨한다.

14) 점신오명(玷身汚名): 몸에는 흠이 되고 이름은 더러워진다.

15) 원점(圓點): 조선시대 성균관과 4부 학당 등의 교육기관에서 학생들의 출결상황을 점검하던 제

四十二年 癸亥 (先生 二十二歲) 秋 中生員進士東堂初試
四十三年 甲子 (선생 二十三歲) 七月 中生員 一等三人 進士 三等三十六人 退溪先生
與人書曰 某(先生字)逸駕啓途 其人兄弟 趣向甚可嘉尙 朋友之相慶 云云 省觀察公于
黃海道 時 觀察公按節海西

四十四年 乙丑 (先生 二十四歲) 四月 文定王后 昇遐
文定頗信佛法 有僧普雨者 因緣誑惑 是年 三月間 又於檜巖寺 大設無遮會 凡供佛飯
僧之具 皆自宮中辦出 經月乃罷 未久 有上昇之變 外間盛傳 普雨請宮中行素累日 以
致失攝 仍至大故 聞者痛憤
於是 太學生欲上疏請誅雨 揀製疏者十餘人 先生亦與焉 先生疏辭 明白剴切甚 爲館中
所傳 流布都下 上雖未允許 而自是始指雨爲妖僧

宰相尹元衡 聞而惡之 欲因事成罪 元衡曾黜其正妻 以妾爲夫人 生子女 悉與士族爲婚
嫁 通仕路 而畏其氣焰 人莫敢言者 至是 元衡在朝堂 語鈴平府院君尹漑曰 聞儒生柳
某主論 欲禁錮吾子女 色甚慍 鈴平歸語其孫覃休曰 汝同年柳某何如人也 無乃好論時
事否 覃休曰 不然 其人實沈靜 群居終日默然 不見論議時事 鈴平曰 領相言如此 甚可
懼 果爾 吾當以此解之 其後又與元衡相遇 解之如覃休言 元衡雖稍止而銜之

未已久之 諸生以疏不得請 欲空館散去 會議約誓云 敢有冒犯公議 先就館者 當加以黨
賊阿世之名 諸生唯唯 先生曰 此名太甚 今吾輩諫君不合而去 豈無他名可稱者 而必曰
黨賊阿世耶 持不可 榜中人皆攘臂語先生曰 人議歸一 君何獨任己議違衆耶 先生笑曰
吾見如是 何可苟同 諸人再三來迫 先生終不動 乃改以玷身汚名四字
上聞諸生空館 日遣承旨史官 招諭無往者 時 觀察公按黃海 有人自京還言 尹相言柳某
違拒朝旨 獨不赴招 當治其父兄 聞者皆懼 先生卽入城 時 元衡凶焰方熾 諸生之有父
兄者 雖就館而無圓點者

도. 학생이 식당에 늘어갈 때 도기(到記)에 점을 찍고 서명케 하여 매기는 점수. 학생들이 성균
관에 기거하며 공부하도록 하려고 만든 제도. 원점을 300점 이상 받아야 관시(館試) 응시 자격
을 주었으며, 시험에 합격해도 원점이 부족하면 합격을 취소하고 사헌부에서 죄로 다스렸다.

제2부

입신에서 당상관까지

06 과거(문과) 합격. 벼슬길에 들어서다, 25세

명종 21년(1566) 병인

봄에 관찰공을 따라서 정주(定州)[1]에 갔다.

관찰공께서 정주 목사가 되었기 때문에 따라간 것이다. 그곳에서 고시(古詩)인 "고의(古意)"[2] 1수, "봄날 공관에서 한가로울 때 우연히 짓다"라는 절구(絶句)[3] 2수를 지었다.

여름에 서울로 돌아왔다.

돌아오는 길에 황강(황주)을 지날 때 꿈에 백형 목사공(牧使公)[4]이 병으로 초췌하게 누워있는 것을 보고, 놀라 깨어서 눈물을 흘리면서 날이 밝을 때까지 잠들지 못하였다. 그때 목사공은 남쪽 고향에 병으로 누워있었다.

10월에 문과(文科)에 급제(及第)하였다.

선생은 임천(林泉)[5]을 좋아하였다. 비록 부형의 명으로 힘써 공부하여 과거에 응시하였으나, 좋아하는 바는 아니었다. 그래서 관직에 나가지 않고 마음 내키는 대로 행동하려 하였다. 퇴계선생이 이 소식을 듣고, 시를 지어 목사공께 부쳐왔는데, "그대 아우는 급제하였는데도, 앞으로 얽매이게 될 세상사에서 벗어나려 한다니 칭찬할 만하다"라는 구절이 있었다.

---

1) 정주(定州): 평안북도 남서 해안에 있는 고을. 수령은 목사(정3품).
2) 고의(古意): 예스러운 정취. 시(詩)의 제명(題名).
3) 절구(絶句): 한시(漢詩)의 근체시 일종. 기(起), 승(承), 전(轉), 결(結)의 4구(四句)로 이루어진다.
4) 목사공(牧使公): 서애 선생의 형님 휘 운룡(雲龍) 호 겸암(謙菴)을 가리킨다. 음사(蔭仕)로 원주 목사에 이르렀다. 이조판서에 증식. 시호 문경(文敬). 이 책에서 목사공은 바로 형님을 지칭한다.
5) 임천(林泉): 세상을 버리고 은둔한다.

11월에 승문원(承文院)6) 권지부정자(權知副正字)7)에 뽑히었다.

==

四十五年 丙寅 (先生 二十五歲)

春 隨觀察公往定州

觀察公爲定州牧使 故隨往 有古意 一首 春日公廨閑居偶題 二絕 夏還京師 道經黃岡 夢見伯兄牧使公 病臥憔悴 驚覺淚下 達曙不寐 時 牧使公病滯南鄕 十月 及第出身 先 生雅好林泉 雖以父兄之命 勉强 取科第 非其所樂 欲及其未有官守 隨意行止 退溪先 生聞之 以詩寄牧使公 有 更憐賢弟初攀桂 萬事將纏 欲脫纏 之句

十一月 選補承文院權知副正字

---

6) 승문원(承文院): 사대교린(事大交隣)에 관한 문서를 관장하는 관청. 외교문서를 관리하는 곳. 판교(判校: 정3품) 1인, 참교 2인, 교감 1인, 교리 2인, 교검 1인, 박사 2인, 저작 2인, 정자(正字 정9품) 2인, 부정자(副正字: 종9품) 2인. 문과에 급제하면 신분에 따라 승문원, 교서관(校書館), 성균관(成均館)으로 배치하여 실무 수습을 시켰다.

7) 권지부정자(權知副正字): 권지(權知)란 임시로 담당함이며 오늘날 시보(試補)와 같다. 서애 선 생은 종 9품 시보로 관직을 시작하였는데, 승문원은 엘리트 코스였다.

07 정9품으로 승진하다, 26세

명종 22년(1567)[1] 정묘

봄에 정자(正字: 정9품)로 승진하였다.

휴가를 얻어 정주(定州)로 근친을 다녀왔다.

4월에 예문관 검열(정9품) 겸 춘추관 기사관으로 추천받아 조정에 돌아왔다.

6월에 명종께서 승하하였다.

8월에 퇴계 이선생이 고향으로 돌아가는 것을 송별하였다. 광나루까지 따라갔다. 송별시를 지었다.

자문(咨文: 외교문서) 점마(點馬: 문서 전달 업무에 쓰이는 마필 점검) 하러 의주로 갔다. 이 행차에 정주에서 근친하였다. "부친 뵈러 밤낮 달려온 길, 국사에만 온통 마음이 매달려 있네"라는 구절이 있고, 또 '동림 고성', '연춘당 야우' 등의 시가 있다.

10월에 조정에 돌아왔다.

===

穆宗 隆慶 元年 丁卯 (先生 二十六歲)

春 陞正字 乞暇趨覲定州 四月 薦授藝文館檢閱 兼春秋館記事官 還朝 六月 明宗昇遐 八月 送退溪李先生還鄉 追至廣津 有送別詩 以咨文點馬 赴義州 是行 省覲定州 有 親程兼日夜 王事係心情之句 又有 東林古城 延春堂夜雨諸作 十月還朝

---

1) 당시 명나라는 목종(穆宗, 명나라 제13대 황제) 1년, 재위 1567 – 1573. 연호가 융경(隆慶)이다.

08 정8품으로 승진하다, 27세

선조 원년(1568) 무진

2월에 정주로 근친하였다.

"연신내 가는 마상에서 우연히 읊다", "정주 남대에서 달을 보며 서울에 있는 친구를 생각함", "세심대에서 비를 만남" 등의 시를 지었다. 또 "정관재 춘일 유감"이라는 절구를 지었다.

> 큰 도(道: 진리)는 입이나 귀로 전하기 어렵나니,
> 이런 내 마음은 어디서나 저절로 느긋하다네,
> 정관헌 밖 수많은 실버들 가지에,
> 봄기운 올올이 스며들기 선후가 따로 없네.

3월에 조정에 돌아왔다.

관찰공께서 가산(嘉山)까지 와서 송별하였다. "공강정에서 이인언과 작별함", "낙하 동봉에서 정주를 바라보며" 등의 시를 짓다.

가을에 왕명으로 성주에 가서 포사(曝史)[1]하고 왔다.

이 행차에 고향길을 취하여 왕래하였는데 목사공을 하외정사로 찾아뵙고 수죽간[2]에 10일이나 머물고 떠났다.

---

1) 포사(曝史): 사고(史庫)를 점검하며, 습기가 있거나 좀 먹은 서적들을 바람에 쐬고 볕에 쬐어 말리는 일. 포쇄(曝曬)라고도 한다. 춘추관이나 예문관 관원들이 담당하고 있으며, 이를 포쇄관(曝曬官)이라 부른다.
2) 수죽간(水竹間): 겸암정사에 있는 방 이름(?)

대교(정8품)로 승진하고 겸직은 그대로였다.

===

二年 (宣宗大王 元年) 戊辰 (先生 二十七歲) 二月 趨覲定州 有延曙村馬上偶吟 定州
南臺翫月懷京友 洗心臺遇雨 等作 又有靜觀齋春日有感 一絶

大道難從口耳傳
此心隨處自悠然
靜觀軒外千條柳
春入絲絲不後先

三月 還朝 觀察公送至嘉山 有控江亭留別李仁彦 洛河東峯望定州 等作 秋 奉命曝史
星州 是行 取道鄕山 往返皆省牧使公于河隈精舍 留連水竹間 十日而後去 陞待敎 兼如
故

인묘를 연은전에 부(祔)하는
비례(非禮)를 논박하다, 28세

선조 2년(1569) 기사

상소하여 인묘(仁廟: 인종 위패)를 연은전에 부(祔)하는 비례(非禮)를 논박하였다.
　전에 세종께서 종묘 밖에 별도로 문소전(文昭殿)[1]을 세우고 태조와 (현 임금의)
네 선조(先祖)의 신주를 받들어 살아계실 때의 예(禮)로 섬기도록 하였다. 성종께
서 덕종(성종의 아버지)을 추숭(追崇)할 때 예종이 이미 문소전에 합사(合祀: 祔)되
어 있으므로, 덕종을 별전(別殿)에다 합사하면서 연은전(延恩殿)[2]이라고 하였다.
인종이 승하하고 명종이 즉위할 당시 의론하기를, 인종을 합사하면 세조를 천묘(遷
廟)하여야 하는데, 명종은 아직 세조와 친(親)이 끝나지 않았으니[3] 천묘할 수가 없
고, 그렇게 되면 5실을 초과하게 되니 이는 세종의 뜻에 벗어난다고 판단하였다.
이에 인종을 연은전에 합사하였다. 당시 이기(李芑)[4] 등이 국사를 담당하였는데

---

1) 문소전(文昭殿): 조선시대 태조(太祖)와 왕비의 혼전(魂殿). 처음에는 인소전(仁昭殿)이라 하였
　는데, 세종(世宗) 때 신축하여 문소전이라고 고치고 태조의 위패도 봉안하였다. 혼전(魂殿)이
　란 사가(私家)에서는 망인(亡人)의 위패를 빈소에 봉안하는데, 왕가(王家)에서는 빈소와는 별
　도로 혼전을 두고 위패를 봉안하였다. 즉 국상(國喪)이 나면 뒤에 종묘에 봉안할 때까지 위패
　를 모시는 곳이다. 왕비가 먼저 붕어하면 뒤에 왕이 붕어하여 위패가 종묘에 봉안될 때까지 왕
　비의 위패를 계속 봉안하였다.
2) 연은전(延恩殿): 성종(成宗)의 아버지로서 세자 때 죽은 덕종(德宗)의 혼전(魂殿)으로 성종(成
　宗)이 세웠다.
3) 친(親)이 다하였다(親盡): 친진(親盡)이란 사당에 모셔놓고 제사 올리는 대수(代數)가 다 되었
　다는 뜻으로, 대진(代盡)이라고도 한다. 경국대전에 각기 제사 지내는 대수를 규정하고 있는데,
　그 대수를 다 채웠다는 뜻. 그러나 주손(胄孫)이 죽어 새 주손이 들어선 경우 새 주손과의 관
　계에서는 친진이 되어도 아직 항렬이 높은 자손이 생존해 있으면 그와는 아직 친진이 되지 않
　았으므로 위패를 그에게로 옮겨 제사를 받들게 하는데 이를 체천(遞遷)이라고 한다. 왕은 사당
　에 5대조까지 위패를 봉안하여 제사하는데, 새로이 승하한 왕의 위패가 사당(문소전)에 들어오
　면 이미 봉안된 5대조의 위패는 종묘로 옮기게(祧) 되었다.

이렇게 의론을 주관하니 세상 사람들이 모두 통분해 하였다.5)

이때에 이르러 명종의 상례가 끝나니까 예관이 인종과 함께 문소전에 부(祔)하자고 청하였다. 의론이 정하여진 후에, 침(寢)6)과 전전(前殿)이 모두 협착하여 신주 하나를 더 모실 수 없어서 침의 동쪽에 집 하나를 달아내어 6실로 하고, 세조의 신주를 조(祧)하고 나머지 차례대로 부(祔)하며, 다만 전전(前殿)에서 협제(祫祭)7) 할 때에는 태종8) 신주를 가운데 두고 4친의 신주를 동서로 소목의 차례대로 서로 마주보게 하였다. 인종과 명종은 비록 형제로 동일한 위계지만 실제로는 달리 대우하는 결과로 되었는데 신주를 설치할 자리가 없었다. 대신과 예관들이 재삼 따져보았으나 별다른 수가 없다고 판단하였다.

퇴계 선생께서 건의하시기를 "전전(前殿)의 제도가 동서가 길고 남북이 짧으니, 옛 제도를 따라 태조의 신주를 동향으로 하고 2소, 2목을 차례대로 남북으로 서로 향하게 하면 전 안이 넉넉하여 새로 지을 필요도 없고 옛 제도를 회복하는 아름다운 일이 될 것입니다" 하였다.

그때 이준경9) 공이 수상(首相)으로 있으면서 조종(祖宗)이 정한 좌향을 고치는

---

4) 이기(李芑, 1476−1552): 문과. 우의정 때 윤원형과 손잡고 윤임 일파를 제거하였다. 영의정에도 오르고 시호도 받았으나, 을사사화(乙巳士禍)의 원흉으로 선조 때 훈작이 추삭(追削)되었다. 본관 덕수.

5) 예기 왕제(王制) 29장에 천자 7묘, 제호 5묘, 대부 3묘라 하였다. 즉 천자(天子)는 태조와 삼소(三昭) 삼목(三穆)을 사당에 모시므로 7묘가 되며, 제후는 2소 2목을 사당에 모셔 5묘가 되는 것이다. 조선은 제후의 예에 따라 태조와 4친(四親: 부, 조, 증조, 고조)을 사당에 모신 것이다. 처음 신주(神主)를 사당에 모시는 예(禮)를 부(祔)라 하고, 친(親)이 끝나(5대조가 되면) 신주를 사당에서 모셔내 가는 예를 조(祧)라고 하였다. 지금 인종(仁宗)과 명종(明宗)은 형제간인데, 인종의 신주를 사당에 부하면 친이 끝난 5대조인 세조를 조해야 되나. 현 임금 명종의 입장에서는 세조와 아직 친이 끝나지 않았으므로 조할 수가 없게 되는 것이다.

6) 침(寢): 묘(廟)의 뒤에 의관(衣冠)을 간직하는 건물.

7) 협제(祫祭): 선조의 신주를 함께 모시고 올리는 제사. 대상(大祥)이 끝나고, 담제(禫祭)를 올린 뒤, 신주를 부묘(祔廟)할 때 사당에 모시고 있는 조상 신주를 모두 모시고 올리는 제사이다.

8) 원문의 세종, 태종은 세조와 태조로 보아야 할듯하다.

9) 이준경(李浚慶, 1499−1572): 호 동고(東皐). 본관 광주(廣州). 1504년 6세 때 갑자사화가 발생하여 사사(賜死)된 할아버지 이세좌(李世佐)에 연루되어 괴산으로 유배되었다가 중종반정으로 풀려났다함. 문과. 홍문관 부수찬. 기묘사화 때 화를 입은 분들을 변호하다가 김안로에 의해 파직. 그가 사사된 뒤 재등용. 교리, 홍문관 부제학. 중종이 승하하였을 때 고부부사(告訃副使)로 명나라에 다녀왔다. 병조판서. 이기(李芑)의 모함으로 보은에 유배되었다. 을묘왜란 때 도순찰사(都巡察使)로 왜구를 격퇴하였다. 우상, 좌상, 영의정. 명종이 승하하고 하성군(河城君) 이균(李鈞: 宣祖)을 왕으로 옹립하고 원상(院相)이 되어 국정을 보좌하였다. 1572년 임종에 즈음하여 붕당(朋黨)을 염려하는 유차(遺箚)를 올렸다. 조광조, 노수신, 유희춘 등을 신원하고 서용케

것은 불가하다고 하며 인종을 연은전에 부(祔)하고 오직 명종만 을사년 때의 사람들이 의론한 대로 문소전에 부(祔)하자고 청하니, 선생은 상소하여 그 잘못을 극언하였다. 이 정승도 자기 뜻을 해명하는 상소를 올렸으나, 결국 여러 사람의 의론에 따르기로 하였다.

승진하여 성균관 전적(정6품)이 되고, 공조 좌랑(정6품)으로 옮겨 제수(除授)되었다. 휴가를 얻어 청주로 근친하였다.

그때 관찰공께서 청주 목사로 있었다.

===

三年 己巳 （先生 二十八歲） 上疏 論仁廟仍祔延恩殿之非禮 初 世宗於宗廟之外別立
文昭殿 以奉太祖及四親神主 以事生之禮事焉 成宗追崇德宗 以睿宗已祔文昭 祔德宗
於別殿 號曰 延恩殿 及仁廟薨 明廟卽位 時議 以爲 仁廟祔則世宗當祧 而於明廟親未
盡不祧則過五室 非世宗之意 於是 祔仁宗於延恩殿 時 李芑等當國主議 人皆痛憤 至
是 明廟喪畢 禮官請 與仁廟同祔文昭 議定而後 寢及前殿皆狹窄 不容一位 乃於寢東
加造一架屋 並前爲六室 而祧世宗主 以次而祔 獨前殿祫祭時 太宗居中 四親主東西
相向 爲昭穆之序 仁廟與明廟 雖兄弟同一位 而實則有異 無餘地可設 大臣與禮官再三
奉審 而無以爲計 退溪先生建議曰 前殿之制 東西長而南北短 若依古廟制正 太祖 東
向之位 二昭二穆 以次南北相向 則殿內有餘 不必改作 而亦爲因事復古之美矣 時 李
公浚慶爲首相 以爲祖宗所定坐向 不可改易 請仍祔仁廟於延恩 而獨祔明廟 如乙巳諸
人議 先生上疏 極言其非 李相亦上疏自解其意 而更從群議
陞成均館典籍 移拜工曹佐郎　乞暇趨覲淸州 時 觀察公 出牧淸州

하였다. 기대승, 이이 같은 신진사류들과 뜻이 맞지 않아 비난 및 공격을 당하였다. 저서 동고유고. 조선풍속. 시호 충정(忠正).

성절사(聖節使) 서장관(書狀官)으로 명나라 수도에 다녀오다, 28세

선조 2년(1569) 기사

10월에 성절사[1] 서장관[2] 겸 사헌부 감찰이 되어 명나라 수도에 갔다.

그때 청련 이후백[3]이 정사가 되고 선생이 서장관이 되었다. 요동에 이르렀을 때, 길에서 만난 어떤 미친 술주정뱅이 놈이 일행에게 행패를 부리는데 사신 이하 욕보지 않은 사람이 없었다. 선생 앞에 이르렀는데 신색(身色)이 변하지 않으니, 두 손을 모아 공경심을 나타내고 가버렸다.

황도(皇都)에 당도하여 선치문(宣治門)으로 들어가 예궐하였다. 그때 태학생 수백인이 문 안에 먼저 와서 줄지어 서 있다가, 멀리서 선생 일행을 보고 우르르 모여들어 눈여겨보고 있었다. 선생이 묻기를 "요즈음 중국에서는 도학(道學) 종주(宗主)가 누구요?" 하니, 모두 "정주(程朱)[4]를 종사(宗師)로 하지요" 하였다. 선생은 "그것은 당연하지요. 다만 본조(현재 중국 왕조) 명유(名儒) 가운데 누구를 종주(宗主)로 하는지 모르겠소" 하니 여러 사람이 서로 오래동안 쳐다보다가 "왕양명(王陽明),[5] 진백사(陳白沙)[6]요"라고 하였다.

---

1) 성절사(聖節使): 조선 시대. 중국의 황제나 황후의 생일(生日)을 축하하기 위하여 보내던 사절(使節).

2) 서장관(書狀官): 조선시대 외국에 보내는 사절들의 관직명. 정사(正使), 부사(副使)와 함께 삼사(三使)로 불리며, 주로 사행(使行) 도중의 사건을 기록하여 보고하는 일을 담당하였다. 정4품에서 정6품 사이의 관원이 임명되어 지위는 낮으나 일행을 감찰하고 사람과 물품을 점검하는 행대어사(行臺御使)의 임무도 겸하여 매우 중요하였다.

3) 이후백(李後白, 1520-1578): 호 청련(靑蓮), 문과. 대사간, 도승지, 홍문관 부제학, 이조참판, 호조판서. 광국공신 연원군(延原君). 시호 문청(文淸) 청련집(靑蓮集)이 있다. 서애 선생 조모(祖母)의 친정 4촌. 즉 진외종조부이다. 본관 연안.

4) 정주(程朱): 송 나라 성리학자인 정호, 정이 형제와 주희(朱熹)를 가리킨다.

선생은 "백사는 도를 보는데 정밀하지 못하고, 양명의 학문은 오로지 선(禪)에서 나왔습니다. 내 생각에는 마땅히 설문청(薛文淸)[7]을 종주로 해야 할 것이오" 하였다.

여러 태학생 중에 신안(新安) 사람인 오경(吳京)[8]이 기뻐하며 앞에 나와 "요즈음 학술이 오염되어 선비들이 지향하는 바를 잃어버려서 여러 학생들의 말이 이와 같은데, 그대가 정론을 말하여 잘못됨을 내치니, 이는 이단을 깨뜨린 것으로 아는 바가 매우 깊구려"라고 하였다.

반차(반열)에 따라 줄을 섰는데, 해가 일러서 황제는 아직 나오지 않았다. 도사(도교 승려)와 승려들이 각기 자기들의 복장을 입고 5품의 서열에 늘어서 있었다. 선생이 여러 태학생들을 돌아보며 "여러분은 관장보(冠章甫: 의관을 갖춘 유자(儒者))인데 오히려 저 사람들 뒤에 있으니 어찌 욕되지 않소?" 하였으나, 여러 태학생들이 "국법이 이와 같으니 어찌하오?" 하였다. 선생은 또 서반(序班: 의전 담당 관리)에게 "우리는 비록 외국인이지만, 제대로 관직을 표시한 의관(衣冠)을 갖춰 입은 사람들인데 도사 승려들 아랫자리에 설 수 있겠소?" 하였다. 서반이 예관(禮官)에게 말하고 나서, 우리 사신의 뒤로 그 승려 무리들을 끌어다 세웠다. 이렇게 되자, 궁정을 가득채운 사람들이 서로 돌아보며 안색이 변하지 않는 사람이 없었다.

조회가 파하고, 서반이 동각(東閣) 안으로 인도하여 주식을 베풀어 대접하려 하였다. 옛날에는 우리 사신이 동각에 들어가 앉으면, 버릇없는 놈들이 미친 듯이 쳐들어와 약탈하여 죄다 가져가 버려서, 예를 제대로 갖출 수 없었다. 이때 선생이 서반에게 말하되 "술과 밥을 내려 대접하는 것은 황제의 은사인데, 듣자하니, 미친놈들이 약탈하여 예를 갖출 수 없었다 하오. 이는 황제의 은사를 미친놈 손에 내다

---

5) 왕양명(王陽明, 1472－1528): 중국 명나라 중기의 유학자, 정치가. 본명은 수인(守仁), 양명은 호(號)이다. 주자학을 배웠으나 만족치 않고, 선(禪)이나 노장(老莊)의 학설에 심취한 적도 있으나, 공맹(孔孟)의 학(學)으로 회귀하여 심즉리(心卽理), 지행합일(知行合一), 치양지(致良知), 만물일체(萬物一體)를 주장하였다. 주자학의 성즉리(性卽理)와는 대립되는 학설로 조선시대에는 이단으로 배척받았다. 제자들과 문답기록인 전습록(傳習錄)이 널리 읽혔다.

6) 진백사(陳白沙, 1428－1500): 중국 명나라 유학자. 본명은 헌장(獻章). 백사는 호이다. 주자학과는 다른 입장을 취하여, '이치를 아는 방법은 오로지 정좌침잠(靜坐沈潛)하여 몸으로 우주 이치를 인식해야 한다'고 주장하였다. 백사자전집(白沙子全集) 6권이 있다.

7) 설문청(薛文淸, 1389－1464): 중국 명나라 유학자. 본명은 설선(薛瑄). 문청은 시호(諡號)이다. 하동학파를 창시하였으며, 성리학을 바탕으로 하여 회복본성(恢復本性)을 으뜸으로 삼았으며, '리(理)는 마음에 구비되어 있고 성(性)은 곧 리(理)이다'라고 하였다.

8) 오경(吳京): 자(字) 중주(仲周), 신안(新安: 중국 안휘성 휘주부. 주희도 신안인이다) 사람. 연경(燕京)에 거주하였는데 조회(朝會) 석상에서 서로 만나 뜻이 깊게 맞았다. 서애 선생이 귀국한 뒤에도 편지를 주고받았다.

버리는 것이니, 실로 황송하여 그런 자리에 들어가지 않는 것이 낫겠소" 하니, 서반이 부끄러운 안색으로 들어가 예관에게 보고하고, 오래 있다가 나와서 하는 말이 "이번에는 반드시 그런 일이 없을 것이오" 하였다. 들어가 자리를 잡고 조용한 가운데 예를 마치고 끝내었다.

오경(吳京)이 옥하관(玉河館)9)으로 선생을 찾아왔다. 선생은 퇴계선생의 성학십도를 그에게 보여주었다. 선생이 귀국할 때가 되자, 오경이 서문(序文)과 시로써 송별하였다.

서문에서 "기사년 정월 23일 천자가 탄신한 날, 그때 공경, 백집사(百執事)와 유생, 서리는 물론 번국(藩國)10)에 이르기까지 모두 반열에 따라 차례대로 조하(朝賀)하게 되었다. 마침 홍려시(鴻臚寺)11)관리가 조선의 사신을 인도하여 오는데, 천천히 걸어서 선치문(宣治門)으로 들어와 차례대로 도열하였다. 우리 무리가 둘러서서 바라보니, 사신들의 기품이 온후하고 거동이 공손하면서 우아하며, 대체로 중국과 별로 다르지 않았다. 그리고 부사군(副使君)12)을 보니, 더욱 표표(表表)하여 무리에서 뛰어났다. 논의가 근대 이학(理學)의 명현(名賢)에 이르자, 제생(諸生)들은 왕양명(王陽明)을 종주(宗主)하는지라 그를 제일이라고 일컬었으나, 그대는 '설문청이 이학의 정파이다. 정말 양지설(良知說)13)을 잘 보았는데 이단(異端)이라서 배격하였다'라고 하였다.

시(詩)로 말한다.

> 먼 곳에서 사신으로 와서 황궁을 알현하는 자리에,
> 어찌 통역이 수고롭다고 하여 자주 묻지 않으랴,
> 경사날 현묘한 말(老莊의 말)에 의아해 하던 그대,
> 봄볕 감도는 듯 우아한 풍도 못내 존경하네.

---

9) 옥하관(玉河館): 중국 북경에 있었던 조선 사신의 유숙하던 집. 옥하(玉河)의 남쪽에 있었다.

10) 번국(藩國): 천자국(중국)의 방어 울타리 역할을 하는 나라. 즉 제후국을 의미한다. 조선은 중국에 대하여 번국이었다.

11) 홍려시(鴻臚寺): 중국 관아(官衙) 이름. 조공(朝貢)과 내빙(來聘) 업무를 관장한다.

12) 부사군(副使君): 부사(副使)의 존칭. 사신(使臣)의 존칭으로 사군(使君)이 쓰였다. 여기서는 서장관인 서애 선생을 지칭한다.

13) 양지설(良知說): 모든 인간은 선험적 인식능력(양지)를 가지고 있다는 주관적 인식론. 육상산, 왕양명 등의 학설.

원추새 반열에 고니가 낀 격이라 마음을 하소연하기 어렵더니,
압록강 기러기 날으매 시름만 더욱 새로워라.
이별한 뒤 어디에서 편지를 얻어 볼까,
숭산(崇山)에서 자나 깨나 홀로 마음 상하고 있네"

또 선생께 편지를 보내어 "지난해 대황락지세(大荒落之歲)14)에 요행히 그대를 만나 보았더니, 그때는 분주한 공무중(公務中)의 나그네로 만나 서로 문답함에 그저 한때의 특이한 말을 들었다고 여겼는데, 돌아와서도 쟁쟁한 목소리가 들리는 듯하고, 몸가짐도 떠오르며, 하신 말씀에 진실로 맛이 있었소. 멀고 먼 벽촌에도 산천의 정기가 저절로 뭉쳐서 철인(哲人)이 태어나, 도통(道統)을 크게 계승하여 한 나라를 널리 열어 구제하는 격이니, 만약 공자의 문하에 있었더라면, 칠십 제자 가운데 한 사람이었을 것이요. 그러니 대부(大夫)로 예우받게 될 것은 말할 필요도 없으리이다. 그때 진작 양단(兩端: 선악, 시비, 경중 등)에 대하여 힘을 다해 볼 겨를이 없었던 것이 한이 되었소이다. 편지를 찾아 거듭 읽어보고, 문득 경구지보(瓊玖之報: 옥같이 아름다운 글)를 영광스럽게 읽은 듯하였소. 가지런한 글이 종이에 가득하고, 옆 좌석에 앉아 주선하는 듯하여, (두 글자가 결락됨) 뒤쫓아 갈 수가 없습니다.

해가 바뀌어 작은 부채를 보내주셨는데, 은생(殷生)15)의 모습이 그려져 있지 않고, 어찌 사신 행차의 행렬이 서로 이어지다가, 마침내 쓸쓸히 멀어져 가는 모습이 그려져 있으니, 어찌 시경의 "나를 멀리하려고 금옥 같은 그대 목소리를 아끼려는 마음을 먹은 것은 아닌가?"16) (현자가 떠나려 함에 만류할 수 없어, 소식이나 서로 전하여 끊지 말기를 바람)하는 의미가 아니겠소.

마침 나의 고향사람 등군(藤君)이 집사(서애를 말함)를 교제하고 기뻐 돌아와 사람들에게 말해주며 흠앙(欽仰)하여 부러워하기 조금도 다름이 없고, 타고난 천성으로 덕을 좋아함이 진실로 그러하다고 하였소.

집사께서 이 비루한 사람을 버리지 않고 또 채소채애(采蕭采艾)17)를 아신다면

---

14) 대황락(大荒落): 고갑자(古甲子)에서 여섯 번째의 지지(地支), 즉 사(巳)를 말한다. 여기서는 기사년(己巳年)을 말한다.

15) 은생(殷生): 은호(殷浩)를 말한다. 은호와 환온(桓溫) 사이에 얽힌 고사. 두 사람 다 동진(東晉) 사람이다. 환온이 말하기를 "은호와 나는 어릴 때 죽마(竹馬)를 타고 놀던 친구 사이였다" 하였다. 여기서 죽마고우(竹馬故友)라는 말이 나왔다.

16) 무금옥이음이유하심(毋金玉爾音而有遐心): 시경 소아 백구장에 나오는 말. '나를 멀리하려는 마음으로 그대 소식을 금옥처럼 아껴 안 보내주는가?' 하는 뜻이다.

천리나 떨어져 있어도 한마음이리니 지금부터 가슴속에 같은 생각으로 길이 하표(霞表: 아름다운 약속)를 맺어 영원히 잊지 맙시다"라고 말하였다.

또 시를 지었다.

해동(海東)을 바라보며 머리 추켜들고 그리운 벗[18]을 기다리는데,
조정에서 서로 만났을 때는 높은 풍채에 읍(揖)하였소.
만나 통역으로 들었던 말은 오히려 기억나지만,
이별 후의 소식은 여태껏 주고받지 못하였소.
국경 너머 푸른 산 천리나 떨어져 있으나,
산봉우리 밝은 달은 만방이 같으리라.
그리운 마음을 시에 실어 보내옵노니,
어느 날 기러기 편으로 금옥같은 소식 부쳐주시려나.

선생은 우리나라에 돌아온 후 그 운에 따라 시를 지어 보내고, 또 화답하는 시와 [조천행] 시를 보냈다.

===
十月 以聖節使書狀官 兼司憲府監察 赴燕京
時 李靑蓮後白爲使 先生爲書狀 至遼東 道逢一漢 狂酗 亂打一行 自使以下 無不被辱
至先生 見神色不動 斂手致敬而去
旣至皇都 詣闕入自宣治門 時 太學生數百人 先已列入門內 望見先生 爭聚觀之 先生

---

17) 채소채애(采蕭采艾): 시경 왕풍 채갈장에 나오는 말. 피채소혜 일일불견 여삼추혜 피채애혜 일일 불견 여삼세혜(彼采蕭兮 一日不見 如三秋兮 彼采艾兮 一日不見 如三歲兮) (저 쑥을 캠이여, 하루 동안 보지 못하면 삼추(三秋)와 같네. 저 약쑥을 뜯음이여, 하루 동안 보지 못하면 삼년과 같네.) 멀리 떠나간 대부가 년말이 되어도 돌아가지 못하여 서울의 대부를 그리워하는 노래이다.

18) 교수춘운(翹首春雲): 교수(翹首)는 목(머리)을 빼고 기다린다는 뜻. 당(唐) 당언겸(唐彦謙)의 시에 별래객저공교수(別來客邸空翹首)(헤어진 뒤 객사에서 부질없이 목을 빼고 기다리다) 라 하였다. 춘운(春雲)은 당(唐) 두보(杜甫)의 춘일억이백(春日憶李白)에서 위북춘천수 강동일모 운(渭北春天樹 江東日暮雲)(저의 위북에는 봄빛이 싱그러운데, 그대 있는 강동에서는 해 저문 구름을 보고 있겠네요) 하여 두보가 이백을 그리워하였다. 여기서 춘운(春雲)은 그리운 벗의 뜻으로 보인다.

問 近日 中朝道學之宗 皆曰 宗師程朱 先生曰 此則固然 但未知本朝名儒 當以何人爲
主耳 衆皆相視良久曰 王陽明 陳白沙 先生曰 白沙見道未精 陽明之學專出於禪 吾意
當以薛文淸爲宗耳 諸生中有新安人 吳京者 喜而前曰 近日 學述汚舛 士失趨向 故諸
生之言如此 而君乃發正論 斥其非 是深有見於闢異端矣

及序立班次 日尙早 皇帝未出 見有道士及僧徒 各服其服 序於五品之列 先生顧謂諸生
曰 諸君冠章甫 而反居彼後 寧無辱乎 諸生曰 國法如此奈何 先生又謂序班曰 吾輩雖
外國人 豈可以衣冠之身 次於道釋之下乎 序班言於禮官 引其流 立我國使臣之後 於是
滿庭之人 莫不回顧動色
朝罷 序班引入東閣之內 設酒食 以餉之 舊時 我使旣入坐 有狂漢 闌入搶掠率多 不得
成禮 至是 先生言於序班曰 命饋酒飯 是皇帝恩賜 而聞爲狂漢所搶 不得成禮 是 皇帝
恩賜委之於狂漢之手 實爲未安 不如不入 序班有慚色 入報禮官 久之出曰 今則必無此
事 因引入就位 從容成禮而罷

吳京訪先生於玉河館 先生以退溪先生聖學十圖示之 及先生還 吳京以序及詩送之 序
略曰 己巳正月 念有三日 實惟聖誕之辰 于時 無論公卿百執事 暨儒生胥吏 以至藩夷
皆得隨班 朝賀 適鴻臚寺賓 引朝鮮國使 緩步 從宣治門入 序立 吾儕環而觀之 其人溫
厚 其儀恪恭閑雅 大都無異中國 乃副使君則尤表表出類者也 至論近代理學名賢 諸生
宗王陽明者 卽首稱之 君曰 薛文淸理學正派也 誠有見於良知之說 闢於異端矣云云
詩曰

遙持使節謁楓宸
譯語何勞詢問頻
已訝玄譚開麗日
却憐丰度發陽春
鵷班鵠立情難訴
押水鴻飛恨轉新
別後音書何處寄
神嵩夢寐獨傷神

其後 又以書遣先生曰 昔在大荒落之歲 幸逢晤對彼 其時紛華旅集 相與咨詢 只以資一

時異聞耳 退而聆其音旨 想其儀容 誠有味乎其言之也 卽遐陬僻壤 固自有山川間氣萃
鍾 哲人丕繼道統 以弘開濟於一邦 若在孔門 卽七十子其人 而大夫禮之徒不論耳 爾其
時 曾不暇竭其兩端 有遺恨焉 尋以尺牘申之 輒辱瓊玖之報 秩秩盈楮 奉以周旋 如臨
几席(二字缺) 蹤跡之睽絶也 閱歲轉致小箋 得無作殷生狀 何使者冠蓋相望 竟屬寥寥
豈金玉其音 而有退心乎 適吾鄉 藤君交執事 懽歸而語人 歆艶無異區區 秉彝好德 信
同然耳 而云執事不遺鄙人 乃知采蕭采艾 千里同心 自今 靈虛一念 永締霞表 永久不
忘云云
又詩曰

翹首春雲望海東
朝端邂逅挹高風
晤時譯語猶能記
別後音書未可通
塞外蒼山千里隔
峯頭明月萬方同
相思賴有詩堪贈
何日瑤篇寄便鴻

先生旣東還 次其韻寄贈 後又有贈和詩及朝天行

11 경연(經筵)에 참석하다, 29세

선조 3년(1570) 경오

3월 연경에서 돌아왔다.

　퇴계 선생께서 선생의 편지에 회답하기를 "평생을 김치독 같은 작은 나라에 살면서 바깥세상을 널리 가보지 못하여, 사신들이 돌아올 때마다 부러움을 금할 길 없었네. 하물며 그대가 돌아옴에 회포가 어찌 적을 수 있으랴. 지금 경사(연경)를 보고 오니 사방 곳곳에 명성이 자자하네. 중국 선비들의 가진 학술이 저와 같이 오염되었으니 이것이 하늘의 뜻인지 아니면 사람들이 저지른 것인지 알 수 없네. 육상산(陸象山)의 선학(禪學)[1]이 천하에 넘쳐 퍼짐이 이와 같으니 사람들로 하여금 큰 한탄을 그칠 수 없게 하네. 그러나 연경에 다녀온 자가 많은데 능히 그런 사람들을 만나 이러한 화두(話頭)를 말한 일은 없었네. 그대가 능히 수백 태학생을 만나 이러한 정론을 발표하고 그들의 미혹을 점검하였으니, 쉽게 해낼 수 있는 일이 아니네"라고 하셨다.

홍문관 부수찬(정6품), 지제교 겸 경연 검토관, 춘추관 기사관에 특별 임명되고, 수찬(종5품)으로 승진하였다.

　선생은 경연에서 귀신에 관하여 강(講)을 한 적이 있었다. 한 가지 비유를 들어 말하되 "맑은 날 천지간에 구름 한 점 없다가 홀연 음양의 기운이 감응해 산천에서

---

1) 육상산(陸象山)의 선학(禪學): 육상산(陸象山, 1139－1192) 남송(南宋)의 유학자(儒學者). 본명은 구연(九淵). 호 상산. 시호 문안(文安). 정호(호: 명도), 정이(호: 이천)의 학문을 계승하였다. 주자(朱子)와 대립하여 중국 전체를 양분(兩分)하는 학문적 세력을 형성하였다. 주자가 도문학(道問學: 問學第一)을 존중하고 성즉리설(性則理說)을 주장한 데 반하여 존덕성(尊德性: 덕성제일)을 존중하고 심즉리설(心則理說)을 제창하였다. 성리학측에서는 그의 사유적(思惟的) 특징으로 인하여 선학(禪學)이라 비판하였다.

구름이 생겨 잠깐 사이에 천지에 가득 차고, 우뢰가 울리면서 비가 쏟아지고 괴이한 일이 많이 벌어지다가, 조금 지난 뒤 비가 그치고 휑하니 아무 일도 없는 것처럼 되는데, 이것은 구름 기운이 흩어져 한 곳에 숨어 있다가 때맞추어 나타난 것이 아닙니다.

자손된 사람이 제사 지낼 때 성심으로 감창(感愴)하여 조상의 기운을 부르면 양양(洋洋: 훌륭한 모습)하게 나와 계신 것도 바로 그러한 이치이며, 다시 아무 일도 없었던 듯한 상태로 돌아갑니다. 이른바 '정성(精誠)이 있으면 대상(神)이 있고 정성이 없으면 대상도 없다'는 것입니다"라고 하였다.

임금께서 천수(天數: 하늘의 이치)와 인사(人事: 세상 사람 세계의 이치)에 관하여 물었는데, 선생은 대답하기를, "비유하자면 천수는 한서(寒暑: 추위나 더위)와 같고, 인사는 구갈(裘葛 : 털가죽 옷, 삼베 옷. 즉 의복)과 같습니다. 추위나 더위는 비록 인력으로 바꿀 수 없지만, 의복이 갖추어지면 추위를 견딜 수 있고, 기후로 괴로움 당하지 않습니다. 성인께서 오로지 인사만 말씀하시고 천수는 말하지 않는 것은 바로 이 때문입니다"라고 하였다.

선생은 옥당(홍문관)에 오래 있었는데, 세상사에 분개하여 임금의 마음을 바로잡는 것을 자기의 임무로 삼았다. 매번 입대(入對: 대면)할 때마다 반드시 마음을 깨끗이 하고 성의를 다하여, 아는 것은 말씀 올리지 않음이 없고, 말을 하면 간절하지 않음이 없어, 의리를 개진하고 정밀하게 분석하여 자신을 수양하며, 사람을 쓰는 모든 방법과 마음을 보존하여 나아가 다스리는 방법을 경전을 뒤지고 고금의 사례를 끌어대어 명백 통쾌하고, 자세하고 간절하게 말씀드리니, 임금께서 매번 칭찬을 더하시며 장래 유망하게 여기고 더욱 공경하며 경탄(敬歎)하였다.

당시의 사대부들도 모두 강관(講官) 중에서 제일이라고 추켜올렸다. 매번 경연을 끝내고 나오면 부제학 류희춘(柳希春)[2]공이 돌아보고 감탄하여 "어려운 일을 하도록 채근하고[責難] 좋은 일을 권면하기[陳善]가 수찬보다 나은 사람이 있을까?" 하였다.

하루는 경연 자리에 입시(入侍)해 있는데, 강(講)이 끝난 뒤 정승 이준경(李浚慶)

---

2) 류희춘(柳希春, 1513 – 1577): 호 미암(眉巖). 문과. 수찬, 정언 역임하였다. 양재역(良才驛) 벽서사건(壁書事件)으로 제주도로 유배되었다가, 종성(鍾城)으로 옮겨 19년 동안 유배되었다. 선조 즉위로 풀려나 부제학, 이조 참판을 역임했다. 좌찬성에 추증. 널리 경전에 통하였다. 시호 문절(文節) 저서에 미암일기, 속몽구, 역대요록 등. 신증유합(新增類合)은 한자교육입문서로 또 국어사(國語史) 연구에 귀중한 자료이다. 본관 선산. 해남(海南) 출신. 김안국 문인.

이 임금께 말씀 올리기를 "오직 대신이라야 사람을 천거할 수 있고, 임금이라야 사람을 쓸 수 있으며, 또 사람을 쓰는 방법에는 차례가 있어서 건너뛰어서는 안 됩니다. 저 백인걸(白仁傑)3)은 어떤 자이기에 감히 차례를 넘어 박점(朴漸)4)을 천거 발탁하여 갑자기 6품으로 승진시킨다는 말입니까? 조정의 인사권을 어찌 사람마다 가져서 멋대로 할 수 있겠습니까?" 하고서 박점의 소행이 좋지 못하다고 극언하였다.

선생이 앞으로 나아가 "박점의 사람 됨됨이는 제가 모릅니다. 수상의 말과 같다면 박점은 등용해서는 안 됩니다만 수상의 말도 잘못을 면할 수 없습니다. 만약 백인걸이 과연 현인을 얻었다면 벌써 재상 반열에 있으니 어찌 감히 천거하지 못할 이유가 있습니까? 임금께서 반드시 스스로 직접 알아야 쓸 수 있다면, 저 아래쪽에 있는 현인을 임금께서 다 알 수 없는 일이니, 그러면 앞으로 등용되는 자는 적고 등용되지 못하는 자가 많을 것입니다. 현인을 내버려 두고 등용치 못하는 근심이 반드시 이 때문에 생겨날 것입니다" 하였다.

퇴청(退廳)한 뒤에 이 정승이 사람들에게 말하기를 "류모(柳某)가 나의 잘못을 말하였는데 그 말이 매우 옳다. 이렇게 말하는 것은 쉬운 일이 아니다" 하였다.

선생은 말과 웃음이 적고, 평소에 실없는 말이나 행동이 없었다. 옥당에 있을 때는 언제나 손에 책을 들고 있었다. 때때로 눈을 감고 단정히 앉아 곁에서 시끄럽게 굴어도 못 듣는 척하였다. 그러나 의론을 말하는 때에는 선악의 분별을 확실히 하면서도 자신을 지나치게 미화하는 말을 입에 올린 적은 없었다.

휴가를 얻어 청주로 근친하고 얼마 안 되어 조정에 돌아왔다.

가을에 사가독서(賜暇讀書)5) 하다.

독서당(讀書堂)은 동호(東湖 : 현 서울 성동구 옥수동)에 있으며, 곧 나라에서 인

---

3) 백인걸(白仁傑, 1497-1579): 호 휴암(休菴). 문과. 예조좌랑. 을사사화 때 반대하다 투옥되었다(후대에 널리 칭송받았다). 양재역 벽서사건으로 영변으로 유배. 선조 때 대사간, 우참찬. 시호 문경(文敬). 본관 수원. 조광조 문인. 저서 휴암집이 있다.

4) 박점(朴漸, 1532-?): 호 복암(復庵). 문과. 홍문관 부수찬, 황해감사, 도승지, 이조참의 역임하였다. 본관 고령.

5) 사가독서(賜暇讀書): 임금의 특별허가를 받아 독서당에 들어가 경서를 읽게 되는 일었다. 이 과정을 거치지 않으면 제학(提學)을 하였어도 대제학(大提學)이 될 수 없었다. 홍언필(洪彦弼)의 제학 사퇴소에 "나는 동학당(東學堂: 독서당)을 거치지 않아 대제학이 될 수 없으니"라고 나온다.

재를 기르는 곳이다. 문학의 선비를 엄선해 충원(充員)하여 윤번으로 독서하게 하였다. 뽑힌 사람들은 홍문관 관리가 되는 것에 견주며 영광으로 여겼다.

사간원 정언(정6품)으로 임명되었다.

12월에 퇴계 선생의 부고(訃告)가 이르러 곡(哭)을 하였다.
　초기에 학봉(鶴峯: 김성일)이 가장 먼저 계문(溪門, 퇴계선생 문하)에 유학(遊學)하였다. 먼 지방 선비들이 많이 학봉을 통하여 선생을 알현하였기 때문에 이날 여러 문하생들이 그 집(학봉의 서울집)에서 곡을 하였다.

이조 좌랑(정6품)으로 임명되었다.

==

四年 庚午 (先生 二十九歲) 三月 回自燕京

退溪先生 答先生書 略曰 一生醯甕 不作觀周之行 每有槎客之還 健羨難禁 矧於公還 此懷何限 今 以辱示觀之京師 四方之極 聲名 所華士習學術 汚舛如彼 不知 是天然耶 抑人實爲之 陸禪懷襄於天下 乃如是 令人浩歎不已 然 入燕者數多 能遇此等人 作此 等話頭者 亦無 幾公能遇數百諸生 發此正論 點檢其迷 不易得也

拜弘文館副修撰 知製敎 兼經筵檢討官 春秋館記事官 陞修撰

先生於經筵 嘗講鬼神之理 啓以一譬喩曰 當晴日 天地間固未有一點雲氣 忽然 陰陽氣 感 山川出雲 頃刻之間 彌滿 雨間 雷霆震擊 雨澤流注 神怪萬變 少頃 雨止則又廓然 歸於無物 非將此已散雲氣 藏在一處 時出用之 人之子孫 當祭祀之時 以誠感召祖考之 氣 洋洋如在 固有其理 還復乎無 所謂有誠則有物 無誠則無物也

上嘗問天數人事之說 先生對曰 譬之 天數寒暑也 人事裘葛也 寒暑 雖不可以人力而使 之移易 裘葛備 則可以禦寒暑 而不爲寒暑所困 聖人專言人事 而不言天數者 以此也 先生久在玉堂 慨然 以格君心 爲己任 每入對之際 必精白一心 積其誠意 知無不言 言 無不切 開陳義理 剖析精微 凡修己用人之道 存心出治之法 出入經訓 援引古今 明白 痛快 委曲懇惻 上每加稱賞 有望之 起敬之歎 一時士大夫 皆推爲講官第一 每經筵罷

出 副提學柳公希春 顧而歎曰 責難陳善 安有過於修撰者乎

一日 入侍經席 講畢 李相浚慶啓曰 惟大臣爲能薦人 人君爲能用人 而用人之道 又有次序 不可躐等 彼白仁傑何人 何敢越次 而薦擢朴漸 驟陞六品 朝廷用人之權 豈人人所可得 而操弄者乎 仍極言朴漸所行不善 先生進曰 朴漸爲人 臣所不知 若首相言 漸固不足取 而首相之言亦未免有病 使白仁傑果得賢人 則旣在宰列 有何不敢薦之理乎 又必待人君自知而用之 則賢人在下 上無以盡知 將見 見用者少 而不見用者多矣 遺賢之患 必將因此而起矣 旣退 李相語人曰 柳某開陳吾失 其言甚是 是不可易云

先生寡言笑 平居無戲言戲動 其在玉堂 手不釋卷 時或暝目端坐 雖醉鬧在傍 若不聞者 然 至其論議之間 雖明乎善惡之辨 而溢美己甚之言 未嘗出諸口

乞暇趨覲淸州 未幾還朝

秋 賜暇讀書 堂在東湖 乃國家儲養人材之地 極選文學之士 以充之 輪番讀書 與其選者 榮比登瀛云

拜司諫院 正言

十二月 退溪先生訃至 哭之 當初 鶴峯最先遊於溪門 而遠方人士多因以得見 故是日與諸及門者哭之於其室 拜吏曹佐郎

서애(西厓)에 서당으로 쓸 집터를 잡다, 30세

선조 4년(1571) 신미

휴가를 얻어 청주로 근친하였다.

3월에 퇴계선생을 예안(禮安)에서 회장(會葬)[1]함에 참여하였다.

조정에 돌아오자 병조 좌랑(정6품)에 임명되었다.

하루는 병조의 청사에서 숙직하는데, 밤중에 놀란 군중이 서로 고함치며 싸우면서 멀리서부터 가까이 오니, 참지(參知) 이모(李某)도 역시 놀라서 뛰어나가 주먹으로 하인들과 서로 치고받았다. 선생이 편안히 누워 동요하지 않으니 이윽고 군중들은 스스로 안정되었다.

6월에 종숙부 대헌공(大憲公)[2]이 별세하여 장단(長湍)에 가서 곡(哭)을 하였다. 그때 대헌(大憲: 대사헌)공은 평안감사로 있다가 병으로 체직(遞職, 사직)하고 돌아오는 도중에 병사(病死)하였다. 선생은 부음을 받자 즉시 갔는데 그때 자녀들이 마마를 앓아 실인(室人)이 빈소에 가는 것을 말렸으나 제지할 수 없었다.

---

1) 회장(會葬): 일반적으로 장례에 참석한다는 뜻이지만 조선시대 왕 및 왕실과 대신의 장례에 조정 백관이 참석하는 제도를 말한다. 대신의 경우 임금의 특지(特旨)를 받아 행하였다. 경국대전 예전 상장(喪葬) 조(條) 약거애회장 즉유특지내행(若擧哀會葬 則有特旨乃行).

2) 대헌공(大憲公): 서애 선생의 종숙(從叔)이신 류경심(柳景深) 공을 가리킨다. 그가 대사헌(大司憲)을 역임한 바 있어 대헌공이라 부른다. 류경심(1516-1571), 호 귀촌(龜村). 문과. 중시(重試)에서 장원(壯元). 예조좌랑. 양재역 벽서 사건에 연루되어 파직되었다. 회인현감으로 서용(敍用)되어 정주 목사로 부임하였을 때 윤원형의 사사로운 개간사업에 주민을 동원해 달라는 부탁을 거절하고 함경도 종성 부사로 쫓겨났다. 광주 목사, 북병사, 대사헌을 역임하였다. 다시 북방의 상황을 안정시키기 위한 적임자라고 병중(病中)임에도 차출되어 평안도 관찰사에 임명되어 부임 도중 장단에서 병사(病死)하였다. 저서 귀촌집.

가을에 휴가를 얻어 안동으로 근친하였다.

그리고 종숙부 대헌공을 금계³⁾에서 회장(會葬)에 참여하였다.

낙동강 서쪽 물가 언덕[西厓]에 서당으로 쓸 집터를 잡았다.

물러나서 학문과 수양하는 곳으로 삼을 집을 지으려 하였으며, 이 일로 말미암아
서애(西厓)라고 자호(自號: 스스로 호를 지음)하였다. 뒤에 터가 좁아 짓지 못하고,
그 언덕을 상봉대(翔鳳臺)⁴⁾라고 이름 지었다.

===

五年 辛未 (先生 三十歲) 乞暇趨觀淸州 三月 會葬退溪先生于禮安　還朝 拜兵曹佐郎
一日 入直內兵曹 夜 驚衆相叫號 博擊自遠而近 參知李某亦驚惶走出 張拳與下人相擊
先生安臥不動 旣而衆自定
六月 哭從叔父大憲公于長湍 時 大憲公爲平安監司 以病遞歸 卒于道 先生聞訃卽往
時 子女方患痘疾 室人拘忌 不欲赴喪次 亦不敢止之 秋 乞暇歸覲安東 仍會葬從叔父
大憲公于金溪
卜得書堂地於洛水之西厓 欲築室 爲藏修之所 因以西厓自號 後 以地狹不果 作名其厓
曰 翔鳳臺

---

3) 금계(金溪): 안동시 서후면에 있는 지역으로 속칭 검제라고도 한다. 학가산의 지맥인 천등산의
   남쪽 지역으로 금계천이 흐르고 주변에 20여 개 작은 부락이 흩어져 있다. 그중 풍산 류씨 산
   소 자리는 능곡(陵谷)이라 부른다.

4) 상봉대(翔鳳臺): 하회마을에서 강 건너편 서쪽 언덕(西厓)을 봉(鳳)이 날아오르는 형국이라 하
   여 부른 이름. 서쪽 언덕이므로 서애 선생께서 서애(西厓)라 자호(自號)하였다. 현재 여기에 상
   봉정이 세워져 있다.

13 동고유차(東皐遺箚),
이준경(李浚慶)의 삭탈관작을 반대하다, 31세

선조 5년(1572) 임신

봄에 또다시 홍문관 수찬[1]에 임명되고 겸직은 그대로였다.

영중추부사 이준경 공이 죽음을 앞두고 유소(遺疏)를 올렸다. 그 대략은 조정 신하들이 점점 붕당을 만들고 있다는 말이었다. 임금께서 대신 권철,[2] 홍섬[3] 등을 불러, 그 상소를 보이며 묻기를 '조정에서 붕당을 짓는 자가 누구냐'고 하였다. 조정 밖에서는 논의가 흉흉하여, '이 정승이 사류(士類)를 해치려고 붕당한다는 말로써 임금의 귀를 그르치고 있다' 하였고, 삼사(三司 : 사헌부, 사간원, 홍문관)에서 각기 차문(箚文)[4]을 올려 따지었다.

그때 선생은 옥당에서 당직하고 있었는데, 부제학 류희춘 공이 밖에서 홍문관으로 들어와 동료들을 모아서 차문(箚文)을 올리자고 하면서 선생에게 기초하도록 위촉하였는데, 다만 시비를 진술하기만 하고 말의 뜻은 평온하게 하라고 하였다.

이날 독서당관(讀書堂官)인 이조정랑 정철[5]과 사인 홍성민[6] 등이 중추부에 와

---

1) 수찬(修撰): 홍문관 정6품 관직. 정원은 2인이다. 문한(文翰: 편찬)을 담당하고 왕의 자문에 응하며 왕의 명령이나 글을 대신 짓는 관직으로 지제교(知製敎)를 겸하였다. 경연에서는 검토관을 담당한다. 중요한 청직(淸職)이었다.

2) 권철(權轍, 1503-1578): 호 쌍취헌(雙醉軒) 문과. 이조좌랑, 도승지, 영의정. 시호 강정(康定) 본관 안동. 권율(權慄)의 아버지.

3) 홍섬(洪暹, 1504-1585): 호 인재(忍齋). 문과. 대사헌, 대제학, 이조판서, 우의정, 좌의정, 3번이나 영의정을 역임하였다. 시호 경헌(景憲) 서서 인재집, 인재잡록. 본관 남양. 홍언필(洪彦弼)의 아들. 조광조 문인.

4) 차문(箚文): 일정한 격식은 갖추지 않고 간단히 사실만을 기록하여 올리는 상소.

모여 또한 차문을 올리려고 하며, 하리(下吏)를 연이어 선생께 보내어 모이자고 재촉하였다. 선생이 직제학 윤근수,[7] 전한 정유일[8]과 함께 옥당에서 독서당으로 가서 만났다. 정철이 목청을 높여 말하되, 마땅히 이공(李公)의 관작을 추탈(追奪)해야 하며, 임금께 주청하자고 하였다. 그때 그의 명성이 심히 높아서 좌중의 사람들은 서로 쳐다보며 말을 못 하였다.

선생은 "대신이 죽음에 임하여 유소를 올렸는데, 말이 부당하면 시비를 가려 판단하여 임금의 귀를 열어드리는 것은 옳지만, 어찌 관직을 추탈하는 것이 도리이겠는가?" 하니, 정철이 불끈하며 "당신은 어찌하여 이해(利害)를 고려하는가?" 하였다.[9]

선생은 탄식하며 "내 한 몸 이해야 진실로 돌아보지 않으나, 조정에서 일을 의론할 때, 나라의 이해를 또한 돌아보지 않아야 하는가! 지금 만약 삭탈관직을 청한다면 나는 국체(國體: 나라 체모)에 해로움이 있을까 두렵소"라고 하였다.

홍성민은 정철의 주장을 따르고, 정전한은 선생의 의론을 따르며, 윤근수는 눈치를 보며 가타부타 말이 없었다. 선생은 이치에 맞게 바른말을 하여, 오래도록 다투었으며 (그들의) 뜻을 빼앗을 수 없었다.

마침내 정전한을 시켜 상소를 짓게 하였는데, 심한 말은 없도록 하였다. 후에 정철이 정승 박순에게 말하기를 "정자중(정유일)이 삼년상을 치르며 많이 진보한 줄 알았는데, 지금 보니 논의가 예전만 못하다"라고 하였다. 그가 선생의 의론을 따른 것을 한스럽게 여긴 것이다.

선생은 일찍이 "만일 그때 다른 의론이 실행되고 제재(裁制)도 받지 않아, 이 정

---

5) 정철(鄭澈, 1536-1593): 호 송강, 이이, 성혼과 교유. 문과. 강원도 관찰사. 우의정 때 정여립 모반사건의 위관(委官: 담당관)이 되어 동인(東人) 세력을 탄압. 좌의정 때 건저사건(建儲事件)으로 강계(江界)로 유배되었다. 임진왜란 때 의주(義州)로 호종하였다. 도체찰사로 강화도에 주둔하다가 사망하였다. 시호 문청(文淸). 본관 연일. 기대승, 김인후 문하생. 저서 송강집, 송강가사.

6) 홍성민(洪聖民, 1536-1594): 호 졸옹(拙翁) 문과. 부제학, 예조판서, 대사헌. 대제학, 호조판서 시호 문정(文貞) 본관 남양. 저서 졸옹집.

7) 윤근수(尹根壽, 1537-1616): 호 월정(月汀) 문과. 부제학. 성절사(聖節使)로 명나라를 다녀올 때 대명회전전서(大明會典全書)를 가져왔다. 종계변무의 공으로 광국공신 해평부원군이 되었다. 정철이 건저문제로 유배될 때 삭탈관직되었다. 임진왜란 때 예조판서로 복직. 호성공신 2등이 되었다. 시호 문정(文貞) 본관 해평. 윤두수의 아우. 퇴계문인. 저서 사서토석(四書吐釋).

8) 정유일(鄭惟一, 1533-1576): 호 문봉(文峯) 문과. 이조좌랑, 대사간, 승지. 본관 동래. 퇴계문인. 안동 출생. 퇴계학설을 추종 발전시켰다. 저서 문봉집.

9) 이이, 정철 등 서인들은 선생이 이해(利害)를 따지고 있다고 주장했다.

승이 죽은 뒤 삭탈관직을 면치 못하도록 했다면, 당시 정치에 미치는 영향은 이루 다 말할 수 없었을 것이다. 이것이 바로 고인(古人)이 경박한(급진적인) 사람을 쓰는 것을 경계한 까닭이다"라 하였으며, 또 말하기를 "이로부터 정철의 의론이 정론에서 벗어나는 것을 알았다"라고 하였다.

임금께서 일찍이 경연에서 여러 신하에게 물으시되 "나는 어떤 임금 같은가?" 하니, 정이주(鄭以周)10)가 대답하기를 "전하께서는 요순(堯舜)같은 임금입니다" 하였는데, 김성일(金誠一)이 "요순도 될 수 있고, 걸주(桀紂)도 될 수 있습니다"라고 하였다.

임금께서 노(怒)하여 안색이 변하는지라, 경연에 참석한 사람들이 벌벌 떨었는데, 선생이 앞으로 나와서 "두 사람 말이 모두 옳습니다. 요순 같다는 말은 임금이 그렇게 되도록 인도하는 말이고, 걸주로 비유한 것은 그렇게 되지 않도록 경계한 말입니다. 임금을 사랑하지 않음이 없습니다" 하니, 임금은 기뻐하여 안색을 펴며 신하들에게 술을 내리고 끝내었다.

9월에 원접사11) 종사관이 되어 만력황제(萬曆皇帝)12) 등극(登極) 반조사(頒詔使)13)를 의주(義州)에서 맞이하였다.

그때 판서 정유길14)이 원접사였고, 사인 정유일, 정(正: 정3품. 관청 이름은 모름) 권벽15)과 선생이 종사관이었다. 수창(酬唱)한 여러 편의 시가 있다.

돌아오는 길에 부친의 병으로 일행에서 떨어져 나와 급히 근친하였다.

---

10) 정이주(鄭以周, 1530−1583): 호 성재(惺齋) 문과. 예조정랑, 성절사 서장관, 정주목사. 본관 광주(光州). 저서 성재집.

11) 원접사(遠接使): 중국 사신을 멀리 국경에서 맞이하는 임무를 띤 임시벼슬.

12) 만력황제(萬曆皇帝): 명나라 신종(神宗) 황제(재위, 1573−1620). 임진왜란 당시의 황제.

13) 반조사(頒詔使): 황제의 조서(詔書)를 전달하러 오는 사신.

14) 정유길(鄭惟吉): 1515−1588, 호 임당(林塘), 영의정 정광필의 손자, 김상헌(金尙憲)의 외조부. 문과 장원. 이황, 김인후와 함께 사가독서. 부제학, 도승지, 홍문관대제학, 이조판서, 좌의정. 본관 동래. 충효와 근신을 근본으로 삼고 도량이 넓었으며, 포용력이 강하였다. 큰일을 당해 대의로 과감히 결단하였다. 시문, 서예에도 능하였다. 저서 임당유고.

15) 권벽(權擘, 1520−1593): 호 습재(習齋), 문과. 예조 참의. 강원도 관찰사. 본관 안동. 시인 권필(權韠)의 부친. 시문(詩文)이 높은 경지에 이르러 오랫동안 문한(文翰)을 주관하고 외교문서를 전담하였다. 노수신, 정유길로부터 높은 평가를 받았다. 저서 습재집 8권.

===

六年 壬申 (先生 三十一歲) 春 又拜弘文館修撰 兼如故 領中樞府事 李公浚慶 臨終上
遺疏 大槩 以朝臣朋黨之漸爲言 上召大臣權轍洪暹等 示其疏 因問朝廷朋黨者爲誰 外
議洶洶 謂李相欲害士類 以黨說 誤上聽 三司各上箚論之 時 先生直玉堂 副提學柳公
希春 自外到館中 會同僚 欲上箚 屬先生起草 但開陳是非 語意平穩 是日 讀書堂官吏
曹正郎 鄭澈 舍人 洪聖民等 來會于中樞府 亦欲上箚 連遣下吏催先生 先生自玉堂 同
直提學尹根壽典翰鄭惟一 出赴書堂會 澈盛氣言 當請追奪李公官爵 澈時名甚盛 座中
相視無語 先生曰 大臣臨終獻遺疏 言不當則卞其非是 以開上聽 可也 豈有追奪官職之
理乎 澈怫然曰 君何顧利害也 先生歎曰 一身利害固不可顧 旣爲朝廷議事 國之利害亦
不可顧耶 今若請削奪則 吾恐於國體有害也

洪從澈 鄭典翰從先生議 尹依違無可否 然 先生言理直 良久爭之 不能奪 遂令鄭典翰
製疏 而無已甚語 後 澈言于朴相淳曰 吾謂鄭子中居憂三年 頗長進 今觀 論議 不如前
日云 蓋恨其從先生議也 先生嘗曰 若使其時異議遂行 無所裁制 使李相未免削職於身
後 則其爲時政之累 可勝言哉 此古人所以戒用浮薄之士也 又云 自是知澈論議乖當云)
上嘗於筵中問群臣 子何如主 鄭以周對曰 殿下 堯舜之君也 金誠一曰 可以爲堯舜 可
以爲桀紂 上怒 動色改 坐筵中震慄 先生進曰 二人之言皆是也 堯舜之對 引君之辭也
桀紂之喻 警戒之言也 無非愛君也 上悅 爲之改容 命賜群臣酒而罷)

九月 以遠接使從事官 迎萬曆皇帝登極頒詔使 于義州 時 鄭判書惟吉爲使 鄭舍人惟一
權正擘 及先生 爲從事官 有唱酬諸作 還路 以親病 落後趨覲

14 부친상(父親喪), 시묘살이, 32~34세

선조 6년(1573) 계유, 중국에서는 명나라 신종 만력 원년(선생 32세)

4월에 아들 위(褘)가 출생하였다.

6월에 다시 이조 좌랑(정6품)에 임명되었다.

7월 신묘일에 관찰공께서 돌아가셨다.

　관찰공께서는 6월부터 뇌후종(腦後腫)을 앓아, 증세가 날로 심해졌다. 선생은 주야로 곁에 모시어 허리띠도 풀지 못하고, 눈도 붙이지 못하였으며, 때때로 입으로 종기 고름을 빨아내었다. 하루는 소고(嘯皐) 박승임(朴承任)[1]이 문병하러 왔는데, 관찰공께서 선생에게 접대하라고 명하여 선생이 나가서 증세를 말하는데 슬피 울먹여 말이 제대로 되지 않았다. 소고가 차마 보지 못하고 부축해 들어가게 하였다.

　급기야 변을 당하자 너무 슬퍼하여 물 한 모금도 넘기지 못하니, 보고 눈물을 흘리지 않는 이가 없었다. 8월에 관(棺)을 모시고 배로 남쪽 고향으로 내려왔다. 12월 갑신일에 천등산 금계 언덕에 장사지내고 그날로 하외로 반곡(返哭)[2]하였다.

　상례(喪禮)를 치르는 데에는 한결같이 주문공(朱文公: 주자) 가례(家禮)에 따랐다. 장례 전에는 조석(朝夕)으로 쌀 몇 홉을 나누어 죽을 쑤어 마셨을 뿐으로, 일년이 다되도록 소금과 채소를 먹지 않아 파리해지고 뼈가 약해져 서 있어도 걸을 수 없었고, 성묘하기 위하여 산소에 오르내릴 때 사람이 반드시 부축해야 했으며,

---

1) 박승임(朴承任, 1517－1586): 호 소고(嘯皐) 본관 반남. 경상도 영주(榮州) 출신. 퇴계문인. 문과. 이조좌랑. 윤원형의 미움을 받아 은퇴하여 학문에 힘썼다. 도승지, 경주부윤, 황해도관찰사, 대사간. 저서 소고문집, 성리유선(性理類選) 등.
2) 반곡(反哭): 장지(葬地)로부터 집으로 돌아와 신주(神主)와 혼백 상자를 영좌(靈座)에 모시고 곡(哭)하는 예식.

상사(喪事)에 관한 것 외에는 말하지 않았다. 목사공(겸암공) 과 함께 초하루 보름마다 궤연(几筵)3)에 전(奠: 술잔)을 올리고, 묘 곁을 교대로 지켰으며, 비록 날씨가 매우 춥든 덥든 반드시 아침저녁으로 성묘를 거르지 않았다.

일찍이 사람들에게 말하기를 "사람의 자식으로서 잠깐이라도 어버이를 잊으면 곧 불효가 되는 것이다"라고 하였다. 3년 동안 상복을 벗은 적이 없고 날이 밝도록 앉아있으며 옷 하나로 겨울을 지나는데 비록 바람이 차고 큰 눈이 와도 옷을 껴입지 않았다.

선조 7년(1574) 갑술(선생 33세)

부친 3년 상(喪) 2년차

선조 8년(1575) 을해(선생 34세)

9월에 3년 상(喪)을 마쳤다.

홍문관 부교리(종 5품)에 임명되었으나 부임하지 않았다.

겨울에 이조 정랑(정 5품)에 임명되었으나 또 부임하지 않았다.

===

神宗 萬曆 元年 癸酉 (先生 三十二歲) 四月 子 襈 生 六月 復拜吏曹佐郎 七月辛卯 丁觀察公憂 觀察公 自六月得腦後腫 症勢日劇 先生晝夜侍側 衣不解帶 目不交睫 常吮腫 出其膿血 一日 朴嘯皐承任來問 觀察公命先生謝之 先生出 言症勢 悲號嗚咽 不能成言語 嘯皐不忍見 扶攜入送 及遭變 哀毁痛疾 勺水不入口 見者 莫不爲之流涕

八月 奉櫬 乘船南下 十二月 甲申 葬于天燈山金溪之原 是日返哭于河隈 居喪 一依 朱文公家禮 葬前 以米數合 中分爲粥 朝夕以歠 朞年不進鹽菜 羸毁骨 立不能行步 省 墓登降之際 必須人扶 非喪事不言 與牧使公 每朔望 同奠几筵 後 遞守墓側 雖祈寒暑 而必朝夕省墓不廢 嘗謂人曰 人子 一刻忘親 卽爲不孝 三年之內 未嘗解衰経 坐而達

---

3) 궤연(几筵): 영궤(靈几)를 설비해 놓은 곳.

曙 以一衣過冬 雖風寒大雪 亦不襲著

二年 甲戌（先生 三十三歲）

三年 乙亥（先生 三十四歲）九月 服闋 拜弘文館副校理 不赴 冬 拜吏曹正郎 又不赴

15 다시 조정으로 돌아오다.
어머니 봉양을 위해 사직을 청하다, 35세

선조 9년(1576) 병자

정월에 홍문관 교리(정5품)에 임명되어 부름을 받아 길을 나섰다가 사직하고 돌아왔다.

임보 김홍민,[1] 창원 김홍미[2] 형제가 찾아와서 상주에서 만났다. 증별시(贈別詩)가 있다.

원지정사가 완성되었다.

원지정사는 마을 북쪽 숲 사이에 있는데 모두 다섯 칸이다. 동쪽은 당(堂: 마루)이 되고, 서쪽은 재(齋: 방)가 된다. 재에서 북쪽으로 나가서 돌아서 서쪽 높은 곳에 루(樓: 2층 다락)를 짓고 강물을 내려다 볼 수 있게 하였다. 원지정사기(記)가 있다.

4월에 사간원 헌납(정5품)에 임명되어 부름을 받아 조정에 돌아왔다.

그때 고려 태조(왕건)의 화상(畵像)이 풍기 소백산의 승방(僧房)에 있었는데, 승려들이 예절에 어두워 존경할 줄 몰랐다. 먼지에 덮이고 그을음에 젖어 거의 참모습을 분간할 수 없었다. 선생은 경연에서, 신하를 보내어 마전(麻田)에 있는 숭의전

---

1) 김홍민(金弘敏, 1540-1594): 자 임보 호 사담(沙潭), 문과. 이조좌랑. 전한(典翰). 청주 목사. 임진왜란 때 상주에서 의병을 일으켜 왜적이 호서지방으로 가는 통로를 막는 공을 세웠다. 도승지에 증직되었다. 본관 상주. 김홍미의 형.
2) 김홍미(金弘微, 1557-1605): 자 창원 호 성극당(省克堂). 문과. 이조좌랑, 대사간, 이조참의, 본관 상주. 서애 문인. 선생의 형 겸암의 사위. 강릉부사 때 홍수가 크게 나 기민(饑民)을 구휼하다 과로로 병사하였다.

(崇義殿)³⁾으로 옮겨 모시기를 청하였는데, 임금께서 따랐다. 그때 대간(臺諫: 사간원) 정언신⁴⁾ 등이 척리지인(戚里之人: 왕의 내척(內戚)과 외척(外戚))을 논척(論斥)하는 말을 하였더니, 아직 임금의 대답이 있기도 전인데 이조(吏曹)에서 그 일을 논한 대간 몇 사람을 북도(北道) 수령으로 갑자기 추천하였다.

선생은 이러한 풍조가 한번 열리면 자꾸 늘어나게 되니, 안 되겠다고 판단하여, 곧 계사(啓辭)를 기초(起草)하여 대궐에 들어갔다. 가는 길에 이조 정랑을 만났는데, 묻기를 "선생이 오늘 따지는 것은 무엇입니까?" 하니, 선생은 "내 소매 속에 있는 탄핵문의 대상은 바로 이조(吏曹)요. 대간이 척리지인을 따지는 풍도(風度)에는 잘못이 없는데도 이조에서 갑자기 그들을 쫓아내려 하니, 이러한 풍조가 한번 열리면 대신(臺臣)의 언로(言路)가 꽉 막히고, 척리의 권세가 점점 늘어날 것인데, 여러분 처사의 어긋남이 어찌 이 지경에까지 이르렀소?" 하며 논박하니, 마침내 이조의 관리들이 모두 바뀌고 그 일을 따진 대간은 쫓겨나지 않게 되었다.

의정부 검상(정5품)으로 옮겨졌다. 또 홍문관 전한(종3품)으로 임명되었으나 사직하니, 사헌부 장령(정4품)으로 옮겨졌다.

휴가를 얻어 안동으로 어머니를 뵈었다.

조정에 돌아와, 12월에 홍문관 부응교(종4품)에 임명되었으나 상소하여 어머니 봉양을 청하였다.
상소문의 대략은 다음과 같다.

"신(臣)의 노모가 경상도 안동에 있는데, 거리가 아주 멀어 신은 조석으로 봉양할 수가 없습니다. 천리 밖에서 벼슬살이하니 약물의 공급이 항상 제때 이루어지지 못하여 갑자기 돌아가시지나 않을까 걱정입니다. 이런 생각이 한번 들면 마

---

3) 마전(麻田) 숭의전(崇義殿): 마전(麻田)은 경기도 연천군 미산면의 옛명칭이며, 숭의전(崇義殿)은 고려 태조와 7왕을 제사지내던 사당이다.

4) 정언신(鄭彦信, 1527−1591): 호 나암(懶庵). 문과. 승지. 함경도 병마절도사 때 녹둔도에 둔전을 설치. 대사헌, 부제학, 여진족 니탕개가 쳐들어오자 신립, 이순신, 김시민 등을 거느리고 격퇴하였다. 병조판서, 우의정. 정여립의 난 때 위관(委官)이 되었으나, 그와 9촌간이라서 공정한 처리를 할 수 없다고 탄핵받아 사퇴하였다. 그 뒤 정여립의 일파라고 모함을 받아 갑산으로 유배되어 배소(配所)에서 사망하였다. 1599년에 복관되었다. 본관 동래.

음과 간담이 다 떨어져 나가는 것 같습니다. 하물며 신의 어머니는 금년에 65세입니다. 해가 서산으로 곧 넘어갈 것[日迫西山]⁵⁾ 같아 눈에 슬픔이 가득합니다. 신은 이러한 실정에서 그리워만 하고 있을 수 없습니다.

삼가 생각해보면 임금과 부모를 섬기는 정성에는 두 종류로 다른 이치가 있을 수 없으나, 충효에는 완급(緩急)이 있습니다. 그래서 옛 임금께서 효로서 천하의 대사(大事)로 삼으시고, 천하에 부모를 봉양하려는 자들은 모두 달려와 아뢰라고 하였습니다. 시경(詩經)에서도 "어찌 돌아가고 싶지 않으리까? 그래서 노래를 지으나 더욱 어머니가 그리워집니다"라고 했습니다. 우리나라는 조종조(祖宗朝) 때부터 자식 된 자의 마음을 더욱 다독거려서 골고루 은혜를 맞춰주는 일이 많았습니다.

성상의 어여삐 여김을 입어 호령(湖嶺: 충청도와 경상도)에 있는 한 조그만 현(縣)으로 (신을) 보내주시어, 신이 재주를 다하여 백성을 돌보고, 사사롭게는 녹봉을 거의 죽음을 앞에 둔 어머니 봉양에 들여놓게 된다면, 신의 모자(母子)에게는 머리를 뗄구어도 갚기 어려운 은혜가 될 뿐만 아니라, 나라에서 효도를 처리하는 방도에도 빛이 날 것입니다."

불허하였다.

==

四年 丙子 (先生 三十五歲) 正月 拜弘文館校理 被召 在道辭還就訪金任甫弘敏昌遠弘微兄弟于尙州 有贈別詩

遠志精舍 成 堂在北林 凡五間 東爲堂 西爲齋 由齋北出 又轉而西 高爲樓 以俯江水 有記

四月 拜司諫院 獻納 被召 還朝 時 高麗太祖畵像 在豐基小白山僧舍 居僧貿貿 莫之尊敬 塵埋烟染 幾不辨眞 先生於經席 請遣使臣 移安于麻田崇義殿 從之

時 臺諫鄭彦信等 論戚里之人 未得蒙允 而吏曹遽擬論事臺諫數人 於北道守令之望 先生 以爲此風一開 漸不可長 卽草啓辭詣闕 道遇吏曹郞 問先生今日所論 何事 先生曰 袖中彈文 乃吏曹也 臺諫風論戚里之人 未爲不可 而吏曹遽欲逐之 此風一開 則臺臣之

5) 일박서산(日迫西山): 해가 서산으로 넘어가다. 연세 많아 살 날이 얼마 되지 않음을 표현하는 말. 이밀(李密: 西晉)의 "진정표(陳情表)"에 "일박서산(日薄(迫)西山)"이라 하였다.

言路杜塞 而戚里之權勢漸張 諸君之處事乖舛 何至於此耶 遂論之 吏曹皆遞 而論事臺諫得不逐

遷 議政府 檢詳 又拜 弘文館 典翰 辭 移拜 司憲府 掌令 乞暇 歸覲安東

還朝 十二月 拜弘文館 副應敎 上疏乞養 略曰 臣老母在慶尙道安東 地距京師極遠 臣棄朝夕之養 而遊宦千里之外 每恐 藥物供給之不時 以速顚仆 一念至此 心膽俱墜 況臣母今年已六十五歲矣 日迫西山 悲虞滿目 臣於此實不能爲懷也 竊念 君親無二致 而忠孝亦有緩急 故 古之先王 以孝爲天下 使天下之欲養其親者 皆得奔告於上 其詩曰 豈不懷歸6) 是用作歌 將母來諗 自我祖宗朝 尤徇人子之情 而多曲成之恩 如蒙聖上矜怜 俾乞湖嶺間一小縣以去 使臣得竭其才分 以治民事 而私以俸祿之入致養垂死之母 則非徒臣母子隕首難報 而於國家孝理之道 亦有光矣 不許

---

6) 시경 소아(小雅) 녹명지십(鹿鳴之什) 사모(四牡) 장에 있는 말.

16 휴가를 얻어 안동으로 근친하였다, 36세

선조 10년(1577) 정축

정월에 의정부 검상(정5품)에 임명되었다. 휴가를 얻어 안동으로 근친하였다.

2월에 군위에 있는 할아버지 산소에 성묘하였다.
　현감 류몽정1)에게 주는 시 한 편이 있다.

　여름에 사인(舍人: 정4품)으로 승진시키며 불렀으나 부임하지 않았다.
　상소하여 어머니 봉양을 청하였는데 허락되지 않았다.

여강 서원2)의 퇴계선생 봉안문(奉安文)3)을 짓다.

10월에 홍문관 응교(정4품)로 임명되어 부름을 받아 조정에 돌아왔다.
　동료들과 함께 을사 훈적(勳籍) 삭제4)를 의론하였다.

---

1) 류몽정(柳夢井): 정여립 역옥 때 모함받아 처형되었다. 본관 문화(文化).
2) 여강서원(廬江書院): 퇴계선생의 학덕과 업적을 추모하고 후학을 양성하기 위하여 1575(선조 8년)년 안동시 월곡면 도곡동에 건립하였다. 1605년 대홍수로 유실되어 중창하였다. 1676년 호계서원(虎溪書院)의 이름으로 사액(賜額)되었다. 대원군 서원철폐 조치 때 훼철되고 강당만 남아 있다가 안동댐 건설로 임하면 임하동으로 이건(移建)되었다. 2020년 11월에 안동시 도산면 한국국학진흥원 부지에 복설(復設)되었다.
3) 봉안문(奉安文): 신주(神主)를 어떤 장소(예컨대 사당)에 안치하고 그 사실을 고하는 글.
4) 을사훈적 삭제(乙巳勳籍削除): 명종 즉위년(1545) 을사사화 때 윤원형 일파가 윤임 일파를 몰아내고 받은 훈작(勳爵)을 위사공신(衛社功臣)이라 하며 총 28명이 책록되었다. 뒤에 선조 10년(1577년)에 위훈(僞勳)이라 하여 삭훈(削勳)되었다.

五年 丁丑（先生 三十六歲）正月 拜議政府檢詳 乞暇歸覲安東　二月 省祖墓于軍威
有 贈縣監柳夢井 詩一篇　夏 陞舍人召 不赴　上疏乞養 不許　撰廬江書院退溪先生奉
安文
十月 拜弘文館應敎 被召 還朝 與同僚 論削乙巳勳籍

인성왕후 승하 때 복제(服制)를 간쟁(諫爭)하다, 36세

선조 10년(1577) 정축

11월에 인성왕후께서 승하하셨다.

이때 선생은 동료들과 곡반(哭班)에 있었는데, 들자하니 예조에서 삼불식(三不食)[1]으로 의절(儀節)을 결정하였다고 하였다. 선생이 말하기를 "예에서 기상(期喪: 일년상)을 삼불식이라 하지요. 그렇다면 예조가 꼭 일년상으로 상제(喪制)를 정하는 것이 매우 해괴합니다"라고 하니, 예조의 주무 관리가 "예조 혼자 정한 것이 아니라, 대신들에게 여쭈어보고 정한 것입니다"라고 하였다.

그때 권철 공, 홍섬 공, 노수신[2] 공이 삼공(三公)으로 있었고, 김귀영[3] 공이 예조판서였다. 선생은 동료들에게 말하기를 "명종은 인종과의 관계에서 대통(大統)을 계승한 의리가 있으니, 곧 부자(父子)의 도리가 있는 것이오. 임금께서는 적손(嫡孫)이 아버지가 안 계실 때 할머니의 상(喪)에 입는 중복(重服)을 입어야 옳습니다. 이는 대사이므로 간쟁(諫爭)하지 않을 수 없습니다"라 하고, 드디어 승정원으로 가서 의절(儀節)을 바꾸도록 계청하였다. 교지(敎旨)가 내려져 예관들에게 개의(改

---

1) 삼불식(三不食): 조상이 막 별세하였을 때의 상주들 식사예절이다. 자식들(참최복)은 모두 3일을 먹지 않고, 기년복(1년)과 대공복(9개월)은 세끼를 먹지 않고, 소공복(5개월)과 시마복(3개월)은 두 끼를 먹지 않는다(주자가례 권4 상례. 제자삼일불식 기구월삼불식 오월삼월재불식(諸子三日不食 朞九月三不食 五月三月再不食))

2) 노수신(盧守愼, 1515–1590): 호 소재(穌齋), 문과 장원. 을사사화 때 19년간 진도로 유배되었다. 선조 때 풀려나 부제학, 이조판서, 대제학, 영의정을 역임하였다. 시호 문간(文簡). 본관 광주(光州). 저서 소재집. 상주 도남서원에 제향되었다.

3) 김귀영(金貴榮, 1520–1593): 호 동원(東園). 문과. 이조좌랑. 을묘왜변 때 도순찰사 이준경의 종사관. 부제학, 대사헌, 예조판서, 좌의정, 상락부원군. 임진왜란 때 임해군을 배종하여 함경도로 피난하였다가 왜장 가등청정의 포로가 되었다. 가등청정의 강요로 강화를 권할 목적으로 행재소에 도착하였는데, 왜적과 내통한 의심을 받아 탄핵당해 유배되어 가는 도중에 사망하였다. 본관 상주(尙州).

議)하도록 하였으나, 대신들과 예관들은 오히려 전(前)의 주장을 견지하였다.

다음날은 제6일이어서 성복(成服)하는 날이었다. 선생은 동료들에게 말하기를 "만약 오늘 계청(啓請)이 받아들여지지 않으면 뒤에 추개(追改)하려 해도 미칠 수 없소. 지금 마땅히 철야(徹夜)해서라도 논계(論啓)해야 합니다"라고 하였다.

그때 날이 몹시 추워 선생과 동료들은 텅 빈 묘당(廟堂)에 앉아 모포(毛布)를 끌어안고 추위를 견디며 새벽까지 간쟁(諫爭)하여, 닭이 울 무렵 윤허를 얻었다. 마침내 3년 상(喪)으로 결정이 되었다.

그 앞에 임금께서는 경연에서 시전(詩傳)을 강학(講學)하고 있었다. 졸곡(卒哭)[4]이 지나 경연을 다시 열게 되었는데, 선생은 시가 노랫말이므로 상중에는 적당치 않다고 여겨 춘추(春秋)로 바꾸기를 청하였다.

==

十一月 仁聖王后[5] 昇遐 時 先生與同僚 在哭臨位 聞禮曹以三不食爲儀節 先生曰 在
禮 朞喪三不食 然則禮曹必以朞定喪制 甚可駭 禮曹主吏曰 非但禮曹所獨定 稟於大臣
而爲之 時 權公轍 洪公暹 盧公守愼 爲三公 金公貴榮 爲禮曹判書 先生謂同僚曰 明
宗於仁廟 有繼統之義 有父子之道 自上當從嫡孫父沒爲祖母 持重服爲是 此大事 不可
不爭 遂詣政院 啓請改定儀節 有旨 令禮官改議 而大臣禮官猶持前議 明日乃第六日
當成服 先生謂同僚曰 若今日不得請 則後雖欲追改 無及 今當徹夜論啓 時 寒甚 先生
與同僚坐空廊 以毛氈擁之禦寒 達曉爭之 至鷄鳴蒙允 遂爲三年喪
先是 上於經席講詩傳 及卒哭後開筵 先生 以詩乃詠歌之辭 請以春秋代之

---

4) 졸곡(卒哭): 삼우제(三虞祭)를 지나고 죽은 지 3달 만의 첫 정일(丁日)이나 해일(亥日)을 택하여 지내는 제사.

5) 인성왕후(仁聖王后, 1514-1577): 조선 12대 인종(仁宗)의 비(妃). 슬하에 소생이 없다. 본관 반남. 금성(錦城)(부원군 박용(朴墉)의 딸. 능호(陵號)는 효릉(孝陵)으로 고양시 원당에 있으며 (서삼릉(西三陵)) 인종과 함께 묻혔고 쌍분(雙墳)이다.

18 사간원 사간(종3품)에 임명되다, 37세

선조 11년(1578) 무인

봄에 휴가를 얻어 안동으로 근친하였다가 조정에 돌아왔다.

군기시 정(正: 정3품)에 임명되었다가 홍문관 응교(정4품)로 옮겼다.
차(箚)를 올려 시사(時事: 그 당시 당면한 일)를 극론하였다.

사간원 사간(司諫: 종3품)에 임명되었다.
선생은 당하관(堂下官) 시절에 여러번 지평(持平), 집의(執義) 등 직책에 임명되었으나 그 날짜가 상세하지 않아 다 기록하지 못한다.

7월에 아들 여(袽)¹⁾가 출생하였다.

8월에 휴가를 얻어 안동으로 근친하였다.
사인(舍人) 이발(李潑),²⁾ 한림(翰林) 이길(李洁),³⁾ 좌랑(佐郎) 이순인(李純仁),⁴⁾

---

1) 류여(柳袽, 1578－1605): 통덕랑(通德郎) 장수도(長水道) 찰방(察訪) 부친보다 2년 먼저 사망하였다.

2) 이발(李潑, 1544－1589): 호 동암(東巖). 문과장원. 이조정랑, 부제학, 대사간. 홍가신, 김우옹, 최영경과 교유하였다. 조광조의 지치주의(至治主義)를 이념으로 삼아 사론(士論)을 주도하였다. 정여립의 역옥 때 일당으로 몰려 모진 고문을 받고 장살(杖殺)되었으며, 82세 노모와 8세 아들도 엄형(嚴刑)을 받아 죽었는데 끝까지 승복하지 않았다고 한다. 본관 광산(光山). 인조 때 이원익의 상소로 신원되었다.

3) 이길(李洁, 1547－1589): 호 남계(南溪) 문과. 사인, 응교. 정여립 역옥 때 유배되었다가 사형되었다. 본관 광산(光山). 이발의 이우. 숙종 때 신원되고 부제학에 추증되었다.

4) 이순인(李純仁, 1533－1592): 호 고담(孤潭), 퇴계문인. 문과. 승지, 형조참의, 예조참의. 임진왜란 때 왕명으로 중전을 호종하다가 과로로 병사하였다. 문장에 뛰어나 당시 8문장이라고 일

정랑(正郞) 홍가신(洪可臣),[5] 목사(牧使) 유대수(兪大脩),[6] 한림 김첨(金瞻),[7] 참봉(參奉) 허상(許鏛),[8] 감목(監牧) 박의(朴宜),[9] 참봉 이덕홍(李德弘),[10] 사인(士人) 권응시(權應時)[11]들이 전송하러 나와 동호(東湖)에 있는 몽뢰정(夢賚亭)[12]에서 함께 묵었다. 각기 이별을 읊는 시를 지었다. 유별(留別) 율시 한 수가 있다.

가을에 조정에 돌아와 다시 홍문관 응교에 임명되었다.

선생이 옥당에 있을 때 그림 잘 그리는 사람을 시켜서 하외 산수도(河隈山水圖)를 그리게 하여 객지에서 어머니와 고향을 그리워하는 마음을 달래고자 하였다.

당직하던 어느 하루, 들으니 사인(舍人)[13] 이발(李潑)이 귀성하면서 조정을 하직한다고 하여서, 윤국형(尹國馨)[14]공과 함께 창덕궁 보루각(報漏閣)으로 찾아가 만났다. 정철(鄭澈)이 또한 왔는데, 술에 취하여 희학질하며 잡아당기고 하다가, 선생

컬어졌다. 본관 전의(全義). 저서 고담집 5권.

5) 홍가신(洪可臣, 1541-1615): 호 만전당(晚全堂). 진사시. 강릉(康陵) 참봉으로 뛰어난 재주를 인정받아 특진되었다. 지평, 수원부사. 정여립의 역옥 때 가까이 지냈다고 하여 파직되었다. 임진왜란 때 파주목사, 홍주목사. 이몽학(李夢鶴)의 반란을 평정하여 청난공신(淸難功臣) 1등에 책록되고 영원군(寧原君)에 봉해졌다. 형조판서. 제자백가에 통달하고 시문과 필법이 뛰어났다. 본관 남양. 시호 문장(文莊). 아산의 인산(仁山)서원에 제향되었다. 저서 만전집, 만전당 만록.

6) 유대수(兪大脩, 1546-158): 문과. 예조좌랑, 경상도도사, 충주목사, 안동부사. 본관 기계(杞溪). 퇴계문인

7) 김첨(金瞻, 1542-1584): 호 하당(荷塘) 문과. 이조좌랑, 교리. 본관 안동.

8) 허상(許鏛 또는 鐺?): 미상(未詳)

9) 박의(朴宜): 미상(未詳).

10) 이덕홍(李德弘, 1541-1596): 호 간재(艮齋). 1578년 조정에서 뛰어난 선비를 천거할 때, 제4위로 뽑혀 참봉이 되고 세자익위사 부솔(副率)이 되었다. 임진왜란 때 세자를 호종한다. 영춘 현감. 이조참판에 추증되었다. 본관 영천(永川). 농암(聾巖) 이현보(李賢輔)의 종손자. 퇴계문인으로 선생의 사랑을 받았다. 모든 학문에 뛰어났으나 특히 역학(易學)에 밝았다. 영주 오계서원(迃溪書院)에 제향되었다. 저서 주역질의, 주자서절요강록, 계산기선록, 간재집.

11) 권응시(權應時, 1541-1587): 호 송학(松鶴). 천거로 사산감역관(四山監役官)에 제수되었다. 호조좌랑, 군위군수. 본관 안동.

12) 몽뢰정(夢賚亭): 한성부 남부 한강방에 있던 정자. 지금의 성동구 옥수동에 있었다. 임당 정유길의 소유였다. 선생은 이 정자를 언제나 출입할 수 있는 허락을 받고 있었다.

13) 사인(舍人): 의정부 정4품 관직. 정원이 2인이었다.

14) 윤국형(尹國馨, 1543-1611): 초명은 선각(先覺). 호 달천(達川). 본관 파평. 문과. 예조좌랑, 사간원 정언. 동서분당 때 이조좌랑. 부제학, 상주목사, 충청도 관찰사 때 임진왜란으로 군사를 이끌고 수원까지 왔다가 패전하였다. 선생이 그를 아껴 여러 업무를 협의하였다. 선생이 탄핵되었을 때 파직되었다. 뒤에 한성우윤. 공조판서. 본관 파평(坡平). 선생이 운암(雲巖)에 노닐 때 모시고 있던 윤경립(尹敬立)은 그의 아들이다.

에게 불평하는 말을 던지기에 이르렀다. 선생은 끝내 대답하지 않았다.

　사람들이 모두 흩어지자, 선생도 윤공과 함께 나와서, 곧장 금호문(金虎門: 창덕궁 서문)으로 향하였는데, 정철이 쫓아와서 업신여기는 말을 더욱 심하게 하였다. 선생이 자세를 바로 하여 똑바로 앉아서 한 마디도 건네지 않으니, 한참 있다가 정철이 돌아갔다. 선생이 윤공에게 웃으며 "횡역(橫逆: 상리(常理)에 어긋나는 일)은 상대하지 않는 것, 그대는 알지?"라고 하였다. 당신 자신과 남에게 엄중하게 대처함이 모두 이와 같았다.

===

六年 戊寅 (先生 三十七歲) 春 乞暇歸觀安東 還朝 拜軍器寺正 移拜弘文館應敎 上箚極論時事 拜司諫院司諫 先生在堂下 屢拜持平執義等職 而未詳其歲月 不能備錄 七月子袥生 八月 乞暇歸觀安東 李舍人潑 李翰林洁 李佐郎純仁 洪正郎可臣 俞牧使大脩 金翰林瞻 許參奉篩 朴監牧宜 李參奉德弘 士人權應時 出餞 同宿于東湖之夢賚亭 各賦詩敍別 有留別一律 秋 還朝 復拜弘文館應敎 先生在玉堂時 倩善畫者 作河隈山水圖 以寓思親戀鄕之意

在直 一日聞李舍人潑歸省辭朝 與尹公國馨 共訪於報漏閣 鄭澈亦來 乘醉戱挈 至以不平之語加於先生 先生終不答 及諸公皆散 而先生與尹公并遞 直移向金虎門 鄭亦追至 侵凌益甚 先生正席危坐 不交一語 良久鄭歸 先生笑謂尹公曰 橫逆不校 君其知乎 其處已處人之嚴 皆類此

통정대부(정3품 당상관)으로 승진하다, 38세

선조12년(1579) 기묘

봄에 홍문관 직제학(정3품)에 임명되었다.

4월에 사마시(司馬試) 회시(會試) 시관(시험관)으로 차출되었다.

통정대부(通政大夫: 정3품 당상관)로 승진하여, 승정원 동부승지, 지제교[1] 겸 경연 참찬관, 춘추관 수찬관에 임명되었다.

　옛날부터 해 오던 일에, 승정원일기 용(用)의 종이와 계초지(啓草紙) 등은 담당 관청에서 공급을 도맡고 있는데, 반드시 길고 넓고 두꺼운 상품(上品)으로 요구해 오니, 용도는 끝도 없이 늘어나고 재촉은 더욱 급해져 폐단이 이루 말할 수 없었다. 이에 이르러 선생은 후백지(厚白紙)로 대신하기를 청하고, 월정사용 한도를 정하여 다른 용도로 남용 못하게 하니, 백성들이 매우 편하게 여겼다. 선생이 정원을 떠나자 그 폐단은 다시 살아나 버렸다.

7월에 이조 참의(參議: 정3품)로 자리가 바뀌었으나 사직하고 물러났다.

홍문관 부제학(정3품)으로 임명되었다. 휴가를 얻어 안동으로 근친하였다.

　임금께서 본도(本道 : 경상도)에 명하여 음식물을 공급하게 하였다. 동쪽으로(경상도로) 내려가는 뱃길에 이굉중(이덕홍)과 동행하였다.

---

1) 지제교(知製敎): 조선시대 교서(敎書) 등을 기초하여 임금에게 올리는 직책. 홍문관 부제학(정3품)에서 부수찬(종6품)까지의 관원 13인과 별도로 6품 이상의 문관을 택하여 겸직시켰다.

"학문을 논하다가 느낀 감회" 절구(絕句) 2수가 있다.

　　여러 성인께서 마음으로 전해 준 도(道)를 찾아야 옳거늘,
　　10년간 티끌 길(벼슬살이) 헤매며 아직도 머리 돌리지 못하였네.
　　저무는 가을 강 위에서 서로 만나 깊이 탄식하노니,
　　그대 따라 성리(性理)로 노를 저어 원류를 찾으리.

　또 한 수는

　　대도(大道)의 유래는 두 갈래가 아닌데,
　　가련하도다, 말학(末學)은 빈 말만 일삼았네.
　　편안히 지내는데 갑자기 진리가 나타나네,
　　뛰는 물고기, 나는 솔개 모두 근원이 같다는 것을.

겨울에 다시 승지로 임명되었다. 상소하여 어머니 봉양을 청하였으나 임금께서
부드러운 말로 비답을 내리시며 허락지 않으셨다.

===
七年 己卯 (先生 三十八歲)　春 拜弘文館 直提學　四月 差司馬會試 試官　陞 通政
大夫 拜承政院同副承旨 知製教 兼 經筵參贊官 春秋館修撰官 故事 承政院日記紙 啓
草紙等 責辦於該司 而必以長廣敦厚者爲之 其用無窮 而其責愈急 爲弊不貲 至是 先
生建請以厚白紙代之 又月定規限 使不得濫用於他處 民甚便之 及 先生去政院 而其弊
復興
七月 遞授吏曹參議 辭遞
拜弘文館副提學 乞暇歸覲安東 上命本道致食物　有 東歸舟上與李宏仲 論學有感 二
絕

千聖傳心道可求
十年塵路未回頭
相逢絕歎秋江晚

理棹從君欲泝流

又
大道由來不二門
堪憐末學逞空言
居然漏泄眞消息
魚躍鳶飛摠一源

冬 復拜承旨 上疏乞養 上優批不許

선조 13년(1580) 경진

봄에 홍문관 부제학(정3품)에 임명되었다.

　선생은 해마다 어머니 봉양을 청하였으나 받아들여지지 않았는데, 이해 봄에 등대(登對: 임금을 바로 뵈는 것)하여 또다시 전부터 해 오던 간청을 말씀드리니, 임금께서는 선생이 왕래하면서 근친하도록 하고, 외직(外職)에 보임하는 것은 허락지 않았다. 선생은 다시 상소하여 빌다시피 봉양을 청하였는데 글의 뜻이 비장하고 간절하였다. 임금께서 부드러운 말로 비답을 내려 이르기를 "너의 상소를 보니 실정이 실로 박절(迫切)하구나. 비록 옛사람의 상소라도 무엇을 이에 덧붙였겠는가? 내 마땅히 유념하리라" 하였다.

　당시 상주의 수령(守令) 자리가 비어 있었다. 임금께서 물으시되 "상주에서 안동까지 몇 리(里)인가?" 하시니, 이조에서 하루 길이라고 대답하였다. 임금께서 "류모(某)에게 노모가 있어 여러 번 외직(外職: 고을)에 나가기를 청하였는데, 이 고을을 주면 되겠지" 하였다.

　배사일(拜辭日: 보직을 받아 임금께 부임인사 드리는 날)에 인견(引見: 임금이 신하를 불러서 봄)하고 유시(諭示)하기를 "어머니 봉양을 마음껏 힘써 하여라" 하고, 또 시사(時事)에 관하여 물으며 하고 싶은 말을 다하도록 하고, "너를 상주 목사로 삼은 것은 이웃 고을 관리들에게 모범을 보이게 하려 함이다"라고 하였다.

　그때 조야(朝野)에서 모두 선생이 외직(外職)에 나가는 것을 애석하게 여겼는데, 처사(處士) 남치리(南致利)[1]가 사람들에게 말하기를 "서애는 도학을 논하고 나라

---

1) 남치리(南致利, 1543-1580): 호 비지(賁趾). 파산(巴山) 류중엄(柳仲淹)과 함께 퇴계문하의 안자(顔子)라고 칭송되었다. 퇴계선생 상(喪)을 치를 때 28세로 상례(相禮)로 추대되었다. 『이학통론』을 교정한다. 34세 때 여강서원 원규를 제정하였다. 학행을 인정받아 유일(遺逸)로 천거되었다. 본관 영양(英陽). 퇴계문인. 저서 비지문집.

를 경영하는 일을 맡아야지, 목민(牧民: 고을 다스리는 일)은 그의 장기(長技)가 아니라서 염려된다"고 하였다. 어떤 사람이 그 말을 전해주니, 선생이 웃으며 "나라 경영과 고을 다스림에 따로따로 이치(理致)가 있는 것이 아니다. 나는 정말 도학을 논하고 나라를 경영하는 재주야 없지만, 만약 과연 나라를 경영할 수 있다고 한다면, 어찌 고을을 다스리지 못할 리가 있겠는가?" 하였다.

상주에 어떤 아전이 있었는데 본성이 교활하기로 소문이 났었다. 경저(京邸)[2]로 가서 선생을 맞이하고, 고을의 동료들에게 편지 보내기를 "신관(新官)의 부채가 짧으니 축하할 만하다"고 하였다. 이 말은 부채는 소매 속에 넣어 놓고 있다가 꺼내 쓰기 편하다고 말한 것이다(자기들 마음대로 조종할 수 있다는 의미).

부임한 뒤 일을 처리함에 있어, 아전들을 단속하고 백성을 아껴 사랑함에 귀신도 속일 수 없다고 할 정도로 밝았다. 이에 여러 아전들이 그 아전에게 편지를 보내어 놀려서 말하기를 "너의 부채는 매우 길구나. 어째서 짧다고 말했나?" 하였다.

어머니를 모시고 하외로부터 상주로 갔다.

어머니는 본디 가마를 타시면 어지럼증으로 고생하셨다. 길을 나서기 어려워 배를 타고 가기로 의론이 되었다.

그때 오랜 가뭄에 강물이 얕아졌는데 출발할 때 즈음하여 비가 왔다. 그러나 배를 움직이는데 편리할 정도까지는 되지 못하였는데, 출발한 날 저녁, 다인현(多仁縣)에 정박(碇泊)하였더니, 밤에 또 큰 비가 내려 강둑 높이까지 물이 가득 찼으며 골짜기들은 모두 넘쳤다. 사람들이 신기하게 여겼다.

드디어 기악(妓樂)을 앞세우고 낙동강으로부터 지류(상주 북천)를 거슬러서 상주성(城)밖에 닿으니, 구경하던 사람들이 축하해 마지않았다.

글을 지어 '동몽사장(童蒙師長: 초등 교육자)'을 효유(曉諭)하였다.

선생은 정사를 시행함에 예양(禮讓)[3]을 근본으로 하여, 매 삭망(朔望)에 여러 선비를 거느리고 선성(先聖)의 사당에 참배하고, 물러 나와서는 명륜당에 좌정(坐定)

---

2) 경저(京邸): 각 고을에서 서울에 집을 마련하고 아전을 주재시키며 고을과 중앙 관청과의 업무 연락을 하는 곳.

3) 예양(禮讓): 예(禮)는 규범을 말하며 엄정해야 하고, 양(讓)은 상대방에 대한 배려로 공경하고 사양하는 것이다. 논어 이인편 제13장에 "예(禮)와 양(讓)으로 나라를 다스릴 수 있다면 다스림에 무슨 어려움이 있겠는가? 예와 양으로 나라를 다스릴 수 없다면 예(禮)는 어디에다 써먹겠는가?" 하였다. (子曰 能以禮讓爲國乎 何有 不能以禮讓爲國乎 如禮何)

하여 읽은 경전을 강론(講論)하고, 근태(勤怠: 열심히 공부하는지 여부) 상황을 고과(考課)하여, 재능에 따라 수업(授業)하니, 모두 조리(條理: 학문의 가닥)를 깨우쳤으며, 은미(隱微)한 말씀이나 심오(深奧)한 취지(趣旨)가 나오면 비유(譬喩)로 깨우쳐 통달하게 하였다.

언젠가는 이르기를, "선비의 습성이 게으른 것은 어릴 때 올바로 기르지 못하여서이고, 좋은 풍속이 무너진 것은 향약(鄕約)이 시행되지 않기 때문이다"라고 하며, 각 마을에 동몽사장과 향약 유사(有司)를 뽑아 세우고, 글을 지어 깨닫도록 설명하였다. 그 대략은 오륜(五倫)을 바탕으로 하여 과업(課業)을 힘쓰며 서로 도와주도록 진실한 마음으로 간절히 이르니, 시행한 것 모두가 옛 제도에 맞아 한 달 사이에 교육과 행정이 일신되고 풍속의 교화(敎化)가 크게 이루어졌다.

또 각 방(房)[4]의 아전들에게 담당한 일을 모두 써 올리게 하여, 위로는 월령(月令: 매달 해야 할 일)과 진공(進供: 토산물 진상)으로부터 아래로는 일용의 미세한 일까지 빠짐없이 기록하게 하고, 모아서 한 책으로 엮었으며, 곁에 두고 대책을 강구하여 시행하였다.

상주 고을은 영남에서도 번잡한 통로여서 경비가 무척 많이 들어, 한 해의 쓰임새가 수만석(數萬石)이나 되었다. 선생이 절약하여 낭비를 줄여 마침내 연간 소용을 겨우 수 백석이 될 정도로 줄였다.

언젠가 말씀하기를, "아전들은 염근(廉謹: 염치 있고 부지런 함)함이 두드러져도 천거되어 서용(敍用: 벼슬길에 등용됨)될 길이 없고, 이 때문에 차라리 탐관오리(貪官汚吏)가 되어 자기 집이나 살찌우자는 것인데, 이는 명예보다 이익이 실속 있다고 여기기 때문이다. 청렴하도록 일할 환경이 갖추어진 뒤에 청렴 여부에 대한 책임을 물을 수 있으며, 마음을 새롭게 고쳐먹는 일을 스스로 단절한 경우라야 청렴하지 못한 죄를 다스릴 수 있을 것인데, 이것이 어찌 왕제(王制)[5]에서 보통 사람들에게 염능(廉能: 직무에 능한가?), 염선(廉善: 마음가짐이 선한가?)[6]을 권유하는 뜻이겠는가?" 하였다.

한번은 늠속(廩粟: 곡식 급료)을 없애고, 중국에서 아전들의 월봉(월급)을 제정

---

4) 방(房): 업무 담당 부서. 조정에 6조(六曹)기 있듯이 각 고을에 육방(六房)이 있었다.

5) 왕제(王制): 예기(禮記)의 편명(篇名).

6) 예기 왕제에 이 내용이 없고, 주례(周禮) 천관(天官) 소재(小宰)에 나오는 말이다. 관리를 고과하는 6개 항목으로, 염선(廉善), 염능(廉能), 염경(廉敬), 염정(廉正), 염법(廉法), 염변(廉辨)으로 육계(六計)라고 한다.

한 예에 따라, 아전들의 급료를 정하고, 매 초하루에 부지런하게 일하였는지 여부를 평가하여, 급료를 올리고 내리는 일을 계청하여 세법(世法)으로 삼고자 하였지만 이루지 못하였다.

하루는 아전이 문서를 가져와 결재를 청하였는데, 선생께서 꼼꼼히 살펴보고는 부채를 휘젓고 물리쳤다. 아전이 다시 가져왔으나 또 물리쳤는데, 아전이 물러나 살펴보니 직함을 쓰는 자리에 성(姓)을 잘못 쓴 것이었다. 아전이 깜짝 놀라서 땀을 흘렸다.

거창(居昌) 현감 이보(李輔)[7]가 선생께 편지를 보낸 적이 있었는데 "백성들에게 가깝게 잘해주면 백성들은 반드시 자기를 내세우는 말을 한다"는 내용이 있었다. 선생은 답장에 "백성들에게 가깝게 잘해주는 것은 마땅히 마음에 새겨 주선(周旋)해야 하며, 감히 잊어서는 안 된다. 다만 백성들을 기쁘게 하려는 마음만을 앞세우면, 도리를 어기면서도 칭찬만을 바라는 마음이 일어날 것이다"고 하였다. 체직(遞職)된 후에 고을 사람들이 비석을 세워 덕을 기리고, 또 생사당(生祠堂)[8]을 세우려 하자 친한 사람에게 편지를 보내어 중지시켰다.

10월에 아들 단(襢)[9]이 태어났다.

남계서당을 짓다.

서당은 군위현 서쪽, 선영(간성군수공 묘)의 남쪽에 있다. 먼저 관찰공이 서당을 지으려 하였으나 이루지 못하였는데, 이때 선생이 그 뜻을 이어서 이루었다. 당(堂: 마루)은 상로당(霜露堂)이라 하고, 재(齋: 방)는 영모재(永慕齋)라 하여 선생의 거처(居處)로 삼고, 동쪽에 완심재(玩心齋), 연어헌(鳶魚軒)을 두어 학생들의 공부방으로 삼고, 북쪽에 삼정재(三靜齋)를 두어 지키는 승려들을 머물게 하였다. 상로당

---

7) 이보(李輔, 1545-1608): 호 남계(南溪). 임진왜란 때 의병장 김해(金垓)의 종사관. 인동(仁同) 현감을 임시로 맡아 선정을 베풀고 군량미 조달에 공이 많았다. 당진 현감에 임명되었으나, 인동 주민들이 놓아주지 않아 정식으로 인동 현감이 되었다. 이원익(李元翼)이 천생산성(天生山城)을 쌓을 때 그 일을 맡아 수개월 만에 성공적으로 완수하였다. 거창 현감을 끝으로 관직에서 물러났다. 본관 연안(延安). 서애문인. 이호민(李好閔)의 당질. 곧 선생 조모(祖母)의 친정 종손.

8) 생사당(生祠堂): 감사나 고을 수령의 선정(善政)을 고맙게 여겨 백성들이 그 사람이 살아 있는 데 받들어 모시는 사당.

9) 류단(柳襢, 1580-1612): 호 도암(道巖) 충의교위 세자익위시 세마(洗馬). 증 조봉대부 사헌부 장령(掌令).

앞에는 애련당(愛蓮堂)이 있고, 연어헌 밖에는 양어지(養魚池)가 있다. 서쪽 언덕엔 초은대(招隱臺)가 있으며, 동쪽 큰 바위에는 영귀대(詠歸臺)가 있고, 아래쪽 큰 냇물은 탄서천(歎逝川)이라 이름 지었으며, 연어헌 동쪽 작은 개천은 의공계(倚笻溪)라 이름 붙였다. 모두 합하여 편액 쓰기를 남계정사(南溪精舍)라고 하였다. 남계 12영(詠)등의 여러 시(詩)가 있다.

==

八年 庚辰 (先生 三十九歲) 春 拜弘文館副提學 又 上疏乞養 拜尙州牧使 先生連歲乞養 不得請 是春 登對更申前懇 上使先生往來省覲 不許補外 先生又上疏申乞 辭意悲切 上優批答之日 觀爾疏 情實迫切 雖古人之疏 何以加此 予當留念

至時 尙州缺守 上問 尙州去安東幾里 吏曹對以一日程 上日 柳某有老母 屢乞郡 可以此州授之 拜辭日 引見 諭以勉從乞養之意 仍詢及時事 使盡言 且日 以爾爲尙牧 欲使隣官取法耳 時 朝野咸惜先生之去 南處士致利語人日 西厓可任論道經邦之責 恐 牧民非其所長 或以告 先生笑日 經邦牧民 非有二致 我誠不能論道經邦 若果能經邦 安有不能牧民之理乎

尙州有一吏 素以犴猾聞 往迎先生于京邸 以書遺同列日 新官短扇可賀 言其便於出入懷袖中也 及至莅事 吏戢民懷 稱神明不忍欺 於時 諸吏戲遺書吏日 汝扇甚長 何言短也

奉大夫人 自河隈往尙州 大夫人素患轎眩 艱於卽路 方議舟行 時 久旱水淺 臨發而雨 然舟行猶不甚利 是夕 泊多仁縣 夜又大雨 平岸而止 谿澗皆漲 人以爲異 遂以妓樂前導 由江泝溪 達于城外 觀者榮之

作文 以諭童蒙師長 先生爲政 以禮讓爲本 每朔望 率諸生謁先聖廟 訖退 坐明倫堂 講論所讀 課其勤怠 因材授業 皆有條理 微辭奧旨 曉譬通透 嘗謂 士習之偸 蒙養之不正也 風俗之壞 鄕約之不行也 各里擇差童蒙師長及鄕約有司 作文以諭之 大略 以五敎爲先 勸課誘掖 誠意懇到 凡所施 爲動遵古昔 朞月之間 學政一新 風化大行

又令各房該吏 悉書所掌之事 上自月令進供 下至日用細微之事 無不備錄 合爲一册 置諸左右 講究行之

尙州 爲嶺中劇路 經費浩繁 一歲用度幾萬石 先生縮節浮費 終歲所用僅數百石 嘗言

官吏廉謹雖著 而無遷敍之路 故 寧貪汚以肥其家 是利重於名故也 有養廉之具然後 方
可責其廉 絕其自新之路 而律其不廉之罪 是 豈王制責庶人廉能廉善之意乎 嘗欲除廩
粟 制吏祿如中朝 吏員月俸例 每朔考勤慢 以升降之 且欲啓請爲世法 未果
一日 吏持狀請署 先生微視之 以扇揮去 吏又進 又揮之 吏出而省之 銜下誤書姓字 吏
惶駭汗出
李居昌輔 嘗致書於先生 有平易近民 民必自言之語 先生答云 平易近民 當佩服周旋
不敢忘也 但恐 先以悅民爲意 則違道干譽之心起矣 遞後 州人立石頌德 且欲建生祠
先生遺書所親 止之

十月 子 禕生

築南溪書堂 堂在軍威縣西 先塋之南 先是 觀察公欲作書堂 而未就 至是 先生繼成之
堂曰 霜露 齋曰 永慕 以爲先生齋居之所 東有玩心齋鳶魚軒 以爲諸生講劘之所 北有
三靜齋 以留守僧 霜露堂前有愛蓮堂 鳶魚軒外有養魚池 西麓有招隱臺 東巖有詠歸臺
下大川名以歎逝 軒東小溪名以倚笻 合而扁之曰 南溪精舍 有南溪十二詠 及諸作

홍문관 부제학, 무빙차(無氷箚)를 올리다, 40세

선조 14년(1581)

정월에 다시 부름을 받아 홍문관 부제학1)으로 임명되어 조정에 돌아왔다. 상소
하여, 벼슬을 그만두고 귀향하여 어머니 봉양하기를 청하였다.
  상소의 내용 대략은 다음과 같다.

  "신은 일찍이 사사로운 간청을 올려 전하의 위엄을 여러 번 욕되게 하였사온
데, 뜻밖에 전하께서 하늘의 해와 같은 은혜로 미천한 저의 마음 구석구석까지
살피시는 줄 몰랐사옵니다. 편리한 고을에 보내주시어 어머니를 봉양하도록 해
주신지 겨우 10개월에, 또 신의 벼슬을 살펴주시어 경연의 임무를 맡기시니, 지
난날 은혜를 돌아보며 은덕에 감격하여 감히 (고향으로) 돌아가겠다는 말씀을 올
릴 수가 없사오나, 다만 생각건대, 신의 늙은 어머니 병세가 전보다 더욱 심하여
져서, 신이 멀리 지방에 나가 벼슬한 1년이 1년 같지 않사옵니다. 마음에 걸리어
가나 머무르나 심사가 피차(彼此)간에 엮이옵니다. 근심에 가득 찬 혼이 하루 저
녁에도 아홉 번이나 오가니 어리석은 신은 낭패하여 어찌할 바를 모르고 있사옵
니다. 신이 떠나올 때 어머니는 병으로 자리에서 일어서지 못하고 있었사옵니다.
  슬픔을 머금고 길을 떠나자니 마음은 가시를 삼킨 것 같아서, 서울에 들어와서
도 날마다 돌아갈 생각만 일어나고, 꿈에서도 소식이 올까 두렵고 놀라 혼이 나

---

1) 홍문관(弘文館) 부제학(副提學): 궁중의 경적(經籍)을 관장하고 문한(文翰)에 전력(專力)하며
국왕의 자문에 대비하는 업무를 담당하는 정3품 관청이다. 영사(領事: 정1품), 대제학(大提學:
정2품), 제학(提學: 종2품)은 겸직으로 명예직이었으며, 부제학(副提學)이 실직(實職)으로 실제
책임자였다. 부제학부터 부수찬(副修撰: 종6품)까지는 지제교(知製敎)를 겸직하였다. 최고 학
문, 문필 기관으로 명예로운 청요직(淸要職)으로 인정받았으며, 그 중에서도 부제학이 가장 핵
심적인 위치였다. 당대의 명망있는 문신, 학자들이 임명되었으며, 판서, 정승으로 승진하는 첩
경이었다.

가 버리옵니다. 이런 때를 당했음에도 신은 천리 밖에 아득히 떨어져 있으니, 혹시 사람으로서 해야 할 도리를 제대로 못해 구호하는 기회를 놓치게 되면, 하늘 끝까지 서릴 유감(遺憾)을 어찌 다 쫓아갈 수 있겠사옵니까? 관직에 있으면서 휴가를 얻는다 해도 먼 곳을 번거롭게 왕래하는 것이니, 역말(驛馬)도 번거로울 뿐 아니라 신도 역시 편안치 못하옵니다. 엎드려 원하오니, 자애로운 성상께서는 신의 외람되이 번거롭게 한 죄를 관용하여 주시옵고, 신의 괴롭고 박절한 마음을 살펴주셔서 특명으로 신의 관직을 거두어 주시고 급히 가서 어머니의 병구완을 하게 하시어, 공사간(公私間)의 관계를 편하게 하여주소서."

임금께서는 허락지 않았다.

휴가를 얻어 안동으로 근친하고 가을에 조정에 돌아왔다.

선생은 매번 고향에 다녀올 때, 반드시 백성들이 고생하는 것을 널리 물었고, 혹시 백성에게 원통하고 힘든 폐정(弊政)이 있으면 그때마다 아뢰어 그만두게 하였다.

그때 군역(軍役)이 매우 고달픈 중에 수군(水軍)이 더욱 심하였다. 옛날부터 수군이 번(番)을 들 때, 매 열 사람 중에 한 사람을 대장으로 삼아 배 한 척을 통솔케 하고 이를 영선(領船)이라 하였는데, 윤번(輪番)으로 선대를 지휘하되 3일마다 교체하였다. 각각 그 주장(主將)과 그가 거느리는 사람들에게 필요한 물건을 바치도록 하였는데, 그 바치는 물건이 매우 사치하고 많아서, 가지가지 빼앗아 거두었으며, 마음에 들지 않으면 형장(刑杖)을 무수히 가하였는데, 그렇게 해 온지가 오래되어 사람들이 감당할 수 없었다.

선생이 그 폐단을 살펴 알고 즉시 임금께 아뢰어 혁파(革罷)하였다. 그 후, 선생이 근친하면 수군 수백 명이 길을 막고 늘어서 절을 하고 두 손을 모아 빌면서 송덕(頌德)을 하였다. 선생은 사양하고 돌려보냈다.

겨울에 얼음이 얼지 않았다. 동료들과 함께 차(箚)를 올려 10조목을 진술(陳述)하였다.

차(箚)의 내용은 다음과 같다.

"2기(二氣: 음양陰陽)가 운행하여 조화를 이루고, 5행(五行: 수화목금토(水火木金土))이 차례대로 순환하는 것은 천도(天道)이며, 한마음으로 만물을 다스리며 모든 일이 법대로 이루도록 하는 것은 인도(人道)입니다. 하늘에서 운행되는 것은 항상 일정하며, 감응하여 사람의 일에 언제나 나타나지만, 사람과 관계된 것은 많이 혼란스러운데, 그것이 선(善)한지 악(惡)한 것인지는 반드시 재난과 상서(祥瑞)로 증험(證驗)되고 있습니다. 옛날의 명군(明君)은 천도를 받듦에 감히 황녕(荒寧: 무사안일 함)하지 않아서, 춥고 덥고의 변화를 관찰하고, 자연의 모습에서 이상함을 살펴서, 자기 몸과 마음으로 돌이켜 보아, 정사를 보는 사이에서 두려워 삼가하며, 날마다 조심하였으니 바로 이 때문입니다.

신(臣)들이 삼가 생각건대, 얼음이 얼지 않는 일은 큰 이변(異變)입니다. 여름철에 있을 법한 일이 겨울에 와 있어서, 현율(玄律: 겨울의 법칙)의 엄격함이 풀려, 얼음 창고도 열지 못하며, 얼음 떠놓는 일도 다 폐지되었으니, 신들의 소견으로도 이것은 작은 변(變)이 아니라고 생각합니다. 그러나 잠깐 서서 곰곰히 걱정해 보면, 조정은 근심거리에 대해서 숨 가쁘게 물어보려 하지도 않고, 바른말을 거리낌 없이 할 수 있는 길도 끊어져 버려서, 백관(百官)들은 서로 공경하는 의리가 없어지고, 군신(君臣) 사이도 멋대로 풀려, 상하(上下)가 서로 능멸하니, 황천(皇天: 하늘)이 인애(仁愛)한 마음으로 경종(警鐘) 울리기를, 엄한 아비가 자식을 가르치는 것 같이할 뿐만이 아닌데, 사람들의 이에 대응하는 태도는 피하고 도망갈 궁리나 하고 있음이 날로 심하니, 이러한 점을 신들은 아직 깨달을 수 없는 바입니다.

천도(天道)[2]는 아득하고 멀어서 진실로 헤아릴 수 없으나, 어떤 일이 생겨 대응하는 것이, 신들은 속 좁은 한유(漢儒: 한(漢) 나라의 선비)의 발뒤꿈치에도 따라갈 수 없사오나, 삼가 오늘날의 잘못을 살펴 재난을 구제할 방법을 찾아보니, 열 가지가 되었습니다.

사람은 하지 못할 일이 없겠지만, 하늘은 거짓을 용납하지 않습니다. 이 때문에, 마음이 한결같이 성실하고 도타우면 필부의 허약한 발로써도 천하를 움직일 수 있고, 성실치 못하면 만승(萬乘: 황제)의 존엄으로도 짐승이나 물고기 하나 기를 수 없습니다.

---

2) 천도(天道): 여기서 천(天: 하늘)은 푸른 하늘이나 천체가 운행하는 길의 뜻이 아니라 초월적 우주의 주재(主宰)요, 자연계의 총체라는 뜻이다. 천도(天道: 하늘의 도리)의 뜻은 1) 자연의 법칙, 2) 인도(人道)의 본원(本源)으로의 성(誠), 3) 천지(天地)를 주재하는 존재로 볼 수 있는데, 이 3자는 상호 융합되어 뚜렷이 구분되지 않는다. 성리학에서는 천도와 인도를 대립적 의미로 파악하며, 천도에 맞추어 인사(人事)를 처리해야 한다고 생각하였다.

전하께서 진실로 성학(聖學: 주자학)에 힘을 써 오셨지만, 집희지공(緝熙之功: 계승하여 빛나게 하는 노력)이 아직 드러나지 않았으며, 진실로 정치에 힘을 쓰시지만, 풍초지화(風草之化: 바람이 불면 풀이 눕는 듯한 교화)는 아직 조짐이 보이지 않습니다. 하늘을 공경하지만 하늘은 노하기를 날로 심하게 하고, 부지런히 백성들을 위하시나 민생(民生)은 날로 곤궁해 지고 있습니다. 현재(賢才)를 두루 찾아 널리 살피지 않음이 아니지만, 들어 쓸 만한 말은 많이 나오지 않았고, 존양(存養: 착한 성품을 기름)과 공검(恭儉: 공손하고 검소함)을 베풂에 지극하지 않음이 없지만, 토목 공사는 일찍이 멈춰진 적이 없습니다. 그 몇 가지 일의 실마리를 논의해 본다면, 성실성이 없거나, 일을 제대로 다하지 않은 것입니다.

신들은 원하오니, 전하께서 실제로 덕을 닦으셔서 하늘의 뜻에 답하시는 것이 옳지 않겠습니까?

궁궐 안의 말은 밖으로 나가지 않고 궁궐 바깥의 말은 안으로 들어오지 않아야, 육궁(六宮)³⁾이 위계질서가 서고 직분의 구별이 확실해집니다. 윗분의 은의(恩義)는 치우침이 없고 예의와 질서가 혼잡하지 않은 뒤라야, 전하의 집안 질서가 올바로 섭니다. 혹시 그렇게 되지 않으면 인연(夤緣)⁴⁾으로 길이 열려서, 화란(禍亂)의 단서가 싹이 틀 것입니다. 옛날 일에서 징명(徵明)될 수 있으니, 명(明)나라 역사가 이를 밝게 징명하고 있습니다.

신들은 원하오니, 전하께서 궁궐 안팎을 엄숙(嚴肅)하게 하시는 것이 옳지 않겠습니까?

지극히 간략하게 하여 번거로움을 없애고, 지극히 고요하게 하여 움직임을 줄이며, 힘은 덜 쓰면서 많은 공을 거두는 것이 정사의 알맹이입니다. 이런 까닭에, 현명하고 능력 있는 자를 써서 일을 맡기시고, 백관들이 법을 잘 받들며, 임금은 지극히 공정한 도리로써 위에서 내려 살피시면, 상주고 벌주는 권한에 복종하지 않을 사람이 없고 이루어지지 않는 일이 없을 것입니다. 그렇지 않으면 장부나 문서 속에서 정신만 피로하고, 조종(操縱)하는 기미(機微)에서 지혜만 수고로워져, 모든 일은 번잡해지고 통일되지 않아 백공(百工: 모든 관원)은 당황할 것입니다.

---

3) 육궁(六宮): 1) 인금이 거느리는 여섯 계급의 궁녀. 后 , 妃, 夫人, 嬪, 世婦, 女御. 2) 궁궐의 배치기준으로 6개의 독립된 궁이 모여 하나의 궁을 이룸. 정궁(正宮 임금의 침전), 중궁(中宮 왕비의 침선), 동궁(東宮 세자의 침전), 자궁(慈宮 왕대비의 침전), 중궁 북쪽에 좌우로 하나씩(그 중 하나는 세자빈궁임) 궁이 있어, 6궁을 둔다.
4) 인연(夤緣): 뇌물을 주거나 연줄을 타 출세하려는 것이다.

신들은 원하오니, 전하께서 다스리는 체제(體制)를 살피셔서 일의 범위와 체계를 세우시는 것이 옳지 않겠습니까?

공론(公論)은 나라의 원기(元氣: 근본이 되는 정기)입니다. 원기가 왕성해야 모든 나쁜 기운이 침범하지 못하며, 공론이 행하여져야 여러 가지 잘못이 막혀 없어집니다. 옛날의 명군(明君)은 정직하고 신실하여, 과감하게 말해주는 선비를 가려 뽑아 눈과 귀의 자리에 두어서, 임금의 허물은 잡아내고 잘못을 지적하는 책임을 다하도록 하였습니다. 그런 뒤에야 뭇 관료들이 엄숙히 정신차려 관직을 수행하는데 빠뜨리는 일이 없게 되었습니다. 지금 위에 있는 사람들은 잘못한다는 말을 듣기 싫어하는 병통이 있고, 아래에 있는 사람들은 뭘 노리는 마음을 가진 자가 많아, 하는 일 없이 무리를 쫓아다니며, 구차스럽게 세월만 보내니, 기강과 법도의 직무를 게을리하는 것이 여기에서 생겨나고 있습니다.

신들은 원하오니, 전하께서 공론(公論)을 무겁게 아셔서 조정의 기강(紀綱)을 정돈하시는 것이 옳지 않겠습니까?

하늘이 해야 하는 일로 사람이 대신 담당하는 것(관직)을 오랫동안 방치하는 것은 옳지 못하며, 관직 하나하나에는 반드시 적임자를 써야 합니다. 명목(名目)에는 허실을 따져보아야 하고, 기국(器局: 재능과 도량)에는 반드시 장단점의 차이가 있습니다. 반드시 장점과 단점을 비교하여 각각 담당하는 일에 알맞은지를 헤아린 뒤에라야, 물고기 눈알을 진주로 혼동하는 폐단이 없어질 것이고, 떨쳐 일어나 임금을 도와 좋은 정사를 성취해 내는 효과도 있게 될 것입니다. 근래에 승진이나 퇴출시킬 때, 조감(藻鑑: 인물 감식)이 정밀하지 않아, 인재를 등용하고는 곧 버리는 일이 있었는데 이는 잘못된 논의에서 나온 것으로, 전관(銓官: 인사 담당관)들이 자리를 차지하고 있으면서 복속(覆餗)5)이나 한다는 비난이 많았으며, 인사고과(人事考課)가 밝지 않아, 국가사업에 관한 일을 시켜 보면, 끝내는 아무 일도 해내지 못하고 있습니다.

신들은 원하오니, 전하께서 이름과 실력을 잘 조사하셔서 인재를 등용하는 것이 좋지 않겠습니까?

벼슬길의 청탁(淸濁)은 공도(公道: 공평하고 바른 도리)가 밝거나 어두운데서 생기며, 공도의 밝고 어두움은 전형(銓衡: 인사 담당 부서)에서 발탁 천거하는지

---

5) 복속(覆餗): 절족복속(折足覆餗)이라고도 한다. 솥의 발이 부러져 임금에게 바칠 음식을 쏟아 버린다는 말. 나라를 다스리는데 소인배(小人輩)를 쓰면 임무를 감당치 못하여 나라를 망치는 데 이르는 것을 비유한다.

내 버려두는지에 달려 있습니다. 요즈음, 청탁(請托)을 앞세워, 처족(妻族) 동서들이 뒤섞여 벼슬길에 나오며, 취사(取舍: 뽑거나 말거나)는 오로지 세력에 따르고 그가 현명한지 여부는 묻지 않습니다. 조정에 요행의 문이 자주 열려, 어두운 밤에 엽관(獵官) 운동하는 습성이 날로 설치고 있으니, 양식(良識)이 있는 선비들은 세도(世道)가 날로 추락하는 것을 마음속으로 탄식합니다.

신들은 원하오니, 전하께서 공도(公道)를 넓히시어 요행의 문을 막는 것이 옳지 않겠습니까?

염치는 선비들이 항상 찾아야 하는 행실이지만, 이익을 탐하는 것은 뭇 사람들이 모두 추구하는 것입니다. 세상이 잘 다스려지면 학문이나 품성을 갈고닦는 선비들이 많아지고, 세상이 어지러우면 악습에 빠지는 풍조가 왕성해 집니다. 옛날의 명군들은, 나쁜 일이 처음 생길 때부터 조심해야 함을 알아 경계하였고, 하늘에 닿을 듯 커지면 막아내기 어렵다는 것을 두려워하여, 수오지심(羞惡之心: 불의를 부끄러워하는 마음)을 키우셔서, 더러운 수단으로 모은 재물에 대하여는 형벌을 엄하게 하고, 선비 된 자의 일상행동을 잘 지키게 하여 세상사는 도덕이 타락하지 않게 하였습니다. 요즈음 이익의 근원을 막지 않아 풍속이 날로 퇴폐해지고, 인심이 서로 날뛰어 예의를 돌아보지 않아서, 대낮에 뇌물을 주고받으며, 소유한 전답이 주변에 널려 있어, 말세 풍조가 질펀하게 물 흐르듯 하니 정말 한심(寒心)합니다.

신들은 원하오니, 전하께서 염치(廉恥)를 아는 방법을 가르쳐서 혼탁한 풍속을 깨끗하게 하는 것이 좋지 않겠습니까?

올바른 정사로서 백성들을 바로잡고, 형벌로서 포악한 것을 금지하시되, 모두에게 한결같이 행하시옵소서. 불복(不服)하지 않을까만 염려하여 제대로 행치 않으신다면 무엇으로 나라를 다스리겠습니까? 옛날의 명군들은 금석(金石)[6]처럼 약속을 지키고, 사철이 순환하는 것처럼 믿음직하여, 간사한 짓을 하여 죄를 범한 자는 반드시 담당하는 관청의 법으로 묶고, 원칙 없이 경감하거나 무겁게 하지 않았으니, 그 때문에 간사한 도둑의 무리가 감히 분수에 넘치는 것을 바랄 마음조차 먹을 수 없었습니다. 요즈음 고식(姑息: 임시방편, 눈가림)의 풍조마저 생겨서 법을 제대로 지키지 않아, 살인한 자나 큰 도적의 괴수도 역시 감형해 주는 법의 혜택을 받고, 벽을 뚫거나 담을 넘어 물건을 훔치는 좀도둑들도 법을 업신

---

6) 금석(金石): 쇠나 돌 같이 매우 단단하여 변치 않는 것.

여겨 현행법 적용을 모면하고 있으며, 기타 전옥(典獄: 교도소)들의 행정은 편의에 따라 오락가락하는 편문(便文)7)이나, 시은(市恩)8) 곧 사사로운 이익에서 나오니, 부탁하는 편지가 횡행하여 나라 법이 흔적도 없이 사라지고 말았습니다.

신들은 원하오니, 전하께서 정치와 형벌을 밝게 하시어 간악한 소인배를 막는 것이 옳지 않겠습니까?

옛사람이 말하기를 한 사람의 백성이라도 각자 있을 자리를 잃으면, 왕정(王政)의 악(惡)함을 족히 알 수 있고, 한 사람의 여자라도 버림을 당하면, 백성들의 곤궁함을 족히 알 수 있다고 하였습니다. 오늘날, 경기 지역만 해도 살 곳을 잃고 구학(溝壑: 도랑과 골짜기)에 빠져 전하께 부르짖어 보지도 못한 채, 상한 마음을 가진 사람이 몇 십만이 되는지 모릅니다. 밤낮 부지런히 정사를 보셔서 측은한 마음으로 언제나 민생을 살피시고 어루만지시는 방안을 강구하시되, 실제로 생각이 이르지 않는 곳이 없도록 하시옵소서. 여러 백 년이나 오래된 폐단이 고질이 되어 고쳐지지 않고 있습니다. 군정(軍丁)의 수효는 날마다 줄어들고, 이웃 간의 병역 보증에서 오는 해독은 물불보다 더 심합니다. 공부(貢賦: 조세)를 매김에서도 인정사정이 없어 백성을 불쌍히 여기지 않고 있습니다. 방납(防納)9) 하는 무리들이 늑대나 호랑이 같으니, 지금 변통하지 않으면 요원(燎原: 불이 난 벌판)의 불처럼 날로 심해져서, 하루아침에 나라의 근본이 결단날 것입니다.

신들은 원하오니, 전하께서 적폐(積弊: 오래 세월 쌓인 폐단)를 털어 없애어서 백성들의 삶을 넉넉하게 해 주심이 옳지 않겠습니까?

학교는 천하의 모범을 세우는 곳이요, 선비는 예의의 종가(宗家)입니다. 자기

---

7) 편문(便文): 편문자영(便文自營). 글을 사사로운 입장에서 좋도록 쓰는 것(비공식 문서).

8) 시은(市恩): 이익을 얻고자 남에게 은혜를 베푸는 일.

9) 방납(防納): 조선시대 공물(貢物)을 대신 납부하고 이자를 붙여 받은 일. 공물은 호당(戶當: 가구당)으로 부과되는 지방 토산물을 말하는데, 종류와 수량은 나라에서 소요되는 것을 기준으로 하여 책정함으로써 설사 천재(天災)를 입은 경우에라도 감면되기 어려웠다. 더욱이 그 지방에서 산출되지 않는 토산물까지 부과하니, 백성들은 타 지방에 가서 사와서 납부해야 하였다. 이러한 어려움 속에 상인들과 관원들이 끼어들어 공물을 대신 납부해 주고 그 대가로 막대한 이자를 붙여 착취하였다. 또 직접 납부하려 해도 방납업자와 관원들이 결탁하여 물품을 수납할 때 불합격품이라고 물리치고 다시 바치게 하는 일(이를 점퇴(點退)라 함)도 행해져 백성들은 막대한 손해를 무릅쓰고 방납업자들에게 대납을 시키지 않을 수 없었다. 방납의 성행으로 백성들의 어려움이 말이 되지 않는 지경에 이르렀으므로, 임진왜란 도중에 서애선생이 영의정이 되어, 공납을 호당이 아닌 전결(田結)에 부과하고(토지 소유의 다과에 따라 부과함) 쌀로 환산하여 납부하도록 하였다(이를 작미법(作米法)이라 함). 서애선생 파직된 후 폐지되었다가 후일 대동법(大同法)으로 되어 전국적으로 시행되었다.

몸을 수양하여 격물(格物), 치지(致知), 성의(誠意), 정심(正心)의 성과를 얻고, 가문에서 실행하여, 효도, 공경, 예의, 겸양의 열매를 거둡니다. 그런 뒤에 비로소 선비의 이름을 더럽히지 않을 수 있고, 임금의 교화에 힘 보태어 도울 수 있습니다. 요즈음 선비의 기풍이 떨치지 못하고, 유학이 침체하여, 마을의 글방에서는 인재를 길러내려는 미풍이 보이지 않고, 박사(博士: 학식 있는 선비)들은 자리에 기대앉아 학문은 강의하지 않고, 시험 보는 글이나 가르쳐, 다만 명예나 이욕을 좇는 마음만 키우니, 사도(師道)10)가 다 없어지고 예악(禮樂)11)이 다 무너졌습니다.

신들은 원합니다. 전하께서 학문과 그 응용을 숭상하시어 선비들의 기풍을 바로잡는 것이 좋지 않겠습니까?

오호라! 다스림에는 근본과 말단의 차례가 있고, 행정에서도 마땅히 먼저 할 일과 뒤에 할 일을 가려야 합니다. 옛 성인들은 마음속의 생각을 힘을 다해 시행하니, 만리 밖에서도 성과를 거두었습니다. 전하께서는 총명이 옛날의 누구보다 뛰어나시고, 지혜가 하늘보다 높으셔서, 자기 몸을 수양하여 나라를 다스리는 방도가 진실로 이르지 않는 데가 없으시나, 그러나, 상서로운 일은 보이지 않고, 재난과 이변이 아직도 일어나고 있는데, 하늘과 땅의 신령에는 반드시 그 까닭이 있을 것입니다.

신들이 올리는 열 가지 일을 깊이 유념하셔서, 채찍질하며 분발하시고, 더욱 쉬지 않고 노력하면, 곧 위에서는 정도(正道)가 분명히 나타나고, 아래에서도 그 영향을 받아, 가까이는 궁궐 안에서 밖으로는 조정(朝廷)도 궤범(軌範)에 따라서 정연(整然)하게 되지 않음이 없을 것이니, 법식에 따라서 먹줄 치듯이 세상의 모든 일은 물고기 비늘이 이어지는 것처럼 차례대로 따르게 될 것입니다.

오호라, 처음 시작할 때는 해보려는 마음이 없지는 않았으나 끝을 잘 맺는 일이 드뭅니다. 옛부터 임금이 즉위 초기에 누군들 조심스러운 마음으로 다스려서, 옛날의 성대한 다스림으로 돌아가게 하고자 하지 않았겠습니까? 세월이 오래 지나게 되면, 초심이 점점 해이해져서 풍악과 여색, 재물의 이익에 마음이 더러워지고 눈앞의 잡스러운 것에 눈이 덮여, 청명한 체모(體貌)를 갉아 먹게 되어, 정

---

10) 사도(師道): 스승이 마땅히 지켜야 할 도리.

11) 예악(禮樂): 예법과 음악. 예는 이상적인 사회질서를 확립하는 것으로 엄정해야 하고 인심을 구속한다. 이 구속된 인심을 화창(和暢)하게 풀어주는 것이 음악이다. 이 두 가지는 서로 조화시켜야 한다.

치는 날로 퇴폐해지며, 상호작용하여 돌이킬 수 없게 됩니다. 또 재리(財利)에 마음을 두게 되고, 병갑(兵甲: 무력)으로 이를 실현시키려 하면, 임금의 마음에 영합하려는 신하들이 부국강병의 주장을 다투어 건의하여 국사를 그르치게 하는 자가 많아질 것입니다. 이것도 또한 신들이 걱정하지 않을 수 없습니다.

시경(詩經)에서 "공경할지어다, 공경할지어다. 천명(天命)이 밝으니 명(命)을 보전하기 쉽지 아니하도다. 높고 높아 저 위에 있다고 말하지 말지어다, 그 일에 오르내리면서 날마다 살펴보고 계시니라"[12) 하였고 또 "하늘의 노여움을 공경하여 감히 안일(安逸)치 말며, 하늘의 변함을 공경하여 감히 내달리지 말지어다"[13) 하였으며, 서경(書經)에서 "오직 덕(德)만이 하늘을 움직이니, 멀리 떨어져 있어도 (하늘의 감응이) 이르지 않음이 없다"[14) 하였습니다.

엎드려 바라오니, 전하께서는 천변(天變: 기상 이변)을 부질없다 생각지 마시고, 세도를 가만히 살피시고, 비(否: 비괘) 태(泰: 태괘)[15)의 기미에서 날마다 삼가셔서 왕실의 무궁한 기쁨으로 키우시면 더 없는 다행이겠습니다."

임금께서 부드러운 비답을 내리시며 받아들이시고, 이어 묻기를 '누구가 지은 것인가?' 하시니, 동료들이 선생이라고 대답하자, "그렇지, 부제학이 아니면 이렇게 쓸 수 없지" 하였다.

선생의 앞뒤 여러 번의 상소나 차(箚)는 모두 종이를 앞에 두고 입으로 불러서 쓴 것인데 진작 구상한 것을 외워둔 것 같아, 붓을 잡은 사람이 모름지기 솜씨가 민첩해야 따라갈 수 있었다.

명(命)에 따라 대학연의(大學衍義)[16)를 초진(抄進: 가려 뽑아 해설함)하였다.

---

12) 시경 주송 민여소자지십 경지(敬之)장.

13) 시경 대아 생민지십 판(板)장.

14) 서경 우서(虞書) 대우모(大禹謨) 21장.

15) 비태(否泰): 주역(周易)의 비괘(否卦)와 태괘(泰卦). 비괘(否卦)는 상괘(上卦)가 건(乾, 天)이고 하괘(下卦)가 곤(坤, 地)인데, 천지비(天地否: 천지의 기운이 서로 막혀 있음)이다. 이 경우는 영화로운 지위에 있으면 환난이 반드시 미치므로 검약(儉約)하여 난을 피해야 한다. 태괘(泰卦)는 반대로 상괘가 곤(坤, 地)이고 하괘가 건(乾, 天)으로, 지천태(地天泰: 천지의 기운이 서로 화합하여 만물이 생성하고 편안해 짐)이다. 이 경우는 천시(天時)와 지리(地利)에 순응하여 화육(化育)을 하면 풍성하고 이로움이 이루어져 편안해진다.

16) 대학연의(大學衍義): 중국 송(宋)나라 진덕수(陳德秀)가 지은 책 이름. 군주의 수양에 도움이 되도록 대학(大學)의 정신을 경전과 사실에 의거하여 해설한 것이다.

九年 辛巳（先生 四十歲）正月 又拜弘文館副提學 被召還朝 上疏 乞解職歸養 略曰
臣曾以私懇 累瀆天威 不意 天日下燭 微忱曲遂 旣畀便邑 以爲母養 纔十閱月 又荷甄
錄 處臣以經幃之任 嚙恩感德 不敢言歸 第念 臣母老病之狀 益甚於前 而臣之遠出遊
宦 一年難似一年 關懷去住 繫心彼此 憂撓之魂 一夕九遷 臣愚狼狽 不知所出 臣於來
時 母病 尙不離床席

銜悲遵路 心若呑梗 及入都下 日念歸期 音書魂夢 可懼可驚 臣 當此時 邈在千里之外
脫或人事未盡 失於救護 則窮天之憾 後何可追 而帶職乞暇 留滯遠方 屑屑往來 煩擾
驛傳 臣亦不敢自安 伏乞 聖慈 寬臣猥瀆之罪 察臣憫迫之情 特命 遞免臣職 俾臣得馳
去救母 以便公私 不許

乞暇 歸覲安東 秋還朝 先生 每往來家鄉 必廣詢民瘼 或有弊政 民所怨苦者 還朝輒啓
罷之 時 軍役最苦 而水軍尤甚 故事 水軍之立番者 每十人以一人爲長 而領一船 名曰
令船 使之輪番作隊 三日相遞 各供其主將及主將所率之人 凡其支供之物 極其豐侈 色
色徵索 少不如意 則刑杖狼藉 其來已久 人不能堪 先生廉知其弊 卽啓革之 後 先生之
歸覲也 水軍數百餘人 遮道羅拜 祝手頌德 先生皆謝遣之

冬 無氷 與同僚上箚 條陳十目 箚曰 二氣運化 五行循序者 天之道也 一心宰物 萬事
循軌者 人之道也 運於天者有常 而感動恒出於人 爲係於人者多舛 而善惡必驗於灾禎
古之明君 奉若天道 不敢荒寧 觀於寒暑之變 察於雲物之異 反求於身心 政事之間 兢
兢業業 日日而戒謹者 良以此也

臣等竊念 無氷大異也 夏令乘冬 玄律解嚴 凌陰未啓 沖鑿俱廢 臣等竊以爲此非小變也
然而當佇少側身之懼 廊廟無問喘之憂給 舍絕謇諤之說 百官廢交脩之義 君臣縱弛 上
下陵替 皇天仁愛之警 不翅如嚴父之誨子 而人之所以應之者 泄泄日甚 此臣等所未曉
也

天道幽遠 固不可測度 而某事之應 漢儒之陋也 臣等不敢踵焉 謹觀於今日之闕失 而條
其救災之道 得十目焉 人無所不至 惟天不容僞 是故 一念誠篤 則匹夫之微足 以動天
地 至其不誠 則萬乘之尊 不能以孚豚魚 殿下固嘗務聖學矣 而緝熙之功未著 固嘗勵政
治矣 而風草之化未孚 敬天而天怒日甚 勤民而民生日困 延攬賢才非不廣也 而嘉言多
不見 施存養恭儉非不至也 而土木未嘗停息 執此數端而論之 則誠實之心 無乃有未盡
者乎 臣等願 殿下脩實德 以答天心可乎

內言不出 外言不入 六宮有序而名分截然 恩義無偏而禮秩不混然後 人主之家正矣 苟
或不然 則寅緣之路開 禍亂之端萌 在古可徵 明鑑昭然 臣等願 殿下嚴內外 以肅宮禁

可乎

至簡而御煩 至靜而制動 力寡而收功多者 爲政之體也 是故 任用賢能 百官承式 而人君以大公至正之道 照臨於上時 其賞罰之權 而人無不服 事無不成 不然 而疲神於簿書之間 役智於操縱之機 則庶事叢脞 百工解體 臣等願 殿下審治體 以立規模可乎

公論者國家之元氣也 元氣盛 則百邪不侵 公論行 則群枉屛絶 古之明君 精選直亮 敢言之士 使在耳目之地 以盡其繩愆糾謬之責 然後 庶僚以肅袞職無闕 今者 上有惡聞之病 下多承望之心 悠悠逐隊 苟度時日 紀法之廢職在於是 臣等願 殿下重公論 以整朝綱可乎

天工人代 不可曠廢 一官一職 必惟其人 蓋名稱有虛實之下 器局有長短之殊 必也較短量長 各適其當 然後 無魚目混珠之弊 而有奮庸贊襄之效矣 近者 陞黜 眩於藻鑑之不精 用舍 出於論議之失 實在位多覆餗之譏 考績無明 試之功國家之事 終至於不可爲 臣等願 殿下覈名實 以用人才可乎

仕路之淸濁 由於公道之晦明 公道之晦明 在於銓衡之擧錯 比來 請托居先 而姻婭雜進 取舍惟勢 而賢愚莫問 僥倖之門漸開於朝著 奔競之習日滋於昏夜 有識之士竊歎世道之日下 臣等願 殿下恢公道 以杜倖門可乎

廉恥者士之常行 而慾利者人所同趨 世治則砥礪之士多 世亂則沈溺之風盛 古之明君 知濫觴之可戒 而恐滔天之難遏 養其羞惡之端 而嚴其黷貨之刑 使爲士者得保其常行 而世道不至於汚濁 近者 利源不塞 風俗日頹 人心交騖 不顧禮義 賄賂交於白日 田園遍於中外 末俗滔滔 良可寒心 臣等願 殿下養廉恥 以淸濁俗可乎

政以正人 刑以禁暴 畫一行之 猶懼不從 若復廢墜 何以爲國 古之明君 守如金石 信如四時 作奸犯科者 必繩之以有司之法 而不自爲輕重 故奸宄之徒不敢有覬覦[17]之心 邇者 姑息成風 紀法失守 殺人大憝之賊亦從末減之律 穿窬侮法之奸 得免常行之典 其他司政典獄之官 一切出於便文自營之計 市恩行私之術 簡牘交橫 政法蕩然 臣等願 殿下明政刑 以杜奸細可乎

古人有言曰 一民失所 足以知王政之惡 一女見棄 足以知人民之困 今日 圻域之內 凡失所溝壑之中 而無告顧天感 傷和氣者 未知幾億萬也 惟宵旰[18]惻念 常在民生 講究存撫之方 固已無所不至 惟其百年之弊 沈痼而未解 如軍額日縮 而隣保之毒甚於水火

---

17) 기유(覬覦): 아랫사람으로서 바라서는 안 될 일을 바람.

18) 소간(宵旰): 宵衣旰食(날이 밝기 전에 일어나 옷을 입고, 해가 진 후에 늦은 저녁밥을 먹음) 임금이 정사(政事)에 부지런함을 말한다.

貢賦不恤 而防納之徒有同狼虎 及今不爲變通 則燎原之勢日甚 一日而邦本蹶矣 臣等
願 殿下祛積弊 以厚民生可乎

學校 首善之地也 士子 禮義之宗也 修之於身 則有格致誠正¹⁹⁾之功 行之於家 則有孝
悌禮讓之實 然後 始可無忝於士名 而有補於王化矣 近者 士風不振 儒術浸衰 黨塾之
間 不見菁莪之美 博士倚席不講 而課試之文 只長名利之心 師道廢絶 禮樂崩壞 臣等
願 殿下崇學術 以正士風可乎

嗚呼 爲治有本末之序 立政有先後之宜 古之聖人 致力於方寸之內 而收功於萬里之外
矣 殿下聰明冠古 睿智出天 其於修己出治之道 固已無所不至 然而休祥不應 災異尙于
天道 神明必有其故 臣等所陳十事 苟能深留聖意 而策勵奮發 加之以不息之功 則將見
表正於上 而影端於下 近而宮掖之內 外而朝廷之上 莫不整然於軌範 繩墨之中 而天下
萬事 自然鱗次而順序矣

嗚呼 靡不有初 鮮克有終 自古 人君於卽位之初 孰不欲惕慮圖治 期回隆古之盛治哉
及乎歲月旣久 初心漸解 而聲色貨利之累 又從以雜然於前 而淸明之體爲其掩蝕 則政
治日頹 以至於淪胥 而不返 又留心於財利 講求於兵甲 使希冀迎合之臣 爭進富强之說
以誤國事者 多矣 此又臣等之所不能無懼者也

詩曰 敬之敬之 天惟顯思 命不易哉 無曰 高高在上 陟降厥士 日監在玆 又曰 敬天之
怒 無敢戲豫 敬天之渝 無敢馳驅 書曰 惟德動天 無遠不屆 伏願殿下 思天變之必不徒
然 靜觀於世道否泰之幾 而日愼一日 以厚宗社萬世之慶 不勝幸甚

上優批嘉納 且問誰所作也 同僚以先生對 上曰 然 非副學 不能爲此

先生 前後疏箚 皆臨紙口占 如誦宿構 把筆者 須敏手可及

命 抄進大學衍義

---

¹⁹⁾ 격치성정(格致誠正): 격물(格物), 치지(致知), 성의(誠意), 정심(正心)을 말한다. 『대학(大學)』
제1장에 "천하에 덕(德)을 밝히고자 하는 자는 먼저 그 나라를 다스리고(治國), 그 나라를 다스
리고자 하는 자는 먼저 자기 집안을 가지런히 하고(齊家), 그 집안을 가지런히 하고자 하는 자
는 먼저 자기 몸을 닦고(修身), 그 몸을 닦고자 하는 자는 먼저 자기 마음을 바루고(正心), 그
마음을 바루고자 하는 자는 먼저 자기 뜻을 성실히 하고(誠意), 그 뜻을 성실히 하고자 하는
자는 먼저 자기 지식을 지극히 하였으니(致知), 지식을 지극히 함은 사물에 다가가서 이치를
궁구함에 있다(格物)"고 한 말의 축약(縮約)이다.

㉒ 사간원 대사간에 임명되다, 41세

선조 15년(1582) 임오

봄에 사간원(司諫院) 대사간(大司諫)¹⁾으로 임명되었다.

　당시 선생은 휴가를 얻어 근친하러 갔는데 이번에 조정으로 돌아왔다. 선생이 사
간원에 있을 때 임금께 세 가지 일을 건의하였는데, 그 하나는 조종(祖宗: 선대 임
금)께서 국사를 규칙에 따라 힘써 노력하신 실상을 따르실 것, 두 번째는 대신의
서사(署事: 사전에 심사하여 서명함)하는 법을 회복하여 조정의 체통을 세울 것, 셋
째는 대간(臺諫)이 독대하여 말씀을 올리는 길을 열어 뇌동(雷同: 자기 생각은 없
이 남의 말을 쉽게 따름)하는 폐단을 없앨 것이었다. 논의가 비록 실행되지 않았으
나 식자(識者)들은 옳다고 하였다. 뒷날 간관설(諫官說)을 지었다.

7월에 아들 진(袗)²⁾이 출생하였다.

　승정원 우부승지에 임명되었다. 겨울에 임금의 특명으로 도승지로 옮겨졌다.³⁾
그때 왕씨 황씨 두 천사(天使: 명나라 사신)가 왔는데, 도승지가 관장하는 일이 매
우 많기 때문에, 이 특명이 내려졌다. 선생은 이 바쁜 일을 담당하자, 책응(策應: 대
책을 세워 서로 도움)이 물 흐르듯 하며, 하는 일마다 합당하여, 서로 간에 예의를
차리거나 말씀을 나누는 것에 이르기까지 모두 법도에 들어맞았다. 천사들이 심히
경탄하여 말을 주고받을 때 반드시 선생이라고 호칭하고 벼슬로서 부르지 않았고,

---

1) 대사간(大司諫): 임금의 허물을 간쟁(諫爭)하고 바로잡도록 하는 일을 관장하는 정3품 아문(衙
　門: 관청)의 우두머리 관직. 정3품이다.
2) 류진(柳袗, 1582－1635): 호 수암(修巖) 진사 장원. 봉화, 청도, 예천, 합천 군수. 통훈대부 사
　헌부 지평. 증 가선대부 이조참판. 저서 수암선생문집, 사례집략(四禮輯略). 병산서원 배향.
　1618년 하회에서 상주 우천(愚川) 가사리(佳士里)로 이거(移居)하였다.
3) 우부승지와 도승지는 모두 정3품으로 동급(同級)이다. 다만 도승지는 수석 승지이며, 담당 업
　무도 핵심 부서인 이조(吏曹)의 업무여서 원문에 승(陞: 승진)으로 표기한 듯하다.

모든 잔치 자리에서 술을 권하는 범절까지도 반드시 묻고 나서 행하였다. 천사가 돌아갈 때, 선생이 벽제(碧蹄)의 모화관에서 전별, 위로하는 자리를 베풀어 작별하였다. 임금께서 상으로 금포(錦袍: 비단옷)를 내려주셨다.

선생께서는 일찍이 여러 번 대사성(大司成)[4]으로 임명되어서 성균관에서 공부하는 선비들을 타이른 글도 있다.

그 년월(年月: 시점)이 자세하지 않아서 생략하고 기록하지 않는다.

가선대부(종 2품)로 승진하고, 사헌부(司憲府) 대사헌(大司憲)[5]이 되었다.

왕명을 받들어 황화집(皇華集)[6]의 서문을 지었다.

===

十年 壬午 (先生 四十一歲) 春 拜司諫院大司諫 時 先生乞暇歸覲 至是還朝
先生 在諫院 建言三事 其一遵祖宗視事之規 以盡勵精之實 其二復大臣署事之法 以立
朝廷之體 其三開臺諫獨啓之路 以祛雷同之弊 議雖不行 而識者韙之 後作諫官說
七月 子裀生
拜承政院右副承旨 冬 特旨陞都承旨
時 王黃二天使出來 都承旨所掌甚多 故有是命 先生當劇務 策應如流 動合事宜 以至
相禮儀道言語 皆中榘度 天使深敬歎 言語必稱先生而不以爵 凡其宴饗酬酢之節 亦必
問之而後行 天使還 先生將餞慰於碧蹄在慕華館 拜辭 上賜錦袍以賞之
先生嘗屢拜大司成 有諭館學諸生文 而亦未詳其年月 故闕之
陞嘉善大夫 司憲府大司憲
承命 撰皇華集序

---

4) 대사성(大司成): 유학(儒學)의 교육에 관한 일을 관장하는 정3품 관아인 성균관(成均館)의 우두머리 관직. 정3품이다.
5) 대사헌(大司憲): 현실 정치를 논평하고 모든 관료를 규찰(糾察)하며 풍속을 바로잡고 억울함을 풀고 외람되고 거짓됨을 금지하는 일을 관장하는 종2품 관아인 사헌부의 우두머리 관직. 종2품이다.
6) 황화집(皇華集): 중국에서 온 사신과 조선의 영접관원 사이에 주고받은 시문(詩文)을 모아 엮은 책.

㉓ 북변오책(北邊五策)을 올리다, 42세

선조 16년 (1583) 계미

정월에 홍문관 부제학에 임명되었다. 휴가를 얻어 안동으로 근친하였다.

　임금께서 호피(虎皮) 요(褥)를 특별히 내리셔서 노모께 가져다드리라고 하였다. 선생이 감사한 마음을 표한 상소를 올렸다.

회재 이 선생[1]의 구경연의(九經衍義)의 발문을 썼다.

2월에 니탕개[2]가 변경을 침입하였다. 왕명을 받고 급히 돌아와 봉사(封事)[3]를 올렸다.

임금 말씀에 응하여(應旨)[4] 북변5책(北邊五策)을 올렸다.

---

1) 회재 이선생(晦齋 李先生): 이언적(李彦迪, 1491－155) 호 회재(晦齋). 경주(慶州) 출신. 문과. 지평, 사간, 김안로(金安老)의 재등용을 반대하다 쫓겨나 귀향한 뒤, 경주 자옥산(紫玉山)에 독락당(獨樂堂)을 짓고 학문에 전심하였다. 김안로 사후에 재등용되어 직제학, 전주 부윤, 대사헌, 부제학, 이조 예조판서. 노모 봉양을 위해 외직을 요청하여 안동부사, 경상도 관찰사를 역임하였다. 인종(仁宗) 즉위 후 의정부 좌찬성. 명종(明宗) 즉위 후 윤원형 일파가 일으킨 을사사화에 뒤이은 양재역 벽서 사건 때 강계(江界)로 유배되어 배소에서 별세하였다. 본관 여강(驪江). 시호 문원(文元). 영의정에 추증되고 문묘(文廟)에 배향되었다. 옥산서원을 비롯한 17개 서원에 위패가 봉안되었다. 저서 일강십목소, 구인록, 대학장구보유, 속대학혹문, 중용구경연의, 회재집. 중용구경연의(中庸九經衍義)는 진덕수(眞德秀)가 『대학연의』를 저술하여 정치의 도리를 밝혔으나 제왕학(帝王學)으로 부족한 점이 있어 이를 중용의 구경(九經: 중용 20장)으로 보완하기 위해 쓴 책으로 선조 16년 이준(李浚)이 간행하였다.
2) 니탕개(尼湯哈): 1583년 함경도 육진(六鎭)에서 발생한 야인 여진족 니탕개가 일으킨 난. 이 난을 평정하는 데 당시 온성부사 신립(申砬)의 공이 컸다.
3) 봉사(封事): 임금에게 비밀이 누설되지 않도록 밀봉하여 올리는 의견서.
4) 응지(應旨): 국가가 재난을 당했을 때 임금이 구언(求言: 조언(助言)을 찾음)하면 그 명에 순응

첫 번째는, 병화(兵禍)의 근원을 막는 것입니다. 신이 듣기로 이적(夷狄: 오랑캐)의 침입은 예부터 있어 왔으나, 우리가 그들을 막는 데는 올바른 도리로서 할 뿐입니다. 한(漢)나라 시절의 흉노(凶奴), 당(唐)나라 시절의 토번(吐蕃), 돌궐(突厥), 송(宋)나라 시절의 요(遼), 금(金), 서하(西夏) 등은 모두 뛰어나게 말 달리는 재주를 지녔으며, 땅은 넓고 군사는 강하여, 중국과 세력을 다투었습니다. 그래서 한때는 지략(智略)있는 신하와 맹장(猛將)의 힘으로 겨우 막아내었으나, 때로는 모욕을 당하여 그 결과 세력이 부진(不振)한 때도 있었습니다.

지금 이번 북쪽 오랑캐는 본래 일정한 소속이 없고 부락(部落)은 흩어져 있어서, 우리나라에 의지하여 붙어 살아온지 백년 이상 되었는데, 지나간 세대와는 같지 않아서 오랑캐의 말 잘 타는 사나운 재주를 제어하기 어렵게 되었습니다.

그리고 6진(六鎭)[5]은 서울에서 거리가 아주 멀다 보니, 왕의 교화(敎化)가 미치지 않게 되었을 뿐만 아니라, 또 조정은 변방을 방비한다는 생각으로 반드시 무신(武臣)으로만 고을 수령으로 임명하는 것에 전념하여 왔는데, 그간에 수령으로 간 사람들은 권세가들에게 청탁하여 임용된 자들로 공정하게 뽑힌 자들이 아니어서, 고을에 도착한 뒤에는 한없는 욕심을 마음껏 부려서 박할(剝割)[6] 침어(侵漁)[7]를 하지 않은 적이 없었습니다. 원통한 일을 당해 호소하여도 못 본 체하고, 굶주림을 보면서도 구휼할 줄 모르니, 저들은 본래 짐승 마음인데 분노가 뭉쳐, 심심하면 때를 기다리지 않고 일어나, 드디어 걷잡을 수 없는 지경에 이르게 되었습니다. 변(變)이 생긴 후에도 조정은 그 까닭은 깊이 헤아려서 마땅한 조치로 변경의 사정을 위로하려 하지 않고, 부질없이 저들에게 분풀이나 하려고 합니다. 지금 이들 오랑캐가 비록 우리 민족과는 다르다 하나, 그들이 친히 우리에게 종속한지 오랜 세월이 되었으니 역시 전하의 적자(赤子: 임금의 백성)입니다.

탐관오리(貪官汚吏)들이 착취했기 때문에 피싸움을 일으켜서, 남북 사람들의 생명을 창칼 앞에 몸 던지게 하며 들판에 피를 바르게 하니, 정말로 마음이 아픕니다.

하여 올리는 상소.

5) 육진(六鎭): 함경도 두만강 유역에 설치한 여섯 성. 즉 경원(慶源) 온성(穩城) 종성(鍾城) 회령(會寧) 부령(富寧) 경흥(慶興)이다.

6) 박할(剝割): 짐승을 잡아 가죽을 벗김. 백성의 재물을 마구잡이로 뺏는 것을 비유한다.

7) 침어(侵漁): 어부가 물고기를 잡듯이. 차례대로 남의 재물을 뺏는 것을 비유한다. 백성들을 괴롭혀 못살게 구는 것을 표현한 것이다.

고인(古人)이 말씀하기를, 무력을 쓰는 방법에 있어서는 상대방의 마음을 공격하는 것이 상등(上等)이고, 성(城)을 공격하는 것은 하등(下等)이라 하였습니다. 조충국(趙充國)[8]이 선령(先零)[9]을 복종시키고, 무후(武侯: 제갈공명)가 맹획(孟獲)을 사로잡은 것은 모두 그 마음을 복종시켜 장기적으로 대비하는 계책으로 삼은 것입니다.

오늘날 변방을 지키는 모든 신하들이 모두 약속(법규)을 준수하여, 지난날의 포악하게 원수처럼 재물을 탐하던 버릇을 한꺼번에 씻어내 버리고, 맑은 바람이 솔솔 불듯이 묵은 폐단을 깨끗이 밝혀낸다면, 오랑캐 백성들도 마음이 즐거워지고, 성심으로 복종할 것이오니, 싸워서 얻는 전공보다 반드시 못하다고 할 수 없을 것입니다.

신은 원하오니, 조신(朝臣)들에게 각기 무신(武臣)으로서 염근(廉謹: 염치와 부지런함)한 자를 천거하게 하여 (그 지방 수령으로) 뽑아 보내도록 하시고, 변란(變亂)이 다소 진정되면, 그 사이사이에 문관으로서 무재(武才)가 있는 자를 뽑아 임명하여 진장(鎭將)들을 억눌러서 백성들 가죽을 벗겨 먹는 폐단을 뼈아플 정도로 고치게 하시며, 또 대간(臺諫)[10]으로서 강직하며 과단성 있어 강폭(强暴)한 자를 겁내지 아니하는 사람을 뽑아 순무어사로 삼아서, 그 도(道)에 머물러 두고 잘못을 규탄 조사하게 하면, 조정의 귀와 눈이 변방에까지 좍 깔리게 되니 적폐(積弊)가 적지 않게 제거될 것입니다.

신이 관찰하건대, 중국에서는 오로지 풍헌(風憲)[11]을 두어 안팎의 기강을 유지하고 있으며, 요동(遼東) 같은 변방에서는 포정사(布政使)를 두고 있으면서도 또

---

8) 조충국(趙充國, 137 B.C–52 B.C): 중국 전한(前漢) 시대 농서현 출신. 무예와 지략을 갖추었고 변방의 정세에도 밝았다. 무제, 소제, 선제에 걸쳐 장수가 되어 흉노와 맞서 싸웠다. 61 B.C년 강족(羌族) 선령(先零)이 반란을 일으키자 76세의 나이임에도 둔전책(屯田策)을 써서 공을 세웠다. 여러 차례 둔전(屯田)의 중요성을 강조하였다. 군사를 출동시키는 것보다 둔전을 실시하는 것이 더 유리하며 싸우지 않으면서 이기는 방법이라고 역설하였다. 百聞不如一見(백번 듣는 것보다 한번 보는 것이 낫다)이라는 명언(名言)을 남겼다.

9) 선령(先零): 한(漢) 나라 때 서쪽 오랑캐 강족(羌族)의 한 부족. 중국 감숙성, 청해성 일대에 살았다.

10) 대간(臺諫): 정치의 잘 잘못을 논하고, 군주와 백관들의 허물을 간쟁, 탄핵하며, 관리의 인사(人事)에 서경권(署經權)을 행사하는 직책으로, 군주의 눈과 귀의 역할을 하였다. 대(臺)는 고려시대 어사대(御史臺)에서, 간(諫)은 조선시대 사간원(司諫院)에서 나온 말이다.

11) 풍헌(風憲): 1) 풍기(風氣)를 바로잡고 관리의 청탁(淸濁)을 감찰, 규탄하는 직임(職任). 2) 조선시대 리(里)의 한 직이다.

순무어사, 순안어사를 두어서, 그 때문에 만리 밖 먼 곳의 사정을 눈앞에 보고 있는 듯하다고 하니, 오래 다스려도 편안한 것은 반드시 이에 힘입은 것입니다. 이것이 오늘날 화근(禍根)을 일으키는 근본이니, 잘 살피지 않을 수 없습니다.

두 번째는, 싸울 것인가, 지킬 것인가를 결정하는 일입니다. 신이 듣기에, 병법에서 먼저 쳐들어가 싸워서는 이길 수 없는 경우라도 적을 기다려서 싸우면 이길 수 있다고 하였습니다. 반드시 우리의 형세를 튼튼하게 한 뒤라야 싸우면 이기고 지켜도 잘 지켜 낼 수 있습니다. 피차의 세력을 헤아리지 않고 경솔하게 천근의 쇠뇌[12]를 가지고 생쥐를 잡자고 쏜다면, 잡는다 해도 위엄이 없으며, 하나라도 지나치거나 모자라는 일이 있게 되면, 위엄을 손상시키고 나라를 욕되게 할 것이니, 장래에 반드시 큰 우환거리가 생기게 될 것입니다.

고인(古人)이 말하기를, '오랑캐는 짐승처럼 모여들었다가 새처럼 흩어져서, 공격하려 해도 그림자 잡는 것 같다'고 했습니다. 지금 전국의 군사를 일으켜, 수백리 먼 곳으로 건너가, 수초(水草)처럼 흩어져 살고 있는 오랑캐를 치려고 하지만, 우리 군사가 강을 건너기도 전에 사방에 소문이 먼저 퍼질 것이며, 그들은 모두 산골짜기로 숨어버려 아득히 종적도 없을 것이니, 우리 군사는 나아가도 소득이 없고, 물러나도 의지할 곳이 없게 될 것입니다. 본디 훈련되지 않은 군졸들을 경솔한 장수가 거느려서 깊은 산속이나 거친 들판을 헤매게 하면, 오랑캐는 본디 도덕관념은 부족해도 교활함은 넘쳐나니, 혹시 우리의 의심하고 조심함에 편승해 요긴한 곳을 막고 쳐들어 올 것이고, 비록 지혜로운 사람일지라도 그 후에는 어떻게 해낼 수가 없을 것입니다.

왕자(王者)의 군사는 빈틈없는 대책을 세워 놓고 움직이는 것이지, 어찌 위험을 무릅쓰고 반드시 이긴다 할 수 없는 처지에 공(功)만 요행으로 얻기 바라서야 되겠습니까?

오직 마땅히 스스로 지키는 방책을 먼저 세우고, 기율(紀律)을 거듭 밝게 하여, 오랑캐로 감히 침범(侵犯)치 못하게 해야 합니다. 그리고 난 뒤, 시기를 보아가며 변란을 제압하여 국위를 떨쳐야 합니다. 가능해 보이면 나아가고, 어려움을 알면 움직이지 않아, 우리 마음대로 신축성을 발휘하면 향(向)하는 곳마다 뜻대

---

12) 쇠뇌(弩): 활처럼 화살을 쏘아 적을 공격하는 무기지만, 작동원리에서 기계장치를 사용하는 것이 활과는 다르며, 연속으로 쏠 수도 있다. 활 몸체 이외에 화살을 장전할 나무틀이 별도로 있고 시위를 고정하였다가 풀 수 있는 장치가 있다. 쏘는 데 인력이 덜 들고 사정거리가 길며 명중률도 높은 편이다.

로 되지 않음이 없을 것입니다.

　신이 듣기에 육진(六鎭)에서 방수(防守)하는 곳은 강을 따라 아래위로 죽 늘어서 있는데 많아도 수백리를 넘지 않습니다. 현재 있는 군졸들을 삼등분(三等分)하여 그중에서 씩씩하고 날래어서 돌격할 만한 용기 있는 자를 상등으로 하고, 용맹이 없는 군졸은 다음으로 하고, 늙고 병약한 자는 하등으로 하여, 중등, 하등의 군졸은 오로지 성을 지키게 하고, 날랜 자들을 따로 가려 뽑아서, 단단한 갑옷과 날카로운 병기를 주고, 배불리 먹이며, 말도 여물을 잘 먹여 장비를 갖추고 기다리게 하다가, 작은 분대로 나누어 소속시킨 뒤, 강가로 나가게 하여, 번갈아 순찰하면서 모였다 흩어졌다 하기를 수시로 하고, 방향도 일정하지 않게 하여, 오랑캐들로 하여금 우리 측의 많고 적음을 알 수 없게 하며, 또 척후(斥候)를 분명하게 하고, 간첩을 널리 깔아서 오랑캐의 동정을 널리 탐지시켜 미리 알아내도록 하여, 한번 경보(警報)가 있으면, 소식을 빨리 몰래 전달하고, 상황에 재빨리 호응하여 문득 달려와, 덫에 걸린 토끼를 덮치듯 하면, 자연히 오랑캐의 세력은 날로 위축되고, 우리의 세력은 날로 커질 것이며, 진(鎭: 중대)과 보루(堡壘: 소대)를 확실히 장악하면 소문과 실제 형세가 서로 상승작용할 것이고, 우뚝하게 되어 침범해 오기 어려운 형세가 될 것입니다.

　군사는 많고 적음을 가리지 않으며, 병사는 용감하고 비겁한지를 가리지 않으니, 바로 장수의 용병술(用兵術)에 달려 있을 뿐입니다. 진실로 잘 용병한다면, 사석(謝石)[13]의 6천명 군사로도 부견(符堅)[14]의 백만대군을 막아내는 데 넉넉하였으니, 하물며 이 쥐새끼 같은 도적이 어찌 전하의 마음을 수고롭게 해서야 되겠습니까?

　싸울 경우에 있어서도 신은 정말로 대거 병력을 움직여서는 안 된다고 말씀드립니다. 그러나 쓸데없이 가벼이 움직이면 안 된다는 주장을 견지한다고 해서, 수치를 안고 욕스러움을 참으며, 능멸, 모욕을 견딘다는 것이 역시 국위를 견고하게 하고 후환을 없애는 것은 아닙니다.

　신은 생각건대 번호(蕃胡)[15]가 반드시 모두 한 마음으로 배반했다고 볼 수 없

---

13) 사석(謝石): 중국 동진(東晉)의 장군. 재상 사안(謝安)의 아우. 383년 전진(前秦)의 부견(符堅)이 백만대군으로 쳐들어오자 비수(淝水)에서 격파하였다.

14) 부견(符堅, 338－385): 중국 5호16국 시대 전진(前秦)의 3대 왕. 왕맹(王猛)을 정승으로 기용하여 법제를 세우고 상공업, 농업을 장려하며 도로와 역을 정비하며 학문을 보호, 내정에 힘을 기울여 국력을 충실하게 하여 최성기를 이끌었다. 372년 고구려에 불교를 전하기도 하였다. 382년 동진을 정복하려고 대군을 동원하였으나 이듬해 비수의 싸움에서 대패하고 자살하였다.

습니다. 그 속에는 진실로 우리나라를 향한 마음이 있는 자도 있고, 양쪽 편에 얽매인 자도 있을 것이며, 피차의 승부를 관망하고 있다가 향배를 정하려는 자도 있을 것이며, 겉으로는 귀순한 척하면서 뒤로 물러나 실제로는 적군 노릇하는 자도 있을 것입니다.

변방을 지키는 신하는 마땅히 대의로 책망하여 꾸짖어서 "너희들이 비록 금수(禽獸)지만 또한 사람 마음도 가지고 있을 것인데, 나라의 후한 은혜를 받고도 지금 하늘을 거역하고 의리도 저버리고 있다. 조정에서 대거 소탕하여 멸망시킬 줄 모르는 것이 아니라, 다만 옥석(玉石)이 함께 타 없어지는 참화가 있을까 염려하고 있는 것이다. 너희 무리들 가운데, 성심으로 내부(來附)할 자는 오라. 원치 않는 자는 떠나라. 우리에게는 마땅히 취할 방도가 있다" 이렇게 말하고, 그중에 만약 오랑캐를 꾀어 끌어들여 침입해 도적질한 자는 이름을 밝혀 막고 받아들이지 말며, 때로는 경병(輕兵)으로 토벌하되, 급한 우렛소리에 귀 막을 사이도 없을 정도로 신속하게 토벌(討伐)하여, 모든 부(部)16)에 효수(梟首)17)하여 보이고, 내부(來附)한 자는 후하게 어루만진다면, 우리나라에 두 마음 품은 자는 두려워할 것이며, 복종한 자는 서로 권면하게 될 것이니, 수고롭게 군사를 멀리 보내어 토벌할 필요도 없을 것이며, 아마 위령(威令)도 떨칠 수 있을 것입니다. 이 방책은 장수들이 기회에 따라 잘 처리하기에 달렸을 뿐입니다.

세 번째는, 오랑캐의 사정을 미리 살펴 아는 일입니다. 분열을 해결하고 다툼을 종식시키는 데는 먼저 그쪽 사정을 알고 그 상황에 알맞게 대처하는 데 달려 있습니다. 만약 용병(用兵)할 때라면 더욱 적국의 사정을 깊이 살펴서, 기회를 보아 대응해야 합니다. 공격할 수 없는 곳을 지키고, 지킬 수 없는 곳을 공격하여, 그런 뒤에야 뜻을 이룰 수 있습니다. 최근 오랑캐들의 기병(騎兵)이 장성(長城: 중국 만리장성) 안에까지 출몰하여 사람과 가축 약탈하기를 마음대로 하지 않음이 없습니다. 머리 쪽을 구원하려 하면 그 꼬리 쪽에 와서 공격하고, 꼬리 쪽을 구원하려 하면 그 머리 쪽을 공격해오니, 우리 군사는 앉아서 주객(主客)의 형세

---

15) 번호(蕃胡): 여진(女眞)족으로 압록강 북쪽에 있던 부족은 만주족(滿住族) 또는 숙여진(熟女眞)이라고 하고, 두만강 주변의 여진족을 생여진(生女眞) 또는 오랑캐(兀良哈) 야인(野人) 이적(夷狄)이라고 불렀는데. 이 두 부족을 가리킨 것이다.

16) 부(部): 여신족 부속(部族)을 말한다. 특히 말과 풍습 신앙 등이 같은 정치적 공동체를 이루고 있었다.

17) 효수(梟首): 죄인의 목을 베어 나무에 매달아 공중(公衆)에게 보이는 형벌.

를 잃어버려, 허둥지둥, 갈팡질팡하여, 적군이 와도 막을 수 없고 물러가도 쫓아갈 수 없습니다.

옛날의 장수된 자는 작전계획을 미리 갖추어 놓고, 오랑캐의 사정을 샅샅이 탐지하여, 임기응변하는 재량권(裁量權)을 가지고, 미리 준비를 하였습니다. 그 때문에 군사를 움직여도 불리한 적이 없었습니다. 그렇지 않은 경우에, 움직여야 할 때에는 가만히 있고 가만히 있어야 할 때에는 움직여, 마치 장님이 눈먼 말을 타고 밤중에 깊은 못을 건너는 격이니, 그 위태로움이 심할 것입니다.

신은 원하오니, 함경도 장수들과 그곳을 왕래하는 사신들은 오랑캐의 사정을 직접 찾아 살피고, 비록 오랑캐와 관계된 일이 아니더라도, 모든 민생의 이해관계와 군사 기밀에 관련된 정보를 듣고 본대로 조정에 보고하고, 오랑캐로서 포로가 된 자도 역시 함거(檻車)에 실어 서울로 보내어 그쪽 사정을 깊이 물어본 뒤 처리한다면, 변경의 사정을 모두 밝게 알고 조처하는 데 누락됨이 없을 것입니다.

네 번째는, 군량을 공급하는 것입니다. 예부터 이적(夷狄)[18]이 어느 날 갑작스럽게 중국에 전란을 일으켜 피해를 입힐 수는 없었습니다. 천하에 언제나 전란이 일어나는 것은 무엇 때문일까요? 변방의 어느 한 방면에 적군이 쳐들어오면, 나머지 세 방면에서 군사를 일으켜 구원하였는데, 군량을 운반하는 일이 번거로워 사람들이 그 괴로움을 감당하지 못하게 되어, 그 결과 반란을 생각하는 자가 많았습니다.

옛날 조충국(趙充國)이 금성(金城)[19]에서 군대를 해산하고 둔전(屯田)[20]을 하겠다고 청한 적이 있었는데, 옛사람들이 일을 처리하는 데 주도면밀하여 먼 후일까지 염려하는 것이 이와 같았습니다.

함경도에는 양식 운반한 수량이 이미 10여만 석을 넘었고 포목(布木)도 운반한 것이 천여 동(同)[21]입니다. 만약 실어 보내는데 관리하는 법도가 있고, 회계가 분명하여 중간에서 남용하는 데로 귀착되지 않았더라면 비록 3,4년 정도는 지탱할 수 있을 텐데, 어떻게 이처럼 위태위태한 지경에 이르렀단 말입니까? 살아

---

18) 이적(夷狄): 미개한 변경 민족. 동쪽의 이민족은 이(夷), 서쪽은 융(戎), 남쪽은 만(蠻), 북쪽은 적(狄)이라 불렀다.

19) 금성(金城): 지금의 중국 감숙성 성도(省都)인 난주(蘭州). 한(漢) 나라 때 명칭이다.

20) 둔전(屯田): 군병(軍兵)들이 평시에는 주둔지에서 농사를 짓고, 전쟁이 발생하면 그 양식을 군량으로 삼아 전투를 수행하는 제도.

21) 동(同): 묶어서 한 덩이로 만든 묶음. 또는 그 단위. 베 50필, 붓 10자루, 비웃(청어) 2,000마리 등.

있는 백성의 피땀을 다 소모시키고, 동남 지방의 재력을 다 탕진시켜 가며 조금씩 운반해 온갖 고생을 하였는데, 돌이켜 보니 탐관과 교활한 서리에게 맡긴 꼴이 되었습니다. 담당하는 관리는 그 양식이 있는지 없는지를 낱낱이 조사할 수 없고, 조정도 그 거류(去留)[22]를 힐문할 수 없어, 마치 모래를 모아서 바다에 뿌리듯, 간 곳을 알 수 없게 되었습니다. 국방(國防)의 중대사가 어찌 어린애 장난 같지 않습니까?

신이 생각하기에는, 운반한 원 수량을 모두 합하고, 또 안변(安邊: 함경도 남쪽 고을 이름. 병참기지였음)으로부터 각 고을에 나누어 보낸 수를 계산하고, 또 여러 해 동안 군병으로 징발하여 수자리에 배치한 사람의 군적(軍籍)를 조사하고 그들이 먹은 곡식의 양을 뺀 뒤, 이를 서로 대조, 검증하면서, 그 모자란 것을 따지면, 중간에서 남용하였거나 훔친 숫자를 숨길 수 없어, 실제 숫자를 알아낼 수 있습니다. 실수(實數)를 알고, 그동안의 유지비용을 미리 알아낸 후에, 내지(內地: 발송지)로부터 운송에 따른 조치를 차례로 계산한다면 일도 조리(條理)에 맞고 사람들도 심한 괴로움을 겪지 않게 될 것입니다.

그리고 남쪽 지방에서 운송하는 일도 신이 목격(目擊)한 것입니다만, 지난 해 운송한 양이 4만석에 이를 정도로 많아, 민력(民力)이 이미 바닥났습니다. 신이 생각하기엔, 도내의 창고 곡식에 여유가 있는 몇 고을, 즉 영해(寧海)[23]와의 거리가 조금 가까운, 안동, 상주, 선산, 성주, 밀양 같이 강(江)가에 있는 고을은 참선(站船: 관(官)에서 쓰는 배)이나 사선(私船)에 실어서, 빙 돌아서 영해나 경주에 배를 대고, 해선(海船)으로 옮겨 운반해가면, 민력이 크게 부담되지 않을 것이며, 운송도 쉽게 이루어질 수 있습니다.

그리고 신은 여기에 또 한 가지 말씀 올릴 것이 있습니다. 남중(南中)[24]은 나라의 근본이 되는 땅으로, 창고 곡식을 해마다 빼내어 텅 비게 할 수 없습니다. 경상도 연해 진관(鎭管)의 수병(戍兵)[25]은 바람이 세게 불 때는 별로 할 일이 없으며, 단지 진장(鎭將)이 사사로이 풀어서 수포(收布)[26]하는 것이나 돕도록 할

---

22) 거류(去留): 떠나감과 머물러 있음.

23) 영해(寧海): 지금의 경북 영덕군 영해면. 조선시대 도호부사(都護府使)가 다스리는 고을이었으며, 군직(軍職)인 동첨절제사(同僉節制使: 각 진(鎭)의 장(將))를 겸하였다.

24) 남중(南中): 경기도 이남의 충청도, 전라도, 경상도를 통틀어 가리킨 말.

25) 수병(戍兵): 국경을 지키는 군병. 곧 각 진관에 입번(立番: 교대로 들어와 근무함)하고 있는 군병을 말한다.

뿐입니다. 만약 9월부터 다음해 2월까지 입번(入番)을 면제하고 대신 쌀 8~9두(斗)를 걷어, 좌도(左道)는 영해, 홍해를 집합 장소로 하고, 우도(右道)는 기장, 울산을 집합 장소로 하여, 수량을 계산하여 쌓아 두게 하면, 한 해에 수천석은 얻을 수 있습니다. 봄에 따뜻해진 뒤에 조금씩 실어가면, 관청 창고는 부족해질 염려가 없고, 백성은 먼 곳 수자리(입번 근무지) 가는 폐단이 없어지며, 수병(戍兵)으로서 이 일을 하는 자도 역시 즐거워 할 것이니, 한가지 조처로 여러가지 이로움이 있습니다. 또 긴급한 일을 해결하는 한 방책이 됩니다.

조운(漕運: 배로 물건을 운반함) 하는 일은 오로지 조군(漕軍: 배 부리는 군사)에게만 의뢰하는데, 경상도에는 조군이 없기 때문에, 능노군(能櫓軍: 노 저을 수 있는 사람)으로 대체(代替)하고 있습니다. 그러나 이런 무리들은 모두 바닷가 어부들이어서, 물고기 잡는 것을 생업으로 돌아다니고 있어, 왕래도 일정하지 않아 거주지가 없는 떠돌이들입니다. 매달 걷어 들이는 가포(價布: 병역이나, 부역에 나가지 않고 그 대신 바치는 베)도 진장(鎭將)들이 걷어서 대부분 사사로이 써버리고 삯도 주지 않기 때문에, 원한을 품고 도망가 버립니다. 신의 생각에, 앞으로는 노 젓는 일 대신 베를 받아들이되, 도회(都會)27)를 정하여 받아들이며, 매월 초하루 도회에서 진장에게 명목을 따져서 지급하고, 그 내용을 감사(監司)에게 보고하도록 하면, 진장들이 욕심부려 횡령하는 풍조는 아마도 조금이나마 없어질 것이고, 바닷가 어민들도 편안히 이웃하여 살게 되어 도망가지 않을 것이며, 조운(漕運)의 길도 통해질 수 있을 것입니다.

곡식이 조금 쌓이는 해가 되면(풍년이 들면), 온 나라의 속목(贖木)28)과 병조(兵曹)의 궐군(闕軍) 가포29)와 남방의 염세포30)와 노비신공31)으로 해마다 들어

---

26) 수포(收布): 조선시대 국가에 군포(軍布)를 바치고 군역(軍役)이나 부역을 면제 받는 제도가 있었는데, 그 군포 수납을 수포라 한다.

27) 도회(都會): 동업인들의 총회. 일종의 향임(鄕任) 성격을 가진 자치 모임이다.

28) 속목(贖木): 형벌을 면하기 위해 바치는 면포(綿布)

29) 가포(價布): 1) 공물 대신 바치는 베. 2) 일정한 신역(身役)을 치러야 하는 사람이 신역을 면하는 대가로 바치는 베.

30) 염세포(鹽稅布): 소금 값으로 거두는 베. 나라에서 소금을 전매하면서 반드시 관청에 베를 내고 소금을 사도록 하였다. 뒤에 세금으로 변하여 먼저 의무적으로 베를 거두고 나중에 소금을 나누어 주었다.

31) 노비신공(奴婢身貢): 노비는 사회의 최하층 신분인 천인(賤人)이다. 공노비(公奴婢)와 사노비(私奴婢)가 있으며, 공노비는 관청에서 직접 신역을 제공하고 있는 선상노비(選上奴婢)와 외부에 거주하며 매년 일정한 액수(즉 면포 1필과 저화(楮貨)20장, 종이 등)를 납부하는 납공노비

오는 수만 필의 베를 걷어 들여서, 번호(藩胡)나 우리 백성이나 따지지 말고, 대략 상평(常平)32)의 제도에 따라서 때맞추어 직접 곡식과 바꾸면, 몇 년 뒤에는 변방 고을에 반드시 곡식이 쌓일 것이며, 내지(內地)에서 실어가는 미곡을 면제할 수 있을 것입니다. 한인(漢人)들이 말한 "금성(金城)과 황중(湟中)33)에 백만 곡(斛)의 곡식을 쌓아 두니, 강인(羌人)들이 감히 움직이지 못하였다"라고 한 것이 바로 이것입니다.

모든 일은 미리 준비하면 이루어지고, 준비하지 않으면 없어지는 것입니다. 매년의 전세(田稅)를 몽땅 북도의 고을 창고에 가져다 바치는 일도, 진실로 옛날에 그 실수(實數)를 알아두었거나, 간간이 호조(戶曹) 낭관(郎官)을 출장 보내어 검열시켰더라면, 이루 다 쓸 수 없을 만큼 되었을 텐데, 지금 다 허부(虛簿: 빈 장부)가 되고 말았으니 실로 한탄스럽습니다.

다섯 번째는, 황정(荒政: 흉년에 백성을 구제하는 정사)을 고쳐야 합니다. '흉년을 구제하는 데는 좋은 대책이 없다'라고 옛사람은 말했습니다. 그러나 송(宋)나라 효종(孝宗)34)은 '구제함에서 생기는 폐단을 떨쳐내지 못하는 것은 때를 놓치거나 실정(實情)을 모르는 데 있다'고 생각했습니다. 그래서 주자(朱子)께서도 그가 핵심을 잘 알고 있다며 감탄했습니다.

신이 듣기에, 함경도의 백성들이 굶주려, 길에 굶어 죽은 시체가 널려 있다고 합니다. 조정에서 논의하기를 천리 밖에서 양식을 실어가서 구제하자고 하는데, 이것은 이른바, '먼 곳에 있는 물을 가지고는 가까운 곳의 불을 끌 수 없다'는 격이니 어찌 성사될 수 있겠습니까? 신은 생각하기에, 북도의 현재 가지고 있는 곡식으로 먼저 굶주림이 심한 백성들을 구제하고, 부족하다면 이미 수송한 군량도 나누어 주며, 훗날 운반하는 곡식으로 써서 부족해진 수량을 보충하면, 때를 놓쳐 실정(實情)에 맞지 않게 되는 폐단이 없어지게 될 것입니다.

둔전에 관한 논의에 있어서는, 전에도 의론을 올린 사람들이 많았으나 끝내 이

(納貢奴婢)가 있고, 사노비는 주인의 재산으로 인정되어 상속, 증여, 매매의 대상이 되었다.

32) 상평(常平): 상시평준(常時平準: 항상 평준을 유지함)의 준 말. 각지에 창고를 설치하고 풍년이면 곡식을 사들이고 흉년이면 싸게 팔아서 곡식의 시세를 조절하던 미곡정책 제도.

33) 황중(湟中): 오늘날 중국 청해성(靑海省) 성도(省都)인 서녕(西寧)시에 속한 현으로 북쪽에 황수(湟水)가 흘러 황하로 들어간다. 서녕은 한(漢)나라 때 서평관(西平關)이 있었다고 한다. 금성(金城)의 서쪽에 있으며, 강족(羌族)이 많이 살며, 서역이나 인도 방면으로 통하는 길이 있었다.

34) 송(宋) 효종(孝宗): 남송(南宋) 제2대 황제(재위, 1162－1189). 그의 치세 27년간은 남송의 전성시대였다.

루어지지 않았습니다. 남쪽으로부터 이주해 들어가는 백성의 수효가 매우 많으니, 마땅히 육진(六鎭)의 경작하지 않는 땅 수량을 계산한 뒤에, 그들에게 나누어 주어 살도록 하고, 관(官)에서는 소 한 마리와 농기구를 대어 주며, 힘을 합하여 농사짓도록 하여, 대략 옛날의 둔전제처럼 하여, 그 소출(所出)을 먹을 수 있게 해 주면, 몇 년 사이에 스스로 생업을 이룰 수 있습니다. 붙일 곳 없이 떠돌아, 외로이 남에게 매달리던 사람들이 여러 곳에 흩어져 홀로 경작하다가 날이 지나면서 흩어져 사라지는 것에 비교하면, 그 효과가 많은 차이가 있을 것입니다.

산택(山澤)35)의 금지(禁止)를 느슨히 풀어주고, 소금 굽는 길을 열어주는 등, 무릇 흉년을 구제하는 데 좋은 효과가 있는 일이라면 모두 강구하도록 하여 마치 불난 집을 구조하고 물에 빠진 사람을 건져주듯이 하면, 아마 만 명 가운데 한 사람이라도 살려 구제될 것이니, 허무하기에 이르지는 않을 것입니다.

그 가장 중요한 것은 적임자를 얻는 데 있습니다. 조정에서 사람을 씀에는 진실로 자상하여야 하는데, 혹 능력있는 사람을 쓰지 않거나, 등용한 사람도 재능이 없기도 합니다.

신은 원하오니, 전하께서는 인재가 별로 없다고 여기지 마시고, 다시 찾아보시옵소서. 비록 진보(鎭堡)의 말단 간부라도 능력 있는지 살펴보아 쓰시고, 각각 임무를 맡겨보면, 이 세상에 어찌 쓸 만한 인재가 없겠습니까? 대체로 보아, 오늘의 형세는 그 자리에 마땅한 사람을 써서 오랑캐 사정을 잘 살피고, 그 현지 백성들을 어루만지며, 은혜와 위엄을 함께 베풀어, 변방의 방어를 완전히 굳히고, 군량을 넉넉히 쌓이게 하여, 감히 오랑캐들이 침범할 마음을 먹지 못하게 하는 것이 상책일 것입니다.

오랑캐가 반역할지 순종할지의 형세를 미리 알아차리고, 가을, 겨울철에, 군사를 가려 뽑아 훈련해야 합니다. 멀리 남쪽 군사를 불러올 필요 없이, 단지 토병(土兵) 수천명을 가지고, 죄질이 심한 곳을 골라서 국위(國威)를 드러내 보이고는 곧 강을 건너와 본 진영으로 되돌아오게 하고, 또 우리에게 내부(來附)한 다른 오랑캐들은 더욱 후하게 대우하여 동요하지 않게 하는 것이 중책(中策)입니다.

머뭇거리며 세월만 보내고 시끄럽게 떠들어 대기만 하면 군사는 피로해지고

---

35) 산택(山澤): 공조(工曹)의 산하에 산택사(山澤司)를 두어 산림, 소택(沼澤), 나루터, 교량, 궁중의 정원, 종묘(種苗), 식목, 숯, 석재, 주거(舟車), 필묵, 무쇠, 칠기(漆器) 등의 업무를 관장시켰다. 필요한 곳에 입산금지를 하여(禁標) 산림의 벌채를 막았는데, 산림보호와 산불예방, 목재확보, 등의 목적이 있었다.

백성은 어려워지며, 창고 곡식은 자꾸 비어가는데, 쓸모없는 군사만 많이 거느려서 어려움을 무릅쓰고 행군하여, 멀리 오랑캐 지경(地境)에 넘어 들어가 봐야 승패를 예견하기 어렵습니다. 군사가 돌아온 다음 오랑캐 여러 부족들이 서로 선동하면 진정시킬 수 없고 전쟁으로 이어질 것이며 그 마무리되기를 기대할 수 없습니다. 이것은 하책(下策)입니다."

그때 조정에서는 오랑캐 지역에 군사를 몰래 들여보내 소굴을 뒤엎어 버리고자 하였다. 선생은 "오랑캐 반적(叛賊)이 침범한 것 자체는 정말 죄가 있지만, 당당한 대조정(大朝廷)이 그들의 죄를 성토할 수 없어 도적이나 쓸 꾀를 쓰려고 하는가? 불의에 습격하여 늙은이 어린애들을 죽인다는 것은, 비유컨대 미친개가 사람을 무는데, 물지 않은 개까지 모두 잡아 죽이는 것이니, 어찌 왕자(王者)의 만백성을 포용하는 인(仁)이라고 할 수 있겠는가?" 하니, 이로부터 드디어 논의가 조용해졌다.

3월에 대간(臺諫)이 임금께 독대(獨對: 단둘이서 만남)로 말씀드리도록 하여, 언로(言路) 넓히기를 청하였으나, 임금께서 허락지 않으셨다.

예전에 대간에서 의논하기를, 신덕왕후(神德王后)[36]는 태묘(太廟)에 당연히 모시는 자리가 있어야 한다고 하였다. 역대(歷代)에 걸쳐 폄출(貶黜: 좇아냄)하자는 의론을 한 적도 없이, 자리를 없애버리고 제사하지 않고 있는데, 이것은 윤기(倫紀)와 관계되는 일이므로, 신의왕후(神懿王后)[37]와 함께 태묘(太廟: 종묘)에 부사(祔祀)[38]하기를 청하였었다. 그때 조정 의론이 일치하지 않아 실행하지 못하였다. 또 대간에서 능침도 다른 능침(陵寢: 왕실 무덤)의 제도와 맞추어 전각(殿閣)을 짓고 인원도 배치하기를 청하였는데 의론이 오래도록 결정되지 못하였다.

이에 이르러 장령(掌令) 기대정(奇大鼎)[39]이 인피(引避)[40]하면서, '신덕왕후는 전에 국모였으니 마땅히 종묘에 들어가야 하며, 단지 전각을 짓고 인원 배치하는

---

36) 신덕왕후(神德王后, ?-1396): 조선 태조의 계비(繼妃). 강씨(康氏). 본관은 곡산(谷山).

37) 신의왕후(神懿王后, 1337-1391): 조선 태조의 비(妃). 한씨(韓氏). 본관 안변. 조선 개국 1년 전에 별세하였다.

38) 부사(祔祀): 신주를 사당에 모셔 한 자리에서 제사지내는 것.

39) 기대정(奇大鼎, ?-?): 조선 중기의 문신. 기대승(奇大升)의 종형(從兄). 강릉(康陵) 참봉, 지평, 상령.

40) 인피(引避): 1) 일을 기피하여 물러남. 2) 직임에서 물러나거나, 사회활동에서 손 떼고 한가롭게 지냄.

것이나 청하는 것은 옳지 않다'고 하였다. 선생은 그때 옥당(玉堂)에 재직하고 있었는데, 말씀을 올려 "기대정(奇大鼎)이 말한 주장은 비록 그 일이 이미 결정되어 다시 실행하기 어렵지만, 의론은 매우 옳으니 쉽게 처리해서는 안 됩니다" 하였다.

중국 조정의 예에 따라 대간(臺諫)에게 독계(獨啓)[41]를 허락하여 언로를 넓혀 주기를 청하였으나, 허락되지 아니하였다.

5월에 휴가를 얻어 근친하였다.

사론(士論)이 둘로 나뉘어진 초기부터 선생은 깊이 염려하여, 여러 동지들과 함께 화평케 하여 진정시키려 힘썼으나 끝내 뜻대로 되지 않았다.

이때에 이르러 붕당을 지어 서로 두둔함이 더욱 심해지고 서로 간에 밀치고 당기고 하니, 선생은 조정에 있기 싫어하였으며, 대부인(大夫人) 또한 노환(老患)이라, 근친하러 간 기회에 시골로 물러나 있었다.

7월에 함경도 관찰사에 특별히 제수되었으나 어머니 병 때문에 사직하고 부임치 않았다.

이때보다 앞서, 종실(宗室)인 경안령(慶安令) 요(瑤)[42]가 임금과 독대를 청하고 시사를 논하면서, 선생과 김효원,[43] 이발, 김응남[44] 네 사람을 지방으로 내보내어 조정의 의론을 다스리는 것이 좋겠다고 아뢰었다. 이때에 함경도 감사 자리가 비니까 임금께서 적임자를 찾기 어려워 선생을 특별히 임명하셨다.

그때 선생은 시골집에 있었는데, 어머니의 병이 심하여 상소를 올려 사양하였다. 우의정 정지연[45]은 상계(上啓)하여 "오래도록 경연을 모시던 유신(儒臣)으로서 그

---

41) 독계(獨啓): 신하가 혼자서 임금에게 직접 아뢰는 일. 독대(獨對)와 같다.

42) 경안령 요(慶安令 瑤, 1537 – ?): 조선 중기의 종친, 령(令)은 종친부(宗親府) 정5품이다. 학자. 세종(世宗)의 10번째 서자(庶子)인 담양군(潭陽君) 이거(李璖)의 증손. 남언경(南彦經)의 문인. 조선 최초의 양명학자. 서애선생을 동인의 우두머리로 지목하여 논란을 야기하였다.

43) 김효원(金孝元, 1542 – 1590): 호 성암(省菴), 문과 장원. 정언, 지평, 이조전랑, 경흥부사, 부령부사, 삼척부사 뒤에 영흥부사로 재직중 사망. 본관 선산. 조식 이황 문인. 심의겸과 반목 대립하여 동서분당(東西分黨)을 초래하였다. 저서 성암집.

44) 김응남(金應南, 1546 – 1598): 호 두암(斗巖), 문과. 동부승지, 제주목사. 대사헌, 부제학, 이조참판. 1591년 성절사로 명나라에 가서 일본의 침략의도를 전달하였다. 임란 발생 직후 병조판서 겸부체찰사. 이조판서, 좌의정. 정유재란 때 안무사로 영남지방에 내려갔다가 풍기에서 병이 위독해져서 이듬해 사망하였다. 본관 원주. 시호 충정(忠靖) 호성공신 2등. 원성부원군에 추봉되었다.

재주에 그 자리가 걸맞지 않고, 변방의 자리에 임명하는 것은 극히 미안함이 없지 않습니다"라고 하였고, 동강(東岡) 김우옹(金宇顒)[46]도 상소하여 "지난날 경안령 요가 면대(面對)하여 류모 등이 제멋대로 정사를 한다고 지목하며, 배척하여 멀리 보내자고 하였으나, 그들은 모두 깨끗한 명성과 떳떳한 명망이 있으며, 사림의 존중을 받고 있어 실로 유악(帷幄: 경연)의 보배로운 신하들입니다. 요(瑤)의 말이 한 번 나오자 사류(士類)들은 잠도 편히 잘 수 없습니다"라고 하였다.

9월에 성균관 대사성(정3품)에 임명되었으나 사양하고 취임하지 않았다.

"정사에서 우연히 읊다"라는 절구 한 수를 지었다.

> 내 마음 아직도 기억이 생생한데
> 세상사는 아득하여 책(責)할 수도 없다네
> 강리(江蘺)[47]를 캐어 멀리서 온 손님께 보내고 싶지만
> 하늘 가득 비바람 쳐 서루(西樓)에 기대있네

===

十一年 癸未 (先生 四十二歲) 正月 拜弘文館副提學 乞暇歸觀安東 上 特賜虎皮褥 命
歸遺老母 先生上疏陳謝
跋晦齋李先生九經衍義
二月 尼湯哈寇邊 有旨 趣還 上封事
應旨 又獻北邊五策

---

45) 정지연(鄭芝衍, 1525 – 1583): 호 남봉(南峰), 문과. 왕자사부. 이조좌랑, 직제학, 대사헌, 우의
   정. 관직에 나온 지 15년 만에 정승의 반열에 오름. 본관 동래. 정광필(鄭光弼)의 증손자. 정유
   길(鄭惟吉)의 당질(堂姪).
46) 김우옹(金宇顒, 1540 – 1603): 호 동강(東岡) 수찬, 이조좌랑, 대사간, 부제학, 전라도 관찰사.
   안동부사. 기축옥사에서 정여립과 동문수학(조식)하였다고 회령으로 유배되었다. 임진왜란으로
   재기용되어 병조참판, 명나라 경략 송응창찬의 위문사, 동지의금부사로 왕을 호종. 혜민서 제
   조. 이조, 예조 참판. 이조판서에 추증되었다. 본관 의성. 시호 문정(文貞) 조식 문인. 봉계서원
   등에 제향되있다. 저서 동강집.
47) 강리(江蘺): 굴원(屈原)의 이소(離騷)에 나오는 향초(香草)이다. 굴원은 평소 강리와 벽지(辟
   芷)를 몸에 둘렀다고 한다.

其一曰 杜禍源 臣聞 夷狄之患 自古有之 惟在我禦之以道而已 如漢之凶奴 唐之吐蕃
突厥 宋之遼金元昊 皆以桀驁之才 地廣兵强 與中國爭衡 故 極一時 謀臣猛將之力 僅
能禦之 或爲所乘 仍以不振 今此北虜 本無統屬 部落散處 依我爲生 百年內附 非如前
世 夷狄之桀驁難制

第以六鎭距京師絕遠 王化所不及 朝廷又專念備邊 必用武臣以爲邑宰 其往者又多出
於權勢請託 不由公選 旣至則肆其溪壑之慾 剝割侵漁 無所不至 冤呼而不見 察飢餓而
不知恤 彼本獸心憤結 無聊待時而發 遂至猖獗 變生之後 朝廷尙不深究其故 處置得
宜 以慰邊情 而徒欲快心於彼 今此蕃胡 雖與我族類有異 然 其親附於我 積有年歲 亦
殿下之赤子也

一因貪官虐吏侵削起釁 使南北生靈 陷身鋒刃 塗血草野 良可痛心 古人云 用兵之道
攻心爲上 攻城爲下 充國之服先零 武侯之獲孟獲 皆欲服其心 以爲久遠之計 如使今日
守邊大小之臣 悉遵約束 一洗前日貪暴讐歛之習 淸風肅然 積弊澄爽 則民夷之所以心
悅誠服者 未必不優於攻戰之功矣
臣願 令朝臣各擧武臣之廉謹者 以備差遣 事變稍定 則間差文官之有武才者 令彈壓鎭
將 痛革剝民之端 又擇臺侍剛明果斷 不畏强禦之人 爲巡撫御使 留在道上 互相糾劾
則朝廷耳目布列於邊方 而積弊少祛矣
臣觀 中原專以風憲紀綱維持中外 如遼東等處 旣有布政使 又有巡撫巡按御使 故萬里
之遠如在目前 長治久安 應必賴是 此最今日起禍之本 不可不察也

其二曰 定戰守 臣聞 兵法曰 先爲不可勝 以待敵之 可勝 必在我之形勢壯固然後 以戰
則勝 以守則固矣 如不量彼此之勢 而輕以千斤之弩 爲鼪鼠發機 勝之不武 一有參差
則損威辱國 將來之事 必有大可憂者
古人云 胡虜獸聚而鳥散 攻之如搏影 今興中外之兵 越數十百里之遠 欲攻水草無定之
虜 兵未過江 先聲四布 彼皆逃遁山谷 漠無蹤跡 我軍 進無所獲 退無所据 以素不鍊習
之卒 御之以輕率之將 徘徊於窮山荒野之中 虜雖仁義不足 而凶猾有餘 脫或乘我疑懼
要遮衝突 雖有智者 無以善其後 王者之師 動以萬全 豈可乘危 僥倖以冀其不可必之功
乎
惟當先爲自守之策 申明紀律 使虜不敢犯 然後 觀時制變 以振國威 見可而進 知難而
止 伸縮在我 而所向無不如意矣

臣聞 六鎭防守之處 沿江上下 多不過數百里列鎭 以其見在之卒 分爲三等 其中壯健梟
勇 可以馳突者爲上 無勇之軍次之 老弱爲下 中下之軍專委於守城 其驍健者 別可精擇
與以犀利甲兵 飽食秣馬 裝束以待 稍分隊伍 使相統屬 令於沿江去處 迭出巡徼 合散
無常 方向不定 使廙不測多寡 而又明斥候 廣間諜虜之動靜 皆得先知 一有警報 則飛
報潛通 應機輒至 如發機掩兎 自然 虜勢日縮 我勢日張 鎭堡控制 聲勢相聯 而屹然有
難犯之形矣

夫兵無多寡 士無勇怯 在將帥用之而已 苟善用之 則六千人之謝石 足以摧苻堅百萬之
師 況此狗鼠之盜 曾何足以勞聖慮乎 至於戰則臣固謂其不可大擧矣 然徒持不可輕動之
說 而包羞忍辱 任其凌侮 亦非所以壯國威而消後患也

臣意 蕃胡未必同心皆叛也 其間有誠心向國者 有羈縻兩端者 有觀望彼此勝負以爲向
背者 有外若歸順而退實作賊者 邊臣所當以大義責之曰 爾雖禽獸 亦有人心 受國厚恩
今乃逆天悖理 朝廷非不知大擧蕩滅 第恐有玉石俱焚之慘 爾輩誠心來附者 來 其不欲
者 去 在我當必有處置之道矣 如此而其中若有誘引賊胡 往來侵盜者 則聲其爲賊 拒而
不納 或以輕兵不意致討 如疾雷不及掩耳 梟示諸部 而其來附者撫之加厚 則貳我者 懼
服我者 勸 不必勞師遠討 而威令庶乎可振 此則在於將帥臨機善處而已

其三曰 察虜情 夫解紛息爭 在於先得其情 而處中其機 若夫用兵之際 則尤當審
察敵人之情 而隨機應之 守其所不攻 攻其所不守 然後可以得志 近者 虜騎出沒於長城
之內 搶掠人畜 無不如意 救首則擊其尾 救尾則擊其首 而我軍坐失主客之勢 蒼黃顚倒
來不能拒 去不能逐 古之爲將者 多設方略 鉤得虜情 操其屈伸之權 而預爲之備 故 動
無不利 如或不然 則當動而靜 當靜而動 所謂盲人騎瞎馬 夜半臨深池 其危甚矣 臣願
令北道將帥及往來使臣 訪察虜情 雖非虜事 而凡繫于民生利害 軍機得失 皆以所聞達
于朝廷 至如胡人之被擒者 亦令檻送京師 窮詰其情 然後處置 則邊情庶乎洞然 而擧無
遺策矣

其四曰 給饋餉 自古夷狄不能遽爲中國患害 而天下之亂常因以起 何者 一邊被兵 三方
起以救之 調運饋餉之煩 人不堪其苦 而思亂者 衆也 昔趙充國在金城 請罷兵屯田 古
人處事周詳 而識慮長遠如此 北道運糧之數 已過十餘萬石 布千餘同 若能調道有法 會
計詳明 不爲中間濫用之歸 則雖支三四歲可也 何至若此廩廩耶夫 竭生靈之膏血 盡東
南之財力 寸寸輸運 艱苦萬狀 而顧乃委之於貪官猾胥 有司不能鉤檢其有無 朝廷不能
推詰其去留 如聚沙投海 莫知去處 軍國重事 寧不同於兒戲耶

臣意 若總輸入元數 又計自安邊分送各官之數 又以數年調兵赴戍之籍 除其食穀之數
互相比對參驗 而責其所欠 則中間濫用偷竊之數 自不能掩 而實數可得也 旣得實數 豫
知其支費幾月 然後 內地輸運 先其措置 次次擧行 則事有條理 而人不甚困矣

且南方輸運之事 則臣所目睹 去年所運 至於四萬石之多 民力已殫 臣意 道內倉穀有裕
處若干邑 距寧海稍近 如安東尙州善山星州密陽江邊之邑 則以站船私船輸去 回泊于
寧海慶州 則以海船直載以去 則民力不至大陷 而運事亦易擧矣

且臣於此又有一說焉 南中乃國家根本之地 倉穀亦不可年年抽出 使之空虛也 慶尙道
沿海鎭官戍軍 風高時 別無所關 只爲鎭將私放收布之資 若自九月至正二月 除入番 代
收糧米八九斗 左道則以寧海興海爲都會 右道則以機張蔚山爲都會 計數積置 歲可得
數千餘石 春和之後 漸次輸入 則官庫無匱竭之虞 民無遠戍之弊 戍兵之爲此者 亦樂爲
之 一擧而有數利焉 亦救急之一策也

至於漕運之事 則專賴漕軍 慶尙道則無漕軍 故全以能櫓軍充定 然此屬皆是海邊漁戶
以捕魚爲業 游移 往來不定 厥居之人也 例朔價布 鎭將多私用不給 故憤怨逃散 臣意
今後能櫓代布 定都會收納 每朔 都會與鎭將按名給之 以其數報監司 則鎭將貪黷之風
庶乎少祛 而海邊漁戶安居存接 不至逃避 而漕運之路可以通行矣

又年歲稍稔 則收中外贖木 兵曹闕軍價布 南方鹽稅布 奴婢身貢 歲入數萬餘疋 勿論藩
胡我民 略依常平之制 從時直貿穀 則數年之後 塞上之穀必積 而可除內地轉運之米 如
漢人所謂 金城湟中 糴百萬斛 則羌人不敢動者 此也

凡事 預則立 不預則廢 如各年田稅 皆捧上于北道州倉 苟使先時知其實數 間間使戶曹
郞官出去摘閱 則雖至於不可勝用 可也 而今盡爲虛簿 良可歎也

其五曰 修荒政 夫救荒無善策 古人有是言也 然 宋孝宗 以爲不能振救之弊 在於後時
失實 而朱子嘆其知要 臣聞 北道人民饑餓 途有餓莩 朝廷始議運糧於千里之外 以救之
所謂遠水不能救近火 亦何能及哉

臣意 惟當以北道見在之穀 先救飢餓已甚之民 如其不足 亦以已輸軍糧給之 以後運者
充補其缺 庶無後時失實之弊 至如屯田之議 前此多有獻議者 而終不能成 南道入去之
民 其數甚多 所當計其六鎭閑田多寡 而分處之 官資牛隻農器 使之通力合作 略如古時
屯田之制 以食其出 數年之間 自能成業 譬諸浮寄孤懸 散處單耕 而日就離散者 其效
不同矣

至如弛山澤之禁 廣賣鹽之路 凡可以便於救荒者 無不講究而爲之 如救焚拯溺然後 庶
可存濟於萬一 不至空虛矣

其要在得人而已 朝廷於用人一事 固當致詳 或才者不用 用者非才 臣願 殿下勿以爲人才有限 而更加搜訪 雖鎭堡小將 審於虛實之際而用之 各當其任 則一世人才 豈無可用者哉 大抵 今日之勢 用人得宜 審察虜情 撫茸民夷 恩威兼施 邊防完固 軍食有裕 使虜不敢犯 乃上策也

知藩胡逆順形勢 秋冬之間 簡師鍊卒 不必遠徵南軍 只以土兵數千 擇其罪惡尤甚者 略示國威 而旋卽渡江還鎭 他胡之附我者 撫之加厚 使不動撓 此中策也

因循度日 擾擾紛紛 兵疲民困 倉穀虛竭 多率無用之軍 犯難行師 遠涉虜境 勝敗難知 旣還之後 諸部煽動 不能鎭定 兵連禍結 無有了期 此下策也

時 朝廷欲潛師入虜境 蕩覆巢穴 先生曰 賊虜犯順 固有罪矣 堂堂大朝 不能聲罪致討 乃欲行盜賊之謀 襲其不意 殺其耄倪 譬如狂狗嚙人 并取不嚙者 盡殺之 豈王者宇物之仁乎 於是議遂寢

三月 請 令臺諫獨啓 以廣言路 不許

先時 臺諫論神德王后 以太廟應配之位 歷代無貶黜之議 而廢而不祀 事關倫紀 請與神懿王后 同祔太廟 時 朝議異同 不果行 臺諫又請建閣設員 如他陵寢之制 議久未決 至是掌令奇大鼎引避 以爲神德曾爲國母 當入宗廟 不宜 但請建閣設員 先生時在玉堂 啓曰 大鼎之言云云 雖其事已定 難可復行 而所論甚正 不可易 仍請 臺諫依中朝例 許令獨啓 以廣言路 不許

五月 乞暇歸覲

自士論初貳 先生已深憂之 與同志諸公 力爲和平鎭定之計 而卒不能如意 至是朋比益甚 互相擠援 先生不樂在朝 大夫人亦老病 以覲便 退處鄉曲

七月 特授咸鏡道觀察使 以親病辭不赴

先是 宗室慶安令瑤 請對論時事 因陳先生及金孝元李潑金應南四人 可補外 以靖朝論 至是 咸鏡監司缺 上難其人 以先生特授之 先生時在鄉家 以大夫人病甚 上疏辭 鄭右相芝衍陳啓 有久侍經幄之儒臣 非其才器之可當 而特授邊任 極無未安等語 金東岡宇顒又上疏 言頃日慶安令瑤面對 輒指柳某等爲專擅 而欲斥遠之 某等俱以淸名雅望 取重士林 實帷幄之寶臣也 瑤言一出 士類寢不自安云云九月 拜成均館大司成 辭不就

有 精舍偶吟 一絕
吾心了了猶能記
世事茫茫不可求

欲採江籬遺遠客
滿天風雨倚西樓

24 경상도 관찰사가 되다, 42세

선조 16년(1583) 계미

시월에 경상도관찰사에 임명되었다. 상소하여 사양하였으나 허락하지 않았다. 십일월에 조정에 나아가 사은(謝恩)[1]하였다.

선생은 사양하는 상소에서 다음과 같이 요청하였다.

"군신의 의리는 천지(天地)에 도피할 곳이 없으며, 동서남북 어디로나 명하시는 대로 따르고, 편하거나 험함을 가리지 않으며 목숨을 걸고 가는 것이 신하된 자의 절의(節義)입니다. 신은 집에 늙고 병들어 다 죽어가는 노모가 계셔서, 마음을 다하여 직무를 맡기에 불가능하며, 왔다 갔다 하는데 분주하여 정신이 멍청할 때가 많사옵니다. 전일의 관북지방의 소임도 저를 총애하여 주신 은혜이니, 신은 더욱 당연히 분주히 길을 나서서 조그맣게나마 효용이 되어야 하는데, 불행히도 그때 어머니가 막 병으로 누워계셔서 옷섶을 떨치며 문 나서기 신은 실로 차마 할 수 없어, 다시 사양하는 상소를 올렸사오며, 벼슬에서 물러나는 은혜를 입었사옵니다.

대체로 평화로울 때는 관작(官爵)을 향유(享有)하고 어려울 때는 자기 편한 대로 하니, 이른바 신하의 절개(節槪)는 조금도 없는 것이옵니다. 스스로 남도(南道: 경상도)에 벼슬 살려고 생각한 것이 아니온데, 다시금 은혜를 내려 신(臣)으로 본도(本道: 즉 경상도)를 안절(按節: 관찰사)케 하시니 어머니 곁에 있기가 한결 가까워져 이 한 몸의 영화가 이보다 클 수 없사오나, 신이 전에는 북방에 부임하지 않았으면서 지금 남방에 부임하면, 실로 어려운 일은 사양하고 쉬운 일에

---

1) 사은(謝恩): 관직을 내려주신 은혜에 감사 인사를 올리는 예절. 조선시대 관직을 제수받은 자, 자급(資級)이 오르거나 겸직을 받은 자, 휴가, 출사(出仕)의 명을 받은 자 등이 관복을 갖추어 입고 임금에게 숙배(肅拜)하고 감사의 말씀을 올렸다.

는 나서며, 먼일은 버려두고 가까운 일은 도모하는 자가 되니, 나아가고 물러남에 아무런 원칙도 없고 단지 자기 몸 편한 대로 하는 것이 되옵니다. 신은 비록 매우 완고하고 미련합니다만, 사람들의 공의(公議)는 신을 무엇이라고 말하겠사옵니까? 비록 하찮은 직책을 가지고도 얼굴 쳐들기 어렵거든 하물며 한 지방을 담당하는 직책에 있어서일까요?

원하오니 성상께서는 신의 처지를 간절히 살펴주셔서 급히 명(命)하사 신의 새 직명(職名)을 깎아내어 지우라 하시고, 또 전조(銓曹: 인사 담당 부서)에 하명(下命)하여 다시는 추천하지 말라고 해주시며, 신에게는 노모가 죽기 전에는 향리에서 보살필 수 있게 하여주옵소서.

그리고 틈이 생기는 날 혼백(魂魄: 정기(正氣))을 수습하여 다행히 옛날 공부한 것을 되찾아 살펴, 지은 허물을 조금이라도 고치고, 여생(餘生)을 마칠 수 있게 하여주시면, 천지(天地)와 부모(父母) 같으신 임금님의 죽을 때까지 보전해주신 은혜가 만만(萬萬: 결코 잊을 수 없음)이옵니다"라고 하였다.

전교(傳敎)하여 말씀하시기를, "이 상소를 보니 사양하는 뜻이 자못 다르다. 나는 한 번도 의심한 적이 없는데, 지금 그의 말이 이와 같으니, 남들이 하는 말을 듣고 스스로 불안해 할 뿐이다. 나는 류성룡을 어림잡아 10년이나 경연에서 보아서 잘 알고 있다. 그는 진실로 어진 선비이고 재주가 있어서 조신(朝臣) 중에서 뛰어난 자이다. 다만 노모가 있기 때문에 매번 부르지 못했을 뿐인데 이제는 불러야 되겠다" 하시고 유시(諭示)를 내려, "이 상소를 보았다. 경(卿)은 노모가 있고, 본도에 고향 집이 있어서, 지금 경으로 관찰사로 삼는다. 경이 만약 노모 때문에 사양하면 나는 감히 강요하지는 않겠다. 그렇지만 경은 부임하는 것이 마땅하니 사양하지 말라" 하였다. 선생은 부득이 조정에 나아가 사은(謝恩)하였다.

사은(謝恩)을 마치고, 영상(領相) 박순(朴淳)[2]에게 인사차 들렀다. 박순이 말하기를 "요즈음 시사(時事)[3]에 대하여 바깥 논의가 무어라고 하던가요?"

---

2) 박순(朴淳, 1523－1589): 호 사암(思菴), 문과장원. 응교, 동부승지. 대사간 때 윤원형을 탄핵하였다. 부제학, 이조 예조 판서. 우의정, 좌의정, 1572년부터 15년간 영의정. 이이(李珥)가 탄핵당했을 때 옹호하다가 양사(兩司)의 탄핵을 받아 영평(현 포천) 백운산으로 은거하였다. 성리학자. 주역(周易)에 밝았다. 문장, 시, 글씨에 능하였다. 이이 성혼과 깊이 사귀어 '이 세 사람은 용모는 달라도 마음은 하나이다'라는 세평을 받았다. 본관 충주. 전남 나주 출신. 서경덕 문인. 시호 문충 나주의 월정서원 등에 제향되었다. 저서 사암집 7권.

선생은 "요즈음 일은 오로지 대감의 손에 달려 있는데 잘 되어 가는지, 잘못 되어 가는지는 대감께서 스스로 아셔야지 바깥사람에게 물을 필요가 없습니다. 또 바깥사람이 무얼 알겠습니까?" 하였다.

박순이 깜짝 놀라며 "공께서 어찌 이렇게 말을 하시오? 허미숙(許美叔)⁴⁾의 일은 운수(運數)이지 사람이 한 일이 아니오" 하였는데, 선생은 "이필(李泌)⁵⁾이 말하기를 '임금과 재상은 운명(運命)이라는 말을 하지 않는다'고 하였습니다. 대감은 지금 운명을 만들어내는 자리에 있는데, 어찌 운명에다 미루어 버리고 인사에 귀책시키지 않습니까?" 하였다.

박순이 오랫동안 침묵하다가 하고 싶은 말을 하라고 하였다. 선생은 "영(嶺)을 넘어 멀리 나가는 사람이 어찌 감히 주장을 펼 수 있겠습니까? 다만 생각나는 일은 우리나라가 논사(論事: 간쟁, 탄핵하는 일)로 언관(言官)에게 죄를 준 적은 일찍이 없었습니다. 지금 허봉(許篈) 등 3인은 죄는 가벼운데 벌은 무거워, 조야(朝野)가 두려워하고 있으니 대감께서는 해소(解消)할 방도를 생각하십시오" 하였다.

박순이 "나와 숙헌(叔獻: 이이(李珥))⁶⁾이 새벽부터 밤까지 하려는 것이 바로 그것이오" 하였다. 그때 호군(護軍) 성혼(成渾)⁷⁾은 선비 가운데 중망(重望)이 있어서,

---

3) 여기 시사(時事)는 소위 계미삼찬(癸未三竄)을 말한다. 계미삼찬은 선조 16년 계미년에 서인 이이(李珥)를 비난하였던 동인 승지 박근원(朴謹元), 대사간 송응개(宋應漑), 직제학 허봉(許篈)을 식탈관작하고 멀리 강계, 회령, 갑산으로 유배시킨 사건을 말한다.

4) 허미숙(許美叔): 허봉(許篈, 1551-1588을 말한다.) 자 미숙(美叔), 호 하곡(荷谷), 문과. 이조 좌랑, 교리, 전한. 병조판서인 이이를 탄핵했다가 갑산(甲山)으로 유배되었다. 영의정 노수신의 주선으로 재기용되었으나 거절하고 각지를 유랑하다가 금강산에 들어가 병사하였다. 본관 양천. 류희춘(柳希春)의 문인. 허엽(許曄)의 차남. 허균(許筠)의 형. 허난설헌의 오빠. 저서 하곡집, 하곡수어(荷谷粹語).

5) 이필(李泌, 722-789): 중국 당(唐)나라 현종, 숙종, 덕종 때 인물. 봉호 업후(鄴侯). 어릴 때부터 재민(才敏)으로 이름났으며, 현종이 태자 숙종에게 그와 포의교(布衣交)를 맺게 하고 선생으로 부르게 하였다. 현종 때 양국충, 숙종 때 이보국의 모함을 받아 은거하기도 하였으나, 뒤에 재상이 되었다.

6) 숙헌(叔獻): 이이(李珥: 1536-1584)를 말함. 자 숙헌, 호 율곡(栗谷), 문과 장원을 비롯하여 아홉 차례 과거에 장원하여 구도장원(九度壯元)이라 한다. 1569년 부교리 때 『동호문답(東湖問答)』을 임금께 올렸다. 1574년 우부승지 때 『만언봉사萬言奉事』, 1575년 성리학의 핵심을 간추린 『성학집요(聖學輯要)』 편찬. 1577년 『격몽요결(擊蒙要訣)』. 1582년 이조판서. 1583년 『시무육조(時務六條)』를 임금께 올렸다. 본관 덕수. 16세에 모친이 별세하자 파주 자운산에 장례하고 금강산에 들어가 불교를 공부하였다. 20세에 하산하여 유학에 전심하였다. 시호 문성. 문묘에 배향. 자운서원 등 20여 개 서원에 제향되었다.

7) 성혼(成渾, 1535-1598): 자 호원(浩原), 호 우계(牛溪). 사마시(司馬試)에 합격하였으나, 문과는 응시치 않고 학문에만 전념하였다. 1554년 같은 고을의 이이와 사귀면서 평생지기가 되었

문 앞이 장마당 같았고, 사는 집의 담장이 박순의 집과 이웃하고 있었다.

선생이 박 대감 집을 찾은 것을 알고, 생각하기에 반드시 자기를 찾아보려 할 것이라 짐작하여, 문 앞을 쓸어 놓고 기다렸는데, 선생이 찾아보지 않으니, 성혼이 매우 유감으로 여겼다. 다음날 성혼이 광화문 밖 의막(依幕)[8]으로 와서 선생을 만나고 돌아갔다.

경상도는 땅이 넓고 백성이 많으며, 각종 장부와 문서가 가득하고 여러 업무가 매우 복잡하고 바빴다. 선생은 한편으로 응대하며 한편으로 처리하여 물 흐르듯 판단하고, 일 처리를 공의롭게 하며, 아래 사람을 신의로 통솔하여, 폐단을 혁파하고 힘없고 가난한 사람을 살려내며 온 힘을 다하여 보살피니, 몇 달이 안 되어 정사와 교화가 골고루 스며들어 풍속과 예절이 크게 떨쳤다. 아전들과 백성들은 서로 조심하여 감히 법을 어기지 않게 되었다.

===

十月 拜慶尙道觀察使 上疏辭 不允 十一月 赴朝謝恩

先生上疏 略曰 君臣之義 無所逃於天地之間 東西南北 唯命之從 不擇夷險 死生以之者 此臣子之節也 臣 家有老病垂死之母 不能專意供職 去來紛如 曠廢居多 至於前日 關北之任 出於拂拭收錄之恩 臣尤當奔走就途 少效涓埃 而不幸其時 母方病臥 絶裾出門 臣實不忍 更上辭章 蒙恩遞免

夫時平則享爵祿 事難則擇便宜 所謂臣子之節 掃地盡矣 不自意南道之寄 再出陶甄[9] 臣按節本道 稍近母傍 於一身榮幸莫大 第以 臣前旣不得赴北 則今赴南方 實涉於辭難就易 舍遠圖近之爲者 進退無據 只占身便 臣雖至頑 公議云何 雖尋常職事 亦難抗顔 況方面之任乎 願聖慈察臣至懇 亟命鐫解新授職名 且下銓曹 更不提擧 使臣於老母未死之前 有以相保於田畝 且於暇日 幸得收召魂魄 尋繹舊聞 少改罪過 以畢餘生 則天

다. 1568년 이황을 뵙고 깊은 영향을 받았다. 여러 관직에 제수되었으나 사양하고 후진을 가르쳤다. 이이의 천거로 1581년 사헌부 장령, 상호군. 1582년 이조참판에 특배되었다. 이이가 죽은 뒤 서인의 영수중 중진이 되었다. 임진란 때 우참찬에 특배되었다. 1595년 사직하고 고향으로 돌아왔다. 본관 창녕. 저서 우계집 6권. 좌의정에 추증되었다. 시호 문간(文簡). 문묘에 배향되었다. 여산의 죽림서원 등에 제향되었다.

8) 의막(依幕): 임금이나 관원이 임시로 머물 수 있도록 마련한 임시막사.

9) 도견(陶甄): 도공(陶工)이 흙으로 도기(陶器)나 와기(瓦器)를 만들 듯, 왕자(王者)가 세상을 잘 다스려 교화(敎化)함을 의미한다.

地父母保全終始之恩 萬萬矣

傳曰 觀此上疏 辭意頗異 余未嘗有一言之疑 而今其言如此 不過 聞人言而意不自安耳 夫柳成龍十年經幄 子固知之矣 此誠賢士而有才 朝臣之傑然者也 只緣有老母 在未能 每爲召之耳 今可 回諭曰 觀此上疏 卿有老母 家鄕在本道 故 今以卿爲觀察使 卿若以 老母辭 則予不敢强焉 不然 卿宜赴任 勿辭 先生不得已赴朝謝恩

訖 過謝朴領相淳 朴曰 近日時事 外議云何 先生曰 近日事專在大監手 好做 不好做 大監當自知之 不必問外人 外人又何以知 朴愕然曰 令公 何爲出此言 許美叔事 數也 非人也 先生曰 李泌有言 君相不言命 大監今在造命之地 豈可一委於數 而不歸諸人事 乎 朴黙然良久 問所欲言 先生曰 嶺外遠出之人 豈敢有所陳說 但念 我國家未嘗以論 事罪言官 今許筠等三人 罪輕罰重 朝野危懼 大監思所以解之 朴曰 吾與叔獻 早夜以 圖者 此也 時 成護軍渾 有重名 門庭如市 所居屋與朴隔墻 聞先生往朴家 意必來見己 灑掃以待 先生不見 成甚恨之 翌日 成於光華門外依幕 來見先生而去

慶尙一道 地廣民衆 簿牒塡委 庶務煩劇 而先生左酬右答 剖決如流 公以處事 信以御 下 革弊蘇殘 竭力爲治 不數月 政化普洽 風紀大振 吏民相戒 不敢犯法

25 홍문관 부제학에 임명되다, 43세

선조 17년 (1584) 갑신

여름에 날이 가물어서 장계1)를 올려 시사를 말하였다.

순시하다가 진주(晉州)에 이르러 사축(司畜)2) 최영경(崔永慶)3)을 그의 집으로
찾아가 만났다.

최영경은 효행이 있는 사람으로, 한양에서 진주로 옮겨 살았다. 선생은 본디 그
의 이름을 듣고 있어서, 그의 오두막집으로 찾아갔다. 그때 최영경은 포의(布衣: 벼
슬 않은 선비)로서 학 한 마리와 대나무 숲에서 살면서, 고관(高官)이 문에 이르러
만나자고 하여도 반가운 사람이 아니면, 못 들은 척하며 받아들이지 않았다. 선생
이 도착하였다고 하자 기쁘게 맞이하여 술자리를 베풀어 회포를 풀었으며 정성을
다하였다.

7월에 홍문관 부제학에 임명되어 부름을 받아 조정에 돌아 왔다.

이에 앞서 소재(穌齋) 노수신(盧守愼) 공이 상주(尙州)에서 왕의 부름을 받아 조
정으로 돌아왔는데, 임금께서 묻기를 "경상(慶尙) 감사(監司)의 다스림이 어떠하
오?"

---

1) 장계(狀啓): 감사(監司)나 왕명으로 지방에 출장 간 벼슬아치가 임금께 올리는 보고서.

2) 사축(司畜): 사축서(司畜署)의 종6품관. 사축서는 축산(畜産) 업무를 담당하는 종6품 관청이다.

3) 최영경(崔永慶, 1529-1590): 호 수우당(守愚堂), 학문의 재질을 보였으나 과거에는 불운하였
다. 학행으로 천거되어 여러 관직으로 불렸으나 나가지 않았다. 조정에서 사축(司畜)에 제수하
여 잠시 취임한 적은 있으나 곧 그만 두었다. 정구(鄭逑), 김우옹(金宇顒), 오건(吳健), 조종도
(趙宗道) 등과 교유하며 학문을 절차탁마하였으며, 1576년 덕천서원(德川書院)을 세워 스승 조
식을 봉향하였다. 정여립 역옥이 일어났을 때 유령인물인 '길삼봉'으로 무고되어 투옥되고 서인
정철의 국문을 받다가 옥사하였다. 본관 화순(和順) 조식 문인. 1591년 신원되고 대사헌에 추
증되었다. 덕천서원에 배향되었다.

대답하기를 "공명(公明)하고 인서(仁恕: 마음이 어질고 인자함)하여 도(道) 전체가 다스림을 칭찬하고 있나이다" 하였다.

임금께서 "그런가요. 그 사람이 재주 있고 학문이 있는 것은 내가 안 지 오래이오. 그래서 이 명령이 내려진 것이오" 하셨다.

선생이 조정에 돌아오자, 임금께서 전교(傳敎)하시기를 "온 산천(山川)을 두루 돌아다니다 부름에 애써 달려오니, 나는 그것이 기뻐서 경(卿)을 쓰는 것이오" 하였다.

네 번이나 사양하며 관직을 바꾸어 주십사 하였다.

아들 초(初)[4]가 출생하였다. 처음 이름은 잡(襍)이었다.

8월에 다시 임명되었고 상소하여 사양하였으나, 허락지 않으셨다.

소(疏)의 대략은 다음과 같다.

"예부터 신하가 임금의 은혜를 두텁게 입으면 그 누군들 계책에 힘쓰고 분주히 움직여서 은혜에 보답하려 하지 않겠사옵니까? 그러나 벼슬을 감히 감당하지 못한다며 힘써 사양하기를 마지않는 자는 일부러 번거롭게 하려고 하는 것이 아니옵니다. 신은 오래전부터 넘치는 은혜를 받아 경연에 참석하게 되어, 날마다 성상(聖上)을 가까이서 뵈면서, 지혜도 지식도 부족하여 어리석음을 하늘이 밝게 보고 있는데도, 임금님의 특별한 은혜를 탐하였사옵니다. 인순(因循: 습관)에 빠져 더욱 많은 허물을 쌓았고, 물의(物議: 세상 소문)도 크게 불러들였사옵니다. 신이 목석(木石)이 아닌 데야 어찌 편안할 수 있겠사옵니까? 당연히 문을 닫아걸고 허물을 반성하며, 시골에 물러나 노년에 잘못을 전원(田園)에서 스스로 고쳐야지, 어찌 얼굴을 쳐들며 함부로 나아가 국사(國事)를 거듭 그르치게 해서야 되겠사옵니까? 이것이 신이 감히 그 자리에 앉아 있을 수 없는 첫 번째 이유이옵니다.

신은 젊은 날 한때 경사(經史) 공부에 뜻을 두었으나, 중년(中年)에 질병(疾病)으로 마음이 꺾여 무너져버렸사옵니다. 지금도 냇버들[5]처럼 몸이 약해 일찌감치 늙어 정신이 혼미하옵니다. 옛날에 들었거나 새로이 알아낸 것에 10중 8, 9를 잃어버려 아무런 생각이 없는 한 용렬(庸劣)한 사람일 뿐이옵니다. 고인(古人)이

---

4) 류초(柳初, 1584–1658): 호 류천(柳川) 생원. 경현사(景賢祠)에 종향(從享).

5) 냇버들(蒲柳): 잎이 일찍 떨어지므로 몸이 약함을 비유한다.

이르기를 '임금의 덕(德)이 성취(成就)되는 책임은 경연(經筵)에 있다'라고 하였으니, (부제학)이 얼마나 무거운 임무이옵니까? 엎드려 생각건대, 하늘로부터 난 성명(聖明)하신 전하께서는 학문이 날로 새로워지는데, 신은 매번 벌레처럼 굼실거리는 지식으로써 외람되이 강관(講官)의 장(長: 부제학)으로 있으니, 경전을 들고 그 자리에 모시고 있은들 무엇을 개발(開發)하며, 갑자기 자문(諮問)하시면 무엇이라 대답해 올리며, 논의한 바에 대한 가부(可否) 또한 어떻게 절충(折衷)할 수 있겠사옵니까? 이것이 신이 감히 그 자리에 앉아 있을 수 없는 두 번째 이유이옵니다.

신의 어머니는 금년 73세이옵니다. 지난해 큰 병을 앓고 겨우 구완해 살아났사옵니다. 노쇠하고 기력이 없어서 사람 모습이 아니옵니다. 지금 신이 비록 나라의 은혜에 감격하여 출사(出仕)하고 있사오나, 아침, 저녁으로 잠깐씩 밖에 나가면, 어떤 소식이 올 줄 몰라 자다가도 놀라고 꿈속에서도 놀라고 있사옵니다. 사람 목숨이란 저녁노을이 흩날리듯 기약하기 어려운데, 신이 벼슬에 매여 있으면서 어떤 마음이 들겠사옵니까? 이것이 신이 감히 그 자리에 앉아 있을 수 없는 세 번째 이유이옵니다.

오호라! 태평세월을 만나 몸이 현달한 반열(班列)에 오르며, 인주(人主: 임금)의 지우(知遇: 인격을 알아 대우함)를 입으니 진실로 신자(臣子)의 큰 영광이옵니다. 신이 비록 볼품없으나, 또한 견마(犬馬)의 정성[6]은 있어, 천리 머나먼 길을 달려와 거듭 도성 문에 들어왔사오나, 하늘같이 높고 땅처럼 넓은 은혜가 이처럼 넘치는데, 도리어 혈성(血誠: 진심)으로 면직을 바라고 물러나기를 구하여 그치지 않는 것이 어찌 신의 소원이겠사옵니까? 진실로 부득이한 점이 있어서이옵니다.

엎드려 바라옵기는, 성명(聖明: 군주에 대한 찬사)하신 전하께서는 사랑으로 아랫사람을 불쌍히 덮어주시며, 서류(庶類: 만물)를 구석구석 살피시사, 저의 분수에 맞지 않는 직책을 빨리 체직(遞職)해 주소서. 신으로 하여금 시골로 돌아가 숙수(菽水)[7]로 나마 (어머니를) 봉양하고, 한편 숲속 조용한 곳에서 문을 닫고 옛날 보던 책을 다시 읽어보아 훗날 조그마한 도움을 기약하도록 해 주시면, 죽은 자를 살리고 백골에 살을 붙이듯 큰 은혜가 더욱 도견(陶甄)으로 나타날 것이오니, 죽어서라도 결초보은[8]하여 임금님의 하늘 같은 은혜를 감히 잊사오리까?"

---

6) 견마(犬馬)의 정성: 신하가 임금에게 충성을 다하고자 하는 마음.
7) 숙수(菽水): 콩이나 물 같은 변변찮은 음식.

임금께서 따뜻하게 타이르시고 허락지 않으셨고, '강관(講官)중에 대책(對策)을
제일 잘하는 사람이다'라는 말씀이 있었다.

왕명을 받들어 문산집(文山集)9)의 서문(序文)10)을 지어 올렸다.

==

十二年 甲申 (先生四十三歲) 夏 以旱 上章言事

行部到晉州 訪崔司畜永慶于其家 司畜有孝行 自漢陽移居晉州 先生素聞其名 爲造其
廬 時 司畜布衣 與一鶴 處萬竹間 達官有到門求見者 其所不喜 輒拒而不納 聞先生至
欣然出迎 設酒 相敍甚款

七月 拜弘文館副提學 被召 還朝 先是 蘇齋盧相公守愼 自尙州 被召 還朝 上問 慶尙
監司爲政何如 對曰 公明仁恕 一道稱治 上曰 然 其人有才有學 予知之久矣 至是 有
是命 先生赴朝 上傳曰 跋涉山川 辛勤赴召 予用嘉焉

四辭遞

子 初生 初諱 襟

八月 復拜 上疏辭 不允

疏略曰 自古人臣受恩深厚 孰不欲策勵奔走 以圖報效哉 然而或有不堪承當 而力辭不
已者 非故爲煩瀆而已也 臣 從前忝冒經幄 日近耿光 庸虛薄劣 天鑑所燭 而貪戀殊渥
竊據因循 多積愆尤 厚招物議 臣非木石 何以能安 惟當杜門省愆 退處畎畝 以自補過

---

8) 결초보은(結草報恩): 중국 춘추시대 진(晉)의 위무자(魏武子)의 아들 위과(魏顆)가 서모(庶母)
를 순사(殉死)시키라는 아버지의 유언을 따르지 않고 서모(庶母)를 개가(改嫁)시켰다. 후일 위
과가 진(秦)과 전투 중 위기에 처했을 때 서모의 아버지 망령(亡靈)이 적군의 앞길에 풀을 묶
어 적장(敵將)을 넘어지게 만들어 그 결과 위과가 승리하게 되었다. 그날 밤 꿈에서 망령이
"나는 네 서모의 아버지다. 오늘 풀을 묶어 네가 베풀어 준 은혜에 보답하였다" 하였다는 고사
(故事).

9) 문산집(文山集): 남송(南宋) 문천상(文天祥, 1236－1282)의 저서. 호 문산(文山), 남송 말기의
충신. 우승상 겸 추밀사. 나라를 바로잡으려 노력하고 원(元) 나라에 대항하다가, 마침내 나라
가 망하고 원나라 내도(大都)에 3년간 수감되었다. 원나라의 회유를 뿌리치고 『정기가(正氣歌)
』를 지어 뜻을 밝히고, 끝내 사형되었다.

10) 서문(序文): 책의 머리말. 책을 저술하는 동기, 목적, 간략한 내용을 나타낸다.

於桑楡[11]　豈宜抗顔　冒昧重誤國事哉　此臣之所以不敢冒處者　一也

臣　少時秒有志經史之業　而中年病患　心事摧頹　卽今蒲柳早衰　精神昏耗　舊聞新知　十喪八九　兀然爲一庸人耳　古人云　君德成就　責在經筵　此是何等重任　恭惟　聖明天縱　學問日新　而臣每以蠢然之識　濫居講官之長　執經入侍　何以開發　卒被顧問　何以對揚　論議可否　亦何所折衷　此臣之所以不敢冒處者　二也

嗚呼　際遇明時　登身顯列　蒙人主知遇者　固臣子之重榮　臣雖無狀　亦有犬馬之誠　千里赴召　重入國門　天地隆恩　至於如此　而顧乃血誠冀免求退不已者　豈臣之願哉　誠亦有不得已者焉耳　伏惟　聖明仁覆悶下　曲成庶類　亟遞非分之職　使臣歸于丘壑　以供菽水之養　且得靜閉林下　尋繹舊業　以期微效於後日　則生死骨肉　尤出陶甄　隕首結草　敢忘天恩　上溫論　不許　有講官策一人之語

臣母　今年七十三歲　去歲大病　僅得救活　衰憊轉甚　無復人形　今臣　雖感激國恩　未免暫出朝夕之頃　不知有何消息　寢驚而夢愕　人生難期夕照如飛　臣得何心久於遊宦　此臣所以不敢冒處者　三也

承命　製進文山集序

---

11) 상유(桑楡): 중국 당(唐) 나라 왕발(王勃)의 등왕각서(滕王閣序)에 "동우이서 상유비만(東隅已逝 桑楡非晚)"이라는 표현이 있다. 동우(東隅)는 동쪽 모퉁이로 해가 뜨는 곳이고, 상유(桑楡)는 지는 해가 뽕나무와 느릅나무에 걸린 것으로 서쪽을 가리킨다. 동쪽은 사람의 초년이나 일의 시작을 의미하고 서쪽은 노년이나 일의 종말을 의미한다.

제3부

재상의 길

26 예조판서에 오르다, 43세

선조 17년(1584) 갑신

자헌대부(정2품)로 승진되고, 예조판서와 경연, 춘추관의 동지사(同知事: 종2품)
및 홍문관 제학(종2품)을 겸임하도록 임명되었으나 상소하여 사양하였다. 허락
되지 않았다.

　상소의 대략은 다음과 같다.

　　"벼슬 내리는 명령의 시행에 있어서는 예부터 한 가지 방법만 있는 것이 아니
옵니다. 등용 기준의 가장 높은 것으로는 덕(德)으로 하고, 그 다음은 재능으로
하고, 그 다음은 공로(功勞)로 하고, 그 다음은 오래 근무한 것으로 하니, 만일
이 몇 가지에 해당되지 않으면서 까닭 없이 벼슬을 얻으면, 정사(政事: 인사)에서
는 잘못 임용한 것이 되고, 자기 자신에게도 상서롭지 못하옵니다.

　　작은 벼슬자리도 그러한데 하물며 육경(六卿: 6조 판서)의 귀중한 자리에 있어
서이겠습니까? 생각하옵건대, 신은 이미 재주와 덕망으로 뽑힌 것이 아니며, 또
한 오래 공로를 쌓은 것도 아니어서, 속 비고 못난 사람이 기릴 만한 조그만 공
로도 없는데, 몇 년 사이에 뛰어넘어 우뚝 재상의 반열에 올랐으니, 인사 체제로
보아 어떠하며, 세상 사람들의 심정으로 보아서는 어떠하겠습니까? 이미 맑은 조
정의 명덕지전(命德之典)[1]의 모범을 더럽혔고, 미신(微臣: 보잘 것 없는 신하)은
염치 차리는 것도 잃게 되어, 한번 조치(措置)로 두 가지를 아울러 잃어버렸으니
앞으로 어디에 쓰겠습니까?

　　신은 듣건대, 한도가 정해져 있어 넘어서는 안 되는 것이 분수(分數)이고, 하
늘로부터 타고나서 억지로 할 수 없는 것이 재주이며, 국량(局量)이 얕은데 가득

---

1) 명덕지전(命德之典): 덕(德)이 있는 사람을 관직에 임명하는 법.

채우면 넘치고, 힘이 작은데도 무거운 것을 짊어지면 부러지며, 되지 않을 줄 알면서도 무릅쓰고 일을 추진하면 실패한다고 했사옵니다.

이 때문에 임금은 일을 처음 맡길 때 신중해야 하며, 신하는 명령을 받들 때 자신의 능력을 헤아려, 대소(大小)와 장단(長短)이 반드시 걸맞아야, 관직을 내려주어도 사사로운 일이 아니며, 체직(遞職: 관직을 거두어들임)시켜도 노여워서 한 일이 아니옵니다. 요점은 알맞으냐 마땅하냐에 달려 있을 뿐이옵니다.

신으로 말하면, 멀리 영(嶺) 밖의 한미(寒微)하고 어리석은 자로서, 본디 어려서는 가정에서 볼만한 행실이 없었고, 자라서는 향리(鄕里)에서 칭찬받는 일도 없었으며, 학술은 구석구석 통하지 못했으며, 재주는 써먹을 만하지 못한데다, 더욱이 체질은 허약하여, 질병이 몸을 감았으며, 지식은 얕고 어두워, 손대는 일마다 헤매오니, 이것이 어찌 일을 맡아 처리할 수 있는 그릇이라 할 수 있겠사옵니까? 쓸데없이 한 사람의 자리만 채우는 신하에 지나지 않사옵니다.

불행하게도, 수년 동안 총명(寵命)이 거듭 내려져 저의 분수를 점점 넘어섰으며, 스스로를 반성해 돌아보아도 모양 사납게 종종걸음이나 치고 있사옵니다. 비록 감히 영광으로 여기지 않는 바는 아니오나, 또한 부끄럽지 않은 바도 아니옵니다. 몸을 떨치고 일어나 스스로 힘써서 밝은 은혜를 갚고자 하나, 재주와 힘이 미약하고, 물러나 어리석은 저의 분수로 편안히 돌아가 거듭 벼슬하기 전의 모습을 찾으려 하여도, 임금님의 돌보심은 갈수록 도타우니, 한밤중에도 탄식이 나와 신이 처한 형세를 속으로 중얼거리기도 하며, 마음을 깔아 앉히기에 심히 괴로웠사옵니다.

오호라! 인정으로는 누군들 임금의 은혜를 받고 싶지 않으리오만은 감히 받들지 못하는 때도 있고, 누군들 자기 몸을 영화롭게 하려 하지 않으리오만은 진실로 받아들일 수 없는 때도 있사옵니다. 이 때문에 옛 군자들께서는 조그만 벼슬자리를 받아도 평생 힘껏 사양하는 상소를 연달아 올려 목숨을 걸고 극력 피하여 벼슬살이하지 않았으니, 이것이 어찌 정(情)이 없어서 그런 것이겠사옵니까? 반드시 그 마음속에 크게 불안한 점이 있어서 덮어 놓고 나서기가 어려워서이옵니다.

성명(聖明)하신 전하께서는 신의 가슴을 짓누르고 있는 숨조차 쉬기 어려운 걱정에 가득 찬 정상(情狀)을 굽어 살펴주시어, 벼슬을 깎아 고쳐 주시는 특별한 허락을 입도록 해주시오면, 신의 미약한 간원(懇願)을 임금님께서 마음으로 받아주심으로, 신의 몸에 원하는 바가 이루어져 지극히 영광스럽고 다행이오니, 무엇을 여기에 더 보태겠사옵니까? 엎드려 바라오니, 성스럽고 자애하신 전하께서는 저의 어리석음을 불쌍히 보시고, 지체 없이 윤허를 내리셔서 신의 마음을 편케 하여주소서" 하였다.

임금이 대답하기를,

"경(卿)의 상소를 보니, 진실로 가슴 속으로부터 우러난 것이라 하겠다. 그러나 내가 경을 발탁한 것은 사사로움이 있어서가 아니며, 경을 총애하는 것은 나라를 위하기 때문이다. 경이 (벼슬을) 반드시 사양하고 받지 않으려 하는 것은 자기 한 몸만을 꾀한다는 허물을 면치 못하리니, 나라를 위해 목숨을 바친다는 대의(大義)가 아니다.

임금이 사람을 등용하는 데에는 한 가지 방법만 있는 것이 아니니, 옛사람의 경우에는 농부나 고기잡이를 뽑아 올리어[2] 하루아침에 조정의 으뜸자리에 임명한 적도 실제로 있었는데, 진실로 그들이 피혐(避嫌)하여 사퇴한다고 말하지 않았으니, 이것은 과연 그들의 마음이 본연(本然)의 천성(天性)을 잃어서일까? 진퇴(進退)의 절도에 어둡고, 사양하고 받아들임에 우매하여, 염치없이 함부로 욕심 부린 듯하지만, 그렇게 한 것에는 반드시 까닭이 있었을 것이다.

옛 임금은 신하와의 관계에서, 신하로 대할 경우가 있고, 벗으로 대할 경우도 있고, 또 스승으로 대할 경우도 있었다.

이러한 일은 비록 후세에 전해지지는 않았지만, 경은 경연 10년에 한 가지도 덕(德)에 흠이 없었고, 의리로는 군신(君臣)이지만, 정(情)으로는 붕우(朋友)였다.

학문으로 논하자면 장구(章句)에만 얽매인 유자(儒者)가 아니요, 재주로 말하자면 대사(大事)를 담당하기에 넉넉하니, 경을 아는 사람은 아마도 나만 한 사람이 없을 것이다.

오늘 특별히 발탁한 것은 깊이 헤아린 일이다. 종백(宗伯: 예조)의 장(長) 자리는 오직 경이라야 잘 해낼 수 있다. 삼가 관직에 나오고, 다시 사양하는 생각은 하지 말라. 나도 두 번 다시 말하지 않겠다."

---

2) 태공낭(太公望)의 고사(故事)를 말한다. 중국 주(周) 나라 문왕(文王)이 위수(渭水)에서 낚시질하던 여상(呂尙)을 발탁하며, '태공(문왕의 아버지)이 기다리던 분이다'라고 하였다. 그 때문에 태공망(太公望)이라 불렀다.

또 상소하였으나 윤허하지 않았다.

상소의 대략은 다음과 같다.

"신은 듣건대, 속이지 않는 것을 충성이라 하고, 성실함을 진실(眞實)하다고 하였으며, 충성과 진실함을 잃지 않은 뒤에라야 윗사람을 섬길 수 있다고 하였사옵니다. 지금 신은 헛된 이름을 훔쳐 지금까지 잠 못 이루며 지내는데, 만약 서둘러 사직하지 않고, 밝은 해 아래 스스로 속은 텅비고 겉은 추한 모습으로 늘어서서, 요행으로 큰 이익을 얻어 일신(一身)의 영화로 삼는다면, 거짓을 행하고 하늘을 속인 죄가 더욱 심하여질 것이니 장차 어떻게 세상에 설 수 있겠사옵니까?

청하오니, 자신이 가난하고 조그만 재물도 없는 경우라면 단사표음(簞食瓢飲: 도시락 밥과 표주박 물) 정도는 남에게서 받겠지만, 천금의 보배를 준다면 사양하옵니다. 이것이 어찌 도시락 밥 받기를 중히 여기고 천금의 은혜를 가벼이 여기는 것이겠사옵니까? 분수가 정해져 있기 때문이옵니다.

신은 본래 하나의 빈 그릇일 뿐인데, 해마다 벼슬을 내리시고 자리를 옮기시고 하여, 우뚝한 큰 벼슬까지 내리시니 어찌 편안히 받아들일 수 있겠사옵니까? 전하의 은혜가 깊을수록 갚기는 더욱 어렵고, 소임(所任)이 벌써 무거운데 책임과 기대는 더욱 커지옵니다. 비록 옛 현명하다는 분들도 이런 경우를 당하여 감당하라 하면 본심(本心)을 잃을 것이고, 남의 생각을 꺼리지 않는 자들이야 뒤를 이어 찾아올 것이옵니다.

하물며, 신 같은 자가 무슨 계책으로 넘어지거나 실족하지 않을 수 있겠사옵니까? "늙은 말이 도리어 젊은 망아지 행세를 하거나, 뒷일을 돌아보지 않고 벼슬받기를 사양하지 않으면, 몸을 망치는데 이를 뿐이라"[3]고 한 말은, 이런 경우를 두고 한 것이옵니다.

옛날, 부필(富弼)[4]은 추밀(樞密)[5]에 임명되자, 스스로 공이 없다 하며 여러 해가 지나도록 취임하지 않았고, 사마광(司馬光)[6]도 추밀의 관직을 극력 사양하였

---

3) 시경 소아 상호지십 각궁(角弓) "老馬反爲駒 不顧其後"
4) 부필(富弼, 1004-1083): 북송(北宋)의 정치가. 추밀사. 경력신정(慶曆新政)을 추진하였다. 재상이 되었는데 왕안석(王安石)과 뜻이 맞지 않았다. 시호 문충(文忠). 저서 부정공시집(富鄭公詩集).
5) 추밀(樞密): 군사(軍事)나 정무(政務)의 비밀을 요하는 중요한 사항을 이르며, 추밀에 관한 업무를 담당하는 관청이 추밀원(樞密院)이고, 관직은 추밀사(樞密使)라 부름.
6) 사마광(司馬光, 1019-1086): 북송의 정치가, 역사가. 자(字) 군실(君實). 시호 문정(文正). 왕

으며, 직학사 최흥지(崔興之)7)도 평생 우승상을 사양하여 나오지 않았고, 진(晉)나라 왕술(王述)8)은 보통 때는 사직하지 않았으나, 감당할 수 없는 자리에서는 반드시 사양하였사옵니다. 어리석은 신이 감히 고인(古人)을 본받으려는 것은 아니지만, 그러나 감당할 수 없는 자리를 함부로 차지하지 않으려는 것은, 실로 부끄러움을 아는 데서 나온 것이옵니다. 엎드려 바라오니, 성스럽고 자애로운 전하께서는 신의 간절한 마음을 불쌍히 보시고 조금이나마 헤아려 조처해 주소서."

임금께서 대답하기를 "경이 비록 간절히 사양하나, 나는 그 말에 따를 이유가 없다. 그 자리가 여러 날을 비어 있는데, 국가 체면으로 보나, 경의 마음으로 보나, 어찌 편안히 있지 못할 것이 아닌가? 마땅히 사양하지 말고, 어서 나아가 직책을 받들라" 하였다.

또 담당 부서에 명하여, 목사공(牧使公: 형님인 겸암)을 향리의 가까운 곳 수령(守令)으로 임명, 노모를 편안히 봉양하도록 해서, 선생의 마음을 편안케 하라고 하였다.9)

성균관(成均館)에서 공부하는 학생들에게 이문(移文)10)을 보냈다.

그 대략은 다음과 같다.

"사람은 천지간에 생명을 받았기 때문에, 그 본성(本性)은 인의예지(仁義禮智)의 이치를 갖추고 있으며, 그 도(道)는 부자(父子), 군신(君臣), 부부(夫婦), 장유(長幼), 붕우(朋友)의 5가지 윤리를 갖추고 있는 것이니, 성인(聖人)이 가르쳐 인도하는 것은 그 성정(性情)을 회복하도록 하는 것이며, 비록 방식은 여러 가지지만 대체로 보아 이 다섯 가지로 서로 친하고 서로 공경하도록 하려는 데에 지나

안석의 신법을 반대. 신종(神宗)이 추밀부사로 임명했으나 사퇴하고 15년간 자치통감(自治通鑑: 494권)을 편찬하였다. 재야에 있으면서도 수구파를 조종하여 실질적으로 우두머리 역할을 하였다. 시호 문정(文正). 태사 온국공.

7) 최흥지(崔興之): 미상(未詳)
8) 왕술(王述, 303-368): 동진(東晉) 사람. 상서령(尙書令).
9) 이 해에 목사공은 인동현감(仁同縣監)에 제수(除授)되었다.
10) 이문(移文): 동등한 관청 사이에 보내는 공문서. 조선시대 2품 이상 중앙관청 및 지방 관찰사 등 최고 관청 사이에 행정적으로 협조할 필요가 있을 때 사용하였다. 예조에서 성균관에 보낸 공문서로 보인다.

지 않을 뿐입니다.

맹자(孟子)께서 '인(仁)의 바탕은 어버이를 섬김, 이것이요, 의(義)의 바탕은 형에게 순종함, 이것이다'[11]라고 하셨습니다. 오호라, 천하의 이치가 어찌 어버이 섬김과 형에게 순종함에서 벗어나 있으리오! 스승이 가르치는 바와 제자가 배우는 바도 역시 이런 점을 내버려 둔 채 다른 곳에서 찾는 데 있지 않습니다.

횡거(橫渠) 장선생(張先生: 張載)[12]이 말하기를 '지금, 세상에서 학문을 강습(講習)하지 않아, 남녀 모든 사람들이 어려서부터 교만하고 게을러지니, 어른이 되면 더욱 흉악해질 것이다. 자제(子弟)가 되어서는 편안히 쇄소응대(灑掃應對)[13]할 수 없고, 붕우(朋友)를 접대할 때면 붕우에게 머리를 숙일 수 없고, 관직에 있을 때면 관장(官長)에게 머리 숙일 수 없고, 재상이 되면 천하의 현인에게 머리 숙일 수 없다. 병통의 뿌리가 항상 남아 있게 되어, 사는 곳 만나는 곳마다 따라다니며 자라난다'고 하셨으니, 이 몇 가지 조목으로 보면, 배움의 장단점을 알 수 있을 것입니다.

소학(小學) 책 하나를 가지고 보면, 주자(朱子)께서 성현(聖賢)의 격언(格言)과 고금(古今)의 선행(善行)을 모아 책을 만드셨으니, 어린아이들의 덕성(德性)을 기르는 근본이 되는 책입니다. 이 책에서 처음부터 끝까지 간절하게 권면하는 것은, 오직 스승을 존경하고, 벗과 친하며, 집에 들어와서는 효도하고, 밖에 나가면 어른을 공경하며, 몸가짐을 바로하고, 예절을 공손히 하며, 행실을 진실되게 하고 물러남을 단정히 하며, 다른 사람의 잘못을 말하지 않으며, 조정(朝廷)의 잘잘못을 말하지 않게 할 뿐입니다. 어찌 말을 함부로 하고 핏대를 높혀 나무라며, 어른을 업신여기며, 부형(父兄)을 비방하는 논의를 하며, 말로 다투어 이기려고 하는 것을 옳은 도리라 할 것입니까?

그러므로, 공자께서는 성인(聖人)이십니다만, 오히려 (논어에서) 기록하기를, '선생님께서는 향당(鄕黨: 고향 마을)에 계실 때 조심에 조심을 더하셔서, 말도 제대로 못하시는 것처럼 보였다'고 하였으니, 향당은 부형(父兄) 종족(宗族)이 사

---

11) 『맹자(孟子)』 이루장구(離婁章句) 상(上) 제27장.

12) 횡거 장선생(橫居張先生): 장재(張載, 1020~1077)를 말한다. 호 횡거선생. 시호 명공(明公). 북송의 성리학자. 북송의 이학(理學)을 창시한 오현(五賢)의 한 사람. 주역과 중용을 정밀히 탐구하여 신유학의 기초를 세웠다. 정호, 정이의 외숙(外叔). 저서 정몽(正蒙,), 횡거역설, 장자전서.

13) 쇄소응대(灑掃應對): 쇄소(灑掃)는 물 뿌리고 먼지를 쓸어 청소하는 것이고, 응대(應對)는 어른이 부르거나 시키는 일이 있으면 대답하고 따르는 것을 말한다. 집안에서 어린이(小子)가 할 수 있는 기본적인 일로서, 일상에서 예의범절을 알아 실천하는 것을 의미한다.

는 곳으로, 현명하거나 지혜롭다고 마구 아는 척할 수 없기 때문입니다. 이러하셨기 때문에, 이륜(彝倫: 떳떳한 도리)을 펴며, 풍속(風俗)을 돈후(敦厚)하게 하여, 나중에 몸을 일으켜 처신하게 되셨으니, 모든 일은 여기에서 미루어 볼 수 있습니다. 이른바 근본이 바로 서야 바른길이 나오는 것입니다.

요즈음, 성명하신 전하께서 위에 계시면서, 사람들을 진작시켜 선비를 길러내는 방도에 여러번 마음을 기울이지 않은 적이 없었습니다. 제생(諸生)들도 어찌 청아(菁莪)[14]의 교화(敎化)를 우러러 체득함에 옛날부터 그 가운데 있지 않았겠습니까만, 그러나, 어두운 소견으로 삼가 한두 가지 헤아려 보면, 근심할 만한 것이 없지 않습니다.

무엇인가? 말은 충성스럽고 진실하며 행실은 돈독하고 공경해야 하는 근본[15]에 부족함이 있건만, 오만하고 허탄하며 가벼이 설치는 습성은 넘쳐나고, 집에서는 부형(父兄)을 공경할 줄 모르며, 밖에 나가서는 어른을 높일 줄 모르고, 큰 소리로 떠들며 스스로를 높은 위치에 올려놓거나, 혹은 문호(門戶)를 따로 열어놓고 미쳐 날뛰는 버릇을 키워, 선현(先賢)을 헐뜯는 자도 있고, 혹은 술에 취하여 호언장담하며 서진(西晉)의 풍속(청담(淸談))[16]을 따르며 스스로 기개(氣槪)가 있다고 생각하는 자도 있으니, 유학(儒學)의 기풍은 싹 쓸어서 없애 선비의 풍습도 퇴패(頹敗)하고 세상 도리도 허트러져서, 날로 위태롭고 천박하며 더러운 곳으로 떨어지고 있습니다.

오호라! 이것이 어찌 성상께서 교육을 통하여 선비를 기르시려는 뜻이며, 제생들도 스스로 기대하고 있는 도리이겠습니까?

근래 중국의 『향교예집서』를 얻었는데, 그 중의 "동자례(童子禮)"를 뽑아서, 한 권으로 만들어, 어린아이들 가르치는 자료로 삼기 편하게 엮었고, 또 성균관 제생들에게는 『주자가례』에 의거, 관혼상제 등의 예절과 등강(登降)과 읍양(揖讓)[17]의 예절을 때때로 익히게 하였으니, 제생들은 진실로 그 우완(迂緩: 느리고

---

14) 청아(菁莪): 시경 소아 동궁지십 청청자아(菁菁者莪). 인재(人材)를 기름을 즐거워한 시. 군자가 인재를 키우고 기르면 천하가 기뻐하고 즐거워한다.

15) 충신독경(忠信篤敬): 『논어』 "위령공편" 제5장 子曰 言忠信 行篤敬 雖蠻貊之邦 行矣

16) 서진(西晉)의 풍속: 청담(淸談)을 말한다. 청담은 세속의 명리(名利)를 떠난 맑고 깨끗한 담화(談話)의 뜻이다. 중국 위진(魏晉) 시대 지식인 사회에 나타난 철학적 담론으로 노장사상(老莊思想)을 기조로 세속적 가치를 초월한 형이상학적 사유(思惟)와 정신적 자유를 중시하였다. 죽림칠현(竹林七賢)이 유명하다.

17) 등강읍양(登降揖讓): 예(禮)를 행할 때 당계(堂階)를 오르고 내려가는 예절과 서로 읍(揖: 공경

더딤)함을 비웃지 말고, 충분하게 익히고 힘써 지켜서, 지나친 압박감도 없게 하고, 게을리 하여 폐지되는 일도 없게 하여, 그 예절 속에 젖어들며, 평안하게 조화되어, 무시하거나 오만한 습성을 없애고, 공손하며 겸양하는 예절을 길러서, 그만두려 해도 그만둘 수 없는 지경에 이르게 되면, 이른바 부모를 사랑하고 어른을 존경하며 스승을 높이고 벗과 친해지려는 마음은 굳이 권면하지 않아도 저절로 생겨날 것입니다" 하였다.

또 향약(鄕約)18)을 팔방(八方)19)에 반포하고, 정성을 다하여 효제(孝悌)20)를 두터이 하고 예양(禮讓)을 일으켜, 백성을 교화하고 풍속을 제대로 이루는 바탕이 되도록 하였다.

사면이 있은 뒤 상소하여 아직 죄를 덮어쓰고 있는 사람들의 신원(伸寃: 맺힌 한을 풀어버림)을 청하였다.
　　상소의 대략은 다음과 같다.

　　"엎드려 생각하기에, 나라에 큰 경사(慶事)가 있으면 비록 죄를 지어 벌 받고 있는 자일지라도 또한 모두 다 털고 씻어 없애어서 용서하는데, 지난해 조사(朝士: 조정의 벼슬아치)로서 북방에 쫓겨 간 사람들에게는 아직까지 신원한다는 어명이 없어, 해와 달 같은 밝음이 유독 복분(覆盆)21) 속에 내버려져 있으며, 뇌우(雷雨:천둥소리와 함께 내리는 큰비)의 혜택이 그늘진 골짝에 가려져 있습니다. 한 사람이 원한을 품는 것도 실로 제왕의 정사에서는 근심거리인데, 하물며 여러 사람의 경우에 있어서겠사옵니까?
　　신은 듣건대, 천지(天地)는 만물(萬物)에 대하여 비와 이슬을 내려 자라게 해

하는 뜻으로 두 손을 마주 잡음)하고 사양하는 예절.
18) 향약(鄕約): 조선시대 향촌사회의 자치규약. 중국의 여씨향약(呂氏鄕約)을 본떠서 우리 상황에 맞게 보완하여 각 지방에서 시행되었다. 퇴계선생이 만든 예안향약과 율곡 선생이 만든 해주향약이 유명하다. 대체적인 내용은 덕업상권(德業相勸), 과실상규(過失相規), 예속상교(禮俗相交), 환난상휼(患難相恤)이다.
19) 팔방(八方): 조선시대 지방 행정구역인 팔도(八道) 또는 동, 서, 남, 북의 사방(四方)과 동북, 동남, 서북, 서남의 사우(四隅)를 지칭하는 것으로 곧 나라 전체를 말한다.
20) 효제(孝悌): 부모에 대한 효도와 형제에 대한 우애(友愛).
21) 복분(覆盆): 엎어진 물동이. 억울하게 죄를 덮어쓴 사람들이나, 햇빛이 비춰지지 못하는 동이 아래에 있는 사람들을 가리킨다.

주고 바람과 서리를 내려 시들게 하여, 만물을 살리는 사랑(仁)을 혹독한 날씨 속에서도 베풀지 않은 적이 없고, 부모(父母)는 자식에 대하여 좋은 일을 하면 기뻐하고 허물이 있으면 성내고 꾸짖는데, 비록 기뻐하고 성냄이 다르지만 모두 사랑하며 기르고 성취시키는 방도가 아님이 없사옵니다.

전하께서는 지극히 인자하시고 치우치지 않으셔서, 신하들에게 은혜를 베풀되, '얼굴빛 온화하게 하시고 웃으셔서 노함이 아니라 가르치시는 것[22]'처럼 하시니, 또한 천지(天地)요, 부모(父母)와 같사옵니다. 저들이 비록 말을 잘 가려서 하지 못하여 한때 중도(中道)에서 벗어난 실수가 있었으나, 지금 이미 절역(絕域)에 유배되어, 또다시 추위를 겪게 되었으니, 사람 마음은 크게 다르지 않아 진실로 반드시 징계로 인한 바로잡힘이 있었을 것이옵니다. 하물며, 그들 자신이 전하의 좌우에서 가까이 모시던 반열에 있었으니 관계가 소원한 천한 사람과는 비교하여 같지 않사옵니다.

설사 죄가 있다고 하더라도 원래 저지른 정황이 무거운 정도는 아니니, 이번 기회에 소낙비 같은 은혜를 내리셔서, 풀어주시고 온전히 살도록 해주신다면, 크나큰 덕을 베푸는 일이 될 것이옵니다. 어찌 안 될 일이겠사옵니까?

신은 죄를 입은 사람들을 자세히 알지 못하나, 허봉(許篈) 같은 사람은 오랫동안 동료여서 그 사람됨을 아옵니다. 의지와 기개가 너무 예민하여 실제 세상일은 잘 모르고, 사물을 경솔하게 보아 신중하지 못했을 뿐이옵니다. 만약 흉악하고 시샘하는 나쁜 짓을 했다면, 그것은 신은 알 수 없습니다만, 국사를 말함에 그 표현을 알맞게 하지 못했던 것이옵니다. 비록 그 실정이 지나쳤다 하더라도, 걱정하는 것은 다름이 아니라, 논사(論思)를 담당하는 신하가 한번 상소를 지어 올렸다는 이유만으로 갑자기 유배되는 조치가 따랐으니, 그 자신 원통한 것은 따지지 않더라도, 조정 정사(政事)의 체모(體貌)는 어떻게 될지? 그것을 신은 남몰래 마음 아파하옵니다.

예로부터 언론의 자리에 있으면서 언론으로 죄를 지은 사람은 비록 무겁게 벌을 받더라도 지방으로 전보(轉補)하는데 지나지 않았고, 그 다음은 좌천시키는 것으로서, 오늘날 한 것처럼 구석진 변방으로 귀양 보낸 적은 없었사옵니다. 하물며 대사면(大赦免)을 하시면서도 풀어주지 않으시니, 그것은 성덕(聖德)에 흠이 됨이 또한 심하다고 생각하지 않사옵니까?

---

22) 시경(詩經) 노송(魯頌) 반수(泮水) 제2장 재색재소 비노이교(載色載笑 匪怒伊敎)

만일 이 몇 사람들이 진실로 중대하여 용서받기 어려운 죄가 있다면, 온 나라 인심이 모두 시원해하면서 이론(異論)이 없어야 하는데, 무슨 까닭으로 탄식하고 슬퍼하며 죄와 법이 걸맞지 않다며 원통해 하나이까? 신이 어저께 전하의 유시를 엎드려 보오니, '법을 적용하는 데에는 마땅히 하늘의 이치와 사람의 마음을 참작하여야 한다' 하셨사옵니다. 그렇게 말씀하시오니, 이 몇 사람 죄인은 언어(言語)의 잘못을 한 것에 지나지 않는데도 극히 무거운 법을 적용받아, 머리를 가지런히 하여 모래 자갈 속에서 죽게 되면, 그것이 천리와 인정으로 보아 편안하겠사옵니까? 않겠사옵니까?

나라에 말씀을 올려야 될 일이 있는데도, 신하들이 화를 입을까 두려워하여 말하지 않게 되면 그 나라는 위태롭사옵니다. 요즈음 허봉 등의 일에서 사람들 마음이, 사사로이 방 속에서의 의론으로 들어가서는 몰래 탄식하지만, 밖으로 나와서는 뜻밖의 화를 입을 것이라 생각하고 서로 조심하니, 이것이 어찌 잘 다스려지는 치세(治世)의 모습이겠사옵니까?

천하의 의리(義理)는 무궁하고, 안위(安危)의 의복(倚伏)[23]은 일정하지 않사옵니다. 큰 중도의 기틀을 세우시고, 생각이 다른 신하들을 합쳐서, 백성들 마음을 풀어주시고, 쓰라림과 괴로움에서 옮겨주시면, 오늘의 사안(事案)은 아마 괜찮아질 것이옵니다. 엎드려 생각하건대, 성상께서는 저의 정성을 가엽게 여기셔서 조금이나마 마음을 보태 주신다면 나라에 큰 다행이겠사옵니다."

==

陞拜資憲大夫 禮曹判書 兼同知經筵春秋館事 弘文館提學 上疏辭 不允

疏略曰 夫爵命之施 初非一道 太上以德 其次以才 其次以勞 其次以久 若非此數者而無故得之 則於政爲失授 於身爲不祥 小官尙然 況六卿之重乎 念 臣旣非才德之選 又非年勞之積 以空虛無似之身 乏分寸可紀之效 而數年之間 躐躋踰越 巍然宰相之列 其於政體 何如也 物情 何如也 旣累淸朝命德之典 又喪微臣廉恥之守 一擧而二失幷焉 將何用之
臣聞 限定而不可踰者 分也 得於天而不可强者 才也 量淺而盛滿則溢 力小而任重則折

知其不能而冒之則敗 是故 人君致慎於圖任之初 人臣自審於承命之際 大小長短 必使
相稱 予之而非私也 褫(遞)之而非怒也 要在適宜而已

如臣者 嶺外寒賤愚駤 有素 少無家庭之行 長無鄉曲之譽 學不通方 才不適用 加以稟
質厄羸 疾病纏身 識量昏淺 觸事迷罔 斯豈當事應務之器乎 不過無用之一具臣而已

不幸 數年來 寵命荐下 涯分漸踰 顧自循省 踧踖靡容 雖不敢不以爲榮 亦未嘗不以爲
愧 欲奮身自勵 以效明恩 而才力綿薄 欲退安愚分 更尋初服 而天眷愈厚 中夜發歎 心
口相語臣之處勢 孔歎 而爲心甚苦矣

嗚呼 人情孰不欲受恩於君 而有時而不敢承 孰不欲圖榮其己 而有時而不苟取 如是故
古之君子 於一資半級之除 或有終歲力辭 連章極避 抵死而不居者 斯豈近於不情而然
哉 必其心有大不安者 而難於冒昧耳 如蒙聖明俯察 臣悶迫憂窘之狀 而特許鐫改 則臣
之微懇 得以上動天意 有願 必遂其在臣身 至榮至幸 何以加此 伏望 聖慈怜愍其愚 而
亟賜允俞 以安臣心

答曰 覽卿封章 可謂誠出於肝膈矣 然 予之擢卿 非有所私 寵於卿 爲國家也 卿之必欲
辭而不受 是未免爲一身謀 而非所以以身殉國之義也 人主用人 誠非一道 古之人有崛
起耕漁 一朝實於巖廊 而若固有之 未聞有避嫌辭退之言 是果其心喪其本然之天 而昧
於進退之節 暗於辭受之際 貪冒無恥 乃如是耶 其必有所以然者矣

古之人君於其臣也 有臣之者 有友之者 又有師之者 此意 雖不傳於後世 然 卿十載經
幄 一德無瑕 義雖君臣 情猶友朋 論其學 則非固滯章句之儒 語其才 則有足以當大事
知卿蓋莫如予也 今日之超拜 計之熟矣 宗伯之長 惟卿克諧 欽哉就職 毋得爲更辭之計
予言不再

又 上疏 辭
不允

疏略曰 臣聞 不欺之謂忠 以實之謂信 忠信不失然後 能事其上 今臣 盜竊虛名 轉輾至
此 若不早 以空疏醜穢之狀 自列於天日之下 而僥倖大利 以爲身榮 則行詐欺天 其罪

益甚 將何以立於世乎

乞 夫妻人身 無寸資 簞食瓢飲 則受於人 與之以千金之璧 則辭 彼豈重簞食之賜 而輕
千金之惠哉 分定故也 臣本一枵然之空器耳 年除歲遷 巍然大拜 寧可自安 而冒受之耶
夫主恩愈深 則報效愈難 所任既重 則責望愈大 雖使古之所謂賢智之士當之 至是而失
其本心 而不厭人意者 踵相尋也

況 如臣者 何計而免於顛躓哉 老馬爲駒 不顧其後 受爵不讓 至于已斯亡者 此之謂也

昔富弼除樞密 而自以爲無功 經年不拜 司馬光力辭樞密 直學士崔興之 終身辭右揆 不
至 晉王述平時未嘗辭職 而其所辭則必於其所不可堪 臣之愚劣 非敢慕效古人 然 於其
不堪處而不欲冒處者 實出於知恥之心 伏望 聖慈怜臣之至情 而少加裁處焉

答曰 卿雖懇辭 予無可從之理 本職累日曠闕 於國體 於卿心 豈非未安 宜勿辭 勉就供
職 且命該曹 除牧使公近地守令 使便養老母 以安先生之意

移文館學諸生

略曰 蓋人受天地之中以生 其性則具仁義禮智之理 其道則有父子君臣夫婦長幼朋友之
倫 聖人之訓迪敎導 使之復其性者 雖爲術多端 而大概不過欲使五者之間相親相敬而已

孟子曰 仁之實 事親是也 義之實 從兄是也 嗚呼 天下之理 豈外於事親從兄之間 而師
之所以敎 弟子之所以學 亦未有舍是而他求者也 橫渠張先生曰 今 世學不講 男女從幼
便驕惰了 到長益兇狼 爲子弟 則不能安灑掃應對 接朋友 則不能下朋友 居官 則不能
下官長 爲宰相 則不能下天下之賢 只爲病根常在 隨所居所接而長 觀此數條 而爲學
之得失 亦可見矣

至於小學一書 乃子朱子撰集聖賢格言古今善行 爲小子培養德性之根本 而其終始惓惓
者 惟在於隆師親友 入孝出恭 正容謹節 篤實斂退 不言人過惡 不言朝廷得失而已 何
嘗敎之以肆言尙氣 凌侮尊長 詆議父兄 競辨爭勝爲道也
故 孔子 聖人也 猶曰 子於鄕黨 恂恂如也 似不能言者 蓋以鄕黨 父兄宗族之所在 不

可以賢智加之也 惟其如此 故 彝倫敍 風俗厚 他日立身行己 皆可由此推之 所謂本立
而道生也

近者 聖明在上 其於作人養士之道 未嘗不三致意焉 諸生亦豈無仰體菁莪之化 而自舊
於其間者乎 然 以遇昧之見 竊嘗揆測其一二 則不無可憂者矣 何者 忠信篤敬(敬)之本
有所不足 憍誕輕肆之習 有餘 居家 則不知父兄之可敬 出外 則不知長上之可尊 大言
高論 盛自標置 或別立門戶 趨於猖狂之塗 詆訾先賢者 有之 或酗酒縱誕 以襲西晉之
風 而自以爲氣槪者 有之 儒風掃如 士習頹敗 世道靡靡 日入於險薄汚下之域 嗚呼 此
豈聖上敎育作養之意 諸生自期待之道哉

近得中原鄉校禮輯書 抄童子禮 爲一卷 以便童蒙訓誨之資 又令館學諸生 依朱子家禮
時習冠婚喪祭等禮 登降揖讓之節 諸生誠能不笑其迂緩 熟講而力持之 毋太拘迫 毋至
怠廢 遊泳從容 消其凌犯傲悖之習 長其溫恭謙退之節 以至於欲罷不能 則所謂愛親敬
長隆師親友之心 不待勸勉而油然自生矣

又 頒鄉約于八方 惓惓 以敦孝悌 興禮讓 爲化民成俗之本

赦後 陳疏 請伸理被罪諸人

疏略曰 伏以 國有大慶 雖在罪辟 亦皆蕩滌 而年前朝士之投畀北方者 尙無伸理之命
日月之明 獨遺於覆盆之內 雷雨之澤 尙阻於陰谷之下 一物含寃 實王政之所隱 則況此
數人乎

臣聞 天地之於萬物也 雨露以濡之 風霜以肅之 而一段生物之仁 未嘗不行於嚴冱之中
父母之於子也 有善則喜悅之 有過則責怒之 雖喜怒有異 而莫非愛育成就之術也 殿下
至仁無偏 涵育群臣 載色載笑 匪怒伊敎 亦一天地父母也 彼雖不能裁度言語 有一時過
中之失 而今旣流竄絶域 再閱寒暑 人情不遠 固必有懲艾之端矣 況以身居近列昵侍左
右 非如疎遠賤隸之比 假曰有罪 原其情犯不至深重 則因此大霈之恩 稍加開釋 俾得全
活 乃盛德事也 何不可之有哉

臣 於被罪諸人 未曾詳知 如許筠者 久爲同僚 知其爲人 蓋志氣果銳 未諳世故 見事輕

率 不能持重而已 若夫凶險忌克之惡 則臣不能知也 言事之際 失於稱停其辭 雖過其情
恐亦無他 論思之臣 以一番製箚之故 遽從投竄之典 自己冤枉 姑所不論 其於朝廷政體
如何 臣竊傷之

自古 在言論之地 而因言事得罪者 雖重被譴罰 不過補外 其次左遷 未有竄殛於窮邊如
今日之爲者 況經大赦而不解 其爲聖德之累 不亦甚乎

如使數人者眞有至重難赦之罪 則擧國人心 所共快然 無有異辭 何故而歎息嗟傷 以罪
律不稱爲冤哉 臣 伏見昨日聖諭 以爲用法 當以天理人情參之至哉 言乎然 則此被罪之
人 不過日言語之失 而受極重之律 騈首死亡於沙磧之中 則其於天理人情 安乎 否乎

夫國有可言之事 人臣畏禍而不言 則其國殆矣 近日 人情於許箎等之事 入而私議於室
莫不竊歎 出則相戒以言 以爲必得奇禍 此豈治世之象也 天下之義理 無窮 安危之倚伏
不常 建大中之基 合同異之執 解釋人情 調遞酸醎 則今日之事 庶可爲也 伏惟 聖慈怜
其愚誠 而少加之意 國家幸甚

선조 18년(1585) 을유

3월에 왕명을 받들어 정충록(精忠錄)[1]의 발문(跋文)[2]을 지어 올렸다.

4월에 아들 위(禕)가 죽었다.
　광기(壙記)[3]가 있다.

선생은 상소하여 물러나기를 청하였다.
　그때 의주 목사 서익(徐益)[4]이 상소하여 "정여립(鄭汝立)이 이이(李珥)에게 보낸 편지에 '거간(巨奸: 큰 간인)이 아직 남아 있다'라는 말이 있는데, 거간이란 아마 류성룡(柳成龍)을 가리키는 것입니다"라고 하였다.
　비망기(備忘記)[5]에 보면, "류성룡은 군자이다. 지금 세상의 대현(大賢)이라고 해

---

1) 정충록(精忠錄): 남송(南宋) 초기 금(金) 나라와의 전쟁을 주장하다가 30여 세의 젊은 나이에 주화파(主和派) 진회(秦檜)의 모함에 의하여 억울하게 죽임을 당한 악비(岳飛, 1103－1141)의 사적을 명(明)나라 맥복(麥福)이 1501년에 간행한 책이다. 악비의 시와 송사(宋史) 본전, 후인들이 서술한 영가(詠歌)를 그림과 함께 모아 수록하였다. 1584년(선조 17년) 역관이 연경에 다녀오면서 한 질을 구해와 임금께 진상하니, 교서관에 명하여 발간하게 하고(1585년 선조 18년) 선생에게 명하여 발문을 짓게 하였다. 뒤에 1709년과 1769년에 중간(重刊)되었다.
2) 발문(跋文): 책 끝에 본문(本文) 내용의 대강이나 간행의 경위 등 관련되는 사항을 간략하게 적은 글.
3) 광기(壙記): 무덤 속에 넣은 망자(亡者)의 신상기록이다. 미성년자의 묘지석(墓誌石)이다. 위(禕)의 무덤은 서울시 강남구 일원동 산의 외조부(李坰)의 묘소 옆에 있다. 몰(歿)은 10세 전에 죽었음을 뜻한다.
4) 서익(徐益, 1542－1587): 호는 만죽(萬竹), 문과. 병조, 교리, 사인. 이조좌랑, 안동부사, 의주목사. 이이, 정철의 지우(志友)로 인정받았다. 본관 부여. 이순신이 발포 만호로 있을 때 경차관으로 내려와 군기관리를 소홀히 하였다고 파직시켰다. 저서 만죽헌집.
5) 비망기(備忘記): 국왕의 명령을 하달하는 형식의 하나. 전왈(傳曰)로 시작되는 왕명으로 간략

도 될 만하다. 그 사람됨을 보며, 직접 말을 해보면, 마음속으로 감탄하게 되는 것을 스스로 깨닫지 못할 정도이다. 어찌 그와 같이 학식과 기상이 있는 사람이 큰 간인 (奸人)이 될 이치가 있겠는가? 어떤 간 큰 자가 이 같은 말을 하는가?"로 되어 있다.

선생은 또 상소하여, 물러나기를 청하였다.

그 대략은 다음과 같다.

"사람의 공정한지 사심이 있는지 여부는 마음에 달려있고, 일의 처리가 올바른지 그른지 여부는 자기 행실에 달려있사옵니다. (어떤 일을) 이미 알고 했는지 모르고 했는지는 제3자가 어떻게 받아들이는지에 달려 있지만, 시비(是非)를 따지는 공론의 평가는 후세에 결정되옵니다.

전(傳)에서 "자기 자신을 바르게 할 뿐 다른 사람들에게 핑계를 대지 않으면 원망(怨望)이 없어, 위로는 하늘을 원망하지 않고 아래로는 다른 사람을 허물하지 않는다"[6]고 하였사옵니다. 신이 비록 많이 부족하오나 이 뜻을 군자로부터 삼가 들었으니, 한때의 분분함을 신이 어찌 마음에 두겠사옵니까? 곰곰이 생각하건대, 신이 육경(六卿: 판서)의 자리를 차지하여, 알아주시는 은혜를 후하게 입었으니, 처신을 잘하고 못하고는 깨끗한 조정의 사풍(士風)에 관계되옵니다. 벼슬에서 물러날 때에는 마땅히 분명해야 하며 구차할 수 없사옵니다.

지금 신이 마땅히 물러나야 할 까닭이 다섯 가지가 있사옵니다. 전하께서 신을 두터이 믿어주셨으나 신은 한 가지 일도 성화(聖化)에 보탬이 되지 못하였으니 첫 번째 이유이며, 신은 유학(儒學) 책을 읽어 선비가 되었는데, 안으로는 마음을 스스로 속이려 해서는 안 되고 밖으로는 그 뜻을 더럽게 나타내지 않아야 하는 의리를 충분히 알지 못하였기에, 말로(末路)에서 되돌아보니 이러한 비판을 얻게 되었는데, 계속 고집스럽게 물러날 줄 모르고 구차하게 행렬이나 따라다닌다면 염치란 것은 전혀 없는 사람이 될 것이니 이것이 두 번째 이유이며, 사람마다 사견(私見)이 있는데, 각자 좌우(左右: 편드는 사람)가 있어 의견이 갈라지고 서로 어긋나기도 하고, 멀어져서 화합하지도 않고 공정하지도 않아, 세도(世道)와 인심(人心)이 무너지기가 날로 심한데, 신처럼 후원자도 없는 사람은 비웃고 놀리

하게 기록하여 승전색(承傳色: 전명(傳命)을 담당하는 내시부 소속의 관직)을 통하여 승정원에 전달되기도 하였다. 국왕의 의도를 가장 잘 보여주는 동시에 상황에 신속하게 대처할 수 있었다.

6)『중용장구(中庸章句)』제14장에 나오는 말이다. "正己而不求於人 則無怨 上不怨天 下不尤人"

는 사람 속에 몸이 떨어져서 발 한번 들고 말 한번 하여도 곧 얻어맞아 멍들 것입니다. 이것이 세 번째 이유이옵니다.

신의 집안일에 이르러 보면, 걱정거리가 눈앞에 닥쳤사옵니다. 여러 번 천청(天聽)을 번거롭게 하였사온대, 멀리 떨어져 있는 노모가 오랫동안 병중에 있어, 살아가는데 남은 날이 얼마나 될지 기약하기 어렵사옵니다. 천리 밖에 떨어져 세월은 자꾸 흘러가는데 숙수(菽水)의 봉양이나마 한번 잃게 되면 회복하기 어려우니, 이것이 네 번째 이유이며, 신은 타고 난 원기가 쇠약하고 심기(心氣)는 더욱 약하여, 벼슬하기 전에는, 언제나 방안에 문을 닫고 눈을 감고 고요히 앉아서 정신을 수습하였사온대, 최근 수년간 직무가 분주하니 하찮은 심력(心力)조차 다 흩어져 없어졌사옵니다. 근본 바탕이 쇠약하기 이와 같으니 국사를 계획하고 마음을 쏟기에 어찌 허물과 잘못됨을 면하겠사옵니까? 오직 스스로 구학(丘壑)[7]으로 은퇴하기를 청하여, 쓸모없는 벌레 같은 목숨을 연명하고, 만일 하늘의 영령에 힘입어 병이 조금 나을 때에는, 옛날 공부하던 것을 다시 익혀서 노년(老年)에나 도와 드리기를 바라오니, 이것이 물러나야 할 다섯 번째 이유이옵니다.

대저 거취(去就: 벼슬에 나아가거나 떠나감)하는 바른 길은 배고프면 음식을 먹고, 추위나 더위에 따라 가죽옷이나 삼베옷을 입는 것과 같아서, 마땅히 해야 하는 일인지 아닌지에 따라 나아가기도 하고 물러나기도 하옵니다. 벼슬에 나아갈 때엔 이익을 탐해서는 안 되며, 물러날 때는 임금의 은혜를 잊어서도 안 되옵니다. 지나간 백세(百世)의 일이 앞에 놓여 있고, 다가올 만세(萬世)의 일이 뒤에 따라올 것이니, 스스로 생각해 보아 부끄럼이 없는 것만이 중요한 것이지, 감히 성명(聖明)하신 전하께서 이 자리 저 자리 골라 내려주시기를 바라오리까?

신이 저지른 허물이 깊지 않다 여기신다면 허락하셔서 신의 직명(職名)을 그만두도록 해주시고, 신으로 하여금 돌아가 가시울타리 집에서나마 노모를 봉양하려는 마지막 소원을 마칠 수 있도록 해 주신다면, 신 역시 성명(性命: 생명)을 온전하게 얻어 살 수 있사옵니다. 그렇게 하여 여러 해를 보내면서 신병을 요양하고 독서도 하여, 조금이나마 진보가 있게 되면, 비록 며칠 못 살고 죽더라도 여러 해 산 것과 같겠사옵니다" 하였다.

임금은 허락지 않으셨다.

---

7) 구학(丘壑): 언덕과 골짜기. 속세를 떠난 시골.

휴가를 청하여 안동으로 근친하였다.

왕명을 받들어 포은(圃隱) 정몽주(鄭夢周)[8] 문집(文集)을 교정(校正)하였다.
　연보(年譜)와 문집의 발문(跋文)도 함께 지어 올렸다.

===

十三年 乙酉 (先生四十四歲) 三月 承命 製進精忠錄跋
四月 子 禕 歿 有壙記
上疏 乞退 時 義州牧使 徐益 上疏云 鄭汝立寄李珥書 有巨奸尙在之說 巨奸 蓋指柳
成龍也 備忘記 柳成龍君子也 雖謂當今大賢 可矣 觀其人 與之言 不覺心服 豈有學識
氣像如彼 而乃是巨奸之理乎 何物膽大者 敢爲如是言乎

先生乃上疏 乞退 略曰 人之公私由於心 事之邪正關乎已 知不知在於人 是非公議定於
後世 傳曰 正己而不求於人 則無怨 上不怨天 下不尤人 臣雖無狀 竊嘗聞此義於君子
矣 一時紛紛 臣 何介然於懷乎 第念 臣 備位六卿 厚蒙知愚之恩 其處身得失 實關於
淸朝之士風 進退之際 所當明白 不可苟也

今 臣之所當退者 有五 殿下之寵臣旣厚 而臣無一事裨益聖化 此一當退也 臣讀書爲儒
粗識義理 內不欲自欺其心 外不欲汚衊其述 顧於末路 得此題目 若復頑 不知退 苟且
隨行 則廉恥掃如 此二當退也 人持私見 各有左右 分離乖隔 不合不公 世道人心 乖敗
日甚 如臣者 以孤根弱植 寄身於嘲罵之中 擧足發言 便成瘡痏 此三當退也

至如臣家 故悶迫前 此屢瀆天聽 老母在遠 長在病中 人生難期餘日幾何 千里離違 動

---

8) 포은 정선생(圃隱 鄭先生, 1337－1392): 정몽주(鄭夢周)를 말한다. 포은(圃隱)은 호이다. 과거
　장원. 성균관 박사 시절 성리학을 강의. 우리나라 "성리학의 창시자"로 평가 받았다. 명나라와
　일본에 사신으로 다녀왔다. (외교 현안을 해결) 이성계(李成桂) 일파의 역성혁명에 반대하여,
　이방원의 부하에게 선죽교에서 격살(擊殺)되었다. 본관 영일. 영천(永川) 출신. 이색(李穡)의
　문인. 그 후 태종 13년 영의정에 추증되고 익양부원군에 추봉되었으며, 문충(文忠)이라는 시호
　도 내려주었다. 중종 때 문묘에 배향. 영천 임고서원 등에 제향되었다. 저서 포은집. 포은집은
　모두 9종의 간행본이 있다. 그 중 1584년(선조 17년)에 선생이 왕명을 받아 교정하여 발간하였
　으며, 이때 발문(跋文)을 지었다.

經時序 菽水之養 一失難追 此四當退也 臣 稟氣衰弱 心氣尤弱 未仕之前 常閉一室
合眼嘿坐 收拾精神 自數年來 職事紛擾 些少心力 散失殆盡 根本之地 衰颯如此 制事
發慮 寧免愆違 惟宜 乞身丘壑 以
夫去就之義 如飲食裘葛 在所當爲 不容遷就 其進 非貪利也 其退 非忘恩也 百世在前
萬世在後 自靖無愧 唯此爲大 敢望聖明曲賜陶甄 如以臣所犯 不至深重 則許令鐫罷臣
職名 使臣歸養老母 畢志蓬蓽 而臣亦得以全活性命 於年歲之間 養病讀書 稍有進益
則雖死之日 猶生之年也 不許

乞暇 歸覲安東

承命 校正圃隱鄭先生文集 並撰年譜及文集跋

28 향리로 돌아오다, 옥연 서당이 낙성되다, 45세

선조 19년(1586) 병술

3월에 향리에 돌아왔다. 해직(解職)을 청하는 상소를 올렸다.

그때 임금께서 왕자 의안군(義安君)[1]으로 복성군(福城君)[2]의 뒤를 잇도록 명하시니, 선생이 회계하기를 "예법에 계후(繼後: 후사(後嗣)를 잇는 것)는 마땅히 아들의 항렬(行列)에서 취해야지, 손자의 항렬에서 취하는 것은 불가하옵니다. 복성군은 의안군의 종조부(從祖父)가 되옵니다. 제후(諸侯)의 별자(別子)[3]가 종(宗)이 되어, 훗날 사당을 세우게 되면, 할아버지 신주는 있는데 아버지 신주는 없게 되어, 예법에 어긋나 시행할 수 없사옵니다. 신의 생각으로는 종실(宗室) 가운데 아들 항열에서 취해야지 (손자뻘이 되는 전하의) 왕자로 입후(入後)하는 것은 옳지 않사옵니다"라고 하였다.

그 앞에, 선생이 집에서 상계(上啓)할 문안을 작성하고 있는데, 참판(參判)인 황정욱(黃廷彧)이 "의안군으로 복성군의 후계로 삼는 것은 예법상 무방하다"는 내용의 편지를 보내왔다. 선생은 예문(禮文)을 인용(引用)하여 편지에 대답하였다.

다음 날, 낮 경연에서 황정욱이 특진관(特進官)으로 나아와 아뢰기를 "의안군으

---

1) 의안군(義安君, ?-1588): 선조의 서자. 어머니는 인빈 김씨이다. 1587년 종실 복성군의 양자로 들어갔다.

2) 복성군(福城君, ?-1533): 중종의 서자. 어머니는 경빈 박씨이다. 1527년 세자의 생일에 세자를 저주한 사건(灼鼠의 變)이 발생하여, 경빈 박씨가 복성군을 세자로 만들려고 벌린 일이라는 혐의를 받아 서인(庶人)으로 강등되어 귀양갔다가 1533년 모자(母子)가 함께 사사(賜死)되었다. 1541년에 김안로(金安老)의 아들 김희(金禧)가 이 사건을 조작한 진범으로 밝혀져 신원되었다.

3) 별자(別子): 임금의 적장자(嫡長子)를 제외한 나머지 아들(衆子) 가운데 별자(別子)의 명을 받은 자. 임금의 가문에서 독립하여 새로운 종(宗)이 되어 그 종의 시조(始祖)가 된다. 별자의 적장자는 대종(大宗)이 되어 백세(百世)토록 조천(祧遷: 사당에서 신주를 모셔내어 땅에 묻음)하지 않는 종(宗)이 되고, 그 외 나머지 자손들은 소종(小宗)이 되어 5세(五世)가 되면 조천(祧遷)한다. 『예기』 "대전(大傳)" 제16장.

로 복성군의 후사로 삼는 것은 매우 마땅합니다"라고 하였다. 임금이 깜짝 놀라서 "예조(禮曹)의 공사(公事)는 그렇지 않던데 경은 듣지 못했는가?" 하시니, 정욱이 대답하기를 "그 공사(公事)는 신의 뜻이 아니옵니다"라고 하였다. 임금께서 잠자코 계셨다. 퇴궐(退闕)한 뒤에 그 일은 그대로 성사되어 고칠 수 없게 되어 버렸다.

또 부마(駙馬: 임금 사위)를 선정하는 의론을 하는데, 임금은 이씨(李氏) 가운데 서도 아울러 고르라고 하였으니 이는 성(姓)이 비록 같더라도 호적(戶籍: 본관)이 다르면 예법에 잘못이 없다는 것이었다. 아마 마음에 둔 사람이 있는 듯하였는데, 선생이 상계(上啓)하기를 "같은 성(姓)에 장가들지 않는 것은 혐의를 멀리 피하려 는 것이옵니다. 옛날 유총(劉聰)[4]이 유은(劉殷)[5]의 두 딸을 왕비로 삼을 때 출신이 완전히 달랐지만, 강목(綱目: 통감강목)에서 쓰기를 개와 양이 뒤섞였다고 하였습 니다. 그리고 당·송(唐宋) 이래 공주에게 장가든 사람은 모두 이성(異姓)이었고, 이(李: 唐의 王姓)나 조(趙: 宋의 王姓)를 성으로 하는 사람은 없었습니다. 오직 당 소종(昭宗)만이 이무정(李茂貞)[6]의 아들 계엄(繼儼)을 부마로 삼았는데, 이는 어지 러운 시대에 강신(强臣: 세력이 큰 신하)에게 협박(脅迫)당하여 부득이해서 한 일 로 본받을 만한 것이 못되옵니다" 하니, 그 일이 마침내 잠잠해졌다. 이에 이르러 선생은 향리에 돌아와서, 해직(解職)을 청하는 상소를 올렸다.

남계(南溪)[7]에서 인동(仁同)[8]으로 달려가 근친하였다.

그때 목사공이 대부인을 모시고 인동(仁同) 임소(任所)에 있었는데, 선생은 하외 가 인동에서 멀기 때문에 남계에 와 있었다. 날마다 부리는 아이를 시켜 문안드리

---

4) 유총(劉聰, ?-318): 중국 5호 16국 시절 한(漢)의 제3대 황제. 서진(西晉)의 수도 낙양을 함락 시키고 회제(懷帝)를 포로로 잡아 왔다(永嘉의 亂). 316년 장안을 공격하여 민제(愍帝)를 사로 잡아 서진을 완전히 멸망시켰다. 성질이 잔인하고 주색에 탐닉했다고 한다.

5) 유은(劉殷): 한(漢)의 태보(太保). 그의 두 딸과 네 손녀가 국색(國色)인 탓에 유총이 모두 비빈 으로 삼았다. 황후의 자리가 비자 그 한 딸을 황후로 책봉하고자 하니 유총의 모친 장씨(張氏) 가 같은 유씨(劉氏)임을 꺼려 반대하였다.

6) 이무정(李茂貞, 856-924): 당(唐) 나라 희종, 소종 때 사람. 병졸 출신. 황소(黃巢)의 난을 진 압한 공으로 신책군지휘사가 되었다. 희종을 호종한 공으로 성명을 하사받고 수도 장안에 가까 운 봉상절도사(鳳翔節度使)가 되었다. 소종(昭宗) 때 병권(兵權)을 잡고 여러 차례 조정을 괴롭 혀 당나라 멸망에 일조하였다.

7) 남계(南溪): 경상북도 군위군에 있는 지명. 선생의 조부 간성군수공의 묘소에 가까이 있으며, 선생이 지은 서당이 있다.

8) 인동(仁同): 현(縣) 이름. 칠곡군 소속이다. 현재는 구미시에 속해 있다. 당시 선생의 백씨 겸암 선생이 현감으로 재직중이었다. 이때 길재(吉再) 선생을 모신 오산서원과 지주중류비를 세웠다.

고, 열흘마다 친히 가서 정성(定省: 저녁에는 이불을 깔아드리고 아침에는 문안함)
하였는데, 공도(公道)를 따라가지 않고, 언제나 샛길로 몰래 왕래하니 성령(星嶺)[9]
사람들이 판서의 행차인 줄을 알지 못하였다.

인동서헌(仁同西軒)이라는 절구 10편을 지었다.

선생이 남계정사에서 주역을 읽고 있으면서 음식 먹는데 몹시 고생하였다. 물고기
를 바치는 사람이 있었는데, 선생은 "들으니 아무개는 부모 봉양하는데도 넉넉지 않
은 사람인데, 남들에게까지 미칠만한 힘이 남아 있는가?" 하고, 받아들이지 않았다.

후배(後輩) 한 사람이 사부(詞賦)[10]를 지어 가지고 와서 살펴주기를 청하니, 선
생이 훑어보시고, 안색이 달라지면서 "애석하구나, 오래가지 못하겠다" 하였다. 과
연 열흘도 되지 않아 죽었다.

옥연서당이 낙성되었다.

선생은 이미 원지정사를 지은 바 있으나, 그 위치가 마을에 가까워서 마음에 흡
족하지 않았으며, 마음속으로 북쪽 강 건너에 옮겨가 조그만 집을 지어, 늙어서 조
용히 지낼 곳으로 삼고자 하였는데, 집안이 가난한 것을 생각하니 대책이 없었다.

탄홍(誕弘)이라는 산승(山僧)이 스스로 그 일을 맡아서 자기가 조달한 좁쌀과 베
를 밑천으로 삼아서, 병자년부터 시작하여 10년이 넘어 비로소 완성하였다. 이름을
옥연(玉淵)이라 하였다. "정사잡영(精舍雜詠)"과 "기문(記文)"이 있다.

야은(冶隱) 길(吉: 吉再)[11]선생 지주중류비(砥柱中流碑)[12]의 뒷면 기문(記文)을

---

9) 성령(星嶺): 경북 구미시 산동면 동곡리 북쪽에 위치한 고개.
10) 사부(詞賦): 사(詞)와 부(賦). 운자(韻字)를 달아 지은 한시(漢詩)의 총칭.
11) 야은 길선생(冶隱吉先生): 길재(吉再, 1353-1419)를 말한다. 야은(冶隱)은 호이다. 금오산인
    (金烏山人)이라고도 한다. 생원, 진사 급제. 이방원과 한 마을에 살아 서로 오가며 학문을 강
    론, 연마하였다. 성균 박사를 역임하였다. 1389년(창왕 1년) 벼슬을 버리고 고향 선산으로 은거
    하였는데, 조선 시대 이방원이 그를 불러 중용코자 하였으나 두 왕(나라)을 섬기지 않겠다는
    뜻으로 거절하였다. 그 절의를 갸륵하게 여겨 예로서 대우하고 세금과 부역을 면제하였다. 오
    직 도학을 밝히고 후학의 교육에만 힘썼다. 시호 충절(忠節). 본관 해평. 선산출신. 고려 말 조
    선 초의 성리학자. 문하에 김숙자(金叔慈) 등 많은 학자를 배출하였다. 저서 야은집, 야은선생
    습유록. 금오서원, 오산서원 등에 제향되었다.
12) 지주중류비(砥柱中流碑): 지주(砥柱)란 중국 하남성 섬주(陝州) 동쪽 40리 황하의 중류에 있는
    기둥 모양의 큰 바위인데, 위쪽이 편편하여 숫돌 같다고 하여 지주(숫돌 기둥)라고 하였다. 황
    하의 격류 가운데서 우뚝 솟아 버티고 있다. 이 모습이 주(周)나라 곡식을 거부하고 굶어 죽은
    백이숙제의 절개와 같다고 하여 그 무덤 앞에 '지주중류'란 글을 새겼다. 야은 길재(吉再) 선생

지었다.

또 오산서원(吳山書院) 봉안문(奉安文)도 지었다.

조정에서 여러 번 불렀으나 나아가지 않았다.

구백담(具栢潭)의 부고가 와서 곡(哭)하였다.

구봉령(具鳳齡)13)이다. 제문과 만사(輓詞)가 있다.

===

十四年 丙戌 (先生 四十五歲) 三月 還鄕 上疏請解職名
時 上命 以王子義安君 繼福城君後 先生回啓曰 禮 繼後 當取之子行 不可取諸孫行
福城於義安 爲從祖 諸侯別子爲宗 他日立廟 則爲有祖而無禰 無禮 不可行 臣意 當取
諸宗室中子行 不當以王子爲之 始 先生在家爲啓草 黃廷彧以參判 抵書先生曰 義安繼
福城 於禮無妨 先生援引禮文以答之 翌日 晝講 黃廷彧以特進官 進乃啓曰 義安繼福
城 於禮甚當 上駭曰 禮曹公事不然 卿未聞耶 廷彧對曰 其公事 非臣之意 上黙然 旣
退 其事遂成 不可改

又議擇駙馬 上命於李氏中並擇之 以爲姓字雖同而籍異 則於禮無害也 蓋意有所屬也
先生啓 以不娶同姓 遠嫌也 昔 劉聰納劉殷二女爲妃 所出絶異 而綱目書之 以爲犬羊
雜糅 且考唐宋以來 尙公主者皆以異姓 無姓李姓趙者 獨昭宗取李茂貞之子繼儼 爲駙
馬 此則亂雜之際 迫脅於强臣 不得已之事 非可爲法也 事遂寢 至是 先生還鄕 上疏乞
解職名
自南溪 趨覲仁同
時 牧使公奉大夫人 在仁同任所 先生以河隈遠於仁同 來在南溪 日使童僕問安 每旬親

의 불사이군(不事二君)의 충절도 백이숙제와 비슷하다고 여겨, 겸암 선생이 인동 현감으로 재
직할 때 야은 선생을 받드는 오산서원(吳山書院)을 세우고 아우 서애선생에게 지주중류비문을
짓게 하였다. 글씨는 중국 양청천(楊晴川)의 글씨를 탁본해 와서 새겼다. 1948년 충남 금산의
청풍사(淸風祠)에서 이 비문을 탁본하여 지주중류비를 세웠다.

13) 구봉령(具鳳齡, 1526－1586): 호 백담(栢潭), 본관 능성(綾城). 시호 문단(文端). 퇴계문인. 문
과. 정시(庭試) 장원. 이조좌랑, 부제학, 동부승지, 대사성, 대사헌, 병조참판. 용산서원에 제향.
저서 백담문집.

往定省 而不由官路 常間行 星嶺人不知爲判書行也 有 仁同西軒十絶

先生讀易於南溪精舍 茹淡攻苦 人有獻魚者 先生曰 聞某也 奉養不充 有餘力可及人耶
不受

有一後生 以其所製詞賦 就考 先生看過 愀然曰 惜哉 不長 果未十日而夭

玉淵書堂成

先生旣作遠志精舍 猶恨其村墟近 未愜 幽期移就北潭 欲作小宇 爲靜居終老之所 顧家
貧 無計 有山僧誕弘者 自薦幹其役 貲以粟帛 自丙子始 越十年始成 名曰玉淵 有精舍
雜詠 及記

撰吳山書院 砥柱中流碑陰記 又有 冶隱吉先生 奉安文[14]

累召 不赴

哭具栢潭 (鳳齡 有祭文輓詞)

---

14) 편역자 주(註): 서애전서(西厓全書) 1권에 실려있는 연보(年譜)에는 "찬야은길선생지주중류비
음기 우유오산서원봉안문(撰冶隱吉先生砥柱中流碑陰記 又有吳山書院 奉安文)으로 되어 있어
이에 따라 번역하였다.

사직하고 향리에 돌아오다, 46세

선조 20년(1587) 정해

3월에 조정의 부름을 받아 서쪽(서울)을 향해 가다가 길에서 사직하고 돌아왔다.
  '용추(龍湫)에서 두견 소리를 듣다'라는 율시(律詩)를 지었다.
  또다시 여러 번 부름이 있었으나 부임치 않았다.

'재거독역(재사에서 역경을 읽다)'과 '독역유감(역경을 읽고서)'의 두 절구(絕句)
를 지었다.
  그 중 한 수이다.

  궁벽한 거처에서 주역 읽다 내 헷갈림을 탄식하네
  새벽에 일어나 공부하건만 어느덧 날이 저무니
  복희(伏羲)의 주역을 깨칠 소식이 멀다고 하지 말게
  창밖엔 봄새들이 지저귀는데

퇴계 선생의 문집을 편차(編次)[1]하였다.
  그때 학봉(鶴峯) 김성일(金誠一)이 또한 벼슬을 않고 집에 있었기에, 병산(屏山)
또는 옥연(玉淵) 등에서 모여 함께 교정(校正)하였는데, 검토한 바가 아직 정밀한
단계까지 이르지 못해 후일에 다시 교정하기로 약속하였다.
  정밀하게 해야 함이 마땅한데도, 선성(宣城: 예안(禮安)의 별칭)의 여러 사람들
이 앞질러 목각(木刻)하여 간행하였다. 선생은 깊이 유감으로 여겨, 일찍이 이오봉
(李五峯)[2]에게 보낸 편지에서 "퇴계문집에 관한 일은, 지난해, 김사순(金士純: 학

---

1) 편차(編次): 순서를 붙여 차례로 엮는 것을 말한다.
2) 이오봉(李五峰): 이호민(李好閔, 1553－1634)를 말한다. 오봉은 호이다. 문과 응교. 임진왜란

봉)과 함께 병산서원에서 편차할 때 다시 만나 일부 삭제하려고 하였는데, 뜻밖에 선성인(宣城人)들이 초본(草本)을 가지고 출판해 버렸네. 그 속에는 전에 선생께서 직접 손으로 삭제하여버린 것까지도 모두 모아 목판에 새겨 버려서, 평소에 죽 살펴볼 때마다 개탄하지 않을 수가 없었네" 하였다.

아들 균(祕)3)이 출생하였다.

==

十五年 丁亥 (先生 四十六歲)
三月 被召西行 在道辭還 有 龍湫聞杜鵑詩 一律
又 累召 不赴
有 齋居讀易 及 讀易有感 兩絶
其一

窮簷讀易嘆吾迷
晨起硏劘至日西
莫道羲文消息遠
隔窓春鳥數聲啼

編次退溪先生文集
時 金鶴峯 亦不仕家居 會於屛山玉淵等處 相與校正 而以所校猶未精細 約於後日更加
刪正 要得精當 而宣城諸人 徑取入梓 先生深以爲恨 嘗與李五峯書曰 退溪文集事 昔
年 與金士純 編次於屛山院中 欲再會 有所減損 不意 宣城人用草本入梓 其中曾經先
生手削者 并取而刻之 尋常閱歷 未嘗不慨嘆云
子 祕生

때 이조좌랑으로 왕을 호종하였다. 부제학, 예조판서, 대제학, 좌찬성. 호성공신 연릉군, 연릉부원군. 김직재 무옥(誣獄)에 연루되기도 하였고, 정인홍의 원찬론(遠竄論)으로 7년간 교외에서 대죄하다가, 인조반정으로 풀려났다. 시호 문희(文僖). 본관 연안. 서애 선생 할머니 친정 6촌 아우이다. 저서 오봉집.
  3) 류균(柳祕, 1587-1604): 소시에 요절

양관(兩館) 대제학(大提學)이 되다, 47세

선조 21년(1588) 무자

동경연(同經筵: 동지경연사)으로 부름을 받았으나 길에서 사직하고 돌아왔다.
단양까지 갔다가 병 때문에 돌아왔다. 임금이 여러 번 불렀으나 부임치 않았다.
연좌루(燕坐樓)[1]에서 가을 감회 3수를 지었다.
그 중 한 수이다.

옛날부터 전해오는 복희씨의 주역을
3년간 한가로이 앉아 마음속에 담았더니
마음속에 창벽(蒼壁)이 우뚝 서고
흥얼거리는 사이 강에는 어둠이 짙어지네.

**10월에 형조판서에 임명되어 부름을 받아 조정에 돌아왔다. 예문관 제학(종2품)
을 겸하였다.**
선생이 부름에 응하여 나오니, 임금께서 따로 불러 보고, 물음이 왕양명(王陽明)
의 학술(學術)에 미쳤는데, 임금의 마음이 자못 그쪽으로 기울어져 있었다. 주로 치
양지설(致良知說)[2]과 심즉리설(心卽理說)[3] 때문으로, 그 잘못됨을 잘 깨닫지 못하

---

1) 연좌(燕坐): 금사(金史) 은일전(隱逸傳)에, "고중진(高仲鎭)은 요동 사람이다. 가업을 형에게
부탁하고 가족을 이끌고 숭산(崇山)으로 들어가, 많은 책을 섭렵하였는데, 그 중 특히 주역과
황극경세(皇極經世)의 학문에 뛰어났다. 하루종일 편안히 앉아(燕坐) 있으면서 말하는 것이
모두 세상 밖의 일이었다." 또 고운집(孤雲集: 최치원)에서는 연좌가 좌선(坐禪)을 의미한다고
하였다.
2) 치양지설(致良知說): 양명학(陽明學)의 중요한 학설. 왕양명은 양지(良知)란 시비선악을 판별하
는 마음의 작용으로 곧 천리(天理)이며 이 지(知)를 사물에 적용 인식하면 도(道)가 성립한다

는 것이었다.

선생이 아주 상세하고 간절하게 분석하고 설명하니, 임금께서 귀 기울여 지루한 것도 잊고 들으며, 말씀하기를 "학문은 마땅히 정주(程朱)⁴⁾로 종사(宗師)를 삼아야 하며 이 밖의 다른 데서 찾지 말아야 한다" 하고, 또 "들으니 경(卿)은 산림(山林)에 오래 있으면서 고서(古書)를 많이 읽었다고 하던데, 지금 의론을 듣고 보니 과연 그러하다"라고 하였다.

그 후 병신(丙申: 1596)년에, 선생은 경연에 들어가서, 왕양명은 심술(心術)이 그릇되고 학문이 잘못되어 당세(當世)에 해를 끼치고 있을 뿐더러 후세(後世)에 화근(禍根)을 남긴다고 여러 수백 마디 말로서 누누이 아뢰었다.

임금께서는 학문이 고명(高明)하여 선비들 내려다보기를, 먼저 그들의 장구(章句)와 훈고(訓詁)⁵⁾의 학문을 따지고, 마음에 들어 하지 않는 적도 있었다. 그 때문에, 임금의 판단이 왕왕 높은 경지에서는 허물을 면치 못하였다. 선생은 그 점을 염려하여 앞에서나 뒤에서나 권면하고 경계하되 정성껏 하였다.

홍문관 대제학, 예문관 대제학과 경연, 춘추관, 성균관 지사(知事:정2품)를 겸하게 하였다. 상소하여 사양하였는데, 허락지 않았다.

상소의 대략은 이렇다.

"신은 들건대, '세상을 다스리는 도구에는 학문보다 좋은 것이 없으나, 이 학문(斯文)⁶⁾을 떨쳐 일으키는 데는 오직 그 일을 주관하는 적임자를 얻는 데 달려 있

고 생각하였다. 즉 양지는 만인이 선천적으로 갖추고 있는 판단력, 행위의 자율적 규범으로 치(致)는 이 능력을 실천하는 것이라는 주장이다. 성리학에서 지(知)는 지식이며 지식의 후천적 획득을 중요시 하고 있으나, 왕양명은 새로운 해석으로 사람이 나면서 가지고 있는 마음의 본체를 충분히 활동하게 해야 한다고 주장하였다.

3) 심즉리설(心卽理說): 남송(南宋)의 육상산(陸象山)에 의해 제창되어 왕양명에 계승된 학설. '마음은 곧 이치이다'라는 의미로, 양명학의 중요 명제(命題)이다. 성리학에서는 심(心)과 성(性)을 구분하여 성즉리(性卽理)의 명제를 내세워 심(心)은 리(理)가 아니라고 하였으나, 양명학에서는 심(心)과 성(性)을 구분하지 않고 심(心) 그 자체가 리(理)에 합치된다고 하여 심즉리(心卽理)의 명제를 내세우고 있다. 인간의 모든 행위의 표준은 마음에 구비되어 있고 사물의 이치는 마음 밖에 있는 것이 아니라고 주장한다. 절대유심론(絶大唯心論)을 학설의 근거로 삼아 치양지(致良知), 지행합일설(知行合一說)을 전개하였다.

4) 정주(程朱): 중국 송(宋)나라 유학자인 정호(程顥), 정이(程頤) 형제와 주희(朱熹)를 말한다. 성리학(性理學)을 발전 완성하였다.

5) 장구(章句)와 훈고(訓詁): 문장의 한 구절, 한 문장의 발음이나 해석에만 매달려 전체의 내용을 모르는 학문.

다' 하였습니다. 한 시절 인재의 성쇠(盛衰)와 선비들의 풍속이 더러운지 훌륭한 지가 모두 여기에 매여 있습니다.

예부터 이러한 법인데 소루하고 거칠며 지리멸렬하여 문체(文體: 문장의 격식, 됨됨이)라고는 조금도 모르는 사람이, 하루라도 이를 무릅쓰고 (그 자리에) 앉아 있을 수 있겠습니까?

대저 사람을 쓰는 도리는 대목[匠人]이 나무 재목을 쓰는 것과 같아서, 대소(大小)와 장단(長短)에 따라 각각 맡은 역할이 있어, 작은 것을 억지로 크게 할 수 없고, 짧은 것을 잡아당겨 길게 늘릴 수 없듯이, 적절하게 적용해야 모두 쓸 수 있사옵니다. 만약 소홀하게 취급하여 내버려 두면, 곧 재목을 내버리게 되옵니다. 이 때문에 임금께서는 그 직책을 담당할 능력을 살펴보아 적합한 인재를 뽑는 것을 현명하다고 하며, 신하는 자기 능력을 헤아려 직무(職務)를 맡아야 충성이 되는 것입니다.

지금 신의 재주와 능력으로 신의 임무를 헤아려 보건대 그 근처에도 미치지 못하니, 이는 지혜로운 사람을 기다려 묻지 않아도 알 수 있습니다. 조종조(祖宗朝: 선대 임금님의 조정)부터 이 직임(職任: 여기서는 대제학을 말함) 맡을 사람을 가려 뽑는 데에는 극히 정밀하게 살펴서, 그 시절의 박학하고 글 잘하는 사람을 모두 대상으로 하여, 조그마한 것도 비교하고, 여망(輿望)과 실제를 참작하여, 반드시 뛰어난 자로 임명하였사옵니다. 이렇게 하고도 마땅한 사람이 없을 경우에는 지위가 높은 대신으로 겸무(兼務)케 한 예(例)도 많이 있으니, 어세겸(魚世謙),[7] 이행(李荇)[8]의 경우가 그렇사옵니다. 이렇게 하는 까닭은, 임무가 너무나 중대하여 적임자 아닌 사람으로 구차하게 자리를 채워서는 안 되기 때문이 아니겠사옵니까? 고만고만한 사람으로 임명하는 것은 빈자리에 사람만을 채워 메우는 것일 뿐이옵니다. 손가락에 피칠이나 하고 이마에 땀만 흘릴 주제에[9] 어떻게

---

6) 사문(斯文): 이 글. 유학(儒學)의 학문이나 문화를 일컫는 말. 유학자(儒學者)를 지칭하기도 한다.

7) 어세겸(魚世謙, 1430−1500): 호 서천(西川), 문과. 문명(文名)을 날렸다. 홍문관 대제학, 좌의정. 문형(文衡)의 일을 잘 감당하였다. 학식이 뛰어나고 사소한 절개에 얽매이지 않았다. 본관 함종(咸從: 평남 강서군) 시호 문정(文貞). 저서 서천집.

8) 이행(李荇, 1478−1534): 호 용재(容齋). 본관 덕수. 시호 문헌(文憲). 문과. 응교, 도승지, 대사헌. 조광조(趙光祖) 등 신진사류의 배척을 받아 사직하고 충청도 면천으로 은거. 기묘사화 이후 홍문관 부제학. 우찬성, 이조판서. 우의정으로 홍문관 대제학을 겸하였다. 김안로의 전횡을 논박하다가 평안도 함종으로 유배되어 사망하였다. 문장이 뛰어나고 그림, 글씨에도 능하였다. 본관 덕수. 시호 문헌(文憲). 저서 용재집.

감히 큰 목수의 재목 켜는 일을 감당하겠사옵니까?

감히 바라오니, 전하께서는 신중히 처리하셔서 다시 대신께 하문(下問)하시어 빨리 감당할 만한 사람으로 임명하시고 중요한 자리가 오래 비어 있지 않게 하여 국사가 낭패되는데 이르지 않도록 하시면, 이는 신의 다행이 아니라, 조정의 행운이 옵니다."

또 상소하여 사양하였으나 허락지 않으셨다.

상소의 대략은 다음과 같다.

"학문도 비록 하나의 재주라 하겠지만, 반드시 하늘에서 타고나야 하며, 또 모름지기 전적으로 매달려 공부해야, 처음의 거칠던 솜씨도 볼만한 수준이 되옵니다. 고금(古今)의 학자들이 모두 평생의 힘을 다하여 공부해 왔어도 사람들의 마음에 차지 않는 경우가 왕왕 있었사옵니다. 하물며 신 같은 사람은 타고난 성품이 미련하고 둔한 데에다 평생 사장(詞章)에서는 집안일로 여겨 제대로 학습하지 못하였으며, 지금은 질병으로 쇠약해져, 억지로 채찍질하여 모방하게 하면, 임무가 조잡해져 다만 웃음거리만 늘어나게 할 뿐이옵니다.

문장 담당하는 신하들을 제술(製述)로 시험 보여 잘하는지를 차례를 매겨가며 권장하여야 하는데, 신은 시학(詩學)에 어두워서 조금도 점말(點抹)[10]할 줄 모르며, 잘하는지 못하는지를 마음대로 뒤바꾸려 들 것이니, 사람들은 서로 전해가며 비웃고, 아무도 공경하려 들지 않을 것이옵니다. 이것이 함부로 그 자리에 있을 수 없는 첫 번째 이유이옵니다.

한 시대(時代)의 문장(文章)은 반드시 모범으로 삼는 선례가 있는데, 문형(文衡: 대제학)으로 그 모범을 삼으니, 이 때문에 임금이 적임자를 얻어 떳떳한 데로 이끌어 열어주면, 문체(文體)가 크게 변하며, 선비들도 마음이 흥기(興起)하여 세상에 우뚝하게 쓰이겠지만, 그렇지 못하면 날로 낮은 데로 떨어지게 되옵니다.

신은 스스로 보아도 아는 것이 없어, 감히 이 일을 감당할 수 없사옵니다. 선비들도 또한 사모(思慕)할 사람이 없어질 것이며, 과거 시험장의 법식에 맞는 글이나 학사(學舍: 학교)에서 공부하는 데에 표준으로 삼을 만한 법이 깡그리 없어

---

9) 혈지한안(血指汗顔): 한유(韓愈)의 제유자후문(祭柳子厚文)에 나오는 말.
10) 점말(點抹): 문장을 검토하여 점을 찍거나 선을 그어 표시하여 평가하는 것.

져서, 학문이 점점 무너지며 세상 도리가 염려스럽게 될 것이니, 이것이 함부로 그 자리를 맡을 수 없는 두 번째 이유이옵니다.

대우(對偶) 변려(騈儷)[11]의 글은, 신이 더욱 배우지 못하여, 사리에 어두움이 훨씬 더 심하옵니다. 요즈음 중국 조정에 주청(奏請)[12]할 때, 진주(陳奏), 진하(陳賀)의 글로서 조금이나마 신의 손을 거치려면 글이 제대로 이루어지지 않아, 고치려고 왕복하는 사이에 하자(瑕疵: 흠집)가 마구 생기고 있사옵니다.

옛날 이형(禰衡)이 유표(劉表)가 손권(孫權)에게 보내는 편지를 보고 비웃기를 "장차 손랑(孫郎)의 장하아(帳下兒: 장군의 휘하에 있는 하급 관리)에게 읽게 하려는 것입니까?" 하였다고 했습니다.[13], 그렇다면 이웃 나라 사이의 외교문서는 예나 지금이나 귀중한 것이옵니다. 하물며 하방(下邦)이 천자에게 올리는 글은 그 중요함이 어떠하겠사옵니까? 솜씨가 부끄러운 사람에게 힘에 넘치는 일을 시키시니, 그 자리를 맡을 수 없는 세 번째 이유이옵니다.

사람의 재주와 지혜, 능력과 지식은 각기 장단(長短)이 있어, 열 사람 못 하는 사람, 백사람 못 하는 사람 등 각기 고르지 않은데, 진실로 할 수 없는 일을 강요(強要)해서는 아니 되옵니다. 만약 장님에게 청색(靑色), 황색(黃色)을 분변하라고 요구하거나, 귀머거리에게 궁성(宮聲)과 상성(商聲)을 듣고 판별하기를 요구한다면, 그 일은 익살부리는 연극과 같아, 이치가 올바르지 않사옵니다. 곰곰이 생각해보니, 신은 매우 어리석고 지극히 견문(見聞)이 좁아서, 소시(少時)에 망녕되이 장구(章句)[14]의 말단(末端)이나 아는 데 뜻을 두었고, 서책(書册)과는 다소 친하였으나, (책을) 보아도 자세히 살펴 알지 못하였사옵고, 남들은 짐작하기를 '다소 문자 사이를 엿보아 아는 것이 있지 않겠는가' 하였사옵니다. 대저 장구(章

---

11) 대우변려(對偶騈儷): 대우(對偶)는 수사학(修辭學)에서 서로 반대되는 사실이나 서로 비슷한 어구(語句)를 대칭시켜 문장을 아름답게 꾸미는 것일 말하며, 변려(騈儷)는 대구로 글을 짓는 것인데, 4字와 6字로 대구를 이루어 썼으므로 46변려문(四六騈儷文)이라 하였다. 중국 한(漢)대에서 시작되어 위진(魏晉)을 거쳐 남북조 시대에 유행한 문장법이었다. 우리나라에서도 신라시대와 고려시대에 유행하였다.

12) 주청(奏請): 중국 황제에게 아뢰는 글. 진주(陳奏)와 같다. 진하(陳賀)는 축하하는 말을 올리는 것이다.

13) 후한(後漢) 말기에 조조(曹操)가 당대의 최고 문사(文士)인 예형(禰衡)이 자기를 거만하게 깔보는 것에 크게 노여움을 품었으나 세평이 두려워 형주자사인 유표(劉表)에게 보내버렸다. 유표가 손권(孫權)에게 보낼 편지를 그에게 보였더니, 예형이 '이런 편지를 손권의 병졸들에게 보이려 하는가?' 하며 비웃었다는 고사(故事). 삼국지(三國志) 장소전(張昭傳) 주(注)

14) 장구(章句): 문장의 전체 뜻은 살피지 않고 장(章)이나 구(句)의 뜻만 아는 것.

句)와 사장(詞章: 시가(詩歌)와 문장(文章))은 서로 통할 수 없음이 오래 되었사
옵니다. 하물며 이른바 공부하였다는 장구(章句)마저 공허하고 갈피 잡을 수 없
기가 매우 심하게 된 자이겠사옵니까? 더욱이 신은 갯버들처럼 일찍 시들어서,
병이 고질(痼疾)이 되었는데, 병중에서도 마음 근심이 더욱 심하고, 조섭(調攝:
쇠약한 몸을 회복시키는 일)하는 처방도 어긋나서, 날로 깊어지고만 있사옵니다.

문자(文字)는 번거로운 것이 가장 두려운데, 머리에 뱅뱅 돌던 생각도 깡그리
없어지고, 옛날 얻어들은 것도 이미 다 잊어버렸으며, 새로운 지식은 이어지지
않아, 정신과 생각이 마치 몽당 빗자루 쓰는 것 같아서, 날카로운 점이 거의 없
사옵니다.

되돌아 보건대 이러한 사람에게 억지로 조정의 중임(重任)을 맡기심은 진실로
괴이(怪異)한 일로서, 이는 신 홀로 부끄러운 것이 아니라, 조정의 치욕(恥辱)이
되옵니다.

신은 영외(嶺外)에 80 노모가 있어서, 생사(生死)가 아침일지 저녁일지를 알기
어렵사온대, 오직 어머니 죽기 전에 이 분수에 맞지 않는 직임(職任)에서 풀려나,
돌아가서 노모를 봉양하게 되면, 신은 곧 산골짜기 구렁텅이에 빠져서 눈을 감게
되더라도 유감(遺憾)이 없겠사옵니다."

==
十六年 戊子 (先生 四十七歲)
以同經筵被召 在道辭還 至丹陽 以病還
累召 不赴 有 燕坐樓 秋思 三首
其一

千古羲文學
三年燕坐心
意中蒼壁立
吟外暮江深

十月 拜刑曹判書 被召 還朝 兼藝文館提學
先生赴召 上引見 問及王陽明學術 聖心頗有所偏 主其於致良知 及心卽理之說 不甚覺

其非 先生剖析辨別 甚詳且切 上傾聽忘倦日 學當以程朱爲宗師 固不可外此他求 又日
聞 卿久處林下 多讀古書 今見議論 果然

其後 丙申歲 先生入經筵 又極陳陽明心術之非 學問之謬 貽害於當時 流禍於後世 累
累數百言 蓋聖學高明 俯視儒 先其於章句訓誥之學 有所不屑 故 天辨往往未免有過高
處 先生憂之 故前後勸戒 不啻丁寧

兼 弘文館大提學 藝文館大提學 知經筵春秋館成均館事 上疏 辭 不允

疏略日 臣聞 理世之具 莫盛於文 而振起斯文 惟在主司之得人 一時人才盛衰 士習污
隆 皆係於此 曾是而使鹵莽滅裂 全不識文體者 可一日冒居乎

夫用人之道 如匠之用木 大小長短 各有分限 小者不可强之使大 短者不可引之爲長 施
之合宜 皆爲可用 如或易置 卽成棄材 是故 人君 以視任選才 爲明 人臣 以量己處職
爲忠

今 以臣之才量 臣之任 其爲不近 不待智者而知也 祖宗朝揀選此任 極致精審 盡取一
世之博洽能文者 尺寸相較 參以望實 必得其優異者 以授之 如此而猶無可當之人 則雖
以大臣之重 亦多兼帶之禮 如魚世謙李荇 是也 所以如此者 豈不以任旣重大 不可苟充
非 小小差除 姑取塞員塡闕而已也 奈何以血指汗顏之拙 而當大匠之斲乎 敢望殿下愼
之重之 更詢大臣 速授可堪之人 使重任不止於久虛 國事不至於顛沛 則非臣之幸也 朝
廷之幸也

又 上疏辭 不允

疏略日 文雖一技 必得於天分 又須專業 始粗可觀 古今文人 皆用一生之力 以爲之 然
往往不滿人意 況如臣者 資性拙魯 平生於詞章 家事略未學習 今於疾病衰敗之際 强欲
鞭策模倣 於事疎闊 祇益笑耳

詞臣課製 第其高下 以爲勸奬 臣於詩學固懜然 莫知而點抹 任意工拙倒置 人皆傳笑
莫肯聳動 其不可冒處者 一也

一代文章 必視典 文衡者以爲模範 是故 主人者得人而導迪有方 則文體不變 士心興起
蔚爲世用 如其不能 則日趨於污下 臣自視空空 不敢以玆事自任 士亦無所慕向 科文程
式 學舍所習 蕩無楷法 學術漸壞 世道可虞 此不可冒處者 二也

對偶騈儷之文 臣尤未學 至於尤甚懵昧 近日中朝奏請 陳奏陳賀文字 稍經臣手者 輒不
成文 往復竄定 而瑕纇橫生 昔 禰衡見劉表與孫權書 嗤之日 將使孫郞帳下兒 讀耶 然
則隣國辭命 古今所重 況下邦道達天子之書 其重如何 而使血指汗顏者爲之 其不可冒
處者 三也

人之才智器識 各有長短 什佰不齊 苟所不能 不可强焉 若夫責瞽以辨靑黃 求聾以聽宮

商 事同戲劇 理非宜然 竊念 臣至庸至陋 少時妄意章句之末 稍親書卷 觀者不察 或疑 其少有窺覘於文字間 夫章句與詞章 不能相通 久矣 況所謂章句者 又空疎滅裂之甚者 乎 加以臣蒲柳早衰 疾病沈痼 諸病之中 心恙尤重 調攝乖方 日益傷敗

其於文字之煩 最怕 撓念 一切屏却 舊所聞者 已盡忘失 新知不繼 精神志慮 如運禿箒 略無鋒穎 顧以如此之人 强委朝廷重任 誠是怪事 此非獨臣之羞也 朝廷之辱也 臣有八 十之母在嶺外 死生朝暮難知 惟欲於未死之前 解此非分之任 歸養老母 臣卽塡溝壑暝 目 無憾

기축옥사(己丑獄事)가 일어나자
사직 상소를 올리다, 48세

선조 22년(1589) 기축

봄에 사헌부 대사헌(종2품)에 임명되었다.

병조판서(兵曹判書: 정2품)에 임명되었다. 겸직은 그대로였다.

중추부(中樞府) 지사(知事: 정2품)로 전임(轉任)되었다. 겸직은 그대로였다.

또 사헌부 대사헌(종2품)에 임명되었다.

6월에 명(命)을 받들어 효경대의(孝經大義)[1]의 발문(跋文)을 지어 올렸다.

휴가를 얻어 안동으로 근친하였다.

7월에 부인(夫人) 이씨(李氏)가 별세하였다.
　　그때 선생은 고향으로부터 조정으로 돌아오다가 부인의 병이 급하다는 소식을
듣고 배도(倍道: 보통사람의 갑절 길을 걸음)하여 달려와 월계(月溪: 현 양평군 양
서면 신원리 부근 나루)에 이르러 부음(訃音)을 들었다.

---

1) 효경대의(孝經大義): 효경(孝經)은 공자(孔子)와 증자(曾子)가 효도에 관하여 논한 경전으로,
　효도의 근본 의의와 실천방법, 효도의 덕(德)이 지니는 위대성을 역설한 것으로, 주자(朱子)가
　개편하고 주석을 달았다. 선조 때 언해(諺解)를 발간하였는데, 선생께서 발문을 썼다.

9월에 부인의 관(棺)을 남쪽 안동(安東)으로 내려보냈다.

그때 왜국(倭國)의 사신(使臣)이 서울에 와 있으면서 통신사(通信使)를 보내줄 것을 요구하여 조정에 일이 많았으며, 선생은 문형(文衡: 대제학)의 책임을 지고 있어서, 국서(國書)를 지어야 함으로 휴가를 청할 수 없었다. 신천(新川: 잠실에 있던 한강 나루. 현 지하철 2호선 새내나루역 부근)까지 가서 부인의 관(棺)을 전송하였다.

또다시 예조(禮曹) 판서(判書)에 임명되었다.

10월에 반역옥사(叛逆獄事)2)가 일어났다.

여러 번 벼슬을 사직하였으나 허락지 않으셨다. 상소하여 스스로를 탄핵하였다.

이 사건 앞에, 백유양(白惟讓)3)은 선생이 외방(外方: 시골)에 물러나 있으니 조정에 머물러 있도록 힘쓰라는 뜻을 정여립(鄭汝立)4)에게 편지로 알린 적이 있었다. 이때에 이르러 정여립의 옥사가 일어나니, 그 편지도 조정에서 입수하게 되어, 선생의 성명도 공초(供招: 피의자의 진술)하는 말에 나오게 되었다. 여러 번 물러나겠다고 하며 체직(遞職)을 청하였으나 허락하지 않았다. 이에 상소하여 스스로를 탄핵하였는데, 그 대략은 다음과 같다.

"지금 이 역적(逆賊)의 변고(變故)는 곧 천지(天地)가 용납하기 어려운 것이고, 고금(古今)에 듣지 못한 바이며, 사람의 마음으로는 추측하기 어려운 바이옵

---

2) 반역옥사(叛逆獄事): 정여립(鄭汝立)의 옥사(獄事)를 가리킨다.

3) 백유양(白惟讓, 1530-1589): 문과. 홍문관 교리, 대사성, 이조참의, 부제학. 아들이 정여립의 형 딸을 아내로 맞았던 까닭에 연좌되어 사형당하였고, 본인도 선홍복(宣弘福)의 문초기록에 의하여 정철로부터 탄핵되어 유배되었다가 장살(杖殺)되었다. 본관 수원. 백인걸(白仁傑)의 조카이다.

4) 정여립(鄭汝立, 1546-1589): 문과. 예조좌랑. 서인인 이이, 성혼에게 각별히 인정받았는데, 1584년 홍문관 수찬 때 이이, 성혼, 박순을 비판하며 동인(東人)으로 전향하였다. 선조가 이 일을 비판하자 벼슬을 버리고 전주로 낙향하였다. 대동계(大同契)를 조직, 1587년 왜구가 손죽도로 침입하였을 때 전주부윤 남언경(南彦經)의 요청으로 출격하여 물리쳤다. 1589년(기축년) 10월 황해도 관찰사 등의 고변으로 역모로 몰리자 진안군 죽도로 가서 자살했다. 이를 정여립의 난 또는 기축옥사, 또는 기축역옥이라 한다. 정여립과 관계있는 사람은 물론 편지라도 한 번 주고받은 사실이 있는 사람들은 장살 유배 파면 등의 화를 입었으며 그 수가 천여 명에 달하였다고 한다. 본관 동래. 전주 출신. 기축옥사는 지금까지 조작과 진실의 양론이 팽팽하게 맞서고 있다.

니다. 그러나 진신(縉紳: 벼슬아치)의 반열에 있던 자에게서 나왔으니, 평소에 역적과 조금이라도 친분이 있었거나, 편지하나 주고받거나, 말 한마디 서로 허여(許與: 허교)한 사람들은 모두 부끄럽고 놀라 가슴이 두근거리지 않는 사람이 없으며, 다시는 사람 앞에 나설 면목이 없어졌사옵니다. 하물며, 물증도 없고 근거도 없는 제3자 간의 오고 간 편지나 문장 가운데의 일로 끌려 들어가 뜻밖의 피해를 당하는데, 한때의 화환(禍患: 환난)이야 따지지 않는다 하더라도, 만세(萬世)의 뒤에까지 그 욕(辱)됨이 남아 있을 것이옵니다.

신은 생각이 여기까지에 이르니 저도 모르게 마음이 아프옵니다. 신이 어제 저녁 늦게 조보(朝報)⁵⁾를 보고, 그 속에 실려 있는 백유양의 편지에, 신이 지방에 물러나 있는 것을 가지고, 힘써 조정에 머물러 있게 하라는 뜻을 편지로 했다는 것을 알았사옵니다. 이는 자기들끼리 주고받은 말이요, 신은 조금도 관계가 없사옵니다. 그러하니, 신의 평일 행적(行蹟)과는 크게 동떨어진 것으로, 저의 거취(去就: 벼슬을 떠나거나 취임함)나 구속(久速: 오래 머물든가 빨리 떠남)을 어찌이 역적들이 권면할 수 있겠사옵니까? 그러나 백유양의 말이 이와 같았으니, 화환이 장차 이르지 않는다 해도 신령한 감식(鑑識)은 벌써 캄캄해져, 왜 이런 엉터리 같은 말이 만들어진 것인지 스스로 깨닫지 못하고 있사옵니다.

신이 엎드려 보오니, 요즈음 조정에서의 논설은 심히 잘 갖추어져 있으나, 그 시작과 내용에 있어서는 아직 충분히 알려지지 않아, 신이 자세히 말씀 올리기를 청하나이다. 신은 10여 년 전에 호남(湖南)에 정여립이라는 사람이 있는데 자못 독서(讀書)와 학문(學問)에 부지런하여 이름이 높다는 말은 들었사옵니다. 이어서 들으니, 그 사람됨이 스스로 자신의 품격, 기량이 높다고 하며, 한번 큰소리치면 당할 자가 없다고 하였사옵니다. 망녕됨이 이미 나타나서, 선정(先正: 선현先賢)을 능가(凌駕)하여, 이황(李滉: 퇴계 선생)이 지은 논저(論著) 같은 것에도 헐뜯는 의론을 붙였사옵기에, 신은 이 말을 듣고, 이미 그 사람의 마음을 좋게 보지 않았으며 반드시 망녕되고 허탄하여 세상을 편안하게 할 인물이 아니라고 여겼사옵니다.

그 후에 그의 명성(名聲)이 점점 올라갔는데, 모두들 요로(要路: 요직)에 들이려고 천거하였으나, 오직 고(故) 집의(執義: 사헌부 종3품) 이경중(李敬中)⁶⁾만이

---

5) 조보(朝報): 조선시대 승정원(承政院)에서 처리한 사항을 매일 아침에 반포하던 통보.
6) 이경중(李敬中, 1542-1584): 호 단애(丹崖), 문과. 홍문관 교리, 이조좌랑. 정여립을 적극 배척하여 청현직(淸顯職)에 쓰지 말도록 주장하여 정인홍 등의 논핵(論劾)을 당하였다. 집의(執義)

극력으로 배척하였사옵니다.

그때, 경중(敬中)은 이조 좌랑(佐郎: 정6품)이었는데, 어느 날 신과 우연히 서로 만났기에, 여립(汝立)의 사람됨을 물었더니, 경중이 "그놈의 사람됨은 제가 자세히 압니다. 젊은 날 관학(館學: 성균관)에서 함께 지내면서 하는 짓을 보았는데, 크게 버릇이 나빠서, 만일 등용하면 반드시 조정을 어지럽히고, 사림(士林)을 욕되게 할 것입니다. 제가 이미 명백하게 알고 있으니 어찌 천거하여 쓰도록 하겠습니까? 비록 탄핵을 무겁게 받더라도 근심할 겨를이 없었습니다"라고 했습니다.

그의 뜻이 확실하여 이로부터 바깥 의론이 시끌벅적하게 되었는데, 모두 경중이 훌륭한 선비를 질투한다 하였고, 마침내 경중을 전조(銓曹: 이조)에서 쫓아내었으니, 그 당시 사람들의 마음이 어떠했는지 상상(想像)해 볼 수 있사옵니다. 이로부터, 막혔던 길이 한번 열리니, 거듭 서로 추천(推薦), 천거(薦擧)하여 점점 변하여 억제할 수 없는 상태가 되었사옵니다.

그러나 신은 오히려 전일(前日)에 본 바가 있었기에 그 사람을 좋게 보지 않았고, 신의 또래들 가운데 경중(敬中)의 이야기를 들은 사람들도 많아서, 그 천거 의견을 받아들이지 않았사옵니다. 이 때문에, 여립(汝立)이 신들에게 원한(怨恨)을 품고, 때를 만나면 앙갚음하려 하였사옵니다.

그가 호남(湖南)에 있으면서 서울로 편지를 보내어 신을 지목(指目)하여 거간(巨奸: 크게 간사한 자)이라고 하였으니, 그 말이 심히 가혹하였사옵니다. 을유(乙酉: 당시 선생은 예조판서였다)년 봄에 신이 마침 일이 있어 예궐(詣闕)하였을 때, 정원(政院) 문밖에서 마침 옥당(玉堂: 홍문관)의 여러 관리들을 만났는데, 그 끝에 얼굴을 모르는 사람이 섞여서 가고 있기에, 하인에게 물어보아서 비로소 그 사람인 줄 알게 되었사옵니다.

그 후 3, 4일 후에, 신이 집에 있을 때, 여립이 진강서(進講書) 가운데 의심나는 곳의 뜻을 질문하여 바로잡겠다는 핑계를 대고 찾아왔사옵니다. 좌중(座中)에 앉아 말을 많이 하였는데, 벌레나 날짐승의 형상에 대하여 아는 것이 해박(該博)한 체하였고, 방약무인(傍若無人: 곁에 아무 사람도 없는 듯이)한 자세였사옵니다. 신이 웃으며, "선비가 해야 하는 일에 있어서는 응당 이 정도에서 그쳐서는 안 되오. 반드시 몸과 마음을 살피는 공부를 한 연후에 학문을 말할 수 있소. 이

때 대사헌 정철과 불화하여 추쇄어사(推刷御史)로 경상도에 파견되어 밀양에서 병사했다. 본관 전주(세종대왕 아들 계림군의 후손). 퇴계문인. 이성중(李誠中)의 아우. 정여립의 난이 일어나 서애 선생께서 그의 예견(豫見)이 들어맞았다는 사실을 상소하여 이조참판에 추증되었다.

러한 점을 일찍이 생각해 보았는지 모르겠소" 하였더니, 여립이 고개를 숙이고 조그만 소리로 "그렇게는 할 수 없었습니다"라 하고는, 일어나 가버렸사옵니다.

그 후에, 또 한 번 신의 집에 왔으나 신은 자식의 상(喪) 때문에 사양하여 만나 보기를 거절하였사온대, 그러나 지금 생각해 보니 소름이 끼치옵니다. 서익(徐益)의 상소가 올라오고, 여립이 신을 지목해 (거간이라고) 논의하였을 때, 신에 관한 일은 그때 벌써 발생하였던 것이옵니다. 그때 성명(聖明)한 전하께서 밝게 살피셔서, 신을 죄에서 면해 주셨사온데, 신도 이로부터 조정에 있는 것이 불안하여, 오랫동안 전야(田野)에 있었사옵니다. 무릇 사람의 됨됨이를 알기 어렵다는 것은 오래된 이야기이옵니다.

비록 성인(聖人)이라도 지나간 일을 보장받기 어렵사옵니다. 이 도적이 처음에는 스승과 벗을 따라다니면서 문자의 부스러기나 분식(粉飾)하더니, 감히 속이는 행동을 하여, 모든 사람이 쳐다보고 있는 곳에서 한세상을 현혹(眩惑)하였사옵니다. 혹시 그의 속마음을 엿본 사람도 있겠지만, 한갓 그가 반복(反覆)하기 짝이 없고 불순한 것이나 염려하였지, 어찌 이와 같은 악행을 저지를 줄까지 알았겠사옵니까?

지금 보면, 여립(汝立)의 간악한 모습을 먼저 알아본 사람은 오직 경중(敬中) 한 사람뿐이옵니다. 곡돌사신(曲突徙薪)[7]의 공로를 따진다면 경중의 차지가 되옵니다. 그 나머지 사람들은 막 취한 듯 미친듯하여, 앞뒤의 선비들이 모두 그의 술책에 빠져서, 하릴없이 세월만 보내고, 명백하게 역적을 들추어내거나 싹을 잘라내지 못해, 사직에 근심을 끼쳐, 위로는 임금에게 치욕을 끼치고, 조정에는 인사 처리가 좋지 못하였다는 누(累)를 끼쳤으니, 역시 하늘이 하신 일이지만 생각하면 마음이 아파서, 차마 말씀드릴 수 있사오리까!

오호라! 신하가 조정에 몸을 세워 임금을 섬김에 있어, 몸과 이름을 함께 보전하는 것이 가장 어려우며, 몸과 이름이 함께 치욕(恥辱) 당하는 것이 가장 부끄럽

---

7) 곡돌사신(曲突徙薪): 나그네가 지나가다 보니 길가 어느 집의 굴뚝이 똑바로 놓여 있는 그 앞에 장작이 쌓여 있었다. 주인에게 굴뚝 방향을 돌리고(曲突), 장작은 다른 장소로 옮기라고(徙薪) 하였으나 그는 대수롭게 여기지 않는 것이었다. 며칠 후 그 집에 화재가 발생하였는데 이웃 사람들의 도움으로 아주 큰 피해를 입지 않은 채 진화하였다. 주인이 불 끄는 데 도와 준 이웃을 불러 위로 잔치를 열었는데 누가 말하기를 "그때 나그네 말을 들었더라면 화재가 날 일도 없고 지금 잔치할 일도 없었을 것이요. 그런데 충고한 나그네에게는 돌아가는 혜택이 없고 불 끄는데 고생한 우리들만 상객(上客)이 되었군요" 하였다. 화재 예방책을 말한 사람은 상이 없고 불 끄는 사람에게만 상이 돌아간다는 뜻과 화근을 미연에 방지해야 한다는 의미로 쓰이는 말이다. 『한서(漢書)』 "곽광전(霍光傳)"

사온데, 둘 다 보전할 수 없으면 차라리 몸이 치욕 당하고 이름을 보전할 뿐이옵니다. 옛날 군자(君子)들은 몸가짐에 흠이 없었으나 뜻밖의 무함을 당하여, 이조(吏曹)의 의론에서 책망을 받아 몸과 이름에 치욕을 당한 사람이 많았사옵니다. 이는 진실로 천하의 지극한 고통이며, 예나 이제나 애통해 하는 바이옵니다. 이런 연고(緣故)로 구양수(歐陽脩)[8]는 대신이면서 스스로를 밝히는 글을 올린 적이 있고, 등보(滕甫)[9]는 이름난 현인(賢人)이지만 비방(誹謗)당하여 변명하는 상소를 올린 적이 있사온데, 지금도 그 글을 읽어보면 사람들로 눈물이 나게 하옵니다.

신은 무상(無狀)[10]하니, 어찌 감히 옛사람과 견주겠습니까 마는, 조정에 몸을 세운지 20여 년 동안에 사사로이 나쁜 말이나 잘못된 행실은 실로 없었사옵니다. 오직 경험과 지식이 우매(愚昧)하고 재주와 그릇이 용렬하여 나라에 보답하려는 뜻을 충분히 하지 못한 것이 신의 죄(罪)이옵니다.

옛 말에 이르기를, '세 사람이 와서 말하면 저자에 호랑이도 나타나고, 여러 번 와서 말하면 베 짜다가 북(杼)도 던져 버리고 일어난다'[11]라 하였는데, 이러한 때를 당하여 만일 성명(聖明)하신 전하께서 밝게 살펴 골고루 보전해 주지 않으신다면, 신이 형벌(刑罰)을 면하여 다시 성세(聖世)에 버젓한 사람이 되는 것을

---

8) 구양수(歐陽脩, 1007-1072): 호 취옹(醉翁), 육일거사(六一居士). 중국 북송의 정치가 겸 문인. 당송팔대가의 일인. 한유(韓愈)의 영향을 받아 고문(古文)을 추구하여 문장의 화려함을 따르기 보다는 일상에서 사용하는 쉬운 문체로 나갈 것을 주장하였다. 범중엄 한기와 더불어 부정부패와 무능한 관료사회 혁신을 위해 진력하였다. 과거시험의 유형을 개편하여 증공, 왕안석, 소식, 소철을 등용하였다. 시호 문충(文忠). 저서 구양문충공집 153권, 신당서, 신오대사 등.

9) 등보(滕甫): 등원발(滕元發)의 초명(初名). 북송 신종(神宗) 때 한림학사. 황제의 신임을 받았으나, 이봉(李逢)의 역모 때 죄인을 고의로 놓아주었다는 모함를 받아 좌천되어 10여 년을 불우하게 지내었으며, 마침내 자신을 변명하는 상소를 올렸다.

10) 무상(無狀): 함부로 행동하여 버릇이 없음. 선행이 없음. 무례하다. 깊은 생각이 없음 등의 뜻.

11) 시호성어삼인(市虎成於三人) 투저기어누지(投杼起於屢至): 시호성어삼인은 『전국책(戰國策)』 "위책(魏策)"에 나오는 말. 위(魏) 나라 방총(龐蔥)이 태자와 함께 조(趙) 나라에 볼모로 가면서, 위왕에게 말하기를 "지금 한 사람이 시장에 호랑이가 나타났다고 하면 믿으시겠습니까?" 위왕이 "믿지 않는다" 두 번째 사람이 그렇게 말하면 믿으시겠습니까? "믿지 않는다" "세 번째 사람이 그렇게 말하면 믿으시겠습니까?" "아 나도 믿겠다" 방총이 "시장에 호랑이가 없는 것은 분명합니다. 그러나 세 사람이 말하니 호랑이가 있게 되었습니다" 하였다. 허무맹랑한 말도 여러 번 들으면 자신도 모르게 믿게 됨을 경계하는 말이다. 투저기어누지는 『전국책』 "진책(秦策)"에 나오는 말. 공자의 제자 증삼(曾參: 뒤에 증자(曾子)로 추앙되었다.)의 어머니가 베틀에 앉아 베를 짜고 있었는데, 동명이인인 다른 증삼이 살인을 하였다. 사람들이 잘못 증자가 사람을 죽였다고 여겨, 그 어머니를 찾아가 "증삼이 사람을 죽였다"고 알려주었는데, 두 번째까지는 "내 아들이 사람을 죽였을 리가 없다"며 태연히 베를 짜고 있었으나, 세 번째 말해주니 두려워 베 짜던 북을 내던지고 담장을 넘어 도망쳤다는 고사.

어찌 바랄 수 있겠사옵니까?

다만 생각하오니, 신하에게 소중한 것은 낌새에 밝아서 먼저 근심을 없애고 예방하여, 사직(社稷)에 대한 근심이 위로 임금에게 미치지 않도록 하는 것이 그 직책(職責)이라는 점이옵니다.

신은 역적에 대하여 천거할 마음이 지나간 10년 동안 없었고, 뒤에는 역모가 나타나는 낌새를 알아 살피는데 어두웠으며, 조정에 입신(立身)해 있을 때 그 당시 물결에 휩쓸려, 그의 간악한 모습을 폭로하는 한마디 말도 일찍 하지 못하였사옵니다. 선견지감(先見之鑒: 앞일을 미리 내다보는 안목)에 있어서도 멀리로는 장구령(張九齡)12)의 간신(奸臣)을 억제하는 힘에 비하여 부끄럽고, 가까이에는 경중(敬中)보다 못하옵니다. 이렇게 나라를 저버린 죄는 도피(逃避)할 곳이 없사오니, 쫓겨나 멀리 유배를 가더라도 실로 마음으로 달갑게 받겠사옵니다.

만일 성은(聖恩)으로 신의 마음 자취를 불쌍하게 보시더라도, 죄는 응당 감형(減刑)해서는 안 되므로, 내쫓아 전야(田野)로 돌아가서, 문을 닫고 허물을 반성하며, 부끄러움 속에서 죽게 해 주시오면, 신에게는 매우 다행이오며, 유신(惟新)하는 정사에도 조그만 보탬이 없다 하지는 못할 것이옵니다.”

임금은 은혜가 넘치는 비답(批答)으로 “경(卿)은 금과 옥 같은 훌륭한 선비인데, 경의 마음은 밝은 태양 보고 물어봐도 된다는 것을 나는 안 지 오래이다. 조금도 마음에 두지 말라”라고 하였다.

그때, 역적의 변고가 벼슬아치 가운데서 발생하였기에 조정(朝廷)의 인사(人士)로서 전후에 걸쳐 서로 왕래하고 통신한 사람들이 많이 연루(連累)되어 죄를 입었고, 또 정철(鄭澈)이 옥관(獄官)이 되어, 평소 좋아하지 않았던 사람들을 모두 역적 무리로 몰아넣어, 당시 명류(名流: 일류명사)들이 거의 다 없어졌는데, 선생의 상소가 올라가니, 임금이 명령하여, 이경중(李敬中)은 증직(贈職)13)하고, 정인홍(鄭仁弘)14)은 삭탈관직(削奪官職)15)하니, 당초에 여립을 발탁하였던 그쪽 편 사람들의

---

12) 장구령(張九齡, 678-740): 중국 당(唐)나라 현종 때 정승. 광동성 출신. 개원의 치(開元之治) 중심인물. 매관고도(梅關古道: 광동성과 강서성을 연결)를 개척하였다. 시호 문헌(文獻). 저서 곡강집.

13) 증직(贈職): 나라에 공로가 있는 사람에게 죽은 뒤 품계(品階)와 관직(官職)을 주거나, 생전의 그것을 높여주는 제도.

14) 정인홍(鄭仁弘, 1535-1623): 호 내암(來庵). 학행으로 천거되어 지평 장령. 임진왜란 때 합천에서 의병을 일으켰다. 북인 가운데서 대북(大北)의 중심인물. 서애 선생을 주화오국이라고 탄

한 일을 숨길 수 없게 되었다.

그런 후에, 정철이 비로소 조금 꺾였으며, 명류들도 조금씩 무함에서 벗어나는 자가 나오게 되었다. 사람들은 선생 상소 한 통의 힘이라고 하였으며, 서울 사람들은 상소 내용을 전하여 암송하였고, 부인(婦人)들은 한글로 번역하여 외우기까지 했다고 하였다.

그때, 정암수(丁巖壽)[16] 등이 상소하여 사류(士類)를 모함하였는데, 선생도 그들이 지목(指目), 배척(排斥)한 사람 가운데 들어 있었다. 임금께서 인견(引見)하시고 따뜻하게 타이르시며 안심하도록 하였고, 암수(巖壽) 등을 잡아 가두도록 명하였다.

특명으로 이조판서(吏曹判書)에 임명되었다.

처음 선생이 예조판서일 때에, 영상(領相) 이산해(李山海)[17]가 사람을 시켜 선생에게 통지하기를 "좌상(左相) 정철(鄭澈)이, '경상도(慶尙道) 유생(儒生)들은 역적의 실상을 모르면서 원통하고 억울하다고 한다'며, 사람을 보내어 심문(審問)하고자 하는데, 영감(令監)은 워낙 그 도(道)의 사람이니 미리 알아두어야 할 것 같소"라고 하였다. 선생은 정철이 경상도의 사람들 모두를 몽땅 함몰(陷沒)하려고 이 계책을 한다고 판단하였다.

다음 날, 빈청(賓廳)[18]에 나아갔다가 회의를 끝내고 나오는데, 이산해가 선생을

핵하였다. 광해군 때 대사헌, 우의정, 합천에 내려 가 있으면서 산림(山林)의 어른 노릇을 하며 조정의 정사에 영향을 미침. 인목대비 폐비 논란 속에 영의정. 인조반정 때 참형을 당했다. 본관 서산(瑞山). 합천 출신. 남명 조식의 수제자. 신원되지 아니하였다.

15) 삭탈관직(削奪官職): 죄를 지은 자의 벼슬과 품계를 빼앗고 사판(仕版: 관리의 명부)에서 이름을 지워버리는 형벌.

16) 정암수(丁巖壽, 1534–1594): 호 창랑(滄浪), 진사. 1589년 정여립 난이 일어나자 상소하여 정여립의 반역정상을 진술하고, 또 "그 전에 정여립이 지리산에 들어가 열병(閱兵)을 하였을 때 옥과(玉果) 선비 양형(梁泂)이 문서를 맡아 보았다" 하였으며, 또 "이산해, 류성룡, 나덕준, 정인홍, 정개청 등은 정여립과 한 몸과 같은 사이다"라고 하였다. 선조가 크게 노하여 이산해, 류성룡을 위로하고, "너희들이 역적모의 전말(顚末)을 이토록 자세히 알았다면 왜 일찍 와서 고변하지 않았느냐?" 하며, 정암수 등을 의금부에 내려 심문케 하였다. 본관 창원. 정철 고경명과 교유.

17) 이산해(李山海, 1539–1609): 호 아계(鵝溪). 문과 장원. 홍문관 직각으로 윤원형 탄핵 차자를 올렸다. 여러 청요직(淸要職)을 거쳐 부제학, 도승지, 이조판서, 우, 좌, 영의정. 시호 문충. 동인, 북인, 대북, 골북(骨北)의 중심인물이었다. 본관 한산(韓山). 토정 이지함의 조카. 저서 아계집.

18) 빈청(賓廳): 조선시대 궁궐 안에 설치한 고관들의 회의실. 3정승을 비롯하여 비변사 당상관들이 정기적으로 회의를 하거나 변란, 국상 기타 긴급한 일이 있을 때 관계자들이 모여 대책을 논의하던 회의실. 정기회합은 월 3회씩이었으나 숙종 때부터 월 6회로 되었다.

가리키면서 정철에게 말하기를, "예조판서도 워낙 그 도(道)의 사람이니, 혹시 그런 일이 있으면 반드시 먼저 알게 해야지, 어찌 묻는 것을 보류 하시오" 하니, 정철이 드디어 선생을 앉도록 청하고, 성난 목소리로, "들으니 경상도 유생들은 역적의 일을 애매(曖昧)하다고 여기고, 심지어 역적들을 위하여 신구(伸救)[19]하려는 사람도 있다고 하니, 그 때문에 내 장차 임금께 청하여 사람을 보내어 힐문(詰問: 따져 물음)하려고 하오" 하였다.

선생은 "대감(大監)께서 이 일을 반드시 해내려 하면, 장차 나라 안팎의 여망(輿望)을 크게 잃게 될 것이오. 영남지방의 유생은 그 수(數)가 수십만에 가까울 터인데, 지금 사람을 보내어 집집마다 찾아가서 힐문하겠다는 거요? 아니면 몇몇 사람 골라내어 힐문하겠다는 거요?" 하니, 정철이 "어사(御使)를 뽑아 보내서 이르는 곳마다 힐문하려고 하오" 하였다. 선생은 정색(正色)하고, "이 계책(計策)은 내가 감히 알 바가 아니요. 대감이 하고 싶으면 하구려" 하고는 헤어져 나왔다. 정철도 역시 뒤따라 일어섰다.

선생은 정철을 피해 있다가 지나가기를 기다려서, 초헌(軺軒)[20]을 타려고 나왔는데, 녹사(錄事) 한 사람이 찾아와서, "좌상(左相)께서 상의(相議)할 일이 있다며, 길가에 임시로 의막(依幕)[21]을 치고 기다리고 계십니다"라고 하였다.

선생은 얼른 생각하기를 "말의 단서는 이미 시작되었는데, 매섭게 밝히지 못했구나. 만약 이때에 저지하지 않으면 훗날의 화(禍)는 이루 다 말할 수 없을 정도가 될 것이다"라고 여기고, 마침내 만나게 되었다.

정철이 일어나 맞으며 "이 집은 계림군(桂林君)[22]의 집인데, 그는 내 매부요" 하면서, 주인을 불러내어 인사하게 하고, "이 사람들은 을사년(乙巳年)에 수레에 실려 저자에 끌려가 형을 받을 뻔하였는데 다행히 면(免)한 사람이지요" 하였다.

선생은 "그렇다면 대감께서 이번 옥사(獄事)의 처리는 반드시 자세히 살펴야 하오. 어찌 일가(一家)가 이처럼 참혹한 일을 친히 겪었는데, 다시 오늘 신중하지 않

---

19) 신구(伸救): 죄없는 사람을 사실대로 변명하여 구원하는 행위.
20) 초헌(軺軒): 종2품 이상 관원이 타는 높다란 외바퀴 수레.
21) 의막(依幕): 임시로 설치한 막사(幕舍).
22) 계림군(桂林君, ?-1545): 조선 성종(成宗)의 셋째 아들 계성군(桂城君) 순(恂)의 양자인데 이름은 류(瑠)이다. 소윤 일파가 을사사화를 일으켜 대윤을 제거할 때, 그들은 윤임(尹任)이 인종 사망시에 계림군을 왕으로 추대하려 했다고 무함하였다. 계림군이 겁을 먹고 안변(安邊)으로 피신하였다가 잡혀와 참수되었다. 정철의 맏누이는 인종(仁宗)의 귀인(貴人)이었고, 둘째 누이가 계림군의 부인이었다.

을 수 있소?"

정철이, "영감은 어찌 이런 말을 하시오. 비록 일가의 참변이 없더라도 내 어찌 남을 화(禍)에 빠뜨리기를 좋아하겠소. 저 경함(景涵: 이발의 字) 무리들은 내가 간절하게 구원하려고 하였으나 그렇게 하지 못했소."

선생이, "그렇다면 아주 다행이오"라고 말하고, 곧 이어서, "마침 대감의 말을 들었지만 다시 생각해 보니 대감의 뜻이 어디에 있는지 모르겠소이다."

정철이, "나 역시 다른 뜻은 없소. 다만 유생(儒生)은 국가의 원기(元氣)이고, 공론(公論)이 있는 곳인데, 공론을 가진 사람들이 역적들이 왜 역적이 되었는지 그 까닭을 모르니, 이는 작은 근심거리가 아니오. 이 때문에 사람을 보내어 분명하게 타일러, 도(道) 전체의 사람들이 그것이 원통한 일이 아니라는 것을 밝게 알도록 하려는 것이오."

선생은, "대감이 이 대옥(大獄)을 담당하여 만약 공정(公正)하게 처리하면, 사람들은 효유(曉諭)를 기다리지 않고 저절로 복종할 것이오. 그렇지 않다면 비록 집집마다 입방아를 찧듯 타일러도 나는 그 일이 잘될지 모르겠소. 어찌 대감은 이런 핑계로 한 도의 사람을 깡그리 잡아서, 짐작도 할 수 없는 자리에 처박아 놓으려 하시오. 마치 동한(東漢) 시절 당고(黨錮)의 화(禍)[23]같지 않소? 이는 진실로 우리 조선에서는 못 들어본 일이오" 하니, 정철이, "영감이 이처럼 말하니, 내 그만 두겠소" 하였다.

다음 날, 정철은 오히려 전에 하던 주장을 고집하여, 어사(御使)를 보낼 것을 청하였다. 선생은 그날 마침 이조판서가 되었는데, 생각하기를, 만약 공정하나 정철과는 소원(疎遠)한 사람을 어사로 삼으면 정철이 반드시 노하고 배척하여 보내려 하지 않을 것이며, 만약 정철과 친한 당류(黨類)로 어사로 삼으면 반드시 정철의 명령을 받게 되어, 영남 사람들의 화는 짐작도 할 수 없는 상황에 이를 것이라 여겼다. 오직 오억령(吳億齡)[24]만은 사람됨이 조용하고 근신(謹愼)하면서 정철과 매우 친하였다. 드디어 오억령으로 어사에 임명하였다. 사람들은 이때 선생의 주선한 힘이 없었으면, 죄를 꾸며 옭아매는 화란이 남도에서 크게 저질러졌을 것이라 말하였다.

---

23) 당고의 화(黨錮之禍): 중국 후한(後漢) 말기인 환제, 영제 때의 권력투쟁. 청렴한 정치를 요구하는 사인(士人) 집단과 전횡을 일삼는 환관(宦官)들과의 투쟁. 환관들이 사인집단을 종신 금고에 처하여 관계(官界) 진출을 막아버린 사건.

24) 오억령(吳億齡, 1552−1618): 호 만취(晚翠), 시호 문숙(文肅). 본관 동복(同福: 전남 화순) 문과. 이조좌랑, 전한. 일본 사신 현소(玄蘇)의 접대역 선위사. 이때 왜군이 침입할 것이라는 것을 예견하고 보고하였다. 대사헌, 부제학, 형조판서. 인목대비 폐출을 반대했다. 저서 만취문집.

참의(參議) 이발(李潑)이 변방으로 멀리 유배(流配)되었을 때 친구들로 감히 문안하는 자가 없었다. 선생은 서리(書吏: 하급관리)를 보내어 성문 밖에서 전송(餞送)하니, 이발이 시(詩)로써 사례하였는데, "삼천리 밖 멀리 쫓겨가는 나그네, 77세 되는 자주 병 앓는 부모님을 두고", "신의 죄가 큰데, 성은(聖恩)은 하늘 같구나" 같은 구절이 있었다. 국문(鞫問)을 당해 곤장 맞아 죽었을 때 선생이 포목(布木)을 보내어 부의(賻儀)하였다.

임금께서 대신과 재상 반열에 있는 사람들에게 이발, 이길, 백유양 등의 가재(家財)를 적몰(籍沒: 몰수)할 것을 의론하라고 명하였다.

선생이 주장하기를, "반드시 죄인이 죄를 승복한 연후에 적몰하는 법을 시행할 수 있습니다. 지금 이 사람들이 승복하지 않고 죽었으니 적몰하는 것은 매우 마음 편찮은 일입니다" 하였는데, 이산해는 적몰함이 마땅하다고 주장하였으며, 임금께서 드디어 이산해의 의론을 따랐다.

===

十七年 己丑 (先生 四十八歲) 春 拜司憲府大司憲 拜兵曹判書 兼如故 遞拜知中樞府事 兼如故 又拜司憲府大司憲 六月 承命製進孝經大義跋 乞暇歸觀安東

七月 夫人李氏卒

時 先生自鄕還朝 聞夫人病革 倍道以行 至月溪 聞訃

九月 夫人喪櫬 南歸安東

時 倭使來在都下 求通信使 朝廷多事 先生以文衡之任 將撰國書 不得乞暇 出送喪櫬于新川

又 拜禮曹判書

十月 逆獄起

累 呈辭 不允 上疏 自劾

先是 白惟讓 以先生退在外方 以勉留之意 通於鄭汝立 至是 汝立獄事起 其書爲朝廷所得 而先生姓名出於供招之辭 先生累呈辭 請遞職 不允 乃上疏自劾 略曰 今此逆賊之變 乃天地之所難容 古今之所不聞 人情之所難測 而適出於縉紳之列 凡平日 與賊稍有半面之分 一書之通 一辭之相許與者 莫不慚通震悸 更無顔面於人 況 以無形無据之說 橫被連涉於乂字間 一時禍患 固所不論 萬世之下 其辱猶在

臣思之至此 不覺傷痛 臣於昨夕 晩得朝報中所載白惟讓書 以臣退在外方 以勉留之意

通於書札 此其自相往來語 於臣少無干涉 然 臣之平日蹤迹 大相遼隔 去就久速 豈此
賊所能勸勉哉 而惟讓之言如此 得非禍患將至 神鑑先昏 做此錯謬之說 而不自覺耶
臣伏見 近日 朝廷間論說 甚備 然 其終始本末 猶有所未盡 臣請得以詳言之 臣於十餘
年前 聞湖南有鄭汝立者 頗以讀書勤學爲名 繼聞其爲人 高自標置 大言無當 妄以已見
凌駕先正 如李滉所論著 亦加訾議 臣 聞此 已不喜其人意者 必是妄誕不靖之物 厥後
聲稱漸盛 皆欲薦入要路 惟故執義李敬中 極力排之
其時 敬中爲吏曹佐郎 一日 臣偶與相値 問汝立之爲人 敬中曰 渠之爲人 吾所詳知 早
年嘗同處於館學 觀其所爲 大段無狀 萬一用之 必亂朝廷 而貽辱士林 吾旣明知如此
何可進用 雖重被彈劾 亦未暇恤 其意甚確 自是外議喧藉 皆以敬中爲忌疾善士 竟斥敬
中於銓曹 一時人意 可以想見矣
自是 幽路一啓 更相推擧 馴致不可沮抑 然 臣猶以前日之見 不喜其人 臣之儕輩中 聞
敬中之說者亦多 不取 以此 汝立於臣等 蓄怨含忿 必欲乘時嫁禍 其在湖南 通書京中
指臣爲巨奸 其說甚慘 乙酉春 臣以事詣闕 政院門外 適値玉堂諸官 其末 有不知面目
者 厠跡而行 臣問於下人 始知其人 後三四日 臣在家 汝立託以進講書中疑義質正而來
座間多言蟲鳥物狀 自負該博 傍若無人 臣笑曰 儒者之事 不應止此 必有顧省身心之力
然後 可以言學 未知亦嘗念此否 汝立卽俛首微應曰 此則不能 因遂起去
其後 又一到臣門 臣辭以有子之喪 拒而不見 然 至今思之 心骨盡寒 旣而徐益疏來 而
汝立指論臣 身之事始發 其時 亦蒙聖明明察 免臣於罪過之中 而臣亦自是不安於朝 長
在田野 夫人之難知也 久矣 雖聖人不能保其往 此賊始焉追隨師友之間 粉飾文字之末
敢爲詭詐之行 於衆目所睹之處 眩惑一世間 或有窺見其微者 徒憂其反覆不靖而已 豈
知爲惡之至於此乎
以今觀之 先知汝立奸狀者 惟敬中一人而已 若使論曲突徙薪之功 則敬中當之矣 而其
在餘人 方且如醉如癡 前後士類 一切墮其術中 因循度日 不能明白發擧逆折萌芽 使社
稷之憂 上貽於君父汚衊之羞 連累於朝廷人謀不藏 亦天之所爲 思之痛心 尙忍言哉
嗚呼 人臣立身事君 莫甚難於身名俱全 莫甚恥於身名俱辱 如不能兩全 寧身辱名全耳
古之君子 操履無玷 橫罹誣罔 詿誤吏議 以辱身名者 多矣 斯誠天下之至痛 今昔之所
哀 是故 歐陽脩 大臣也而有自明之章 滕甫 名賢也而有辨謗之疏 至今讀之 令人隕涕
臣之無狀 豈敢倫擬於古人 然 立朝二十年來 私邪之言 枉曲之行 臣實無是 惟其見識
愚昧 才器魯劣 無以充其報國之志 是爲臣罪耳
古語云 市虎成於三人 投杼起於屢至 當此之時 苟非聖明洞燭 曲賜保全 則臣之得免刑
章 復爲聖世完人 豈可望哉 第念 所貴於人臣者 能明炳幾 先消患預防 不使社稷之憂

上及於君父 乃其職也

臣於逆賊 前有十年不取之心 後有察微知著之機 而立朝之時 滔滔混迹 不早以一言披露其奸狀 先見之鑑 遠愧於九齡抑奸之力 近下於敬中 以此負國罪 無所逃 流放竄殛實所甘心 萬一聖恩怜臣心迹 罪應末減 則放歸田野 使之杜門省愆 羞愧以死 於臣幸甚而於惟新之政 未必無小補矣

上優批 有曰 卿 金玉佳士 卿之心事 可質白日 予知之 久矣 少勿介念

時 逆賊之變 出於縉紳之間 朝士之前後往來通信者 多連累被罪 而又鄭澈爲獄官 其素所不悅者 皆驅入逆類 一時名流殆盡 及先生疏上 上命 李敬中贈職 鄭仁弘削官 而當初一邊人薦擢汝立之事 不得掩覆 然後 澈始少沮 而名流稍有得脫者 人以爲先生一疏之力 都下人 傳誦 婦人女子 至以諺文飜譯 而誦之云

時 丁巖壽等上疏 搆陷士類 先生亦在指斥中 上引見敦諭 使之安心 命拿致巖壽等

特拜吏曹判書

初 先生爲禮判時 領相李山海 使人通於先生曰 左相鄭澈 以慶尙道儒生不知逆賊實狀至稱冤枉 欲遣人往問 令監 以本道人 不可不預知 先生 以爲澈欲盡陷一道之人 而爲此計

翌日 詣賓廳 罷辭出 山海指先生謂澈曰 禮判是本道人 設有其事 必先知之 盍留問之 澈遂請先生坐 厲聲曰 聞 慶尙道儒生 以逆賊爲曖昧 至有欲爲賊伸救者云 故 吾將建請 遣人詰問耳 先生曰 大監必欲成此事 將大失海內之望矣 嶺南儒生 其麗不億 今遣人 將家到而戶詰之耶 抑將摘發其某某而問之耶 澈曰 差遣御使 隨處致問 先生正色曰此謀 非吾所敢知 大監欲爲則爲之 遂辭出 澈亦繼起 先生入避 俟澈過去 將出乘軺 有錄事進曰 左相有相議事 在路邊依幕奉邀 先生忽思 言端旣發而不能痛辨 若不於此時止之 後日之禍 有不可勝言 遂詣之

澈起迎曰 此桂林君家 而桂林君乃吾妹夫也 仍召主人出拜曰 此輩在乙巳 車載將刑於市 而幸免者 先生曰 若然 則大監之治今番獄事 必詳審 萬萬矣 安有親經一家慘酷之變如此 而更不致愼於今日乎 澈曰 令監何爲出此言 雖非一家之變 吾豈樂禍陷人者也彼景涵(李潑字)諸人 吾欲營救切切而未能耳 先生曰 若然 幸甚 幸甚 仍曰 適聞大監所言 反覆思之 未知台意所在也 澈曰 吾亦無他意 但以儒生 國家之元氣 公論之所在以公論之所在 不知逆賊之爲逆賊 則此非小慮 是以 欲遣人明論 使一道昭然知其爲不冤 先生曰 大監當此大獄 若以公正處之 則人將不待曉論 而自服 不然 雖家置喙以諭吾未知其可也 豈大監欲因此盡取一道之人 置之於不測之地 如東漢黨錮之禍乎 此誠吾東千古未聞之事也 澈曰 令監言若是 吾將置之

明日 澈猶執前議 請遣御使 先生適於其日爲吏曹判書 以爲若使公正疏遠於澈者爲御
使 則澈必怒斥不遣 若使澈之親黨爲御使 則必聽命於澈 而嶺南之禍 將至不測 獨 吳
億齡 爲人沈靜謹愼 而於澈甚親 遂以億齡應命 人以爲是時微先生周旋之力 則羅織之
禍 必大肆於南中云

李參議潑遠竄邊塞 親舊無敢問之者 先生使書吏 送之于門外 李以詩回謝 有 三千里外
遠遷客 七十七歲多病親 及聖恩如天臣罪大 等句 旣而就鞫 死於杖下 先生送布物以賻
之

上命大臣及宰列 議籍沒李潑李洁白惟讓等家財 先生議曰 罪人必承服而後 有籍沒之
法 今此數人不服而死 籍沒甚爲未安 李山海以爲籍沒宜當 上竟從山海議

종계변무의 공로로 풍원부원군에 봉해지다, 49세

선조 23년, 1590년 경인

4월 휴가를 얻어 근친하였다. 임금께서 내전(內殿: 왕비)의 어복(御服: 옷)을 내려주시며 노모께 갖다 드리라 명하시고, 경제(京第: 서울의 숙소)로 모셔 오도록 명하셨다.

5월 20일 경신 정경부인(貞敬夫人) 이씨(李氏)를 군위[1])에 장례하였다.

29일 기사 대광보국숭록대부 의정부 우의정에 올랐다.

6월에 부름을 받아 조정에 돌아왔다. 여러 번 사양하였으나 허락지 않았다.
　그 전에 이발(李潑), 이길(李洁)이 정철이 꾸며낸 죄에 엮이었는데, 이발은 기축년 12월 18일에 죽고, 이길은 같은 달 28일에 죽었다. 정철의 감정은 그래도 풀리지 않아, 이해(경인년) 정월 14일에 이발의 노모와 어린 아들을 잡아 가두기를 청(請)하고, 같은 해 5월 13일에 마침내 압슬형(壓膝刑)[2])을 시행하여 죽였다. 당시의 사적(事蹟)은 나라 사람들의 이목(耳目)에 널리 퍼져있는 사실인데, 그들이 화(禍)를 당한 날에 ─ 그 선후(先後)의 사정은 화를 입은 집안 자손들의 전하는 글에도 나오지만 ─ 실제로는 선생은 시골집에 있었으며, 정승으로 임명되지도 않은 때의 일이었다.

───────────────

1) 장지(葬地)는 군위현(軍威縣) 서(西) 송현지원(松峴之原) 할아버지 참판공 묘후(墓後)였다. 뒤에 안동 수동(壽洞)으로 옮겨 선생과 합장했다.
2) 압슬형(壓膝刑): 조선시대 행해지던 고문(拷問)의 한 종류. 죄인을 기둥에 묶고 사금파리를 깔아놓은 자리에 무릎을 꿇게 한 뒤 무거운 돌을 얹어 자백을 강요하였다. 뒤에 영조(英祖) 때 폐지되었다.

그 후 호남(湖南)의 안방준(安邦俊)[3]이라는 자가 글 한 줄 지어내어, 이발의 노모 윤씨가 죽은 것은 선생이 위관(委官)[4]으로 있을 때 한 일이라고 하면서, 정철의 죄를 덮어, 그것을 선생에게 씌우려고 하였다. 현란하게 환롱(幻弄)하여 그 주장이 극히 참혹하였다고 한다. 선생의 손자 원지(元之)[5]가 지은 변와록(辨誣錄)[6]에 상세히 나와 있다.

최영경(崔永慶)을 구원(救援)하는 의론을 상소하려고 계획하였으나 이루지 못하였다.

최영경이 정철에게 무함 당하여 경기 감옥으로 잡혀 와 국문(鞫問)당하고 있었다. 선생이 대궐에서 우연히 정철을 만나, 최영경의 옥사가 어떻게 되어 가는지를 묻고, 또 "이 사람은 높은 선비라는 중명(重名)이 있으니, 옥사(獄事)를 잘 살피지 않으면 안 되오"라 말하였다.

정철이 불끈 성을 내며, 왼손으로 자기 목을 잡고 오른손으로 찌르는 모습을 하며, 연거푸 말하기를, "이 사람이 평소 나한테 이러이러 하려고 하였소"라 하니, 좌중(座中)에 있던 판부사(判府事) 심수경(沈守慶)[7]이 깨우쳐 주기를, "사람 말을 어찌 다 믿을 수 있소. 원컨대 대감께서는 남의 말을 믿지 마시오" 하였다.

선생이 정색(正色)하고, "가령 그 사람이 실제 그랬더라도, 공(公)은 지금 옥관(獄官)이 되었으니, 이런 감정은 마땅히 잊어야지, 어째서 이러시오" 하니, 정철이

---

3) 안방준(安邦俊, 1573 – 1654): 호 은봉(隱峰), 우산(牛山). 천거로 지평, 장령등에 제수되었으나 취임하지 않았다. 효종 때 상소하여 대동법을 반대하며 김육(金堉)을 류성룡(柳成龍)에 비유하며 비난했다. 주로 초야에서 성리학을 연구하였으나 학문적 경향과 처신에 상기(尙氣)의 병폐가 있었다. 서인 집권하의 호남지방을 대표하는 학자로 여러 번 천거 되었다. 『기축기사(己丑記事)』에서 "경인년 5월에 류성룡이 위관이 되어 이발의 노모와 어린 아들을 압슬형을 시행하여 죽였다"라고 서애 선생을 무함했다. 서애선생의 현손(玄孫) 주일재(主一齋) 류후장(柳後章)의 무함을 바로잡는 상소로 안방준의 삭탈관작과 사우(祠宇) 훼철이 이루어졌으나, 5년 뒤에 복구되었다. 시호 문강(文康). 본관 죽산(竹山). 성혼의 문인. 정철, 조헌의 문하에 출입하며 서인의 편에 섰다.

4) 위관(委官): 무거운 죄인(罪人)을 국문(鞫問), 조사(調査)할 때 왕명(王命)으로 의정대신(議政大臣: 3정승) 가운데 한 사람을 임명하여 조사 및 재판을 담당케 하는 임시관직. 정승이라야 임명될 수 있었다.

5) 원지(元之): 서애 선생 장손(長孫)인 류원지(柳元之) 호 졸재(拙齋)를 말한다.

6) 변와록(辨誣錄): 류원지가 지었으나, 졸재집에는 수록되어 있지 않다. 필사본으로 연세대 중앙도서관 5층 국학자료실에 보관 중이라고 한다. 등록번호 00040803350.

7) 심수경(沈守慶, 1516 – 1599): 호 청청당(聽天堂) 문과 장원. 홍문관 직제학, 병조판서, 우의정. 문장과 서예에 능하였다. 본관 풍산. 심정(沈貞)의 증손(曾孫) 저서 청천당 시집.

웃으며, "내 어찌 이런 것을 생각하겠소. 추안(推案: 심문 조서)이 끝나면 극력(極力) 해결하려 하오" 하고서는, 선생에게 "공이 이미 이러한 생각이 있었으면, 왜 말(상소)하지 않았소" 하니, 선생은, "이 사건은 대옥(大獄)이라, 외부 사람이 말하기 쉽지 않소. 오직 옥사를 처리하는 사람만이 풀어낼 수 있을 뿐이오" 하였다.

정철이 "내 마음을 다하여 다른 일이 없도록 보증하겠소" 하였는데, 며칠 후, 최영경이 과연 용서받아 출옥(出獄)하였다. 정철이 몰래 사간원(司諫院)을 부추겨, 도로 잡아 가두어 국문하도록 계청(啓請)토록 하였다.

최영경이 전에 감옥에 있을 때, 이미 가슴을 앓아 피고름을 토하였다. 다시 감옥에 들어가니, 병이 더욱 심해져, 선생께 약(藥)을 청하니, 문동청폐음(門冬淸肺飮)8)을 지어 보내었다.

선생은 구출하려는 상소를 올리려고 소장을 다 작성하였으나, 다시 생각하니, 최영경이 비록 감옥에 있으나 고문을 당하고 있지는 않으니, 상소했다가 혹시 임금의 돌보심을 입지 못하면, 정철이 더욱 노하여, 화(禍)가 측량할 수 없으리라 염려하여, 차마 올리지 못하였다.

훗날, 임진년 가을, 선생이 안주(安州)에 있을 때, 정철이 행재소(行在所)9) 조정(朝廷)에서 체찰사(體察使)로 임명되어 남쪽으로 내려가던 중, 선생과 백상루(百祥樓)10) 위에서 만났다.

술이 반쯤 되었을 때 갑자기, "공(公)이 내가 최영경을 무함으로 얽어 죽였다고 말했다는데, 과연 그렇소?" 하였다.

선생은 천천히 "공의 마음은 알 수 없지만 형적(形跡)을 가지고 보니 비슷하기에, 과연 그런 말을 했소" 하니, 정철이 노하여, 술잔을 땅에 던지고, 일어나 몇 걸음 가다가 돌아와 앉아서, "공은 왜 그런 말을 했소? 성호원(成浩元: 성혼(成渾))의 구해서(求解書: 救命하려는 글)가 아직도 내게 있는데, 내가 감히 그렇게 했겠소"라 하였다. 선생과 곁에 있던 사람들이 서로 쳐다보며 웃고 술자리를 끝냈다.

광국공신 3등에 녹선(錄選)되고, 풍원부원군에 봉해졌다.

---

8) 문동청폐음(門冬淸肺飮): 폐와 위에 허열이 있어 숨이 차고 기침, 가래, 피고름을 뱉으며, 몸이 나른하고 여위는데 쓰는 한약. 맥문동, 인삼, 당귀, 오미자 등으로 첩을 만들어 달여 마신다.
9) 행재소(行在所): 임금이 임시로 머무는 별궁(別宮). 선조는 의주로 몽진하여 그곳에 행재소가 있었다.
10) 백상루(百祥樓): 평안남도 안주성(安州城) 북쪽 누각. 조망이 훌륭하다고 한다.

수충익모광국(輸忠翼謨光國) 공신(功臣)의 호(號)를 내렸는데, 종계(宗系)[11]를 바로잡는 일에 힘쓴 공적이 뚜렷하였기 때문이다.

==

十八年 庚寅 (先生 四十九歲) 四月 乞暇歸覲 上 以內殿御服 賜之 命歸遺老母 仍命 奉還京第

五月二十日 庚申 葬貞敬夫人李氏于軍威

二十九日 己巳 陞大匡輔國崇祿大夫 議政府 右議政

六月 承召還朝 屢謝 不允

初李潑李洁爲鄭澈所搆 潑死於己丑十二月十八日 洁死於同月二十八日 澈憾猶未已 是年 正月十四日 又請囚潑之老母稚子 同年五月十三日 竟施壓膝之刑而殺之 當時事 蹟 布在國人耳目 其被禍先後月日 又出於禍家子孫之所傳 實先生在鄉家 未及拜相時 事也 其後 湖南有安邦俊者 撰出一文字 乃以潑母尹氏之死 爲在於先生爲委官時 欲以 掩澈之罪 而歸之於先生 眩亂幻惑 其說極慘云 詳見先生孫元之所撰辨誣錄

擬上疏論捄崔永慶 不果上

永慶 爲鄭澈所誣 逮鞫於京獄 先生嘗遇澈於闕下 問永慶獄事如何 且言 此人有高士重 名 獄事不可不詳審 澈勃然 卽以左手自執其項 右手爲衝刺狀 連聲言 此人 平日向我 欲如此如此 沈判府事守慶亦在座 解之曰 人言何可盡信 願大監無信人之言 先生正色 曰 假使其人實有是 公今爲獄官 當忘此懷 何故乃爾 澈笑曰 吾豈念此 已於推案 極力 解之 且謂先生曰 公旣有此懷 何不言之 先生曰 此乃大獄 外人言之 未易得 惟莅獄之 人 乃可伸理耳 澈曰 吾固已盡心 保無他也 數日 永慶果赦出獄 澈陰嗾司諫院 啓請還 囚 更鞫 永慶前在獄 已患肺痿 吐膿血 及再入獄 病增劇 求藥於先生 劑門冬淸肺飮 送之 先生欲上疏伸救 疏旣成 更慮 永慶雖在獄中 而不加刑訊 若此疏入而未蒙下燭

---

11) 종계변무(宗系辨誣): 중국 명(明)나라 대명회전(大明會典)에 명 태조(太祖)의 유훈이라고 하며, '이인임(李仁任)의 아들 단(旦: 이성계)이 고려 4왕(공민왕, 우왕, 창왕, 공양왕)을 시해하였다' 라고 우리 왕실의 종계(宗系)가 잘못 기록되어 있었다. 역대 조선 조정에서 이를 시정하기 위 한 외교 노력을 기울여 왔는데, 명 조정에서는 쉽게 고쳐주지 않았다. 마침 대명회전을 중수 (重修)한다는 정보를 받고 이를 기회로 변무(辨誣: 잘못을 바로잡음)에 노력하여, 드디어 선조 17년(1584) 주청사 황정욱(黃廷彧)이 대명회전의 수정된 조선관계 기록의 등본을 받아왔으며, 선조 21년(1588) 유홍(兪泓)이 명 황제의 칙서와 중수(重修)된 대명회전 중 조선관계 부분 한 질을 받아왔고, 선조 22년(1589) 윤근수(尹根壽)가 대명회전 전질(全帙)을 받아와서 변무작업 이 완료되었다.

則澈之怒益激 而禍將不測 故不果上

後 壬辰秋 先生在安州 澈自行朝爲體察使南去 見先生於百祥樓上 酒半 忽曰 公謂我
構殺崔永慶云 果然否 先生徐答曰 公心不可知 以形迹觀之 似然 故果有是言 澈怒 擲
杯於地 起行數步 還坐曰 公何爲此言 成浩元救解書尚在於我 我何敢如此 先生與傍人
相顧一笑而罷

錄 光國功三等 封 豊原府院君

賜 輸忠翼謨光國功臣號 以改正宗系 勞績茂著故也

이조판서를 겸임하고, 좌의정에 올라
권율, 이순신을 천거하다, 50세

선조 24년(1591) 신묘

2월 특명으로 이조판서를 겸하였다. 고사(固辭)하였으나 허락지 않으셨다.

　이때, 정철이 권력을 마음대로 부리니, 임금께서 이를 억누르려 하여 이 어명(御命)이 나오게 되었다.

　선생은 상소하여 극력 사양하였으니, 그 대략은 "아조(我朝)에서 대대로 삼공(三公: 영, 좌, 우의정)은 이조판서를 겸한 일이 거의 없었사옵니다. 신처럼 무상(無狀)한 사람이야 말할 것도 없지만, 만일 앞으로 제멋대로 하는 신하가 조정의 권력을 잡으려고 신의 경우를 핑계 댄다면, 이는 국가의 화근(禍根)이 될 것이라 생각하옵니다"라 하였다.

　임금께서, "정승의 자리에 있으면서 조정의 권력을 제멋대로 하는 그런 사람이 있다면, 그 권력을 장악하여 휘두르는 방법은 많고도 많을 것인데, 어찌 이조판서를 겸한 뒤에라야 그렇게 할 수 있겠는가? 경은 마땅히 직책을 맡고 사양하지 말라. 등용하거나 않거나를 적절히 하여 조정을 맑고 밝게 하라" 하였다.

　숙배(肅拜)[1]하던 날에 또 고사(固辭)하니, 허락지 않으시고, 이조판서 최흥원(崔興源)[2]을 불러들여, 하교(下敎)하기를, "앞으로 높든 낮든 모든 제배(除拜: 인사권 행사)는 한결같이 겸판서(兼判書)[3]의 말에 따라서 하라. 그렇지 않으면 내가 벼락

---

1) 숙배(肅拜): 관직에 임명된 자가 왕, 왕비, 대비, 왕세자를 찾아뵙고 절을 올려 사례하는 행위. 문관은 전 품계 모두에게 해당되었고, 무관은 4품 이상의 관직에 임명된 경우에 해당되었다. 임금에 대한 일종의 충성과 복종의 서약의식으로 볼 수 있다.
2) 최흥원(崔興源, 1529-1603): 호 송천(松泉), 문과. 장령, 승지, 평안도관찰사. 임진년 서애선생이 개성에서 파직되었을 때 후임 영의정. 호성공신 2등. 본관 삭녕(朔寧) 시호 충정(忠貞)
3) 겸판서(兼判書): 판서를 겸직하고 있음. 당시 선생은 이조 판서 최흥원이 있는데도 우의정과

을 안기리라"라고 하였다.

좌의정에 승진되고, 전과 같이 이조판서도 겸임하였다.

사신을 보내어 왜국(倭國)의 정세(情勢)를 천조(天朝: 명 조정)에 보고하기를 청하였는데, 임금께서 의론에 따랐다. 그때, 통신사(通信使) 황윤길(黃允吉)[4] 등이 일본(日本)에서 돌아왔는데, 가지고 온 왜국의 답서(答書)에 "군사를 거느리고 명(明)나라로 쳐들어가겠다"는 말이 있었다.

선생은 "마땅히 경위를 갖추어 명(明)나라 조정에 알리자"고 하니, 이산해(李山海)가 "명 조정에서 만약 왜국(倭國)에 통신사를 보낸 일을 가지고 우리나라를 문책(問責)하면 대답할 말이 없으니, 숨기는 것만 못하다"고 하였다.

선생은 "국사(國事) 때문에 이웃나라와 왕래하는 것은 나라가 있으면 피할 수 없는 일이오. 성화(成化)[5] 년간(年間)에, 일본이 중국에 조공하고자 우리나라에서 주선해 주기를 요구해 왔을 때, 사실에 의거(依據)하여 보고를 하니, 명 조정에서 칙서(勅書)를 내려 회답하였소. 이전의 사례(事例)도 이러하였는데, 오직 오늘날은 숨기고 보고하지 않으면, 대의(大義)로 보아도 옳지 않으며, 하물며 왜적이 실제로 침략할 계획이 있다는데 다른 곳으로부터 보고가 들어가면, 명 조정은 도리어 우리나라가 왜국과 한마음이 되어 숨긴다고 의심할 것이니, 그때의 문책은 통신하였다는데에 그치지 않을 것이오"라고 하였다.

조정에서 선생의 의론이 옳다는 사람이 많아, 드디어 김응남(金應南) 등을 급히 보내어 보고하였다. 그때, 복건성(福建省) 사람 허의후(許儀後)와 진신(陳申)이란 사람이 왜국에 포로(捕虜)로 잡혀 있으면서, 이미 왜국의 사정을 비밀히 보고하였고, 또 유구국(琉球國: 현 일본 오끼나와) 세자(世子) 상녕련(尙寧連)도 사신을 보내어 소식을 전하였는데, 홀로 우리나라의 사신만 도착하지 않으니, 명 조정에서 우리나라가 왜국 때문에 두 마음 먹는 것이 아닌가 의심하였다.

각로(閣老) 허국(許國)은 전에 우리나라에 사신으로 온 적도 있었는데, "조선(朝鮮)은 지성으로 우리를 섬기는 나라이니, 절대로 왜국 편이 되어 배반하지는 않을

이조 판서를 겸하고 있었다.

4) 황윤길(黃允吉, 1536–?): 호 우송당(友松堂), 문과. 정언, 지평, 병조참판. 1590년 대일 통신정사로 일본을 다녀왔으며, 일본이 침략해 올 것이라고 보고하였다. 병조판서를 역임했다. 본관 장수(長水). 황희(黃喜)의 5대손.

5) 성화(成化): 명나라 헌종(1465–1487) 때의 연호.

것이오. 조금 기다려 봅시다"고 말하였다. 오래지 않아 김응남 등이 보고하는 국서를 가지고 이르니, 명 조정의 의문이 비로소 풀리게 되었다.

승지(承旨) 권문해(權文海)[6]는 일기(日記)에서, "신묘년 8월, 성절사(聖節使) 김응남이 비밀리에 장계하였다. '신은 8월 초 7일에 예부(禮部)에 가서 왜인(倭人)의 소문에 관한 자문(咨文: 외교문서)을 올리니, 낭중(郎中)이 본 뒤 얼굴빛이 기쁘게 바뀌며, 너희 국왕(國王)이 충순(忠順)하니, 조정에서 반드시 반가워하며 칭찬하리라 하였습니다' 하였다." 그 후에 반겨하는 칭찬의 칙서(勅書)가 내려졌다.

임금이 선생에게 전교(傳敎)하여, "요동(遼東)에서 자문이 온 후에도, 밤낮 지나치게 걱정했는데, 그 일이 기특하게 잘한 일인 줄 몰랐다. 비록 근일의 경연에서, 경이 시원스레 의문점 없어지도록 계문(啓聞)하였으나 미심쩍은 마음이 풀리지 않았는데, 지금 칭찬하는 칙서를 받고 보니, 다 펴보기도 전에, 나도 모르게 기뻐 뛰었으니, 이는 경들이 충성으로 운주(運籌: 계획), 주선(周旋: 적절한 처리)했기 때문이다"라고 하였다.

형조정랑 권율(權慄)[7]을 의주 목사로, 정읍 현감 이순신(李舜臣)[8]을 전라좌도 수사로 천거하였다.

그때, 왜국의 소문이 하루가 급해지니, 임금께서 비변사(備邊司)[9]에 명하여 각기

---

6) 권문해(權文海, 1534-1598): 호 초간(草澗), 문과. 좌부승지, 관찰사. 사간(司諫). 저서 대동운부군옥(20권 20책), 본관 예천(醴泉). 퇴계문인. 초간집.

7) 권율(權慄, 1537-1599): 호 만취당(晩翠堂). 문과. 승문원 정자, 형조정랑, 서애선생 천거로 1591년 의주목사. 1592년 임진왜란 때 광주 목사. 이치(梨峙) 전투에서 승리하여 전라도 순찰사로 승진. 1593년 2월 행주산성에서 왜군을 대파했다(행주 대첩). 도원수로 승진. 1599년 노환으로 사직 후 사망했다. 본관 안동. 영의정 권철(權轍)의 아들. 영의정에 추증. 선무공신 1등. 시호 충장(忠壯)

8) 이순신(李舜臣, 1545-1598): 무과. 훈련원 봉사, 동구비보 권관. 조산보 만호. 전라도 조방장, 정읍현감. 1591년 서애 선생의 천거로 전라좌도 수군절도사에 임명되었다. 임진왜란이 발발하자 옥포해전을 시작으로 연전연승하였고, 1592년 8월 한산도 앞바다에서 왜 수군 주력부대를 격파했다(한산도 대첩). 삼도수군통제사가 되었다. 1597년 2월 왜군의 이간책에 휘말린 조정의 가등청정을 공격하라는 명령을 따르지 않았다고 파직, 서울로 압송되어 1달 이상 혹독한 문초를 받았다. 이때 서애 선생이 강력하게 변호하니, 서애 선생에게 경기도를 순찰하도록 내보내고 나서 형벌을 결정했다. 정탁의 구명상소로 백의종군에 처해졌다. 후임 통제사인 원균이 칠천량 해전에서 대패 전사하자, 다시 통제사에 기용되었다. 그해 9월에 명량의 좁은 해협에서 13척의 전선으로 130여 척의 왜 수군을 맞아 대승을 거두었다(명량대첩). 1598년 11월에 노량에서 큰 승리를 거두었으나 애석하게 전사하였다. 우의정에 추증, 다시 좌의정에 추증. 정조 때 영의정에 추증. 선무공신 1등. 시호 충무(忠武) 본관 덕수.

장수직을 감당할 만한 재목을 천거하라고 하여, 선생은 권율과 이순신으로 응지(應
旨: 임금의 지시에 호응함)하였다.

두 사람은 그때 하급 관료로 있었기 때문에 이름이 알려지지 않았다. 후에 마침내
큰 공을 세워 나라를 중흥시킨 명장이 되었고, 이순신의 공적이 더욱 뛰어났었다.

이일(李鎰)10)로서 경상도 우병사 조대곤(曹大坤)11)을 대신토록 하기를 청하였으나, 허락되지 않았다.

그때, 조정에 있는 무장(武將) 가운데, 오직 이일(李鎰)이 가장 유명하였고, 경상
도 우병사 조대곤(曹大坤)은 늙어서, 곤기(閫寄: 장수 자리)를 감당할 수 없었다.

선생이 경연 자리에서 계청하기를, '이일(李鎰)로 조대곤을 대신하도록 하자' 하
였더니, 병조판서 홍여순(洪汝諄)12)이 '명장(名將)은 마땅히 도성에 있어야 하니,
이일을 보낼 수 없습니다'라 하였다.

선생께서, "모든 일은 미리 예방하는 것이 귀중합니다. 하물며, 군사를 다스려 적
을 막는 것은 더욱 갑자기 갖출 수 없습니다. 하루아침에 사변이 생기면, 이일을 결

---

9) 비변사(備邊司): 조선시대 군국기무를 관장한 문무합의기구. 비국(備局) 또는 주사(籌司)라고도
   한다. 중종 12년에 처음 설치하였는데, 중대한 사건이 발생했을 때만 활동하였다. 임진왜란 때
   국가의 모든 행정이 전쟁 수행에 직결되자 비변사 기구가 강화되고 권한도 크게 확대되었다.
   3정승, 판서, 5군문의 장, 4도유수 등이 모두 도제조, 제조, 부제조가 되어 참여하였으며, 국방
   문제뿐만 아니라 외교, 산업, 교통, 통신 등 주요 국정 전반을 토의 결정하였다. 도제조, 제조,
   부제조를 비변사 당상(堂上)이라 하였고, 그 중 3사람을 뽑아 유사당상(有司堂上: 상임위원)으
   로 임명하여 매일 출근하여 군무를 처리하였다. 비변사에서 토의 결정된 중요사항을 편찬하여
   비변사등록(備邊司謄錄)을 발간하였다. 1865년 대원군이 집정하여 국정의결권을 의정부로 돌
   리고, 3군부를 부활하여 군무를 처리케 하면서 폐지되었다.
10) 이일(李鎰, 1538−1601): 시호 장양(壯襄). 무과. 1583년 니탕개의 난 때 경원 부사로 격퇴에
    공을 세워 함경도 북병사가 되었다. 녹둔도를 기습한 여진족에게 패배한 책임을 물어 이순신을
    구금하였다. 1592년 임진왜란 때 상주와 충주에서 패배했다. 1600년 함경도 남병사가 되었다
    가 부하를 죽였다고 살인죄로 잡혀오던 중 정평(定平)에서 병사했다. 본관 용인(龍仁). 좌의정
    에 추증되었다.
11) 조대곤(曹大坤, ?−?): 조광원(曹光遠)의 아들. 임진왜란 발발 초기에 경상우병사였는데 제대로
    대처하지 못하여 파직되고 백의종군했다. 본관 창녕.
12) 홍여순(洪汝諄, 1547−1609): 문과. 임진왜란 당시 병조판서. 북으로 피란 도중에 호조판서로
    전임되었다. 평양에서 난민들의 폭동에 뼈가 부러지기도 했다. 뒤에 남이공, 김신국 등과 함께
    서애 선생을 탄핵하여 몰아내었다. 1599년 대사헌에 천거되었으나 남이공이 반대하자 북인을
    분당하여 대북(大北)이 되어 당쟁을 벌리다가 삭탈관직 되었다. 뒤에 복관 되었으나 광해군 초
    에 다시 탄핵받아 진도로 유배되고 배소에서 죽었다. 본관 남양. 이원익이 "이 사람을 쓰다가
    는 국가에 큰 화가 미치겠다"라는 평을 하였다.

국 보내지 않을 수 없는데, 기다렸다가 보낼 바에야, 차라리 하루라도 일찍 보내어, 미리 준비하여 사변을 대비케 해야 유익함이 있지, 그렇지 못하여, 창졸간(倉卒間) 에 객장(客將)이 달려 내려가 그 지역의 형세도 모르고, 더욱 군사가 용맹한지도 알지 못하게 될 것이니, 이는 병가(兵家)에서 꺼리는 바라, 반드시 후회(後悔)가 있 을 것입니다"라 하였다.

임금께서 대답하지 않았다.

조종(祖宗: 선대 조상)이 쓰던 진관법(鎭管法)으로 고칠 것을 청하였다.

선생은 또 비변사에 나가서 여러 사람들과 의논하여 진관법으로 바꿀 것을 계청 하였다. 그 대략은 다음과 같다.

> "건국 초기에 각도의 군병은 모두 진관(鎭管)에 소속시키고, 일이 발생하면 진
> 관이 속읍(屬邑)을 통솔해 차례대로 군사를 정돈하여, 주장(主將)의 호령(號令)
> 을 기다리게 하였사옵니다. 경상도를 가지고 말하자면, 김해, 대구, 상주, 경주,
> 안동, 진주가 여섯 진관이 되어서, 혹시 적병(敵兵)이 쳐들어와서 한 진(鎭)의 군
> 사가 무너지더라도, 다른 진에서 차례대로 군사를 엄하게 통솔하여 굳게 지킬 것
> 이니, 초목이 바람에 쓰러지는 듯한 궤멸(潰滅) 상태에 이르지는 않게 될 것이옵
> 니다.
>
> 지난 을묘년(乙卯年) 왜변(倭變)13) 뒤에, 김수문(金秀文)14)이 전라도에 있으면
> 서 처음 분군법(分軍法)으로 고쳐, 도내(道內)의 모든 읍(邑)을 나누어 순변사,15)
> 방어사,16) 조방장,17) 도원수18)와 본도(本道)의 병, 수사19)에게 분산(分散) 소속

---

13) 을묘왜변: 명종 10년(1555) 왜구가 전라남도 강진, 진도 등으로 침입하여 노략질한 사건.

14) 김수문(金秀文, ?−1568): 본관 고령. 무과. 동래부사, 김해부사. 경흥부사. 을묘왜변 때 제주 목 사. 왜구 격파의 공으로 지중추부사, 한성 판윤에 특진되었다.

15) 순변사(巡邊使): 왕명으로 군무(軍務)를 띠고 변방을 순찰하는 특사(임시직). 변방의 군정 실 태, 민생, 우역(郵驛) 등 변방의 전체적인 상황을 살폈다.

16) 방어사(防禦使): 각 도(道)의 요충지를 지키는 병권(兵權)을 가진 종2품 무관. 병마절도사 다음 가는 직위로, 요충지의 목사나 부사가 겸임하였다.

17) 조방장(助防將): 주장(主將: 방어사)을 도와서 외적의 침입을 방어하는 장수(임시직).

18) 도원수(都元帥): 전시에 전군(全軍)을 통솔하는 최고 사령관(임시직).

19) 병수사(兵水使): 병사(兵使)는 병마절도사, 수사(水使)는 수군절도사를 말한다. 각 도(道)의 방 위 책임을 맡아 평시에는 군사훈련, 무기 제작, 군사시설 수축 등 방어태세를 갖추고, 전시에는 그 지방 군사력을 통솔하여 전투에 대처하는 무관직. 병사는 종2품, 수사는 정3품이다.

시키고, 제승방략(制勝方略)이라고 이름 붙였더니, 여러 도(道)에서 모두 본받았습니다. 이러고 보니, 진관의 이름은 비록 존재하지만, 그 실상은 서로 연결되어 있지 못하옵니다. 한번 급한 사태가 발생하면, 반드시 장수가 원근(遠近)의 군사를 모두 동원해야 하는데, 장수 없는 군사를 먼저 들판에 모이게 해 놓고, 천리 밖 서울에서 올 장수를 기다리게 하니, 장수가 때맞추어 오지 못하는 사이 적군의 선봉이 먼저 닥치면, 군심(軍心)이 놀라서 두려워하게 됩니다. 이것은 군대가 반드시 무너지는 길이옵니다.

군사 무리는 한번 궤멸(潰滅)된 후 다시 모으기는 어렵사옵니다. 궤멸된 뒤에 장수가 비록 도착하더라도 누구를 거느리고 싸우겠사옵니까? 조종(祖宗) 때부터 쓰던 진관법으로 고치는 것만 같지 못하옵니다. 평시에 훈련하기 쉽고, 일이 일어나면 징집할 수 있으며, 또 앞뒤로 호응할 수 있고, 안팎으로 서로 의지할 수 있어, 토붕와해(土崩瓦解: 산이 무너지고 기와가 쪼개짐)에 이르지는 않을 것이며, 일하는 데에도 편리할 것이옵니다."

사안(事案)이 경상도에 시달되니, 경상감사 김수(金睟)[20]가 '제승방략이 시행된 지 오래여서 갑자기 변경할 수 없다'고 하여서, 의론이 드디어 잠잠해지고 말았다.

훗날 왜적이 쳐들어오자, 문경(聞慶) 이하의 군사가 미리 대구(大丘)로 내려가, 순변사를 기다리고 있었는데, 적군을 바라보고는 먼저 흩어져 도망하였다. 이일(李鎰)이 상주에 와 보니 한 사람의 군사도 없었다. 며칠을 불러 모아서 겨우 몇 사람 농부를 얻었으니, 마침내 이 때문에 패배하였다.

선생은 날마다 왜병이 쳐들어올까 근심하여, 국경을 방비하는 한 가지 일에 온 마음과 힘을 다 쏟았으며, 알고 있는 것은 모두 말하였다. 일찍이 의정부에서 이산해와 왜변(倭變)이 일어날까 의론하다가, 선생이, "나는 왜병이 반드시 온다고 여깁니다. 지금 나라가 승평(昇平: 태평함)한 지 오래이니, 국경에서 근심꺼리가 생겨나지 않을까 염려하지 않을 수 없소. 또 한 가지 일을 말씀드리는데, 동해(東海)에서 나는 물고기가 요즘 서해(西海)로 옮겨 가서, 한강(漢江)까지 올라오는 일까지 있답니다. 이것 역시 바다 기운이 옮겨져 그런 것이 아닌가 염려됩니다" 하였는데, 이산해는 그렇게는 생각하지 않았다.

---

20) 김수(金睟, 1547－1615): 호 몽촌(夢村). 시호 소의(昭懿). 본관 안동. 퇴계문인. 문과. 임진왜란 때 경상우감사로 진주를 버리고 거창으로 도망쳤다. 의병장 곽재우와 불화하여 김성일의 중재로 무마되기도 하였다. 지중추부사, 호조판서.

7월에 특명으로 홍문관 대제학과 예문관 대제학을 겸임하게 되었다. 굳이 사양하였으나, 허락지 않으셨다.

그때, 황정욱이 대제학 자리에서 파직(罷職)되어, 임금께서 영의정 이산해에게 묻기를, "누가 문형(文衡: 대제학)을 담당할 만하오" 하시니, 이산해가 선생의 이름을 대었다. 임금께서, "그렇소. 나도 그렇소" 하셨다. 이튿날 대신들을 모두 불러 빈청(賓廳)에 모으고, 대제학 될 만한 자를 추천하라 하면서, 또 말씀하시기를 "상례(常例)에 구애받지 말고, 적임자를 뽑는 데 힘쓰라" 하셨다.

대신들이 김성일, 이덕형,[21] 이성중[22] 등 세 사람의 이름을 대니, 임금께서, "조정에 단지 이덕형 한 사람뿐이냐? 어찌 30세 나이에 갑자기 종장(宗匠)[23]의 자리를 맡을 수 있겠는가? 상례로 하던 격식(格式)을 없애고, 좌상(左相: 서애선생)을 뽑도록 하라" 하셨다. 선생은 함부로 맡을 수 없다고 극력 말씀을 올렸으나, 허락지 않으셨다.

아들 첨(襜)[24]이 출생하였다.

==

十九年 辛卯 (先生五十歲) 二月 特命兼吏曹判書 固辭 不允
是時 鄭澈用事 上欲抑之 故有是命 先生上章力辭 大槪 以爲我朝自累代以來 鮮有以三公兼吏判者 如臣無狀 固不足道 萬一若有專擅之臣 欲執朝權者 得以臣藉口 則是國家之禍云云 上曰 有人於此 身在相位 把弄朝柄 在其掌握專擅之狀 不一而足 此亦豈兼吏判而後 能然乎 卿宜供職 勿辭 使用捨得宜 朝著淸明 肅拜日 又固辭 不許 且命

---

21) 이덕형(李德馨, 1561–1613): 호 한음(漢陰). 본관 광주(廣州). 이산해의 사위. 문과. 이조정랑, 부제학, 대사헌. 임진왜란 당시 이조참판 겸 대제학. 임란 동안 명에 청병(請兵), 일본군과 담판 등 외교활동을 한다. 병조판서 3회, 이조판서 2회. 37세의 나이에 우의정. 광해군 때 영의정 3회. 인목대비 폐출에 반대하여 탄핵되어 용진(龍津: 현 양평군 양서면)으로 은퇴하여 별세했다. 남인에 속하였으나 당색(黨色)이 강하지 않았다. 시호 문익(文翼) 저서 한음문고.
22) 이성중(李誠中, 1539–1593): 호 파곡(坡谷), 본관 전주. 퇴계문인. 문과. 검열, 수찬, 동부승지, 부제학. 임진왜란 때 수어사가 되어 호종했다. 호조판서. 서애선생과 함께 명군(明軍)을 먹일 군량 조달에 진력하다가 과로로 함창에서 사망했다. 완창부원군. 시호 충간(忠簡) 저서 파곡 유고.
23) 종장(宗匠): 도덕과 학술이 출중한 사람.
24) 류첨(柳襜, 1591–1650): 호 겸근재(謙謹齋). 경현사(景賢祠)에 종향(從享).

招吏曹判書崔興源 敎曰 此後凡大小除拜 一從兼判書之言而爲之 不然 予當施之雷霆
之威云云

陞 左議政 兼吏判如故

請遣使 陳奏倭情於天朝 從之

時 通信使黃允吉等 回自日本 倭答書有率兵超入大明之語 先生謂 當卽具由 奏聞天朝
李山海以爲皇朝若以交通倭國 罪我則無說矣 不如諱之 先生曰 因事往來隣邦 有國之
所不免 成化間 日本亦嘗因我求貢中國 卽据實奏聞 天朝降勅回諭 前事已然 非獨今日
今諱不聞奏 於大義不可 況賊若實有犯順之謀 從他處奏聞 而天朝反疑我國同心隱諱
則其罪不止於通信而已也 朝廷多是先生議者 遂遣金應南等馳奏

時 福建人許儀後陳申者 被擄在倭中 已密報倭情 及琉球國世子尙寧連 遣使報聲息 獨
我使未至 天朝疑我貳於倭 閣老許國 曾使於我國 言朝鮮至誠事大 必不與倭反 姑待之
未久應南等賚奏至 而朝議始釋然

權承旨文海日記曰 辛卯八月 聖節使金應南 秘密狀啓 臣 八月初七日 往禮部 呈倭人
聲息咨文 郎中見之 喜動顏色曰 爾國王忠順 朝廷必嘉獎云云 其後 皇帝降勅嘉獎 上
傳于先生曰 自遼東咨文來到之後 過用隱憂日夜 未知其奇 雖於近日經筵 卿以坦然無
疑啓之 而於心猶有所未釋不圖 今者至蒙獎勅 展閱未終 不覺喜躍 此由於卿等運籌周
旋之忠云云

薦刑曹正郎權慄 爲義州牧使 井邑縣監李舜臣 爲全羅左道水使

時 倭聲日急 上命備邊司 各薦才堪將帥者 故先生以慄舜臣應旨 二人時在下僚 未甚知
名 後卒能立功 爲中興名將 而舜臣功績尤著

請 以李鎰 代慶尙右兵使曺大坤 不許

時 在朝武將中 惟李鎰最有名 慶尙右兵使曺大坤 年老 不堪閫寄 先生於經席 啓請以
鎰代大坤 兵曹判書洪汝諄曰 名將當在京都 鎰不可遣 先生曰 凡事貴預 況治兵禦敵
尤不可猝辦 一朝有變 鎰終不得不遣 等遣之 寧早往一日 使預備待變 庶或有益 不然
倉卒之際 以客將馳下 旣不諳本道形勢 又不識軍士勇怯 此兵家所忌 必有後悔 不答

請 修朝宗鎭管之法

先生又出備邊司 與諸人議 啓請修鎭管之法 大略 以爲國初 各道軍兵 皆分屬各鎭管
有事則鎭管統率屬邑 鱗次整頓 以待主將號令 以慶尙道言之 則金海大丘尙州慶州安東
晉州 是爲六鎭管 脫有敵兵 一鎭之軍 雖或失利 他鎭次第嚴兵堅守 不至於靡然奔潰
往在乙卯變後 金秀文在全羅道 始改分軍法 割道內諸邑 散屬於巡邊使防禦使助防將
都元帥及本道兵水使 名曰 制勝方略 諸道皆效之 於是 鎭管之名雖存 而其實不相維繫

一有警急 則必將遠近俱動 使無將之軍 先聚於原野之中 以待將帥於千里之外 將不時至 而賊鋒已逼 則軍心驚懼 此必潰之道也

大衆旣潰 難可復合 此時 將帥雖至 誰與爲戰 不如更修祖宗鎭管之制 平時易於訓練 有事得以調集 且使前後相應 內外相倚 不至於土崩瓦解 於事爲便 事下本道 慶尙監司金晬 以爲制勝方略行用已久 不可猝變 議遂寢 其後 賊至 聞慶以下之軍 先下大丘 待巡邊使 旣而望賊先潰 李鎰至尙州無一人 數日招呼 僅得數箇農夫 卒以是敗

先生 日以倭兵之至爲憂 凡於備邊一事 竭盡心力 知無不言 嘗與李山海在政府 議倭變之有無 先生曰 吾則以爲倭兵必來 今國家昇平久 邊患之作 不可不慮 且以一事言之 東海産魚 近日移於西海 以至漢江亦有之 此亦恐海氣遷移而然也 山海不以爲然

七月 特命兼弘文館大提學 藝文館大提學 固辭 不允

時 黃廷彧以主文罷 上問領議政李山海曰 誰可主文衡者 山海以先生對 上曰 是予意也 翌日 召諸大臣 會于賓廳 令擧可爲大提學者 且曰 勿拘常例 務在得人 大臣以金誠一李德馨李誠中等三人對 上曰 朝廷只有李德馨一人 豈可以三十之年 遽爲宗匠之任 可罷常格 令左相爲之 先生極陳其不可冒受之狀 不許

子 襜生

제4부

임진왜란 총사령관

임진왜란(壬辰倭亂) 발발(勃發)하자
임금의 피란길에 호종하다, 51세

선조 25년(1592) 임진

3월에 왜사(倭使)가 국경에 왔다. 사신을 보내어 위로해 주기를 청하였으나, 윤허(允許)하지 않았다.

왜(倭)가 대마도 도주 평의지(平義智)[1]를 부산포(釜山浦)로 보내어, 말하기를 "일본은 상국(上國: 명)에 조공(朝貢)[2]하기를 구하는데, 통(通)할 수 있는 길이 없습니다. 만약 조선이 일본을 위하여 주문(奏聞)해 주면 무사하겠으나, 그렇지 않으면 반드시 변고(變故: 사변, 전쟁)가 있을 것입니다. 나는 귀국의 번신(藩臣: 울타리 역할하는 신하)이므로, 알리지 않을 수 없습니다" 하였다.

그때 조정에서는 한창 통신(通信)한 일을 비난하는 논의로 시끄러웠다. 선생은 문관(文官) 한 사람을 보내어, 가서 위로하며 왜국의 사정도 물어보자고 청하였으나, 의논 끝에 결국 시행되지 않았다. 평의지가 10여 일 머물렀으나 대답을 듣지 못하자, 앙심을 품고 돌아갔다.

4월에 판윤(判尹)[3] 신립(申砬)[4]이 찾아왔기에, 군사(軍事) 일을 논의하였다.

그때, 신립이 변방의 방비를 순시하고, 황해도에서 돌아왔다. 선생이 묻기를, "조

---

1) 평의지(平義智, 1568-1615): 일본 대마도(對馬島) 도주(島主). 본명 종의지(宗義智).

2) 조공(朝貢). 작은 나라가 큰 나라에 예물을 바치는 일. 중국 주변의 나라들이 중국에 사신을 파견하여 예물을 헌상하던 외교행위. 중국은 답례로 하사품을 보내었다.

3) 판윤(判尹): 조선의 수도 한성을 관할하는 행정관청 장(長)의 관직명. 정2품. 고종 때 부윤(府尹)으로 고침.

4) 신립(申砬, 1546-1592): 시호 충장(忠壯). 무과. 선전관, 도사, 은성부사로 니탕개의 난 때 큰 공을 세웠다. 함경도 북병사. 한성부 판윤. 임진왜란 때 도순변사. 탄금대 전투에서 전사했다. 영의정에 추증. 본관 평산.

만간 사변이 나면 공(公)이 마땅히 맡아야 하오. 공의 헤아림으로는, 오늘날 적세(賊勢)의 실력을 어떻게 보시오?" 하니, 신립은 매우 가볍게 보면서, 두려워할 것이 없다고 하였다.

선생이 "그렇지 않소. 옛날에는 왜인이 단지 단병(短兵: 칼과 창으로 육박전을 함)만 믿고 행동했으나, 지금은 조총의 장기(長技)도 겸하여 가지고 있으니, 가볍게 볼 수 없소"라고 하자, 신립이 황급히, "비록 조총을 가졌지만, 어찌 다 맞힐 수 있습니까?" 하였다.

선생은 "나라가 태평한지 오래되어 사졸(士卒)들이 겁이 많고 약하오. 과연 사변이 생기면 우리 쪽은 지탱하기 매우 어렵소. 내 생각으로는, 수년 후에 사람들이 조금 전투 연습이 되면 혹시 수습될까 알 수 없으나, 전쟁 초기에는, 나는 매우 걱정이 되오" 하였다. 신립은 도무지 깨닫지 못하고 돌아갔다. 후에 과연 선생이 짐작한 대로 되었다.

임인일(壬寅日: 4월 13일)에 왜적이 대거(大擧) 쳐들어 왔다. 그 소식이 이르자, 다른 대신들과 함께 임금 뵙기를 청하였으나, 허락지 않으셨다. 곧 여러 장수를 나누어 보내서, 지키게 하자고 계청하였다.

이일(李鎰)을 순변사(巡邊使)로 삼아 중로(中路)로 내려가게 하고, 성응길(成應吉)5)을 좌방어사(左防禦使)로 삼아 좌도(左道)로 내려가게 하고, 조경(趙儆)6)을 우방어사(右防禦使)로 삼아 서로(西路)로 내려가게 하고, 유극량(劉克良)7)을 조방장(助防將)으로 삼아 죽령(竹嶺)을 지키게 하고, 변기(邊璣)8)를 조방장으로 삼아 조령(鳥嶺)을 지키게 하였다.

---

5) 성응길(成應吉, ?–?): 무과. 순천부사, 전라 병사. 임진왜란 때 좌방어사. 본관 창녕.

6) 조경(趙儆, 1541–1609): 무과. 선전관, 제주목사. 임진왜란 때 경상도 우방어사. 추풍령에서 분전. 권율을 도와 행주산성에서 왜군을 격파하여 가선대부가 되었다. 포도대장, 훈련도감 설치 때 당상(堂上)을 거쳐 훈련대장. 선무공신 3등. 본관 풍양. 풍양군(豊壤君)에 봉해졌다. 시호 장의(壯毅).

7) 유극량(劉克良, ?–1592): 무과. 전라좌수사. 임진왜란 때 조방장으로 죽령을 지켰다. 후퇴하여 방어사 신할(申硈, 신립의 아우)의 부장이 되어 임진강을 방어. 도강하여 왜군을 공격하다가 전사했다. 병조참판에 추증. 본관 연안.(연안 유씨(劉氏)의 시조임) 시호 무의(武毅). * 무과에 급제한 뒤 어머니가 과거에 홍섬(洪暹)의 종으로 있다가 옥배를 깨뜨리고 겁결에 도망쳐 요행히 아버지를 만나 자신을 낳았다는 사실을 알고, 홍섬을 찾아가 전날의 어머니의 죄를 고하고 과거합격을 취소하며 다시 종이 될 것을 청하였다. 홍섬이 그 장한 태도에 감탄하여 천적(賤籍)에서 풀어주고 조정에 등용되도록 하였다고 한다.

8) 변기(邊璣): 미상.

특명으로 병조판서를 겸하고 군무(軍務)를 총괄(總括)하였다.

그때, 이일이 정병 300명을 거느리고 내려가려 하였다. 홍여순이 병조판서로 있으면서, 여염집 사람과 한량(閑良), 잡인(雜人)들을 군적에 올려 군대로 편성하였다. 모두 시정(市井)의 백성과 서리(胥吏) 유생(儒生)이 거의 반이나 되었다. 선생이 비변사에 나가서 점고(點考)하여 전장(戰場)에 보내려 하였더니, 유생들은 관복(冠服)을 갖추고 시권(試券: 시험 답안지 또는 채점지)을 들고 있었으며, 서리들은 평정건(平頂巾)9)을 쓰고서 군적을 면(免)해달라며, 호소하는 자가 뜰에 가득하였다. 홍여순이 불같이 노하여, 병조 안에서 독판을 치며, 모든 어려움을 호소하거나 군장(軍裝)을 요구하는 자들을 큰 곤장(棍杖)을 마구 쳐서 쫓아내니, 성중(城中)에 큰 소란이 벌어졌다. 이일(李鎰)은 이 때문에 명을 받고도 사흘이나 출발하지 못하였다.

선생은 부득이 계청(啓請)하여 이일을 먼저 보내고, 직접 비변사에 자리 잡고 앉아서, 군사 300명을 뽑아 별장(別將) 유옥(俞沃)10)에게 영솔(領率)하여 가도록 하였다. 선생은 이어서 입대(入對)하여 "병조판서 홍여순이 임무를 처리하지 못하여, 장차 국사를 그르칠 것이니 바꾸어야 합니다"라고 말씀드렸다. 이에 곧 김응남(金應南)으로 대신하게 하였다.

도체찰사11)에 임명되었다. 급히 신립을 보내어 이일의 뒤를 이어서 돕게 하기를 청하였다.

그때, 대간(臺諫)에서 대신으로 체찰사를 삼기 청하였다. 며칠 후, 임금께서 전교(傳敎)하시기를 "대간이 말한 대로 대신으로 도체찰사(都體察使)를 삼아 성주(星州) 등의 장소에 가서 여러 장수들을 검독(檢督)12)하도록 하라" 하시니, 이산해가 선생이 적합하다고 응명(應命: 어명에 대답함)하였다. 선생은 판서 김응남을 부체찰사로 삼기를 청하였다. 그때, 전 목사(牧使) 김여물(金汝吻)13)이 어떤 일에 연좌

---

9) 평정건(平頂巾): 각서(各署)의 서리(胥吏)가 쓰는 건(巾). 유건(儒巾)에 턱거리 같은 줄을 매단 것.

10) 유옥(俞沃): 미상.

11) 도체찰사(都體察使): 비상시에 군대를 지휘하거나 기타 군사 일을 담당하는 임시관직. 비변사(備邊司)가 설치된 후 군령체계(軍令體系)의 최상위로 총지휘관의 성격을 갖게 되었다. 재상으로서 군무(軍務)를 담당하라는 왕명을 받은 자는 품계에 따라 호칭을 달리하여, 의정(議政)은 도체찰사 1품 이하는 도순찰사, 종2품은 순찰사, 3품은 찰리사(察理使)라 한다.

12) 검독(檢督): 일의 진행사항을 검사하고, 잘 수행하도록 독려한다.

13) 김여물(金汝吻, 1548-1592): 문과. 의주 목사. 임진년 봄에 어떤 죄에 연루되어 투옥되었다.

되어 옥중에 있었는데, 그가 자못 무략(武略)이 있었다. 계청하여, 스스로 종군하여 죄를 갚도록 하였다. 궐문 밖을 나서서 무사(武士)를 불러 모으니, 구름같이 모여들었다.

어느덧 적병의 선봉이 가까워졌는데, 신립이 선생과 김 부사(金副使)에게 말하기를 "들으니, 적병이 이미 밀양(密陽)을 지났다 하니 장차 조령 아래까지 도달할 것입니다. 조정은 이일(李鎰)에게 홀로 외로운 군사를 이끌고 앞에 보내놓고, 뒤에 책응(策應)14)하는 장수는 없으니, 형세가 심히 위급합니다. 체찰사께서 비록 내려가신다고 하나, 전투하는 장수가 아니니, 적군의 형세가 만약 늦추어지는 경우라면 뒤에서 제장(諸將)을 감독하시면 되겠지만, 지금, 적군이 벌써 압박(壓迫)하고 있는데, 어찌 맹장(猛將)으로 밤을 도와 먼저 달려 내려가도록 하여, 이일의 군사를 뒤이어 돕게 하지 않으십니까?" 하였다.

선생이 "영공(令公)의 말씀이 매우 옳소. 다만 보낼 만한 무장이 없으니, 어찌하오?" 하니, 신립이, "국사(國事)가 바야흐로 급한데, 누군들 갈 수 없겠습니까? 비록 소인이라도 만약 가라고 하면 감히 가지 않겠습니까?" 하였다.

선생께서 곧 부사와 함께 청대(請對: 임금을 뵙기를 청함)하여, 말씀드리기를, "신들이 비록 내려가더라도, 임금께서 친히 행진(行陣)에 나오실 필요는 없사옵니다. 지금 왜적의 형세가 매우 급한데, 조정에서는 다만 이일에게 여윈 군졸 수백명만 딸려 앞에 보내고, 뒤에 후계(後繼)할 군사가 없으니, 어찌 한심하지 않겠사옵니까? 신이 생각건대, 마땅히 급히 신립을 보내어 이일을 돕게 하고, 신은 그 뒤를 따라가면, 아마도 일이 잘못되지 않을 것이옵니다. 신이 바깥에서 신립을 만나 의론하였는데, 신립의 뜻도 꼭 같아 스스로 내려가기를 청하였사오니, 그의 나라에 몸바치는 충성을 알 수 있었사옵니다. 원하오니, 신립을 불러 물어보소서" 하였다.

임금께서 그렇게 여기고, 명하여 신립을 불렀더니, 신립이 전과 같이 대답하였다. 이에, 신립을 순변사(巡邊使)로 삼아, 이일을 책응토록 하였다. 신립이 대궐 문을 나서서, 스스로 무사를 불러 모았더니, 원하여 따르는 자가 없었다. 그러나 선생을 따르려는 자는 뜰에 가득하였다. 그때, 선생은 부사와 함께 중추부(中樞府)15)에

왜란이 발발하자 신립의 종사관이 되었다. 조령을 지켜야 한다고 주장하였으나 신립이 듣지 않았다. 탄금대 전투에서 전사했다. 영의정에 증직되었다. 본관 순천. 김류(金瑬)의 아버지. 시호 장의(壯毅).

14) 책응(策應): 계책을 서로 협의하여 상황에 맞추어 대응하는 것이다.

15) 중추부(中樞府): 특정 관직에 보임되지 않은 당상관을 대우하는 관청으로, 무관직(武官職)에서

서 일을 처리하고 있는데, 신립이 밖에서 들어오며 자못 얼굴에 노기(怒氣)가 있었다. 부사(副使)를 손가락으로 가리키며, 선생께 "대감께서 이처럼 거느리고 계시니, 영공(令公: 어르신)께서 가시지 어찌 소인을 쓰십니까? 원하오니, 부사가 되어서 가겠습니다" 하였다.

선생은 신립이 무사들이 자기를 따르지 않아 노한 것을 알고, 웃으며, "꼭 같은 국사를 가지고, 어찌 네 일, 내 일 나누겠소? 마땅히 완급(緩急)을 헤아려 할 따름이오. 내가 불러 모은 자가 이미 많은데, 공이 먼저 가도록 되었으니, 데리고 가도 좋소" 하였다.

군관의 명단을 건네주며, 뜰에 있는 군사(軍士)들에게 위로하기를, "이 또한 같은 나라 일인데, 너희들이 나를 따라 적군을 막으려 하였으나, 지금, 신(申) 지사(知事)가 먼저 내려가니, 너희들은 따라가도록 하라. 나는 후에 별도로 모집하여 가겠다" 하니, 모두 낙담하면서 따라갔다.

인심(人心)을 결집시키기 위하여 세자(世子)를 세우자고 청하니, 윤허하였다.

그때, 적세가 날로 급해지니, 임금은 피란하려고 하였다. 선생이 영상 이산해, 우상 이양원[16]과 함께 청대하니, 임금이 '하고 싶은 말이 무엇이냐'고 물었다. 이산해는 제일 상급자인데 임금이 세 번이나 물었는데 대답하지 않았다.

선생이 계청하기를, '세자를 세워서 민심이 결집되도록 하소서' 하였다. 임금이 "중전(中殿)이 만약 원자(元子)를 생산하면, 처리하기가 매우 어렵기 때문에 질질 끌어온 것인데, 경들이 한번 말해 보시오. 만약 세자를 세운 뒤에 원자가 태어나면, 어떻게 처리하려 하오" 하시어, 선생은, "옛날 송(宋)나라 인종(仁宗)은 춘추가 겨우 20여 세인 데도, 사마광(司馬光)[17]을 비롯한 여러 신하들이 세자를 세우자고 급히 청하였는데, 이것이 어찌 예측한 바가 없이 한 것이겠사옵니까?" 하였다.

임금이 이윽고 "그러면, 누구를 시키면 마땅할지 경들이 모름지기 말해 보시오"

는 최고의 위치였다.

16) 이양원(李陽元, 1526－1592): 호 노저(鷺渚), 문과. 형조판서, 대제학. 종계변무의 공으로 광국 공신 3등. 우의정. 임진왜란 때 유도대장(留都大將). 해유령에서 왜군을 막아내어 영의정에 올랐다. 선조의 요동내부 헛소문을 듣고 8일간 단식하며 탄식하다가 사망했다. 본관 전주. 퇴계 문인. 시호 문헌(文憲).

17) 사마광(司馬光, 1019－1086): 중국 북송(北宋)의 정치가, 역사가. 용도각 직학사. 상서좌복야 겸 문하시랑. 19년에 걸쳐 자치통감(資治通鑑)을 편찬. 왕안석의 신법을 반대(구법당). 태사(太師). 온국공(溫國公). 시호 문정(文正).

하였다. 선생은 황공하여 말하기를, "이러한 일은 신하들이 어찌 감히 간여(干與)하겠사옵니까? 오직 전하의 뜻에 달린 일이옵니다" 하니, 임금은, "광해군(光海君)이 총명하고, 학문을 좋아하니, 사자(嗣子)로 삼을 만하오" 하였다.

또 말씀하기를 "나는 본래 병이 많고, 나라 일을 이 지경이 되게 하였으니, 가령 적이 물러가더라도, 무슨 면목으로 종사(宗社)를 뵈오며, 나라를 다스리겠소? 내가 세자에게 전위(傳位)하려는데 어떠하오?" 하였다.

선생과 이산해가 한목소리로 대답하기를, "전하께서는 어찌 갑자기 이런 전교(傳敎)를 내리시옵니까? 필요할 때에는 세자를 전하 앞에 있도록 하여, 업무에 참여하도록 하여 결정하면 될 것인데, 어찌 갑자기 이런 일을 의론할 수 있사옵니까? 원컨대, 성상께서는 더욱 홍복(洪福)을 입으사, 어려운 일을 크게 구제하옵소서" 하고, 체읍(涕泣: 눈물을 흘리며 울다)하며 물러 나왔다.

김성일을 사면해 달라고 청하였는데, 그 말을 따라주었다.

이에 앞서, 임금이 김성일을 경상우병사로 삼으니, 선생은, "김성일은 유신(儒臣)이니, 이러한 때 변방의 장수로 맞지 않사옵니다" 하였다. 임금은 허락지 않고 말씀하기를 "김성일이 전에 왜적이 쳐들어오지 않는다고 말하면서, 만일 왜변이 생기면, 자기를 돌격시켜도 좋다고 했다" 하였다.

이때에 이르러, 임금께서 또 김성일이 인심을 해이(解弛)시키고 국사를 그르쳤다고 하여, 새삼 의금부 도사를 보내어 잡아 오라고 명하였다. 사태가 예측할 수 없게 되어, 아무도 말씀을 올릴 수 없었다. 선생이 틈을 타서 말씀 올리기를, "김성일은 마음을 다하여 나라를 위하고 있사옵니다. 그 말이 비록 잘못되었으나, 본마음은 민심을 진정시키는 데 있었으니, 반드시 깊이 나무랄 것은 아니옵니다. 이제 막 부임하여, 군사를 정돈하여 적을 막으려는데, 갑자기 잡아 오게 하면, 도내(道內)에 군사를 주관할 사람이 아무도 없어, 일하는데 더욱 해로울 것이옵니다. 우선 용서하여 죄를 갚도록 해 주시기를 청하옵니다" 하니, 임금의 노여움이 걷히고, 다시 경상 우도(右道) 초유사(招諭使)로 삼았다.

기미(己未: 4월 30일)일에 임금은 서쪽으로 몽진(蒙塵)[18]하였다. 선생이 호종(扈

---

18) 몽진(蒙塵): 머리에 티끌을 덮어쓰는 일. 국왕이 변란으로 도성을 떠나 피란 가는 것을 말한다. 평상시는 길을 쓸고 행차를 하는데 변란으로 먼지를 덮어쓰며 길을 가는 것.

從)19)하였다.

신립이 출발한 뒤에 도성 사람들은 날마다 승전보(勝戰報)를 바라고 있는데, 패보(敗報)가 이르자, 도성 안이 크게 놀라서, 대궐 안의 위사(衛士),20) 하인들은 흩어져 도망치고, 거의 다 없어져 버렸다.

29일에 임금은 재신(宰臣)들을 불러 피란 갈 의론을 하니, 대신들이 말하기를 "사세가 이와 같으니, 거가(車駕)21)가 잠시 평양까지 가서, 천조(天朝: 명나라)에 군사를 청하여, 회복을 도모하시기를 청하옵니다" 하였는데, 장령(掌令: 사헌부 정4품) 권협(權悏)22)이 청대(請對)하여, 큰 소리로 서울을 굳게 지키기를 청하였다.

이때, 뭇 신하들은 뒤섞인 채 마구 떠들어, 무슨 말을 하는지 거의 분간도 되지 않았다. 선생은 권협에게, "비록 위급한 때이지만, 군신(君臣)의 예(禮)는 이처럼 하면 안 되오. 조금 물러나 있다가 말씀 올리시오" 하고, 임금께, "권협이 한 말은 심히 충성스런 말이오나, 다만 사세가 그렇게 하지 않을 수 없는 것이옵니다. 청하오니, 왕자들을 나누어 여러 도(道: 지방)로 보내어 근왕병(勤王兵)을 불러 모으게 하시고, 세자는 어가(御駕)를 따르게 하소서" 하였다.

의론이 결정되고, 대신들은 합문 밖에 나가 기다리고 있었다. 영상(領相)과 호종할 재신(宰臣: 중앙관서의 장) 수십 인을 점호하여 출발하도록 하고, 선생께는 명하여 서울을 남아 지키라고 하였다. 명(命)이 미처 아래로 전달되기도 전에, 도승지 이항복(李恒福)23)이 '호종하는데 선생이 빠지면 안 됩니다'라고 하면서, 동료들과 의론하여, 호종하도록 계청하니, 임금이 그 말에 따랐다.

어가(御駕)가 출발하는데, 삼청금군(三廳禁軍 : 왕궁을 지키는 3개 부대 즉 내금위, 겸사복, 우림위)이 모두 달아나 버려서, 캄캄한 가운데 서로 부딪쳐도 누구인지 알 수 없었다. 마침 우림위(羽林衛)24) 지귀수(池貴壽)가 바삐 앞을 지나가니, 선생

---

19) 호종(扈從): 임금의 행차를 따라가는 것.

20) 위사(衛士): 궁중을 지키는 군사.

21) 거가(車駕): 임금의 수레.

22) 권협(權悏, 1553-1618): 호 석당(石塘) 시호 충정(忠貞) 본관 안동. 문과. 전적(典籍). 임진왜란 때 장령(掌令)으로 서울을 굳게 지킬 것을 주장했다. 정유재란 때 응교(應敎)로서 명나라에 고급사(告急使)로 다녀왔다. 대사헌, 예조판서.

23) 이항복(李恒福, 1556-1618): 호 백사(白沙), 문과. 검열. 임진왜란 때 도승지. 선조를 의주로 호종했다. 병조판서(5회), 이조판서. 우의정, 영의정. 오성부원군. 호성공신 1등. 광해군 때 폐모론에 반대로 삭탈관직 되었다. 북청(北靑)으로 유배되어 사망했다. 청백리에 녹선 되었다. 본관 경주. 권율의 사위. 이이의 문인. 시호 문충(文忠) 저서 백사집, 북천일록(北遷日錄).

24) 우림위(羽林衛): 조선시대 금군(禁軍)의 하나. 서얼(庶孽)로서 무재(武才)가 뛰어난 자로 선발

이 불러서, "대가(大駕)가 출발하려는데, 너희들이 감히 이럴 수 있느냐?" 하니, 귀수가, "감히 힘을 다하지 않겠습니까?" 하고, 동료 두 사람을 불러오므로, 선생은 어가를 호종하는 책임을 지웠다. 위사(衛士) 가운데 따른 자는 단지 이 세 사람뿐이었다. 선생은 또 내의원(內醫院)[25] 제조(提調)와 약속하여, 하인들로 흩어지지 않도록 하였는데, 그 결과 19명이 더 호종하게 되었다.

오성(鰲城: 백사(白沙) 이항복(李恒福))의 수기(手記)에 다음과 같이 기록하였다.

"임진왜란 초기에, 왜적이 상주에 닥쳐왔을 무렵, 공(公: 서애)을 도체찰사로 삼았다. 아직 출발하기 전인데, 충주에서 패전한 소식이 들리니, 그날로 서쪽으로 파천(播遷: 몽진)한다는 교지(教旨)가 내려졌다.

그때, 나는 도승지로서, 정청(政廳)[26]에 있었는데, 파천하신다는 명을 듣고 승정원으로 들어갔다. 대궐 안은 이미 소란해져서 더 이상 질서가 없었다. 동료와 의론하고서, 승정원에서 나와 선정문(宣政門)[27] 아래로 갔는데, 임금께 말씀을 올리기 편한 곳이었다.

조금 기다렸더니, 안에서 공(公)으로 서울을 지키게 하라는 교지가 나왔다. 내가 중사(中使)[28]를 상대하고 있는 채로 노사형(盧士馨)[29]을 돌아보며 말하기를, "파천한다는 명이 한번 내려지자, 궁중은 이미 텅 비어버려, 성을 출발하는 날 따르는 자는 반드시 얼마 안 될 것이오. 만약 서쪽으로 가다가 멈추지 못하고, 국경까지 다 가서 머물게 되면, 물 하나 밖은 곧 상국(上國: 중국)의 땅이요. 여기에까지 가게 되면, 반드시 상황에 따라 처리, 교섭해야 할 일이 있게 될 터인데, 방금 조정 신하로서, 명민(明敏)하고 사리에 익숙하며, 옛 외교 사례를 잘 알아서, 외교문서를 잘 지을 수 있는 사람은 류성룡 한 분뿐이요. 지금 임금이 한

하였다.

25) 내의원(內醫院): 임금의 약(藥)을 조제하는 일을 관장하는 정3품 관아. 도제조 다음 관직이 제조(提調)였다.

26) 정청(政廳): 이조(吏曹)나 병조(兵曹)의 전관(銓官)이 도목정서(都目政事: 인사행정)를 보던 곳. 사헌부의 대사헌, 이, 병조의 당상관, 이방승지(도승지가 이방승지임), 병방승지, 사관(史官)이 참예하여 관리의 전형(銓衡), 임면(任免), 출척(黜陟)등 인사에 관한 일을 의논하고 처리하였다.

27) 선정문(宣政門): 창덕궁 선정전 앞의 문.

28) 중사(中使): 궁중에서 임금의 명령을 전하는 내시(內侍).

29) 노사형(盧士馨, 1545–1618): 노직(盧稷)을 말한다. 사형은 자(字)이다. 문과. 지평. 임진왜란 때 말에서 떨어져 부상하였으나 왕을 호종했다. 정유재란 때 명군 접반부사. 부제학, 병조판서. 본관 교하(交河) 글씨에 뛰어났다.

번 떠나고 나면, 서울은 지킬 수 없을 터인데, 류모를 남겨 봤자 패전 신하가 되는 길밖에 없을 것이나, 임금을 따라가게 하면 반드시 유익함이 있을 것이요. 계청하여 따라가도록 하는 것이 어떠하오" 했더니, 노사형이 턱을 끄덕였고, 모든 동료들도 호응하여 "좋습니다" 하였다.

나는 곧 문안을 기초하고, 정서(整書)할 겨를도 없어, 기초한 종이를 중사(中使)에게 주어 말씀 올리게 하였다. 임금께서 곧 윤허하시므로, 명을 고쳐, 이양원(李陽元) 공으로 남아 지키게 하였다. 후일에, 성지(聖旨)를 받고도 공이 실행하지 않았다는 말이 있었는데, 어찌 창황한 가운데의 일인데 다가, 또한 임금의 언행을 기록하는 벼슬아치가 다 기록하지 못하였기 때문이니, 개탄(慨歎)스럽도다."

5월 경신일(1일)에 어가를 호종하여 임진강에 이르렀다.

임금이 배에 타고 계시면서, 대신들을 불러 배 안으로 들어오게 하고, 통곡하며 말하기를, "내가 주색(酒色)에 빠지지 않았는데도 이런 일을 만나는구나" 하고, 또 선생에게, "내가 경(卿)을 등용했는데 이 지경에 왔구나" 라고 하니, 선생도 머리를 조아리고 울었다. 임금이 내관을 돌아보며 밀과(蜜果)를 가져오게 하여 선생께 하사하고, 또 소주(燒酒)를 따라 내려주니, 선생은 소리내어 울고 마시지 못하였다.

임금이 위로하기를, "만일 나라를 중흥시키려면 마땅히 경의 힘에 의지해야 하니, 모름지기 자중자애(自重自愛)[30]하라" 하니, 선생은 머리를 조아리며 감사를 올렸다.

어가(御駕)를 호종하여 동파(東坡)[31]에 이르렀다.

임금이 가슴을 치며 여러 신하들을 불러서, "나는 어디로 가야 하오? 각자 마음에 있는 것을 남김없이 말하오" 하니, 제신들은 엎드려 목이 메어 울 뿐, 갑자기 대답할 수 없었다.

임금이 도승지 이항복을 돌아보며 생각이 어떤가 물어보니, 그가 대답하기를, "장차 어가(御駕)는 의주(義州)로 가서 머무는 것이 좋겠사옵니다. 만약 세궁역진(勢窮力盡)하여, 팔도(八道)가 모두 무너지고, 한 뼘의 깨끗한 땅도 없게 되면, 바로 천조(天朝: 명나라)로 달려가서 호소하는 것이 좋겠사옵니다" 하였다.

윤두수가 "북도(北道: 함경도)는 군사와 군마(軍馬)가 날래고 힘이 세며, 함흥(咸

---

30) 자중자애(自重自愛): 스스로를 소중히 여기고 아낌. 말이나 몸가짐을 삼가 신중히 하는 것.
31) 동파(東坡): 현 경기도 파주시 진동면(津東面)의 마을 이름. 임진강에 면해 있으며 한양에서 개성으로 가는 중요한 나루터였다.

興)과 경성(鏡城)에는 험한 지세가 있으니, 의지할 만하옵니다. 영(嶺)을 넘어 함경도로 가는 것이 좋겠사옵니다" 하였다.

임금이 "승지가 한 말이 어떠한가" 하시니, 선생은 "아니 되옵니다(不可). 대가(大駕: 임금의 수레)가 우리 땅을 한 발자국이라도 벗어난다면, 조선은 우리 땅이 아니옵니다" 하였다.

임금은, "내부(內附: 명나라에 가서 들러붙음)는 본래 나의 뜻이다" 하신대, 선생은 또 "안 되옵니다" 하였다.

이항복이 "신이 말한 것도, 의주에 가서 바로 강을 건너가자는 것이 아니옵니다. 할 수 있는 대로 다 하다가 마지막에 다다랐을 때를 말한 것이옵니다" 하였는데, 선생은 "아니 되옵니다"라고 하였다.

그로부터, 이항복과 10여 차례 논변(論辯: 논쟁)하였는데, 양쪽 다 구차하게 의견을 합치하려 하지 않았다. 임금은 이공(李公: 이항복)의 논의를 많이 따랐고, 이산해는 다만 엎드려서 울기만 할 뿐이었다. 마지막에, 선생이 성난 목소리로 "지금 동북쪽의 여러 도(道)는 여전하고, 호남의 충성스럽고 의로운 선비들은 며칠 안 가서 벌떼처럼 일어날 것인데, 어찌 이런 일을 논의할 수 있소?" 하니, 이항복이 비로소 깨닫고 입을 다물었다.

임금이 다시 묻기를 "남방의 순찰사들은 근왕(勤王)할 만한 사람들인가?" 하니, 선생이 대답하기를, "그 사람들의 재주를 요량해 보니, 이런 일을 주관하기에 넉넉하지 않사옵니다" 하였다.

논의를 끝내고 나와서, 선생이 판서 이성중(李誠中)을 보고 말하기를 "이모(李某: 이항복)를 보거든 내 뜻을 말해 줘도 좋소. 어찌 가볍게 나라를 버리자는 말을 꺼내는가? 이모가 비록 옷이 찢기고 발을 싸매면서 따라 다니다가 길에서 죽더라도, 아녀자나 내시의 충성에 불과하나, 이 말은 한번 소문 나버리면, 사람들의 마음이 모두 와해(瓦解)되어 버릴 테니, 누가 수습할 수 있겠는가?" 하였다.

그때 이공은 아직도 깊이 그렇게까지 되리라 여기지 않았으나, 영변에 도착하여, 양궁(兩宮: 왕과 왕비)이 처음 나뉠 때, 와전된 말이 크게 번져서, 관서지방의 인심이 수습할 수 없게 된 뒤에, 이공은 비로소 선생의 선견지명에 심복(心服)하였다.

후에 사사로운 자리에서 만났을 때 사과하면서, "급한 김에 한 수 잘못 두었습니다. 대세를 잘못 이끌었으니 후회해 마지 않습니다" 하였는데, 선생은 "나도 당시에는 곧바로 안 된다는 말만 하고, 밝게 이해시키지 못하여, 실수가 없지 않았소"라고 하였다.

어가를 호종하여 개성부에 이르렀다. 계청하여 신할(申硈)[32]을 보내어 서울을 지키게 하고, 또 사방에 효유(曉諭: 달래는 말씀을 내림)하여 힘을 합쳐 왜적을 쳐부수게 하도록 청하였다.

계청하기를, "들으니, 왜적이 아직은 멀리 있지만, 서울의 인심은 의지할 곳이 없사옵니다. 신할(申硈)이 마침 왔으니, 속히 달려가게 하여, 유도대장과 도원수와 함께 힘을 합쳐 도성을 지키게 하면, 인심이 스스로 굳게 될 것이옵니다. 마름쇠[稜鐵][33]는 전쟁물자로 가장 중요하니, 임진강의 나루터 같은 요해지에 모두 마땅히 쓰도록 해야 하옵고, 본 개성부(開城府)에게 시켜 힘닿는 대로 구해 준비해 두도록 하는 것이 마땅하옵니다.

충청, 전라, 경상도 등지에서는, 임금의 몽진 소식을 듣고, 사람 마음이 절망하고 있사옵니다. 잠시 난을 피해 나왔지만, 바야흐로 사방의 군사를 불러 모아 기어이 이겨 도성으로 돌아오겠다는 뜻으로 분명히 효유하셔야 하오며, 만약 충성스러워 나라를 위해 목숨을 바칠 사람이 있으면, 관직의 유무를 따지지 마시고 모두 허락해 주어, 군사를 모집, 인솔하고 각자 전투를 하며, 힘을 합해 왜적을 공격하여 잡아내는 일을 하도록 널리 깨우치게 하는 명령을 내리시옵소서. 보리와 밀이 아직 여물지 않았는데, 민간에 기근이 들었으니, 빨리 해당 도(道)의 창고를 열어서 나눠주어 백성의 곤궁함을 구제하여야 하옵니다. 서울 밖의 무과(武科) 합격자를 숫자대로 다 모아 군사로 징집하여 전쟁터로 투입하는 일을 담당 조(曹: 병조)로 하여금 빨리 거행토록 해야 하옵니다.

영의정에 올랐다. 사양하였으나 허락지 않았다. 바로 파직되었다.

그때 대간에서 수상 이산해가 궁액(宮掖)[34]과 결탁하여 나라를 그르치고 백성들을 다 죽인다고 논죄(論罪)하여, 삭탈관직(削奪官職)하여 내쫓기를 청하였다.

임금이 파직(罷職)하라고 명하고, 선생을 불러 수상(首相)을 선정하는 명단에 들도록 하였다.

---

32) 신할(申硈, ?-?): 신립(申砬)의 아우. 본관 평산. 질녀가 신성군(信城君) 부인으로 선조의 며느리이다.

33) 마름쇠〔菱鐵〕: 쇠로 마름 열매처럼 만든 것으로 쇠 가시가 여러 개 달려 있는 모습이다. 골프공에 쇠침을 여러 개 박아둔 것 같다. 중요 길목이나 물길에 뿌려두면 적의 보병이나 기병의 이동을 저지하는 효과가 있었다.

34) 궁액(宮掖): 궁문(宮門)의 좌우에 있는 소문(小門)이나 방사(旁舍)를 말하는데, 궁중의 하인들을 지칭하기도 한다. 이산해는 인빈(仁嬪) 김씨(金氏) 측과 결탁되어 있다는 혐의가 있었다.

선생은 "국사가 이 지경에 이르렀는데, 신과 이산해는 같이 재상 자리에 있었으니, 어찌 홀로 책임을 면하겠사옵니까? 이산해가 파직되었는데 신이 어찌 감히 죄가 없다고 하면서 수상으로 뽑히겠사옵니까?" 하고, 이어서 울면서, "신은 일찍부터 국사가 이와 같이 될 줄을 알면서도 물러나지 못하였으니, 이것은 신의 죄이옵니다"라고 하였다.

임금이 굳이 명하시니, 선생은 일어나 섬돌로 내려가 죄를 청하였다. 임금이 승지 이충원(李忠元)[35]에게 명하여 부축해 일으켜 전상으로 올라오게 하였다. 선생이 또 굳이 사양하면서, "신은 죽을 죄를 지었으니, 수상에 뽑히는 것은 신의 소임이 아니옵니다. 죽어도 감히 할 수 없사옵니다" 하고, 또 섬돌 아래로 내려가서, 뜰 한가운데에 엎드렸다.

이에, 임금이 '일어나 나가 있으라' 명하시고, 전상에 있는 여러 재신들에게 정승이 되어야 마땅한 사람을 추천하라고 하였다. 이에, 선생이 수상에 오르고, 최흥원 공이 좌상이 되고, 윤두수 공이 우상이 되었다. 선생은 허물이 많다고 한사코 사양하였으나, 허락하지 않았다.

그날 저녁에 선생의 파직을 명하였는데, 신잡(申磼)[36] 등이 모함하였기 때문이었다. 선생은 비록 파직되어 산직(散職)[37]으로 있었지만, 감히 호종하는 데 뒤처지지 않았다.

어가를 호종(수행)하여 평양에 이르렀다.

그때, 적병이 이미 봉산(鳳山)에 이르렀다. 선생이 우상 윤두수에게 말하기를 "적의 척후가 응당 강 너머에 이르렀을 것인데, 요사이 영귀루(詠歸樓) 아래는 강이 갈라져 두 물줄기가 되어서, 얕아서 건널 수 있습니다. 만약 적이 우리나라 사람의 향도를 얻어, 몰래 건너와 갑자기 들이닥치면, 성이 위태롭습니다. 왜 이일을 얼른 보내어 얕은 여울을 지키게 하여 뜻밖의 일을 방지하지 않습니까?"라고 하니, 윤상(尹相)이 "알았습니다" 하고, 곧 이일(李鎰)을 그곳으로 보내었다.

---

35) 이충원(李忠元, 1537-1605): 호 송암(松菴). 문과 장원. 홍문관 수찬. 임진왜란 때 도승지로 의주까지 호종한다. 형조참판. 첨지중추부사. 호성공신 2등. 완양부원군. 공조판서. 본관 전주. 시호 충헌(忠獻). 글씨에 뛰어났다.

36) 신잡(申磼, 1541-1609): 호 독송재(獨松齋). 문과. 이조참판. 임진왜란 때 호성공신 2등, 평천부원군. 본관 평산. 신립(申砬)의 큰형.

37) 산직(散職): 조선시대 일정한 담당 직책이 없는 관직을 말한다. 영직(影職)이라고도 한다. 녹봉이 없었다.

이일은 군사를 점고(點考)38)하며 곧 가지 않으니, 선생은 일이 급하다고 생각하여, 윤상(尹相)에게 연이어 재촉해 보내라고 하였다. 이일이 성을 나가서 겨우 십여 리를 가서, 강 남쪽 언덕을 멀리서 바라보니, 적병이 이미 몇 백 명이 모여 있고, 강 가운데 작은 섬의 백성들이 놀라서 소리치며 흩어지고 있었다. 이일이 급히 영을 내려 무사들에게 섬 속으로 들어가 활을 쏘라고 하였는데, 적병은 이미 물속으로 많이 들어와 물가에 접근하고 있었다. 우리 군사가 급히 강궁으로 쏘아 연달아 육, 칠 명을 쓰러트리니, 적은 마침내 물러갔다.

6월에 서용(敍用)39)되어 풍원부원군40)에 임명되었다. 사양하였으나 허락지 않았다.

그때 승지 신잡(申磼)과 정랑 구성(具宬)41)이 선생은 죄는 이산해와 같은데 벌은 달라 혼자 죄를 면하는 것은 옳지 않다고 큰 소리로 말을 했다.

어느 날, 삼사(三司)가 모여 앉아 막 발론(發論)하려고 하는데, 장령 정희번42) 공이 피해서 문밖으로 나가려다 우연히 도승지 이항복을 만나 이 사실을 이야기하였다. 이공이 곧 달려 들어가서, 부제학 홍이상(洪履祥)43)을 불러, "만대(萬代)에 우러러볼 일이 이번 한 조처에 달려있네. 공이 만약 힘을 다하지 않는다면 나는 이제부터 관계를 끊겠소" 하였다. 홍공이 "좋소. 이것은 내 뜻이요" 하고, 곧 들어가 큰 소리로 말하니, 그 일이 마침내 잠잠해졌다.

그때, 선생은 사실(私室)로 물러나 엎드려 있어, 감히 공당(公堂)에 들어가 보지 못하고, 오직 깊이 허물을 인정하고 있을 뿐이었다.

---

38) 점고(點考): 명부에 점을 찍어가며 사람 수효를 조사하다.

39) 서용(敍用): 파직(罷職)된 사람을 다시 등용하는 것.

40) 부원군(부원군): 왕비의 아버지, 또는 정1품 공신에게 주던 작호(爵號). 본관의 읍호(邑號)를 앞에 쓴다.

41) 구성(具宬, 1558 – 1618): 호 초당(草塘). 시호 충숙(忠肅). 문과. 예조좌랑, 병조정랑. 임진왜란 때 개성에서 이산해를 탄핵 유배시켰다. 동부승지, 병조참의. 임진왜란이 끝난 뒤 옛 기축옥사의 문제로 유배. 호성공신 2등. 인조반정 후 영의정에 추증. 본관 능성(綾城). 인헌왕후(인조의 어머니)의 오빠.

42) 정희번(鄭姬藩, ? – ?): 호 고송(孤松). 문과. 충주목사. 임진왜란 때 장령으로 임금을 호종. 승지를 오래 역임하였다. 호성공신 2등. 본관 온양.

43) 홍이상(洪履祥, 1549 – 1615): 호 모당(慕堂), 시호 문경(文敬). 초명 인상(麟祥). 문과장원. 이조정랑, 직제학, 동부승지, 이조참의. 임진왜란 때 임금을 호종. 부제학, 대사성. 광해군 때 대북(大北)파에 밀려 개성 유수로 좌천. 병으로 사직하고 고향 고양에서 은거하다가 별세했다. 영의정에 추증. 본관 풍산.

초하루 날, 서용한다는 명이 내려오니, 선생은 상소를 올려, "국사가 이 지경에 이르렀는데, 신은 전에 대신의 반열에 있었으니 나라를 그르친 죄는 만 번 죽어도 용서받기 어려우며, 마땅히 형벌을 받아 국인들에게 용서를 빌어야 할 것인데, 홀로 중죄를 면하고, 지금 천만뜻밖에 다시 거두어 서용하시는 명이 내려지니, 신은 부끄럽고 두려우며 굴러떨어져서 어디로 나가야 할지 모를 것 같사옵니다. 지금의 시사(時事)는 위태롭고, 인사문제는 더욱 중대하니, 어찌 무상(無狀)한 신으로써 명기(名器: 관직)를 거듭 욕보이시나이까? 신 역시 무슨 얼굴을 들고 재신들의 뒷자리에 따라 참예하겠사옵니까? 청하오니, 어서 파직하셔서 신의 죄를 바로잡고 인심을 가라앉히소서" 하였는데, "사양하지 말라"라고 대답하였다.

왕명을 받아 천장(天將: 명나라 장수)을 접대하였다.

요동(遼東) 도사진무[44] 임세록이 왜병의 정황을 탐지하러 왔다. 임금이 대동관(大同館)[45]에서 만나 보시고, 선생께 명하여 접대하게 하였다. 그때, 요동에서는 왜국이 우리나라를 침범했다는 소식을 듣고 나서, 얼마 되지 않아 도성을 지키지 못하고 임금이 서쪽으로 피난했다는 소식을 들었으며, 이윽고, 왜병이 벌써 평양에 도착했다는 것을 듣고 난 뒤에는, 매우 의심하기를, 왜병이 비록 급히 쳐들어 왔어도 이처럼 갑작스럽지는 않으리라 여겼다. 어떤 자는 우리나라가 왜국을 위하여 앞장서서 인도한다고까지 하였다.

임세록이 오니까, 선생은 그와 함께 연광정(練光亭)에 올라 멀리서 형세를 살폈다. 한 왜병이 강 동쪽 숲속에서 보이다 말았다 하며 있고, 조금 있다가 서너 명의 왜병이 이어서 나오는데, 어떤 놈은 앉아 있고, 어떤 놈은 서 있으면서, 그 태도가 한가로워, 마치 길 가다가 쉬는 모습이었다.

선생이 임세록에게 손가락으로 가리켜 보여주며, "저것이 왜적 척후입니다" 하니 임세록이 기둥에 기대서서 바라보다가, 유달리 믿지 못하겠다는 안색으로, "왜병이 어찌 이렇게 수(數)가 적소" 하여, 선생이 "왜적은 잘 속입니다. 비록 대병이 뒤에 있어도, 먼저 와서 정탐하는 자는 몇 사람뿐입니다. 만약 수가 적다고 소홀히 하면,

---

44) 도사진무(都司鎭撫): 도사(都司)는 도지휘사(都指揮使: 정2품)가 있는 관청으로, 군정(軍政)을 담당하였으며, 명나라는 중앙에 5도독부(都督部)를 두고 지방에 13개 도지휘사를 두었는데, 뒤에 16개소로 늘어났다. 포정사(布政司: 행정), 안찰사(按察使: 사법)와 함께 3사(三司)라 하였다. 진무(鎭撫)는 종5품으로 2인을 두었고 무학(武學: 군인 교육)을 담당하였다.
45) 대동관(大同館): 조선시대 중국의 사신을 접대하기 위하여 평양에 만들었던 객관(客館).

반드시 적의 술책에 빠지게 됩니다"라고 하였다. 임세록이 '그렇군요' 하면서 빨리 회답 자문을 요구하여 말을 달려서 돌아갔다.

평양을 굳게 지키자고 청하였으나, 허락하지 않고 임금 행차가 출발하였다.

이 앞에, 평양 사람들이 임금의 거가가 왜적을 피해 나가려 한다는 소문을 듣고, 각자 도망쳐 흩어져 마을이 거의 텅 비게 되었다. 임금이 세자에게 명하여 부로(父老)⁴⁶들을 모아 놓고 성을 굳게 지키겠다는 뜻으로 타이르게 하였는데, 그들은 임금이 친히 말씀해 주기를 원하였다. 임금이 부득이 관문(館門)에 나아가서, 승지를 시켜 타이르니, 부로들이 땅에 엎드려 통곡하고 돌아가서, 그들의 자제들을 불러 모으니, 사내들과 그 아내들이 함께 돌아와 성안이 가득하게 되었다.

드디어 적병의 모습이 대동강 가에 나타나자, 재신(宰臣)들로 종묘의 신주를 받들고 아울러 궁인들을 보호하면서 먼저 나가게 하였다. 이에, 성중의 관리, 백성들이 난을 일으켜, 칼을 빼어 들고 길을 가로막으며, 제멋대로 쳐들어와, 종묘 신주가 길바닥에 떨어지고, 따라가는 재신들을 가리키며 큰소리로 꾸짖기를, "너희들이 평소에 국록(國祿)을 훔쳐 먹더니, 지금 또 나라를 그르치고 백성을 속이는구나. 성을 버리려 했다면, 무슨 까닭에 우리들을 성으로 들어오게 하여 왜적의 손에 어육(魚肉)⁴⁷이 되게 하느냐?" 하였다.

선생이 변고를 듣고 궁문에 이르러 보니, 난민들이 길을 막고 모두 팔을 걷어붙이고 무기를 가지고서 사람을 만나면 갑자기 덤벼들고, 시끄러운 고함이 뒤엉겨 멈추게 할 수 없었다. 문 안의 조당(朝堂)에 있던 여러 재신들이 모두 얼굴이 하얗게 되어 뜰 가운데 서 있었다.

선생은 난민들이 궁 안으로 들어올까 염려하여, 문밖 계단 위에 나가 서서, 나이 많고 수염이 텁수룩한 사람을 보고 손으로 불렀는데, 그는 곧 토관(土官)⁴⁸이었다. 선생이 타일러서 말하되, "너희들이 힘을 다하여 성을 지키려 하고, 거가가 성을 나서는 것을 싫어하니, 나라를 위한 충성이 지극하다. 단지 이 일로 난을 일으켜 궁문(宮門)에서 놀라게 하는 것은 심히 해괴하구나. 그리고 조정에서는 방금 굳게 지

---

46) 부로(父老): 지역의 나이 많은 어른.

47) 어육(魚肉): 물고기와 짐승고기. 난도질로 짓밟아서 결딴내버린다는 비유이다.

48) 토관(土官): 변방의 행정적, 군사적 요충지에 효율적인 지방 통제와 군사적 방어조직의 강화를 위해 그 지방의 향호(鄕豪) 등을 선발하여 편제한 특수 지방관제. 평양, 함흥, 제주, 의주, 강계, 경성, 영변 등 12곳에 시행되었다.

키자고 계청하였고, 임금께서도 이미 그렇게 하기로 하셨다. 너희들은 무슨 일로 이렇게 하느냐? 너의 모습을 보니, 유식(有識)한 사람으로 보이니, 모름지기 이러한 뜻으로 무리들을 효유하여 물러가게 하라. 그렇지 않으면, 너희들은 장차 무거운 죄에 빠져, 용서받을 수 없으리라" 하니, 그 사람이 곧 몽둥이를 버리고, 손을 모으며, "소민(小民)들이 성을 버리려 한다는 말을 듣고, 분한 마음을 이기지 못하여 이처럼 망동(妄動)하였습니다. 지금 말씀을 들으니, 곧 가슴이 확 뚫리는 것 같습니다" 하고, 드디어 무리를 지휘하여 흩어져 갔다.

짐작하건대, 이 사건 앞에, 조정 신하들은 적병이 가까이 왔다는 말을 듣고, 모두 피란 가기를 청하였다, 양사(兩司)와 홍문관 관리들이 모두 땅에 엎드려 힘써 청하였고, 인성부원군 정철은 더욱 신주를 내보내야 한다고 주장하였다.

선생이 "오늘의 사태와 앞서 서울에서의 사태는 다릅니다. 서울에서는 군사와 백성이 무너져 비록 지키려 해도 지킬 수 없었으나, 이 성은 앞에는 강물이 가로막고 있으며, 민심도 자못 굳세고, 또 중원 땅이 가까우니, 바야흐로 며칠만 굳게 지켜내면 천병(天兵)이 반드시 와서 구원할 것이요, 오히려 천병을 발판으로 삼아 적을 물리칠 수 있사옵니다. 그렇게 하지 않고, 여기서부터 의주로 가면, 다시 근거지로 삼을 땅도 없어져서, 형세는 반드시 망국으로 갈 것이옵니다"라고 하였다. 좌상 윤두수도 선생의 주장에 따랐다.

선생이 또 정철에게, "평소 매번 생각하기에, '공은 강개(慷慨)한 사람이니 어려움을 피하지 않을 것'이라 여겼는데, 오늘 이와 같은 주장을 하리라고는 생각지 못하였소" 하였고, 윤 좌상도 문천상(文天祥)[49]의 시를 읊었는데, "나는 칼을 빌려 아첨하는 신하를 목 베려 하네" 하였다. 정철이 크게 노하여 소매를 떨치고 일어났다.

평양사람들은 평소에 선생을 소중하게 여겼는데, 이날 또 선생이 성을 지키자는 주장을 한 것을 들었기 때문에, 선생 말을 듣고 순종하여 물러갔던 것이다.

그때 이미 출성(出城)하자는 의론이 정해졌으나 어디로 가야 할지를 몰랐다. 조신들이 북도로 가자는 말을 많이 하였으니, 땅이 후미지며 길이 험하여 전란을 피할 수 있다고 여겼기 때문이었다. 이때 적병이 이미 함경도를 침범한 뒤였으나 도로가

---

49) 문천상(文天祥, 1232-1282): 호 문산(文山). 중국 남송(南宋)의 정치가. 원군(元軍)의 침입으로 천도설(遷都說)이 대두되자 강경하게 천도를 반대하였다. 원군이 수도에 임박하자 근왕군을 모집하여 분전하였고, 남송이 원(元)에 항복하였을 때 강화사절로 원에 갔다가 구류되었다. 뒤에 탈출하여 도종(度宗)의 아들 익왕(益王)을 받들고 항전하다가 패전하고 포로가 되었다. 대도(大都)에 송치되어 3년간 온갖 회유에도 굴하지 않고 끝내 사형당하였다. 정기가(正氣歌)가 유명하다.

막히고 멀어서 변고를 보고하는 자가 없었기 때문에 조정에서 알지를 못하였다.

이렇게 되자 내전(內殿)과 궁빈(宮嬪) 아래 것들이 먼저 함경도 방향을 향하여 나갔는데, 선생이 굳이 다투듯 말하기를 "거가가 평안도로 몽진한 것은 본래 천병에 의지하여 부흥을 도모하려는 것이옵니다. 지금 천조(天朝)에 청병(請兵)을 해놓고 함경도로 깊이 들어가려 하시니, 중간에서 적병이 천조와의 길을 막아버리면, 소식을 통할 길마저 없어질 텐데, 하물며 회복을 바라볼 수가 있겠사옵니까?

그리고 적병은 여러 도(道)로 분산하여 쳐들어올 것인데, 함경도라고 반드시 적병이 없을 줄 어찌 알겠사옵니까? 만약 불행하게도 그곳으로 들어간 뒤에 적병이 뒤따라오면, 달리 갈 길은 없고 다만 북쪽 오랑캐 땅만 있사온대, 어느 곳에 의지해야 할지 그 위급함이 막막하지 않겠사옵니까? 지금 조신들의 가족이 많이 북도로 피란 갔으므로 각자 사사로운 계책으로 모두 북쪽으로 향하자고 말하고 있사옵니다. 신도 노모가 계시고 역시 동쪽으로 피란해 나갔다고 들었사온대, 비록 계신 곳은 모르지만 반드시 강원도, 함경도 쪽으로 흘러 들어간 것 같사옵니다. 신 역시 사사로운 계책으로 말하자면, 어찌 함경도 쪽으로 향하려는 마음이 없겠사옵니까? 다만 국가 대세로 보아 신은 남들과 같지 않기 때문에 감히 이렇게 간절히 말씀드리는 것이옵니다" 하고는 눈물을 흘리며 목메 울었다.

임금은 측연히, "경의 어머니는 어디에 계시는가? 나의 탓이다" 하였다.

물러나온 뒤에 지사 한준[50]이 또 독대하여 북쪽으로 가는 것을 역설하였다. 중전이 드디어 함경도로 향하였는데, 가는 도중에 적병이 이미 함경도에 들어왔다는 말을 듣고 앞으로 나아가지 못하고 돌이켰다. 임금 행차는 영변으로 향하고, 선생은 천장(天將: 명 장수)을 만나기 위하여 남았다.

평양을 출발하여 박천(博川)에서 임금 일행을 따라붙었다.

그때 강물이 나날이 줄어들었다. 선생은 윤 좌상에게 "이곳은 물이 깊고 배가 없으나, 오직 강물의 위쪽에는 얕은 여울이 많으니, 조만간 적병이 반드시 그런 곳으로 나루를 건너올 것입니다. 그러면 성을 지킬 수 없습니다. 어찌 엄히 방비하지 않습니까?" 하니, 김명원 원수가 "이미 이윤덕[51]을 시켜서 지키도록 했습니다" 하

---

50) 한준(韓準, 1542－1601): 호 남강(南岡). 본관 청주. 문과. 예조좌랑, 우참찬, 황해도 관찰사. 이때 정여립 역모를 비밀장계로 고변(告變)하여 평난공신 2등, 청천군(淸川君)에 봉해졌다. 임진왜란 때 호조판서, 이조판서. 시호 정익(靖翼)

였다.

선생이, "윤덕의 무리들을 어떻게 믿어 의지할 수 있겠소" 하고, 순찰사 이원익을 가리키며, "공들이 한곳에 모여 앉아 있어봤자, 일에 아무 도움이 안 됩니다. 가서 강여울을 지킬 수 없습니까?" 하니, 이 순찰이 "가서 보라고 하신다면 감히 힘을 다하지 않겠습니까?" 하고서, 즉시 일어나 나갔다.

선생은 그때 단지 중국 장수를 접대하라는 명령을 받들고 있었을 뿐으로, 군무에는 참여하지 않고 있었다. 중국 장수가 때맞추어 오지 않으므로, 묵묵히 앉아 사태의 기미를 생각해 보니, 그들을 중로에서 맞이하여 한 발자국이라도 빨리 구원병이 오게 하는 것이 낫다는 생각이 들고 그래야 아마 상황을 구제할 수 있겠다고 여겼다.

날이 저물자, 드디어 종사관52) 홍종록,53) 신경진54)과 함께 성을 나서서, 순안에 이르렀다. 다음 날, 숙천을 거쳐 안주에 이르렀다. 요동진무 임세록도 왔기에, 자문(咨文: 문서)을 접수하여 행재소(行在所)로 보내었다.

다음 날 거가가 박천에 머물고 있다는 말을 듣고 달려가서 뵈었다. 임금 앞에 들어가서 대면하여, 평양의 형세와 적병이 반드시 얕은 여울을 따라서 건너올 것이니, 마땅히 물속에 마름쇠를 많이 깔아서 대비하여야 한다고 말하였다. 임금은 본군(박천)에 물어, 마름쇠 수천 개를 얻어 급히 사람을 모아 (평양으로) 보내도록 하였다.

선생이 또 계청하기를 "평양의 서쪽 강서, 용강, 증산, 함종 등의 고을의 창고에는 곡식이 있고 사람도 많사옵니다. 백성들은 적병이 가까이 왔다고 들으면, 반드시 놀라 흩어질 것이니, 급히 이곳에서 시신(侍臣) 한 사람을 보내어 인심을 진정시키고, 또 군사를 거두어서 평양을 지원하는 용도로 써야 하옵니다"라고 하였다.

---

51) 이윤덕(李潤德, 1529－1611): 무과. 전라, 함경, 경상, 평안 병마절도사. 평양성 방어 실패로 1년간 백의종군. 훈련도정. 영의정에 증직되었다. 시호 장렬(壯烈). 본관 광주(廣州).

52) 종사관(從事官): 정사(正使)나 주장(主將)을 보좌하는 임시관직. 선생에게는 홍종록, 신경진 두 사람의 종사관이 있었다.

53) 홍종록(洪宗祿, 1546－1593): 호 류촌(柳村). 문과. 예문관 검열, 병조정랑. 정여립 역옥 때 이름이 거론되어 귀성(龜城)으로 유배. 유배에서 풀려나 제용감정. 임진왜란 때 서애선생 종사관으로 군량 공급에 큰 공을 세웠다. 직제학. 이조참판에 추증되었다. 본관 남양.

54) 신경진(辛慶晉, 1554－1619): 호 아호(丫湖) 문과. 병조좌랑. 지평. 임진왜란 때 호종을 하다가 서애 선생 종사관이 되었다. 강릉부사, 이조 참의. 충주목사. 예조참판, 대사헌. 광해군 때 이이첨의 음모로 파직. 문무를 겸하였다고 명성이 있었고, 청백리에 녹선되었다. 본관 영월. 이이의 문인. 아버지 신응시(辛應時)와 함께 부자(父子) 시문집인 백록유고(白麓遺稿)가 있다.

임금은, "누구를 보낼 만한가?" 대답하기를, "병조정랑 이유징[55])을 보낼 만하옵니다"라고 하였다.

또 계청하기를 "신의 맡은 일이 급하여 지체할 수 없사옵니다. 청하오니, 밤을 새워 달려가서 중국 장수를 기일 안에 만나야 합니다"하고, 드디어 작별을 고하고 물러 나왔다. 나와서 유징을 보고, 임금께 한 말을 이야기해 주니, 유징이 깜짝 놀라서, "그곳은 적의 소굴인데, 어찌 갈 수 있습니까?" 하였다. 선생은 꾸짖어 말하기를 "국록을 먹었으면 어려움을 피하지 않는 것이 신하의 의리이다. 지금 국사가 이처럼 위급하니, 끓는 물, 불도 피해서는 안 되는데, 여기에 한 번 가는 것을 어렵다고 하는가?" 하였다. 유징이 묵묵히 있었으나, 안색에는 원망하는 표정이 있었다.

선생이 대정강(大定江)[56])가에 이르자, (평양에서) 적병이 어제 이미 얕은 여울로 해서 강을 건넜고, 강을 지키던 군사가 무너졌으며, 병사(兵使) 이윤덕도 도망하였다는 말을 들었다. 선생은 크게 놀라서, 곧 길 가는 도중에 서장을 작성하여 군관을 시켜 행재소에 치달려 보고하도록 하였다. 밤에 가산군에 들어갔다.

===

二十年 壬辰(先生五十一歲) 三月 倭使至境上 請遣使慰之 不許

倭使對馬島主平義智 至釜山浦 言 日本求朝貢上國 而無路得通 若朝鮮爲之奏聞 則無事 不然 當有變 我爲貴國藩臣 故不得不告 時 朝廷方咎通信 論議紛然 先生請遣文官一人 往慰之 仍問其情 議竟不行 義智留十餘日 不得報 怏怏而去

四月 判尹申砬來訪 論兵事
時 砬巡視邊備 自黃海道還 先生問 早晚有變 公當任之 公料今日賊勢難易如何 砬甚輕之 以爲不足畏 先生曰 不然 往者 倭但恃短兵 今則兼有鳥銃長技 不可輕視 砬遽曰雖有鳥銃 豈能盡中 先生曰 國家昇平日久 士卒怯弱 果然有變 極難支吾 吾意 數年後人頗習兵 或還收拾 未可知 其初則吾甚憂之 砬都不省悟而去 後果如先生所料

55) 이유징(李幼澄, 1562−1593): 시호 정민(貞敏). 문과. 정언, 지평, 수찬, 이조좌랑. 임진왜란 때 의주로 호종. 의주 목사 겸 병마절제사로 진력하다가 과로로 사망했다. 호성공신 2등. 완흥군(完興君)에 봉해졌다짐. 본관 전주. 이성중의 아들.
56) 대정강(大定江): 대령강(大寧江)을 말한다. 편안북도 박천군에 있는 청천강의 지류.

壬寅 倭 大擧入寇 報至 與他大臣 請對 不許 卽啓請分遣諸將防守

以李鎰爲巡邊使 下中路 成應吉爲左防禦使 下左道 趙儆爲右防禦使 下西路 劉克良爲
助防將 守竹嶺 邊璣爲助防將 守鳥嶺

特命 兼兵曹判書 總治軍務

時 李鎰欲率精兵三百以行 洪汝諄爲兵曹判書 以閭閻閑雜人 成籍爲軍 皆市井白徒而
胥吏儒生居半 先生出備邊司 欲點閱以送 而儒生具冠服 持試券 吏戴平頂巾 自訴求免
者 滿庭 汝諄燥怒愈甚 獨在內兵曹 凡有訴悶及求軍裝者 皆以大杖亂打而出之 城中大
擾 鎰以此受命三日 不發 先生不得已啓請鎰先行 自坐備邊司 抄軍三百 令別將俞沃領
去 先生又入對 言兵曹判書洪汝諄 不能治任 將誤國事 可遞 於是 以金應南代之

拜都體察使 請急遣申砬 爲李鎰繼援

時 臺諫請 使大臣爲體察使 後數日 上敎曰 依臺諫所言 以大臣爲都體察使 使往星州
等處 檢督諸將 李山海 以先生應命 先生請以金判書應南爲副 時 前牧使金汝岉 坐事
繫獄 以其人頗有武略 啓請貸罪自隨

出闕門外 召募武士 雲集 俄而賊鋒已近 申砬謂先生及金副使曰 聞賊兵已過密陽 將至
嶺下 朝廷使李鎰獨以孤軍在前 而後無策應之將 勢甚危急 體察使雖下去 非戰將 賊勢
若緩 則猶可在後 檢勅諸將 今 賊已逼 何不使猛將星馳先下 爲鎰軍繼援耶

先生曰 令公言甚是 但武將無可去者 奈何 砬曰 國事方急 誰不可去 雖小人若令去
則敢不去耶 先生卽與副使請對 言 臣等雖去 不必親臨行陣 今賊勢甚急 而朝廷但遣李
鎰 以羸卒數百在前 而無後繼 豈不寒心 臣意 當急遣申砬援李鎰 而臣行隨其後 庶不
誤事 臣在外見申砬 議之 砬意亦然 請自行 其殉國之忠可見 願召砬 問之

上然之 命召砬 砬對如前 於是 以砬爲巡邊使 策應李鎰 砬出闕門外 自行召募武士 無
願從者 而欲從先生者 充滿於庭 時 先生與副使 在中樞府治行事 砬自外入 頗有怒色
指副使謂先生曰 大監率如此 令公去 安用小人 願爲副使而去 先生知 砬怒武士不從己
笑曰 一般國事 何分彼此 當計其緩急而爲之 吾所召募者 已多 公旣先去 可率去 因以
軍官單字授之 且慰在庭之士曰 同是國事 汝輩旣欲從我禦敵 今申知事先行 汝可隨去
吾當從後別募以行 諸人皆憮然而去

請建儲 以繫人心 許之

時 賊勢日急 上方欲遷避 先生與領相李山海右相李陽元請對 上問所欲言 山海在首位
上三問而三不答 先生啓請 建儲 使民心有所繫屬 上曰 中宮若生元子 處置極難 故遲
遲耳 卿等試說 若建儲之後 有元子 則將何以處之 先生對曰 昔宋仁宗 春秋僅二十餘
而司馬光諸賢 亟請建儲 玆豈無所見而然耶 上良久曰 然則當以何人爲之 卿等須言之
先生惶恐對曰 玆事 臣子豈敢干預 惟在上心耳 上曰 光海君聰明好學 可以爲嗣 仍曰
子本多病 且使國事至此 假令賊退 將何面目可以見宗社治國家乎 子欲傳位於世子 如
何 先生與山海 同辭以對曰 上何遽出此敎 世子有時在上前 參決庶事 則可也 豈可遽
議此事 願聖上益膺弘福 大濟艱難 因涕泣而出

請赦金誠一 從之

先是 上以金誠一爲慶尙右兵使 先生啓曰 誠一儒臣也 不合此時邊帥之任 上不許曰 誠
一前言倭賊不來 萬一有變 使之突擊可也 至是 上又以誠一懈人心誤國事 命遣義禁府
都事 拿來 事將不測 人莫敢言 先生乘間啓 金誠一盡心爲國 其言雖誤 意在鎭定民情
不必深咎 方今赴任 整軍禦賊 而遽爲拿來 使道內主兵無人 益害於事 請姑貸之 上怒
霽 還以右道招諭使

己未 車駕西狩 先生扈從

申砬旣去 都人日望捷音 至是 敗報至 城中大震 闕內衛士典僕逃散殆盡 二十九日 上
召宰執 議出避 大臣啓 事勢如此 請車駕暫幸平壤 請兵天朝 以圖恢復 掌令權悏請對
大聲呼請固守京城 是時 群臣雜沓 言說紛然 幾不可辨 先生謂權悏曰 雖危難之際 君
臣之禮 不可如是 少退以啓 仍啓曰 權悏言甚忠 但事勢不得不然 請分遣王子於諸道
使召呼勤王 世子隨駕

議定 大臣出在閤門外 領相并宰臣數十人 以扈從點出 而命先生留守京城 命未下 都承
旨李恒福 謂扈從不可無先生 與同僚議 啓請令從行 上從之

已而駕出 三廳禁軍奔竄 昏黑中互相抵觸 不辨誰某 適羽林衛池貴壽 亦趨過前 先生呼
之曰 大駕將出 汝輩何敢如此 貴壽曰 敢不盡力 仍呼其類二人而至 先生責令扈駕 衛
士從行者 只此三人而已 先生又爲內醫院提調約束 下人勿令散去 故扈駕者又十九人

鼇城手記 壬辰變初 賊逼尙州 以公爲都體察使 未發 忠州敗報聞 卽日下敎西狩 時 余
以都承旨 在政廳 聞命 入政院 闕中已擾亂 無復官序 議與同僚 出政院 進詣宣政門下
以便啓事 俄有內敎 命公守京城 余對中使 顧爲盧君士馨曰 駕命一下 宮中已空 出城
之日 從行者必少 若西行不止 盡塞而止 則一水之外卽上國之疆 到此 應有酬酢處變之
事 方今廷臣 明敏練達 識古誼 善辭命 柳成龍一人而已 今大駕一移 則京城無可守之
勢 柳某留之 不過爲敗績之臣 扈駕必有裨益之事 啓請從行如何 士馨領之 諸僚應聲曰
諾 余卽構草 不暇整寫 仍以草紙授中使 以啓 上卽允之 改命李公陽元留守 後有聖旨
頗以公受命不行爲言 豈蒼皇間事 亦無能記起居注⁵⁷⁾者耶 可歎云云

五月 庚申 扈駕至臨津
上於舟中 召大臣入船上 痛哭曰 予不至荒淫 而乃遭此事 又謂先生曰 予用卿而猶至於
此 先生頓首涕泣 上顧內官取蜜果 賜先生 又酌燒酒 賜之 先生呼痛不能飮 上慰之曰
萬一國家中興 當賴於卿 須自愛 先生頓首拜謝

扈駕 至東坡
上扣膺呼諸臣曰 予何往乎 各悉心以對 諸臣俯伏咽泣 不能遽對 上顧問都承旨李恒福
所見如何 對曰 可且駐駕義州 若勢窮力屈 八路俱陷 無一寸乾淨地 則便可赴訴天朝
尹斗壽曰 北道士馬精强 咸興鏡城 皆有天險 其固足恃 可踰嶺北行 上曰 承旨言如何
先生曰 不可 大駕離東土一步地 朝鮮非我有也 上曰 內附 本予意也 先生又曰 不可
恒福曰 臣之所言 非欲直往渡江而已也 從十分窮極地說來 先生曰 不可 因與恒福論辯
十數 兩不肯苟合

上多從李公議 山海但俯伏涕泣而已 最後 先生厲聲曰 今東北諸道如故 湖南忠義之士
不日蜂起 豈可遽論此事 恒福始悟然而止 上又問 南方巡察使 有能勤王者否 先生對
以料其人 才無足辨此者 及罷出 先生見李判書誠中曰 如見李某 可語吾意 何徑發棄國
之論耶 李雖裂裳裹足 從死於道 不過爲婦寺之忠 此言一聞 人皆瓦解 誰能收拾 時 李
公猶不甚然之 及到寧邊 兩宮始分 訛言大播 西關人心 不可收拾 然後 李公始服先生
先見之明 後因私見 拜謝曰 倉卒之際 誤着一手 致誤大勢 悔恨無及 先生笑曰 我亦當

---

57) 기거주(起居注): 중국에서 황제의 언행(言行)이나 기거(起居)를 기록한 일기체 기록을 말한다.
    고려시대에 사관직(史官職)과 간관(諫官)의 역할을 수행하며, 임금 주변의 일을 기록하는 중서
    문하성의 관직.

時　直日不可而已　不能明辯　不能無失

扈駕　至開城府　啓請遣申硈　守京城　且請曉論四方　合力勦賊

啓曰　聞倭賊向遠　而京都人心　無所憑依　申硈　今適入來　速令馳去　與留都大將　及都元
帥　同力守城　則人心自固矣　稜鐵最關於戰用　如臨津等渡　要害之處　皆當用之　令本府
隨便措備爲當

忠淸全羅慶尙等處　聞車駕出狩　人心絶望　以暫時出避　方且收召四方　剋期還都之意　分
明曉論　若有忠義殉國之士　勿論官職有無　皆許　糾奉兵民　各自爲戰　合力勦捕事　廣論
知委　兩麥未熟　民間饑饉　速令本道開倉　分給以救民窮　京外武科出身　盡數抄出　赴戰
事　令該曹急速擧行

陞領議政　辭　不許　旋罷

時　臺諫論首相李山海　交結宮掖　誤國殄民　請削黜　上命罷職　仍召先生入卜相　先生曰
國事至此　而臣與山海　同在相位　罪豈獨免　今山海已罷　臣豈敢自謂無罪而卜相　仍涕泣
曰　臣早知國事如此　而不能退　是臣之罪也

上固命之　先生起　下階上　待罪　上命承旨李忠元　扶起上殿　先生又固辭曰　臣有死罪　卜
相非臣之任　死不敢爲　又下階　伏於庭中　於是　上命起出　令殿上諸宰薦當爲相者

於是　先生陞首相　崔公興源爲左相　尹公斗壽爲右相　先生引咎極辭　不許　夕　命罷　以申
硈等搆之也　先生雖罷散　而不敢後仍從行

扈駕　至平壤

時　賊兵已至鳳山　先生謂右相尹斗壽曰　賊之斥候應已至江外　此間詠歸樓下　江水岐而
爲二水　淺可涉　若賊得我民嚮導　暗渡猝至　則城危矣　何不急遣李鎰　往把淺灘　以防不
虞　尹相曰　然　卽遣鎰

鎰點兵　不卽行　先生念事急　連語尹相　使催之　鎰出城纔十餘里　望見江南岸　賊兵來聚
者已數百　江中小島居民　驚呼分散　鎰急令武士入島中射之　賊已在水中多近岸　我軍急
以强弓射之　連斃六七　賊遂退

時　承旨申硈正郎具宬　倡言先生與山海　罪同罰異　不宜獨免　一日　三司會坐　將發論　掌

令鄭公姬藩出避至門 遇都承旨李恒福言之 李公卽趨入 邀副提學洪履祥曰 萬代瞻仰
在此一舉 公若不盡力 吾自此絶矣 洪公曰 諾 此吾志也 卽入大言 事遂寢

時 先生退伏私室 不敢入公堂 惟深引過而已 初一日 敍命下 先生上章啓曰 國事至此
臣曾在大臣之列 誤國之罪 萬死難贖 所當卽伏刑章 以謝國人 而獨免重罪 今於千萬意
慮之外 更有收敍之命 臣慚懼隕越 不知所出 當今時事危迫 用舍之間 所係尤重 豈可
使無狀之臣 重辱名器 臣亦將何顏隨參宰臣之後乎 請亟遞罷 快正臣罪 以服人心 答曰
勿辭

承命 接待天將
遼東都司鎭撫林世祿 來探倭情 上接見于大同館 命先生接待 時 遼東聞倭犯我國 未久
又聞都城不守 車駕西遷 旣又聞倭兵已至平壤 甚疑之 以爲倭變雖急 不應猝遽如此 或
云 我國爲倭先導 世祿之來 先生與之 同上練光亭 望察形勢 有一倭 從江東林木間 乍
見乍隱 已而三四倭繼出 或坐或立 意態安閒 若行路休息之狀

先生指示世祿曰 此 倭候也 世祿 倚柱而望 殊有不信之色曰 倭兵何其少也 先生曰 倭
狡詐 雖大兵在後 而先來偵探者 不過數輩 若見其少而忽之 則必陷於賊術矣 世祿唯唯
亟求回咨 馳去

請堅守平壤 不許 駕出
先是 平壤人聞 車駕欲出避 各自逃散 閭里幾空 上命世子 集父老 諭以堅守之意 父老
願得聖上親諭 上不得已御館門 令承旨曉諭 父老拜伏痛哭而去 各出招呼子弟 男婦入
城 城中皆滿

及 賊見形於大同江邊 宰臣奉廟社主 并護宮人先出 於是 城中吏民作亂 挺刀橫路縱擊
之 墮廟社主路中 指從行宰臣 大罵曰 汝等 平日偸食國祿 今乃誤國欺民 旣欲棄城 何
故給我輩入城 獨使魚肉於賊手耶

先生聞變 至宮門 亂民塞街 皆袒臂持兵仗 遇人輒擊 紛囂雜沓 不可禁 諸宰在門內朝
堂者 皆失色起立於中庭 先生恐亂民入宮內 出立門外階上 見其中有年長多鬚者 以手
招之 其人卽至 乃土官也 先生諭之曰 汝輩欲竭力守城 不欲車駕出城 爲國之忠則至矣

但因此作亂 驚擾宮門事 甚可駭 且朝廷方啓請堅守 上已許之 汝輩何事乃爾 觀汝貌樣 乃有識人 須以此曉諭衆人而退 不爾則汝輩將陷重罪 不可赦也 其人卽棄杖 斂手曰 小民聞欲棄城 不勝憤氣 妄動如此 今聞此言 卽豁然矣 遂揮其衆而散

蓋 前此 朝臣聞賊兵將近 皆請出避 兩司弘文館 皆伏閣力請 寅城府院君鄭澈 尤出主避之議 先生曰 今日事勢與前在京城時 有異 京城則軍民崩潰 雖欲守之 末由也 此城前阻江水 而民心頗固 且近中原地 方若堅守數日 天兵必來救 猶可籍以却賊 不然 從此至義州 更無可據之地 勢必至於亡國 尹左相從先生議 先生又謂鄭澈曰 平時每意 公慷慨 不避難易 不圖今日之議如此也 尹相詠文山詩曰 我欲借劍斬佞臣 澈大怒 奮袂而起 平壤人素重先生 是日又聞先生爲守城議 故聞先生言 順從而退

時 已定出城議 而不知所適 朝臣多言北道 地僻路險 可以避兵 蓋 是時 賊兵已犯咸鏡 而道路隔遠 且無報變者故 朝廷不知也 於是 內殿及宮嬪以下先出向北 先生固爭曰 車駕西狩 本欲倚仗天兵 以圖興復耳 今旣請兵于天朝 而顧深入北道 中間賊兵限隔天朝 聲聞亦無可通之路 況望其恢復乎

且 賊散入諸道 安知北道必無賊兵 若不幸旣入其處 而賊兵隨至 則他無去路 只有北虜而已 何處可依 其爲危迫 不亦甚乎 今 朝臣家屬 多避亂于北道 各顧私計 皆言向北便 臣有老母 亦聞東出避亂 雖不知在處 而必流入於江原咸鏡之間 臣亦以私計言之 則豈無向北之情哉 只以國家大勢 不與人臣同故 敢此懇陳耳 因嗚咽流涕

上惻然曰 卿母安在 予之故矣
旣退 知事韓準又獨對 力言向北之便 中殿遂向咸鏡道 路聞賊兵已入北道 故不前而回 大駕向寧邊 先生以接待天將留

出平壤 追及車駕於博川
時江水日蹙 先生謂尹相曰 此處水深無船 惟水上多淺灘 早晚 賊必由此渡渡 則城不可守 何不嚴備 金元帥命元曰 已令李潤德守之矣 先生曰 潤德輩何可倚仗 指李巡察元翼曰 公等會坐一處 無益於事 不可往護江灘耶 李巡察曰 若令往見 敢不盡力 卽起去 先生時承命 只接應唐將 不參軍務 而天將亦不時至 黙念事機 不如早迎唐將於中路 速進一步來救 庶可有濟 日暮 遂與從事官洪宗祿辛慶晉出城 至順安 明日 過肅川至安州 遼東鎭撫林世祿又來 接受咨文 送行在

翌日 聞車駕次博川 馳詣之 入對 言平壤形勢 賊必由淺灘以渡 宜多鋪稜鐵於水中以備之 上使問本郡 得稜鐵數千介 急募人 送之 先生又啓曰 平壤以西 江西龍岡甑山咸從等邑 倉穀多人 民衆聞賊兵已近 則必驚駭散失 宜急遣侍臣一人 自此馳去 鎮撫之 且收兵爲平壤繼援便

上曰 誰人可去 對曰 兵曹正郎李幼澄 可遣 又啓 臣事急 不可遲滯 請達夜馳去 以迎見唐將爲期 遂辭退 出見幼澄 言上前所達 幼澄愕然曰 此賊藪 何可進 先生責之曰 食祿不避難 臣子之義 今國事危急如此 雖湯火不可避 顧以此一行爲難乎 幼澄黙然有恨色 先生至大定江邊 聞賊昨已從淺灘渡江 江上軍潰 兵使李潤德逃去 先生大驚 卽於路中爲書狀 使軍官馳報行在 夜入嘉山郡

35 전시대책 계사와 차자를 올리고 명군이
올 것에 대비하여 군량을 조달하다, 51세

선조 25년(1592) 임진

정주에서 창고를 노략질하는 도적을 사로잡았다

임금 행차가 평양을 출발한 때부터 인심이 붕괴되어 행차가 지나간 곳에서는 난민들이 갑자기 창고에 들어와 곡식을 약탈하였는데, 순안, 숙천, 안주, 영변, 박천 등 곳곳이 다 그러하였다.

이날 거가가 가산을 출발하여 다음날 선천을 향하였고, 선생에게는 정주에 머물고 있으라 명하였다. 정주 백성은 이미 사방으로 흩어졌고, 홀로 늙은 아전 몇 사람이 성중에 남아 있을 뿐이었다.

선생은 행차가 성을 출발하는 것을 전송하고, 울음을 참으며 연훈루(延薰樓)[1] 아래에 앉아 있으려니, 군관 몇 사람이 계단 아래에 있고 흩어진 군사로 모아들인 군졸 19명이 길옆에 말을 매어 놓고 빙 둘러앉아 있었다.

저물녘에, 남문을 바라보니, 몽둥이를 든 무수한 사람들이 서로 끊임없이 밖으로부터 오고 있었다. 군관을 시켜 살펴보게 하니, 창고 아래에 모인 자가 이미 수백 명이었다.

선생은 생각하기를, 거느린 군사는 적고 약한데, 난민의 수가 더욱 많아지면 제어하기 어려우니, 먼저 약할 때 쳐서 놀라 흩어지게 하는 것이 낫겠다고 여겼다. 그곳에서 성문을 바라보니 계속 사람이 모이는지라, 선생이 급히 군관을 불러서 군졸 19명을 거느리고, 달려가서 잡으라고 하였다. 아홉 명을 잡아 오니, 즉시 머리를 풀어 제치고 손을 뒤로하여 묶고, 옷을 벗겨 맨살이 드러나게 하여, 창고 주변 도로에 조리돌리고, 십여 명의 군졸이 뒤를 따르면서 큰 소리로 "창고를 털어가는 도적을

---

1) 연훈루(延薰樓): 정주(定州) 고을의 객사(客舍).

잡았으니, 곧 형벌을 시행하리라"라고 외쳤다. 이에 이미 창고 아래에 모여 있던 사람들이 멀리서 보고, 놀라고 두려워하여 모두 서문을 통해 흩어져 가버렸다.

이 때문에 정주 창고 곡식이 온전하게 되었고, 용천, 선천, 철산 등의 읍에도 창고를 터는 도적이 또한 없어졌다. 정주 판관 김영일이 평양으로부터 도망쳐 와서, 처자를 해변에 데려다 두고는, 창고 곡식을 훔쳐내어 처자에게 보내려고 하였다. 선생이 듣고 죄목을 손꼽아 가며 꾸짖기를, "너는 무장으로 전쟁에 지고 죽지도 않았으면서, 또 감히 관곡(官穀)을 훔치려 하는가? 이 곡식은 장차 명군에게 먹일 것이지 네가 사사로이 가질 것이 아니다"하고 곤장 60대를 쳤다.

정주를 출발하여 용천에서 임금 행차를 뒤쫓아서 따랐다.

원수 김명원과 이빈 등을 남겨 정주를 지키게 하였다.

종사관 홍종록을 귀성으로 보내어 가서 군량을 잘 지켜 운반하게 하였다.

그때, 군읍(郡邑)의 백성들은 평양이 함락된 것을 듣고 모두 산골로 숨어버렸다. 선생이 용천을 향하여 가다가, 곽산에 도착하여 보니 성 아래에 갈림길이 있었다. 하졸에게 묻기를 "이것은 어느 곳으로 가는 길인가?" 하니 하졸이, "이것은 귀성에 이르는 길입니다" 하였다.

선생은 말을 세우고, 종사관 홍종록을 불러서, "연도의 창고들이 한결같이 비었는데, 명군(明軍)이 비록 오더라도 무엇을 대접하여 먹이겠소? 이 사이에, 오직 귀성이라는 한 고을은 쌓아 놓은 곡식이 산 같아 자못 넉넉한데, 또 들으니 관리와 백성이 모두 흩어져서, 운반해 올 방책이 없다고 하오. 그대는 오래 귀성에 살았으니, 그곳 사람들은 그대가 온 것을 들으면, 비록 산골에 숨었더라도 반드시 와 보는 사람이 있을 것이요. 그대는 급히 귀성으로 가서 깨우치기를, '적병이 평양에 들어간 뒤에 아직 나오지 않고 있는데, 명군이 바야흐로 크게 이를 것이라, 수복하는 것도 멀지 않다. 걱정거리는 군량이 부족한 것 하나뿐이다. 너희들은 품계나 관직을 따지지 말고 관리나 백성들 모두 한 고을의 힘을 다하여, 군량을 실어 날라서, 군용 물자를 부족하지 않게 하면, 반드시 중상(重賞)이 있을 것이다'라고 하시오. 그렇게 하면, 아마 거의 (백성들이) 마음을 합하고 힘을 다해 수송하여 정주, 가산에 도착시켜, 군량 조달하는 일을 이룰 수 있을 것이오" 하였다. 종록이 분연히 응낙하고, 길을 나누어 갔다.

의주에 도착하여, 다시 계사를 올려, 시사를 조목조목 말씀 올렸다.

그 대략은 다음과 같다.

"국가가 위태롭고 어지럽기 매우 심하옵니다. '큰 근심이 많을수록 성군(聖君)
의 지혜를 열어주며, 어려움이 많을수록 극복해 내는 과정에서 나라가 흥왕한다'
고 하였으니, 오직 바라기는 성심(聖心)을 굳게 정하시어 사기를 진작하는 것뿐
이옵니다. 신이 삼가 오늘날 마땅히 해야 할 것을 다음과 같이 조목조목 말씀드
리고자 하옵니다.

첫째, 적병은 지금 평양에 머물고 있는데, 황해, 강원도의 군읍은 아직도 완전
한 곳이 많사옵니다. 남방에서 오는 대군(근왕군)은 비록 용감한지 아닌지 모르
겠지만 수원 지역에 주둔하고 있으니, 만약 흩어져 도망친 병사를 그곳에서 불러
모으고, 명군을 길 안내하여 몇 길로 나뉘어서 압박하면, 왜적은 머리와 꼬리가
끊어져, 반드시 성을 버리고 남쪽으로 도망할 것이옵니다. 미리 황해, 경기, 충
청, 전라, 경상도 등에 유시(諭示)하시어, 길을 따라 복병을 두고 곳곳에서 공격
하면, 그 형세는 모두 진멸시킬 수 있사옵니다. 또 경상, 전라도의 수사에게 각각
수군을 인솔하여 왜적의 군선을 맞아 끊어 못 다니게 하시옵소서. 이것이 오늘날
의 왜적을 공격해 물리칠 큰 형세이옵니다.

둘째, 왜적이 평양에 입성(入城)한지 십여 일이 지났으나, 아직 아무런 동정이
없으니, 무슨 꾀를 부리는지 측량할 수 없사옵니다. 지금 마땅히 형세를 탐문하
여, 전략을 세우셔서, 혹은 야간을 틈타서 불의에 습격하고, 혹은 복병을 하여 노
략질하러 흩어져 나오는 적병을 죽이든가 하여, 조금이라도 공격을 늦추면 안 되
옵니다. 평양의 전투에서 패전한 장수와 사졸들은 다 죽은 것이 아니라, 다만 군
읍에 구차히 숨어 살며 위기를 모면하고 있사옵니다. 마땅히 관찰사 등에게 명하
여 간사(間使)[2]를 많이 풀어 길을 나누어 담당하여 불러들이게 하고, 기한을 분
명히 정하여 행재소로 달려가겠다고 약속하면 받아들이게 하시옵소서.

셋째, 평양의 서쪽은, 직로로는 순안, 숙천, 안주를 경유하여 가산, 정주에 닿
고, 또 한 길은 박천, 태천, 구성을 경유하여 삭주 창성에 닿고, 또 한 길은 영변,
희천을 경유하여 강계에 닿는데, 세 길 가운데, 박천, 태천의 길이 가장 중요한
관문이옵니다. 지금 정주에는 도원수가 패전으로 흩어져 도망친 군사를 모으고

---

2) 간사(間使): 적지에서 정보나 상황을 몰래 수집하는 사자(使者). 곧 정보원.

있으니, 구성과 태천에도 마땅히 한 장수를 두어서, 군사를 잘 정비하여 적을 막는데 대비하게 하여, 정주와 서로 의각(犄角)3)의 형세로 번갈아 나가서 공격할 수 있게 된 연후에, 한 도가 보전될 것이옵니다.

넷째, 만약 평양의 적병이 (의주로) 쳐들어올 때면, 마땅히 길을 나누어 올 것이니, 명군을 향도(嚮導: 길 인도)하는 것도 단지 한 길로만 해서는 안 되옵니다. 지금, 평양의 서쪽 변두리 군읍은 모두 바닷가에 있는데, 용강에는 산성이 있어 매우 험하고 창고 곡식도 많사옵니다. 마땅히 선천, 곽산 정주에서 바닷길로 사람을 보내어, 여러 읍들이 잘 보전되어 지켜지고 있는지를 몸소 탐색하게 하여 굳게 지키도록 하며, 군읍에서 정병을 골라 뽑아 명군이 이르는 것을 기다리게 해야 하옵니다. 만일 백성들이 겁내어 흩어지려 하면, 우선 용강 산성에서 전쟁을 피하도록 하소서. 또 그곳으로부터 황해도로 통하여 한 몸같이 시행하고 적병의 형세가 쇠퇴하기를 기다려 군사를 합쳐서 함께 거사해야 하옵니다.

다섯째, 명군을 향도함에 있어, 일로(一路)는 정주, 가산, 안주를 경유하고, 일로는 선천의 선사포를 경유하여 배를 타고 강서 함종에 다다라서 평양의 서쪽으로 나가고, 또 우리나라 대장 한 사람에게 영변의 동쪽에 있는 성천, 양덕, 맹산, 덕천, 개천, 영원, 순천의 군사를 조발하여 평양의 동쪽으로 나가게 하면, 적병은 포위 속에 있는 것 같이 되어 사방을 둘러보아도 빠져나갈 길이 없을 것이옵니다.

여섯째, 토병(土兵)4)들은 정예하고 용감하기가 남군(南軍: 남쪽 지방의 군대)의 배가 됩니다. 마땅히 본진에 영을 내려 위급한 때라는 뜻으로 깨우치시어 충의로 격려하며, 분발하여 스스로 모집에 따르는 자에게는 각각 특별히 권장하여 떨쳐 일어나게 하소서. 또 요즈음, 민생이 아주 곤궁한데, 본도(평안도) 군민의 괴로움이 더욱 심하오니, 모든 폐단에 관계되는 것을 일체 다 없애 버리는 것도 인심을 수습함에 일조가 될 것이옵니다.

일곱째, 본도의 재물과 곡식이 거의 다 흩어지고 없어져 버렸는데, 명군이 만약 다행히 왜적을 쳐부수면, 잔치하여 음식으로 위로하는 예를 갖추어야 할 텐데, 이때 필요한 음식을 어떻게 조달할 것이옵니까? 평안도 고을의 노비신공(奴

---

3) 의각지세(犄角之勢): 기각지세(掎角之勢). 사슴을 잡을 때 뒤에서는 발을 잡고 앞에서는 뿔을 잡는다는 뜻. 전투에서 앞뒤로 협격(挾擊)하는 형세를 갖추는 것을 말한다.

4) 토병(土兵): 평안, 함경도의 부(府), 목(牧), 도호부(都護府)에 둔 현지민으로 편성된 군대조직. (관병(官兵)과는 별도로 조직된 군대임)

婢身貢)과 기타 강변 여러 고을의 인삼 등의 물자 수량을 파악하여 잘 보관하도록 하여, 그 용도에 쓰도록 하고, 하사품으로 쓰는 은량도 보류해 두어 그 용도에 대비하며, 공명고신(空名告身)5) 백여 첩(帖)을 해당 관청을 시켜 급속하게 만들어주어 소모(김募)할 때 쓰도록 하여야 합니다.

여덟째, 일은 급한데 갑작스러워서 인심이 쉬이 풀어지기 쉽습니다. 어쩔 도리가 없다는 생각에 빠져 (패배주의적인 사고), 대화하거나 계책을 협의하며 서로 호응하는 데 시기를 놓치기도 하니, 안정과 위기의 갈림길에서 상호간에 거리가 날로 멀어져 가버립니다. 마땅히 비변사에 명령하여 모든 시행해야 할 것들을 급속히 거행하도록 해야 합니다.

아홉째, 나라 기강의 해이함이 매우 심하여, 수령은 자리를 아무렇게나 버리고, 장수는 바람 부는 것만 봐도 도망가는 것을 좋은 계책으로 여기니, 지금 마땅히 거듭 단속하고 군법으로 다스려야 합니다.

열째, 전투에서 공을 세운 것과 시험에서 급제에는 하나같이 공평함이 중요하오니, 실적에 따라 급속히 거행하되, 때를 놓치지 않고 상을 주어 격려하는 것이 마땅하옵니다."

(임금께서) 대답하기를 "비변사에 급히 의론하여 처리하도록 명하였다"하고, 또 전교하여, "응접하는 한 가지 일만 아니라, 명군에게 군량 조달하는 모든 일도 살펴서 하라"고 하였다.

병중에서도 전시 대비 계사를 올리다

또 상계하여, "신은 마침 이런 때를 당하여 몹쓸 병이 생겨서, 조정 바깥의 말석에서의 논의에도 참여하지 못하고 있사오나, 나라의 원수에 대해 생각할수록 불안한 마음이 걷히지 않아, 부질없이 혼자 주먹질이나 하고 있사옵니다만, 오늘날 해야만 하는 모든 일에 대하여 좁은 소견이지만 감히 다시 왼쪽에 조목조목

---

5) 공명고신(空名告身): 고신(告身)이라고 함은 관리에게 품계와 관직을 수여할 때 주는 임명장을 말하는데, 1~4품까지는 왕의 어보(御寶)를 찍어 발급하며 교지(教旨)라 하고, 5~9품까지는 이조 또는 병조의 인장을 찍어 발급하고 첩지(牒紙)라 하였다. 공명(空名)이라 함은 임명되는 자의 이름을 비워둔 채 발급하는 것으로 공명첩(空名帖)이라고도 한다. 적을 죽이거나 곡식을 바치거나 공이 있는 자에게 상으로 주기 위하여 만들어졌으며, 실직(實職)이 아니고 명칭만 있는 산직(散職)이었다.

나열하겠사옵니다.

첫째, 강변(대정강, 압록강)의 토병들은 본디 용감하다고 이름이 나 있사옵니다. 오늘날 믿을 것은 이 사람들뿐이지만, 그러나. 여러 번 조발(調發: 동원)해 온 나머지 어찌 원망스럽고 괴로운 마음이 없겠사옵니까? 마땅히 그들이 있는 각 관아, 각 진(鎭)으로 하여금 그들의 처자(妻子)를 위로하고 구호하도록 하소서. 전일의 야습 때만 하여도, 토병의 공이 작지 않았사옵니다. 공로의 경중을 자세히 조사하여 차례대로 논공행상하소서. 동시에 강을 건너 용감히 싸운 자와 진중에서 죽은 자를 빠짐없이 찾아내어, 산 자에게는 은량(銀兩)을 내려주고, 죽은 자는 그 집을 넉넉하게 구휼하여, 충혼을 위로하고 인심을 깨우쳐 격려하소서.

둘째, 평안도 전체로는 오직 평양만 적의 소굴이 되었고, 그 나머지는 모두 완전하옵니다. 단지 수령들이 국법을 무서워하지 않고, 앞을 다투어 도망하였사오니, 지금 마땅히 기일을 정하여 돌아와 관청 일을 다스리고 군병을 정돈하게 하소서. 만일 기한을 넘겨도 돌아오지 않는 자는 일체 군법을 시행하되 조금도 너그러이 용서하지 마소서.

셋째, 평양의 왜적을 공격하려면 마땅히 세 길로 나누어 나아가야 하옵니다. 그러나 병법에, '흩어져 나오는 약한 적과 도로에 왕래하는 자를 먼저 골라 공격한다' 하였으니 장소에 따라 골라서 들이치면, 적들은 반드시 기운을 빼앗겨서 형세가 더욱 취약해질 것이옵니다.

지금 황해감사와 병사에게 정병을 뽑아 험한 곳에 나누어 점거하고 있다가 열명, 다섯 명씩 분대를 만들어, 오가며 요충지를 끊게 하고, 출몰(出沒)을 일정하게 하지 않게 하며, 얻은 재물이 있으면 스스로 갖도록 맡겨 관에서 빼앗지 못하게 해야 하옵니다.

떼를 지어 공격해 빼앗는 무리 모두를 난민(亂民)으로 몰지 말아야 하니, 자기 가산(家産)을 잃고 굶주림에 쫓겨서 하는 짓에 불과하기 때문이옵니다. 옛사람은 군사를 모집하여 공격하는 자를 상등으로 쳤고, 적군을 다치게 한 자를 그 다음으로 쳤사오니, 이 내용 역시 많이 알려서 각각 무리를 거느리고 왜적의 공격에 힘쓰게 하며, 공을 세우면 상을 평등하게 내려주소서. 만약 그렇지 않고 난리를 일으키고 악독한 성미를 함부로 부리는 자는 반드시 죽여 용서하지 말아야 하옵니다.

이 내용을 도내의 무사로서 여염에 흩어져 숨어 있는 자들에게 급하게 알리고, 각자 행재소로 나오도록 명령하며 관직을 받거나 직책을 맡아 상을 받을 수 있다고 아울러 널리 알려야 하옵니다.

넷째, 토병이 비록 모여도 무기가 하나도 없사옵니다. 가을 날씨가 상쾌해지면, 화살의 용도는 다른 무기에 비하여 몇 배나 낫사오니, 강변의 여러 진(鎭)과 내지의 군읍에 활과 화살의 숫자를 많고 적고 간에 급히 파악하여, 임시로 가져다 쓰게 하며, 도내의 화살이 쓰기에 부족하면 비록 저 멀리 떨어진 남방에서 가져와도 괜찮사옵니다.

다섯째, 남방의 대병(大兵)은 한번 싸움에 모두 궤멸 되었사옵니다. 지휘관 세 사람 모두 통솔할 만한 재목이 못되어, 군사를 나누어 정병을 뽑아 번갈아 나아가서 의각지세(犄角之勢)를 이루는 계책도 모르고, 오합지졸을 모아 한꺼번에 진격하며, 호령도 통일되지 못하였으니, 그렇게 해서야 어찌 궤멸되지 않겠사옵니까?

지금 이일 때문에 스스로 사기를 잃게 해서는 안 되오니, 오직 급히 달려가 따뜻하게 타일러, 인심을 진정시켜야 하옵니다. 우선 각도의 감사와 병사에게 명령하시어 군사를 정돈하고 신중히 행동하여, 자기 지방을 보전하고 적세가 곤궁하여 위축되기를 기다렸다가, 후일 세력을 합하여 공격하도록 해야 하옵니다.

여섯째, 무반(武班) 출신자로서 당초에 이일(李鎰)의 군관이 되었던 사람, 신립(申砬)이 거느렸던 사람, 기타 방어사, 조방장에 소속되었던 사람들의 그 수가 역시 많았사옵니다. 한번 흩어진 후에 다시 돌아온 사람이 없으니, 마땅히 검찰사(檢察使)[6] 등으로 하여금 각도로 나누어 가서 부르도록 하여, 행재소로 달려오게 하되, 끝내 나타나지 않는 자는 군율로 다스려야 하옵니다.

일곱째, 화포장(火砲匠)이 거의 흩어져 없어졌으니, 강변 고을의 화포장들도 모두 불러 모아 전투에 쓸 수 있도록 대비하도록 하소서.

여덟째, 적병이 가깝게는 수백리 밖에 떨어져 있지 않으니, 간첩에 대한 사찰을 엄히 하지 않을 수 없사옵니다. 성중과 군중에 별도로 표찰이나 암호를 만들어 서로 식별할 수 있도록 하소서."

평안 우후[7) 김성보(金星報)로 명군 장수를 향도하도록 청하였다.

---

6) 검찰사(檢察使): 조선시대 국가나 군사상의 중대사를 검찰하기 위하여 지방에 파견하던 임시 관직.

7) 우후(虞候): 조선시대 무관직(武官職). 병사(兵使)나 수사(水使)의 다음 직위로 병마우후는 종3품, 수군우후는 정4품이었다.

계청하기를 다음과 같이 하였다.

"명군이 곧 강을 건너올 터인데, 아직 미흡한 것이 군량 조달과 향도이옵니다. 군량을 공급하는 일은, 비록 여러 고을이 무너졌지만 그래도 홍세공[8] 등을 시켜 가서 조치하도록 하였습니다만, 향도의 문제에 있어서는, 청수(靑水) 만호(萬戶)[9] 조숙(趙鷫)은 관위(官位)가 매우 낮을뿐더러, 통솔력이나 이해력에 있어서 합당한 재목이 아니옵니다. 이런 사람으로 장수를 삼아, 명장(明將)과 함께 합세하여 나아가게 한다면, 어찌 (조선에) 사람이 없다고 웃지 않겠으며, 또 우리를 얕보이게 하는 것 아니겠사옵니까?

고려 때 강동(江東)의 싸움에서는 조충(趙沖)[10]과 김취려(金就礪)[11]로 향도를 삼았고, 진도(珍島)의 싸움에서는 김방경(金方慶)[12]으로 향도를 삼았었는데, 어찌 미천한 한 보관(堡官)을 시켜 명군의 앞에 내보내 세워서, 막중한 임무를 하도록 한다는 말이옵니까?

---

8) 홍세공(洪世恭, 1541−1598): 호 봉계(鳳溪). 문과. 1588년 평안도 구황 경차관으로 평안도 민심 수습에 공을 세웠다. 임진왜란 때 평안도 조도사(調度使)로 명군에 대한 군수품 조달을 담당했다. 전라도 관찰사, 승지, 참판. 정유재란에 대비하여 다시 평안도 조도사가 되어 군량확보에 힘쓰다 진중에서 병사했다. 영의정 추증, 당성부원군에 추봉(追封). 본관 남양. 저서 봉계일고.

9) 청수만호(靑水萬戶): 청수는 평안북도 삭주군 압록강변에 있는 읍. 조선시대 보(堡)가 설치되어 만호(萬戶)를 두고 의주진관에 소속되어 있었다. 만호(萬戶)는 종4품 무관직으로, 육군에 소속되면 병마만호라 하고, 수군에 소속되면 수군만호라 하였다.

10) 조충(趙沖, 1171−1220): 고려(高麗) 대의 문신. 문무겸전하였다. 문과. 동북면 병마사. 예부상서. 고종 3년(1216) 거란족이 몽고에 쫓겨 침입함에 행영중군부원수로 출정하여 각지에서 전공을 세우고 이듬해 서북면 원수가 되어 몽고군과 연합하여 거란군이 농성중인 강동성(江東城)을 함락시켰다. 개부의동삼사, 문하시중에 추증되고, 고종의 묘정(廟廷)에 배향되었다. 시호 문정(文正). 본관 횡성.

11) 김취려(金就礪, 1172−1234): 음관으로 관직에 나가 북동국경을 진압하고 대장군이 되었다. 거란의 침입 때 각지에서 전공을 세우고 조충의 수하로 강동성 전투를 이끌었다. 곧고 청렴하며 군기가 엄하였다고 한다. 고종의 묘정에 배향되었다. 시호 위열(威烈) 본관 언양.

12) 김방경(金方慶, 1212−1300): 고려의 명장(名將). 음관으로 관직에 나갔다. 충성스럽고 직언하는 성품으로 승진하여 큰 일을 담당케 되었다. 삼별초의 난이 일어났을 때 진도(珍島)와 탐라(耽羅)에서 진압하였다. 시중(侍中)에 오르고 원나라 세조의 환대를 받았다. 원나라가 일본을 정벌할 때 도독사로 고려군을 이끌고 참전하였으나 태풍으로 실패하였다. 제2차 일본 정벌 때도 주장으로 참여하였으나 역시 태풍으로 실패하였다. 상락군 개국공 식읍 1천호 식실봉 3백호에 봉해졌다. 시호 충열(忠烈). 본관 안동(선안동).

* 식읍(食邑): 나라에서 왕족이나 봉작자(封爵者)에게 준 조세를 받을 수 있는 땅이나 민호(民戶)를 말한다. 식읍 자체로는 대체로 명목상의 것으로 명예직이었으며, 여기에는 실봉(實封)과 허봉(虛封)이 있었다.

신의 생각에, 본도의 우후(虞候) 김성보가, 무관 중에는 조금 나은 듯 보이니, 이 임무를 맡게 하면, 비록 마음에 덜 차지만 조숙 같은 무리들의 번잡함에는 이르지 않아, 일의 본체가 매몰되지는 않을 것이옵니다."

차를 올려서 요동에서 온 자문을 의론하고, 겸하여 마땅히 해야 할 일을 진술하였다.

그때, 중국 조정에서는 우리나라가 왜국과 더불어 공모하였다고 의심하여, 요동에서 온 자문(咨文) 가운데 힐책하는 말이 있었다. 선생은 차자를 올려 이를 논박하였는데, 그 대략은 다음과 같다.

"엎드려 요동의 자문을 보니, 저도 몰래 가슴을 치고 낙심하게 되옵니다. 우리나라가 별로 도리를 잃어 전쟁을 초래한 까닭이 없었고, 시종일관 중국을 위하여 의리를 지켜왔음에 불과한 데도, 이 지경에 이르렀사온대, 요즈음 중국을 응대하며 사명(辭命)을 말하는 사이에, 사실을 들어 명백하고 통쾌하게 똑바로 말하지 못하고 매번 감추고 덮으려 하다가, 말하려는 것도 말 못 하고, 우리나라의 본래 사정을 잘 보여주지 못하였기 때문에, 중국 조정은 우리에게 처음부터 칭찬하거나 가엽게 여기는 마음이 없고, 오히려 허물을 꾸짖는 말만 하는 것이옵니다. 대저 천하만사는 오직 형세에 따를 뿐으로, 형세가 없어진 뒤에는 일마다 마찰이 생기는데, 하물며 다른 나라 사람에 있어서겠사옵니까?

요즈음 중원에서 우리를 의심하는 것이 하나둘이 아니옵니다. 변란 보고를 늦게 했던 것이 첫 번째요, 청병(請兵)을 빨리하지 않았던 것이 두 번째요, 명군들이 초탐하러 왔을 때 접응하는 사람이 없어 그들을 굶주리고 고생하게 했던 것이 세 번째요, 청병해 놓고 군량이 부족하다고 말한 것이 네 번째요, 명군이 우리나라에 향도를 요청하였으나 그때 일장(一將) 일졸(一卒)도 눈앞에 나타나지 않았던 것이 다섯 번째요, 예부터 비록 위급한 난리 가운데에서도 임금이 있는 곳에는 반드시 호위병이 있어야 하는데, 지금 아무도 없으니 이것이 여섯 번째요, 나라가 장차 위급하여 망할 것 같으면 반드시 소매를 떨치고 일어나 피눈물을 흘리며 자기 몸의 안위를 잊고 급한 불을 끄려고 가는 신하가 있는 법인데, 지금의 분위기는 느릿느릿하고 느긋하며 너그러워서 응대하고 수작하는데 행동이 대부분 때를 놓치니 이것이 일곱 번째이옵니다. 이같이 하고도 어찌 중국 사람들의 의심을 일으키지 않을 수 있겠사옵니까?

지금 이 자문(咨文)에 관계된 회답을 가벼이 하면 안 되옵니다. 해당 관서에 명령하여 상황이 생기면 빨리 보고하고 명백하며 간절하게만 진술하도록 하소서.

신이 예전의 역사를 살펴본 바에 따르면, 오랫동안 나라를 향유(享有)한 모든 왕조(王朝)는 도중에 쇠하였다가 다시 떨쳐 부흥하지 않았던 적이 없었사옵니다. 하물며 우리나라는 (역대 임금의) 인자함이 깊고 은택이 도타우며 종사(宗社)[13] 가 신령하니, 어찌 한번 미친 도적에게 덮쳐졌다고 하여 아무런 일도 못하고 망할 수 있겠사옵니까?

구구하게 원하옵기는, 오직 성심(聖心)을 굳게 정하시고, 군신들을 몸소 채근하시어, 조금도 게으른 기운을 갖지 못하게 하고, 상벌을 다시 밝히고 사기를 진작하며, 흩어진 군사를 불러 거두소서. 또 명군과는 이해관계를 간절히 말하여 앞으로 해나갈 일을 정해 피차간에 협력하도록 해서, 죽을 상황에서도 삶을 구하는 조치를 한 후에라야, 오늘 당하고 있는 일이 해 볼만하게 될 것이옵니다."

7월에 종사관 신경진을 먼저 보내어 군사가 나아갈 길의 군량과 말먹이를 정비하도록 계청하였다.

그때 명군이 장차 출동하려 하니, 군량 조달할 일이 급하였다. 선생은 여러 번 공문을 보내어 신칙(申飭: 거듭 당부함)하였는데, 인심이 흩어져서 마음을 다하여 일하는 수령들이 얼마 없었다. 원군이 도착할 때가 되었을 때 일을 그르칠까 염려되어 직접 가서 점검하려고 하였으나, 병이 심하여 본인 힘으로 할 수가 없었다. 할 수 없어 계청하여 군량 조달하는 일을 말씀드리고, 신경진으로 시기에 앞서 달려가서 잘 준비하도록 하였다.

갑자일(7월 7일)에는 군사가 나아갈 길의 군량에 관한 일을 현지에 나아가 처리하기를 자청하였다.

요동 부총병 조승훈(祖承訓)이 군사 오천명을 거느리고 구원하러 온다는 소식이 먼저 도착하니, 그때 선생은 치질 병으로 고생이 심하였다.

임금이 윤 정승에게 연도의 군량을 처리하라고 하였는데, 선생은 상계하기를, "행재소에 시임대신(時任大臣: 현직대신)으로는 단지 윤두수 한 사람뿐인데, 외부

---

13) 종사(宗社): 종묘(宗廟)와 사직(社稷). 의미가 확대되어 왕실(王室)과 국토(國土)를 뜻한다. 여기서는 종묘의 조상 신령을 말한다.

에 나가면 안 되옵니다. 신이 비록 아프지만 그래도 자력(自力)으로 한번 가보겠사옵니다" 하니, 임금께서 허락하였다.

선생이 힘을 다하여 빨리 행궁(行宮)으로 가서 배사(拜辭: 삼가 사례함)하였다. 임금께서 인견하는데, 선생은 병으로 갈 수 없는 지경이었지만 엉금엉금 기어 들어가서 행군할 길의 군량 형편을 진술하였다. 물러나온 뒤에 임금께서 웅담과 납약(臘藥)[14]을 내려주라고 명하였다.

저녁에 소곶역(所串驛)[15]에 도착해보니 이졸(吏卒)들은 다 도망쳐서 모습을 볼 수 없었다. 관리들이 촌락을 뒤져서 몇 사람을 찾아오니, 선생이 힘써 타이르기를 (두 자 결락) "국가가 너희들을 평소에 어루만져 길러온 것은 오늘에 쓰기 위함이다. 어찌 차마 도피하느냐? 그리고 명군이 바야흐로 도착하는데, 국사가 정말 급하다. 이는 곧 너희들이 힘써 일하여 공을 세울 때이기도 하다" 하였다.

공책 한 권을 꺼내어 온 사람들의 이름을 먼저 적고, 보여주면서, "후일에 이것을 가지고 공로를 평정하여 임금께 아뢰어 상을 내리겠다. 이 기록에 빠진 자는 일이 결정되고 나서 마땅히 한 사람씩 조사하여 벌을 내리리라" 하였다. 그렇게 하고 나자 오는 사람이 줄로 이어지고, 모두 책에 이름 써 주기를 원하였다. 선생은 인심(人心)이 수습됨을 알고, 각처로 공문을 보내어, 이번 예(例)에 따라 공로를 살피는 책을 비치하고, 공로가 많고 적음을 기록하게 하여, 그것을 근거로 하여 보상을 시행하게 하였다.

이에, 명령에 따를 사람들이 다투어 나타나서, 땔 나무와 양초(糧草)도 실어 나르고, 집을 짓기도 하며, 아궁이에 솥을 걸기도 하였다. 며칠 사이에 모든 일이 차츰차츰 이루어졌다.

선생은 전란으로 유리(遊離)하는 백성들을 급하게 쓸 수 없다고 생각하여, 지성으로 달래고 한 번도 매질한 적이 없었다.

먼저 정주(定州)에 도착하니, 홍종록(洪宗祿)이 구성(龜城) 사람들을 모두 다 일으켜 말 먹이 콩과 좁쌀을 운반하여 정주 가산에 도착하였는데, 이미 이천여석(二千餘石)이나 되었다. 선생은 그래도 안주(安州) 넘어 뒤쪽을 걱정하고 있는데, 마침 충청도 아산창(牙山倉)의 세미(歲米) 총 일천이백 석을 실은 배가 행재소로 가려고 정주 입암(立巖)[16]에 이르러 정박하고 있었다.

---

14) 납약(臘藥): 납일(臘日: 동지 뒤 세 번째 미일(未日)에 임금이 신하들에게 하사하는 약. 청심환(소화불량 치료), 안신환(열병 치료), 소합원(곽란 치료) 등이 있다.

15) 소곶역(所串驛): 평안도 대동도(大同道)에 속해 있는 의주와 선천(宣川)을 연결하는 역참(驛站).

선생이 기뻐서, 급히 치계(馳啟: 파발말 편에 급히 계문함)하기를 "멀리서 곡식이 때마침 약속한 듯이 도착하니, 이것은 하늘이 중흥의 운수를 돕는 것 같사옵니다. 청하오니 아울러 가져다가 군량에 보태겠사옵니다. 또 선사포(宣沙浦)17) 첨사18) 장우성에게 명하시어 대정강(大定江)에 부교를 만들게 하시고, 노강(老江)19) 첨사 민계중에게 명하시어 청천강에 부교를 만들게 하여, 천병(天兵)이 건너는 데 쓸 수 있게 하소서" 하였다. 선생은 앞서서 안주로 가서 맡은 일을 적절히 처리해 나갔다.

병자일(7월 20일)에 조총병(祖摠兵: 祖承訓)이 평양으로 진공하였으나 불리(패전)하여 물러났다. 선생은 계청하여 안주에 머물면서 인심을 진정시키고, 또 후속군이 도착하는 것을 기다렸다.

조호익20)을 보내어 강동에서 군사를 모집하게 하였다.

호익은 전 도사(都事)인데, 군사를 모아서 행재소로 달려가고 있었다. 선생이 양책(良策)21)역에서 만나 말해주기를 "천병이 장차 이르리니, 공은 행재소로 가지 말고 강동(江東)으로 되돌아가서, 군사 모집하는 일을 하다가 명군과 평양에서 서로

---

16) 정주 입암: 평안북도 정주군 남서면 서호동의 해안 지명. 맛 좋은 석간수가 용출된다고 한다.

17) 선사포(宣沙浦): 평안북도 철산군 백량면 기봉동에 있는 포구. 본래 선천부 소속이었으며, 진영(鎭營)이 설치되고 수군첨절제사가 주재하였다. 바다로 중국 산동성 등주를 거쳐 북경으로 가는 뱃길이 있다.

18) 첨사(僉使): 첨절제사(僉節制使)의 약칭. 종3품. 주진(主鎭)을 지휘하는 무관을 절도사(節度使)리 하고 그 아래 거진(巨鎭)을 지휘하는 무관을 절제사(節制使) 또는 첨절제사라 한다.

19) 노강(老江): 청천강이 흘러 고성진(古城津)에 이르면 노강이라고 하며 대정강이 노강에서 합류한다. 진영(鎭營)이 설치되고 수군첨절제사가 주재하였다.

20) 조호익(曺好益, 1545-1609): 호 지산(芝山), 1575년 최황(崔滉)이 경상도 도사로 부임하여 군적을 정리하면서 그를 검독(檢督)에 임명하여 한정(閒丁) 50명을 독납(督納)케 하려는 것을 병을 핑계로 거절하자 토호(土豪)라고 상주(上奏)하여 평안도 강동현(江東縣)으로 유배당하였다. 유배지에서 학문에 정진하며 후진을 양성하고 관서지방에 학풍을 진작시켰다. 임진왜란 때 금오랑(金吾郞)에 임명되어 행재소로 가다가 도중에 서애선생을 만나 지시를 받고 소모관(召募官)이 되어 강동으로 돌아가 군민을 규합하고, 중화, 상원 지역에서 전공을 세웠다. 계사년(1593) 1월 평양성 전투에 참전하여 전공을 세우고 녹피(鹿皮)를 하사받았다. 대구부사, 성주목사, 정주목사 등을 역임하였다. 이조판서에 추증. 선무원종공신에 녹훈되었다. 본관 창녕. 퇴계 문인. 시호 문간(文簡) 영천의 지봉서원, 강동의 청계서원 등에 제향되었다. 저서 지산집, 심경질의고오, 주역석해 등.

21) 양책역(良策驛): 평안도의 대동도(大同道)에 속한 역참(驛站).

만나 군세를 돕도록 하시오" 하니 호익이 그 말을 따랐다. 선생은 장계를 올려 그 사유를 말씀 올리고 기병문(起兵文)을 만들어 호익에게 주었다. 호익이 가서 군사 수백 인을 모아 상원(祥原)²²)으로 출진하였으며, 왜적을 만나 목 베어 죽인 자가 많았다.

경기도 관찰사 심대²³)가 내방하였다.

심대가 행재소로부터 임지(任地)로 가는 길에 백상루(百祥樓)에서 선생을 뵈었다. 이야기가 국난에 이르자, 분개하여 직접 몸소 화살을 무릅쓰면서 적과 싸우려 하였다.

선생이 경계하여 "옛 사람이 말하기를 '밭가는 일은 마땅히 종에게 물으라' 하였소. 그대는 서생인데 싸움터에서는 아무 쓸모가 없소. 임지에 가면, 그곳에 양주 목사 고언백²⁴)이라는 사람이 있는데, 용력이 있고 전투도 잘하니, 그대는 단지 군사를 수습하여 고언백을 장수로 삼으면 공을 세울 수 있을 것이요" 하고, 또 그가 외로이 적중(賊中)에 들어가는 것을 보고, 활 잘 쏘는 군관을 나누어 주어 함께 가도록 하였다.

심대가 떠나간 뒤에, 선생이 경기도 사람에게서 들으니, 심대가 유달리 적을 두려워하지 않고 순행할 때마다 미리 글을 보내어 알리고, 평일처럼 기(旗)를 세우고 악기를 울리며 적의 소굴을 드나든다고 하므로, 매우 염려되어 다시 글을 보내어 전과 같이 경계하였다. 심대가 행동을 고치지 않더니, 얼마 되지 않아 과연 왜적에게 습격당하여 죽었다.

8월에 안주에 그대로 머물렀다.

선생은 조총병이 전투에 져서 돌아간 때로부터, 밤낮으로 명군이 구원하러 오기를 바라고, 백상루 위에 잠자리를 정하였다. 항상 남쪽으로는 대궐을 생각하고, 북

---

22) 상원(祥原): 평안남도 중화(中和) 지역의 옛 군(郡) 명칭. 현 평안남도 중화군 상원면.

23) 심대(沈岱, 1546–1592): 호 서돈(西墩), 문과. 지평, 사간. 임진왜란 때 우부승지로 호종하였다. 9월에 경기도 관찰사. 서울 수복을 위해 진력하는 도중에 왜적의 야습을 받아 전사했다. 이조판서, 뒤에 영의정에 추증. 호성공신 2등. 본관 청송. 시호 충장(忠壯)

24) 고언백(高彦伯, ?–1608): 무과. 군관, 변장(邊將)을 역임하였다. 임진왜란 때 영원군수로 전공을 세움. 계사년(1593)에 경기도 양주(楊州)에서 왜적 42명을 목 베어 당상관 양주 목사가 되었다. 계속 전공을 세워 경기도 방어사가 되었다. 선무공신 2등. 광해군 때 임해군의 심복이라 하여 살해되었다. 병조판서에 추증. 본관 제주.

쪽으로는 행재소를 바라보며, 노심초사하여, 날마다 냉수나 마시고, 잠자리에서는 이불도 덮지 않기를, 초가을부터 12월까지 줄곧 그렇게 하니, 보는 사람들이 걱정하고 안타까워하지 않는 사람이 없었다.

9월에 차자를 올려 건주위25)의 원병(援兵) 받아들이는 것을 허락하지 말도록 건의하였다.

그때 건주위 여진족이 왜적이 침범했다는 소식을 듣고, 군사를 거느리고 구원하러 들어오려 하였다. 선생은 그 일이 우리나라에 화근이 될 것을 우려하여, 차자를 올려 그것을 허락해서는 안 된다고 힘써 진술하였다. 그 대략은 다음과 같다.

"여진족이 구원하겠다고 청하는 말을 한다니 마음이 써늘해지옵니다. 당나라 때 안사(安史: 안록산, 사사명)의 난26)을 평정하지 못하여, 회흘(回紇: 위구르)과 토번(土蕃: 티베트)에게 군사를 빌렸다가 대대로 이어 화를 입었는데, 이 경우는 그것에 비할 바가 아니옵니다. 우리의 형세가 바야흐로 급하여 그들의 진퇴를 제어할 수 없는 상황에, 혹시 군사를 많이 일으켜 강 건너에 주둔하면서 구원한다는 이름을 붙이나 그 뜻은 측량할 수 없습니다. 장차 어떻게 대처하겠사옵니까? 청하오니, 변방의 장수를 시켜 좋은 말로 중지토록 하소서. 잘못된 계책이 나올까 하는 염려를 억누르지 못하여 감히 이처럼 외람하게 진술하옵니다."

11월에 정주에 있으면서 차자를 올려 시무(時務: 정세)를 진술하였다.

그 대략은 다음과 같다.

"지금 순안에서 용천에 이르기까지 나라 조직이나 백성들이나 모두 힘이 바닥나 버렸사옵니다. 쌓여 있는 수만여 석의 곡식을 갑자기 하루아침에 왜병에게 빼앗겨 그것이 적의 군량이 되지 않을까 두렵사옵니다. 하물며 우리 군사들도 놀고

---

25) 건주위(建州衛): 명나라 성조(成祖) 영락제(永樂帝: 재위, 1402-1424)가 만주 남쪽의 여진족을 진압하기 위하여 설치한 위(衛). 위(衛)는 군대의 단위를 말하는데, 이를 국외에 설치하면서 그 부대가 주둔하는 지역 명칭이 되었다. 건주위는 처음 길림(吉林) 부근이었으나 뒤에 혼하(渾河) 부근으로 이전하였으며, 여진족으로 구성된 군대(후에 청나라 건국의 기초가 된 팔기군이 됨)였다.

26) 안사의 난(安史之亂): 당나라 현종(玄宗) 말기에 범양절도사 안록산(安祿山: 돌궐인)과 그의 사후에 부하 사사명(史思明: 돌궐인)이 계속하여 일으킨 반란.

먹는 자의 하루 비용이 매우 많사옵니다. 짐 짊어진 사내, 보퉁이 이고 가는 아낙들이 길에 쭉 깔려있는데, 이 한 도(道: 평안도)는 털끝만한 힘도 남아 있지 않사옵니다. 이와 같은 형세에 시간을 질질 끌어서야 되겠사옵니까?

그 때문에 신은 원하오니, 이러한 여러 사정을 명장(明將)에게 명백하게 설명하고, 그들의 결심을 얻어서 여러 장수들을 지휘하되, 군사들 마음을 하나로 만들어, 질질 끌지 않으면서 미리 준비하여 기다리는 마음을 먹도록 해야 하겠사옵니다.

그리고 신은 또 말씀드릴 일이 있사오니, 국사가 이처럼 위급한데, 믿을 곳, 즉 만일의 경우 희망을 걸 곳은 인심이옵니다. 인심이 만일 풀려버리면 더욱 해볼 길이 없게 됩니다. 군공(軍功)을 세운 자에게 벼슬로 상 주는 일은 그날로 다 시행하소서. 옛사람이 말한 '때를 넘기지 말라'는 것에 따라야 하옵니다. 또 군인이나 백성이 적을 잡아 빼앗아 온 것은 곧 그에게 주어서, 관에서 갖지 못하게 하고, 다른 사람이 빼앗아가지도 못하게 해야 하옵니다. 어리석은 백성들은 자기 몸에 이로운 것이 적을 죽이는 데 달려 있다는 것을 알면, 다투어 일어나 적을 칠 것이고, 그러면 적의 형세가 조금은 약해지리라 짐작되옵니다.

가만히 들으니, 방백(方伯: 지방 고을 수령)을 맡은 신하 가운데 어떤 사람은 왜적을 붙잡으면 반드시 상부 관청에 보고하도록 하고는, 원래 보고한 숫자에 모자라면 잡아 가두니, 그 다음부터는 독촉하여 채워야 하는 줄 알고, 서로 전하여 경계하기를 '다시는 적을 잡지 말자'라고 한다 하옵니다. 신은 원하오니, 멀리 여러 읍에 유시를 내려보내시어, 앞서 진술한 것과 같은 일을 법으로 만들어야 하옵니다.

강원도의 산속에는 사냥하여 먹고 사는 사람을 산척(山尺)이라고 하는데 그 숫자가 적지 않사옵니다. 만약 큰 상을 걸고 끌어모아서 곳곳에 흩어져 복병하다가 출몰하여 죽이거나 사로잡으면, 북로(北路)로 왕래하는 적병들은 머리와 꼬리가 끊어지고, 동남쪽의 형세도 서로 통할 수 있게 될 것이옵니다.

서울을 수복하는 기세는 역시 마땅히 세 길로 나누어야 하옵니다. 양주, 포천, 적성, 영평, 가평 등 고을의 군사를 예컨대 고언백 같은 한 장수에게 소속시켜서 동쪽 방면을 가로막게 하고, 교동, 강화, 고양, 교하 등 고을의 군사도 한 장수에 소속시켜 서쪽 방면을 가로막게 하고, 한강 이남인 광주, 과천, 수원 등 고을의 군사도 한 장수에 소속시켜 남쪽 방면을 가로막게 하여, 세 방면이 합세하여 번갈아 의각(倚角)을 만들어서, 적의 수효가 적을 때면 군사를 나누어 복병을 하고, 적의 수효가 많을 때는 군사를 합해서 일제히 공격하여 죽이며, 강원도 군사는 동면의 군사와 합하고, 강화 의병은 서면의 군사와 합하고, 충청, 전라도 군사는 남면의 군사와 합하여, 혹은 앞에서 끌어주고, 혹은 뒤에서 밀어주어, 한마음으로 힘을 모아 사방에서 구름처럼 모이면, 적은 우리 안에 든 토끼처럼 될 것이요, 서울 안에서도 반드시 내응하여 적을 죽이는 사람이 있을 것이옵니다.

지금 들으니, 여러 곳의 의병이 각각 모여 주둔하면서 날마다 몇 사람의 영적(零賊: 소규모로 출몰하는 적병)을 잡으면, 보고서를 나는 듯 보내어 승리를 고하나, 아직 한 번도 큰 적과는 싸운 적은 없사옵니다. 그리고, 관군과 의병은 판단이 완전히 달라서, 진격할 때 함께 나아가지 않고, 패전해도 서로 구원하지 않사오니, 이같이 성세(聲勢: 분위기)가 외롭고 약해서는 날로 흩어져 버릴 것이며, 그 흩어져 합치기 어려운 형세를 조처(措處)하지 않을 수 없사옵니다.

경상도 사람들 마음이 자못 분기하여 왜적을 토멸하기 힘쓰지만, 군인과 민간의 양식이 다 떨어져 남은 것이 없사옵니다. 만약 경상 좌도(左道)가 무너지면, 우도(右道)를 보전할 수 없고, 우도가 무너지면 호남을 보전할 수 없고, 호남이 무너지면 충청도가 차례로 침범을 당할 테니, 팔방에 깨끗한 땅이 한 곳도 없게 되옵니다.

금년에 전라도의 곡식이 자못 잘 익었는데, 원하오니, 호남의 곡식을 차츰 차츰 영남으로 실어와 구휼하는 데 쓰도록 해 주소서. 또 별도로 곡식 모집 관서를 두어 급히 조처하여, 골짜기마다 가득 차 있는 위급을 구제한 연후라야, 남쪽 지방을 아마 보전할 수 있을 것이옵니다.

사방의 변방에서 올리는 보고에 대하여 응답하는 일은 일각에 일각이 급하옵니다. 옛날 진(秦)나라 때 군사 일을 보고하러 온 사람이 사마문(司馬門: 병조)에서 3일이나 응답을 듣지 못한 채 머물고 있으니, 식자들은 진나라가 망할 줄 알았다 했습니다.

신이 원하기로는 오늘 온 변방의 보고에 대하여 오는 대로 즉시 계획을 세워 바로 시행하도록 하며 하루 이틀이 지나도록 늦어서는 안 되옵니다. 낮시간이 부족하면 계속 밤새도록 일을 해야 하옵니다. 적은 날래며 목숨을 가볍게 알아 돌격을 잘하는데, 우리나라 군사를 지휘하는 인물은 형세에 따라 유리하게 이끌지도 못하면서, 매번 오합지졸을 모아 약속한 날보다 늦게 전장에 달려가며, 멀리 잘 살펴보지도 않고, 척후도 멀리 보내지 않고 있는데, 반면에 왜적은 간첩을 매우 많이 풀어서 우리의 동정을 모두 알고 있기 때문에 우리 군사는 싸울 때마다 지는 것이옵니다.

신의 어리석은 생각으로는 마땅히 날쌘 군사를 골라 뽑아, 옷차림을 혼동하게 하고, 원근에 널리 배치하여, 몰래 약속하고서, 서로 마주치는 곳에 따라서 문득 공격하며, 머무는 곳을 일정하게 하지 않아 적으로 수효를 알 수 없게 하되, 서울 같은 곳에는 사방 수십리 안에 이렇게 하지 않는 곳이 없게 하여, 계획을 세워 불을 지르고 들이쳐서, 적들이 소연(騷然)하여 쉴 틈이 없게 하면, 십여 일이 지나지 않아 적의 기세가 크게 꺾일 것이옵니다.

지금 무장 가운데 이미 고위직에 있는 사람들은 몸을 많이 아껴 편한 곳을 차지하고, 나라를 위한 임무 맡기를 즐겨하지 않사오니, 마땅히 평상시의 규정에 얽매이지 말고, 옛사람의 이른바 '병졸에서 뽑아 장수로 삼는다'는 말처럼 하여, 홍계남27) 같은 사람에게 조방장의 이름을 임시로 달아주어 힘을 합하여 적을 공격하게 하는 것도 불가한 일이 아닐 것 같사옵니다.

적과 우리 백성이 서울 성 속에 뒤섞여 사는데, 거의 서로 모르고 지내므로 이 형세는 이용할 만하오니, 만약 계책을 베풀어 밤을 타서 공격하고, 안팎으로 호응하면, 소굴(巢窟)이 있는 곳을 다 엎어버릴 수 있으나, 지금은 그렇게도 할 수 없사옵니다. 먼저 적의 낙오병을 잡아버려, 적들이 알고 미리 대비하도록 하였고, 각처의 관군들은 빙 둘러 진을 치고 바라보기만 하였으니, 아픈 마음 그지없사옵니다.

또 신은 듣기를, 송언신28)이 남쪽 길로 하여 (함경도에) 들어갔는데 백성들은 순찰사가 왔다 듣고 원근에서 함께 모여들었다가, 얼마 안 되어 죄로 체직(遞職)되 버리니, 도내의 민심이 의지할 곳이 없어 서로 붙들고 울고 있다 하옵니다. 언신이 전에 평안도 희천(熙川)에 있으면서 돌아오는데 여러 날 늦었으니, 진실로 죄가 없지 않사오나, 그러나 그 체직하는 원인은 희천에 늦게까지 머물러 있었던 일에 해당되지, 이미 도(道: 함경도)에 들어간 뒤의 일과는 해당이 없습니다.

---

27) 홍계남(洪季男, 1564(?)-1597): 서자(庶子)였으며, 용력이 뛰어나고 말타기 활쏘기에 능하여 금군(禁軍)에 소속되었다. 1590년 일본으로 파견되는 통신사 일행에 군관(軍官)으로 선발되어 다녀왔다. 임진왜란 때 아버지를 따라 안성에서 의병을 일으켜, 여러 곳을 전전하며 전공을 세웠다. 아버지가 전사하자 남은 의병을 지휘하여 유격전을 전개하였다. 1596년 이몽학의 난을 평정하였다. 경기도, 충청도 조방장. 영천군수 역이다. 1597년 병사했다. 본관 남양.

28) 송언신(宋言愼, 1542-1612): 호 호봉(壺峰), 문과. 수찬, 장령. 임진왜란 때 공조참판, 평안도 관찰사, 함경도 순찰사. 군병모집에 힘쓰다 삭직(削職)되었다. 뒤에 대사간, 병조판서, 이조판서. 당쟁에 앞장섰으며, 실록의 사평(史評)이 좋지 못하다. 시호 영양(榮襄) 본관 여산(礪山: 현 익산). 퇴계문인. 저서 성학지남, 호봉실기.

때는 얻기 어렵고 잃기는 쉬우며, 사업은 없어져 버리기는 쉬우나 따라잡기는
어렵사온대, 얻느냐 잃느냐의 기회는 날마다 멀어지고 있사옵니다. 이러한 조치
는 조정에서 십분 헤아리고 살펴서 기회를 잃지 않도록 해야 하옵니다."

==

擒 定州掠倉賊

自車駕出平壤 人心崩潰 所過 亂民輒入倉庫 搶掠穀物 順安肅川安州寧邊博川在在皆
然 是日 駕發嘉山 翌日 向宣川 命先生留定州 州人已四散 獨老吏數人在城中而已 先
生送駕出城 掩泣坐延薰樓下 軍官數人在階下 所收潰卒十九人 繫馬路邊相環而坐 向
晚 見南門 執杖者無數自外連絡而來 使軍官視之 聚於倉下者已數百

先生念 所率寡弱 亂民益多 則難制 不如先攻弱者 使之驚散 於是 視城門 又有繼至者
先生急呼軍官 從十九卒 馳捕之 捕九人而至 卽令披髮反接 而赤脫之 徇于倉邊道路
十餘卒隨其後 大呼曰 擒劫倉賊 將行刑 於是 已聚倉下者 望而惶駭 悉從西門散去 由
是 定州倉穀得全 而龍川宣川鐵山等邑劫倉賊 亦絶 定州判官金榮一自平壤奔還 置其
妻子於海邊 偸出倉穀 欲送之 先生聞而數之曰 汝爲武將 敗軍不死 又敢偸出官穀耶
此穀將餉天兵 非汝所得私者 杖之六十

發定州 追及車駕於龍川
留金元帥命元 及李薲等 守定州
遣從事官洪宗祿 往龜城 收拾糧餉

時 郡邑人民聞平壤陷 盡竄山谷 先生將向龍川 行到郭山 見城下有岐路 問下卒曰 此
向何處路 卒曰 此走龜城路也 先生駐馬 呼從事官洪宗祿曰 沿道倉儲一空 天兵雖來
何以接濟 此間 惟龜城一邑 儲峙頗優 而亦聞吏民盡散 輸送無策 君久住龜城 其處人
如聞君至 雖隱山谷中 必有來見者 君急去龜城 諭之曰 賊入平壤 尚未出 天兵方大至
收復不遠 所患 一路糧餉不足耳 爾輩 勿論品官人吏悉一境之力 輸運軍糧 不乏軍興
則必有重賞 若此則 庶幾同心僇力 輸到定州嘉山 可以濟事 宗祿慨然應諾 分路而去

到義州 再上啓辭 條陳時事
略曰 國之危亂 極矣 殷憂啓聖 多難興邦[29] 惟望聖心堅定 以振士氣而已 臣謹條今日

所宜行者于後

一 賊兵方住平壤 而黃海江原道郡邑 尚多完全 南方大軍 雖未知利鈍 而亦在水原 若
又自此處召集散亡 嚮導唐兵 分數道蹙之 則賊首尾橫決 必棄城南走 預諭黃海京圻忠
清全羅慶尚等道 沿道設伏 處處抄擊 其勢可以盡滅 又令慶尚全羅水使 各率舟師 邀截
賊船 此今日剿賊大勢也

一 賊入平壤已十餘日 尚無動靜 其謀難測 今宜哨探形勢 設爲方略 或乘夜掩擊 或伏
兵 分抄散出之賊 不可少緩 平壤之戰 將士未盡死亡 只是隱處郡邑 偸生自免 宜令觀
察使等 多發間使 分道招呼 使之刻期 悉赴行在 以聽約束

一 平壤以西 直路 則由順安肅川安州 以達於嘉山定州 又一路 則由博川泰川龜城 以
達於朔州昌城 又一路 則由寧邊熙川 以達於江界 三路之中 博川泰川一路 最爲關重
今 定州有都元帥 方收集散亡 龜城泰川 亦當置一將 耀兵備禦 與定州 相爲犄角之勢
迭出攻擊 然後一道可保

一 平壤之賊 若欲進取 則亦當分道 唐兵嚮導 亦不可但以一路徑進 今 平壤西邊郡邑
皆是濱海之邑 而龍岡則有山城 絕險而倉穀亦多 宜令宣川郭山定州 由海道遣人 體探
諸邑保守與否 使之堅守 郡邑抄發精兵 以待天兵之至 萬一人民畏怯離散 則姑令避兵
于龍岡山城 又自其處 通于黃海道 使之一體施行 待賊兵勢衰 合兵齊擧

一 唐兵嚮導 一路由定州嘉山安州 一路由宣川宣沙浦 乘船 達於咸從江西 出平壤之西
又令我國大將一人 調發寧邊以東成川陽德孟山德川价川寧遠順川之軍 出於平壤之東
則賊兵如在圍中 四顧無自脫之路矣

一 土兵精勇 倍於南軍 當令本鎭 諭以危急之意 激勵忠義 其有奮發自募者 各別獎勸
使之興起 且近日民生困極 本道軍民 怨苦尤甚 凡干弊端 一切蕩滌 亦收合人心之一助
也

一 本道財穀 幾盡散失 唐兵若幸蕩平賊倭 則宴犒之禮 餽遺之物 將何以辦出 本邑奴
婢身貢 其他江邊郡邑人蔘等物 使之知數堅藏 以需其用 如欽賜銀兩數 留之 以備其用
空名告身百餘帖 亦令該司 急速成給 以爲召募之用

一 事幾方急 而倉卒之際 人心易懈 或置於無可奈何之地 酬酢策應 或多後時 安危之
機 相去日遠 宜令備邊司 凡所施行 急速擧行

一 國綱解弛 已甚 守令 以棄官爲能事 將帥 以望風奔潰爲良謀 今宜申明約束 以軍法

---

29) 殷憂啓聖 多難興邦 : 동진(東晉) 원제기(元帝紀)에 나오는 말. 유곤(劉琨)이 원제께 제위에 오
   르기를 권고하면서 한 말이다.

繩之

一 軍功登第 務要均一 從實急速舉行 賞不踰時 使之激勵 宜當

答曰 令備邊司 急速議處 仍傳曰 不獨爲應接一事 凡唐兵饋餉調度之事 亦皆察爲

又啓曰 臣適當此際 賤疾發動 不得預外廷末議 然 其痛念國家之讐 耿耿危悰 徒自扼
腕 凡今日所當行者 敢以管見 再爲條列如左

一 江邊土兵 素以勇悍名 今日之所恃者 惟此而已 然 其累次調發之餘 豈無怨苦之心
宜令所在各官各鎭 撫恤其妻子 至於前日夜斫時 土兵之功不小 詳覈功之輕重 次第論
賞 其同時渡江敢戰者及身死陣中者 無遺抄出 生者量給銀兩 死者優恤家口 以慰忠魂
警動人心

一 平安一道 惟平壤爲賊所據 其餘皆完全 而只是守令不畏國法 爭先逃走 今宜使之
刻日還集 修治官事 整頓軍兵 如有過期不還者 一切以軍法從事 少無饒貸

一 欲攻平壤之賊 當分三路而進 然 兵法 先攻弱賊之散出及往來道路者 隨處抄擊 則
賊必奪氣 而形勢益衰矣 今宜令黃海監兵使等 抄發精兵 分據險阻 十十五五 分運作隊
使之往來要截 出沒無定 所得財物 任其自取 官不得奪 至如成群攻劫之類 非必盡爲亂
民 不過失其家産爲飢餓所逼耳 古人 募兵攻劫者爲上 傷人者次之 此亦多般知委 各率
其類 務其剿賊 立功則賞同平人 如其不然 而作亂肆毒者 則必誅無赦 以此急急知委
道內武士之散伏閭閻者 亦令各赴行在 除官賞職事 幷爲曉諭

一 土兵雖聚 而軍器蕩然 秋高氣爽 弓矢之用 倍勝於他技 江邊列鎭 及內地郡邑 弓箭
多寡之數 急宜知數 臨時取用 道內弓箭 如不足用 則雖取諸南方 可也

一 南方大兵 一戰皆潰 大槪 三人皆非統御進取之才 不知分兵 迭出精抄 掎角之計 而
以烏合之卒 聚會俱進 號令不一 如之 何不潰也 今 不可以此自沮 惟當急急馳諭 以鎭
人心 姑令各道監兵使 整兵持重 以保地方 待其賊勢窮蹙 然後合勢攻剿

一 武班出身之人 當初爲李鎰軍官者 申砬所帶者 其他爲防禦使助防將所屬者 其數亦
多 而一散之後 不復來到 宜令檢察使等 分道招呼 使之來赴行在 其終始不見者 論以
軍律

一 火砲匠 散亡殆盡 江邊火砲匠 亦聚會 以備戰用

一 賊兵近在數百里外 奸細譏察 不可不嚴 令城中及軍中 別爲標號 使相識別

請 以平安虞候金星報 嚮導天將

啓曰 唐兵朝夕過江 所忽者糧餉與嚮導而已 糧餉 雖郡邑蕩敗 然猶使洪世恭等往措矣
至如嚮導 則靑水萬戶趙鵬 不但名位卑微 非統御了解之才 以此爲將 使與唐將合勢進

取 豈不笑其無人 而且以爲簡己也 高麗江東之役 趙沖金就礪爲之嚮導 珍島之役 金方
慶爲之嚮導 豈可使卑微一堡官 立於天兵之前 而爲莫大之任乎 臣意 本道虞侯金星報
於見 在武官中稍勝 使爲此任 則雖不滿意 亦不至如此輩之冗雜 而事體不甚埋沒矣

上箚 論遼東咨 兼陳事宜
時 中朝疑我國與倭連謀 遼東咨文 有詰責語 先生上箚論之 略曰 伏見遼東咨文 不覺
拊心失圖 我國別無失道 致兵之由 終始不過爲中國守義 以至於此 唯其近日 於應待辭
命之間 不能據事直說明白痛快 而每欲遮藏掩覆 欲說不說 使我國本情 無以暴白 故中
朝於我 初無嘉獎矜悶之意 而反有督過之語 大抵天下萬事 惟勢而已 勢去之後 隨事生
梗 況於異國之人乎

近日 中原之疑我者 非一 緩於報變 一也 請兵不早 二也 不存接唐兵之哨探者 使之飢
困 三也 旣請兵 而又言糧餉匱乏 四也 唐人請我嚮導 而時無一將一卒立於眼前 五也
自古 雖危亂之極 而乘輿所在之處 必有扈衛之兵 今則蕩然不存 六也 國將危亡 則必
有投袂泣血 忘身赴急之臣 而一時氣像 徐緩寬縱 應對酬酢率多後時 七也夫 如是 安
得不起唐人之疑耶

今此咨文 回答所係 非輕 令該司 登時速報 痛陳明白而已 臣歷觀前史 凡享國長遠 未
有不中衰 而復振者 況我國家 仁深澤厚 宗社靈長 豈有一爲狂寇所乘 而終至於不可爲
哉 區區所願 惟在堅定聖心 驅策群臣 勿使少有懈惰之氣 申明賞罰 振作士氣 收召潰
散 且與唐兵 痛陳利害 定爲進取之規 彼此協力 死中求生 然後 今日之事 庶可爲也

七月 請先遣從事官申慶晉 整齊一路糧篘
時 天兵將出 糧餉調度事急 先生累次移文申飭 而人心渙散 守令之盡心者 少 恐臨時
誤事 欲自行檢飭 而病甚 不能自力 遂啓言給糧事 宜令慶晉先期馳去整齊

甲子 自請出治沿道糧餉
遼東副總兵祖承訓 率兵五千人來援 報先至 時 先生病痔苦甚 上命尹相 出治沿道軍食
先生啓曰 行在時任大臣 只有尹斗壽一人 不可出 臣雖病 猶可自力一行 上許之
先生力疾詣行宮 拜辭 上引見 先生病 不能行 匍匐以入 陳一路糧餉事宜 旣出 命賜熊
膽臘藥 夕至所串驛 吏卒逃散 不見形影(二字缺)官往搜村落間 得數人而至 先生勉諭

之(二字缺)家平日撫養汝輩 用在今日 何忍逃避 且天兵方至 國事正急 此乃汝輩效勞
立功之秋也

仍出空冊一卷 先書來者姓名 示之日 後日 當以此等第功勞 啓聞論賞 其不在此錄者
事定 當一一查覈行罰 旣而來者相續 皆願書名于冊 先生知人心可合 旣移文各處 使例
置考功冊 書功勞多少 以憑轉報施行 於是 聞令者爭出 搬運柴草 架造房屋 排設釜鼎
數日之間 凡事稍集

先生以爲亂離之民 不可用急 至誠曉諭 未嘗鞭撻一人 前至定州 洪宗祿盡起龜城人 輸
運馬豆及小米 到定州嘉山者 已二千餘石 先生猶以安州以後爲憂 適忠淸道牙山倉稅
米 全一千二百石載船 將向行在 到泊於定州立巖 先生喜甚 卽馳啓日 遠穀適至如期
似是天贊中興之運 請并取以補軍糧 又令宣沙浦僉使張遇聖 造大定江浮橋 老江僉使閔
繼仲 造晴川江浮橋 擬渡天兵 先生前往安州 調度

丙子 祖總兵進攻平壤 不利而退 先生啓請仍留安州 以鎭定人心 且待後軍之至

遣曺好益 募兵江東
好益 以前都事 募兵赴行在 先生遇於良策驛 語之日 天兵將至 公毋往行在 可還江東
仍行召募 與天兵會平壤 以助軍勢 好益從之 先生遂狀啓其由 爲起兵文 移授好益 且
助以軍器 好益去 聚兵數百人 出陣祥原 邀賊多斬獲

京畿觀察使沈岱來訪
岱自行在 將赴任所 見先生於百祥樓 語及國難 慨然 直欲親犯矢石 以角賊 先生戒之
日 古人云 耕當問奴 君 書生 臨陣 終非所能 其處 有楊州牧使高彦伯 勇力善鬪 君但
收拾軍兵 使彦伯將之 可有功也 先生又見其孤行入賊中 分軍官善射者與俱 岱旣去 先
生因京圻人聞 岱殊不畏賊 每巡行 先文知委 如平日 建旗鳴角 出入賊藪 甚憂之 申書
戒勅如前 岱不變 未久 果爲賊所襲死

八月 仍留駐安州
先生 自祖總兵軍敗還 日夜望天兵之來救 寢處百祥樓上 常南思庭闈 北望行在 憂心焦
思 日飮冷水 寢不覆衾 自初秋至十二月 猶然 見之者 莫不憂而悶之

九月 上箚 勿許建州衛入援
時 建州衛獺子聞倭入寇 欲率兵入援 先生憂其爲我國禍本 上箚力陳其不可許 略曰 獺子有請救之言 可爲寒心 唐時 不能平安史 乞兵於回紇吐藩 世被其禍 此則又非此比也 我勢方急 不能以制其進退之命 脫或多起士馬 隔江來駐 名爲救援 而其意難測 將何以待之 請令邊將 善辭止之 不勝過計憂之 敢此濫陳

十一月 在定州 上箚陳時務
略曰 今自順安至龍川 竭公私之力 積聚糧料幾數萬餘石 惟恐一朝倭兵猝下 而更爲餌賊 況我軍之坐食者 日費甚廣 男負女戴 連絡道路 而一道事力 無復有毫髮之餘 若此之勢 其可遷延乎

臣故願 以此等事情 明白說與唐將 得其決語 而指揮群帥 以一軍情 使無遷延 等待之意 可也 且臣又有所達 國事危急至此 所賴而有萬一之望者 人心也 人心若解 則益無可爲 凡軍功爵賞 卽日施行 以應古人賞不踰時之義 又軍民之捕賊所獲者 卽與捕賊之人 官不得推 人不得奪 愚民知 一身之利 在於殺賊 爭起討賊 則賊勢庶幾少衰矣

竊聞 方伯之臣 或有捕賊所得者 必令上使 若不滿元報之數 則囚 次知督徵 故傳相戒勅 不復捕賊云 臣願 遠爲下諭諸邑 如向所陳 定爲恒式 可也 江原一道 山峒之間 射獵爲生 名爲山尺者 其數不少 若能以重賞購集 散處伏兵 出沒勒捕 則賊兵之往來北路者 首尾斷絕 而東南形勢 可以相通矣

京城收復之勢 亦當分三道 楊州抱川積城永平加平等邑之軍 則屬於一將如高彥伯者 遮蔽東方 喬桐江華高揚交河等邑之軍 又屬於一將 遮蔽西方 漢江以南廣州果川水原等邑之軍 又屬於一將 遮蔽南面 三面合勢 迭爲犄角 賊少 則分兵設伏 賊多 則合兵攻勒 因使江原道軍與東面之軍 合 江華義兵等與西面之軍 合 忠淸全羅之軍與南面之軍 合 或引其前 或推其後 齊心一力 四方雲合 賊如置中之兎 而京城之中 亦必有內應相屠者矣

今聞 諸處義兵 各自屯聚 惟日捕數三零賊 騰書告捷 而未嘗一犯大賊 且官軍與義兵判爲二物 進不同進 敗不相救 以此聲勢孤弱 日就散亡 其渙散難合之勢 不可以不爲之區處也

慶尙道人心 頗奮勵討賊 而軍糧民食蕩然無餘 若慶尙左道潰 則右道不可保 右道潰 則湖南不可保 湖南潰 則忠淸道次第受兵 而八方無一寸乾淨地矣 今年全羅道頗稔 願令湖南之粟 次次輪賑於嶺南 又別設募穀之官 急急區處 以救塡壑之急 然後 南方庶可保矣

四方邊報酬應之事 一刻急於一刻 昔秦時 報事之人 留司馬門三日 而識者知秦之亡 臣願 今日邊報 亦劃卽施行 不出一二日 日不足 則繼之以夜 可也 且賊僄悍輕生 善於突鬪 我國主兵之人 不能因勢利導 每聚烏合之卒 約日徐趨 而瞭望不審 斥候不遠 賊之間諜甚多 我之動靜 彼皆先知 故我軍 每戰每敗

臣之愚意 當精抄銳軍 混其服色 散布遠邇 潛相約束 隨其所遇 而輒爲攻勦 又不定處所 使賊莫測多少 如京城數十里之內 無不如此 亦設計焚劫 使賊騷然 不得休息 則不過十餘日 而賊氣大挫矣

今 武將中 已在高位者 多惜身占便 不肯爲國任事 惟當勿拘常規 如古人所謂拔卒爲將 若洪季男者 亦借助防將之號 使之合力擊賊 恐無不可也 賊與我民 雜處城中 幾與相忘 此勢可乘 若能設計 乘夜勦擊 內外相應 則巢穴所在 可以蕩覆 而今不能然 先捕零賊 使賊知而預爲之備 而各處官軍 相環坐視 殊可痛也

且臣聞 宋言愼 自入南道 民聞[30] 巡察使之至 遠近俱集 不久以罪遞免 道內民心 無所係屬 相與號呼涕泣 言愼前在熙川 遲回累日 固不無其罪 然其遞免 當在遲留熙川之時 不當在於已在其道之後 時 難得而易失 事 易去而難追 得失之機 相去日遠 此等處置 朝廷十分量察 毋失機會

---

30) 편역자 주. 연보에는 聞으로 되어 있으나, 상소문 원문에 聞으로 되어 있어 聞으로 고쳐 번역한다.

36 평안도 도체찰사에 임명되다, 51세

선조 25년(1592) 임진

12월에 평안도 도체찰사에 임명되었다.

왜적의 간첩 김순량을 잡았다.

　선생은 안주에서 군관 성남(成男)에게 전령(傳令: 전달할 명령)을 지참시켜 수군장(水軍將) 김억추[1]에게 보내어, 진격할 일을 밀약하게 하고, 주의시키기를 "6일 내로 돌아와 복명서(復命書)를 제출하라"고 하였다.

　기한이 지나도 복명을 하지 않아, 성남을 추궁하여 꾸짖어 물으니, 성남이 "강서(江西) 고을 군인 김순량에게 시켜 (복명서를) 제출하도록 했습니다"라고 하였다. 그래서 김순량을 잡아서 문초하니, 그가 일부러 어리둥절한 모습을 보이며, 말이 왔다 갔다 하였다.

　선생이 엄히 심문하였더니, 비로소 사실을 토로하는데, "소인이 왜적의 간첩이 되어, 그날 마침내 전령과 비밀 공문을 곧바로 평양으로 들어가 적에게 보여주었습니다. 적장이 전령은 안상(案上)에 두고, 공문은 보는 즉시 찢어 버렸습니다. 상으로 소 한 마리를 주면서, 다시 바깥일을 탐지하여 15일을 기한으로 와서 보고하라고 하였습니다. 그래서 그렇게 하겠다 하고 나왔습니다" 하였다.

　선생이 '간첩으로 된 사람이 몇이냐'고 물으니, 대답하기를 '모두 40여 명인데, 순안 강서 여러 진(陣)에서 흩어져 나와서 숙천, 안주, 의주에 이르기까지 뚫고 들어

---

1) 김억추(金億秋, ?–?): 본관 청주. 무과. 임진왜란 때 방어사로 수군을 지휘하여 대동강을 지켰다. 정유재란 때 칠천량 해전에서 전사한 이억기(李億祺)의 후임으로 전라우수사가 되었다. 명량해전에 참전하였다. 그 뒤 밀양부사, 경상좌병사, 제주목사를 역임하였다. 선무원종공신. 시호 현무(顯武) 이순신 장군 난중일기 "만호(萬戶)에나 알맞지 대장의 재목이 아니며 좌의정 김응남의 천거로 억지로 임명되어 개탄스럽다."

가지 않은 곳 없이 뛰어다니며 일을 탐지하고 그때마다 보고한다'고 하였다. 선생은 크게 놀라서 즉시 행재소로 장계를 올리고, 또 (간첩들) 이름을 살펴서 여러 진에 급히 통문을 보내어 잡아들이게 하니, 잡기도 하고 놓치기도 하였다. 순량은 성 밖에서 참수하였다.

이 앞에, 간사한 백성이 적의 눈과 귀가 되어 모든 우리나라의 기밀을 탐지하여 보고하지 않은 것이 없는데, 산천의 형세, 도로의 굽고 곧음, 행군하는 날짜까지 적이 모두 알고 있었다. 이로부터는 그와 같은 근심이 종식되었고, 오래지 않아 명군이 이르렀으나 왜적은 알지 못하였으니, 대개 그 무리들이 놀라서 도망가버렸기 때문이었다.

사방으로 이문(移文)하여 각기 군사를 일으켜 싸움터로 달려오게 하였다.

글이 이르니, 감동하여 울지 않는 사람이 없었다. 비록 승도(僧徒)들까지도 역시 모두 적을 토멸하러 모여들었고, 경기도 등의 곳에서도 의병이 뒤이어 일어났다.

명장(明將) 제독(提督) 이여송(李如松)2)이 군사 4만명을 거느리고 안주에 이르렀다.

선생이 들어가 군사 일에 관하여 말하였다. 제독이 선생을 보고 의자를 내놓고 마주 앉았다. 선생이 소매에서 평양(平壤)지도를 내놓고 그 지형과 군사들이 진입할 길을 손으로 가리켜주니, 제독이 크게 기뻐하여 귀 기울여 듣고, 문득 그 장소를 붉은 붓으로 점을 찍으며, 말하기를 "적은 내 눈 속에 들어있다"라 하였다. 선생이 물러 나온 뒤에, 제독이 부채 면에 아래와 같이 시를 써서 주었다.

"군사를 이끌고 밤을 도와 강을 건너니,
삼한(三韓: 조선)이 편치 못한 까닭이네.
명주(明主: 명 황제)께서는 날마다 전선의 소식이 빨리 오기를 기다리니,
미신(微臣)은 밤에 술 마시는 즐거움도 내버렸네.

---

2) 이여송(李如松, 1549-1598): 요녕성 철령(鐵嶺) 출신. 요동총병으로 요동지역 방위에 큰 공을 세운 이성량(李成樑)의 장자. 부친의 직위를 세습하고 감숙성의 반란을 진압한 공으로 도독에 승진. 임진왜란 때 방해어왜총병관(防海禦倭總兵官)으로 임명되어 조선으로 파견되었다. 1593년 1월 명군 4만명과 우리나라 관군 및 승병과 연합하여 평양성을 탈환하였다. 벽제관 전투에서 패전, 1593년 말 귀국했다. 뒤에 요동총병이 되고 1598년 타타르부(部)가 요동을 침입해 왔을 때 맞아 싸우다 전사했다. 시호 충렬(忠烈).

살기가 도는 봄인데도 마음은 오히려 씩씩해 져서,
이번에 출정하면 요귀들 뼛속까지 서늘해지리.
담소하며 감히 승산이 없다고 말하겠는가?
꿈속에서도 언제나 안장에 올라 출정할 생각을 하네."

===

十二月　拜平安道都體察使

獲賊諜金順良

先生 自安州 遣軍官成男 持傳令 密約進取事于水軍將金億秋 戒日 六日內徵 過期 不徵 追成男詰之 成男曰 已使江西軍人金順良還納矣 又捕順良 問之 其人故作迷罔狀 言辭流遁 先生嚴鞫之 始吐實曰 小人爲賊間 其日 遂以傳令及秘密公文 直入平壤示賊 賊將置傳令於案上 公文則見卽扯裂 賞一牛 使更探外事 期以十五日來報 故聽出矣

先生問 爲間者 更有幾人 對曰 凡四十餘輩 每散出順安江西諸陣 以至肅川安州義州 無不貫穿 行走探事 輒報 先生大駭 卽狀啓行在 又按名 急通諸陣 捕之 或得或逸 斬 順良於城外 先是 我國奸民 爲賊耳目 凡我國機事 無不探報 至於山川形勢 道路迂直 行軍日期 賊皆知之 自是其患遂息 不久天兵至而賊不知 蓋其類駭散故耳

移文四方　使各起兵赴難

文至 無不感動涕泣 雖緇髡之徒 亦皆相聚討賊 而京圻等處 義兵踵起
天將提督李如松 帥兵四萬 至安州 先生入言兵事

提督見先生 設椅相對 先生袖出平壤地圖 指示形勢 及兵所從入之路 提督大喜傾聽 輒 以朱筆點其處曰 賊在吾目中矣
先生旣退 提督於扇面 題詩寄之曰

提兵星夜渡江干
爲說三韓國未安
明主日懸旌節報
微臣夜釋酒杯歡

春來殺氣心猶壯
此去妖氣骨已寒
談笑敢言非勝算
夢中常憶跨征鞍

선조 26년(1593) 계사

정월 임술(초 7일)에 명군(明軍)이 평양을 공격하여 수복(收復)하였다.

이에 앞서 선생이 안주에 있을 때 장차 대병(大兵)이 출진한다는 말을 듣고, 황해도 방어사 이시언1)과 김경로2)에게 가만히 격서(檄書)3)를 보내어, 왜적이 돌아가는 길에서 요격하도록 하고, 경계하기를 "양군이 길을 따라 매복하여 있다가 왜적이 지나가는 것을 기다려 그 배후를 밟아 치면 모두 포박할 수 있다"고 하였다.

이시언은 곧 중화(中和)에 도착하였으나, 김경로는 다른 일이 있다며 불응하였다. 선생이 또 군관을 보내어 독촉하니, 경로가 마지못해 중화로 왔다가, 왜적이 퇴각하기 하루 전날, 황해감사 유영경4)의 관문(關文)5)을 받고 도로 재령(載寧)으로 가버렸다. 유영경이 해주에 있으면서 자기를 호위하기 바랐고, 경로도 왜적과 싸우기를 꺼리던 차에 명령을 듣자 그대로 떠나 버렸던 것이다.

---

1) 이시언(李時言, ?-1624): 무과. 상호군(上護軍). 임진왜란 때 황해도좌방어사. 전라도 병마절도사. 이몽학 난 진압에 공을 세웠다. 함경도 순변사. 난후에 삼도수군통제사. 광해군 때 공조판서. 훈련대장. 이괄(李适)의 난에 연루되어 참형에 처해졌다.

2) 김경로(金敬老, ?-1597): 무과. 경성(鏡城) 판관. 임진왜란 때 김해부사. 이듬해 황해도 방어사. 정유재란 발발로 왜적이 남원성을 포위하였을 때 방어사로 참전하여 성이 함락될 때 전사했다.

3) 격서(檄書): 특별히 사람들을 흥분시키거나 궐기하게 하는 글. 급히 여러 사람들에게 알리는 글발(편지).

4) 유영경(柳永慶, 1550-1608): 호 춘호(春湖), 문과. 정언. 임진왜란 때 초유어사(招諭御使)로 의병 모집. 1593년 황해도 관찰사. 정유재란 때 지중추부사로 가족을 먼저 피란시켰다는 사유로 파직. 뒤에 대사헌. 소북(小北)의 영수. 대북(大北)파에 밀려 파직되었다가 1602년 이조판서, 우의정. 1604년 호성공신 2등, 영의정. 오랫동안 집권하며 뇌물이 횡행했다. 선조 말년에 왕의 뜻에 따라 영창대군을 세자로 옹립하려고 노력하였다. 유교칠신(遺敎七臣)의 한 사람. 광해군 때 탄핵을 받고 경흥에 유배되었다가 사사(賜死)되었다. 본관 전주.

5) 관문(關文): 상급관청에서 하급관청으로 보내는 문서.

적장 평행장,[6] 평의지,[7] 현소,[8] 평조신[9] 등이 남은 패잔병을 거느리고 밤을 새워 달아날 때 기운은 떨어져 발이 부르트고 절름거리며 달아났다. 어떤 때는 밭 사이를 기어서 갔으며, 손으로 입을 가리켜 가며 걸식하였는데, 우리나라 군사는 한 사람도 출격한 일이 없으며, 명군도 또한 뒤쫓지 않았다. 다만 이시언만이 그들의 뒤를 쫓았으나, 감히 공격하지 못하고, 단지 주리고 병든 낙오병 60여 명의 목을 베었을 뿐이다.

선생은 김경로의 목 벨 것을 청하는 장계를 올렸는데, 그때 평안도 도체찰사여서 경로는 수하(手下)가 아니었다. 그래서 먼저 계청하고, 표신(標信)[10]이 내려오면 주살(誅殺)하려 한 것이다. 제독에게 고하였더니, 제독이 그의 죄는 죽일 만하나, 왜적이 아직 소멸되지 않았는데 한 사람의 무사라도 아껴야 한다며 그만두기를 권하였다.

평양에서 동로(東路)[11]로 나서서 연도의 군량 등의 일을 처리하였다.

제독이 평양을 함락한 다음에 왜적을 추격하여 장차 경성에 육박하려고 하면서, 선생에게 말하기를 "대군이 바야흐로 전진하는데, 들으니 앞길에 군량과 마초가 없다고 하니, 정승께서 급히 가셔서 군량을 준비하는 데 소홀하거나 잘못됨이 없도록 해 주시오" 하였다.

선생은 곧 하직하고 나서 말을 달려 황주에 이르니, 밤이 깊어 삼경이나 되었다. 그때 적병이 새로 물러갔으니, 지나간 길이 황폐하였고, 백성들은 아직 모여들지 않아, 계획을 세울 수 없었다. 급히 황해 감사 유영경에게 통지하여, 곡식 운송을 재촉하도록 하고, 또 평안감사 이원익에게 통지하여, 김응서[12] 등이 거느린 군인

---

6) 평행장(平行長, ?-1600): 일본명 고니시 유키니기(小西行長). 일본군 선봉 제1진 사령관이었는데, 평안도 방향으로 진격했다.

7) 평의지(平義智): 일본명 소 요시토시(宗義智). 대마도주(對馬島主)이다. 고니시의 사위이다.

8) 현소(玄蘇): 일본명 겐소. 승려(僧侶). 외교 실무를 담당하였다.

9) 평조신(平調信): 일본명 야나가와 시게노부(柳川調信). 대마도주의 중신(重臣: 장로급 신하)

10) 표신(標信): 궁중에 급변이 있어 명령을 전달할 때거나 대궐을 출입할 때의 신분증. 임금이 무관(武官)에게 은밀한 명령을 내릴 때 사용하며, 선전관(宣傳官)만이 전달하며, 명령 내용은 선전관이 구두로 한다.

11) 동로(東路): 평양-봉산-평산-금천-개성에 이르는 길.

12) 김응서(金應瑞, 1564-1624): 무과. 평양성 탈환과 계월향 이야기의 주인공. 경상우도 병마절도사 때 왜 간첩 요시라의 책략에 넘어가 가등청정에 대한 허위정보를 조정에 보고했다. 전후에 이름을 김경서(金景瑞)로 개명했다. 종2품 포도대장. 광해군 때 명나라에서 후금을 치기 위한

가운데 전투를 할 수 없는 자들을 시켜 평양으로부터 등짐으로 실어 날라서 황주로 보내도록 하였다. 또 평안도 세 현의 곡식은 배로 실어서 청룡포[13]를 통하여 황해도로 운송하도록 하였다.

이 일은 미리 준비한 것이 아니라, 임시로 급히 한 것인데, 대군(大軍)이 뒤따라 도착하는데 군량이 결핍될까 선생은 노심초사하여, 밤낮으로 계획을 세워서 군량이 떨어지는 일은 없게 하였다. 선생은 대군보다 앞서가면서 상황에 따라 계책을 세우고 모든 일을 다 힘껏 처리하였다. 그때 대군이 임진강에 가까이 이르렀는데, 임진강은 얼음이 풀려서 건널 수 없었다. 제독이 연이어 사람을 보내어 부교를 놓으라고 독촉하였다. 선생은 길을 가는 도중에 한 계책을 생각해 내고, 금교역(金郊驛)[14]에 이르러 보니, 황해도 여러 군읍의 수령들이 자기 관내 관리와 주민을 거느려서 대군을 맞이하여 접대하려고 들을 메우고 있었다. 선생은 우봉(牛峯)[15] 현령 이희원을 불러 자기 고을 사람 수백 명을 거느리고 먼저 가서, 칡을 캐어 임진강 어구에 모이라고 약속하였다.

다음 날 이른 아침에, 선생이 말을 빨리 달려 임진강에 도착하여 내려다보니 강에 얼음이 아직 남아 있는데, 날이 따뜻하여 얼음이 오목하게 꺼져있고 그 위에 물이 몇 자나 덮여 있었으며, 강 표면이 매우 넓어, 사람들은 어찌할 방도가 없었다.

선생이 우봉 사람들을 불러, 칡을 거두도록 하여, 앞에 모두 쌓게 하니, 사람들은 무엇을 하려는지 헤아릴 수 없었다. 칡을 새끼 꼬듯 하여 큰 가닥을 만들고, 그 길이를 강 표면을 건널 만큼 길게 하여, 열다섯 줄을 만들었다. 또 강의 남북 연안에 땅을 파고 서로 마주 보도록 두 기둥을 세워서, 흔들리지 않도록 고정하였으며, 나무 한 자루를 기둥 속에 가로로 눕혀 놓아서, 마치 베틀(織機) 모양이 되게 하였다. 그리고는 큰 줄을 나란히 펴서 강을 건너 양쪽 끝을 기둥 사이의 가로 눕힌 나무에 묶어 날줄이 되게 하였다.

강의 표면이 넓어 줄의 가운데 절반은 물에 잠겨 높이 들어 올릴 수 없었다. 모두 "인력을 허비했구먼. 어찌 다리가 만들어지겠는가?" 하였다. 선생이 강변의 군인 천여 명을 모아 각자 3~4척 되는 나무 막대를 가지고, 막대 한쪽 머리를 줄 속으

원병을 요청해 왔을 때 강홍립을 따라 부원수로 출정. 후금의 포로가 되었다. 후금에 대한 정보를 비밀리에 조정에 보고하려다 발각되어 처형되었다. 우의정에 추증되었다.

13) 청룡포(靑龍浦): 황해도 재령군 삼지강리의 동쪽 재령강상에 있는 포구.

14) 금교역(金郊驛): 황해도 금천군에 있던 역참.

15) 우봉(牛峯): 현 황해도 금천군 우봉면.

로 가로로 넣어서 몇 바퀴 돌려, 양쪽에서 서로 버티며 줄이 일어나게 하였다. 이에 물에 잠긴 줄이 비로소 일어나고, 나무 막대를 빗살처럼 가지런하게 끼워 넣으니, 강에 걸쳐 하늘에 붕 떠서, 의젓한 다리 하나가 완성되었다. 그런 연후에 가는 버들과 싸리나무, 갈대를 그 위에 섞어서 깔고 흙으로 덮으니, 명군이 보고 매우 기뻐하며, 다리 위에서 말을 달려 지나갔고 화포와 군기도 이 다리를 통하여 실어 날랐다.

==

二十一年 癸巳 先生五十二歲　正月 壬戌 天兵克服平壤

先是 先生在安州 聞大兵將出 密檄黃海道防禦使李時言金敬老 使邀其歸路 戒之曰 兩軍 沿途設伏 俟賊過去 躡其後 可盡就縛 時言卽至中和 敬老辭以他事 先生又遣軍官督之 敬老不得已亦來中和 賊退前一日 因黃海監司柳永慶關 還走載寧 蓋永慶在海州 欲自衛 而敬老亦憚與賊戰 聞命卽去

賊將平行長平義智玄蘇平調信等 率餘軍 連夜奔還氣乏足繭 跛躄而行 或匍匐田間 指口乞食 而我國無一人出擊 天兵又不追之 獨李時言尾其後 不敢逼 但斬飢病落後者六十餘級 先生狀啓請斬敬老 蓋先生時爲平安都體察使 敬老非管下 故先請之 標信至 欲誅之 告于提督 提督以爲其罪應死 而賊未滅 一武士可惜 勸之止

自平壤 出東路 治沿途糧餉等事
提督旣拔平壤 追賊 將進薄京城 謂先生曰 大軍方前進 而聞前路無糧草 議政宜急行準備軍糧 勿致疎誤

先生卽辭出 馳至黃州 夜已三鼓矣 時 賊兵新退 一路荒虛 人民未集 計無所出 急移文于黃海監司柳永慶 使之催運 又移文于平安監司李元翼 調發金應瑞等所率軍人之不堪戰鬪者 自平壤 負戴轉運送之黃州 又令船運平安道三縣之穀 從靑龍浦 輸運於黃海道 事非預辦 臨時猝急 而大軍隨至 先生恐乏軍興 爲之勞心焦思 晝夜籌畫 使不至於闕乏

先生在軍前 臨機設策 凡事立辦 時 大軍將近臨津 而臨津氷泮 不可渡 提督連遣人 督造浮橋 先生在路中 思一策 到金郊驛 黃海郡邑守令率其吏民 候餉大軍者 滿野 先生

召牛峰縣令李希愿 領邑人數百 連夜先去採葛 約會於臨津江口 明日早朝 先生馳到臨津 堂下見江 氷猶在 而日暖凹陷 水在氷上數尺 江面甚闊 人皆束手無計

先生呼牛峰人 納葛 悉積於前 衆莫測 使絢爲巨索 其長約過江面 得十五條 又於江南北岸 鑿地 立兩柱相對 勿令動搖 偃一木置柱內 如織布機樣 因以巨索平鋪 過江 而兩端結柱內橫木爲經 江面旣闊 索腰半沈水 不能高擧 皆曰 此徒費人力 安得成橋 先生令江邊軍人合千餘 各持短杠三四尺　以一頭橫穿索內 回轉數周 彼此相撑起 於是 索之沈於水者 始起而木杠相比如櫛 跨江穹窿 儼然成一橋 然後雜鋪細柳杻木蘆葦於其上 加以土 唐軍見之甚喜 從橋上馳馬過 火炮軍器 悉從此濟

도체찰사(都體察使)에 임명되고,
명·일(明·日)간의 화호(和好) 책략에 대응하다, 52세

선조 26년(1593) 계사

충청, 경상, 전라 삼도 도체찰사에 임명되었다.

이 제독이 벽제에서 패전하고, 후퇴하여 서로(西路)[1]로 돌아가려 하여 선생은 그렇게 하지 못하도록 다투었으나, 듣지 않았다.

　대군이 개성부로 들어갔다. 서쪽 길 열읍(列邑)에 주둔하였던 왜적들은 모두 서울에 집합하여 왕사(王師: 명군)에게 항거할 계책을 세웠다. 선생은 연달아 제독에게 속히 진격하기를 청하였는데, 제독은 여러 날 지체하다가 뒤늦게 진군하여 파주에 이르렀다. 부총병 사대수(査大受)가 벽제역(碧蹄驛)[2]에서 왜적을 많이 죽였다는 말을 듣고, 제독이 혼자서 가정(家丁) 천여 인과 함께 말을 달려나가다가, 왜적에게 패전 당하여, 파주로 도망쳐 돌아왔는데, 심기(心氣)가 크게 꺾이어 있었다.

　다음 날 동파로 퇴각하려 하여, 선생이 우상 유홍, 도원수 김명원과 함께 장하(帳下: 제독의 지휘소)에 이르렀더니 제독은 장막 밖에 섰고, 제 장들은 좌우에 서 있었다. 선생이 힘써 다투어 "이기고 지는 것은 병가(兵家)에 항상 있는 일이니, 마땅히 형세를 보아서 다시 진격해야 하오. 어찌하여 가벼이 행동하려 하오?" 하였다.

　제독이 "우리 군사가 어제 왜적을 많이 죽여 불리한 일은 없었소. 다만 이곳은 비가 와서 땅이 질고, 군사가 머물기 불편하여 그 때문에 동파로 돌아가려 하오. 군사를 쉬게 하였다가 다시 진격하리다" 하였다.

　선생이 굳세게 다투니, 여러 장수 가운데 장세작(張世爵)이라는 자가 더욱 제독

---

1) 서로(西路): 개성 – 연안 – 해주 – 재령 – 봉산 – 평양에 이르는 길.
2) 벽제역(碧蹄驛): 경기도의 영서도(迎曙道)에 소속된 역참. 현 고양시 덕양구 고양동.

에게 군사를 물리자고 권하면서, 선생이 지나치게 다툰다고 발로 순변사 이빈을 차면서 물러가라고 꾸짖는데, 얼굴빛과 목소리가 모두 거칠었다. 이날 삼영(三營)의 군사는 임진강을 되돌아 건너가서, 동파에 진을 쳤다.

다음날 동파로부터 또 개성부로 물러가려 하여, 선생이 또 굳이 불가하다고 다투어 "대군이 한번 물러가면 왜적의 기세는 더욱 교만하여지고, 원근의 지방이 놀라 두려워하여, 임진강 이북조차도 보전할 수 없소. 모름지기 잠시 머물러 틈을 보아 움직입시다" 하니, 제독이 거짓으로 허락하고, 선생이 물러 나오자, 그대로 말에 올라타고 개성으로 돌아가 버렸다. 여러 군영도 모두 퇴각하였다.

선생은 그래도 동파에 계속 머무르며, 매일 사람을 보내어 다시 진병(進兵)할 것을 청하였다. 제독이 거짓으로 응대해 말하기를 "날이 개고 길이 마르면 그때 진병하겠소" 하였으나 실제로는 진병할 마음이 없었다. 제장들이 군량이 떨어졌다고 핑계 대면서, 제독에게 군사를 돌려 돌아가자고 청하였다.

제독이 노하여 선생과 호조판서 이성중, 경기좌감사 이정형[3]을 뜰 아래 꿇어앉히고, 큰 소리로 꾸짖으면서 군법을 시행하려 하니, 선생이 굴복하여 사죄하기를 그치지 않았다. 한편 국사가 이 지경이 된 것에 절로 눈물이 흐르는 것을 깨닫지도 못하니, 제독이 보고 불쌍히 여겨 문밖으로 내보내고, 군량 방출(放出)의 때를 놓쳤다고 개성 경력(經歷) 심례겸[4]에게 곤장을 쳤다. 뒤미처 군량을 실은 배 수십 척이 강화로부터 서강 뒤쪽에 정박하니, 일이 겨우 무사하게 되었다. 이날 저녁에 제독이 총병 장세작을 보내어 선생을 불러 위로하고, 또 군사의 일을 의론하였다.

그때 제독은 북쪽으로 돌아가고 싶은 마음이 있었다. 얼마 안 되어, 가등청정이 함경도로부터 평양을 습격하려 한다는 말을 듣고, "평양은 근본인데 만약 지키지 않으면 대군이 돌아갈 길이 없게 되니 구원하지 않을 수 없다"라고 성언(聲言: 어떤 일에 자기의 입장이나 견해를 공개적으로 발표함)하고, 드디어 평양으로 회군해

---

3) 이정형(李廷馨, 1549-1607): 호 지퇴당(知退堂), 동각(東閣). 문과. 형조정랑, 교리. 임진왜란 때 좌승지로 호종, 개성에서 개성유수로 특진하였으나, 개성이 함락됨에 황해도로 가서 형 이정암과 함께 의병을 일으켰다. 경기도 관찰사. 평양전투에 참가. 사도체찰부사. 홍문관 부제학, 이조참판, 대사헌. 1606년 삼척부사, 이듬해 임지에서 별세. 본관 경주. 이정암(李廷馣: 의병을 규합하여 연안성에서 왜적에 승리함)의 아우. 이원익, 이호민, 이수광 등과 친교. 저서 동각잡기, 지퇴당문집 등.

4) 심례겸(沈禮謙): 영의정 심연원(沈連源)의 아들인 심강(沈鋼, 1514-1567)은 자녀 8남 2녀를 두었다. 그 맏딸이 명종비(明宗妃) 인순왕후(仁順王后)이며, 여덟 아들은 인겸(仁謙: 군수), 의겸(義謙: 대사헌), 예겸(禮謙: 부사), 지겸(智謙: 부사용), 신겸(信謙: 부사), 충겸(忠謙: 문과장원, 판서), 효겸(孝謙: 현감), 제겸(悌謙: 판관)이다. 본관 청송.

버리고, 왕필적을 개성부를 지키라고 남겨 두었다. 접반사 이덕형에게 말하기를 "조선군의 형세가 외롭고 후원이 없으니, 마땅히 모두 강북으로 돌아와야 하리라" 하였다. 그때 우리나라 제장들은 모두 임진강 남쪽에 있어서, 제독은 왜적들이 승세를 타고 공격해 올까 염려하였기 때문에 그런 말을 하였던 것이다.

퇴군해서는 안 되는 5가지 이유를 전달하다

그러나 선생은 동파에 머물면서, 종사관 신경진을 시켜 급히 달려가 제독을 만나서, 퇴군해서는 안 되는 다섯 가지 이유를 전달했는데, 선왕의 분묘가 모두 경기지역에 있어서 왜적떼들에게 능욕을 당하므로, 신인(神人)[5]의 간절한 바람을 차마 버리고 가지 못하는 것이 첫 번째 이유요, 경기 이남의 유민(遺民)들은 매일 왕사(王師: 명군)를 기다리다가 홀연 퇴군했다는 말을 들으면 다시는 굳은 뜻을 먹지 못하여 서로 이끌어 왜적에게 귀순할 것이니 두 번째 이유요, 우리나라 강토는 한 뼘이라도 쉽게 버릴 수 없음이 세 번째 이유요, 장수와 사졸들이 비록 힘이 약하나 막명군을 의지하여 함께 나아가 공격하려 하는데 철퇴하라는 명령을 한번 들으면 반드시 모두 원통해하고 통분하면서 흩어져 버릴 것이니 네 번째 이유요, 한번 물러가서 왜적이 그 뒤 형세를 올라타면 비록 임진강 북쪽도 보전할 수 없을 것이니 다섯 번째 이유라고 하였다. 제독은 묵묵히 듣다가 떠나갔다.

파주 산성으로 가서 형세를 살피고, 그에 맞추어 제 장들을 부대로 나누어, 방략(전략)을 가르쳐 주어 왜적을 공격하게 하였다.

당초에 권율이 군사를 이끌고 근왕하러 와서, 행주(幸州)에서 왜적을 격파하였다. 왜적들이 다시 공격하여 반드시 보복하겠다는 말을 듣고서, 심히 두려워하여 영책을 헐고 임진강에 이르러 도원수(김명원)를 따르고 있었다.

선생이 이 사실을 듣고 매우 놀라, 단기로 달려가서 파주산성에 올라 형세를 살펴보니, 산성이 큰길에 통하고 있으며, 지형이 매우 험준하여 웅거할 만하였다. 즉시 영을 내려, 권율과 순변사 이빈[6]으로 합세하여 머물러 지켜, 서쪽으로 내려가는 길에서 왜적을 막게 하고, 또 방어사 고언백, 이시언, 조방장 정희현,[7] 박명현[8]에

---

5) 신인(神人): 귀신과 사람. 죽은 자와 산자.
6) 이빈(李薲): 미상.
7) 정희현(鄭希賢): 미상.
8) 박명현(朴名賢, ?-1608): 무과. 임진왜란 도중 이몽학의 반란을 평정한다. 청난공신 2등에 책

게 명하여 유격병이 되게 하여, 해유령[9]을 막게 하고, 의병장 박유인,[10] 윤선정,[11] 이산휘[12] 등은 오른쪽 길을 따라 창릉, 경릉 사이에 매복하게 하였다.

각각 자기 소속 군사를 거느리고 여기저기 출몰하면서 적을 공격하되, 적병이 많이 나오면 피하여 싸우지 말고, 적병이 적으면 곳에 따라 요격하도록 하였다. 이로부터, 적들이 나무하거나 꼴을 채취하려고 성을 나올 수 없어, 죽은 말(馬)이 매우 많았다.

또 창의사 김천일,[13] 추의사 우성전,[14] 경기수사 이빈, 충청수사 정걸[15] 등에게 영을 내려, 수군으로 강화로부터 용산 한강까지 쳐들어와 뒤흔들어, 적의 세력을 분산시키고, 충청도 순찰사 허욱[16]은 양성(陽城)에 물러가 있는 중이었는데, 영을

봉되었다. 정유재란 때 토포사, 충청도 방어사, 전라도 병사. 가선대부. 광해군 초에 임해군을 추대하려고 했다 하여 처형되었다. 본관 죽산.

9) 해유령(蟹踰嶺): 현 경기도 양주시 백석면에서 광적면으로 넘어가는 고갯길.

10) 박유인(朴惟仁, 1545−?): 무과. 임진왜란 때 경릉, 창릉 등지에서 유격전으로 공을 세움. 청송 부사. 본관 함양.

11) 윤선정(尹先正, 1558−?): 무과. 임진왜란 때 경릉, 창릉 등지에서 유격전으로 공을 세움. 고부 군수, 위원군수, 종성부사, 진주병사. 본관 파평.

12) 이산휘(李山輝): 고양(高陽) 사람. 진사.

13) 김천일(金千鎰, 1537−1593): 호 건재(健齋). 학행으로 천거되어, 군기시 주부, 지평, 담양부사, 임진왜란 때 나주에서 의병을 일으켰다. 강화도에 주둔하여 창의군(倡義軍)이라는 군호(軍號)를 받았다. 김포, 통진, 양천 등지에서 공을 세웠다. 서울에서 퇴각하는 왜군을 추격하여 함안(咸安)에 도착, 제2차 진주성 전투에 참가하여 순사(殉死)하였다. 영의정에 추증. 나주의 정열사(旌烈祠), 진주의 창열사(彰烈祠)에 제향되었다. 시호 문열(文烈) 본관 언양. 이항(李恒)의 문인. 김인후, 류희춘 등과 교유. 저서 건재집.

14) 우성전(禹性傳, 1542−1593): 호 추연(秋淵). 허엽(許曄)의 사위. 문과. 수찬, 수원 현감. 장령. 응교. 사인(舍人: 9차례). 남인에 속한다. 임진왜란 때 경기도에서 의병을 일으켜 추의군(秋義軍)이라는 군호(軍號)를 받았다. 강화도에 주둔하면서 행주성 전투를 지원하였다. 대사성. 퇴각하는 왜군을 추격하여 의령까지 이르렀으나, 과로로 병을 얻어 돌아와 부평에서 별세하였다. 이조판서에 추증. 시호 문강(文康) 본관 단양. 퇴계 문인. 저서 계갑록(癸甲錄), 역설(易說), 이기설(理氣說) 등.

15) 정걸(丁傑, 1514−1597): 호 송정(松亭), 무과. 선전관. 을묘왜변 때 공을 세웠다. 부안 현감, 종성 부사. 경상도, 전라도의 병사(兵使), 수사(水使)를 여러 차례 역임하였다. 1591년 다시 전라도 좌수영 조방장으로 이순신 장군을 보좌하였다. 판옥선과 화포를 제작하였고, 여러 차례 전공을 세웠다. 1593년 충청 수사로 행주산성 전투에 참가. 그해 6월 한산도 방어전에 참가. 12월에 전라도 방어사. 정유재란 때 83세로 별세하였다. 본관 영광(靈光). 백전노장이었다고 한다.

16) 허욱(許頊, 1548−1618): 호 부훤(負暄). 문과. 1591년 공주 목사. 임진왜란 때 금강을 굳게 지켜 호서지방을 방어하였다. 의병장 조헌(趙憲)과 합세하여 청주성을 수복하였다. 1593년 충청도 관찰사. 한때 파직되었으나 서애선생의 추천으로 복관되고 청량사(請糧使)로 명나라에 가서

내려 본도로 돌아가 지키며 남쪽으로부터 공격하려는 형세를 만들어 왜적을 핍박하게 하였다.

경기, 충청, 경상도의 관병, 의병에게 이문(移文)하여, 각기 자기 고을을 지키면서 좌우로 퍼져 적의 길을 끊게 하고, 양근 군수 이여양[17]은 용진[18]을 지키라고 하였다. 제 장들이 벤 왜적의 머리는 모두 개성부 남문 밖에 매달아 두었는데, 제독의 참군인 여응종이 보고 기뻐하며 "조선 사람들은 지금 왜적의 머리 취하는 것을 격구(擊毬) 공 빼앗듯 하네" 하였다.

하루는 왜적들이 (서울)동문으로부터 대거 출동하여, 산을 수색하며, 양주, 적성으로부터 대탄[19]에 이르렀으나 소득이 없었다. 그 후에 권율이 파주에 있다는 것을 탐지하여, 원한을 갚으려고, 대군을 이끌고 서쪽 길을 따라 광탄[20]에 이르러, 성과의 거리가 몇 리 되지 않는 곳에 이르렀으나, 산성이 험한 것을 보고, 오(午: 11시~13시)시(時)로부터 미(未: 13시~5시)시까지 군사를 머물며 나아가지 못하다가, 날이 저물어 돌아가고는, 감히 다시는 나오지 못하였다.

총병 사대수가 선생과 함께 개성부로 퇴각하자고 하였으나 따르지 않았다.

그때, 정탐인이 와서 말하기를 '왜적이 사총병과 류체찰을 잡으려 한다'고 하였다. 그래서 사총병이 퇴거하고 싶어 선생에게 통보하니, 선생이 대답하되 "정탐인이 한 말에 그럴 이치가 없을 것 같소. 왜적은 지금 막 (명나라) 대군이 가까이 주둔할까 걱정하는 중인데, 어찌 감히 가벼이 강을 건너오겠소? 우리들이 한번 움직이면 민심이 반드시 요동할 것이니, 가만히 기다리는 것이 낫겠소" 하였다. 사총병이 웃으며 말하기를 "그 말이 매우 옳소. 가령 왜적이 와 있다면 나는 체찰사와 사

군량 22,700석을 구해왔다. 강계부사, 병조 참판, 이조판서. 병화로 불타버린 실록(實錄)을 재인출하여 봉안할 때 지춘추관사(知春秋館事). 호조판서, 우의정, 좌의정. 광해군 때 파직. 능창군(陵昌君) 추대사건에 연루되어 원주에 부처(付處)되었다가 사망하였다. 인조반정으로 관작이 복구되었다. 청백리에 녹선되었다. 시호 정목(貞穆). 본관 양천. 허종(許琮)의 현손.
* 부처(付處): 유배되어 지정 장소에만 거주하고 다른 곳으로 갈 수 없는 형벌. 가족 동반이 가능하였다.
17) 이여양(李汝讓, ?-?): 이윤덕(李潤德)의 다섯째 아들.
18) 용진(龍津): 경기도 양평군 양수리(兩水里)의 북한강 쪽 나루터. 수군의 진영이 있었다.
19) 대탄(大灘, 한여울): 경기도 연천군 전곡읍을 흐르는 강. 대탄진(大灘津)이라는 나루가 있었다. 임진강에 합류한다. 형상이 은하수처럼 넓고 큰 여울이어서 한탄(漢灘)으로 명칭이 변경되었다.
20) 광탄(廣灘): 경기도 파주시 광탄면. 광탄원(廣灘院)이 있었으며 서울에서 혜음원(惠陰院: 광탄면 용미리 서서울cc 부근)을 지나 서북으로 통하는 주요 쉼터였다.

생(死生)을 함께 하겠소. 어찌 감히 혼자 가리오" 하고서, 드디어 거느리고 있는 용사 수십명을 나누어, 선생에게 가서 경호하게 하였는데, 비록 비가 심하게 내려도, 밤새도록 경호에 조금도 태만하지 않았다. 나중에 왜적이 성안으로 들어갔다는 말을 듣고 나서 그만두었다.

선생은 오랫동안 동파에 머물렀는데, 그때는 병화의 뒤끝이라서, 마을의 집들은 한결같이 텅 비었고, 들에도 의지할 곳이 없었다. 풀을 베어 막사를 지어 눈비를 막았으며, 그 속에서 여러 달을 지내니, 땅의 기운으로 습기가 침투하여 옷과 이불이 새파랗게 물들었다.

유격장군 왕필적에게 편지를 보내어 진격해 공취(攻取: 공격하여 빼앗음)할 계책을 논의하였다.

그 대략은 다음과 같다.

"왜적이 바야흐로 험한 곳을 점거하고 있어 쉽게 공격할 수 없으니, 대병(大兵)은 마땅히 동파로 나아가서 주둔하고, 파주에서 그 뒤를 도우며, 남병(南兵)[21]에서 일만 명을 뽑아 강화로부터 한강 남쪽으로 나와 적을 잡되, 생각지 못한 사이에 여러 진지를 격파하면, 경성의 왜적들은 귀로가 단절될까 반드시 용진(龍津)을 향하여 도망칠 것이니, 그 틈에 후속 부대로 강가 여러 나루를 뒤엎으면 일거에 소탕할 수 있소."

왕필적이 편지를 보고 무릎을 치며 훌륭한 계책이라고 여겨, 정탐하는 병사 36명을 풀어 충청도로 달려가서 적의 형세를 살피게 하였다. 그때 왜적의 정병은 모두 경성에 있고, 후방에 주둔하고 있는 군사는 모두 파리하게 여위고 약한 자들이었다. 정탐병들이 뛸 듯이 기뻐하여 돌아와 보고하기를 "일만 명도 필요 없고 단지 2~3천 명만 있어도 격파할 수 있습니다" 하였다. 이제독은 대륙 북방의 장수여서 이 전투계획에서 남군(절강병)을 통렬하게 억눌렀다. 그 작전이 성공하는 것을 염려하여, 끝내 허락하지 않은 것이다.

---

21) 이때 명군은 하북군과 남쪽 절강병으로 구성되어 있었다. 아마 대병은 하북군을 지칭하는 듯하고 남병은 절강병을 지칭하는 듯하다.

곡식을 풀어 굶주린 백성 구휼하기를 청하니, 조정에서 허락하였다.

그때 왜적이 서울을 점거한지 이미 2년이나 되어, 백성들은 농사도 지을 수 없어서 거의 다 굶어 죽었다. 서울에서 살아남은 자가 선생이 동파에 있다는 말을 듣고, 부축하거나 등에 업고 온 사람이 그 수를 헤아릴 수 없었다. 사(查) 총병이 마산도22)로 가는 도중에 어린아이가 죽은 어미의 젖을 빨고 있는 것을 보고, 불쌍히 여겨 군중에 거두어 기르며, 선생께 말하기를 "왜적은 물러가지 않았는데 인민은 이 지경이니 어떻게 하려오?" 하였다. 선생이 이 말을 듣고 눈물이 흐르는 것도 깨닫지 못하였다.

전 군수 남궁제23)를 감진관(監賑官)24)으로 삼고 마음을 다하여 경영하도록 하여 다방면으로 구제해 살려내었다. 그때 명군이 다시 진격하려 하매, 남방에서 양식을 싣고 온 배들이 모두 강 가운데 정박하고 있었는데 감히 타 용도로 쓸 수 없었다. 때마침 전라도에서 모곡(募穀)한 곡식 천 석이 배에 실려서 도착하니, 선생이 매우 기뻐서 곧 치계(馳啓)하여, 즉시 (기민들에게) 나누어 주도록 하였다.

명령하기를, '솔잎을 채취하여 가루로 만들고, 솔잎 가루 열 푼에 쌀가루 한 푼을 보태어 물을 부어 마시라' 하였더니, 온전히 살아난 사람이 이루다 헤아릴 수 없었다. 명나라 장수도 역시 불쌍히 여겨 스스로 군량에서 30석을 나누어 주어 구휼하였다.

경상 우도 감사 김성일 공이 사람을 보내 고하기를, 전라좌도의 곡식을 풀어서 기민을 구제하고, 또 봄에 밭갈이 종자로도 쓰고 싶다 하였다. 그때 지사(知事) 김찬25) 공이 선생의 부관이 되어 남방에 있었다. 곧 이문(移文)하여 김찬으로 하여금 남원 등에 가서 창고를 열고 일만석을 옮겨 보내 구제하게 하였다.

---

22) 마산도(馬山道): 조선시대 역참(驛站)의 하나. 뒤에 길 이름이 청교도(靑郊道)로 바뀌고 영서도 (迎曙道)로 바뀌었다. 마산역은 현재 파주(坡州)시 지역에 있었으며, 서울과 의주를 잇는 교통 의 요지로 임진강 유역의 큰 마을이었다.

23) 남궁제(南宮悌, 1543-?): 생원, 진사. 배천군수 연안부사. 계사년(1593) 감진관(監賑官)에 임명 되어 서울의 기아(饑餓) 문제를 처리하였다. 본관 함열(咸悅).

24) 감진관(監賑官): 큰 기근이 들었을 때 그 실태를 조사하고 지방관들의 구휼(救恤)을 감독하는 임시 관직.

25) 김찬(金瓚, 1543-1599): 호 눌암(訥菴). 문과. 이조정랑, 지평 등 삼사(三司)의 요직을 두루 역 임했다. 임란 때 양호조도사(兩湖調度使). 접반사. 정유재란 때 예조판서. 이조판서. 우참찬. 경 제에 밝고 외교 수완이 있었다. 본관 안동. 시호 효헌(孝獻)

왜적으로부터 나온 글을 올려보내고, 장계도 급히 올려 아뢰었다.

그 대략은 이렇다.

"창의사 김천일, 수사 정걸, 이빈 등이 이달 14일에 급히 보고하기를, '내수문장 이신충과 황정욱의 서족(庶族) 안탁을 함께 적중에 들여보냈더니, 다음날 오시(午時)에 편지를 가지고 돌아왔습니다. 말하기를, 안탁과 함께 적장 청정이 있는 곳에 가서, 청정과 두 왕자가 함께 앉아 있는 것을 보았는데, 이신충이 왕자 앞에 가서 절을 하니, 청정이 말하기를 '강화하는 일은 어떻게 하고 있는가? 이번에 일본의 관백(關白)²⁶)이 모든 섬(전 일본)의 군사를 일으켜 하루아침에 바다를 건너올 참인데 (그때는) 후회해도 쓸데없다'라고 하였습니다.

그리고는 황정욱 부자와 이영(李瑛)²⁷)을 각각 다른 곳에 두었다가 불러와 술 석 잔을 돌린 뒤에, '공들은 서로 함께 대장 앞으로 고하고 그 말을 명장(明將)에게 전하도록 하여 빨리 화의(和議)가 결정되게 하는 것이 좋겠다'라고 하였습니다. 그리고 잠시 있다가 적장은 나가고 왜졸(倭卒)들이 와 지켰습니다. 왕자와 세 사람이 등잔불 밑에 함께 앉아, 각기 고생한 상황을 이야기하였으며, 밤이 늦게 적장이 돌아왔습니다. 세 사람과 신충은 종왜(從倭)²⁸)와 함께 별도의 장소에서 묵었다고 하였습니다. 이튿날 날이 밝자 적장이 사람을 시켜 안부를 묻고, 아침을 먹은 뒤에, 명장(明將)에게 보내는 편지와 두 왕자의 답서와 언문 편지를 주기에, 사람은 모두 다시 만나 보지 못한 채 돌아왔다'는 것입니다'

이신충이 가지고 온 적장이 명장(明將)에게 보내는 편지는, 마침 심유격이 와서 보자고 한 까닭에 유격에게 주어버려서 위에 올릴 수 없사옵고, 또 행재소에 보내는 신(臣)자가 없는 두루마리 봉서가 있어서, 펴 보았더니, 포로가 된 세 신하가 연명한 편지인데, 해괴한 말이 많아 통분하기 그지없어 마땅히 불 속에 던져버리고 싶었으나, 이미 펴 보았으므로 내버려 둘 수가 없고, 왕자의 답서와 함께 모두 위로 올려야 하는 일이기에 문서로서 보고하옵니다.

---

26) 관백(關白): 당시 일본의 최고 권력자. 풍신수길(豊臣秀吉)을 가리킨다.

27) 이영(李瑛, ?-1593): 무신(武臣). 온성 부사 회령 부사 함경도 남병사. 임진왜란 시 함경도로 북상하는 가등청정의 왜군에게 대패하고, 회령에 퇴각해 있다가 국경인(鞠景仁)에 의해 임해군, 순화군과 함께 포로가 되었다. 1593년 철수하는 왜군을 따라 부산까지 갔다가 석방되었는데, 패전과 왜적에게 항복한 죄로 복주(伏誅)되었다.

28) 종왜(從倭): 쓰시마 번이 조선에 외교사절을 보낼 때 수행원을 말한다(조선시대 대일 외교 용어사전). 여기서는 일본 측 접대원을 의미하는 듯.

왕자의 봉서라고 하는 한 통은 위로 전하께 올리는 것이고, 포로된 세 신하의 편지 한 통은 행재소에서 열어 보라고 겉봉에 쓰여 있었사옵니다. 안팎에 모두 신(臣)자가 없고, 단지 장계군(長溪君) 남병사(南兵使) 행호군(行護軍)이라 하고 각기 서명을 하였는데, 필획이 비슷하온대, 이것은 황혁(黃赫)[29]이 쓴 것으로 보이옵니다. 신(臣)자도 없을 뿐더러 말에도 해괴한 것이 많사옵니다. 이는 반드시 적장에게 위협당하여 한 것 같아 극히 마음이 아프옵니다. 그러므로 이 편지를 감히 올릴 수 없사오나, 그 사이의 사정을 조정에서 몰라서도 안 될 것 같아 그 모양 그대로 베껴서 올립니다.

언문 편지는 아직 오지 않아서 도착하면 추궁하여 물어보아야 하옵니다. 신들은 비록 이곳에 있지만, 명나라 장수가 하는 일은 들어 아는 것이 조금도 없사온데, 대개 이번 행동을 가지고 살펴보면 명나라가 강화할 마음이 있는 것 같아, 신은 밤낮으로 애가 타고 뼈가 아프옵니다. 이신충을 적진에 들여보낸 일은 김천일 등이 신에게 품(稟)하지도 않고 자기 판단으로 요량하여 한 일로서, 경솔하지만 잠시 깊이 꾸짖지는 않으려 하옵니다."

김천일의 서장을 첨부한다.

그 대략은 다음과 같다.

"이번 3월 초 9일에 황정욱이 왜적과 함께 강변에 나왔었는데, 그 경위는 이미 치계(馳啓)하였사옵고, 그 후에 임해군의 노비 장세(장쇠), 황정욱의 서족인 안탁 등과 왜적이 날마다 함께 편지를 가지고 나와서 화의를 요구했던 일은 하나하나 도체찰사에게 보고하였사옵니다.

---

29) 황혁(黃赫, 1551－1612): 호 독석(獨石), 문과 장원. 집의, 우승지. 임진왜란 때 황정욱과 함께 순화군을 배종(陪從)하여 강원도를 거쳐 함경도 회령으로 갔다가 국경인(鞠景仁)에게 잡혀 왜군에 인계되었다. 1993년 가등청정의 협박으로 선조에게 보내는 항복권유문을 썼다. 뒤에 두 왕자(王子: 임해군, 순화군)와 함께 송환되었으나 항복권유문 때문에 탄핵당하여 유배되었다. 광해군 때 순화군의 아들 진릉군(晉陵君: 자신의 외손(外孫))을 왕으로 추대하려고 했다는 무고(誣告: 김직재(金直哉)의 무옥(誣獄))를 당하여 투옥되었다가 옥사하였다. 인조반정 후 복관되어 좌찬성에 추증되고 장천군(長川君)에 추봉되었다. 본관 장수(長水). 황정욱(黃廷彧)의 아들. 사위가 순화군과 인조 때 영의정 홍형서봉(洪瑞鳳)이다. 여기서 장계(長溪)는 본관이 장수(長水)이기 때문에 나온 말이다.
  * 김직재의 무옥 때 서애선생의 삼남(三男) 진(袗)이 모함 연루되어 6개월간 투옥되었던 사실이 있다.

12일에 신은 정걸, 이빈과 함께 여러 전선을 거느리고 서강(西江)을 지나 흑석(黑石)에 이르렀더니, 사(巳)시에 장세와 안탁이 왜적과 함께 편지를 가지고 왔었사옵니다. 신들은 적정을 자세히 물어보고, 회답을 써 보내면서, 적정(賊情)의 허실과 두 왕자의 거처를 탐지하려고 신의 휘하 수문장 이신충을 그의 자원에 따라 들여보냈사옵니다. 14일에 신충이 돌아와 고하기를 안으로 들어가 적장 청정이 있는 곳에 이르러 청정과 두 왕자가 함께 앉아 있는 것을 보았고, 신충은 왕자 앞에 나아가 절하였더니, 적장이 말하기를 "강화하는 일은 어떻게 되어가고 있는가? 일본의 관백이 모든 섬(전 일본)의 군사를 일으켜 하루아침에 바다를 건너올 텐데, 후회해도 쓸데없다. 어찌 빨리 처리하지 않는가?" 하였고,

곧 황정욱 부자와 이영을 불렀는데, 모두 별도의 장소로부터 왔습니다. 술 석잔을 돌리고 나서 "조선 사람이 여기 왔다. 공들은 이 사람에게 서로 말을 전하여 대장에게 고하게 하고, 중국 강남에서 온 장수(명나라 장수)에게도 전달해서, 속히 화의(和議)를 결정하는 것이 좋겠소" 하고는, 좀 있으니까 적장이 "내가 부득이 성중에 들어갈 일이 있소. 공들은 여기 함께 앉아서 내가 돌아오기를 기다리시오" 하고는 드디어 가버렸고, 여러 적병들은 장막 밖에서 느긋하게 서서 지키고 있었습니다.

왕자와 세 사람이 등잔불 아래 함께 앉아서 각기 고생한 상황을 말하였사오며, 밤이 깊어서야 적장이 비로소 돌아왔습니다. 저는 종왜(從倭)와 함께 별도의 장소에서 묵었습니다. 이튿날 식후에 명장(明將)에게 보내는 편지와 두 왕자의 답서, 황정욱 등이 행재소에 보내는 신(臣)자 없는 긴 두루마리 편지 한 통을 주어서, 안탁과 종왜와 함께 돌아왔습니다' 하였사옵니다. 이신충이 가지고 온 편지는 다 도체찰사 있는 곳에 봉함하여 보냈사옵니다"

황정욱 부자의 경우, 왜적으로부터 돌아온 뒤 포로 당시의 죄를 논하였을 때 선생은 "정욱 등이 비록 죄를 범한 일이 있으나, 훈척(勳戚)에 관계되는 사람이므로, 법 적용이 중도(中道)를 지나치면 관대한 체모가 아니다"라고 여겨, 다방면으로 구원하였다. 정승 정탁에게 보낸 편지에서 "황씨 부자는 곧 훈척의 신하이니, 만약 머리를 나란히 하여 고문을 당한다면, 미안한 일이 될까 염려된다"라 하였고, 앞뒤 여러번 다시 글을 올려 정욱 등을 구하려고 의론하여, 마침내 사형에서 감형하여 유배형에 처하게 되었다.

4월에 이제독에게 글을 보내어 화호(和好: 화친)가 잘못된 계책임을 논하였다.

그때 왜적이 글을 보내어 화친을 청하였는데, 제독은 심유경을 적진에 보내어, '왕자와 배신(陪臣)[30]을 돌려보내고 부산으로 물러난 뒤라야 화친을 허락한다'고 하였고, 얼마 안 되어 제독이 군사를 이끌고 개성으로 되돌아 왔다.

선생이 글을 보내어 극언(極言)하기를 '화호(和好)는 안심이 안 되며, 쳐부수는 것만 못하다'라고 하였다. 제독이 회답하기를 "이것은 내 마음과도 꼭 같은데 미리 알고 있군요" 하였지만, 들어줄 마음은 없었고, 또 유격장 주홍모(周弘謨)를 왜적의 진영으로 보냈다. 선생이 김원수와 함께 마침 권 순찰(권율)의 진중에 있다가, 파주에서 주홍모와 마주쳤다. 홍모가 선생에게 들어와 기패(旗牌)[31]에 참배하라고 하니, 선생이 "이것은 왜영에 들어가는 기패요. 내가 어찌 참배하리오? 또 왜적을 죽이는 것을 금지하는 송 시랑의 패문이 있으니 더욱 받아들일 수 없소" 하였다. 홍모가 서너 번 강요하였지만 선생은 대답하지 않고, 말을 타고 동파로 돌아와 버렸다.

홍모가 사람을 시켜 제독에게 보고하니, 제독이 크게 노하여 "기패는 곧 황제의 명령이다. 비록 오랑캐라도 보면 곧 절을 하는데, 어째서 절하지 않는 것이냐? 내가 군법을 시행하고 돌아가 버리리라" 하니, 접반사 이덕형이 선생께 급보하여 말하기를 "내일 와서 사과하지 않을 수 없습니다" 하였다. 다음 날 선생은 김원수와 함께 개성에 갔다. 문에 이르러 이름을 통지하였는데, 제독이 노하여 보려고 하지 않으니 김원수는 그만 돌아가려고 하였다. 선생은 "제독이 나를 시험하니 조금 기다립시다" 하였다.

그 당시 비가 조금 내리는 중에, 선생과 김원수는 함께 문밖에 서 있었는데, 이윽고 제독의 부하가 문에 나와서 엿보고 들어가더니 조금 뒤 들어오기를 허락하였다. 제독은 당상에 서 있었다. 선생이 그 앞에 나아가 예를 행하고 뒤이어 사과하기를 "소인이 비록 심히 어리석어도 어찌 기패를 공경해야 할 것인 줄 모르겠습니까? 단지 기패 옆에 패문이 있는데, 우리나라 사람이 왜적 죽이는 것을 허락하지 않는다 하여, 나 혼자 마음에 너무 통분하여 감히 참배하지 않았으니, 죄에서 도피할 수 없습니다" 하였다.

제독이 얼굴에 부끄러운 빛을 띠우며, "그 말은 참으로 옳습니다. 패문은 송시랑의 명령이지, 내가 한 일이 아닙니다" 하고, 뒤미처 "요사이 유언(流言)이 많으니

---

30) 배신(陪臣): 중국 제후(諸侯)의 신하. 즉 여기서는 조선국의 신하를 말한다.
31) 기패(旗牌): 군대에서 명령을 전달하는 데 사용하는 기(旗).

다. 배신이 기패에 참배하지 않았는데, 내가 용인하고 문책하지 않았다고 송시랑이 들으면 함께 나를 책망할 것입니다. 그간 사정을 간략하게 변명하는 글을 보내면, 혹시 시랑이 물을 때 내가 그것으로 해명하겠습니다" 하였다.

선생이 배사(拜辭)하고 말한 대로 문서를 만들어 보냈다. 이로부터 제독이 사람을 보내어 왜진(倭陣)과 왕래함이 계속 서로 이어졌다. 하루는 선생이 김원수와 함께 제독을 찾아보고 동파로 돌아오는 길에 천수정(天壽亭)[32] 앞에 이르러 사 총병의 집 하인인 이경(李慶)을 만났는데, 그는 동파로부터 개성으로 가고 있었다. 마상에서 서로 읍하고 지나쳐서 초현리에 이르렀을 때, 한인(명나라 사람) 기병 셋이 뒤로부터 질주하여 와서, 성난 소리로 묻기를 "어느 쪽이 체찰사요?" 하여 선생이 "나요" 하였다. 말을 돌리라고 꾸짖는데, 그중 한 사람은 쇠사슬을 쥐고 아주 급히 몰아대었다. 선생은 무슨 일인지 알지 못하여, 도리없이 말을 돌려 개성을 향하여 달리는데, 그놈은 말 뒤를 따라오면서 채찍질을 그치지 않았다. 수행 종자들은 모두 뒤에 쳐졌으나, 군관 김제와 종사관 신경진만이 힘을 다하여 뒤따라왔다. 청교역[33]을 지나 토성(土城)[34]의 한쪽 모퉁이에 왔을 때, 또 기병 한 사람이 성 안에서 달려 나오면서 세 기병에게 무어라 말을 하자, 이에 세 기병이 선생에게 읍(揖: 허리 굽힘)을 하면서 "돌아가도 좋소" 하였다.

선생은 정신이 없어 그렇게 된 사연을 추측하지도 못하고 돌아왔다. 다음날, 이 접반사가 통지하여 비로소 알았는데, 제독이 신임하는 집 하인 한 사람이 밖에서 들어와 제독에게 말하기를 "류 체찰이 강화를 맺지 못하게 하려고 임진강의 배를 모두 없애 버리고, 왜영(倭營)으로 가는 사자가 통과하지 못하게 합니다" 하니까, 이에 제독이 매우 노하여 선생을 잡아서 구타하려 하였다.

선생이 아직 도착하지 않았을 때, 제독은 팔뚝을 휘두르며, 앉았다 섰다 하여, 주위 사람들이 매우 무서워하였는데, 조금 있다가 이경(李慶)이 오니까 제독이 "임진강에 배가 없느냐?" 하고 물었더니, 이경이 "배가 있고, 왕래하는 데 막힘이 없습니다" 하였다. 제독이 즉시 사람을 시켜 선생 추격하는 것을 중지하게 하고, 하인에

---

32) 천수정(天壽亭): 고려시대 개성 동쪽에 천수사(天壽寺)가 있었다가 폐사(廢寺)되었다. 그 터가 교통의 요지였으므로 조선시대 역원(驛院: 天壽院)과 정자(亭子: 天壽亭)이 설치되었다. 원과 정자는 17세기에 없어졌고 황량한 들판이 되었으나, 고려 말의 최사립(崔斯立)의 『대인(待人)』 시가 유명하며, 중종(中宗)도 어제시(御製詩)를 남겼다고 한다.

33) 청교역(靑郊驛): 경기도의 영서도(迎曙道)에 소속된 역참. 개성시 동쪽 5리에 있었다.

34) 토성(土城): 현 개성시 토성면.

게는 헛소리하였다고 수백 대나 매질하였다. 매우 뉘우쳐서 사람들에게 말하기를 "만약 류 체찰이 도착했으면 내가 어떻게 처신할 수 있었겠나?" 하였다는 것이다.

대개 제독은 항상 선생이 화의에 긍정적이지 않다고 말해 왔으며, 평소 불평하는 마음이 있었기에, 겨우 사람 말을 듣자마자, 다시 살펴보지도 않고 노한 마음을 드러내기가 이와 같았으니, 사람들이 모두 선생을 위태롭게 여겼다.

며칠 후 제독이 또 유격 척금과 전세정을 동파로 보내었다. 두 사람이 선생을 만나고, 모여 앉아 설득하기를, '왜적이 왕자와 배신(陪臣)을 돌려보내고 서울을 돌려주고 물러가려고 하니, 그들의 청을 짐짓 들어주고, 적을 속여 성을 나가게 한 뒤에 계책을 써서 추격하여 공격하자'라고 하였는데, 제독이 선생의 자세가 긍정적인지 탐지하려고 세정 등을 보낸 것이었다. 선생이 전에 하던 의론을 계속 고수하였으므로, (세정이) 왕복을 그치지 않았다.

세정은 성질이 조급하여, 화를 내며 큰소리로 꾸짖어 "그렇다면 너의 국왕은 어찌하여 성을 버리고 도피하였는가?" 하니, 선생이 천천히 대답하기를 "천도(遷都: 도성을 옮김)하여 나라 보존을 도모하는 것도 역시 한 방도가 될 수 있소" 하였다.

세정 등이 돌아간 뒤에, 선생이 또 편지를 보내어 말하였다.

"수백 마디 말의 유시를 받아보았는데, 제가 비록 못났으나 진실로 명(明) 조정에서 두 나라의 백성을 함께 살리려는 뜻을 벌써 느끼고 있습니다. 다만 우리 나라가 전년부터 미친 도적에게 쫓겨서 사세가 위급한데, 왜적은 여러 차례 감언이설로 우리 군사를 꾀었습니다. 우리를 위협하면서 화친을 말하는 글을 동래에서 한번 보내었고, 두 번째는 상주에서 보냈으며, 세 번째는 평양에서 보내었는데, 그렇게 해도 아직 화평을 허락하지 않은 것은 천하 대의를 지키기 위한 것일 뿐, 차라리 죽을지언정 욕을 당할 수는 없기 때문입니다.

지금은 종묘가 불타버리고, 선왕의 능침이 발굴되어, 온 나라 신민이 모두 부모의 원수를 만난 것 같이 심골(心骨)이 절통한데, 다만 군사력이 약하여 스스로 떨쳐 일어나지 못함이 한스럽습니다. 그 수치를 안고 참아내며 원한을 풀고 원수를 놓아주면서 천지간에 적당들과 함께 살기보다는, 차라리 왜적을 먼저 치고 노야(老爺)의 법도에 죽는 것이 낫지 않겠습니까?

하물며 저의 임금께서 종사(宗社: 국가)의 대의를 위하여 자애로운 마음을 참고 끊어서, 오로지 왜적을 토멸하라는 명만 내리셨지 화의를 허락하는 말은 없었습니다.

저희는 몸이 창칼에 죽지도 못하였고 군부(君父: 임금)의 원수를 갚아내지도 못하였는데, 그런데 게다가 어찌 임금의 어명(御命)을 기다리지도 않고 사람들에게 왜적 죽이는 일을 금지시키겠습니까?

대인께서 (우리나라가) 전에 도성을 버린 것을 가지고 말하십니다만, 도성을 옮겨가며 나라의 보존을 도모하는 것은 역시 한 방법이 될 수 있습니다. 천하의 의리(義理)는 무궁하여, 중요한 것은 임금과 신하, 부모와 자식 사이의 대강(大綱: 근본 원칙), 대의(大義: 근본 의리)가 내 마음에 부끄러움이 없으면 충분한 것이지, 힘의 강약(强弱)이나 이해(利害)는 거론할 바가 아닙니다."

19일에, 제독이 개성으로부터 동파로 왔다. 대개 왜적이 이미 퇴군을 약속하였기 때문에 대군이 장차 서울에 들어가려고 온 것이다. 선생은 제독이 주둔한 곳에 가서 문안하려 하였더니, 제독은 만나지 않고 통역에게 "체찰사가 나에게 불쾌한 마음이 있을 텐데, 그래도 와서 문안하는구나" 하였다.

이한음(李漢陰: 이덕형)이 수록(手錄)에서 기록하기를 "공은 제독에게 정문(呈文: 공문을 보냄)할 때마다 고금의 실례를 인용하면서 옳은 이치를 끌어내어 여러 수천 마디의 말로서 붓을 잡아 입장을 내세우니, 제독이 비록 들어주지는 않았으나 그 재주와 식견에 깊이 탄복하였다. 또 말하기를 "근심하는 표정이 얼굴에 넘쳐나서, 진실로 지극한 정성으로 나라에 몸을 바치는 자라고 할 만하다"라고 하였다. 총병 오유충과 유격 척금이 사람들에게 말하기를 "풍원군은 조선의 뛰어난 재상이다"라 하였다.

===

拜忠淸慶尙全羅三道都體察使

李提督敗于碧蹄 欲退還西路 先生爭之 不聽

大軍入開城府 西路列屯之賊 皆會京城 謀拒王師 先生連請提督使速進 提督遲徊累日 進至坡州 聞副總兵査大受 在碧蹄驛 多殺賊 提督 獨與家丁千餘人 馳赴之 爲賊所敗 走還坡州 神氣沮甚 明日欲退軍東坡 先生與右相兪泓金元帥命元 至帳下 提督立帳外

諸將左右立 先生力爭曰 勝負 兵家常事 當觀勢 更進 奈何輕動

提督曰 吾軍 昨日 多殺賊 無不利事 但此地 經雨泥濘 不便駐軍 所以欲還東坡 休兵
更進耳 先生爭之固 諸將中張世爵尤勸提督退兵 以先生固爭 以足蹴巡邊使李薲叱退
聲色俱厲 是日 三營還渡臨津 陣于東坡

明日 自東坡 又欲退開城府 先生又固爭曰 大軍一退 則賊氣尤驕 遠近驚懼 臨津以北
亦不可保 須少駐 觀釁以動 提督佯許之 先生旣退 而提督跨馬 遂還開城 諸營悉退

先生猶留東坡 日遣人 請更進兵 提督謾應之曰 天晴路乾 則當進 然 實無進意 諸將
以糧盡爲辭 請提督旋師 提督怒呼先生及戶曹判書李誠中京圻左監司李廷馨 跪庭下
大聲詰責 欲加以軍法 先生摧謝不已 因念國事至此 不覺流涕 提督見之 憮然 先生出
門 以放糧不時 杖開城經歷沈禮謙 繼而糧船數十隻 自江華泊後西江 僅得無事 是夕
提督使總兵張世爵 召先生慰之 且論兵事

時 提督有北還意 未幾聞淸正 將自咸鏡道襲平壤 因此聲言 平壤乃根本 若不守 大軍
無歸路 不可不救 遂回軍平壤 留王必迪守開城府 謂接伴使李德馨曰 朝鮮軍勢 孤弱無
援 宜悉還江北 時 我國諸將 悉在臨津南 提督恐爲賊所乘故云

然 先生在東坡 使從事官辛慶晉馳見提督 不可退軍者五 先王墳墓 皆在畿甸 淪於賊藪
神人望切 不忍棄去 一也 京圻以南遺民 日望王師 忽聞退去 無復固志 相率而歸賊 二也
我國境土 雖尺寸 不可容易棄之 三也 將士雖力弱 方欲倚仗天兵 共圖進取 一聞撤退之
令 必皆怨憤離散 四也 一退而賊乘其後 則雖臨津以北 不可保 五也 提督黙然而去

往坡州山城 觀形勢 因分部諸將 指授方略 以攻賊
初 權慄率兵勤王 破賊于幸州 旣而聞賊欲更出 期必報 甚懼 毀營柵 至臨津 從都元帥
先生聞之 大驚 單騎馳去 登坡州山城 觀形勢 以爲當大路之衝 而地形斗絶可據 卽令
慄與巡邊使李薲 合軍據守 以遏賊西下之路 又令防禦使高彦伯李時言助防將鄭希賢朴
名賢 爲游兵 遮蟹踰嶺 義兵將朴惟仁尹先正李山輝等 從右路 伏於昌敬陵之間

各以其兵 出沒抄擊 賊多出 則避而不戰 少出 則隨處邀擊 自是 賊不得出城樵採 馬死

者 甚多 又令倡義使金千鎰秋義使禹性傳京圻水使李蘋忠淸水使丁傑等 從江華 以舟
師 侵撓龍山漢江 以分賊勢 忠淸道巡察使許頊 退在陽城 令還護本道 以逼賊南衝之勢

移文京圻忠淸慶尙官義兵 使各在其處 從左右 邀截賊路 而楊根郡守李汝讓 守龍津 凡
諸將所斬賊首 皆懸掛於開城府南門之外 提督參軍呂應鍾 見之喜曰 朝鮮人 今則取賊
首 如割毬矣

一日 賊從東門大出 搜山 自楊州積城 至大灘 無所得 其後 又探知權慄在坡州 欲報怨
率大軍 從西路而出 至廣灘 去山城數里 見其險絶 自午至未 駐兵不進 日暮還退 不敢
復出

總兵查大受 欲與先生 退避開城府 不從
時 有偵探人來言 賊欲得查總兵柳體察云 故查欲退去 來報先生 先生答曰 偵探人所言
恐無此理 賊方疑大軍駐近 豈敢輕易渡江 我等一動 則民心必搖 不如靜而待之 查笑曰
此言甚是 假令有賊 吾與體察 死生同之 豈敢獨去 遂分所率勇士數十餘人 來護 雖雨
甚 達夜警守不暫怠 後聞賊入城 乃罷 先生久留東坡 時 兵燹之餘 閭舍一空 野無所依
乃刈草爲幕 以防雨雪 因處其中 至于累月 地氣透濕 衣衾爲之生綠

貽書遊擊將軍王必迪 論進取之策
略云 賊方據險固 未易攻 大兵當進駐東坡 坡州躡其尾 選南兵一萬 從江華 出於漢南
秉賊 不意擊破諸屯 則京城之賊 歸路斷絶 必向龍津而走 因以後兵覆諸江津 可一擧掃
滅

必迪見書 擊節稍奇策 發偵探卒三十六名 馳往忠淸道 察賊形勢 時 賊精兵皆在京城
而後屯皆羸疲寡弱 偵卒踊躍還報云 不須一萬 只得二三千 可破之 李提督北將也 是役
也痛抑南軍 恐其成功 竟不許

請發粟 賑救飢民 朝廷許之
時 賊據京城已二年 百姓不得耕種 餓死殆盡 京中餘民 聞先生在東坡 扶攜擔負而至者
不計其數 查總兵往馬山道中 見小兒飮死母乳 哀而收之 育於軍中 謂先生曰 倭賊未退
而人民如此 將奈何 先生聞之 不覺相對流涕 令前郡守南宮悌 爲監賑官 竭心經紀 多

方救活

時 大兵將再進 糧船之自南方至者 皆列泊江上 不敢他用 適全羅道募粟千石 船運而至
先生喜甚 卽馳啓 卽以付之 令取松葉爲屑 每松屑十分 合米屑一分 投水以飮之 所全
活 不可勝數 唐將亦哀之 自分所食軍糧三十石 賑救

慶尙右道監司金公誠一 遣人來告 欲糶全羅左道穀 賑濟飢民 且爲春耕種子 時 知事金
公瓚 爲先生副使 在南方 卽移文 令瓚馳去南原等處 開倉 移一萬石 以救之

上送賊中出來書 馳啓言狀
略曰 倡義使金千鎰水使丁傑李蘋等 本月十四日馳報 內守門將李藎忠黃廷彧孼族安鐸
一時入送賊中 翌日午時 持書還來言 與安鐸等至賊將淸正所在之處 見淸正與兩王子
共坐 藎忠拜王子前 淸正曰 講和之事 何以爲之 今者 日本關白發諸島兵 朝暮渡海 則
悔無所及

乃召黃廷彧父子及李瑛 各自異處而來 行酒三杯曰 公等相與告于大將前 轉報天將 速
定和議 可也 俄而賊將出去 諸卒倭守之 王子及三人 共坐燈下 各道辛苦之狀 夜深 賊
將歸 三人及藎忠 與諸從外 宿于別處 翌日平明 賊將使人問訊 朝食後 因授送天將書
及兩王子答書 及諺書 而皆不復相見 因爲出來
李藎忠持來賊將送天將書 則適沈遊擊來到求見故 納于遊擊 不得上使 又有行在所了
無臣字長紙封書 開見則三擄臣聯名之書 而言多可駭 痛憤莫甚 所當卽投火中 而旣已
開見 棄置不可 幷王子答書 皆爲上使事 牒呈云云

所謂 王子書一封 則上送 三擄臣一書 則外書行在所開坼 而內外皆無臣字 但云長溪南
兵使行護軍 各著署 而筆畫 則似 是黃赫所書 旣無臣字 而言多可駭 此則必是賊將脅
勒使爲 極爲痛心 故元書 則不敢上送 而其間事情 則朝廷不容不知 故一依其樣 謄書
上送

諺書未來 故移文推問矣 臣等 雖在此處 而天將所爲 頓未聞知 大槪以此舉止觀之 則
明有講和之意 臣爲之日夜焦心痛骨 李藎忠入送事 則金千鎰等不稟於臣 而經自爲之
事 涉率爾 而姑未深責云云

附金千鎰書狀

略曰 今三月初九日 黃廷彧 與倭賊出到江邊 曲折段已曾馳啓 其後臨海君奴長世 及黃
廷彧孽族安鐸等 賊倭 一時逐日持書簡出來 求和事段 一一馳報都體察使 十二日 臣與
丁傑李蘋等 領率諸船 過西江 抵黑石 巳時 長世及安鐸 又與賊倭 持書出來

臣等詳問賊情 書回答付送 欲探賊情虛實 及兩君居處 臣麾下守門將李藎忠 從自願入
送 十四日 藎忠還來 進告 內至賊將清正所在 見清正與兩王子共坐 藎忠就拜王子前
賊將曰 講和事 何以爲之 日本關白發諸島兵 朝暮渡海 則悔無所及矣 何不速爲之處乎

乃召黃廷彧父子 及李瑛 皆自異處而來 行酒三盃曰 朝鮮人來此 公等相與傳言于此人
使之告大將 轉報江南之將 速定和議 可也 俄而賊將曰 吾有不得已入城中事 公等共坐
于此 以待吾還 遂出去 諸賊縵立帳外而守之
王子及三人 共坐燈下 各道其辛苦之狀 夜深賊將始還 藎忠與從倭宿于別處 翌日食後
仍給付呈天將之書 及兩王子答書 并黃廷彧等行在所了無臣字長紙書一封 仍與安鐸及
從倭等還出來 李藎忠持來書段 都體察使處 皆爲封送云云

及黃廷彧父子 自賊中還 被拿論罪 先生 以廷彧等雖有罪犯 而係是勳戚 用律過中 殊
非寬大之體 多般救解 其與鄭相琢書曰 二黃 乃勳戚之臣 若令骿首於拷掠之下 則恐爲
未安云云 前後凡再書 論救廷彧等 終得減死編配

四月 呈文于李提督 論和好非計
時 倭投書乞和 提督使沈惟敬入賊中 令還王子陪臣 退釜山 然後 許和 不久 提督率兵
還開城 先生呈文 極言和好之不便 不如擊之 提督批示曰　此先得我心之所同然者 然
無聽用意 又使遊擊周弘謨往賊營

先生與金元帥 適在權巡察陣中 與弘謨相值於坡州 弘謨使先生入參旗牌 先生曰 此是
入倭營旗牌 我何爲參拜 且有宋侍郎禁殺賊牌文 尤不可承受 弘謨强之三四 先生不答
騎馬還東坡

弘謨使人言於提督 提督大怒曰 旗牌乃皇命 雖毱子見 輒拜之 何爲不拜 我欲行軍法
仍回軍 接伴使李公德馨 急報於先生曰 朝日不可不來謝　明日 先生與金元帥往開城

詣門通名 提督怒不見 金元帥欲退 先生日 提督應試余 姑待之 時 少雨 先生與金元帥
共立門外 有頃 提督之人出門 覘視而入者 再俄而許入

提督立于堂上 先生就前行禮 仍謝日 小的 雖甚愚劣 豈不知旗牌爲可敬 但旗牌傍有牌
文 不許我國人殺賊 私心竊痛之 不敢參拜 罪無所逃 提督有慚色日 此言甚是 牌文乃
宋侍郎令 不關吾事 仍日 此間 流言甚多 侍郎若聞 陪臣不參旗牌 我容而不問 則并責
我 須爲呈文 略辨事情來 脫侍郎有問 吾以此解之

先生拜辭而退 依所言呈文 自是 提督遣人 往來倭陣相續 一日 先生與金元帥往候提督
還東坡 到天壽亭前 遇查總兵家丁李慶 自東坡入開城 馬上相揖而過 至招賢里 有漢人
三騎 自後疾馳來喝 問日 那箇是體察使 先生應之日 我是也

叱回馬 一人持鐵鎖 驅迫甚 先生不知何事 只得回馬 向開城而走 其人從馬後 鞭之不
已 從者皆落後 獨軍官金霽辛從事慶晉 盡力追隨 過靑郊驛 至土城隅 又有一騎自城內
走馬而謂三騎日 云云 於是 三騎揖先生日 可去矣

先生恍然不測而廻 翌日 李接伴通示 始知之 提督信任家丁一人 自外至 謂提督日 柳
體察不欲講和 悉去臨津船隻 勿令通使倭營 於是 提督怒甚 欲拿先生梱打 當先生之未
至也 提督奮臂 或坐或起 左右皆慄 有頃 李慶至 提督問臨津有船否 慶日 有船 往來
無阻 提督卽使人 止追先生者 謂家丁妄言 痛打數百 悔甚謂人日 若使柳體察來到 吾
何以處之 蓋提督常謂 先生不肯和議 素有不平心故 纔聞人言 不復省察 暴怒如此 人
皆爲先生危之

後數日 提督又使遊擊戚金錢世禎 至東坡 二人邀先生 會坐說 賊欲還王子陪臣 退還京
城而去 當從其所請 紿賊出城 然後 行計追勦 乃提督使世禎等 來探先生之肯否也 先
生猶執前議 往返不已

世禎性躁 發怒大罵日 然則爾國王 何以棄城 逃避耶 先生徐日 遷國圖存 亦或一道
世禎等回 先生又以書遣之日 伏蒙示諭累百言 鄙人雖無似 固已感天朝兼濟兩國生靈
之意 但小邦自前年 爲狂寇所迫 事勢危急 而賊累以甘言誘我兵 威脅我 一投和書於東
萊 再投於尙州 三投於平壤 而尙不許和 不過爲天下大義 寧死不辱耳

今 宗廟灰燼 丘壟發掘 一國臣民 皆有父母之讐 痛心切骨 只恨兵力寡弱 不能自振 與
其包羞忍恥 解怨釋仇 與賊俱生於天地間 無寧擊賊而先 死於老爺之法度乎 況寡君爲
宗社大義 割慈忍愛 只有討賊之命 無許和之語 陪臣旣不能身死干戈 以復君父之讐 又
何以不待君命 而禁人之殺賊乎 老爺以前去都城爲言 夫遷國圖存 亦或一道 天下義理
無窮 要使君臣父子之大綱大義 無愧於吾心 足矣 强弱利害 非所論也

十九日 提督自開城至東坡 蓋賊已約退兵 故大軍將入京城而來也 先生詣提督下處問候
提督不見 謂譯者曰 體察不快於余 亦來問耶

李漢陰手錄云 公每呈文于提督 出入古今 援引義理 累累數千言 操筆立就 提督雖不聽
用 而深服其才識 且曰 憂悴之色 溢於顏面 眞可謂至誠徇國者也 吳總兵惟忠戚遊擊金
亦謂人曰 豊原君 鮮之良宰也

39 서울에 입성하다, 절강 전술 훈련 도입, 52세

선조 26년(1593) 계사

선릉(宣陵: 成宗의 능), 정릉(靖陵: 中宗의 능)1)을 왜적이 파혜쳤다는 보고를 듣고, 만월대(滿月臺)2)에 올라가 망곡(望哭)3)하고, 군관 이홍국 등을 보내어 두 왕릉을 살펴보게 하였다.

　그때 선생은 개성으로 제독에게 문후하러 가서, 김 원수, 이 접반사, 유수 노직, 판서 이성중 등 5, 6인과 모여 앉아 있었는데, 경기 좌감사 성영(成泳)4)의 급보가 이르렀다. 그때 캄캄한 밤이어서, 불을 켜고 그 글을 펴보니, 능침의 변보(變報)였다. 곧 슬피 호곡(號哭: 소리내어 울다)하였다. 제독도 그 소식을 듣고, 그 보고서를 가져다 보았다. 선생은 여러 신하들과 더불어 만월대 앞 기슭에 가서, 남쪽을 바라보며 거애(擧哀)5)하였다. 다음날 김 원수와 함께 동파로 돌아왔다. 즉시 사람을 모아 두 능의 형편을 탐지하려 하였다.

　군관 이홍국이라는 사람이 있었는데, 나와서 무릎을 꿇고 말하기를 다음과 같이 하였다.

---

1) 두 능은 현 서울특별시 강남구 삼성동 삼릉공원 안에 있다.
2) 만월대(滿月臺): 개성(開城) 송악산(松嶽山)에 있는 고려 태조가 창건하여 거처하던 궁궐터. 공민왕 10년 홍건적 침입 때 불타버렸다.
3) 망곡(望哭): 멀리 있으면서(또는 지방에 있으면서) 빈소나 묘소 쪽을 향하여 곡(哭)을 하는 것.
4) 성영(成泳, 1547－1623): 호 태정(苔庭) 문과. 병조좌랑. 임진왜란 때 경기도 순찰사. 선조 말기에 유영경(柳永慶)의 측근이 되었다. 병조판서, 이조판서. 광해군 때 삭탈관직, 연일(延日)로 유배되어 배소에서 사망했다. 인조반정으로 복관되었다. 본관 창녕. 시호 양혜(襄惠). 이양원(李陽元)의 사위.
5) 거애(擧哀): 발상(發喪)과 같다. 죽은 사람의 혼을 부르고 상주가 머리 풀고 슬피 울어 초상(初喪)이 난 것을 알려 죽음을 애도하는 일.

"소인은 곧 양녕대군 후손입니다. 나라를 위하는 마음이 어찌 보통 사람과 같겠습니까? 비록 죽는 한이 있더라도 가기를 원합니다" 하였다. 선생이 그 충성을 칭찬하고, 말하되 "너 혼자 가서는 안 된다" 하고, 다시 가기를 원하는 군인 10명을 모으고, 홍국이 모은 10명과 함께 앞으로 오라고 불러서, 울먹이며 타이르니, 감격하지 않는 사람이 없고, 모두 힘을 다하겠노라고 청하였다.

마침내 양식과 장비를 갖춰 주어 떠나보내고, 방어사 고언백에게 향도 한두 사람을 출동시키도록 하여 차질이 나지 않도록 하였다.

또 박유인6) 등을 보내어 정릉(靖陵)에서 수습한 시신을 남여(藍輿)7)에 실어 송산리8)에 옮겨 안치하였다.

이홍국이 출발한 뒤 며칠 후에 돌아와 보고하기를 다음과 같이 하였다.

"방어사의 진으로 가서 길을 잘 아는 사람 하나를 뽑아 출발하였습니다. 그가 앞을 인도하여 독임리9)에 이르니 날이 저물었습니다.

작은 배를 얻어 한밤중에 정릉(靖陵)에 배를 대었습니다. 몇 사람은 배를 지키라 하고, 여덟 사람이 능에 올라갔습니다. 그때 달은 져서 하늘이 캄캄하였고, 무덤 파헤친 곳의 깊이를 측량할 수 없어 올라온 사람들은 각기 허리띠를 연결하여 차례차례 매달려 아래로 내려갔습니다.

무덤 속은 침침하여 보이는 것이 없고, 손으로 더듬어 보니, 빳빳한 시신이 덮는 것도 없이 맨몸으로 회토(灰土) 속에 누워있는데, 조금 습기가 있고, 속옷은 손가락에 끈적끈적한 것이 묻어 있었습니다.

모두들 무덤에서 나왔는데 무덤 옆에 찢어진 옷과 이불, 범어(梵語)10)가 쓰여 있는 글 몇 장, 검은 옻칠한 손바닥 모양으로 된 큰 나무 조각을 찾아서, 증거로 가지고 왔습니다.

---

6) 박유인(朴惟仁): 임진왜란 때의 의병장. 창릉, 경릉 부근에서 왜적을 유격전으로 괴롭혔다. 뒤에 청송 부사를 지냈다.
7) 남여(藍輿): 의자와 비슷하며 위를 덮지 않은 작은 가마. 두 사람이 어깨에 멜 수 있었다.
8) 송산리(松山里): 현 경기도 구리시 아천동(아차산 기슭)
9) 독임리(禿任里): 미음 나루. 현 경기도 남양주시 수석동. 왕숙천이 한강에 흘러 들어가는 합류점. 교통의 요지였다. 독(禿)은 이두로 우리말 "미"에 해당한다. 독산(禿山)이 민둥산, 독두(禿頭)가 민대머리를 뜻하는 것이 바로 이것이다. 독임(禿任)은 즉 "미음"인 것이다. 미음진(美音津) 또는 미호(美湖)라고도 하였다.
10) 범어(梵語): 인도의 고대언어. 산스크리트(San-skrit). 불교 경전에 보인다.

또 선릉(宣陵)에 이르러 보니, 무덤 속은 비록 파헤쳐졌으나 얕아서 겨우 몸 하나 들어갈 만하였는데, 텅 비어 아무런 물건이 없었습니다. 마침내 배를 타고 돌아와 보고 합니다."

선생은 보고를 받고 김 원수 및 순찰사 권율과 모여서 의논하기를, "보고해 온 것에 의거해 보니 마음이 아파 참을 수가 없소. 또 만일 왜적이 우리나라 사람이 가서 탐색하는 것을 알고 불측한 일을 다시 저지르면 어떻게 하오. 만사(萬死)를 무릅쓰고 몰래 업고 나와 다른 곳에 안치하여, 후일을 기다려 봉심(奉審)11)하는 것이 낫겠소" 하니, 모두 "그렇게 합시다" 하였다.

그때 원수의 진중에 관은(官銀) 백냥이 있어서, 즉시 꺼내어 당흑포(唐黑布)12) 몇 필과 바꾸어 복금(複衾)13)을 짓게 하고, 또 씨앗을 빼낸 목화 수십근을 구했으며, 권 순찰이 유둔(油芚 : 천막 등에 쓰이는 유지油紙)을 제공하고, 또 장인(匠人)에게는 조그만 남여를 만들게 하되 규격을 편한대로 쉽게 하여, 가벼이 쉽게 운반할 수 있도록 하였다.

다시 군중에 명령을 내려 "누가 갈 수 있느냐?" 하였다. 이에, 창의사 중군인 박유인과 전부장 김극충 및 아울러 자원해서 따르는 군인 50명을 함께 이홍국으로 길을 인도하게 해서 출발시켰다. 그들에게 주의를 주기를, "이는 대사(大事)이다. 나도 보지 못한 일이라 헤아리지 못하니, 너희들이 저쪽에 도착하거든 형세를 관찰하여, 무덤을 덮을 만하면 덮고, 그렇지 못하면 다른 곳에 옮겨 안치하라" 하였다.

유인 등이 응락하고 출발하여, 시신을 싣고 양주 송산리에 도착하여 부서진 민가 집 몇 칸을 찾아서, 봉안하였다. 김극충 등을 남겨 지키게 하고 곧 와서 보고하니, 선생은 즉시 장계를 올려 그 경과를 보고하였다.

갑진일(4월 20일)에, 선생은 명군을 따라서 서울에 입성(入城)하였다.

왜적이 물러간 뒤, 제독이 서울로 들어오고, 선생도 따라 들어왔다. 그때 성안의 백성들은 백 사람에 한 사람도 생존하지 못하여, 사람과 말의 시체가 곳곳에 널려

---

11) 봉심(奉審) : 왕명을 받들어 왕실의 묘(墓)나 능침(陵寢)을 살펴 점검하는 일.
12) 당흑포(唐黑布) : 중국제 검은 베. 불교 스님들이 입는 옷 색깔. 범어(梵語) 글씨가 있는 글이 있는 것으로 보아 장례에 불교식이 가미된 듯하다.
13) 복금(複衾) : 시신(屍身)에게 수의(壽衣)를 입히는 습(襲)에 쓰는 수의의 한 종류. 시신 위에 걸치는 옷.

있고, 토할 듯한 냄새가 성안을 가득 채웠으며, 공사(公私)간에 집들은 한결같이 텅 비어 있었다.

선생은 먼저 종묘(宗廟)에 이르러 통곡하고, 그런 뒤에 제독이 있는 곳에 가 안부를 묻고 나서 여러 신하들과 서로 만났는데, 자신도 모르는 사이에 눈물을 흘려 큰소리로 통곡하니, 좌우에 있던 명군들도 모두 바라보고 매우 슬퍼하며 흩어졌다.

다음 날, 또 제독의 군문에 나아가 기거(起居: 생활)가 편안한지 묻고 나서, 역관을 시켜 말 전하기를 "왜적이 겨우 물러갔으나, 아직 멀리 가지 못하였을 것입니다. 군사를 출발시켜 급히 추격하기 원합니다" 하니, 제독이 대답하기를 "내 마음도 본래 이와 같으나, 즉시 추격하지 못 하는 까닭은 한강에 배가 없기 때문입니다" 하였다. 선생이 "노야(老爺)[14]가 왜적을 추격하려 한다면, 내가 마땅히 먼저 강가에 가서 배를 정비하겠습니다" 하니, 제독이 허락하였다.

이보다 앞에, 선생은 이미 경기 좌감사 성영과 수사 이빈에게 왜적이 물러가면 급히 강 위의 배들을 거두어 두라고 시켰었다. 이때에 이르러 한강에 도착한 배가 이미 80척이나 된다고 보고가 왔다. 선생이 한강에 가서 배를 징발하였는데, 한참 동안 뒤에, 영장(營將) 이여백이 만여 명의 군사를 거느리고 출동하여 왔다. 군대가 반쯤 강을 건넌 모습이 보였는데, 날이 저물녘에 여백이 홀연 발이 아프다고 핑계하면서 "돌이켜 성으로 들어가 병을 치료한 뒤라야 진군할 수 있겠다" 하고, 곧 교자를 타고 돌아가 버리고, 벌써 한강 남쪽으로 건너간 군사도 연달아 돌이켜 건너와 버렸다. 대개 제독이 실제로는 왜적을 추격할 마음이 없으면서 거짓말로 속여 응하는 척 한 것이었다.

처음에, 선생은 제장들에게 분부하여 적을 추격하게 하였다. 고언백, 이시언, 김응서 등에게 동쪽 길로 강을 건너서 이천 부사 변응성과 함께 세력을 합쳐 추격하고, 이빈과 전라감사 권율 등은 서쪽 길로 강을 건너서 전라병사 선거이와 경기도의 관, 의병은 함께 힘을 합하여 추격하고, 전라도 및 경상도와 연락하여 군병과 약속하게 하여 한결같은 행동으로 추격하며, 또 군관 이충은 별도로 한 부대를 거느리고 죽산 지방에 매복하며, 그 나머지 장수들에게도 모두 작전지침을 주어 곳에 따라 요격하게 하였다.

이윽고 명장들이 별별 방법으로 방해하였는데, 이빈 이하 장수들 모두 그들에게 붙잡혀 버렸다. 오직 이시언, 정희현, 변응성 등만이 샛길을 따라갔으므로 그들이

---

14) 노야(老爺): 중국어에서 남을 높여 부르는 말. 여기서는 이 제독을 높인 것이다.

보지 못하고, 그 틈을 타서 공격하여 도망가는 왜적의 목을 베었을 뿐이다.

선생은 무엇보다 남아 있는 백성 구휼(救恤)을 급선무로 여겨, 힘을 다하여 계획을 세우고 마음을 다하여 구제하여 살아갈 수 있게 하였다. 또 장수들을 시켜 시체를 수습하여 성 밖에 묻도록 하고, 또 여성군(礪城君) 송인(宋寅)15)의 집에 국(局)16)을 설치하여 서적 수만권을 사모아 홍문관 정자 윤경립에게 관리하게 하였다. 훗날 홍문관의 소장 도서 태반이 그때 모아 소장한 것이다.

조정 관리나 유사(儒士)로서 여러 도로에서 유랑 낙오된 사람들이 연달아 돌아왔다. 그 가운데 방책을 맡길 만한 사람을 골라서 여러 국의 특수임무를 임시로 맡게 하고 나머지 모두를 구휼해 살려서, 각자가 살아갈 자리를 잃지 않게 하였다. 처음 입성하였을 때 불타버린 것만 눈에 들어오고 단지 텅 빈 성만 있더니, 10여일 사이에 각종 대책을 가르치고 지휘하니, 모든 일이 비로소 두서(차례)가 잡히게 되었다.

병오일(22일)에 송산(松山: 정릉 시신 안치소)으로 가서 시신을 살폈다.

감히 시신을 열어 보지 못하고, 시신을 향하여 호곡하고 돌아왔다.

정미일(23일)에 병으로 자리에 누웠다.

증세가 한열(寒熱: 오한과 신열) 종류로 매우 위중하여, 명군들이 보고 모두 걱정하는 안색으로 "가련하다, 가련하다" 하면서, 연달아 위문하였다. 6월이 되어서 비로소 일어났다.

참장 낙상지가 와서 문병(問病)하였다.

누워 있는 내실에 친히 들어와 문병하였는데, 말씨가 매우 다정하고 성의가 있었다. 또 군사 일을 의론하였다.

6월 신축일(18일)에 여러 대신, 재신과 함께 정릉에서 찾은 시신이 진짜인지 아

---

15) 송인(宋寅, 1517－1584): 호 이암(頤庵). 조선 중기 학자, 서예가. 어려서 모친을 여의고 외가에서 자랐다라남. 중종(中宗)의 딸 정순옹주(貞順翁主)와 결혼하여 여성위(礪城尉)에 봉해졌다짐. 당대의 석학(碩學)들과 교유하고, 만년에는 선조의 자문역할도 하였다. 글과 글씨에 능하여 많은 글씨를 남겼다. 부유한 환경에서도 검소한 생활을 하였다. 집안에 놋쇠그릇 요강을 만들지 않았는데, 훗날 망가져 사람들의 음식그릇이 될까 염려해서라 한다.

16) 국(局): (도체찰사의 권한으로) 일정한 지역에서 특수 사무를 일시적으로 관장하는 사무소.

닌지 살폈다.

그 일에 관한 수기가 있다.[17)]

상소를 올려, 정병을 가려 뽑아 후일의 대책으로 삼기를 청하였다.

왜적이 (서울에서) 물러간 뒤에, 동래 부산 사이에 주둔하여 점거하고 있으면서, 소굴을 만들어 놓고 주변을 약탈하였다. 명군은 사방을 둘러싸고 있으면서도 감히 진격하지 못하고, 제독 이하 여러 장수들은 차례 차례 군사를 거두어 돌아가 버렸다.

선생이 여러 번 항의하였으나 뜻을 이루지 못하였다. 할 수 없어 상소를 올려 당면한 일을 의론하였는데, 그 대략은 다음과 같다.

"밀양부터 위쪽으로는 왜병이 거의 물러갔으나, 동래, 부산 사이에는 소굴을 만들고 주둔해서 태연하게 점거하고 있사옵니다. 급히 정병을 골라 뽑고, 여러 가지 방략을 써야 아마 왜적을 제어할 수 있을 것입니다.

신의 생각으로는 군사는 정병을 골라 쓰는 것이 중요하고, 전투를 익힌 군사가 더욱 실전에 긴요합니다. 신이 여기저기 다니는 사이에 경기도 여러 읍의 군사를 보았는데, 해가 지날수록 왜적과 격렬한 전투를 겪다보니, 마음과 담력이 벌써 단단하게 되어, 적을 보고도 겁내지 않으며 싸울 때마다 앞서 나아가고 있습니다. 한강의 남쪽 수원, 남양 등의 관군과 의병 가운데에도 역시 날래고 건장한 전투 잘하는 사람이 없지 않사옵고, 추의군(우성전의 의병), 창의군(김천일의 의병) 같은 군사는 비록 오합지졸의 군사지만 그중에서 찾더라도 열 사람에 하나쯤은 찾을 수 있을 것이오니, 어찌 쓸 만한 사람이 없겠습니까? 이와 같이 규합해 가면, 경기도 10여 고을을 벗어나지 않고도 정예한 군졸 천여명은 얻을 수 있사옵고, 이와 같이 계속 추진하면 충청도, 전라도, 경상도 세 도에서도 더욱 많은 군졸은 얻을 수 있습니다.

강원도 같은 곳은 비록 쇠잔하고 척박하다고 말하지만, 산골에서 사냥으로 살아가며, 사나운 짐승을 마구 때려잡고, 주림과 목마름을 잘 견뎌내는 사람이 많이 있습니다.

지금 곳에 따라 형편대로 뽑아내어 화살과 탈 말[馬]과 양식을 대어 주고, 맹

---

17) 『서애전서』 제3권 "운암잡록"에 『기정릉사(記靖陵事)』라는 기사가 있다.

장들에게 나누어 배치하여, 매일같이 조련하도록 하소서. 또 각 수령들에게도 명령하여, 스스로 경내의 정병을 뽑아 오직 정밀하게 훈련하여 딴 일에 사용하지 않도록 하고, 한 지역에 변이 생기면 각자 자기가 뽑은 군사로써 상호간에 호응하여 돕도록 하면, 군졸은 잘 훈련되었고 용감한 자와 겁쟁이가 섞이지 않아, 적을 맞아 싸울 때 풍지박산 흩어질 염려가 없어질 것입니다.

또 왜적이 완전 승리할 무기로 믿는 것은 단지 조총뿐인데, 우리나라도 마땅히 밤낮으로 군사를 훈련하여 (조총 쓰는 법을) 익히지 않는 자가 없도록 하면 적의 장기(長技)를 우리도 가지게 됩니다. 지금 나라의 재력을 헤아려 보면 진실로 넉넉하지 못하여 양병하기 어렵습니다. 그러나 이 일은 지극히 중요하며 부득이한 일입니다. 마땅히 일체의 낭비를 줄여 없애고 이 일에 전력한 후에라야 백성들 목숨을 보전할 수 있고, 나라가 평안해질 수 있습니다."

또 상소하여 군사훈련 및 중국 절강(浙江)[18]의 기계를 모방하여 화포등 여러 기구를 많이 만들어 후일의 용도로 대비하기를 청하였다.

그 대략은 다음과 같다.

"적병이 부산, 동래 사이에 주둔하면서 못된 짓을 마구 해내고 있습니다. 또 들으니, 이 제독 이하 명장들이 군사를 접고 충주로 되돌아 왔다고 하니, 추격할 뜻이 없는 것입니다. 낙 참장, 섭 유격 제장들도 이미 서울로 돌아왔고, 오늘 유 원외(員外)가 또 되돌아갔는데, 하루아침에 명병(明兵)이 모두 가버리면 왜적의 세력이 더욱 교만해져서, 영남 한 도의 형세가 심히 위태로워질 것이며, 호남, 호서 지방도 차례차례 병화를 입게 될 것이니, 이는 곧 나라의 존망이 걸린 위태로운 때라고 할 수 있습니다.

얼마 전에 낙 참장이 신이 아프다는 말을 듣고, 매번 역관을 보내어 문병하였는데, 또 말하기를 "명병이 다 가버린 뒤에 왜적이 다시 쳐들어오면 너희 나라는 장차 어떻게 방어하려는가? 남병(南兵: 절강 병)이 아직 돌아가기 전인 틈을 타서 화포와 낭선(狼筅),[19] 장창, 칼 쓰는 법, 조총, 군기(軍器) 시용법을 서둘러

---

18) 절강(浙江): 중국 동남부 지방의 전당강(錢塘江)을 절강(浙江)이라 불렀다. 여기서는 절강이 있는 지역, 즉 절강지방을 의미한다. 옛 춘추시대 월(越)나라가 있었으며, 명나라 후기에 이 지역에 왜구(倭寇)의 침략이 극심하여 북로남왜(北虜南倭)라는 말까지 생겼는데, 척계광(戚繼光)이 지휘한 절강 군대가 왜구를 격파하여, 왜군과의 전투경험이 풍부하였다. 임진왜란 때 파병된 명군의 남병(南兵)은 바로 이 절강성 군대였다.

배워 조련하는 것이 더 좋을 것이오. 한 사람이 열 사람을 가르치고, 그 열 사람이 백 사람을 가르치며, 백 사람이 천 사람을 가르치면 수년 뒤에는 정예한 군졸 수 만명을 얻을 수 있을 것이니, 왜적이 다시 쳐들어오더라도, 지켜내는 힘이 될 수 있을 것이오" 하였습니다.

"오늘날, 남쪽 지방의 형세는 대단히 위험하여, 방어할 대책 마련하기를 마땅히 화재 난 집의 불을 끄고, 물에 빠진 사람 건져내듯 급히 해야 하오니, 낙 참장의 말대로 한 뒤라야 아마도 만분의 일이라도 기대해 볼 수 있을 것입니다. 지난날, 교서관(校書館)20) 정자(正字: 정9품) 이자해(李自海)21)가 개성부에 있을 때, 조총(鳥銃) 제조를 감독하였는데, 그 정교함이 왜적의 총과 다를 바 없었으며, 또 호준포(虎蹲砲)22)를 만들었는데, 그 규격이 중국의 포와 비슷했고, 신이 동파에 있으면서 화포장 몇 사람에게 시켜서 화전(火箭: 불화살) 수백 개를 만들었는데 매우 쓸만하였습니다. 권율이 파주에 있으면서 역시 남방 군에게 배워 화륜포(火輪砲)를 만들었으니, 이러한 기계들은 모두 전투용으로 긴요한 것입니다.

신의 생각으로는, 이 장인(匠人)들을 남방 고을 가운데 재력이 알찬 곳으로 보내어, 장인을 많이 모아들여 밤낮으로 만들게 하며, 담력과 용기가 있는 사람을 뽑아서 남군의 진법에 이르기까지 널리 학습하게 하며, 수백 명을 뽑아 아직 돌아가지 않은 남군 병사와 함께 명군에게 배속시켜, 밤낮으로 성을 지키는 요령을 익히게 하고, 깃발의 색(신호방식)도 중국 절강의 포수와 같게 하여 왜적들로 하여금 두려움을 갖게 한다면 참으로 매우 다행한 일이라 할 수 있습니다.

우리나라는 일이 급하면 당황하여 어찌할 바를 모르고, 일이 지나가면 풀어져서 아무런 일도 하지 않습니다. 지금 왜적은 (우리를 삼키려는) 속셈을 그대로 가지고 있는 상태인데, 만약 명군이 가버리면, 다시 믿을 곳이 없습니다. 오늘 이 기회를 놓치고 계책을 세우지 않으면, 비록 훗날 후회하여도 때가 늦지 않을까 염려됩니다.

---

19) 낭선(狼筅): 대나무 가지에 세모꼴의 날카로운 쇠를 달아 사용한 창. 대나무의 잔가지가 7, 8개 붙어 있는 상태에서 사용한다.

20) 교서관(校書館): 조선시대 경적(經籍)의 인쇄, 제사용 향(香)과 축문(祝文), 인신(印信(도장))의 관리를 담당한 관청. 운각(芸閣)이라고도 한다.

21) 이자해(李自海); 1592년 의주(義州)에서 본 과거에 급제한다. 현감. 이원경(李元慶)의 서거얼(庶孼). 본관 광주(廣州).

22) 호준포(虎蹲砲): 두 받침대 사이에 포신(砲身)을 설치한 소형 대포. 마치 호랑이가 웅크리고 있는 모습으로 명군(明軍)의 주요 무기였다.

대저 오늘의 당면한 일은 단지 적을 막아 백성을 보호하는 일 한 가지만 있을 뿐입니다. 위에 말씀 올린 여러 조목(條目)은 우선 적합한 장수를 찾아내어 일을 맡겨서, 책임지고 계획대로 이루어 내도록 하시고, 조금도 시기를 늦추는 일이 없도록 하시어, 와신상담(臥薪嘗膽)하시는 뜻에 부응하도록 하시옵소서. 만약 전처럼 느긋하게 지내면 큰 계획은 날로 사라져 버릴 것이옵니다."

선생은 일찍이 명장 척금(戚金)으로부터 기효신서(紀效新書)[23]를 빌려 보아서, 그 펼쳐 놓은 규모가 넓고 원대하며 아주 세밀하여, 싸우고 지키는데 중요한 방법이 되는 것을 알았다. 이서(吏胥)들에게 여러 벌 베끼게 명하여, 하나는 경상도로 보내고, 하나는 행재소로 보내었다. 총명한 사람을 시켜 남방 장수들이 아직 돌아가기 전에 찾아가서 그 이해하기 어려운 대목, 곧 진영을 배치하고 대오를 묶어 부서를 편성하는 부분을 질문하여 알아내고, 또한 서로 토론하고 모방해서 도입하는 방법을 강구하도록 조치하였다.

서울의 군졸을 모아 화포 등의 기술을 연마시켰다.

처음에, 선생이 서울에 들어오니, 성중 사람들이 연속으로 뵈러 왔다. 선생은 그들을 힘껏 보살펴주었고, 노약자들은 구제물자로 도와주었으며, 그중에서 장정(壯丁) 70여 명을 뽑아서 군관 두 사람에게 거느리게 하고, 2대로 나누어 낙(駱) 참장의 진영으로 보내어 남방의 기예(技藝), 즉 화포, 조총, 낭선(筤筅), 장창, 검술 등의 배움을 청하도록 하였다.

낙공이 자기 영중(營中)의 남방 장교 10인을 선발하여, 역할을 나누어 가르치게 하였다. 낙공도 간혹 친히 군졸의 대오 속에 들어와 손수 칼춤을 추고 창을 사용하며 매우 열성적으로 가르쳐 주었다. 이윽고 낙공이 중국으로 돌아가게 되자, 선생은 교관 몇 사람을 남겨 머물게 하기를 청하였더니, 낙공이 떠날 즈음에 유(愈)씨와 노(魯)씨 성을 가진 사람을 머물게 했다고 알려왔다.

두 사람이 낙공의 뜻을 잘 체득하여 2년 동안 국내에 머물면서 밤낮으로 군사를 훈련하여 거의 다 재능을 완성케 해 주었고, 또 진(陣)치는 법도 가르쳤는데, 이는

---

23) 기효신서(紀效新書): 명(明)나라 장수 척계광(戚繼光)이 왜구(倭寇)와의 실전(實戰) 경험을 바탕으로 지은 병서(兵書). 실전에 중심을 두었고 실용성이 없는 것은 철저히 배격하였다. 임진왜란 때 선생이 척계광의 조카 척금(戚金)으로부터 입수하여 뒤에 훈련도감 설치의 기본이 되었고, 후에 일본에까지 전해졌다. 동아시아의 군사와 무술(武術)에 깊은 영향을 주었다.

한 해로 끝낼 수 있는 일이 아니었다. 우리나라가 군사훈련을 한 유래(由來)를 나타내려고 여기에 골고루 적어 둔다.

===

聞宣陵靖陵爲賊所拔 登滿月臺 望哭 遣軍官李弘國等 往審二陵
時 先生往候提督於開城 與金元帥李接伴留守盧稷李判書誠中等五六人會坐 京圻左監
司成泳急報至 時 夜黑 以火發其書 乃陵寢變報也 卽號痛 提督聞之 卽取見其報 先生
與諸公往滿月臺前麓 南望擧哀 明日 與金元帥還東坡

卽募人 往探二陵形止 有軍官李弘國者 出跪曰 小人乃讓寧大君後裔也 向國之心 豈同
凡人 雖死 願往 先生奬其忠 且曰 汝不可獨往 更募軍人之願往者十人 與俱弘國募得
十人 先生悉呼至前 泣諭之 莫不感激 請盡力 遂具糧資以送 又令防禦使高彦伯 更出
一二人嚮導 使不至蹉跌

又遣朴惟仁等 輿靖陵所得屍軀 移安于松山里

李弘國旣去 數日還報云 往防禦使陣 發取詳知道路者一人 前引至禿任里 日暮 得小艇
夜半泊靖陵 數人守船 八人上陵 時 月落 天色正黑 掘處淺深 不可測解 從人 布帶連
結之 以次縋下 穴中沈沈 無所見 以手捫之 有僵臥屍軀 無所覆 赤體偃灰土中 微有濕
氣 粘襪手指 諸人還出穴 穴傍得破裂衣衾 梵字書數紙 黑漆木片如掌樣大 持以爲驗
又至宣陵 穴中雖掘而淺 僅一身許 空無物 遂還舟 來報

先生得報 會金元帥及權巡察懍 議曰 據來報 情理痛 不可忍 且萬一賊知我人往探 更
加不測 則奈何 不如冒萬死 竊負而出 安厝他處 以待他日奉審 衆曰 然 時 元帥陣中
有官銀百兩 卽除出 貿唐黑布數正 製複衾 又得去核木花數十斤 權巡察出油芚 又令匠
造小藍輿 便利其制 使輕可易運

更下令軍中曰 誰可去者 於是 倡義使中軍朴惟仁 前部將金克忠 幷軍人願從者五十人
令李弘國引路 戒之曰 此大事也 吾亦不能懸度 汝輩可到彼 觀勢 可掩覆則掩覆 不然
則奉安於他處 惟仁等應諾而去 載屍軀 到楊州松山里 得民破屋數間 奉安 留金克忠等

守之 乃來報 先生卽狀啓 言其狀
甲辰 先生隨天兵 入京城
賊旣退 提督入京城 先生隨入 時 城中人民 百不一存 人死及馬斃者 處處暴露 臭穢滿
城 公私廬舍 一空

先生 先至宗廟 痛哭 次詣提督所 與伺候 諸臣相見 不覺流涕號痛 天兵之在左右者 皆
相視慘然而去 明朝又詣提督門下 問起居 使譯傳言 賊纔退去 此不遠 願發軍 急追 提
督答曰 吾意本如此 所以不卽追者 以漢江無船故耳 先生曰 如老爺欲追賊 卑職當先出
江面 整備船隻 提督許之

先是 先生已令京圻左監司成泳水使李蘋 乘賊去 急收江面大小船隻 至是 報至漢江者
已八十隻 先生出漢江調船 食頃 營將李如栢率萬餘兵出來 軍半渡 若將渡江之狀 日向
暮 如栢忽稱足疾 乃曰 當還入城 醫疾 可進 俄而乘轎而回 已在漢南之軍 陸續還渡
蓋提督實無意追賊 但以謾辭紿應而已

初 先生分付諸將追賊 使高彦伯李時言金應瑞等 從東道過江 與利川府使邊應星 合勢
追擊 李薲及全羅監司權慄等 從西道過江 與全羅兵使宣居怡及京圻左道官義兵 合力
追擊 因通於全羅慶尙等道 使之約束軍兵 一樣追擊 又令軍官李忠 別率一隊 伏在竹山
地面 其餘諸將 皆指授方略 使之隨處邀擊 旣而天將沮撓百端 李薲以下 皆被拘執 獨
李時言鄭希賢邊應星等 從間道 乘其不見 擊斬其遁歸之倭

先生 首以賑救餘民 爲急先務 竭力規畫 盡心濟活 且令諸將 收拾遺骸 出瘞城外 又設
局于礪城君宋寅家 購求書籍數萬餘券 使弘文正字尹敬立 句管 其後 弘文所藏太半 其
時所聚也 朝官儒士之流落諸路者 聯袂而至 擇其可堪策用者 權署諸局之務 餘皆賑活
使不失所 始入城也 滿目灰燼 只有空城 旬日之間 指授方便 凡百 始有頭緒

丙午 往審松山
不敢開屍 但向之號哭而還

丁未 病臥
證類寒熱 極危重 天兵見之 亦皆有憂色曰 可憐可憐 陸續來問 至六月 始起

參將駱尙志 來問疾
親入臥內 問疾 語甚款曲 且論兵事

六月 辛丑 同諸大臣宰臣 往審靖陵所得屍軀眞假
有手記

上狀 請抄擇精兵 以爲後圖
賊旣退 屯據於萊釜之間 營治窟穴 左右搶掠 天兵環四面 而不敢進 提督以下諸將 次
第捲還 先生屢爭 不能得

遂 上狀論事 略曰 自密陽以上 則兵幾盡退去 而東萊釜山之間 造作窟穴 屯據自如 急
急抄擇精兵 多爲方略 然後 庶可望其禦賊也 臣意 兵以精擇爲貴 而習戰之兵 尤關於
戰用 臣在行間 見京圻諸邑之軍 經年與賊厮殺 心膽已堅 見賊不怯 每戰先登 至於漢
江以南 水原南陽等邑 官軍義兵中 亦不無驍健善戰之人 如秋義倡義之軍 雖甚烏合 然
就其中求之 則十中取一 豈亦無可用者 如此糾合 則不出京圻十餘邑 而可得精卒千餘
以此推之 忠淸全羅慶尙 三道所得 尤多

如江原道 雖云殘薄 山峒之間 以射獵爲生 擊搏猛獸 飢渴不困者 亦多有之 今宜隨處
抄出 資以弓矢戰馬糧食 分配猛將 常川操鍊 又令各官守令 自擇境內精兵 只務精繕
不許冗雜 一處生變 則各以所抄之軍 互相應援 若是 則軍卒精鍊 而勇怯不混 臨敵 可
無望風潰散之虞矣

且倭賊之所恃以全勝者 只是鳥銃而已 我國亦當日夜訓練軍士 無不學習 則賊之長技
我亦有之矣 今國計財力 固爲不足 難以養兵 然 此乃至重 不得已之事 所當一切省約
浮費 專力於此 然後 生靈可保 國家可安矣

又上狀 乞練兵 且倣浙江器械 多造火炮諸具 以備後用

略曰 賊兵屯據釜山東萊之間 禁逆滋甚 又聞 天將李提督以下 卷兵還到忠州 無意追擊
駱參將葉遊擊諸將 已還漢都 今日 劉員外又爲還去 一朝天兵盡去 而賊勢益驕 嶺南一
道之勢 岌岌甚殆 而湖南湖西當次第受兵 此乃危急存亡之秋也

近日 駱參將聞臣有病 每遣譯官問訊 且言 天兵盡去 而賊復至 則你國將何以禦之 不如乘此南兵未還之前 急急學習 操鍊火炮筤筅長槍用劍鳥銃器械 以一教十 以十教百以百教千 則數年之後 可得精卒數萬 倭雖再來 而勢可防守矣

今日 南方之勢 大段危迫 防守之策 當如救焚拯溺 如駱參將所 言 然後 庶或有望於萬一矣 往時 校書正字李自海 在開城府時 監造鳥銃 其精巧 與倭銃無異 而又造虎蹲砲其制亦似中國之砲 臣在東坡 又令火砲匠數人 造火箭百餘箇 亦甚可用 而權慄在坡州亦學於南方 造火輪砲 此等器械 皆切於戰用

臣意 以此匠人 分送於南方州郡之財力完實處 多聚匠人 晝夜打造 因抄出膽勇之人 廣加學習 至於南方陣法 抄擇數百餘人 及南方之未還 配於天將 晝夜學習其他守城之要旗幟之色 一倣浙江砲手 使賊有所畏憚 則誠爲萬幸

我國之事 事急 則蒼皇失措 事過 則解弛無爲 今則賊猶在腹心 天兵若去 更無所恃 失今不圖 後雖欲悔之 恐不可追 大抵今日之事 只有禦賊保民一事而已 上所陳諸條 先爲得將 委任責成 勿許時刻怠緩 以副臥薪嘗膽之意 若如前悠悠 大事日去

先生嘗借得紀效新書於唐將戚金處 見其規模布置 宏遠微密 爲戰守要法 令吏輩謄出數件 一以付慶尙道 一以進行在 請使聰敏之人 及南將未還之前 辨質其難解處 其布置營陣 束伍分部之法 亦相論難 爲講究倣行之地

募京城軍卒 鍊習火砲等技
初先生入京城 城中人連續來見 先生極力經紀 賑其老弱 而擇其中丁壯者七十餘人 令軍官二人統之 分爲二隊 送于駱參將陣下 請學南方技藝 火砲鳥銃筤筅長槍用劍等事駱公撥營中南校十人 分教之 公或親至卒伍中 手自舞劍用槍 而敎之甚勤

旣而駱公還中原 先生請留敎師數人 駱公臨行 爲留聞愈魯姓人而去 二人體駱公之意二年在國中 訓士晝夜 幾盡成才 且敎營陣之法 此非一年事 欲見我國訓鍊之所由起 故備著于此

남방 전선(戰線)으로 향하다, 각종 빈민구제,
훈련도감 등 방어 대책을 세우다, 52세

선조 26년(1593) 계사

계묘일(20일)에 명을 받들어 경상도로 내려갔는데, 안동에서 대부인께 근친하고,
하도(下道: 경상도 남쪽지방)로 향하였다.

　선생은 왜란이 일어난 뒤 처음으로 대부인을 만나 뵈니, 슬픔과 기쁨이 극도로
교차하여, 오열(嗚咽)하며 말할 수도 없었다. 물러나와 목사공과 함께 서로 붙들고
통곡하였다. 얼마 있다가(결락(缺落)).

　그때 선생은 큰 병을 앓고 나서 막 깨어났는데, 다시 학질을 앓아서 여러 날 동
안 낫지를 않아 기운이 극히 약해졌으나 명장이 이미 남하하였기에 국사가 매우 급
해졌으며, 또 들으니 왜적들이 진주를 침범하려 한다고 하여 병을 앓으면서도 남하
하였다.

총병 유정에게 글을 보내어, 진격하여 진주를 구원해 주기를 청하였다.

　그때 진주가 포위된 지 오래되어, 형세가 매우 위급하였는데, 총병 유정이 가까
운 곳에 있으면서 구원할 뜻이 없었다. 선생이 사람을 보내어 군사를 진격시켜 구
원해 주기를 청하였으나 끝내 듣지 않았다.

　선생이 성주(星州) 안언역(安彦驛)1)에 이르러 진주가 이미 함락된 것을 듣고, 고
령(高靈) 현으로 말을 달려갔는데, 왜적은 이미 초계(草溪)2)까지 들어와 있어서,
고령과의 거리가 삼십리 밖에 되지 않았다. 장사(將士)를 불러 모아 우도(右道)의

---

1) 안언역(安彦驛): 현 경북 성주군 용암면 상안리. 경상도의 김천도(金泉道) 소속의 역참. 주로
　성주, 고령, 김천 지역의 역참이 소속되었다.
2) 초계(草溪): 경상도의 군(郡). 한말의 행정구역 개편 때 합천군 초계면이 되었다. 남북으로 진
　주와 고령, 동서로 합천과 창녕을 연결하는 교통의 요지이다.

절반이라도 확보하려 하였는데, 유 총병과 오 유격이 모두 군사를 거느리고 합천에 와서 회합한다고 하여, 선생도 역시 따라서 합천에 도착하였다.

8월에 부름을 받아 원주까지 왔다가, 왕명으로 다시 돌이켜 경상도로 향하였다.

처음에, 선생이 소명(召命)을 받았으나, 본도의 적세가 바야흐로 치열하여 사태(事態)의 낌새가 점점 급박해 지고 있는데, 도내에 도원수 이하 장수가 한 사람도 없다는 말을 듣고, 급히 장계를 올려 계속 머물러 있으면서 군사 일을 요량껏 처리하기를 청하였다. 이윽고 도원수가 합천에 도착하였다는 것을 들었다. 드디어 임금의 부르심에 따라 출발하여 행차가 원주까지 왔을 때, 그대로 본도(경상도)에 머물러 장수들을 지휘하라는 교지 명령을 받고, 마침내 원주에서 되돌아 경상도로 향하였다.

충주에 이르렀을 때, 상소를 올려 소금을 구워 굶주린 백성들을 구제하기를 건의하였다.

그 대략은 다음과 같다.

"신이 이번 부름을 받아서 가는 길에 죽령을 넘어 충주에 이르렀는데 장차 조령을 거쳐 경상도로 내려가려고 합니다. 지나쳐온 고을들은 한결같이 모두가 파괴된 모습이온데, 그중에서도 충주는 왜적이 오랫동안 주둔하였고, 또 명나라 군사도 지나다녔기 때문에, 피해가 더욱 심했습니다. 돌보는 자 없는 백성들은 앞으로 며칠을 못 넘기고 죄다 죽을 형편이어서 극히 슬프고 가슴 아픕니다. 그러나 그 도내의 고을들은 이미 곡식이 바닥나고 (곡식을) 옮겨와서 구제할 방책도 없는데, 오직 소금을 굽는 일만은 어떻게 조금 시행할 수 있지 않을까 합니다.

신이 전에 서울에 있을 때 군자감(軍資監)³⁾ 부정(副正: 종3품) 윤선민⁴⁾이 했던 말을 들었는데, '황해도 풍천, 옹진, 장연 세 읍의 경내에 섬 서너 곳이 있는데, 섬 가운데는 잡목이 울창함으로, 만약 벌목하여 땔감으로 삼아서 염호(鹽戶)⁵⁾를 불러 모아 소금을 구워내게 하면, 달포 사이에 소금 수만석을 조달해 낼

---

3) 군자감(軍資監): 군수품의 비축을 관장하는 관청.
4) 윤선민(尹先民): 자세한 내용은 미상이다. 고양(高陽) 사람으로 우성전(禹性傳)의 추의군(秋義軍)에 참여하여 군량을 모집한 공로로 군자감 부정이 되었으며, 소금 굽는 방책을 건의하여 그 책임자가 되었다. 뒤에 사복시 판관(종5품)이 되었다.

수 있고, 배에 가득 싣고 양호(호서, 호남)에 분산하여 나누어 줄 수 있다 하였으며, 해변의 금년 농사가 자못 풍년이 든 곳에서는 편리한 대로 곡식과 바꾸며, 민간에서 가지고 있는 대로 바꾼 잡곡도 경강(京江)으로 옮겨, 서울의 백성을 구제하고, 남는 것으로 개성의 각관(各官)에게 주어 봄, 가을로 씨앗으로 삼게 하면, 그 이로움은 무척 클 것이다'라고 하였습니다.

일반적으로 소금의 용도는 곡식과 더불어 사람이 살아가는 데 꼭 필요해서 하루라도 없으면 안 되는 것입니다. 지금 나라의 모든 물건이 다 고갈되어 다시 손댈 곳이 없으나, 오직 이 한 가지 일은 강구하여 급히 실행할 수 있습니다. 지금 충주같은 지방을 보면, 바다에서 멀어 소금 귀하기가 금과 같습니다. 가난한 사람이 비록 초목의 잎을 채취하더라도 소금으로 간을 하여 끓이지 않으면 끝내 삼킬 수가 없으니, 이런 때에 만약 소금 천여석을 운송하여 충주로 실어 와서 청풍, 단양, 제천, 영춘, 괴산, 음성 같은 곳에 나누어 주면, 백성 중에는 이것에 힘입어 살아갈 수 있는 사람이 장차 셀 수 없을 만큼 많아질 것입니다.

경기도와 서해 여러 섬에서도 모두 각기 방편을 세우되 한 몸처럼 경영하여야 합니다. 그렇게 하지 않으면 서울과 경기지방 수백리에서 충청도 등에 이르기까지, 가을이 와도 수확이 없어 겨울에 접어들면 다 양식이 고갈되고, 내년 봄이 되기 전에 목숨이 다 없어질 것이니, 어찌 한심하지 않겠으며, 조처함에 조금이라도 지체할 수 있겠사옵니까?

지금 전쟁은 그치지 않고, 군사 물품 조달은 바야흐로 급한데, 양호(호남, 호서)지방의 재력은 이미 고갈되었으며, 허기에 굶주린 백만 생령은 마치 학철지어(涸轍之魚)[6] 같으니, 군사를 징발하여 적을 막는 일을 제외하고, 더욱 급한 것이 백성 목숨을 구하여 살리는 일입니다. 먼저 불난 집 불을 끄고 물에 빠진 사람 건지듯 계획하여야 하며, 그런 뒤에야 만에 하나라도 구제(救濟)됨을 바랄 수 있습니다.

---

5) 염호(鹽戶): 소금 굽는 것을 생업으로 하는 백성. 우리나라에 천일제염법이 등장하기 전에는 바닷물을 솥에 끓여서 소금을 생산하였으며, 대량의 땔감이 필요하였다. 소금은 생필품이고 고가여서 어느 때 어느 나라든지 중요한 세원(稅源)이었으며 권력자의 표적이 되었다. 조선 중기에 염호들이 관리나 권력층의 횡포에 시달려 많이 도주한 상태였다. 이때 선생의 건의로 염호들에게 생산량의 절반을 갖도록 보장하고 나머지로 곡식과 교환하여 빈민 구제와 군량으로 쓸 수 있도록 하였다.

6) 학철지어(涸轍之魚): 수레바퀴 자국에 괸 물속에 있는 물고기. 사람이 아주 곤궁, 위급한 상황을 비유한다. 장자(莊子) 외물편(外物篇).

신이 지난 해 안주에 있을 때, 일찍이 해도(海島)에서 백성들에게 농사 권장하기를 청한 일이 있고, 또 동파에 있을 때는 강화 등의 백성들에게 농사에 필요한 물자 공급하기를 청한 바 있습니다.

신의 어리석은 생각으로는 육로(六路)[7]의 군읍이 이미 깡그리 결단났고, 백성들은 피란하여 해변으로 흩어져 떠돌아 매인 곳이 없습니다. 만약 이 조치를 하고, 다행히 풍년을 만나면, 흩어져 떠도는 백성도 구제할 수 있고, 또 차차 곡식을 저축하는 대책도 될 수 있을 것입니다.

만약 서울에 가까운 여러 섬에 곡물이 풍족하게 되면 공사(公私)간에 스스로 물자를 얻을 수 있게 되어, 이른바 '황하가 흘러 주변 구리(九里)까지 적시듯, 경사(京師: 많은 사람이 사는 곳, 즉 서울)가 복(福)을 입는다'라는 격이 될 것입니다.

신은 속으로 생각하기를 국가의 액운은 병화를 그치게 하는 데만 있는 것이 아니라, 세월만 보내고 있어서는 안 된다고 여기고 있습니다. 앞으로 닥칠 일을 헤아리면 걱정거리가 천 가지 만 가지인데, 엎드려 바라옵기는, 조정은 멀리 떨어진 곳까지 깊이 생각하여 걱정거리가 극심해지기 전에 빈틈없이 준비하여, 하늘의 뜻을 끊임없이 잇고 백성들 목숨을 보전하소서."

그때, 굶주림이 날로 심하여 굶어 죽은 시체가 들에 가득한데, 관(官)에서건 민간에서건 저축된 곡식이 없어 구제하려 해도 대책이 없었다. 선생은 여러 번 차문(箚文)을 올려 당면 사정을 있는 대로 다 말씀을 올렸다. 부역(賦役)을 줄여 남아 있는 백성들을 보호하여 살리는 것이 먼저 해야 할 일 중에서 첫 번째라 보았고, 또 요동으로 자문을 보내어 중강(中江)[8]에 시장을 열어 그곳을 통하여 무역을 할 수 있도록 청하였다.

중원(中原)[9]에서도 우리나라가 굶주림이 심한 것을 알고, 우리 주문(奏文)을 허락하였다. 이에 요동(遼東)의 곡식이 우리나라로 많이 흘러들어 왔다. 평안도 백성이 그 이익을 먼저 차지하였고, 서울의 백성들도 뱃길로 서로 통하게 되어, 몇 년 사이에 이 조치에 힘입어 생명을 보전한 사람이 셀 수 없을 만큼 많았다. 대개 그때, 우리나라에서는 베 한 필이 피곡(皮穀: 겉 곡식) 한 말 값이 채 되지 않았으나,

---

7) 육로(六路): 동, 서, 남, 북, 상, 하의 길. 즉, 각 방면의 길.
8) 중강(中江): 평안북도 의주(義州) 앞 난자도(蘭子島)와 검동도(黔同島) 사이의 압록강을 이른다.
9) 중원(中原): 중국의 중앙(황하 유역)을 가리킨다. 여기서는 중원을 차지하고 있는 명나라 조정을 뜻한다.

중강에서는 그 값어치가 쌀 20여 말이나 되었다. 은이나 동, 무쇠를 사용하면 10배나 더 이익을 얻었다.

상소하여 직위(職位)를 없애 줄 것을 청하였으나, 윤허되지 않았다.

그때 선생은 병을 질질 달고 남쪽으로 내려갔는데, 도중에 병세가 더욱 심하여 쇠약해졌으나 아랑곳하지 않았다. 선생은 국사가 급하지만 몸의 병세로 보아 뛰어다니거나 일을 살피고 처리할 수 없어, 드디어 상소하여 파직을 청하였다. 윤허하지 않았다.

유격장군 오유충(吳惟忠)의 편지에 답서를 보내어, 적을 방어할 형세(形勢)를 논하였다.

그때 오 유격(오유충)이 상주에 있으면서 선생에게 편지를 보내어 요해지에 방어시설을 설치하는 등의 일을 말하였다. 선생이 편지로 대답하였는데, 그 대략은 다음과 같다.

"말씀하신 방어시설 설치는 진실로 적을 요량하여 대비하는 좋은 대책입니다. 모든 병가(兵家)에서는 형세 얻는 것을 귀중하게 여기는데, 형세를 얻고 나면 병력이 비록 적더라도 많은 적을 제압할 수 있기 때문입니다.

부산의 북쪽으로는, 직로로는 밀양부가 있고, 약간 동해변 쪽으로는 울산군과 절도사(경상좌병사)영이 있고, 약간 서쪽에는 김해부가 있습니다. 이 세 길은 모두 요해지로서 반드시 지켜야 하는 곳입니다. 세 곳을 잘 지키면, 적이 비록 다른 길로 흩어져 나와도, 견고한 성이 뒤에 있고 대군이 앞에 있으니, 견제가 있음을 꺼려서 가벼이 내지(內地)를 침범할 수 없습니다만 지난해는 장수 감이 없었던 관계로 이런 생각을 하지 못하고, 부산 동래가 함락되었다는 것을 듣자마자 서로 연달아 달아나서, 비록 높은 산, 큰 강 같은 백이지험(百二之險)[10]이 있음에도 다 버리고 지키지 않았으니 무슨 말을 하겠습니까?

지금 울산 병영(兵營)과 밀양은 이미 우리 땅이 되었으니, 곧 성과 해자를 수선하고 병기와 장비를 갖추어 견고하게 지킬 방책을 세워야 하지만 국력이 그렇

---

10) 백이지험(百二之險): 100분의 2의 힘(백만의 적을 2만의 군사로 방어함)으로도 막아낼 수 있는 매우 험준한 지세.

게 할 여유가 없습니다. 김해는, 지금도 왜적의 소굴이 되어 있으니, 갑자기 의론할 수 없습니다. 이외에, 의령현에는 낙동강이 흐르고 아래쪽을 기강(岐江)이라 하며, 그 위쪽 15리 되는 곳에 정암(鼎巖) 나루가 있는데, 가장 요해처가 됩니다. 지난해, 의병장 곽재우가 그 강을 의지하여 지키니, 적병이 여러번 쳐들어와도 감히 건너지 못했습니다. 이번 여름에는 여러 장수들이 함안에서 왜적을 보고 북쪽으로 물러가면서, 정암 나루의 요해처를 지킬 줄 몰라서, 왜적이 배를 타고 건너와 삼가, 단성 지역을 휘젓고 다니면서 구원병이 오는 길을 차단하여, 진주를 그 때문에 구원하지 못하였으니, 이는 사람들의 계책이 나빴던 것 아님이 없습니다.

경상, 충청, 전라도의 지경에 이르러서는, 구례의 두치진, 함양의 팔량 고개, 안음의 육십령 고개, 지례의 우두 고개, 금산의 추풍령, 문경의 새재, 상주 선산의 낙동강, 풍기의 죽령 같은 곳이 산천의 가장 험고한 곳이어서 의거하여 지킬 만 합니다. 동해의 해변은 경상좌도[11]로부터 강원도에 이르고, 강원도에서 함경도에 이르기까지 한갓 해변입니다. 그러나 남해는 섬이 많은데, 동해는 섬이 없습니다. 또 물살이 급하여 배를 움직이기 불편하여, 그 때문에 전부터 적병이 비록 국경을 범한 적이 없지 않으나 항상 그렇지는 않았습니다.

대체로 보아, 왜적은 반드시 동남풍을 타고 쳐들어옵니다. 그래서 경상, 전라 두 도(道)는 가장 많이 쳐들어오는 곳입니다. 지난해, 왜적이 경상도를 함락한 뒤에, 여러 번 수군(水軍)으로 전라도를 침범하려 하였으나, 그 도의 수군절도사 이순신이 함대로 거제 바다 가운데에서 맞아 싸워 적선 수백 척을 불살라버렸기에, 적이 끝내 전라도 지경의 해안에 올라올 수 없었으니, 지금까지 그 도만은 홀로 보전된 것은 역시 이 까닭입니다.

무릇 적을 방비하는 데는, 비유컨대 불을 끄는 경우와 같아서, 중요한 점은 화염이 심해지지 않도록 불길을 흩어 놓은 뒤에라야 사람의 힘을 쓸 수가 있는 것과 같습니다. 지금 왜적은 실로 명군(明軍)의 위력이 남아 있음을 두려워하여 부산 한 모퉁이에 둔병하고 있습니다. 만약 대군을 대구(大邱) 등지에 주둔하여 동쪽에서 쳐들어오는 세력을 막고, 또 의령, 고성의 지경에 주둔하고 있는 낙 참장 등 여러 군사와 연락하여 서쪽 길을 막으며, 저희 나라 수군장 이순신 등과 약속하여 모든 군함을 이끌고 거제 앞바다 가운데서 가로막아, 삼면에서 합세하면,

---

11) 경상좌도(慶尙左道): 서울에서 남쪽을 보아서 왼쪽(동쪽)을 좌도(左道)라 한다. 즉 경상도의 동쪽 부분 지역을 지칭한다.

적은 머리와 꼬리가 모두 겁을 먹고 감히 가벼이 움직이지 못할 것입니다. 혹시는 멈칫멈칫하다가 도망칠지도 모르겠습니다.

　이렇게 한 뒤, 저희 나라는 비로소 천자의 위광에 힘입어 흩어진 가족을 거두어 모으고, 부서진 집을 고치고, 곡식을 비축하며 군사 장비를 잘 정비하여 바닷가에 쭉 군영을 벌여놓고, 지난날의 실책을 깊이 뉘우쳐서, 죽음을 각오하고 굳게 지키면, 국사가 아마도 만에 하나라도 되살릴 수 있을 것입니다.”

장계를 올려, 역관(譯官)을 보내어 명군(明軍)에게 양식을 공급하는 것을 살필 것과 또 삼남(三南)12)에서 거두어들이는 노비공포(貢布)13)를 풀어서 명군들의 옷을 지어 주도록 청하였다.

장계를 올려, 적절하게 처리할 능력이 있는 중신(重臣)을 급히 보내어 군량에 관한 일을 담당시킬 것을 청하였다.

도원수에게 전령하여 거듭 군율을 엄하게 하여 군사들의 정신을 숙연(肅然)하게 하였다.

　이에 앞서, 류희선14)이 두치진(豆恥津)을 지키다가 진주가 함락되었다는 말을 듣고, 멀리서 (왜적의) 위세만 보고서 달아나, 광양, 순천의 지경을 지나가면서 왜적이 온다고 큰소리로 외치니, 광양, 순천이 일시에 무너지고 흩어져서, 그 때문에 난민들이 창고를 약탈하여 다 쓸어가고 남은 것이 없어졌으며, 낙안, 강진, 구례 등의 읍에까지 미쳐, 역시 모두 소동이 벌어졌었다. 선생이 도원수에게 문서를 보내그의 목을 베어 보임으로써 남은 사람들로 하여금 경계하도록 하였다.

부름을 받고 행재소로 돌아왔다.

---

12) 삼남(三南): 세 남쪽 지역. 충청도 경상도, 전라도.
13) 노비 공포(貢布): 공노비(公奴婢)는 국가기관에 징집, 사역되는 노비인 선상노비(選上奴婢)와 외부에 거주하면서 입역(立役)하는 대신 신공(身貢)으로 베를 바치는 외거노비(外居奴婢)로 구분되었다. 외거노비가 바치는 베를 공포(貢布)라 하고, 매년 베 2필로 정해졌으나 뒤에 점차 감액되있다.
14) 류희선(柳希先): 무과. 장흥부사. 임진왜란 때 두치진(豆恥津: 현 하동군 섬진강 하류의 나루. 조선시대에는 광양군 소속이었음)을 지키다 왜적의 소문만 듣고 도망쳤다. 본관 문화.

10월에 대가(왕)를 호종하여 서울로 돌아왔다.

'환도에 관한 느낌'의 시인 『감사(感事)』15) 한 편이 있다.

훈련도감의 설치를 청하였고, 선생이 도제조16)를 겸하게 되었다.

　그때 불타버리고 남은 도성에는 가시덤불이 가득하였다. 기근이 겹쳐 백성들 중에서 죽은 자가 도로에 서로 머리를 대고 누웠으며, 조정에서 비록 곡식을 풀어 구제하려 하였지만 사람은 많고 곡식은 적어 두루 구제할 수가 없었다. 곳곳에 도적이 벌떼처럼 일어나서 서울은 외롭고 위태하며, 사람 마음은 흔들리고 있었다.

　선생이 훈련도감의 설치를 청하여, 군사를 훈련시켜 서울을 보위하게 하였다. 임금께서 명하여 선생을 도제조로 삼았는데, 선생은 또 청하기를, 당속미(唐粟米)17) 1천석을 풀어 양식으로 삼아 사람을 모집하되, 하루에 한 사람에게 2되를 주자고 하였다. 응모자가 구름처럼 모여 오래지 않아 튼튼한 청년 수천 명을 얻어 조총, 창, 검의 기술을 가르치고, 초관(哨官)과 파총(把摠)18)을 세워 그들을 거느리게 하며, 번을 나누어 당·숙직하게 하였다. 모든 행행(行幸)19)이 있을 때마다 이들로써 호위하게 하니 인심이 조금씩 믿게 되었다.

계청하여 변응성20)을 경기 좌방어사로 삼아 용진21)에 나가 진(陣)을 차리게 하

---

15) 감사(感事) 시(詩): 임진왜란 발발로 의주까지 파천했다가 천신만고 끝에 한성(漢城)에 돌아온 감회를 읊은 장편시이다. "…亡羊牢可補 失馬廐可築 往者雖已矣 來者猶可及 誰能陳此義 一一聞閭閻(…양(羊)을 잃었으면 우리를 고쳐야 하며, 말(馬)을 잃었으면 마구간을 지어야 하지. 지나간 일은 비록 어쩔 수 없지만, 앞으로 닥칠 일에는 관여할 수 있네. 그 누구가 이런 뜻을 갖추어 대궐문에 하나하나 아뢸 수 있을까?)"

16) 도제조(都提調): 조선시대 육조(六曹)의 소속 아문(衙門)이나 군영(軍營) 등 중요기관에 두었던 정1품 자문명예직. 인사나 행정 등 중요한 일에 대하여 자문하였다.

17) 당속미(唐粟米): 명나라로부터 원조를 받아 용산 일대에 비치해 두었던 잡곡.

18) 초관(哨官)과 파총(把摠): 초관은 조선시대 종9품 무관직. 1초(哨: 100명 단위부대)를 거느림. 파총은 조선시대 각 군영에 배치한 종4품 무관직. 1사(司: 600명 단위부대)의 지휘관이다.

19) 행행(行幸): 임금의 행차.

20) 변응성(邊應星, 1552−1616): 무과. 강계부사, 경기방어사, 이천부사 때 남한강 중류의 왜적의 보급로 경비대를 섬멸. 광주, 양근 산간의 토적들을 토벌. 광해군 때 훈련대장, 판윤. 병조판서에 추증. 본관 원주. 시호 양혜(襄惠).

21) 용진(龍津): 경기도 양평군 양수리 남북한강이 합류하는 곳이 있는 나루. 건너편 남양주시 조안면 진중리(鎭中里)에 군영(軍營)이 있었다.

기를 청하였다.

그때 양주에 큰 도둑 이능수(李能水)가 있고, 이천에는 현몽(玄夢)이라는 자가 있는데 세력을 충청도에까지 뻗고 있었다. 곳곳에 도둑이 일어나, 행인을 약탈하니, 도로가 통해지지를 못하였다.

마침 황해도 승군 백여 명이 훈련받으러 훈련도감에 이르렀다. 선생이 계청하여 변응성을 경기 좌방어사로 삼아 그들을 거느리고 용진에 나가 주둔하게 하였다. 이로부터 동쪽 길이 비로소 통해지고, 도적들도 점차 사라지게 되었다. 비변사에서 이문(移文)하여, 도적 가운데 서로 붙잡아 신고하는 사람은 죄를 면제하고 상(賞) 줄 것을 의론한다고 하자, 도적 무리들이 듣고 이능수의 목을 베어 와서 항복하였고, 현몽은 두려워 도망하였다.

===

癸卯 承命南下慶尙道 省覲大夫人于安東 仍向下道
先生初見大夫人 悲喜交極 嗚咽不能言 退而與牧使公 相持痛哭 移時而(缺) 時 先生 大病新蘇 而復患草瘴 累日不差 氣極憔困 而以天將已下 王事正急 且聞賊將犯晉州 與疾南下

貽書劉總兵綎 請進救晉州
時 晉州被圍日久 勢甚危急 而總兵劉綎 在近地 無救意 先生遣人 請進師以救之 終不 聽 先生至星州安彦驛 聞晉州已陷 馳到高靈縣 賊已入草溪 出高靈三十里 先生將收召 將士 欲保右道一半 而劉總兵吳遊擊皆率兵 來會于陜川 先生亦隨至陜川

八月 被召 至原州 承命 還向慶尙道

初 先生承召命 而聞本道賊勢方熾 事機漸急 而都元帥以下諸將 無一留在道內者故 馳 啓言狀 請姑留 料理軍事 旣而聞元帥到陜川 遂赴召 行到原州 承有旨令仍留本道 約 束諸將 遂自原州 還向慶尙道

至忠州 上狀 請煮鹽 賑救饑民

略曰 臣今行被召 踰竹嶺到忠州 將由鳥嶺下慶尙道 所經列邑 一樣蕩敗 其中 忠州 賊所久屯 而又唐兵往來 故被害尤甚 孑遺之民 將不日俱盡 極可哀痛 然 其道內列邑 已無儲峙 無推移賑救之策 只有煮鹽一事 稍可施行

臣前在京城 聞軍資副正尹先民云 黃海道豊川甕津長淵三邑之境 有三四海島 島中雜木蓊鬱 若伐木爲薪 招集鹽戶 使之煮取 則旬月之間 數萬石鹽 可以取辦 多數載船 散俵於兩湖 海邊之今年農事 頗稔處 隨便換穀 所貿雜穀 隨民間所有 轉移於京江 賑救京城之民 以其餘分 給於開城各官 以爲春秋種子 則其利甚博云云

夫鹽之爲用 與穀等 人之所需 不可一日而無 今國家百物俱竭 更無著手處 獨有此一事 爲可講求急行 今見忠州等境地方 遠海 鹽貴如金 窮民雖採掇草木之葉 而無鹽和煮 故終不得下咽 此時 若運千餘石之鹽 輸到忠州 散給於淸風丹陽堤川永春槐山陰城等處 則民之賴此而生活者 將不可以數計

至如京圻西海諸島 皆可別爲方便 一體經理 不然則京城及畿甸數百里 以及忠淸諸道 逢秋無穫 入冬轉竭 未及明春 生類將盡 豈不寒心 而可小遲於區處乎 當今兵戈未息 軍興方急 兩湖財力已盡 虛竭百萬生靈 如涸轍之魚 自調兵禦賊之外 尤急急於救活民命 先事區畫 如救焚拯溺 然後 庶可有濟於萬一

臣 前年在安州時 嘗請於海島 勸民耕種 又在東坡 請於江華等處 給民耕作 臣之愚意 以爲六路郡邑已盡蕩敗 而人民之避亂 遊離散處海邊者 無所係著 若爲此擧 幸得豊熟 則旣可以救流散之民 又可以漸爲積穀之計

若近京諸島 穀物豊足 則公私自可取資 所謂河潤九里京師蒙福[22] 臣竊念 國家厄運 非常兵火之息 未可以時月 計前頭之事 有千可憂萬可憂 伏望 朝廷深思經遠之處 綢繆補葺於未甚未極之前 以之迓續天心 保全民命

---

22) 河潤九里 京師蒙夢福: 후한서 권 61 郭伋傳 "後漢光武時 潁川盜起 徵拜漁陽太守郭伋爲潁川太守 帝勞曰 賢能太守去帝城不遠 河潤九里 冀京師并蒙福也(후한 광무제 때 영천(潁川) 고을에 도둑이 들끓자 어양태수 곽급을 영천태수로 삼았다. 황제가 위로하기를 어진 태수가 제국의 수도에서 멀지 않은 곳에 부임하니 황하가 구리를 적시듯 수도도 복을 입겠네 하였다)" 또 장자(莊子) 列禦寇篇에 "河潤九里 澤及三族"이라 한다.

時 饑荒日甚 餓莩滿野 公私蓄積蕩然 賑救無策 先生累上箚 極陳時事 以裁省賦役 保
活遺民 爲首先務 又請移咨遼東 開市中江 以通貿易 中原亦知我國饑甚 奏聞許之 於
是 遼左米穀 多流出於我國 平安道之民 先受其利 京城之民 亦以船路相通 數年之間
賴此全活者 不計其數

蓋其時 我國綿布一疋 直皮穀不滿一斗 而中江直米二十餘斗 其用銀銅水鐵者 尤得十
倍之利

上狀 請鐫罷職名 不允
時 先生曳病南下 道中 病勢添劇委頓 先生 以國事方急 而身病如此 不能奔走經理 遂
上狀請罷 不允

答遊擊將軍吳惟忠書 論禦賊形勢
時 吳遊擊在尙州 致書于先生 言設險等事 先生以書答之 略曰 示諭設險等事 眞是料
敵備患之良策 凡兵家以得形勢爲重 形勢旣得 則雖小 可以制衆

釜山以北 直路 則有密陽府 迤東海邊 則蔚山郡及節度使營 迤西 則金海府 此三路 皆
係要害 必守之地 三處旣固 則賊雖散出於他路 而堅城在後 重兵在前 有所牽掣畏憚
不能輕犯內地矣 而年前 因將帥無人 不知出此 纔聞釜山東萊之陷 相繼逃潰間 雖有高
山大川百二之險 皆棄不守 尙何言哉

今 蔚山兵營密陽 已爲我地 卽可修繕城池 儲備器械 以爲堅守之計 而力未暇及 至於
金海 則猶爲賊藪 又不可遽論 此外 宜寧縣有洛東江 下流名曰 岐江 其上十五里有鼎
津 最爲要害 往年 義兵將郭再祐 臨江據守 賊兵累至 而不敢渡 今夏 諸將自咸安 見
賊退北 而不知守鼎津之險 賊乘船渡江 橫行於三嘉丹城 以斷援兵之路 而晉州因而不
救 此莫非人謀不臧之致

至於慶尙忠淸全羅之境 如求禮之頭耻津 咸陽之八良峴 安陰之六十峴 知禮之牛頭峴
金山之秋風嶺 聞慶之鳥嶺 尙州善山之洛東江 豊基之竹嶺 最爲山川之險 可以據守 東
海一邊 則自慶尙左道達于江原道 自江原道達于咸慶道 皆傍海之地 而然 南海多島嶼
而東海無島嶼 且水性悍急 不利行船 故自前 賊兵雖不無犯境之時 而不常有之

大抵 賊船必乘東南風 來寇 故慶尙全羅二道 最所受兵之處 往年 賊旣陷慶尙道 屢以
舟楫犯全羅道 有本道水軍節度使李舜臣 以舟師迎擊於巨濟洋中 焚賊船數百 賊終不
得登岸 全羅之境 至今獨保者 亦以此故耳

凡備賊 比如救火 要使火焰不甚 散燎 然後 人力有所施 今 賊兵實畏憚天兵餘威 留屯
於釜山一隅 若蒙大軍因駐大丘等處 以遏東邊衝犯之勢 又連駱參將諸軍駐宜寧固城之
境 遮蔽西路 因約束小邦水軍將李舜臣等 悉率舟艦 橫截於巨濟海中 三路合勢 則賊首
尾皆有所憚 不敢輕動 或出於逡巡遁走 未可知也

如此然後 小邦始得憑仗威靈 收召離散 繕葺凋弊 儲粟鍊器 臨海列營 深創前失 以死
堅守 則國事庶幾有濟於萬一矣

上狀 請送譯官 照察天兵放糧 且發三南奴婢貢布 爲天兵授衣

上狀 請急遣調度重臣 句管糧餉

傳令都元帥 申嚴軍律 以肅群情

先是 柳希先守豆恥津 聞晉州陷沒 望風逃走 經過光陽順天之境 大呼賊至 光陽順天
一時潰散 亂民因之焚掠倉穀 蕩無遺存 以及樂安康津求禮等邑 亦皆騷動 先生移文都
元帥 使斬以徇示 以警其餘

被召 還行在
十月 扈駕還都

有感事詩 一篇

請設訓練都監 先生兼都提調

時 灰燼之餘 荊棘滿城 重以饑饉 人民死者 相枕於道 朝廷雖發粟賑之 而人多穀少 不
能遍及 處處盜賊蜂起 京城孤危 人心不固 先生請設都監 鍊習軍士 以衛京師

上命 以先生爲都提調 先生又請 發唐粟米一千石 爲糧募人 日給人二升 應募者雲集 未久得健兒數千人 敎以鳥銃槍刀之技 立哨官把摠 以領之 分番直宿 凡有行幸 以此扈衛 人心稍有恃

啓請 以邊應星爲京圻左防禦使 出陣龍津

時 楊州有劇賊李能水 利川有玄夢 以及忠淸道 處處盜起 搶掠行人 道路不通 適黃海道僧軍百餘名至都監 欲鍊習 先生啓請 以邊應星爲京圻左防禦使 領之出屯龍津 自是東路始通 而盜賊稍息 而備邊司移文 令賊中自相捕告者 免罪論賞 賊黨聞之 斬能水來降 玄夢 懼而逃

41 다시 영의정이 되어 전란 극복을 위한
각종의 개혁조치를 취하다, 52세

선조 26년(1593) 계사

가. 명의 분할역치(分割易置)에 대응하다

다시 영의정에 임명되었다.

총병 척금(戚金)을 찾아가서 군사 일을 의론하였다.

윤 11월 명나라 행인사(行人司)¹⁾의 행인(行人) 사헌(司憲)²⁾이 사신으로 왔다.
　이보다 앞에, 중국 조정에서는 우리나라의 국력이 부진한 것을 염려하고, 마침내
왜적에게 짓밟힐까 두려워하여 논의를 많이 하였다.
　급사중(給事中)³⁾ 위학증(魏學增)이 우리나라 처리에 관한 글을 올렸는데, 분할역
치(分割易置)⁴⁾라는 말이 나오는 데까지 이르러, 이 일의 뒤처리를 병부(兵部)로 내려
보내었더니, 상서 석성(石星)은 불가하다는 입장을 견지하였다. 이에 행인 사헌을 보
내 칙서를 받들어 선포 회유하고, 아울러 우리나라의 국정 전반을 살펴보게 하였다.
　그때 경략 송응창이 요동에 있었는데, 접반사 윤근수에게 차부(箚付)⁵⁾를 주면서,

---

1) 행인사(行人司): 명나라 때 전지(傳旨), 책봉(册封), 출정 병사들을 무유(撫諭)하는 일을 관장하
　는 관청. 행인(行人)이라는 관직을 두었다.
2) 사헌(司憲): 명나라 관리 이름. 행인사의 행인. 하남 귀덕부 사람. 진사 출신.
3) 급사중(給事中): 명나라 관직명. 임금을 시종(侍從)하고 바르게 간(諫)하는 직책. 담당 부(部)의
　폐단과 과오의 감찰, 장주(章奏)의 논박, 제칙(制勅)의 봉환(封還) 등의 권한을 가졌다.
4) 분할역치(分割易置): 우리나라를 쪼개고 임금을 바꾼다는 말.
5) 차부(箚付): 관아(官衙)의 장(長)이 사람을 보내어 일을 처리할 때 함께 주어 보내는 공문서.

돌아가 대신들에게 주라고 하였다. 윤근수가 받아 와서 행궁(行宮: 임시 궁궐)에서 숙배(肅拜) 올린 뒤에, 선생을 묵사동6) 집으로 방문하였다. 선생이 나가 보니까 윤근수가 만나자마자, 다른 말은 없이 오직 책상을 치면서 두세 번 큰 소리로 말하기를 "이 일을 어찌한단 말이요?" 하고서, 큰 소리로 울었다. 선생이 꼼짝 않고 있으니까, 윤근수가 "시랑(侍郎: 송응창)이 조신(朝臣)에게 선유(宣諭)하는 차부(箚付)가 있는데, 내일 아침 조당(朝堂: 조정)에 제출하려고 하오. 잘 모르겠소만, 공들은 어떻게 대처하려고 하오" 하였다.

선생이 "이 차부(箚付)에는 어떤 말이 있는지 알지 못하며, 당연히 우리나라의 배신(陪臣)이 미리 들을 수 있는 바도 아닌데, 영공(令公)이 가져온 것은 합당하지 않소" 하니, 윤근수가 묵묵히 있다가 가버렸다.

다음 날 아침, 선생이 비변사에 가니, 이윽고 윤근수가 와서 차부를 선생에게 주었다. 선생이 물리치며 받지 않고, "차부 속에 있는 내용은 조신들이 처리할 바가 아닌 것 같으니, 보아서 무엇 하겠소" 하였다.

좌중(座中)의 여러 재신 중에 어떤 사람은 펴 보아도 무방하다고 하였지만, 선생이 성난 목소리로 "만약 경략(經略: 송응창)이 국사를 공적(公的)으로 말하려 한다면, 마땅히 주상께 자문(咨文)을 보내어야 하는데, 이 자리에 자문은 없고, 오직 차부뿐이니, 그 (차부) 속의 뜻은 생각해서 추측할 수 있는 것이 아니오. 보고 나서 처리할 수 없으면 차라리 보지 않는 것이 마땅하오" 하였다.

윤근수는 부득이 차부를 되돌려 받아 나가버렸다. 그날, 임금이 선생을 인견(引見)하고, 윤근수가 올린 위학증의 글을 꺼내어 보여 주었다. 임금이 "내가 오랫동안 이러한 일이 있을 줄 알고, 그 때문에 물러나려 했던 것인데, 지금 과연 그렇게 되었다" 하시어, 선생이 아뢰기를 "이것은 이치에 닿지 않는 망설(妄說)입니다. 명(明) 조정(朝廷)이 어찌 이런 주장에 흔들리겠습니까? 원하오니 의심치 마시고, 오직 우리가 마땅히 해야 할 바를 다하여 중국의 걱정을 풀어야 합니다" 하였다.

이윽고 명사(明使) 사헌(司憲)이 도착할 무렵이 되어, 선생은 상신(相臣)의 의례에 따라 벽제역으로 가서 맞이하였다. 명사가 선생이 맞이하러 왔다는 말을 듣고, 곧 맞아들여 따뜻한 대화를 나누고 나서, 또 '내가 서울에 도착하면 새로운 조치가 곧 있을 것이오'라는 말도 하였다. 선생은 감히 그 내용을 물어볼 수 없었으나, 마음속에 매우 의심이 들어, 먼저 들어와 복명하고, 명사가 한 말도 아뢰었다.

---

6) 묵사동(墨寺洞): 현 서울 중구 충무로 5가에 있던 동리.

사(司) 명사가 서울에 들어온 날, 남별궁(南別宮)[7]에서 조칙(詔勅)을 선포하였는데, 조칙 속의 내용은 모두 경계(警戒)하고 조심하며 스스로 힘쓰라는 말로서, 그 취지가 매우 준엄하였다. 그 대략은 "(명)조정은 속국(조선)을 대우함에 있어 은의(恩義)를 여기에서 중지한다. 지금부터 왕은 자기 나라로 돌아가서 다스리라. 혹시 다른 변(變)이 생겨도 짐(朕)은 왕을 위한 대책을 꾀할 수 없다"라고 하였다.

사헌과 임금이 서로 만나기를 끝내고, 임금은 환궁한 뒤 밤이 깊었는데도 곧 선생을 인견하고 "내일 나는 명사(明使) 앞에서 왕위를 사퇴하고자 하오. 내가 경을 만나 보는 것도 단지 오늘뿐이오. 비록 밤이 깊었지만 경과 더불어 얼굴을 보고 이별하려고 불렀소" 하고, "옛말에 '영웅이 뜻을 펴지 못하고 죽어 애석하다'더니, 경의 재능으로 나를 만났기에 아무런 일도 해내지 못하였구려" 하였다.

선생이 황공하여 대답하기를 "전하께서는 어찌 갑작스럽게 이러한 말을 하십니까? 명 조정이 우리나라에 대한 염려가 너무 심하여, 그 때문에 칙서(勅書)의 뜻은 경계하는데 지나지 않은데, 어찌 이 때문에 사퇴한단 말입니까? 못난 신이 욕되게도 대신의 반열에 있어서 국사를 이 지경에 이르게 하였으니, 지은 죄가 많습니다. 무슨 본받을 만한 재주가 있다고 전하께서는 그런 말씀을 하십니까? 더욱 황공하여 몸 둘 바를 모르겠습니다."

임금이 "옛날 자사(子思)가 위(衛) 나라에 살았지만 그 나라의 쇠망을 구해 낼 수 없었으며, 제갈공명(諸葛孔明)도 한실(漢室)을 회복할 수 없었으니, 옛사람도 그런 적이 있었소. 경의 학문과 재주로 어찌 옛사람에게 많이 사양하시오? 다만 나를 섬겼기 때문이오" 하였다.

선생은 놀라고 가슴이 꽉 막혀 말을 할 수 없었다. 임금은 내시를 돌아보며 술을 큰 그릇으로 한 사발 가져오게 하여 선생에게 하사하여 마시게 하고, "이걸로 서로 이별하오" 하였다. 선생은 목이 메어 울며 대답하기를 "원하오니, 전하께서는 마음이 흔들리지 마소서. 내일 하시려는 일은 절대 안 됩니다. 어찌 이러십니까? 잘 살펴야 합니다. 신은 감히 죽음으로써 청합니다"라고 하였다. 밤이 깊어 물러 나왔다.

이튿날, 임금은 남별궁에 나가서 명사(明使)를 만나고자 하였다. 중문 밖에 있는

---

7) 남별궁(南別宮): 서울 중구 소공동 조선호텔 자리에 있던 조선의 별궁. 본래 태종(太宗)의 경정공주(慶貞公主)가 살던 집으로 소공주댁(小公主宅)으로 불렸고 이것이 소공동 이름의 유래가 된다. 선조시대 의안군(義安君)의 집이 되었는데, 왜군이 서울 점령시에 우끼다(宇喜多)의 진지가 되고, 서울 수복 후 명나라 이여송이 머물렀다. 선조가 환궁한 뒤 이곳에서 명나라 장수나 관리를 접견하였기에 남별궁이라 불렀다. 1897년 대한제국의 환구단(圜丘壇)을 이곳에 세웠으며, 1913년 이를 헐고 조선호텔이 들어섰다.

작은 방에서 잠깐 앉았다가 또 선생을 불러들였다. 선생이 상계(上啓)하여 "어제 밤에 말씀하신 바는 원하옵기 성상께서는 세 번 더 생각하고, 가벼이 발설하지 마소서" 하니, 임금은 잠자코 있었다.

이윽고 명사를 만나자, 임금께서 소매 속에서 일첩(一帖: 문서)을 꺼내 건네면서, 질병으로 나라 다스리기를 감당하지 못하기에 세자에게 전위하려 하니, 사신께서 주장해 주시기를 바란다고 간절히 진술하였는데, 임금의 친필이었다.

사헌이 그것을 보고, 또 얼굴을 마주 대하여 붉은 첩지에 글을 써서 대답하였는데, 그 개략은 "불녕(不佞: 자신의 겸칭)한 제가 명을 받들어 귀국에 들어와 왕과 서로 만나보니 넉넉히 마음에 위로가 됩니다. 지금 나라를 회복하였는데, 비록 명나라의 힘 때문이지만, 역시 왕의 복이 융성한 것입니다" 하였다.

대화가 계속되다가, 그 끝에 선생에 대하여 언급하면서, "류모는 충성스러우며 우뚝하니 굳세고 인의를 독실하게 믿고 있어서, 명나라의 문무 장수와 관리로서 동정(東征)에 참가한 사람들이 '왕께서 어진 재상을 얻었다'라고 하면서 축복하지 않는 사람이 없습니다"라 하였다. 그러면서 새 주둥이 구천(句踐)[8]의 사례로 경계를 하고, 또 말하기를 "전위(傳位)하는 일은 당(唐)나라 숙종(肅宗)[9]의 고사(故事)도 있으니 왕이 그럴 마음이 있으면 마땅히 주본(奏本)을 갖추어 위에 청할 일이요, 저는 한 행인(行人: 외교관)일 뿐이므로 어찌 감히 주장할 수 있겠습니까? 그러나 왕께서 구태여 전위하려는 것은 무슨 뜻입니까? 다시 상세히 듣기를 원합니다" 하였다.

임금은 친히 손으로 대답을 써서 "과인은 별로 다른 뜻은 없고 다만 병이 심하여 나라 다스리는 일을 감당하지 못할 뿐이오" 하였다. 회합이 끝나고, 임금은 사공(司公: 사헌)의 붉은 첩지를 선생에게 보내어 읽어보도록 하였다. 선생은 회계(回啓)하기를, "이 일은 신이 지극히 말씀드렸으나 윤허를 받지 못했던 일입니다. 또 오늘의 일을 신이 미리 알아내지 못했으니, 더욱 대신의 도리를 잃어서 황공합니다"라고 하였다.

---

8) 새 주둥이 구천(句踐): 구천은 월(越) 나라 왕으로 범려(范蠡)와 문종(文種)의 보좌를 받아 오(吳)나라를 멸망시키고 패자(霸者)가 되었다. 범려가 오나라를 떠날 결심을 하고 문종에게 편지하여 말하기를 "나는 새가 모두 잡히면 좋은 활이 퇴장(退藏)되고, 영리한 토끼가 모두 죽으면 사냥개가 모두 삶겨지는 법이다. 월왕의 사람됨이 목이 길고 입은 새부리(鳥喙) 같아 환난은 함께 할 수 있어도 즐거운 일은 함께 할 수 없다. 그대는 왜 떠나지 않는가?" 하였다.

9) 당(唐) 숙종(肅宗, 711-762): 당 나라 7대 황제. 현종(玄宗)의 셋째 아들로 태자가 되고, 안록산의 난으로 때 현종이 촉(蜀) 지방으로 피란할 때 도중에 영무(靈武)로 가서 즉위하였다. 회흘(回紇) 족에게서 군사를 빌려 수도를 탈환하였다.

그때 서울에 다른 중국 장수는 없고 오직 총병 척금만 있어서 밤낮으로 사공(司空)의 처소에서 밀의(密議)를 하고 있었다. 이날 밤 척금이 선생과 면담할 것을 요구하여, 깊숙한 방으로 인도하고 좌우를 모두 물리친 뒤, 그 앞에 탁자 하나를 두고, 마주 앉아 붓으로 서로 문답하였다. 척금이 먼저 10여 조항을 써서 선생에게 보여주는데, 그 가운데의 한 조항에 '국왕의 전위는 빨리해야 마땅하다'라는 것이 있었다.

선생이 생각할 겨를도 없는 사이에 벌떡 일어나 다른 일에 대해서는 대답하지 않고, 오직 글을 쓰기를 "제3조에서 보이는 것은 배신(陪臣)이 차마 들을 수 없는 것입니다. 귀하는 만권의 책을 읽었으니, 천하 고금의 일을 어찌 듣지 못하였겠습니까? 저희 나라의 형세가 바야흐로 위태합니다. 만약 또 군신(君臣) 부자(父子) 사이의 처리할 일에 옳고 마땅함을 잃으면, 이는 그 재앙을 더욱 크게 할 것입니다" 하였다.

척금이 눈을 똑바로 뜨고 앞을 보더니, 곧 붓을 잡고 "옳습니다"라고 쓰고서, 문답한 여러 종이를 가져다 촛불에 사르고 좌우를 불러 책상을 치우게 하였다. 선생은 하직하고 나왔으나 그 일을 감히 아뢰지는 못하였다.

다음날 선생은 또 백관들과 함께 사천사(司天使)에게 글을 올려서, 우리나라가 변란을 당한 것이 모두 왜적이 (명나라를) 침범하려는 계책에 조선이 따르지 않아 낭패를 당한 것이지만 후회하지 않고 있으며, 주상은 즉위한 이래 지성(至誠)으로 사대(事大)하였으며 정사(政事)도 실로 조심하고 부지런히 힘써 왔음과 전란이 발생한 뒤에 왜적을 막기 위하여 조치한 상황을 힘껏 진술하였는데 여러 수백 마디의 말에 달하니, 사헌이 진지하게 그 말을 믿고 받아들였다.

이날 밤, 척금이 또 선생을 불러 말해 주기를 "명 사신의 마음이 이미 크게 돌이켜졌으니, 다른 염려는 없겠소. 오직 국사에 진력해야 할 뿐이요" 하였다. 이로부터 임금이 연일 사헌과 서로 만남에, 사헌이 매우 공손하게 예를 행하였다.

하루는 사헌이 당상(堂上)에 좌정하여 집정(執政) 몇 사람을 불러들여 일을 의론하였다. 선생이 대신(大臣) 자격으로 나아갔는데, 부원군 윤근수, 판서 이항복, 경림군 김명원도 함께하였다.

사헌이 선생만 불러서 탁자 동쪽에 앉히고, 사람을 물리치고 종이에 글로서 문답하는데, 먼저 묻기를 "당신 나라 모성(某姓)의 형제가 일을 제멋대로 하여 나라를 그르쳤다 하니 정말인가요?" 하여, 선생이 글을 써서 대답하기를 "이 사람들은 비생(鄙生: 저)과 함께 조정에 있으면서 일을 함께 한 사람입니다. 난리 동안 각자 수고롭게 분주히 뛰어다닌 것 말고 다른 일은 알지 못합니다" 하니, 사헌이 또 쓰기를 "군자는 편당(偏黨: 자기 당黨을 편듦)하지 않는다 하였는데, 귀하도 편당합니까?" 하여, 선생은 매우 군색하여 할 말이 없었으나, 곧 말하기를 "설사 일을 하는데 잘 잘못이 있더라도 오직 우리 임금께 말씀드려야지 어찌 감히 노야께 이르겠습니까?" 하였다. 사헌이 웃으면서 "이 일은 내가 이미 알고 있소" 하였다.

이 일은 우선 제쳐두고 다른 이야기를 꺼내는데, 명장들의 현부(賢否)와 주둔 지방에 해를 끼치지나 않는지 물었다. 선생이 대답하기를 "옛말에 군사가 머무는 곳에는 가시덤불이 생겨난다고 했습니다. 대군이 지나가는데 자잘한 해를 끼치는 일이 어찌 없을 수 있겠습니까? 그러나 명 조정의 법도가 매우 엄하여, 장수들이 각자 삼가하여 해를 끼치는 일은 보지 못하였습니다" 하였다.

사헌이 "들으니 조선 사람이 왜놈은 얼레빗이라 하고, 명군은 참빗이라고 한다는데 맞습니까?" 선생이 "어찌 그럴 리가 있겠습니까? 소방의 백성들이 명 조정에서 구원해 주시는 은혜를 입어 오늘이 있는데, 추호라도 그럴 리가 없습니다. 참빗 비유를 듣는 것은 차마 말씀드릴 바가 아닙니다. 이는 호사가들이 한 짓에 불과합니다" 하였다.

그 외의 문답은 모두 군사에 관하여 조치한 일이었으며, 문답을 끝내자 하직하고 물러나왔다. 윤근수가 함께 동석하였지만 그 문답한 말을 알지 못하였고, 선생 또한 남들에게 말하지 않았다.

사헌이 7일을 머물고 돌아갔는데, 본국에서 자문(咨文: 공문서)을 보내어 전에 상주(上奏)한 말을 다시 주장하고 '류모에게 일을 맡기면 틀림없이 산하(山河)를 다시 일으킬 것이다(再造)'라는 말까지 하였다. 또 이별할 때, 선생에게 패문(牌文)을 보내어 골고루 지극히 장려하였다.

그가 돌아갈 때 선생이 벽제에서 송별하였는데, 사헌이 술과 안주를 차려서 따라 마시고, 서로 이별하고서 떠나갔다. 대개 이때의 위박(危迫)한 상황은 숨도 제대로 쉴 수 없었는데, 선생이 홀로 대신의 자리에 있으면서 온갖 심려를 다 쏟아 부은 끝에 가까스로 무사하게 되었다.

한서평(韓西平)[10]이 이와 관련하여 수록(手錄)에서 기록한 내용은 다음과 같다.

---

10) 한서평(韓西平, 1557-1627): 서평부원군(西平府院君) 한준겸(韓浚謙)을 말한다. 호 류천(柳川), 문과. 원주목사, 교리. 서애선생 종사관. 승지, 대사성. 경상도 관찰사 때 정인홍과의 알력으로 파직. 호조판서. 광해군 계축옥사(癸丑獄事) 때 유배. 인조반정으로 딸이 인렬왕후(仁烈王后)가 되자 서평부원군에 봉해졌다. 본관 청주. 시호 문익(文翼). 저서 류천유고(柳川遺稿).

"이 앞에, 경략 송응창이 요동에 있을 때, (중국 조정에) 글을 올려 이르되 '국왕이 실덕(失德)을 많이 하여 전란을 수습할 임금이 아니니, 속히 조치를 내려 세자에게 전위하도록 청합니다' 하였는데, 사(司) 행인(行人)이 조선으로 나온다는 말을 듣고, 몰래 접반사를 (우리나라로) 내 보내어 우리 배신들에게 유시(諭示)하여 '성지(聖旨)가 이미 결정되었으니 빨리 선처하라'고 하였다. 접반사는 처음 (경략이 중국조정에) 글을 올릴 때에 조목조목 변명치 못하였고, 오는 도중에는 자못 의심이 들어 감히 입국하지 못하고 지체하였으며, 입국해서는 즉시 아뢰지도 못하였다. 공이 비변사에 좌정하여 재촉하니 비로소 아뢰었다.

임금께서 공과 부제학 이개(李漑)를 인견하시고 말하기를 '나를 구박하는 자가 있는 줄 알지만, 물러나 임금 자리를 넘기라는구나' 하여, 공이 말하기를 '원하오니, 전하께서는 너무 염려하지 마소서. 달리 근심할 일이 없을 것이옵니다' 하였다.

그 일을 당하였을 때, 동궁에게 전위하여 과연 삼한(三韓: 여기서는 조선)을 재조(再造: 재건)할 수 있었을까? 알 수 없는 일이다. 공이야말로 안색이나 음성 하나 변치 않고 천하를 태산같이 편안하도록 조치하였다고 말할 수 있다.

대저 지극한 공의(公義)와 혈성(血誠)으로 중국 사람을 감동시켜 임금 자리가 떠내려가 나라가 판탕(板蕩)[11]될 상황을 수습하였다. 안정된 후, 이를 힘입어 나라가 중흥되었으니 이것은 누구의 공인가? 사태가 지나간 뒤 입을 봉하고 그날의 일을 말하지 않았으니, 이른바 '신공(神功)을 세우고 도리어 적막하기 아무 일도 없었던 것 같았다'는 표현도 이보다 지나치지는 않을 것이다"라고 하였다.

===

復拜 領議政

往見戚總兵金 論兵事

閏十一月 天使 行人司行人 司憲來

先是 中朝憂我國不振 恐遂爲賊所乘 論議甚多 有給事中魏學增者 上本處置我國 至有分割易置等語 事下兵部 尚書石星持不可 於是 遣司憲 奉勅宣諭 且察我國事

時 經略宋應昌在遼東 以箚付授接伴使尹根壽 令歸付大臣 根壽受來 既詣行宮肅拜 因

11) 판탕(板蕩): 국난이 발생하여 위기 상황이 되는 것. 『시경』 "대아"의 『판(板)』 편과 『탕(蕩)』 편이 모두 문란한 정사를 읊은 데서 유래한 말이다.

訪先生于墨寺洞寓邸 先生出見之 尹相見無他語 唯以手抵案 再三呼曰 此事將何以爲
之 因高聲哭 先生不爲動 尹曰 有侍郎諭朝臣箚付 明朝將投於朝堂 不審公等當何以處
之

先生曰 此箚付 不知何語 然 應非本國陪臣所預聞 令公不合持來 尹黙然而去 明朝 先
生往備邊司 旣而尹至 以箚付付先生 先生却而不受曰 箚付中事 恐非朝臣所處 見之何
爲 座中諸宰 或以爲開見無妨 先生厲聲曰 經略若公言國事 則當移咨於主上 今無咨
而獨有箚付 其中所言非意料所測 見之而無可處置 寧不見爲宜 尹不得已還收箚付而
出

其日 上引見先生 出尹所進魏學增本 以視之 上曰 予久知有此事 故欲退避 今果然矣
先生啓曰 此乃無理之妄說 皇朝豈爲此論所搖 願勿疑 唯當盡吾之所當爲 以解中國之
憂 可也

旣而司天使將至 先生 以相臣依例 往迎於碧蹄驛 天使聞先生來迎 卽迎入款語 又云
余到國 將有新擧措 先生雖不敢問 而心甚疑之 先入復命 且啓其語 其日 司入京 宣勅
于南別宮 勅中皆警厲自强之辭 而意旨甚峻

略曰 朝廷之待屬國 恩義止此 自今 王其還國而治之 脫有他變 朕不能爲王謀也 云云
司與上 相見旣罷 上還宮 夜已深 卽引見先生 上曰 明日 予將於天使前辭位 予之見卿
只今日 雖夜深 欲與卿面訣故 召之耳 因歎曰 古云 英雄浪死 可惜 以卿之才 遇予故
不得有所施設也

先生惶恐 對曰 上何遽由此語 天朝憂慮我國至甚 故勅書之意 不過警勅之耳 豈可以此
而辭避乎 臣無狀 忝在大臣之列 使國事至此 罪戾則多矣 有何可紀之才 而上敎如此
尤不勝惶恐

上曰 昔子思居衛 而不能救其衰 孔明不能恢復漢室 古之人亦或然矣 卿之學問才識 何
多讓於古人 但所事者子耳 先生掩抑惶駭 不能言 上顧內豎 取酒以一巨器來 賜先生飮
之曰 以此相別耳 先生哭失聲 對云 願聖意無動 明日之事 千萬不可 如是 幸乞斟酌
臣敢以死請云 夜深乃出
明日 上詣南別宮 欲見天使 少坐中門外小室中 又召先生入 先生啓曰 昨夜所敎 願聖

上 更加三思 勿輕發 上默不語 旣會天使 上自袖中一帖 送之 極陳 疾病不堪治國 欲
傳位世子 望天使主張 上親筆也

司見之 又於紅帖 當面自書以答 大槪云 不佞憲 承命入貴國 得與王相會 良足慰意 今
此復國 雖因天朝之力 亦是王福隆焉 未艾也 末端 言及先生 以爲柳某 忠誠孤硬 仁義
篤信 天朝文武將吏 東征之士 無不喜 王得賢相云云 而因 以句踐鳥喙 爲戒 又云 傳
位事 有唐肅宗故事 王旣有是心 當具本上請耳 憲 一行人耳 何敢主張 抑王必欲傳位
者 何意 願更詳聞

上又親手答之曰 寡人別無他意 只是病甚 不堪理國故耳 旣罷會 上卽以司公紅帖 送于
先生 使見之 先生回啓曰 此事 臣極陳 不得蒙允 今日之事 臣又不預知 尤失大臣之義
惶恐云云

時 城中 無他唐將 獨總兵戚金在 日夕在司公所密議 是夜 戚要先生相見 引至深室中
盡屛左右 前置一卓子 與之對坐 以筆札相問答 戚先書十餘條 示先生 其中一條 有國
王傳位 當早 先生不覺起立 不答他事 惟書曰 第三條所示 非陪臣所忍聞 老爺讀書萬
卷 豈不聞天下古今之事 小邦國勢方危 若又於君臣父子之間 處置失宜 是重其禍也

戚瞪目直視 卽取筆書是是 取問答數紙 就燭焚之 呼左右 撤卓 先生辭出 不敢啓其事
明日 先生又與百官 呈文司天使 力陳本國遭變 皆由於不從倭賊犯順之謀 以致狼狽 而
不悔 及主上卽位以來 至誠事大 憂勤勵政之實 亂後禦倭措置之狀 累數百言 司頗信納
其說

是夜 戚又呼先生 語之曰 天使意已大回 無他慮矣 惟當盡力於國事而已 自是 上連日
與司相接 而司禮之益恭謹
一日 司公坐堂上 招執政數人 議事 先生以大臣進 府院君尹根壽李判書恒福慶林君金
命元與焉 司獨呼先生 坐卓子東邊 屛人 亦以紙札問答 先問 爾國某姓名兄弟 用事誤
國 信乎 先生寫答曰 此乃鄙生同朝共事之人 亂離之際 各有奔走之勞 不知其他 司又
書曰 君子不黨 君子亦黨乎 先生窘甚無語 卽曰 假使事有得失 只可言諸寡君 豈敢告
於老爺 司笑曰 此事 吾已知之
姑舍此而他說 仍問 天將賢否 撓害地方等事 先生答之曰 古云 師之所處 荊棘生焉 大

軍經過 小小撓害 豈能盡無 然 天朝法度甚嚴 將官各自謹勅 不見其撓害 司曰 聞朝鮮人 以爲倭子梳子 天兵篦子 信乎 先生曰 豈有此理 小邦生民 蒙天朝救援之恩 得有今日 秋毫 皆其賜篦子之喩 非所忍言 此不過好事者爲之耳 他問 皆軍國措置事 旣畢辭出 尹在同坐 而不知其言 先生亦不得向人說

司留七日 還去 移咨本國 更申前說 以爲委任柳某 必有再造山河之語 又別 爲牌文於先生 獎勵備至 其歸 先生送之碧蹄 司酌酒設饌 相別而行 蓋 是時危迫之狀 不容呼吸 而先生獨在大臣之位 備盡心慮 幸得無事

韓西平手錄云 先是 宋經略應昌在遼東 上本曰 國王多失德 非戰亂之主 乞速賜處置 令傳位世子云云 及聞司行人出來之 奇使接伴使出去 諭國中陪臣 聖旨已決 速爲善處云 接伴使 初不爭辨於上本之時 在途頗疑慮 遲留不敢入 入又不卽啓 公坐備邊司 促之始啓

引見公及副學李溉 上曰 固知人有驅迫我者 不過退遜而已 公曰 願上 勿爲過慮 保無他憂 當此時 未知傳位東宮 果能再造三韓耶 公可謂 不動聲色 措天下於泰山之安矣 夫以至公血誠 感動華人 收拾板蕩於橫流君位 旣安賴以重興 伊誰之功 事過之後 絶口不言當日事 所謂却欽神功 寂若無者[12] 亦不過如此

나. 전란 수습 및 민생 구제

차(箚)를 올려 당면한 정무를 조목조목 진술하였다.

그 대략은 다음과 같다.

　"보통 사람의 지혜로는 이미 발생한 일이야 알 수 있으나, 앞으로 올 일은 알수 없는데, 전란을 겪은 뒤 그래도 소중한 것은 그동안 많이 겪은 일들을 깊이 징창(懲創)[13]하는 것이옵니다.

---

12) 적약무인(寂若無人); 아무도 없는 듯 고요하다. 자치통감 진기(晉紀) 성제 함희 5년조.
13) 징창(懲創): 잘못된 근원을 찾아 칼로 도려내고 새 살을 돋게 하는 일.

지금 나라 형세가 위태롭기 누란(累卵: 쌓아올린 달걀)이라는 말로도 비유하기 부족합니다. 바로 모름지기 백성들의 마음을 잡는 모든 방책을 깊이 추구해야 하며, 그런 방책을 힘쓴 뒤에 모든 관리들이 함께 시간을 아껴 잘 끝내도록 도모하여, 나라를 판탕(板蕩)의 형세에서 수습해야 합니다. 그렇게 하지 못하고 느긋하거나 들떠서 문구(文具: 겉만 번드르르하게 꾸민 말)로 견제하기만 하면, 몇 달 뒤에는 일을 수행할 기회가 더욱 멀어져서 다시 손 쓸 곳이 없게 될 것이므로, 신은 어리석고 견식이 얕음을 생각하지 않고, 마땅히 시행해야 할 일들을 조목조목 나열하려고 합니다.

첫째, 왜적이 물러간 뒤, 호조(戶曹)는 급히 1년의 경비(經費)를 계산하고, 민간에서 거두어들일 물자를 산정하며, 또 열읍 가운데 피폐한 정도에 따라 구분하여, 형편에 따라 혹은 옛날대로 부과하고, 혹은 반으로 줄이거나, 혹은 전부 없애주기로 하되, 미리 분명하게 그 뜻을 이문(移文)하여 민간에서도 환히 알 수 있게 하여야 합니다. 그렇게 한 후에라야 조정의 혜택이 아래까지 파고들게 되고, 탐관(貪官)과 교활한 아전들이 이를 빙자하여 그 사이에서 손을 쓸 수 없게 될 것입니다.

대개 호조의 소임이 매우 긴요하고 중요하므로, 마음속에 방책을 가지고 있어 기둥 역할을 할 수 있는 사람을 아주 잘 뽑아 당상(堂上)과 낭청(郎廳)으로 삼되, 일상적인 규정에 구애되지 말고 반드시 적임자를 얻도록 해야 합니다. 경비(經費) 담당은 중요한 업무이기 때문입니다.

둘째, 경기지방의 백성에게는 왜적의 피해(被害)가 더욱 심하여 수백 리 안에 밥 짓는 연기가 다시 없고, 겨울이 지나 봄이 되어도 살아있는 것은 아무것도 없는 형편이 될 것 같습니다. 지금 전국 사방이 한결같이 거덜이 나서 다시는 구제할 곡식을 옮겨 올 길도 없습니다. 생각건대, 신이 전일 계청한 바 있는 소금 굽는 일에서 올리는 이익을 때맞춰 나누어 가질 수 있게 하면 아마 조금은 도움이 될 것입니다. 이것도 호조(戶曹)의 책무이니, 모름지기 호조는 그 일을 전담할 사람을 뽑아 부지런히 추진하게 하여 시각에 늦지 않게 서둘러야 하며, 역시 날씨가 얼기 전에 일이 시행될 수 있어야 합니다.

셋째, 내년의 종자(種子)는 조정에서 이미 사들이고 있으나, 요즘 하는 일을 보면 실효가 별로 없습니다. 역시 담당 조(曹)에서 일찍 계획하여 가격이 현저하게 떨어지도록 해야 합니다. 또 섬에서 둔전(屯田)하는 것은 반드시 이익이 있습니다. 가령 섬에 농사할 만한 땅을 가려서, 열 사람을 한 우(耦: 단위)로 삼아, 농사 도구를 주고, 논밭의 종자를 마른 땅, 진 땅에 맞추어 경작케 하여, 관(官)에서 그 절반을 취하고, 나머지 반은 농사지은 자에게 갖게 하면, 공사(公私) 모두가 득이 될 것입니다. 옛날 당나라 말기에, 낙양(洛陽)이 창잔(瘡殘: 상처. 전란 등으로 입은 손해)하매, 장전의(張全義)라는 사람이 그곳 수령(守令)이 되어, 피폐한 유민(流民)들을 모아서 땅을 나누어 주어 농사짓게 하며, 장전의 자신이 친히 밭이랑 사이를 다니며 농사와 잠업을 권면하니 몇 년 가지 않아 낙양이 튼실해졌습니다.

이제 경기지방의 백성들에 관한 일을 반드시 장전의가 낙양에서 한 것같이 조치하여야 제대로 될 것입니다. 옛날 위(衛)나라가 적인(狄人: 북방 이민족)에게 멸망당하였을 때, 문공(文公)[14]은 대백(大帛: 거친 비단으로 만든 관)의 관(冠)을 쓰고, 대포(大布: 거친 베)로 만든 옷을 입고, 유민(遺民)들을 무마하며, 곡식을 귀중히 여겨 농민을 어루만졌습니다. 시경(詩經)에서 이르기를 "단비가 내린 뒤에 말구종에게 명하여, 새벽 별 보고 일찍 멍에 하여 상전(桑田: 뽕나무 밭)에 멈춘다"라 하였으니, 이것은 위로부터 더욱 마땅히 유념하여 국가의 근본을 튼튼히 해야 한다는 것입니다. 이처럼 부지런히 10년을 기약하면 가시덤불도 낙토로 변하여, 나라가 진실로 길이 아름답게 될 것입니다.

넷째, 신이 동파에 오래 있으면서 대략 형세를 관찰하였고, 가을에는 또 경상도에서 원주로 길을 잡아 지평(砥平: 현 양평군 지평면), 양근(楊根: 현 양평군 양근읍)을 경유하여 용진(龍津)에서 강을 건너 서울로 들어왔습니다만, 그 사이 지형(地形)으로 (왜적의) 진격로를 막을 수 있는 요해처를 적지 않게 직접 보았습니다. 상류(上流)인 양근 여주 같은 곳에다 강력한 군대로써 강을 따라 성책(城柵)을 줄줄이 세우고, 죽음을 각오하고 막아 지키면, 적병은 반드시 쉽게 진격하지 못할 것입니다. 지금 마땅히 계략을 가진 중신(重臣)을 급히 보내어 요긴한 곳을 순시하고, 계획을 세워 경영하게 하여 뒷마무리 방책을 잘 강구해야 합니다.

한강 남쪽 지역으로 이천, 여주, 광주는 서울의 왼쪽 버팀목이 되고, 수원, 남

---

14) 위문공(衛文公): 춘추시대(春秋時代) 위(衛) 나라의 국군(國君). 이름은 훼(燬). 위나라 의공(懿公) 9년에 적인(狄人)이 침입하니, 의공은 형택(熒澤)에서 싸우다 전사하였다. 송(宋)나라가 위나라 유민들을 받아들여 황하 남쪽 조읍(漕邑)에 살게 하고 의공의 아들 신(申)을 군주(戴公)로 세웠으나 그 해에 죽었다. 그 아우 훼(燬)를 군주로 삼으니 이 사람이 문공(文公)이다. 문공은 거친 삼베옷과 거친 명주비단 관(冠)으로 검소하게 생활하며 인재교육에 힘쓰고 농사를 가르치며 상업을 통하고 공인(工人)들에게 혜택을 주며 교육을 공경하고 학문을 권장하며 정치의 방법을 제시해 주고 능력 있는 자에게 직책을 맡겨 나라를 크게 부흥시켰다.

양, 부평, 인천은 오른쪽 버팀목이 됩니다. 이들 고을에 만약 군사를 모으고 양식을 저장하며 험한 곳을 골라 지키면 서울의 방위 형세는 완급에 따라 대처할 수 있을 것입니다. 광주 남한산성 같은 곳은 고을 치소(治所)로부터 동쪽으로 5리쯤 떨어져 있는데, 형세가 아주 좋고, 성안에 샘물과 농토도 있으니, 수리하여 지킬 만합니다.

이 외에, 수원의 독성, 금천의 금지산(衿芝山: 관악산의 호암산), 인천의 산성이 모두 험한 요새여서 꼭 지켜야 할 땅입니다. 만약 때때로 수선하며 군사가 주둔하여 험고(險固: 지세가 험준함)에 웅거하여 서로 형세를 이루어 도우면, 요해지(要害地)가 밀접하게 튼튼해져서 인심은 서로 믿음 속에 두려워하지 않게 될 것입니다. 설령 적병이 쳐들어오더라도 머리와 꼬리가 견제당하여 감히 곧바로 돌격해 오지 못할 것이므로, 이 또한 마땅히 함께 순시할 때 처리하여야 합니다. 지금 옛 서울로 수레를 돌려 사방을 둘러보니 믿을 만한 미약한 군사도 없고, 비록 산과 강의 험함은 백이지험(百二之險)[15]이 되지만 내버려 두고 관리하지 않으니, 이는 식자(識者)가 아니라도 어찌 소름 끼치고 한심하지 않겠습니까?

또 충주는 서울의 인후(咽喉: 목구멍)가 되는 중요한 곳인데 텅 빈 땅이 되었으니, 이곳 역시 마땅히 더욱 유의하여 충분히 대처하여야 합니다. 서해의 수로(水路)에 대한 준비도 역시 긴급한데, 강화, 교동을 지난해 적병이 지척까지 와서 바라보고 감히 침범하지 못한 것은 배가 없었기 때문입니다. 역시 수사(水使)로 하여금 특별한 계획을 세워 조치하도록 하여 생각지 못한 환난에 대비토록 하는 것이 옳을 것입니다.

다섯째, 영남의 왜적 형세가 바야흐로 위급합니다. 지금 들으니, 중국 조정에서 이미 통공(通貢)의 요청을 거절하였다고 하는데, 그 결렬된 데 대한 화풀이 재앙이 언제 닥칠지 모릅니다. 신이 전에 경상도에 있을 때, 제장들의 행동거지를 잘 알고 있는데, 부질없이 모여서 세월만 보내고 있으며, 굶주려 파리한 오합지졸들이 때때로 풀덤불 속에 숨어 엿보다가 마초(馬草)를 베러 오는 왜적을 사살하고는 얼른 글을 올려 승첩(勝捷)이라고 보고하나, 사실은 한 번도 큰 왜적과 교전한 적이 없으니, 무슨 보탬이 있겠습니까?

게다가 우도(右道) 연해 지방인 김해로부터 웅천, 창원, 고성, 곤양, 사천, 진주,

---

15) 백이지험(百二之險): 천연적으로 험준하여 방어하기에 유리한 지형. 적국의 대군이 쳐들어와도 소수의 우리 군사로 방어가 가능한 요해지(백만대군이 쳐들어와도 2만의 군사로 막아낼 수 있음).

단성(산청)은 이미 추수(秋收)할 수 없는 땅이 되었고, 성주, 금산(김천), 지례, 개령에서 상주, 선산, 문경, 함창에 이르기까지는 풀만 무성한 들판이 되었습니다.

좌도(左道)의 경우, 울산 이하의 지역은 모두 왜적의 소굴이 되어, 걷어 들일 곡식도 없고 징병할 병졸도 없습니다. 믿는 바는 오직 명군뿐인데, 군량 운반은 양호(兩湖: 충청도, 전라도)지역에 기대하지만 여력이 없으니, 백번 천 번 생각해 보아도 다시는 선후대책이 없어 부질없이 안타깝게 통곡할 따름입니다.

요즈음 송경략이 여러 번 설험(設險: 험한 방어시설을 설치함)하는 일을 말하고 있지만 역시 해낼 힘이 없으니 장차 어찌하겠습니까? 또 설사 요새를 설치하여 보루를 쌓더라도 양식이 없으면 군사가 없게 되고, 군사가 없으면 지킬 수가 없습니다. 그러나 지금 계획을 않아 기회를 놓치고 다시 한두 달이 지나면 양식은 더욱 결핍되고 군사는 더욱 흩어질 것이니, 비록 불러 모아 수습하려 해도 형세가 더욱 어려워질 것입니다.

또 각도의 의병은 해를 넘겨 가며 왜적과 서로 마주 보고 있는데, 그중에 용맹하며 전투에 익숙한 군사가 적지 않지만 굶주려 피곤하여 스스로 떨쳐 일어날 수가 없어서, 약한 자는 골짜기에서 죽고 강한 자는 도적이 되어버려 날로 군사가 줄어가니 참으로 안타깝습니다.

신은 청하오니, 양호(兩湖)와 경상 3도에 특별히 중신(重臣)을 보내시되, 재량권을 주어 군사를 징발하고 군량을 조달하는 등의 일을 주관하게 하여, 군정(軍政)을 정돈하고 살아남은 백성을 위로하여, 정예병을 가려 뽑아 명군의 뒷감당을 할 수 있도록 해야 합니다. 남송(南宋)의 장준(張浚)[16]이 도독부를 설치하고, 한(漢)의 소하(蕭何)[17]가 관중을 보즙(關中補茸)[18] 하듯 하면, 아마 인심이 흩어지지 않고, 호령(號令)도 받아들일 사람이 있게 될 것입니다.

---

16) 장준(張浚): 중국 남송(南宋)의 충신. 남송 고종(高宗) 때 북송의 고토(故土)를 회복하려 금군(金軍)과 싸우다 진회(秦檜)의 모함으로 영주(永州)로 유배. 효종(孝宗) 때 금나라가 남송을 치려고 하남(河南)에 대병을 주둔하고 양회(兩淮) 지방을 넘본다고 소문을 퍼트렸는데, 장준이 도독(都督) 강회군마(江淮軍馬)가 되어 금나라의 속임수에 동요하지 말라고 하며 요충지에 군사를 주둔하여 무사하게 하였다.

17) 소하(蕭何): 전한(前漢)의 창업공신. 상국. 진(秦)의 하급관리였으나 동향인 한고조(漢高祖) 유방(劉邦)과 알고 지내는 사이였다. 유방이 봉기(蜂起)하였을 때 그를 따라 모신(謀臣)으로 활약하였다. 유방이 진의 수도 함양에 입성하였을 때 재빨리 진나라 승상부의 도적문서(圖籍文書)를 확보하여 왕조경영의 기초를 쌓았다. 유방과 항우가 천하를 두고 전쟁을 벌였을 때 관중에 머물며 군병과 군량을 잘 보급하여 부족하지 않도록 하여 전쟁을 승리하도록 뒷받침 하였다.

18) 보즙(補茸): 수리한다. 뜯어 고침.

요즈음, 사명을 띤 신하들이 빈번히 왕래하는데, 관리(官吏)가 많으면 일은 더욱 잘 추진되지 않습니다. 조정이 멀리서 비록 통제하려 해도 그럴 기회마다 복잡한 사정으로 매번 목적을 이루지 못하고 있으니, 그 잘못은 오직 인재 등용이 한결같지 못하여 체통이 서 있지 않기 때문입니다. 이 또한 모름지기 빨리 대책을 강구하여 개혁해야 합니다."

12월에 또 상소하여 당면 정무를 진술하였다.

그 대략은 다음과 같다.

"왜적은 경상도에 주둔하여 군사를 쉬게 하고 군량을 쌓았다가 내년 봄 반드시 다시 마음 내키는 대로 삼키려 덤벼들 텐데, 도원수 권율은 휘하에 군사도 없이 대구에 있고, 순변사 이빈은 비록 의령에 있으나 거느리고 있는 군사는 굶주린 채 수백 명이 되지 않고, 선거이[19]와 성윤문[20] 등은 띄엄띄엄 모여 있어서 감히 왜적의 울타리 안을 엿보지 못하고 있으니, 만약 왜적이 한번 움직인다 하면 다시 전라도 이북 지경으로 멀리 치달려 올 터인데, 전라도를 보전하지 않고서 나라를 보전할 수 있겠습니까?

신은 매번 요해처를 골라서 방어시설(산성)을 설치하고 굳게 지켜, 백성들로 유사시에는 성에 들어와 지키고, 무사할 때면 들에 나가 밭 갈게 하여, 왜적이 진출해도 얻을 것이 없게 하고, 물러나면 배후를 군사로 추격당하여, 며칠을 못 가 우물쭈물 물러가게 하려고 하였습니다. 이것은 오늘날 바꿀 수 없는 중요한 일입니다.

신은 누누이 포루(砲樓)가 성을 지키는 데 유리하다는 것을 말하였고, 그래서 하삼도(下三道: 경상 전라 충청)의 관찰사에게 지시하여 힘닿는 대로 설치하라고

---

19) 선거이(宣居怡, 1559-1598): 무과. 조산보 만호 이순신과 함께 함경도 녹둔도를 지켜내었다. 거제 현령, 진도 군수. 임진왜란 발발하자 한산도 전투 참가. 전라 병사 때 순찰사 권율과 함께 수원 독산산성, 행주산성 전투에 참가. 1593년 진주성을 왜군이 공격했을 때 농성이 득책이 아니며 내륙에서 싸울 것을 주장하며 운봉으로 진을 옮겼다. 이 때문에 진주성이 함락되자 구원하지 않았다고 탄핵 받았다. 김천일의 충절이 높이 평가될수록 선거이는 제대로 평가받지 못하게 되었다. 충청병사. 1598년 울산성 전투에 참가 전사하였다. 본관 보성.

20) 성윤문(成允文, ?-?): 무신(武臣). 1591년 갑산부사. 임진왜란 때 함경병사. 1594년 경상우병사, 진주목사, 경상좌병사. 경상도 해변의 여러 전투에 참가. 1607년 수원부사, 파직되었다. 본관 창녕.

하였으나 지금까지 한 곳도 거행하였다는 말을 듣지 못하였습니다. 대개 사람 마음은 습관대로 지내는 것을 좋아하고 일 벌리는 것을 꺼립니다. 왜적을 박멸하는 일은 명군에게만 떠맡겨두고 이렇게 느긋하게 지내다가, 벌써 세모가 박두했는데, 내년의 일은 또 어떻게 할 것입니까?

신이 살펴보니 왜적은 본디 깊고 원대한 전략을 가지고 있지 못하나, 나름대로 용병(用兵)에는 익숙하고 중요한 지형을 잘 차지하고 있습니다. 그들이 진을 칠 때에는 반드시 높은 산꼭대기에 가서 좌우로 살펴봅니다. 서울 안에서도 남산의 여러 언덕에 올라가서 잘 연락되도록 배치하였습니다. 토굴을 팔 때는 역시 반드시 굽이마다 마주 보고 지키도록 하였고, 비록 작지만 포도(砲道)를 아주 멀리까지 닿도록 하였습니다. 이것은 왜적이 책모에 잔꾀가 있어 걱정거리에는 모두 대비한 것인데, 우리나라 장수들은 이러한 생각은 조금도 없고, 중요한 지형이 있는 장소도 살피지 않아 캄캄하게 모르며, 미리 결정하는 계책도 없고 꼭 지켜내야 할 곳도 판단하지 못하면서 시골을 부평초 떠돌 듯하니, 이러한 상태로는 대적(大敵)을 방어하는 것이 불가능하다는 것을 비록 어린아이들도 알 것입니다.

병법에서 "땅에는 반드시 지켜내야 할 곳이 있고, 성(城)에는 반드시 차지해야 할 곳이 있다"고 하였습니다. 그러므로 백마(白馬)의 나루를 지키고 비호(蜚狐)의 좁은 목을 차지하니 천하의 형세가 한(漢) 나라로 기울었고,[21] 동관(潼關)을 지켜내지 못하니 장안(長安)이 보전되지 못하였으며[22], 백강(白江), 탄현(炭峴)을 지켜내지 못하니 백제(百濟)가 그 때문에 망하였습니다.[23] 이는 그곳이 그 정도로 지켜야 할 중요한 곳이었던 것입니다.

신은 호남 지방은 아직 직접 밟아본 적은 없으나, 경상 우도로부터 서쪽에 남원, 순천이 있고, 그 다음은 전주, 나주 등인데, 모두 반드시 지켜야 할 성이며, 순천, 나주, 전주에 비록 성은 있으나, 생각건대 반드시 제대로 되지 않은 곳이

---

21) 역이기(酈食其)가 한(漢) 고조(高祖: 당시는 패공(沛公))에게 한 말. "하늘(백성)의 하늘(양식)을 아는 자는 왕업을 이룰 수 있으니, 원컨대 패공께서는 급히 진군하여 형양(滎陽)을 점거하며, 오창(敖倉)의 곡식을 차지하며, 성고(成固)의 험한 곳에 보루를 쌓고, 태행산의 길을 막아버리고, 비호(蜚狐)의 좁은 길을 막고, 백마(白馬)의 나루를 지키소서. 제후들에게 실제 형세를 보여주면 천하가 귀의(歸依)할 데를 알 것입니다"

22) 당 나라 안록산의 난 때 방어군을 이끌고 섬주에 있던 고선지에게 낙양 방면에서 패전하고 후퇴한 봉상청이 한 말.

23) 백제(百濟)가 멸망할 때 흥수(興首)가 의자왕(義子王)에게 한 말. "백강과 탄현은 우리나라 요충지로서 한 명의 군사, 한 자루의 창으로 적군 1만 명을 당해낼 수 있습니다. 용감한 군사를 뽑아 당군(唐軍)이 백강에 들어오지 못하게 하며 신라군(新羅軍)이 탄현을 넘지 못하게 하소서."

있을 것이므로, 지금 수리한다면, 3, 4월에 왜적이 움직이기까지 아직 몇 달이 있습니다. 포루 공사 같은 일을 많이는 못해도 조금이나마 할 수 있고, 설치한다면 산성 수축하는 일보다 먼저 해야 합니다. 이는 여러 번 아뢰었습니다만, 장성현 감(長城縣監) 이귀(李貴)[24]는 한 소읍(小邑)의 수령이지만 오히려 입암산성(笠巖山城)[25]을 수축해 내었습니다. 이 일로 보아도, 모든 일은 하지 않는 것이 문제일 뿐, 실행한다면 반드시 효과가 있을 것입니다.

경상우도는 비록 심히 파괴되었으나 수습하여 조치할 길이 없지는 않습니다. 신은 일찍이 호남을 보전하려면 그 방위는 마땅히 경상우도를 방어하는 데에서 시작해야 한다고 생각해 왔습니다. 만약 우도를 한번 잃으면 호남은 막아줄 땅이 없어져서, 사방에서 흩어져 충돌해 오는 왜적을 누가 막을 수 있겠습니까? 신이 지난 가을에 우도의 의령, 삼가, 고령, 단성, 안음 등의 지역에 있었는데, 산세가 매우 험준하려 모두 옛 성이 있었습니다. 얼른 수축하려고 백성들에게 이것이 사는 길이라고 권면하였더니, 삼가의 백성이 제일 먼저 명령에 따라 산성을 수축하려고 해서 지형을 그려 보여주었는데, 신이 떠나오고 또 삼가 현감이 체직되어서 그 뒤에는 도무지 들려오는 소식이 없습니다.

신이 삼가 살펴보건대, 오늘날 사람들 마음이 왜적을 토벌하는 일은 오로지 명군에게 책임지우고, 비록 시행할 만한 책략이 있어도 조치할 뜻이 없습니다. 예부터 타국에 군사를 청하여 회복한 경우에는, 일은 우리가 주도하고, 타국 군사는 우리를 위하여 도울 뿐이었습니다. 병 치료에 비유하면, 우리는 원기(元氣)이고, 타국 군사는 약이었습니다. 약으로 병을 다스릴 때 반드시 원기를 돋우어야 하니, 만약 우리의 원기가 허약하면 비록 만금짜리 약이 있다 하더라도 어찌 쓸 수 있겠습니까?

국가가 왜적의 침범을 받은 지 2년, 왜적이 서울에서 물러간 지 이미 9개월, 그 사이 세월만 모두 헛되이 마구 흘려보내고, 날로 윤복(淪覆: 엉망진창)의 지경으로 진행되고 있으나 이를 깨닫지 못하고 있으니 어찌 마음이 아프지 않겠습니까? 지금 팔방이 다 무너지고, 재물과 양식이 싹 없어져서, 인민들은 들판에 서로

---

24) 이귀(李貴, 1557－1633): 호 묵재(黙齋). 본관 연안. 이이(李珥)의 제자. 생원. 임진왜란 때 삼도소모관. 군사, 군량 모집으로 서애 선생을 도왔다 도움. 장성 현감. 김제 군수. 1603년 문과. 광해군 시절 한때 유배. 평산 부사. 이듬해 인조반정 주도. 정사공신(靖社功臣), 연평부원군(延平府院君). 이조참판, 대사헌, 좌찬성. 서인 공서파(功西派) 영수. 정묘호란 때 최명길과 함께 화의를 주장하여 탄핵당하였다. 영의정 추증. 시호 충정(忠定)

25) 입암산성(笠巖山城): 전라남도 장성군과 전라북도 정읍시에 걸쳐 있는 노령산맥의 산성.

뒤엉켜 엎어져 있고, 도적들은 원근에서 떼 지어 일어나니, 근심할 일이 외적(外賊)뿐만이 아닙니다. 이것이 신이 아래를 내려다보나 하늘을 우러러 보나 가슴을 치며 마음에 아픔을 이기지 못하는 까닭입니다"

충청도에 역적이 일어나, 선생은 왕명을 받들어 궁중에 들어가 숙직하였다.

충청도 역적 송유진 등이 무리를 모아 약탈하며 서울로 향한다고 하니, 서울 사람들이 크게 놀랐다. 임금이 명하기를 선생과 병조판서 이덕형은 대궐 안에 들어와 숙직하도록 하였다. 선생은 상계하기를 '이번 위의(危疑: 마음이 편치 않고 의심스러움)한 때를 당하여 갑작스럽게 대신이 들어와 숙위(宿衛)하도록 명하시니, 인심을 더욱 놀라게 할까 염려됩니다' 하였다.

임금께서 다시 밀지(密旨)를 내려 지시하시기를 "나는 경을 의지하여 장차 큰일을 하려는데, 경은 유달리 자기 몸을 아낄 줄 모르는구나. 경은 홀로 무원형(武元衡)[26]의 일을 보지 못하였는가?" 하였다.

어느 하루 저녁에, 추위가 심하였다. 임금이 내시를 보내어 선생이 어떻게 하고 있는지 엿보게 하였는데, 내시가 돌아와 보고하기를 "영상께서는 촛불을 밝히고 옛 사서를 되풀이 읽고 계십니다" 하니, 임금이 즉시 명하여 따뜻하게 데운 술을 내렸다.

그때 외구(外寇)는 물러가지 않았는데, 나라 안에서 역적이 발생하였고, 도성 안에 남아 있는 군사는 수천도 안 되어, 원근이 소동하여서 아침저녁으로 어떻게 될지 몰랐다. 선생이 안색을 바르게 하고 조정에 나와서는 행동거지가 태연하니, 조야(朝野)에서 태산처럼 무겁게 바라보았다. 얼마 되지 않아 역적이 사로잡히고, 옥사를 다스리게 되었는데, 공정하고 밝게 판결하여 억울한 누명을 벗겨 준 것이 많았으며, 온전히 살아난 자가 셀 수 없을 만큼 많았다.

금부에서 사용하는 신문(訊問)용 곤장(棍杖)은 국초부터 법에 정해져 있었다.[27] 그 두께와 폭은 일정한 규격이 있어서, 하나의 둥근 쇠고리에다가 몽둥이를 집어넣

---

26) 무원형(武元衡, 758-815): 당(唐) 나라 덕종(德宗) 헌종(憲宗) 때 사람. 어사중승, 문하시랑 평장사, 검남서천절도사. 재상. 각지에서 독립적인 번진(藩鎭)을 평정하여 중앙정부의 강화(强化)를 추진하였다. 고구려 유민 출신인 평로치청절도사 이사도(李師道)가 보낸 자객에게 암살되었다.

27) 범죄가 발생하였을 때 범인에게 단순한 문답으로 조사하는 것을 평문(平問)이라 하고, 고문을 가하여 조사하는 것을 형신(刑訊)이라 하였다. 이 형신을 할 때 사용하는 형장(刑杖)과 형구(刑具)에는 그 종류와 규격을 정해두고 있다. 신장(訊杖)은 길이가 3척 3촌인데, 위 1척 3촌은 원(圓)의 직경(直徑)이 7분이며, 아래 2척은 넓이가 8분 두께가 2분이었다. (경국대전 형전)

어서 들어갈 수 있어야 사용하였다.

여러 세대를 거쳐 그 법이 점점 사라지고 곤장은 날로 크고 무겁게 되어 사람이 들 수 없을 정도가 되었다. 그 때문에 죄인이 형벌을 받으면 얼마 되지 않아 죽었다. 죄 있는 자에게 범죄를 다 실토하게 만드는 데는 미흡하고, 죄 없는 자에게는 과도한 형벌을 주어 죽게 하니, 사람들이 모두 억울해 하였다.

이에 이르러, 선생이 신문하는 곤장은 구제(舊制)에 따라 쓰도록 계청하여 한결같이 둥근 쇠고리를 통과하는 곤장이라야 올바른 것으로 정하여 선왕들이 형벌을 신중히 하라는 뜻을 본받자고 하니, 임금이 받아들였다.

이에 전정(殿庭)에서 쓰는 신장(訊杖)과 태장(笞杖)을 모두 깎아 골고루 작게 만들고, 그것을 제도로 정하였다. 이로부터 죄인들이 비로소 과도한 형벌로 죽는 근심이 없어졌으며, 지금도 그 제도의 혜택을 받고 있다.

==

上箚 條陳時事

略曰 凡人之智 能見已然 不能見將然 所貴於經亂之後者 以其嘗歷多而懲創者深也 今國勢岌岌 累卵 不足以喩其危 正須延攬 群策深追 旣往策勵 群工共惜分陰 圖惟厥終 以收板蕩之勢 不然而悠悠泛泛 牽制文具 數月之後 事機益遠 更無着手處 臣 不揆愚淺 輒條列所宜行者

一 賊退後 戶曹急宜參商一年經費之數 定其民間所出之物 又分列邑殘敗稍緩處 或仍舊 或半減 或全減 預先明白移文 使民間曉然知之 然後 朝廷惠澤得以下究 而貪官猾吏不得依憑 措手於其間矣 大槪 戶曹之任 至爲緊重 極擇有心計幹辦之人 爲堂上郞廳 勿拘常規 必得其才 以重經費之任

一 畿甸之民 被賊禍尤甚 數百里內 無復烟火 經冬及春 則勢將蕩無生類 今四方一皆板蕩 更無移轉賑救之路 惟臣前日啓請鹽利 稍可及時分散 庶有一分之益 此乃戶曹之責 而亦須使戶曹一人專掌其事 奔走措置 不遑時刻 亦乞急速擧行 以及於未凍之前

一 明年種子 朝廷固已購求 但近日之事 多無實效 亦令該曹早爲區劃 使有著落 且海島屯田 亦必有利 若擇海中可墾之地 每以十人爲一耦 與之農器 水陸之種 擇其原隰而

起耕 官取其半 而自食其半 公私兩便 昔唐末 洛陽瘡殘 有張全義者爲其尹 聚流民 分田耕墾 全義又親行畎畝之間 勸課農桑 數年之內 洛陽完實

今亦措置京畿民事 必如全義之洛陽 然後可也 昔衛爲狄所滅 文公以大帛之冠 大布之衣 撫摩遺民 重穀撫農 其詩曰 靈雨旣零 命彼倌人 星言夙駕 稅于桑田[28] 此則自上尤當留念 以厚邦本 如此孜孜 期以十年 則荊榛變爲樂土 邦其永孚于休矣

一 臣久在東坡 粗觀形勢 秋間 又自慶尙道 取途原州 由砥平楊根 渡龍津 入京都 其間地形 阨塞要害 亦頗親見 若於上流楊根驪州等處 以重兵勁卒 沿江列柵 以死拒守 則賊兵必不能容易徑進 今 宜急遣重臣有計慮者 巡視要緊之處 而爲之區劃經略 以求善後之圖

至於漢江以南 則利川驪州廣州爲京都左輔 水原南陽富平仁川爲右輔 此等之邑 若能收兵峙糧 擇守險阻 則京城之勢稍有捍蔽而緩急 庶有所恃矣 如廣州南漢山城 距州治東五里許 形勢甚好 而中有井泉田土 可以修葺保守

此外 水原之禿城 衿川之衿芝山 仁川之山城 皆係險阨 必守之地 若隨便繕治 屯兵據險 互爲形援 則襟抱固密 人心有恃而不恐 縱有敵兵 亦有首尾牽掣 不敢徑突 此亦當竝爲巡視 今旋軫舊京 而環顧四方 無蚍蜉蟻子之足恃[29] 雖有山川之險 百二之固 棄置 不爲料理 此不待識者 而凜然寒心者也

且忠州 京城咽喉之重而已 爲空虛之地 此亦當更加留意 十分區處也 西海水路之備 亦甚緊急 江華喬桐 年前 賊兵相望咫尺 而不能犯者 以其無船也 亦令水使 別加規畫措置 以圖慮外之患 爲可

一 嶺南賊勢方急 今聞 中朝已絶通貢之請 其咆怒決裂之禍 在於朝夕 臣前在慶尙道 悉知諸將形止 徒聚經年 烏合飢羸之卒 時時草間潛伺 射殺刈草往來之倭 騰書告捷 其實 未嘗一與大賊交鋒 亦何益之有

---

28) 시경 용풍(鄘風) 정지방중(定之方中)의 구절
29) 비부의자(蚍蜉蟻子): 왕개미와 작은 개미. 아주 힘없는 존재를 뜻한다.

加以右道沿海 自金海熊川昌原固城昆陽泗川晉州丹城 已爲不收之地 星州金山知禮開
寧 以至尙州善山聞慶咸昌 爲莽蒼之野

左道 則自蔚山以下擧爲賊藪 糧無所出 卒無所調 所恃惟天兵而已 因其運糧 支待兩湖
又無餘力 百計千慮 更無善後之策 徒切痛哭

近日 宋經略屢言設險事 而亦無可爲之力 將若之何 且雖設險築壘 而無食則無軍 無軍
則不可守 然 失今不圖 更過一二月 食益乏而軍益散 雖欲收拾招呼 其勢愈難

且各道義兵 經年與賊相持 其中勇悍慣戰之士 亦非不多 而飢餓疲困 不能自拔 弱者死
溝壑 强者爲盜賊 日就澌滅 誠爲可惜

臣請 於兩湖嶺南三道 別遣重臣 付以便宜之權 以主調軍饋餉等事 使之整頓軍政 撫慰
遺黎 抄擇精卒 爲天兵後繼 如張浚之開督府 蕭何之補葺關中 則庶幾人心不至渙散 號
令有所歸宿矣

近日 奉使之臣 項背相望 官愈多而事愈不理 朝廷雖欲遙制 而機會曲折 每不相中 其
失惟在於任人不專 而體統不立故也 此亦急須講求 改絃然後可也

十二月 又上箚陳時務
略曰 賊屯據慶尙道 休兵積糧 明春必更肆呑噬 而都元帥權慄 無軍在大丘 巡邊使李薲
雖在宜寧 所率飢兵 不滿數百 宣居怡成允文等 又踽踽相聚 不敢窺賊蕃籬 賊若一動
全羅以北更爲長驅之境 全羅不保 則其能爲國乎

臣每欲擇其要害 設險堅守 令民有事則入保 無事則出耕 賊進 無所得 退有躡後之兵
不過數日 將逡巡自退 此 今日不易之要務也 臣屢陳 砲樓爲守城之利 固已移文於下三
道觀察使 令隨力設之 而至今未聞一處擧行者 蓋人情樂於因循 憚於作事 徒以滅賊之
功 付諸天兵 似此悠悠 已迫歲暮 明年之事 又將奈何

臣竊觀倭賊 初非有深謀遠識 而頗熟於用兵 又善占得形勢 其置陣 必在左右顧眄高山
絶頂之上 至於京城內 就南山諸麓 排置羅絡 所作土窟 亦必曲曲相對所守 雖小而砲道

所及甚遠 是其賊謀 狡黠 慮患備悉 而我國將帥全不知此 其於形勢所在 冥然莫察 無
先定之計 無必守之地 遊移往來 如浮萍之相推於江湖 以此禦大賊 雖童穉猶知其未可
也

兵法曰 地有所必守 城有所必據 故守白馬之津 據蜚狐之口 則天下之形勢在漢 潼關不
守 而長安不保 白江炭峴不守 而百濟以亡 此其已然之險也

臣於湖南一路 未嘗親歷 然 其自慶尙右道而西 則 南原順天 其次全州羅州等 皆係必
守之城 至於順天羅州全州 則雖有城子 而想必齟齬 及今修治 則前去三四月 賊動之時
尙有數月 如砲樓功役 不多猶可 及設 至如山城修築事前 此屢啓 如長城縣監李貴 乃
一小邑之守 尙能修築笠巖山城 以此觀之 凡事患不爲耳 爲則必有其效

至如慶尙右道 雖甚殘破 不無收拾措置之路矣 臣意嘗以爲欲全湖南 其防守當自慶尙
右道始 若右道一失 則湖南無蔽障之地 四散衝突之賊 誰能禦之 臣秋間 在右道於宜寧
三嘉高靈丹城安陰等處 地勢險絶 皆有古城 欲暫加修築 勸民以生道 則三嘉之民 首先
趨令 欲築山城 圖地形來示 而臣上來 又三嘉遞縣監 其後絶無聞矣

臣竊觀 今日人心 專責討賊之事於天兵 雖有可行之策略 無措置之意 自古請兵於他國
而恢復者 主張在我 而他國之兵 爲我助援而已 比之攻病 我則元氣也 他兵則藥石也
藥石攻熨 必資元氣 若在我元氣冥然漠然 則雖有萬金之藥 安所施之

國家遇賊二年 賊退京城已九箇月 其間 日月皆爲虛度駸駸 然 日就於淪覆之域而不悟
豈不痛心矣乎 今八方塗地 財穀殫盡 人民枕籍乎原野 盜賊群起乎遠近 可虞之事 不但
外賊而已 此臣之所以俯仰拊心 而不勝傷痛者也

忠淸道 逆賊起 先生承命 入宿禁中
忠淸道逆賊宋儒眞等 聚衆勒掠 轉向京師 京師大震 上命先生與兵曹判書李德馨 入直
大內 先生啓當此危疑之際 遽命大臣入衛 恐益駭人心 上復以密旨 敎曰 予倚卿將大有
爲 而卿殊不自愛 獨不見武元衡之事乎 先生不得已與兵判入直

一日夕 寒甚 上潛遣內豎 瞯先生 內豎還報曰 領相明燭 繙閱古史 上卽命煖酒賜之 時
外寇不退 而內賊又作 城中 見在之軍 不滿數千 遠近騷動 莫保朝夕 而先生正色立朝

舉止自若 朝野望以爲重 未幾 賊就擒 及治獄 公正明決 多所平反 全活者 不可勝數

禁府所用訊杖 國初定爲規式 其厚薄廣狹 皆有常制 置一圓環 使其杖 容於其中而用之 歷代以來 其法漸廢 其杖日至重大 至於人不可舉 以故 罪人受刑 未幾徑斃 有罪者未 及輸情 而無罪者多至濫死 人皆冤之

至是 先生啓請 訊杖循用舊制 一以圓環爲正 以體先王愼刑之意 上可之 於是 殿庭所 用訊杖 及凡笞杖 皆削就平小 仍爲定制 自是 罪人始無濫死之患 至今賴之

다. 훈련도감, 진관제 등의 군사제도의 정비, 53세

선조 27년(1594) 갑오

정월 군사훈련을 계청하였다.

　그 대략은 다음과 같다.

　　"근자에 별도로 도감(都監: 훈련도감)을 설치하여 화포(火砲)를 훈련하였는데, 몇 달 지나니 기대 이상으로 효과가 있었습니다. 그 가운데 재주가 완성된 자는 절강(浙江) 군사 중의 잘하는 자와 다름이 없습니다. 진실로 군량을 넉넉하게 준비하여 널리 초모(招募: 광고하여 모집함)하고 밤낮으로 훈련하며 도중에 폐지하지 않으면, 한 달이면 마땅히 한 달의 성과가 있을 것이고, 몇 년 뒤에는 모두 절제를 갖춘 군사가 될 것입니다. 그렇지 않고 인순(因循: 습관을 따름)에 빠져 머뭇거려서, 오늘도 하지 않고, 내일도 하지 않고 지내면, 날로 위태로운 곳으로 떨어질 것입니다.

　　지금 재물 나올 길이 이미 고갈되었으니, 오직 마땅히 별도의 방법을 강구하여 군량 문제를 조치해야 하겠습니다. 청하오니, 충청도의 사찰(寺刹)의 위전(位田)[30]을 몽땅 훈련도감에 소속시켜 백성들에게 경작하도록 내어주고, 수확물을 계산대로 받아들여 군량으로 삼으면 군사를 계속 먹일 수 있습니다.

───────────

30) 위전(位田): 수확물을 제향(祭享) 등의 일정한 목적에 사용하고자 설정된 전지(田地).

또 외방(外方)의 감사, 병사, 수사 및 각급 관아에서는 각각 인원이 많고 적고의 형편에 따라 군사를 모집하여 총포사용을 교습하도록 해야 합니다. 만일 마음을 다하여 가르치고 뛰어난 효과가 있는 사람은 특별히 포상하며, 게으르고 부지런하지 않아 가르쳐도 효과가 없는 사람은 그때마다 꾸짖고 벌주면, 사방에서 풍문을 듣고 잠깐 사이에 총포꾼이 무리를 이루게 될 것입니다.

조총은 가장 훌륭한 무기인데, 요즈음 훈련도감에서 쓰고 있는 조총은 모두 왜놈들의 물건을 수습한 것으로, 그 숫자도 많지 않고, 종종 파손되어 날로 소모되어 버리고 있습니다. 만약 서울의 솜씨 좋은 대장장이를 찾아내어 계속 만들게 하면, 조총의 용도는 날로 넓어지며, 익히지 못한 사람도 없게 될 것입니다" 하였다.

2월에 계청하기를, 충주(忠州) 지방에 (한강의) 상류의 방어를 굳히는 조치를 하고, 또 조령(鳥嶺)에 관문과 둔전을 설치하자고 하였다.

그 대략은 다음과 같다.

"오늘날 형세로 보아 중요한 것은 조령 길을 막아 끊는 것이 가장 긴급하며, 충주는 한강 상류에 있는 나라의 문호(門戶)입니다. 충주를 지키지 않으면 강 연안 수백 리가 모두 적군의 공격을 받는 지역이 될 것이고, 적병이 쳐들어오면 마치 높은 지붕에서 동이 물을 붓는 것 같아 막을 수가 없을 것입니다. 충주를 보전하려면 마땅히 조령을 장악하여 길을 끊는 것으로부터 시작해야 하며, 조령이 만약 함락되면 충주는 비록 훌륭한 장수와 용감한 군졸이 있어도 지켜낼 수가 없을 것입니다.

지난해 8월, 신은 이 길을 따라 왕래하였는데, 무릇 군사를 숨겨 복병을 두는 곳과 통제하거나 길을 끊는 데 요긴한 곳을 얼른 대략 파악하였습니다. 수문장(守門將) 신충원(辛忠元)이라는 사람이 말하기를 '고개 위에서 동쪽으로 10여리 아래에 양쪽 언덕이 깎아지르고 가운데 냇물이 굽이치는 곳을 응암(鷹巖: 매바위)이라고 하는데, 만약 여기에 방어시설을 설치하여 길을 끊으면, 백여 명도 되지 않는 굳센 군사로 지켜도 고갯길의 수비(守備)가 저절로 견고해질 것입니다. 연풍(延豊)[31] 읍내와 서면(西面) 수회촌(水回村)[32]은 땅이 극히 비옥하니, 파수(把守)

---

31) 연풍(延豊): 충북 괴산군 연풍면.
32) 수회촌(水回村): 충북 충주시 수안보면 수회리.

하는 군사로 둔전하여 농사를 지으면 군량도 댈 수 있습니다'라 하였습니다.

　　대저 마땅히 오늘의 할 일은 사람마다 군사 노릇을 하면서 또 곳곳에서 농사도 지어야만, 아마도 만에 하나 효험이 있을 것입니다. 신충원 같은 사람을 때맞추어 내려보내어 자기 말처럼 고갯길을 파수하며 둔전하는 계책을 써보게 하는 것이 어떻겠습니까?"

　　임금이 비답하기를 "이 계사(啓辭)를 보니 더욱 경이 나라를 위하여 온 마음을 다 쓰는 뜻을 알겠다. 마땅히 아뢴 대로 하라" 하였다.

　　신충원은 충주 사람인데, 전에 의병(義兵)이 되어 조령에서 적병의 허리를 끊어 그 군공(軍功)으로 수문장(守門將)이 되었으며, 조령 고갯길을 상세히 알고 있었다. 선생은 지원해 줄 것이 없어 내려보낼 때 공명첩(空名帖)[33] 수십 장을 주고, 사람을 모아 성을 쌓게 하였다. 드디어 응암에 성을 쌓아 문루(門樓)를 세우며, 유민(流民)들을 불러 모아 달천(달내), 장항(노루목), 수회, 안보(수안보)에 둔전하게 하여 도로를 개통하였다.

　　정유년에 이르러 왜적이 다시 침범했을 때 조령을 경유하지 않았으니, 양호(兩湖)의 피란민이 신충원에게 가서 의지하여 산중에 가득하였으며, 사람들은 모두 성을 설치한 공이라고 여겼다. 그 후에 신충원은 죄를 입었고, 성도 허물어졌는데 수리되지 않았다.

3월에, 진관제(鎭管制)를 정비하여 시행하기를 계청하였다. 임금이 따랐다.

　　그 대략은 다음과 같다.

　　"군정을 다스리는 데는 큰 강령(綱領)과 큰 절목(節目)[34]이 있는데, 절목이 열거되어 있지 않은 강령은 비록 갖추었다 해도 쓸데없습니다. 조종(祖宗) 때부터 시행하여 오던 제도로는, 8도의 각각 관제(官制)에 모두 진관(鎭管)이 있어서, 평

---

33) 공명첩(空名帖): 조선시대 수취자의 이름을 기재하지 않은 채 관직을 제수하거나 면역(免役), 면천(免賤) 등을 허가하는 문서. 임진왜란 때 군공(軍功)을 세우거나 납속(納粟: 곡식을 바침)한 사람에게 그 대가로 발행되었다. 또 후기로 내려가면서 흉년 등으로 기민(飢民)을 구휼하는 등 긴급한 재정조달이 필요할 때 여러 번 발행되었는데, 실직(實職)을 주는 것은 아니고 허직(虛職)이며, 신분 상승의 효과가 있었다.

34) 강령(綱領)과 절목(節目): 강령은 일을 추진하는 으뜸 되는 줄거리, 대원칙을 말한다. 절목은 원칙, 규칙의 세부 조항을 말한다.

시에는 진관이 주진(主鎭)이 되어 그 소속 고을을 감독하고, 유사시에는 진관에서 각기 그 소속 고을의 군사를 통솔하여 비늘처럼 차례로 정비하여 주장(主將)의 지휘를 따르게 하는데, 그 형세는 몸이 팔을 사용하고 팔이 손가락을 움직이게 하는 것과 같아, 운용을 마음대로 조종(操縱)할 수 있으니, 오직 주장(主將)만이 하는 일입니다.

또 한 진관의 군사가 비록 혹시 패주하더라도, 다른 진관의 군사가 각각 큰 군사를 동원하여 차례차례 굳게 지켜서, 때로는 그 앞을 누르고, 때로는 그 뒤를 쫓으며, 때로는 좌우에서 교란시키면, 적이 비록 승세를 타더라도 감히 쉽게 돌격해 오지 못할 것이니, 그 형세가 그러한 것입니다.

우선 경상도를 가지고 말씀해 보면, 동래(東萊) 진관 소속 10여 개 읍의 군사는 대체로 보아 7~8만 명이 됩니다. 가령 불행히도 패전하면 또 대구(大邱) 진관의 군사가 가운데를 차단하고 경주와 진주의 군사가 좌우익이 되며, 불행히 대구의 군사가 또 불리하면 상주(尙州)가 중병(重兵)으로 굳게 지키며, 충청도 충주 진관의 군사가 조령을 나와 지키며 막아서 그 후속 부대가 되며, 청주 진관이 또 소속 군사를 거느리고 황간, 영동, 추풍령 사이로 나아가 지켜 우익이 되고, 경기도 고을에서는 군사를 엄하게 하여 정비하고 기다리면, 나라의 형세가 마치 여러 겹의 문과 담장이 있는 것 같이 되어, 적이 비록 한 겹을 침투하여 돌파하여도 또 한 겹이 있어서, 어찌 일순(一旬: 열흘) 사이에 천리를 횡행하여 지름길로 서울에 쳐들어와, 마치 사람 하나 없는 땅에 쳐들어 온 것처럼 제멋대로 뛰어다닐 수 있겠습니까?

대저 조종(祖宗: 선대 임금)께서 멀리 경영하신 의도가 이처럼 상세하였는데, 중세 이후에 생각이 가볍고 꾀가 얕은 사람이 자기 마음대로 조종의 제도를 모두 다 허물고 새 제도를 만들어 내어 이름을 제승방략(制勝方略)이라고 하였습니다. 이를, 세상에서는 손오병법(孫吳兵法)이라 하며 으뜸으로 받들어 오로지 시행하더니, 국사가 이 지경에 이르게 되었고, 비록 다른 일에도 잘못이 많다 하나 큰 틀로 보면 제승방략이 그르친 것입니다.

이 일은 신이 왜적의 변란이 생기기 전에 올린 계사 가운데 여러번 언급한 것입니다만, 외직에 있는 신하 중에 어렵다고 여긴 자가 있어서, 필경 일이 시행되지 못하였으니, 신에게는 지금도 유한(遺恨)35)으로 남아 있습니다.

---

35) 유한(遺恨): 잊을 수 없는 유감(遺憾).

예전에 한 일을 징계하는 것은 장래의 일을 조심하려는 때문이며, 옛일을 거울로 삼는 것은 지금의 일을 제대로 추진하려 하기 때문입니다. 신의 뜻으로는, 각 도에 진관법을 바야흐로 시행하도록 명령하소서. 일은 원칙을 제시하는 것이 귀중하오니, 원칙이 한번 제시되면 모든 절목(節目)이 저절로 따라오게 됩니다. 그 때문에 신은 이 한 가지 일에 대하여 감히 모든 내용을 다 갖추어 진술하는 바입니다."

임금이 비답하기를 "말이 지당하도다. 마땅히 이대로 시행하라" 하였다.

4월에, 임금을 호종(扈從)하여 모화관(慕華館)[36]에서 진법(陣法) 훈련하는 행사를 하였다.

임금이 말을 타고 모화관으로 행행(行幸)하여 친히 진법(陣法) 연습(鍊習)을 살펴보았다. 진법 연습이 끝난 뒤 필단(正緞)[37] 이봉(二封: 두 묶음)을 선생에게 하사(下賜)하며 말씀하기를 "오늘 진법 연습을 보니 우리나라에 없었던 일인데, 이미 숙달되어 있으니, 이는 영상(領相)이 평소에 힘써 노력하여 이루어 낸 때문이니, 이것(물건)으로 표창한다" 하였다.

선생이 사양하여 말하기를 "소신은 별로 한 일이 없습니다. 이는 모두 이덕형과 중국 관리가 권장(勸奬)한 일입니다. 소신이 이 은사(恩賜)를 받는 것은 마음이 편치 못합니다" 하였다. 임금은 "미안해하지 말라"라고 하였다.

변방 고을의 전투에 익숙한 군사를 모집하고, 내지(內地)의 민병은 줄여서 군무와 영농을 겸(兼)하도록 하며, 또 항복(降伏)한 왜병(倭兵)에 대하여 조치할 것을 계청하니, (임금은) 따랐다.

그 대략은 다음과 같다.

"군졸들 중에는 무예에 숙달되지 못하면서 쓸데없이 밥만 축내는 자가 많습니다. 군량은 다 떨어져 가는데 계속 공급할 방법이 없으니, 이것이 오늘날의 절실

---

36) 모화관(慕華館): 중국 사신을 영접하던 객관(客館)으로 현 서울 서대문구 현저동에 있었다. 청일전쟁 뒤에 폐지되고 독립협회가 사무실로 사용하였으며 이름도 독립관이라 한다. 그 앞에 영은문(迎恩門)이 있었는데, 독립협회가 이를 허물고 독립문(獨立門)을 세웠다.

37) 필단(正緞): 필(正)로 된 비단. 필(正)은 베의 길이 단위이다. 옷 한 벌 감.

하고도 긴급한 걱정거리인데, 지금 들으니, 각 관병(官兵)과 민병(民兵)들이 농민들의 물자를 징발하는 폐단이 아직도 남아 있다고 합니다. 그 때문에 농민들은 생업을 거의 다 잃었으며, 군진(軍陣)에 남아 있는 군사도 또한 먹지 못하고, 쓰러져 누워 서로 바라보고만 있다고 합니다.

대개 내지의 민병 백 명이 변방 고을의 전투에 익숙한 군사 한 명을 당할 수 없습니다. 지금 경주, 울산, 장기, 밀양, 기장, 청도, 양산 사이에는 유민(遺民)들이 산골짜기에 흩어져 있는데, 지난해 전투로 심담(心膽)이 이미 굳세어진 사람의 숫자가 천(千)이나 만(萬)에서 그 아래로는 내려가지 않을 것입니다. 만일 군량이 있어서 불러 모아 군사로 삼으면, 멀리서 온 피폐한 타지 군사보다는 그 차이가 훨씬 클 것이며, 모집한 군사로 내지의 민병도 점점 줄일 수 있고, 그들에게 수량을 정하여 곡식을 바치게 하여 군량으로 삼으면, 군무와 영농이 함께 이루어져 전투에 크게 도움이 될 것이므로, 오늘의 계책으로는 이것보다 나은 것이 없습니다.

또 들으니, 방어사 김응서가 항복한 왜병을 이용하여 다른 왜병을 빼내온 일이 생각보다 많다고 합니다. 이는 병가(兵家)의 좋은 계책이니, 그들이 성심(誠心)으로 귀순(歸順)하였다고 한다면, 후하게 대우하여, 그들의 마음을 잘 결속시키고, 실의에 빠져 되돌아 도망가는 염려가 없도록 해야 합니다. 이러한 내용들을 도원수와 경상도 감사, 병사, 방어사에게 함께 유시(諭示)를 내리는 것이 어떠하겠습니까?" 하였다.

대답하기를 "계문한 대로 시행하라" 하였다.

계청하기를, 도원수에게 장수들을 화합시켜, 힘을 합쳐 국사를 성공시키라고 하였다.

그때, 경상도 병사 고언백은 방어사 김응서와 자리의 차례를 가지고 다투어 차츰 틈이 벌어지고 있었다. 선생이 계문하기를 다음과 같이 했다.

"경상도 장수들은 벼슬 위계가 대개 비슷하여 각자 스스로 호령하려 하고 세력을 한데 모으려는 마음이 없습니다. 진격할 때 함께 진격하지 않고 패전해도 서로 구원해 주지 않는 것은 실로 장수의 명령이 여러 군문(軍門)에서 나오고 병력(兵力)이 고르지 않기 때문입니다. 대저 만 사람의 마음을 합쳐 한마음이 되도록 한 뒤라야 성공할 수 있습니다. 만약 장수들이 서로 누가 높은가 하며 뜻을 함께하지 않는다면, 마치 바다에 배를 부리면서 한 사람은 남쪽으로 한 사람은 북쪽으로 조종하는 것 같아, 그 어찌 전복됨을 면하겠습니까?

이광필(李光弼)[38]과 곽자의(郭子儀)[39]의 재주를 가졌더라도 한 자리에 모아놓고 통제하는 사람이 없다면 패전(敗戰)함을 면치 못할 것이니, 이런 것은 병가에서 크게 꺼리는 것입니다. 이런 점을 단속하거나 선처하는 일은 오로지 도원수에게 달려있으니, 청하오니, 권율에게 글을 내려보내어 충분히 선처하고 거듭 호령을 밝혀 장수들을 화합시켜 한마음으로 힘을 합쳐 함께 큰 공을 세우도록 하소서."

요동 도사의 자문(咨文: 외교문서)에 관계된 일로 회계(回啓)[40]하였다.

그 대략은 다음과 같다.

"엎드려 요동도사의 자문을 보았습니다. 우리나라가 불공대천(不共戴天: 하늘을 함께 이고 살 수 없음)의 원수를 갚고 싶어 하고, 명 조정에서도 그 사정을 양해하지 않음이 없었습니다만, 송경략은 당초에 이미 그럴 기회를 잃어버렸고, 지금은 잔류해 있던 군사마저 철수해 버려서, 다시 거병하는 것은 형세로 보아 어려워졌습니다.

이 때문에 우선 하책(下策)이나마 꺼내어, 봉공(封貢)[41]해 주겠다는 주장으로 적의 세력을 기미(羈縻)하면, 만에 하나 적이 물러갈지 모른다고 기대하는 것이

---

38) 이광필(李光弼, 708–764): 당나라 무장(武將). 영주(營州) 유성(柳城: 현 요녕성 조양) 출신. 거란인. 안사(安史)의 난 평정에 큰 공을 세움. 하동 절도사. 뒤에 환관들의 견제를 받다가 병사하였다. 시호 무목(武穆)

39) 곽자의(郭子儀, 697–781): 당나라 무장. 분양왕(汾陽王)에 봉해졌기에 곽분양으로 불린다. 안사의 난 때 삭방절도사. 하북의 여러 고을을 수복하였다. 하동부원수(원수는 태자(太子)임)로서 회흘(위굴 족)과 연합하여 장안, 낙양을 수복하였다. 중서령(中書令). 복고회은이 회흘과 연합하여 반란을 일으켰을 때 수행원 몇 명을 데리고 회흘을 찾아가 설득하여 반란치 않게 하였다. 병부상서 동중서문하평장사. 시호 충무(忠武); 무과 장원 출신으로 재상에 오른 유일한 사람. 이광필과 함께 최고의 명신으로 칭송되었다. 8명의 아들, 7명의 사위가 모두 입신출세하여 장수(長壽)와 번영(繁榮)을 기원하는 그림의 소재가 되었다. 부귀공명(富貴功名)의 상징이 되었다. "곽분양 팔자"라는 고사성어가 있다. 有才有德有識有量.

40) 회계(回啓): 임금이 하문(下問)한 일에 대하여 심의하여 그 결과를 상계(上啓)한다.

41) 봉공(封貢): 책봉(冊封)과 조공(朝貢). 제후국이나 변방의 나라들이 중국 조정으로부터 벼슬을 받고 또 조공품을 바침.

지만, 중국 조정 과도관(科道官)42)의 논의에서 올바른 주장인지에 관한 논쟁이 있을 것이므로, 이 경우를 (송경략이) 대처할 수가 없어서, 우리나라로 하여금 아무 말 말고 기다리고 있게 하려는 것입니다.

당초에 (상황을) 분명하게 설명해주지 않았으면서도, 지금 와서는 "군량도 조달 못하면서, 봉공하는 일도 허락지 않겠다면, 조선의 사태는 끝났다. 저 나라 사람들이 어찌 그리 어리석은지 모르겠다"라고 대놓고 말을 하니, 그 뜻을 볼 수 있습니다.

대저 우리나라가 명 조정에 요청한 것은 처음부터 지금까지 세 대절(大節: 큰 조목)이 있었습니다. 처음 평양을 깨뜨리고 대군이 물밀듯 진격할 때 왜적의 격멸만 굳세게 요청하고 다른 논의는 일체 포함시키지 않았던 것이 첫 번째 절(節)이었고, 그 후 제독의 군사는 돌아갔지만 남병(南兵) 만여 명이 남쪽 해변에 주둔해 있고, 우리나라 군량 사정도 아직 고갈되지 않았을 때, 군사를 증원하여 일거에 소탕해 주기를 급히 요청한 것이 또 두 번째 절(節)이었습니다.

지금은 양식이나 군사나 꼭 모두 명 조정의 신세를 져야 하는데, 그들이 하는 일을 관찰해 보니 부응(副應)해 줄 리가 없는 듯합니다. 사세가 위급하기 날로 심한데, 왜적이 만약 어느 날 물러나지 않는다면 나라가 반드시 망할 형세입니다. 마땅히 명나라 쪽을 우선 관대(款待: 정성껏 대우함)하면서 그들이 하는 일은 그대로 맡겨놓은 채, 사세가 어떻게 되는지 관망하는 것이 세 번째 절(節)입니다.

이번 회답에서는 단지 이렇게만 말하소서. '명 조정에서 비록 봉공(封貢)으로 왜적을 물러가게 하려 하지만, 소국의 걱정은 그들이 물러나 돌아갈 리가 없다는 점에 있습니다. 오직 원하기는 훌륭한 대책을 깊이 생각하시어 소국이 틀림없이 보전되도록 해주십시오.'

저들의 노여움을 건드려서 일에 도움 되지 않을 쓸데없는 말은 하지 않는 것이 마땅할 것 같습니다."

비답(批答)하기를 "계문한 대로 시행하라" 하였다.

---

42) 과도관(科道官): 명(明), 청(淸) 시대 급사중(給事中)과 6과(六科: 이, 호, 예, 병, 형, 공). 13도 감찰어사(監察御使)의 총칭. 풍속을 감찰하고 관리를 규찰하며 황제에게 간언(諫言)을 올리는 임무를 관장한다.

二十二年 甲午 先生五十三歲

正月 啓請訓練軍士
略曰 近者別設都監 訓練火炮 數月之後 亦頗有效 其中成才者 與浙江之善手者 無異
誠使糧餉有餘 而廣爲招募 晝夜訓練 不至中廢 一月當有一月之功 數年之後 皆成節制
之師 不然而因循媕婀 今日不爲 明日不爲 日趨於危亡之地矣

今者 生財之路已竭 惟當別爲方便 措置軍食 請忠淸道寺社位田 盡屬於訓練都監 給民
耕作 計數收入 以爲軍食 則軍餉可繼矣 且外方監兵水使及各官 各以人衆多寡 隨便招
集 敎習放炮 如有盡心訓誨 灼有成效者 別加褒賞 怠慢不勤 敎誨無效者 輒施譴罰 則
四方聞風 不多日內 炮手成群矣

至於鳥銃 最爲利器 近日 都監所用鳥銃 皆收拾倭物 其數不多 而往往破毁 日至耗少
若擇取京中善手鐵匠 連續打造 則鳥銃之用 其路日廣 而人無不習

二月 啓請措置忠州 以固上流 且於鳥嶺 設關屯田

略曰 今日形勢所在 遮截鳥嶺 最爲緊急 而忠州居上流 爲國門戶 忠州不守 則沿江數
百里 皆爲受敵之地 敵兵之來 如建瓴水於高屋之上 不可爲也 欲保忠州 當自把截鳥嶺
始 鳥嶺若失險 則忠州雖有良將勁卒 亦不可守矣

上年八月 臣又由此路往來 凡藏兵設伏 控扼要截之處 暫得領略 而有守門將辛忠元者言
曰 嶺上東下十餘里 兩岸斗絶 中蟠溪水 名曰 鷹巖 若於此設機把截 不過百餘勁卒 而嶺
路之把守自固 延豐邑內及西面水回村 地極肥饒 欲以把守之軍 屯田耕種 以爲軍糧
大抵 今日之事 所當人人爲兵 處處作農 庶望有效於萬一 如忠元者 及時下送 使之依
其所言 爲把截屯田之計如何 答曰 觀此啓辭 尤見卿爲國盡心之意 啓辭當依所啓

辛忠元 忠州人 曾爲義兵 要截賊兵於鳥嶺 以軍功爲守門將 詳知嶺路 先生白遣之 給
空名帖數十 使之募人築之 遂於鷹巖設城 建門樓 招集流民 屯田於獮川簣項水回村安
實 以通道路 至丁酉歲 賊再動 而不由鳥嶺 兩湖避亂之民 往依忠元者 充滿山中 人以

爲設城之功 其後 忠元得罪 城亦廢不修

三月 啓請修擧鎭管之制 從之
略曰 軍政之修 有大綱領大節目 夫綱不擧節目 雖備無益 祖宗之制 八道各官 皆有鎭
管 平時 則鎭管爲主鎭 而檢勅其屬邑 有事 則鎭管各率其所屬之軍 鱗次整齊 以聽主
將約束 其勢如身之使臂 臂之使指 操縱伸縮 惟將之爲

且一鎭管之軍 雖或奔潰 而他鎭管之軍 各以大兵 次第堅守 或扼其前 或躡其後 或撓
其左右 賊雖乘勝 不敢容易衝突 其勢然也

姑以慶尙道 論之 則 東萊鎭所屬十餘邑之軍 將至於七八萬 假使不幸而敗 又有大丘鎭
管之軍 居中遮截 而慶州晉州之軍爲左右翼 不幸而大丘之軍又不利 尙州又以重兵堅守
而忠淸道忠州鎭管之軍 把截鳥嶺 爲其後繼 淸州鎭管又率所屬之軍 進守黃澗永同秋
風嶺之間 以爲右翼 以及京畿等邑 一皆嚴兵整待 國家形勢 如重門複墻 賊雖透得一重
又有一重 何至於一旬之間 橫行千里 徑造都城 而若蹈無人之地乎

夫以祖宗經遠之圖 其詳如此 而中世以後 輕慮淺謀之人 自任己意 盡毁祖宗之制 而做
出新規 名之曰 制勝方略 於是 擧世宗之如孫吳兵法 一切通行 國事所以至此 雖他事
之失甚多 大槪制勝方略誤之也

此事 臣於賊變之前啓辭中 屢及之 而外臣有難之者 事竟不行 臣至今有遺恨焉 夫懲前
所以毖後 鑑古 所以圖今 臣意 令各道 稍修鎭管之法 事貴提綱 綱一擧 而萬目自隨
故臣於此一事 敢備陳之 答曰 至哉言乎 當依此施行

四月 扈駕 習陣于慕華館
上御馬坐 幸慕華館 親閱習陣 畢 上賜正段二封于先生 曰 今見習陣 我國所無之事 且
已習熟 此由領相平日勉力之致 以此爲表 先生辭曰 小臣別無所爲之事 此皆李德馨及
唐官獎勸之事也 小臣受此恩賜 未安 上曰 勿爲未安

啓請 召募邊郡慣戰之士 以省內地民兵 使兵農兼擧 且處置降倭 從之
略曰 軍卒 不精而冗食者 居多 軍糧乏絶 而繼餉無策 此今日切急之憂 今聞 各官民兵

調發之弊 猶在 故 農民幾盡失業 在陣之軍 亦以無食 僵臥相望云

大抵 內地民兵百 不能當邊郡慣戰之士一 今慶州蔚山長鬐密陽機張淸道梁山之間 遺民之散處山谷 而經年戰鬪 心膽已堅者 其數不下千萬 苟有軍糧而招募爲兵 則其與客軍之疲弊遠來者 相去萬萬矣 旣用募軍 則內地民兵可漸省之 而量數定納米豆 以爲軍食 則兵農兼擧 戰守有賴 今日之計 無出於此矣

且聞 防禦使金應瑞用降倭 引出他倭 頗多云 此兵家善策 如知其誠心歸附 則待之不可不厚 以結其心 而毋使有失意逃還之患 此等辭緣 幷下諭於都元帥及慶尙道監兵使防禦使 如何 答曰 依啓

啓請 令都元帥戢和諸將 合力濟事
時 慶尙道兵使高彥伯 與防禦使金應瑞 爭坐次 漸成釁隙 先生啓曰 慶尙諸將 名位爵秩 大槩相同 各欲自專號令 而無協勢同力之心 進不俱進 敗不相救 實由於將令多門 而軍力不齊也

夫合萬人爲一心 然後 可以成功 若使諸將不相上下 而志不同行 則如運舟於江海之中 而操舟者一南一北 其能免於覆敗乎 以李郭之才 同會一處 而無節制之人 則未免潰散 此兵家之大忌 此等約束善處 專在於都元帥 請下書于權慄 十分善處 申命號令 戢和諸將 使之同心合力 共濟大勳

因遼東都司咨文 回啓
略曰 伏見遼東都司咨文 我國欲復不共戴天之讐 天朝亦非不諒其情 而宋經略當初已失機會 今則留兵已撤 再擧勢難 以是 姑出於下策 欲以封貢之說 羈縻賊勢 庶幾賊退於萬一 而中朝科道之議 據正爭論 故於此 無以處之 欲使我國靜以俟之
當初 猶不分明設破 而今則直說 兵糧不能應 封貢又不許 朝鮮之事 去矣 不知彼國之人 何其愚也 云云 其意可見矣 大抵 我國之請於天朝 自始至今 有三大節 初則平壤旣破 大兵長驅 堅請剿滅 而不容他議 一節也 其後 提督之軍雖回 而南兵萬餘 留駐南邊 我國糧餉 亦未蕩竭 當此之時 急請添兵 一擧掃蕩 又一節也

今則 糧也兵也 必須皆賴於天朝 而觀天朝之事 似無副應之理 事勢危急日甚 一日賊若

未退 則國有必亡之勢 惟當姑爲款待 任其所爲 更觀事勢如何 又一節也 今此回答 但云 天朝雖欲以封貢賊退 而小邦則以爲恐 無退歸之理 惟願深思長策 使小邦期於保全云云 而勿爲一定之言 浪觸彼怒 而無益於事 似爲便當

答曰 依啓

라. 공물작미(貢物作米)를 청하다

차문(箚文)을 올려 당면한 정무를 진술하고, 또 공물(貢物)을 미곡(米穀)으로 바꾸어 내게 하여, 군수품을 보충하도록 청하였다.

나라의 세금 징수 제도는, 논에는 쌀, 밭에는 콩으로 받고, 콩으로 다 낼 수 없으면 면포(무명), 마포(삼베), 유밀(기름과 꿀) 등으로 징수하여, 여러 가지로 용도로 써 왔는데, 이것을 이른바 전결공물(田結貢物)이라 하였다. 이외에 논이나 밭을 두루 결복(結卜)[43]하고, 거기에서 나오는 잡물(雜物)을 산출하여 각사(各司)에 납부하는 것을 원공물(元貢物)이라고 하였다.

전부터 담당 서리(胥吏)들은 모두 각사에 본래대로의 바쳐야 하는 물품은 방납(防納)[44]해 버리고, 대신 사사로이 백성으로부터 쌀과 베를 받는데, 그 받는 것이 본래 명목의 10배, 백배나 되어, 민간에서는 크게 괴로워하였다. 정승 이준경(李浚慶)이 일찍이 건의하여, 정공도감(正貢都監)을 세워 그 폐단을 개혁하려 하였으나, 끝내 시행하지 못하였다.

이때에 이르러, 군수(軍需)창고가 텅 비어, 대창(大倉)에 수천 석의 저축도 없는데, 조달할 계책이 나올 곳도 없었다. 선생이 차문을 올려 당면 사태를 남김없이 설명하면서, 청하기를 공물을 쌀로 납부하게 하되, 매 한 결(結)[45]에 두 말씩 징수하여 군수(軍需)에 보충하자고 하였다. 해마다 7만여 석을 얻을 수 있었고, 민력도 소생하였다.

---

43) 결복(結卜): 전지(田地)의 면적 단위 또는 면적을 재는 행위. 전세(田稅)의 뜻으로도 사용한다. 양전척(量田尺)으로 1척 평방을 줌(把)이라 하고, 10줌을 1뭇(束)이라 하고, 10뭇을 1짐(負 또는 卜)이라 하고, 100짐을 1목(結)이라 한다.
44) 방납(防納): 공물(貢物)을 바칠 때 중앙 각사(各司)의 아전들이 여러 가지 구실을 달아 물리친 다음 그 공물의 납부 대행을 통하여 폭리를 얻는 행위. 이때 백성들은 심한 수탈을 당하였다.
45) 결(結): 농토의 면적 단위. 여섯 등급이 있었다.

차문의 대략은 다음과 같다.

"아! 국가의 요즈음 재앙은 동방(東方: 우리나라)이 있은 이래로 없던 바이고, 이 재앙을 구제하는 방책은 역시 예사로운 조치로서는 성공을 바랄 수 없습니다.

오늘의 급무는 역시 말만 많이 하는 데 있지 않고, 오직 백성을 편안케 하는 정사를 급히 시행하는 것입니다. 또 때맞추어 변통하여 군량을 조치하고 잘 훈련된 용감한 군사를 모집하여 밤낮으로 훈련하는 일뿐입니다.

대개 양식이 모자라면 사람이 모이지 않고, 사람이 모이지 않으면 군사를 조련할 수 없으니, 이는 이치가 반드시 그러한 것입니다. 지금 나라의 곳간이 텅 비어 경상비 외에는 새삼 마련된 것이 없으니, 비록 군사를 훈련하여 적을 막으려해도 해볼 방도가 없습니다.

신이 요즈음 한 방책을 생각해 내었습니다. 평상시 기(騎), 보병(步兵)으로 상번(上番: 자기 차례가 되어 근무중인 자)하는 사람 숫자와 호봉족(戶奉足)⁴⁶⁾을 합하면 총계 12만 2천명이 되고, 정로위(定虜衛),⁴⁷⁾ 별시위(別侍衛)⁴⁸⁾ 갑사(甲士)로서 호봉족을 합하면 2만 3천 6백여 명이며, 이외에도 각사(各司)의 제원(諸員)이 모두 2천 1백 7십 7호인데 각각 봉족 2인을 가졌으며, 각사의 조예(皂隸: 종)가 모두 3천 6백 2십 8명인데 각기 봉족 1인이 있고, 또 장악원(掌樂院)의 악공(樂工)이 7백명이며 학생이 3백 명인데 각기 봉족 2인을 가졌으니, 그 숫자도 만여 명이 됩니다.

이들이 평일(平日)에는 각색(各色)의 명수(名數)대로 액수가 정해져 있으나,

---

46) 호봉족(戶奉足): 군역(軍役)에 나가는 사람을 곁에서 도와주는 역할을 담당한 사람. 뒤에 확대되어 국역(國役)에 입번(入番: 동원)될 때 입번되지 않은 사람으로 입번된 사람의 생활이나 입번 비용을 돕게 하는 제도.

47) 정로위(定虜衛): 중종 7년에 설치되어 광해군 때까지 존속한 군사조직. 지배신분층이면서 실직(實職)을 갖지 못한 한량(閑良)으로 구성되었다. 육량전(六兩箭) 세발(三矢)을 90보 이상 쏘는 자 1,000명으로 조직한다. 6번(六番)으로 나누어 서울로 와 교대 근무하며 근무일수 75일이면 한 자급을 올려주었다. 뒤에 서얼 출신들이 들어오게 되자 사족 출신들이 꺼리게 되고, 무능한 자가 대거 들어와 기능을 상실하였다.

 * 육량전(六兩箭): 화살촉의 무게가 여섯 냥(1냥은 37.5g. 6냥은 225g)인 화살.

48) 별시위(別侍衛): 조선 초에 국왕의 숙위(宿衛)를 담당한 소수 정예부대였으나, 세종 때 국방군의 성격이 강해져 정원이 늘어나고, 오위제(五衛制)의 확립으로 용양위에 소속되었다. 엄격한 취재(取才)시험을 거쳐 선발. 말(馬)을 마련해야 했기에 노비를 소유하고 재산이 넉넉한 집의 자제로 선발하였다. 뒤에 정원이 늘어나 가난한 양반자제도 뽑았는데, 이 경우 봉족 3인을 배정하였다. 정원 1,500명. 5번(五番)으로 나누어 6개월씩 교대근무하였다.

지금 전란의 뒤인지라 평시의 액수대로 요구할 수는 없습니다. 그러나 전라도, 충청도에서와 경상 좌우도의 전란 피해를 덜 입은 고을과 강원도, 황해도, 경기도 등의 여러 곳에 아직 남아 있는, 병역에 동원될 사람이 응당 아마 10만에 이르거나 어쩌면 더 넘을지 모릅니다.

만약 상번(上番)하는 사람을 제외하고, 각기 한 사람에게 쌀 1석씩 받아 군량으로 삼으면, 그 수량은 장차 10여만 석에 이를 것이며, 보리, 쌀, 좁쌀, 콩, 팥 따지지 말고 숫자를 채워 납부하게 하면, 매우 가볍고 값싸게 해주는 것이므로, 사람들 마음은 크게 좋아할 것입니다.

이와 관련하여 서울에다 사방의 씩씩한 군사를 소집하여 일만 명을 얻어, 5영으로 나누고, 각 영(營)에 2천 명씩 나누어 배치하고 법에 따라 조련하면, 이로써 서울에 일만 명의 정병이 항상 있게 되어 근본이 튼튼해지므로, '중요한 곳을 점거함으로써 중요하지 않은 곳을 제어(制御)'하는 형세가 이루어질 것입니다.

일만 명의 군사를 역시 마땅히 2교대로 나누어, 각 영에는 항상 5천 명이 머물고, 그 나머지 5천 명은 별도로 경기도의 비옥한 빈 땅에 나누어 둔병하며 농사짓게 하여, 조조(曹操)가 허하(許下)에서 둔전한 제도[49]와 같이하여, 그 절반을 그들이 차지하도록 하고, 관에서 나머지 반을 가진다면, 식량 조달하는 길이 날로 넓어지고 응모하는 자도 뒤를 이어 구름처럼 모일 것입니다.

대저 삼대(三代)[50] 시대에는 군병들로 하여금 농촌에서 살며 농사짓게 하였고, 당(唐)나라 부병제(府兵制)[51]는 선유(先儒)들도 아름답게 여겼으나, 세상이 변하여 날로 퇴보되어 화란(禍亂)이 자주 일어나니 군병과 농민은 어쩔 수 없이 분리되지 않을 수 없었는데, 그 때문에 당나라 중엽부터 송(宋), 원(元), 대명(大明)에 이르도록 그렇게 된 형세는 바뀔 수 없었습니다.

외방(外方: 지방)의 일에 관하여는 신이 전일에 진관(鎭管)의 주장을 올릴 때

---

49) 허하(許下) 둔전(屯田): 허하는 중국 후한 말기 임시수도인 허창(許昌)을 말한다. 후한 헌제 때 큰 기근을 만나 군민(軍民)이 모두 굶주릴 때 조조(曹操)가 허창에서 둔전을 실시하여 양식을 확보하고 그 경제력을 바탕으로 사방을 정벌하여 승리를 거두었다. 그 결과 삼국시대 위(魏)나라의 기초를 세웠다. 위서(魏書) 무제기(武帝紀).

50) 삼대(三代): 중국 하(夏), 은(殷), 주(周)의 시대.

51) 부병제(府兵制): 중국의 수(隋) 당(唐)에서 시행하던 군사제도, 병농일치(兵農一致)의 제도이다. 군사조직을 일반 행정에서 떼어내어 중앙직할로 하면서 지방에 절충부(折衝府)를 두고 부병(府兵)이라 하였다. 부병은 정남(丁男) 한 사람에게 100무(畝)의 토지를 지급하는 균전법(均田法)을 시행하고, 병장기, 식량을 각자 부담하며 그 대신 조용조(租庸調)의 세금을 면제 받았다.

이미 큰 원칙을 들어 말씀 올렸습니다만, 원칙이 결정되고 나면, 세부사항이 마땅히 따라와야 합니다. 대저 한 도(道) 안에 진관법이 시행된다면 고을의 크고 작은 형세에 따라 서로 엮이지 않을 수 없습니다.

또 한 읍(邑: 고을의 중심되는 큰 마을) 안에 특별히 생각이 깊고 자중자애(自重自愛)하는 사람을 뽑아 관내 각 방면에서 군사 뽑는 일을 주관하게 하면, 그들 군사들 체력의 강약(强弱)에 따라 분류하여 가려서 뽑고, 평상시에 법을 정하여 조련하며 유사시에는 즉시 그 사람들을 거느리고 군전(軍前)으로 달려오게 되어, 감히 마음을 다하지 않을 수 없을 것이니, 군정(軍政)이 좀 깨끗해질 것입니다.

대저 땅을 소유하여 재물을 생산하면 재물이 이루 다 쓸 수 없을 정도가 되고, 재물을 넉넉하게 하여 사람을 모으면 사람의 기강을 얼마든지 세울 수 있으며, 백성들 마음에 원하는 것에 순응해서 공(功) 얻기를 도모하면 이루지 못할 공이 없습니다. 신이 지난날에 말한 '일은 순서가 잡힌 연후에 조리(條理)가 생겨 문란하지 않고, 사물은 그 근본을 다스린 후에야 힘이 덜 들고 공은 많아진다'라는 말은 이런 일들을 말한 것입니다.

또 신이 듣건대, 세상의 어지러움을 다스려 평화로운 세상으로 돌아가게 하는 것은 비록 넉넉한 양식과 강한 군사력에 있지만, 더욱 중요한 것은 민심을 얻는 데 있습니다. 민심을 얻는 근본은 다른 곳에서 찾으면 안 되며, 오직 마땅히 부역을 가볍게 해주고 쉬도록 해야 합니다. 나라의 전세(田稅)는 10분의 1보다 가벼워 백성들 마음에 무겁다고 여기지 않으나, 다만 세금 밖의 일인 공물 진상(貢物進上)이나 각종 절기의 방물(方物) 같은 것들이 (백성들을) 침해(侵害)하는 일이 매우 많습니다.

진상(進上)[52]의 폐단에 이르러서는 백성들의 괴로움이 더욱 심합니다. 지금 만약 곧 변통(變通: 개혁)하지 않으면 백성들은 다시 소생할 희망이 없을 것입니다.

신은 일찍이 생각하기를 '공물(貢物) 문제를 처리하려면 마땅히 한 도(道)의 공물 원수(元數: 종류와 수량)가 얼마인지 총계를 내고, 또 그 도의 전결(田結)의 수를 계산하고 자세히 조사하여 하나로 획정하며, 고을의 대소를 따지지 말고 모두 한 모습으로 준비하고, 또 방물(方物)[53]의 값도 이와 같이 정하여, 베(布)나

---

52) 진상(進上): 국가의 절일(節日)이나 경사 때 중앙 또는 지방의 수령들이 충성심과 축하의 뜻으로 임금에게 토산물(土産物)을 바치는 일. 예헌(禮獻)이라고도 하였다. 뒤에 세금인 공납(貢納)의 성격으로 변질 되었다. 알아서 바치는 대신 바치라는 명령에 따라 바치는 것으로 바뀌었다.
53) 방물(方物): 감사나 수령이 임금에게 바치던 그 고장의 산물.

혹은 쌀, 혹은 콩으로 균일하게 하여, 전결에 따라 균정(均定: 고르게 결정)하면, 매결(每結)에 걷는 것이 되(升)나 홉(合)으로 불과 얼마 되지 않아, 백성들은 방물이 있는 줄도 모르게 될 것'입니다.

진상(進上)을 그와 같이 하여 모두 미두(米豆)로 가격을 매기며, 모두 서울의 창고로 실어와 들여놓고, 국가에 필요한 물건을 산출하고 가격을 매겨 유사(有司: 담당 관청)로 하여금 사들여 쓰도록 하는 것입니다.

신이 듣기로, 황조(皇朝: 명 조정)에서는 외방에서 진상하는 일은 없다고 합니다. 다만 13도에서 속은(贖銀)[54]을 광록시(光祿寺)[55]에 납부하고, 모든 진공(進貢)하는 물건은 사서 사용하므로, 먼 지방의 백성들은 수레에 실어 운반하는 수고를 알지 못한다고 합니다.

장인(匠人)들과 온갖 물건들이 사방에서 서울로 모여들게 되어, 깊은 바다를 다 뒤지듯 하여 구하지 못하는 물건이 없고, 서울이 나날이 부유해지며 시골 들판 백성들도 편안히 생업을 하게 된다고 하니, 이는 법을 세우기 정말 잘한 것입니다. 우리나라에서도 마땅히 그 방법을 본받아야 할 것입니다.

옛날, 월(越) 나라는 백성을 많이 모으고 물자가 넉넉해진 다음에 군사를 훈련하였으며, 군사훈련 후에 복수를 하였습니다. 진실로 재물을 생산하고 백성을 모으지 않으면, 비록 훌륭한 계책이 있다 하더라도 장차 어디에 쓰겠습니까? 그러므로 오늘에 해야 할 일은 마땅히 잡사(雜事)는 다 걷어치우고, 겉치레나 실속 없는 글은 생략하며 근본을 튼튼히 하여, 10여 년만이라도 오직 군량과 훈련에 힘을 쏟아 털끝만큼도 그 사이에 다른 일이 끼어들어 어지럽히지 못하게 한 뒤에야 시원하게 큰 원수를 갚을 수 있을 것이고 나라의 어려움도 구제할 수 있을 것입니다.

지금 백성들의 궁핍함이 이미 극도에 달하였고 사태는 절박합니다. 도탄에 빠져 거꾸로 매달린 듯한 괴로움은 이루 말로 다 할 수 없습니다. 신이 지금 올리는 말이 만약 시행된다면 나라는 물자 저축에 여유가 생길 것이며 백성들은 힘이 남아돌 것이니 몇 년 뒤에는 기세가 거침없게 되어, 하려는 일을 어렵지 않게 해낼 수 있을 것입니다."

---

54) 속은(贖銀): 벌금으로 징수하는 은(銀).
55) 광록시(光祿寺): 중국의 관청 이름. 북제(北齊), 당(唐) 이래 제사나 조회(朝會)를 담당하였다.

차자(箚子)가 들어가니, 안팎에서 모두 이(利)롭게 여겨 조정에서는 바야흐로 대책을 강구하여 시행하려 했으나, 오래 가지 않아 공허한 주장으로 저지되고 중단되어, 논자(論者)들은 안타깝게 여겼다.

충의(忠義)를 다한 사람들을 기려서 상(賞) 내리기를 계청(건의)하였다.

그 대략은 다음과 같다,

"나라가 오랫동안 평화롭다가 갑자기 왜적의 침입을 입어, 사람들은 멀리서 바람 부는 것만 보고도 흩어져 달아나 남보다 뒤쳐질까 두려워하였지만, 그 사이에 충의로운 인물이 있어서, 혹은 힘써 외로운 성을 지키다가 그 몸이 나라를 위하여 죽었고, 혹은 시체가 가로 놓인 전장에서 용기를 떨쳐 피하지 않았고 의렬(義烈)이 매우 혁혁하여, 사람들이 귀와 눈으로 듣고 본 자들이 없지 않습니다. 창졸간의 일이다 보니 대부분 내버려 두고, 포상도 하지 않아, 지하에 있는 충혼(忠魂)을 위로하지도 못하였고 장차 올 시대에 교훈과 명성(名聲)을 심어주지도 못하였습니다.

신 등이 들은 바대로 말씀드리면, 전라도 웅치(熊峙: 곰치재)[56]의 싸움에서 김제(金堤) 군수 정담(鄭湛)[57]은 하루종일 힘써 싸워 왜적을 무수히 죽였으나 끝내 화살이 떨어져 전투에 패하고 죽었다 합니다. 해남(海南) 현감 변응정(邊應井)[58]은 왜적의 돌격을 당하자 몸소 비분강개하여 스스로 죽음으로 맹세하고 역시 웅치의 싸움에서 전사하였습니다.

이 외에도 나라를 위하여 싸우다 죽은 신하가 반드시 많이 있을 것이나, 조정

---

56) 웅치(熊峙: 곰치재): 전북 완주군 소양면과 진안군 부귀면 사이에 있는 옛 관로(官路)의 고개 이름.

57) 정담(鄭湛, 1548－1592): 본관 영덕(盈德). 호 일헌(逸軒) 신립(申砬)의 휘하에서 종군하여 니탕개 난에 공을 세웠다. 무과. 회령 판관. 김제 군수. 임진왜란 때 권율의 휘하에서 웅치를 방어하였다. 치열을 극한 전투 끝에 전사하였다. 왜군의 전라도 침입이 저지되었다. 서애 선생이 표창과 증직을 상소로 청하여 가선대부 병조참판에 추증되었다. 시호 장렬(壯烈). 영해 충렬사(忠烈祠)에 제향되었다. 권율이 "세상에서 나의 행주대첩의 공을 크게 말하지만, 정담 장군의 웅치 싸움을 최고라고 할 수 있고, 행주 싸움은 그 다음이다" 하였다. (백사집(白沙集)) 석계 이시명의 이종 형제이다.

58) 변응정(邊應井, 1557－1592): 본관 원주. 시호 무과. 선전관. 해남 현감 때 임진왜란 발발. 금산 웅치 싸움에서 정담과 함께 장렬히 전사하였다. 서애 선생의 포상 요청 상소로 병조참판에 추증되었다. 시호 충장(忠壯)

에서 미처 듣지 못하여 알지 못합니다. 청하오니, 경상, 전라, 충청도 감사로 하여금 널리 묻고 찾아보아 공론(公論)에 따라 계문하도록 하여 차례대로 포상, 기록하고, 할 수 있으면 그 처자(妻子)를 찾아서 구휼하여, 충의(忠義)를 권장하여 주소서."

밭 갈고 씨뿌리기를 과업으로 할 것을 권장하고, 수령들이 부지런한지 게으른지 사찰(査察)하기를 계청하였다.

그 대략은 다음과 같다.

"금년은 우수(雨水) 절기에 비가 적당히 내려서, 각도의 수령들이 진심으로 농사 과업을 권장하여, 밭을 갈아 개간하게 하면 혈혈단신인 백성들은 아마 그 일에 도움을 받아 살아갈 길이 생길 것 같습니다. 그래서 지난 겨울부터 금년 봄이 시작된 이후에 걸쳐, 계청한 바를 각도에 명령내려서 이미 아주 자세히 알려 주었으나, 수령 가운데 받들어 시행한 사람이 열에 한 둘도 없으니, 어찌 이처럼 마음 아픈 일이 있겠습니까?

근래에 지방에서 서울로 올라온 사람들에게 신들이 볼 때마다 문득 물어보는데, 황해도의 배천(白川)군수 남궁제(南宮悌)[59]는 백성을 모아 둔전을 하면서 이미 씨앗 삼백 석을 파종하였다고 하여 지극히 기쁜 일입니다만, 그 외 연안(延安), 평산(平山) 고을은 전야(田野)가 황폐하여 인민들이 유랑하고 있다 합니다. 경기도의 통진(通津), 장단(長湍), 안성(安城) 몇 읍은 조금 개간이 되었고, 남양(南陽)은 큰 읍인데도 개간된 곳이 전혀 없으며, 해변의 염호(鹽戶: 소금 생산자)도 포학한 정사(政事)의 괴로움으로 거의 흩어져 버렸습니다. 충청도의 청안(淸安: 현 괴산군 청안면) 현감 전유형(全有亨)[60]은 유랑하는 사람을 불러 모아 종자를 대 주고, 경내를 분주히 돌아다니며 농사짓기를 권장하였는데, 그 때문에

---

59) 남궁제(南宮悌, 1543－?): 진사, 생원. 배천 군수, 연안 부사. 서애 선생이 감진관(監賑官)에 임명하여 호남의 곡식을 조운하여 서울의 기근 문제를 해결하였다. 본관 함열(咸悅) 성혼(成渾)의 사돈.

60) 전유형(全有亨, 1566－1624): 호 학송(鶴松) 괴산 출신. 임진왜란 때 조헌과 함께 의병을 일으켰다. 민심수습방안을 상소하여 서애 선생이 주목하고 청안 현감에 임명. 충청도 조방장. 전후에 문과 장원. 감찰. 광해군 때 형조 참판. 의술에도 조예가 있어 광해군과 왕비의 치료에도 참여하였다. 인조 때 이괄의 난에 내통했다는 누명을 쓰고 처형되었다. 4년 뒤 신원되어 이조판서에 추증되었다. 본관 평강(平康). 시호 의민(義敏).

청안 고을은 묵은 땅이 거의 없습니다.

이것으로 살펴보면, 고을의 쇠잔(衰殘)과 완실(完實: 온전히 충실함), 관청의 빈부가 따로 있는 것이 아니라, 단지 수령이 진심으로 일하는지 여부에 달려 있을 뿐입니다. 감사(監司)라는 자리는 수령들의 기강을 담당하는 것이니, 조정은 오로지 감사에게 책임 지우고, 감사는 수령들에게 책임지게 하여, 출척(黜陟: 인사고과)을 분명히 하고 잘한 일은 칭찬하고 잘못한 일은 문책을 크게 행한 연후에야 백성들 생활이 아마 실제로 혜택을 입을 것입니다.

청하오니, 경기 감사와 각관(各官)들로 하여금 자기 고을의 씨 뿌려 경작한 것이 얼마이며, 백성의 수가 얼마인지 하나씩 하나씩 조사하고 따져서 보고토록 하시되, 평상시 강우량 보고하는 것처럼 하라고 하소서. 충청, 강원도에서 전라, 경상, 강원, 함경, 평안도 등으로 이어지게 하여, 일체 지시를 받들어 시행하고 빨리 농사를 과업으로 권장하도록 하는 것이 어떠하신지요?"

대답하기를 계문한 대로 시행하라 하였다.

다시 한열증(寒熱症)을 앓았다.

증세는 계사년에 앓았던 것과 같았다. 여러 달 낫지 않아, 임금이 승지에게 말씀하기를 "영상(領相)이 아프니 내의(內醫)를 보내어 병을 돌보게 하고 약을 조제하여 보내라" 하였으며, 또 전교하기를 "지금 내린 약봉지는 비록 (대궐문이 닫혔으면)문틈으로라도 속히 내보내서 영상의 집으로 보내라" 하였다.

==

上箚陳時務 且請以貢物作米 以補軍需
國制收租 水田納稻米 旱田納豆 其納豆而未盡者 收其綿布麻布及油蜜 凡百應用之需 此所謂田結貢物也 此外 又通水田旱田結卜 計出雜物 納于各司者 謂之元貢物 自前 皆爲胥吏防納本色于其司 而私受米布于民 所出什佰於本色 民間大困 李相浚慶嘗建議 立正貢都監 欲釐革其弊 而竟不得行

至是 軍需罄竭 大倉無數千石 計無所出 先生上箚 極陳時務 因請 以貢物作米 每一結 收二斗 以補軍需 歲可得七萬餘石 而民力亦蘇

箚略曰 嗚呼 國家近日之禍 自有東方以來 所未有也 其所以救之者 亦不可以尋常擧措
而望其有濟也 今日急務 亦不在多言 惟急行便民之政 而又因時變通 措置糧餉 招募精
勇之士 晝夜訓鍊而已 蓋食不足 則人不可聚 人不可聚 則兵不可鍊 此必然之理 今國
廩空竭 經費之外 更無餘儲 雖欲鍊兵禦賊 計無所出

臣近得一策 常時騎步兵上番之數 并戶奉足 總計十二萬二千 至如甲士定虜衛別侍衛
并戶奉足 亦二萬三千六百餘名 此外 有各司諸員 合二千一百七十七戶 而各有奉足二
人 各司皁隸 合三千六百二十八名 而各有奉足一人 又有掌樂院樂工七百 學生三百 而
各有奉足二人 其數亦萬餘名矣

此乃平日 各色名數定額 今於兵亂之後 不可以平時之額求之 然 全羅忠淸道以及慶尙
左右道稍完郡邑 江原道黃海道京畿等處 遺存爲役者 應亦幾至十萬 或過之矣 若除其
上番 各捧人一石米 使爲糧餉 則其數將至於十萬餘石 而勿論麥大小米大小豆 充數納
之 則甚爲輕歇 而人情大喜矣

因於京城 召集四方精勇之士 得一萬名 分爲五營 營各二千名 依法操鍊 則是京城之內
常有一萬精兵 而根本壯固 居重御輕之勢 得矣 一萬名之軍 亦當分爲二番 每營恒留五
千 而其五千則別於京畿肥饒閑曠之地 分屯作農 如曹操許下屯田之法 而使自食其半
官取其半 則資食之路日廣 而應募者相繼雲集矣 夫三代寓兵於農 唐府兵之制 先儒美
之 然 其世變日下 禍亂繁興 則兵農不得不分 故 自唐中葉 以及宋元大明 皆不得變
其勢然也

至於外方之事 則臣前日所陳鎭管之說 已擧大綱 綱旣擧 則節目自當隨之 夫使一道之
內 有鎭管之法 郡縣大小之勢 不得不相維 又於一邑之內 別擇其有計慮 自愛其身者
使之主管各面抄兵之事 從其壯弱 分類抄出 常時設法操鍊 而有事 則卽使其人領赴軍
前 則不敢不盡心 而軍政稍淸矣

夫因地之所有以生財 則財不可勝用 因財之所裕以聚人 則人不可勝紀 順民情之所欲
以圖功 則功無有不成 臣前日所謂 事得其序然後 有條而不紊 物理其本然後 力省而功
多者 此類之謂也

且臣又聞 撥亂反正 雖在於足食足兵 而其要尤在於得民心 得民心之本 不可以他求 唯
當輕徭薄賦 與之休息而已 國家田稅 則輕於什一 民情不以爲重 但稅外之事 如貢物進

上及各節方物 被侵之事 甚多

至於進上之弊 病民益甚 今若卽未變通 則民生更無蘇息之望 臣嘗以爲處置貢物 則當
以一道貢物元數總計幾許 而又計道內田結之數 參詳劃一 勿論大小邑 皆一樣磨鍊 方
物之價 亦依此 均布或米或豆 從田結均定 每結不過出升合之微 而民不知有方物矣

其進上亦然 皆以米豆出價 皆令輸到京倉 計物定價 使有司貿用 臣聞 皇朝無外方進上
之事 只以十三道 贖銀付光祿寺 凡進貢之物 皆貿買而用之 遠地之民 不知有輦載輸運
之勞 而四方工匠 百物無不湊集於京都 如探淵海 求無不得 而京師日以殷富 田野之民
晏然安業 此其立法之善 我國所當取法也

昔 越國生聚 然後訓練 訓練 然後復讐 苟不生財而聚民 則雖有善策 將何所施 故 今
日之事 當捐去雜事 略浮文 敦本實 限十餘年 惟致力於糧餉訓兵 不以一毫 他事參錯
撓奪於其間 然後 可以快復大讐 而弘濟艱難矣

今 民窮已極 事勢危迫 塗炭倒懸之苦 不足言也 臣之此言若行 則 國有餘蓄 民有餘力
數年之後 氣勢駸駸 唯所欲爲 而不難矣 箚入 中外皆以爲便 朝廷方講究施行 而未久
爲浮議所沮 論者惜之

啓請 襃獎忠義
略曰 國家於昇平之後 猝遇賊變 千里望風 奔散恐後 而其間 忠義之士 或力捍孤城 以
身殉國 或橫屍戰陣 奮勇不回 義烈表表 在人耳目者 亦不爲無人 而倉卒之際 率多淪
廢 襃賞不及 無以慰忠魂於泉下 樹風聲於將來
以臣等所聞者 言之 則全羅道熊峙之戰 金堤郡守鄭湛 終日力戰 殺賊無算 終以矢盡
兵敗身死 海南縣監邊應井 身當賊衝 慷慨以死自誓 亦戰死於熊峙之戰 此外 死國之臣
必多有之 而朝廷有未及聞知者 請令慶尙全羅忠淸道監司 廣詢博訪 從公論啓聞 次第
襃錄 或恤其妻子 以勸忠義

啓請 勸課耕種 査覈守令勤慢
略曰 今年 雨水適中 若各道守令 盡心勸課 使之耕墾 則孑遺之民 庶有資生之路 故
自前冬 及今年開春以後 啓請 知委於各道 已爲詳盡 而守令之奉行者 十無一二 安有

如此痛心之事乎

近來 凡人之自外方上來者 臣等見輒問之 黃海道 則白川郡守南宮悌 聚民爲屯田 已種
三百石云 極爲可喜 其他延安平山 則田野荒廢 人民流亡 京畿 則通津長湍安城數邑
稍爲開墾 南陽以大邑 耕墾之處 絶無 而海邊鹽戶 亦困於虐政 流散殆盡 忠淸道 則淸
安縣監全有亨 招集流亡 措置種子 奔走境內 勸課耕作 故淸安一邑 幾無陳廢之處

由此觀之 邑無殘完 官無貧富 只在於守令盡心與否而已 監司者乃守令之綱 朝廷專責
監司 而監司責守令 黜陟分明 勸懲大行 然後 民生庶蒙實惠矣 請令京畿監司各官 各
其面耕種幾何 人民之數幾何 逐一查考 啓聞 如常時雨澤之報 忠淸黃海道 以及全羅慶
尙江原咸鏡平安等道 一體遵奉施行 急速勸課 如何 答曰 依啓

復患寒熱症
症勢如癸巳所患一樣 數月不瘳 上謂承旨曰 領相病 遣內醫看病 劑藥以送 又傳曰 今
下藥封 雖以門隙 斯速出 送于領相處

마. 화의 문제 관련한 호참장(胡參將)의 요구에 대한 대책

호(胡) 참장(參將)을 접대하고 그가 하는 말을 듣도록 계청하였다.

그때, 중국 조정은 왜적이 오래도록 물러가지 않고 있으니, 그렇다고 천하의 병
력을 다 동원할 수도 없어, 왜적이 진심으로 친선하기를 청한다면 이를 허락하고
군사를 해산하는 것이 낫겠다고 여겼다.

그 의론을 석(石) 상서(尙書)가 주관하였는데, 과도관(科道官)은 이를 반박하였
다. 송 경략은 이 일 때문에 파직되어 돌아가고, 시랑(侍郎) 고양겸(顧養謙)이 와서
대신하게 되었다.

4월에 참장 호택(胡澤)을 보내어 차부(箚付)로서 우리나라 대신들을 효유(曉諭)
하는데, 그 말뜻이 매우 준엄하였다. 그 대략은 이렇다.

"왜노(倭奴)가 까닭 없이 너희 나라를 침입하여 그 형세가 파죽지세였으므로,
황상께서 크게 노해 군사를 일으켜 한번 싸워 2천여 리를 회복하였으나, 소비한

국고 돈도 적지 않았으며, 군사와 마필(馬匹)로서 죽은 것도 역시 적지 않았으니, 조정에서는 속국을 대우하는 은혜를 이 정도에서 그친다. 이제, 군량도 다시 운송할 수 없고, 군사도 다시 동원할 수 없다.

왜노(倭奴)도 역시 위엄을 두려워하여 항복을 청하며 또 봉공(封貢)을 청하였다. 천조(天朝: 명 조정 자신)에서 이것을 바로 허락하여 왜군을 바다 건너로 쫓아내어 전란을 해결하고 군사를 휴식시키려는데, 이렇게 하는 것은 너희 나라를 위한 계책이 되기 때문이다.

지금 너희 나라는 양식이 떨어져 인민들이 서로 잡아먹고 있는 판인데, 또 무엇을 믿고 군사를 청하려는가? 이미 너희 나라에 군량을 줄 수가 없는데, 또 봉공을 거절하면, 왜노는 반드시 화를 낼 것이다. 그러면 너희 나라는 망하고 만다. 어찌 일찍 스스로 대책을 세우지 않는가? 옛날, 구천(句踐)이 회계(會稽)에서 곤경에 빠졌을 때, 어찌 부차(夫差)의 살을 뜯어 먹고 싶지 않았을까 마는, 우선 치욕을 참고, 올라오는 욕을 삼키며, 앞으로 올 기회를 기다렸다. 자신은 (부차의) 신하가 되고, 처(妻)는 (부차의) 첩(妾)이 되었다. 하물며 왜노가 중국의 신첩(臣妾)이 되는 것을 청하는 일에서랴!

자신을 너그럽게 하며 천천히 도모하는 것이 구천의 군신(君臣)이 낸 꾀보다 낫지 아니한가? 이러한 데도 참지 못하겠다 하는 것은 원수를 갚고 수치를 씻겠다는 영웅이라 할 수는 없으리라. 너희가 왜를 위하여 봉공을 청하여서 만약 그 결과 청이 받아들여지게 되면, 왜는 반드시 조선의 덕을 봤다고 하여 군사를 파(罷)하여 돌아갈 것이다. 왜군이 물러가고 나서, 너희 군신(君臣)이 와신상담(臥薪嘗膽)하며 구천이 한 일을 본받으면, 천도(天道)가 호전되어 왜놈들에게 보복할 날이 있을지 어찌 모르겠는가?"

그 말이 여러 수천 마디였으나 대략 뜻은 이와 같았다. 조정에서 의론하였으나 오랫동안 쳐다보기만 하고 결정을 내리지 못하였고, 임금의 뜻은 이를 더욱 어려운 일로 여겼다. 호택은 조급히 화를 내어 회보를 독촉하기 매우 급히 하였다.

선생은 그때 폐위(肺痿)[61]를 앓아 일어서기 어려운지가 여러 달 되었다. 그 일의 기미(機微: 미묘한 조짐)가 중대하므로, 계청하기를, '(호 참장을) 후대하고, 그가 하는 말을 들어주어, 명나라의 장병들 마음을 위로해야 한다'고 하였다. 그 차자의

---

61) 폐위(肺痿): 기침을 하면서 끈끈한 가래침과 함께 피나 피고름이 나오는 병증.

대략은 다음과 같다.

"며칠 전 김명원(金命元)이 사람을 보내어 신에게 말을 전하는데, 호 참장이 말하기를 "내가 너희 나라의 대사(大事)를 위하여 왔는데, 각로(閣老: 영상)를 비롯하여 어떤 사람은 아프다고 하면서 보이지도 않으니, 이 무슨 도리인가?" 하였다 하여, 신은 미안함을 이기지 못하여 사람을 얻어 편지와 배첩(拜帖)을 보내어 사과하였는데, 참장이 곧 회답과 아울러 고(顧) 군문의 제소(題疏)[62] 2책(冊) 및 선유부고(宣諭付稿)[63] 1록(錄)을 보내왔습니다.

신은 병중에 있어서 유첩(諭帖) 속에서 말한 곡절을 자세히 관찰하지 못하였사오나, 그 가운데 대단히 따르기 어려운 것은 '우리나라가 왜적을 대신하여 봉공을 청하라'는 대목입니다. 그러나 삼가 자세히 시랑(侍郎: 고양겸)의 마음을 살펴보면, 지난해 김수(金睟)가 (북경에) 가서 그 전해 6월 이후 왜적의 흉포하고 패악한 정황을 많이 진술하였으나, 그가 북경에 도착한 것이 고(顧) 시랑이 요동으로 나온 뒤의 일로서, 명 조정의 과도관은 주본(奏本)을 제대로 알아보지도 않고 시일만 끌어서, 번거로운 탄핵의 글이 한결같이 고 총독(고 시랑)에게 미쳤다는 것입니다. 석 상서도 역시 함께 일한 사람이지만 조목조목 설명할 수 없어, 논의하는 자들에게 곤욕을 당하고 있습니다.

그런 까닭에 금년 정월 고 시랑이 요동으로 나온 이후의 왜적 형세를 우리나라가 달려와 상세하게 갖추어 명백하게 상주(上奏)해 주어서 자신에게 닥치는 공격(비난)을 벗어나도록 해 달라는 것입니다. 이것이 아마 그의 본마음일 테고, 우리나라도 역시 굳이 거절할 일은 아닙니다.

송 경략과 고 시랑의 처리하는 일의 옳고 그름은 알 수 없지만, 고 시랑은 사람 됨됨이가 대체로 소탈하고 명백하여 일을 당하면 감연히 해내는 사람이고, 송 시랑은 할 일을 마음속 깊이 감추고 있는 사람으로, 비교가 안 됩니다.

하물며 석 상서는 충현(忠賢)함으로 이름을 천하에 떨친 사람이며, 우리나라 사변의 초기에 깊이 우려하며 민망히 여기는 마음으로 한 집안일처럼 여겨 주었을 뿐만 아니라, 우리가 청한 바를 골고루 따라주지 않음이 없었으니, 우리나라를 오는 날까지 지탱시켜 준 것이 모두 석 상서의 힘이었으며, 이 은혜를 어찌 잊을 수 있겠습니까? 지금 언관(言官)들의 공격으로 스스로를 보전할 수 없어 고

---

62) 제소(題疏): 소(疏)의 첫 머리에 서명(署名)을 한 것.
63) 선유부고(宣諭付稿): 황제의 유첩(諭帖)을 백성들에게 널리 공포하기 위해 만든 책.

시랑과 함께 서로 이어서 관직을 떠나버리게 되면 뒤에 누가 있어 우리나라를 위해 일을 담당해 주겠습니까?

지금 송 경략, 이 제독이 모두 파직되어 가버렸고, 고 시랑이 어렵게 부임해왔는데, 그가 말하는 것을 모두 굳게 거절한다면, 본래 대국에 의지하여 회복을 도모하려던 것이, 끝장에 와서는 대국의 담당자들이 모두 뒷짐지고 불끈 성을 내게 만들어 동정(同情)하기를 즐겨 하지 않게 하면, 우리나라 형세는 더욱 눈 밖에 나서 고립될 것이옵니다.

들으니, 호 참장은 재신(宰臣) 한 사람과 동행하기를 바란다고 하니, 이 역시 따르지 않을 수 없습니다. 특별히 명민한 재상을 가려 뽑아 급히 달려가 그를 통하여 최근의 사정을 자세하게 진술하도록 해야 합니다. 또 지난해 올린 주본(奏本)은 이렇게도 저렇게도 할 수 없는 절박한 심정에서 나온 것으로서, 감히 번거롭게 긴 넋두리를 하려고 한 것은 아니었다고 말씀드리고, 시랑이 극력으로 저희 나라를 구제하여 준 뜻을 사례하면, 그의 마음도 반드시 풀어져, 앞으로 닥쳐올 일들에 대처하기 어려운 일은 없을 것입니다.

지금 호 참장이 총독(시랑)의 명령으로 나왔으니, 위로연(慰勞宴) 같은 일에는 물력(物力)을 따질 게 아닙니다. 마땅히 여러 재신들로 하여금 날마다 돌아가면서 서로 만나보아 섭섭한 마음으로 돌아가지 않도록 하는 것이 대국 관리를 존경심으로 대접하는 태도일 것입니다.

(이 상소를) 아래로 내려보내어 조정에서 반복하여 숙의(熟議)케 하고, 일이 지난 뒤에 수습하기 어려운 후회가 있지 않게 한다면, 신은 눈을 감고 땅속으로 들어가도 좋습니다."

임금이 대답하기를 "경의 계사를 보니, 병중에서도 계속 국사를 이처럼 근심하는구나. 경의 고충(孤忠: 외로이 바치는 충성)을 가엽게 여기노라" 하였다.

선생이 왕명을 받들어 주본(奏本)의 초안(草案)을 미리 만들었는데, 특히 왜적의 정황(情況)을 골고루 진술하였으며, 명 조정에서 판단하여 처리하기에 따르려 하였을 뿐, 화의(和議)를 청하는 말은 없었다.

호택(참장)이 그 주본 초안 보기를 요구하여, 그 말단에 반드시 봉공(封貢) 청하는 일을 명백히 말하라고 하였다. 선생은 거절하다가 어쩔 수 없어, 다만 말하기를 "위엄을 떨쳐서 그 완악(頑惡)함을 징계하며, 계략으로 얽어매어(縻之以計) 그 재앙을 그치게 하는 것, 이 두 가지는 옛날 제왕이 오랑캐를 통어하는 대권이며, 흉포함을 금지시켜 생령들을 골고루 보전하는데 귀착되지 않음이 없지만, 때에 맞추어 형세를 살피는 것은 오직 성명(聖明)하신 황제만이 선택할 수 있습니다"라고 하였는데, 호택이 그 사용한 문안(文案)을 싫어하여, 계(計)자를 관(款)자로 바꾸어 가지고 갔다.

선생이 뒤에 우복(愚伏) 정경세(鄭經世)64)에게 보낸 편지에서 다음과 같이 말하였다.

> "어사(繡衣: 정경세)가 올린 계사(啓辭)는 그 당시에 보지 못하였으나, 강화(講和)를 하고 천리(天理)를 즐긴다느니 하는 말을 살펴보니, 과연 놀랄 만하오. 천리(天理)와 인욕(人欲)은 가는 길은 같지만 결말은 다른 것인데, 만약 우리가 복수하여 치욕을 씻으려는 정성을 가지고, 마음속에 굳게 간직하여 때를 기다려 발동한다면, 비록 구천(句踐) 같은 일 겪더라도, 또 때가 유리하거나 불리하여도 해로움이 없을 것이며, 우리 스스로 믿는 바는 천지신명에게 대답하여도 부끄러움이 없는 것이오. 그렇지 않고 구차하게 목숨이나 건지려고 원수관계를 풀려는 생각이라면, 비록 날마다 복수를 떠들어도 결국은 아무런 결과가 없을 것이오. 오직 이 생각 하나가 어떠냐에 따라서 천리(天理)인지 인욕(人欲)인지를 판별해야 하는 것이오."

선생은 이 앞에서 화의를 힘써 다투어 반대하였으며, 이때에 이르러 관(款)자로 고치는 일을 허락한 것은, 명나라 조정이 통제(統制)를 하고 우리나라는 명(命)을 받는 입장이어서 부득이한 데서 나온 일이었으나, 정유년, 무술년 사이에 이이첨 등 여러 간인(奸人)들은 주화(主和: 화의를 주도함)하였다고 선생을 공격하였다. 월천(月川) 조목(趙穆)65)이 선생에게 편지를 보내었는데, 그 속에 '상국(相國)이 성현(聖賢)의 글을 읽고, 끝내는 주화오국(主和誤國) 4자(字)를 얻었구료'라는 말이 있

---

64) 정경세(鄭經世, 1563 − 1633): 호 우복(愚伏). 문과. 검열. 임진왜란 때 의병장. 홍문관 교리. 이조 정랑. 승지. 도남서원(道南書院) 창건. 대사성. 전라감사. 정인홍 일당의 탄핵으로 삭직(削職). 인조반정 후 홍문관 부제학. 도승지, 이조판서겸대제학. 본관 진주(晉州). 서애 문인. 경전에 밝고 예학에 조예가 깊었다. 의정부 좌찬성에 추증. 시호 문장(文莊) 저서 우복집, 상례참고.

65) 조목(趙穆, 1524 − 1606): 호 월천(月川). 생원. 퇴계선생을 가까이 모시고 경전 연구에 전심하였다. 여러 번 관직에 제수되었으나 부임치 않았다. 봉화 현감. 군자감 주부. 본관 횡성(橫城). 퇴계 문인. 저서 월천집.

었다.

선생이 대답하기를 다음과 같이 하였다.

"주화오국(主和誤國) 4자는 저 역시 아무리 스스로 살펴봐도 그런 일이 없었습니다. 계사년 갑오년 사이에 백성들이 서로 잡아먹고 국세가 위급하여 아침저녁을 보전하기 어려운데, 힘으로는 왜적을 도모할 수 없어, 제가 겉으로 명 조정의 기미지계(羈縻之計)⁶⁶⁾를 따라서 적세를 조금 완화시키고, 안으로는 전쟁 준비를 다져서 천천히 뒤에 도모하려 하였던 것이지, 오늘날 다시 생각해 봐도 나라를 위하여서는 이같이 도모(圖謀)해야 할 것입니다. 싫어하는 사람들이 서책에서 좋은 제목을 찾아내어 서로 명예를 더럽히려 하는데, 이것은 웃으며 받겠습니다. 후일에 다행히 죽지 않고 있으면, 마땅히 왜변이 일어난 후의 모든 일을 의론하여 주변에 무엇이 올바른지를 밝힐 것인데, 그 가운데에는 당초부터 화자(和字)란 먹물 반점도 없었습니다."

그 후, 기사년(1629)에 상국 장유(張維)⁶⁷⁾가 이백사(李白沙: 이항복)의 시장(諡狀)을 작성할 때, 그 속의 말에 갑오년의 일을 언급하자, 정 우복(정경세)이 장 정승에게 편지를 하여 다음과 같이 말했다.

"갑오 화의는 석 상서의 건의에서 나와 송 경략의 급한 독촉에 의해서 이루어진 것으로 우리나라가 어떻게 해볼 수 있는 일이 아니었습니다. 그 당시 사세나

---

66) 기미지계(羈縻之計): 기(羈)는 굴레 기(마소의 얼굴을 얽는 줄), 미(縻)는 묶을 미(고삐 따위를 묶는 줄). 기미(羈縻)는 굴레를 씌워 얽어맨다는 뜻이다. 중국 한(漢) 나라 고제(高帝)가 흉노에게 포위당하여 곤욕을 치르고 나서, 화친정책을 추진하면서 공주(公主)를 흉노의 선우(單于)에게 출가시키고 통상의 길을 열어주었다. 이 정책을 중국 역대 왕조들이 북방 이민족의 세력이 강성할 때면 채택하여 세폐(歲幣)를 바치기도 하며 약세(弱勢)를 보였는데 그래도 자기들이 우위에 있는 것처럼 포장하려고 이민족을 고삐 묶듯이 역어 두었다(羈縻)고 말하고 있었다. 당(唐)나라 이래의 중국 외교의 기본으로 주변국을 중국의 세력 범위 안에 묶어두어 견제 및 통제하려는 것이다. 중국의 종주권(패권)을 인정하면 조공무역을 허락하는 등 관용을 베풀지만 인정하지 않으면 적대시하는 정책이다.

67) 장유(張維, 1587 − 1638): 호 계곡(谿谷). 문과. 검열. 인조반정에 참가하여 정사공신(靖社功臣) 2등. 대사헌, 부제학. 예조, 이조판서. 병자호란 때 주화론. 우의정. 신풍부원군. 영의정에 추증. 본관 덕수. 효종비 인선왕후의 아버지. 김상용(金尙容)의 사위. 김장생 문인. 시호 문충(文忠). 양명학적인 사고방식을 가졌다. 한학 4대가(四大家)의 한 사람.

병력은 그 옛날 소흥(紹興: 월(越)나라)과는 크게 달랐습니다. 그 사람들이 이런 점을 가지고 서애를 공격하는 것은 특별히 죄를 덮어씌우자는 것이지 정론(正論)이 아닙니다.

(또) '갑오년에 화의를 주장하였던 까닭으로'라고 한 여섯 글자는 문세(文勢)가 그 당시 조정의 의론을 사실에 근거하여 거론한 듯하나, 만약 '시의(時議: 당시 의론)가 갑오년에 화의하기를 주장하였다는 주장으로 류 정승을 극력 공격하였다'라고 한다면 어귀(語句)를 아래위로 바꾸는데 불과하지만 일은 사실이 되고 문장도 순하게 될 것입니다.

재상께서는 어떻다고 생각하시는지 모르겠습니다. 삼가 재상의 생각하는 바를 헤아려 보건대, 대감께서는 반드시 그 당시의 화의를 의론하는 자는 진회(秦檜)와 동일시(同一視)하거나, 화의를 공격하는 자들을 호담암(胡澹庵)[68]과 동일시하지 않으실 것입니다. 그러므로 이와 같이 따지듯이 자세하게 말한 것입니다. 그렇지 않다면 도(道: 길)가 같지 않은 것이니, 어찌 감히 서로 간에 일을 꾀하겠습니까?"

5월에 차문을 올려 사직을 청하였다. 윤허되지 않았다. 그 대략은 다음과 같다.

"신이 처음 병이 시작되어 위급하였을 때 호 참장의 서첩(書帖)을 받고, 사적인 마음에도 이것은 나라의 중대한 일이라 생각하고 그 처리는 두루 주밀하여야 마땅하다고 여겼습니다. 대개 우리나라가 바야흐로 누란(累卵)[69]의 위기에 빠져서, 밖으로는 왜적을 떨쳐내지 못하고, 안으로는 명나라 장병들에게 환심을 잃었기 때문입니다.

만일 전하의 마음이 아직도 재난이 다시 일어나지 않을 정도로 뉘우치시지 않으면 운기(運氣)가 다시 꽉 막혀, 이미 닥친 변고 밖에 또 새로운 변고가 생겨서, 일은 말로 할 수 없는 상태가 될 것입니다. 이 때문에 병을 참고 계초(啓草)를 지어 올렸는데, 신의 마음에도 감히 채택될 것이라고 여기지 못하였습니다.

엎드려 성교(聖敎)를 받들어 보니, 괴상한 말로서 엉뚱한 주장을 펴는 자들이 일이 어떻게 돌아가는지도 모르면서 일을 천취(遷就: 억지로 꿰맞춤)하였다고

---

(68) 호담암(胡澹庵): 남송(南宋)의 정치가. 이름은 전(銓). 고종을 모시면서 금(金)과의 화의(和議)를 주장한 진회(秦檜)를 처형해야 한다고 주장하였다.
(69) 누란(累卵): 계란을 쌓아 올리듯이 아슬아슬한 위험.

주달(奏達)하여, 신은 전날 올린 계문으로 그만 죄인의 우두머리가 되어 버렸습니다.

무릇 신하가 나라를 위해 세운 계책이 타당성을 잃었다면, 이미 잔꾀로써는 승리할 수도 없고 사직의 원수를 갚을 수 없을뿐더러, 윗분의 의도(意圖)와 사업을 잘 헤아려서 임금의 마음을 위로할 수도 없어, 그 죄는 진실로 형법으로는 용납될 수 없으니, 새삼 무슨 말로 스스로를 해명하겠습니까?

신은 매우 어리석고 용렬하기가 사람들 중에 가장 밑인데, 나라가 거들난 후에도 이 직책을 계속 맡고 있습니다. 사람이 귀신은 아닌데, 책임을 이 한 몸에 모두 모아 놓았으며, 질병으로 위독하여 다시 사람의 모습을 찾을 수 없사와, 이런 시체가 자리만 차고앉아 있을 뿐이니, 남은 기운으로 '절충(折衝) 어모(禦侮)[70]' 하여 국론을 유지할 수 있겠습니까?

엎드려 바라오니, 자비로우신 성상께서는 국사가 날로 급박하다는 것을 깊이 생각하셔서 하루 빨리 신의 직을 깎아버리는 명을 내리시고, 현명한 재목을 골라서 이 시대의 난국을 건지소서."

또 사직소를 올렸다. 윤허되지 않았다.

다시 사직소를 올렸다. 윤허되지 않았다.

다시 사직소를 올렸다. 윤허되지 않았다.

==

啓請 接待胡參將 聽其所言
時 中朝以賊久不退 天下兵力不可窮 不如 因賊請款而許之 使解兵 石尙書主其議 科道駁之 宋經略因此罷歸 顧侍郞養謙來 代之 四月遣參將胡澤 以箚付 諭本國大臣 辭意甚峻

---

70) 절충어모(折衝禦侮): 절충(折衝)은 외교상의 담판(談判). 어모(禦侮)는 외국으로부터 당하는 모욕을 겼었다(적의 공격하는 논리를 담판을 통하여 꺾고, 우리를 얕보는 마음을 막아 두려워하게 만드는 것).

其略曰 倭奴無端侵爾 勢如破竹 皇上赫怒興師 一戰 復地二千餘里 所費帑金不貲 士馬物故亦不少 朝廷之待屬國 恩義止此 今 餉已不可再運矣 兵已不可再用矣 而倭奴亦畏威 請降 且乞封貢矣 天朝正宜許之 驅倭渡海 解夢息兵 所以爲爾國計也

今 爾國糧盡 人民相食 又何恃而請兵耶 旣不與兵餉於爾國 又絕封貢 倭奴必發怒 而爾國必亡 安可不早自爲計也 昔 句踐之困於會稽也 豈不欲食夫差之肉 而姑忍恥含詬以有待也 身且爲臣也 妻且爲妾也 況爲倭奴請爲臣妾於中國 以自寬而徐爲之圖 是愈於句踐君臣之謀也 此而不能忍 非復讐雪恥之英雄也

爾爲倭請封貢 若果得請 則倭必德朝鮮 罷兵而去 倭去 而爾國君臣 臥薪嘗膽 以修句踐之業 天道好還 安知無報倭日也 其言縷縷千百 大意如此 廷議雎盱久 而莫能決 聖意愈難之 澤躁怒 督報甚急

先生 時 病肺痿 不能起有月矣 以其事機重 啓請 厚待 且聽其言 以慰天朝將士之心 箚略曰 數日前 金命元使人傳言於臣曰 胡參將云 俺 爲爾國大事而來 閣老以下 或稱病不出見 是甚道理 臣不勝未安 借人書拜帖 往謝 則參將卽爲回書 且并顧軍門題疏二冊 宣諭付稿一錄 以送

臣 病中 不能詳觀諭帖中所云曲折 而其中大段難從者 我國替倭請封貢一節也 然 竊詳侍郎之意 以其上年金睟之行 多陳前年六月以後賊情 兇逆悖慢之狀 其到北京 在顧侍郎出來遼東之後 而皇朝科道官 不分奏本 離此日月 彈章煩言 一槩及於顧總督 如石尙書亦以同事之人 不能分疏 方困於言者 故 欲令我國詳具 今年正月 顧侍郎出來遼東以後賊勢 明白馳奏 則自己可免於攻詆 此恐其本情 而在我亦不須堅拒也

宋經略顧侍郎 處置得失 有不可知 而顧之爲人 大槩疎暢明白 當事敢爲之人 不比宋侍郎舉措隱暗也 況石尙書 以忠賢 名聞天下 當本國事變之初 深憂悶念 不啻如一家之事 凡有所請 無不曲從 使我國得至今日 皆石尙書之力 此恩何可忘也 今 爲言者所攻 不能自保 使與顧侍郎 相繼而去 則後誰有爲我國任事者乎

今 宋經略李提督皆已罷去 顧侍郎纔至 所言之事 一切堅拒 本欲倚仗大國 以圖恢復終乃大國任事之人 率皆背手怫然 莫肯同心 則我國之勢 無乃益爲睽孤乎

聞 胡參將欲與宰臣一人偕行云 此亦不可不從 別擇明敏宰臣 馳去 聽其言 說詳陳近日
事情 且言 上年奏本 出於悶迫 不敢張皇之意 而致謝侍郎極力拯濟小邦之意 則侍郎之
心必解 而前頭無難處之變矣

今 胡參將以總督之命 出來 宴慰等事 非物力所辦 似當令諸宰逐日輪流參見 無使落莫
而還 亦恐合於敬待天官之體也 如蒙下朝廷 反覆熟議 無使事過 而有難追之悔 則臣可
以暝目入地矣 答曰 觀卿啓辭 病中尚憂國事如此 哀卿孤忠

先生承命 構奏草 但備陳賊情 以聽天朝裁處 而無請和之語 胡澤求見奏草 必欲於末端
明言請封事 先生拒之不得 則但曰 震之以威 以創其頑 縻之以計 以弭其禍 斯二者 莫
非古帝王御夷之大權 而同歸於禁止兇暴 曲全生靈 因時審勢 惟聖明所擇云云 澤嫌措
語不快 以款字易計字而去

先生 後與鄭愚伏經世書曰 繡衣之啓 時未得見 以通和樂天等語 觀之 則果爲可駭 天
理人欲 同行異情 如使在我復讐雪恥之誠 堅定於內 而待時以發 則雖如句踐之所爲 不
害爲與時消息 而吾之所以自信者 自可對越神明 而無愧 不然而欲出於偸生釋怨之計
則雖日談復讐 而終歸於無實 只此一念 而天人之分判矣 云云

先生 前此 力爭和議 至是 許款之事 制在天朝 我國受命之勢 出不獲已 而丁酉戊戌間
李爾瞻諸奸 乃以主和攻先生 趙月川穆抵書先生 有曰 相國讀聖賢書 畢竟得主和誤國
四字耶
先生答曰 主和誤國四字 生亦自省無是 當癸甲之間 人民相食 國勢危急 朝夕難保 而
力未能圖賊 生以爲外循天朝羈縻之計 少緩賊勢 而內修戰守之備 徐爲後圖 自計今日
謀國不過如此 不悅者 於書冊間 尋出好題目 以相污衊 此則當笑而受之耳 他日 幸未
死 當悉以生變後論事 求正於左右 此中 初無半點和字矣云云

其後 己巳歲 張相國維撰李白沙謚狀中 語及甲午事 鄭愚伏抵張相書曰 甲午和議 出於
石尙書之建白 成於宋經略之督迫 非我國之所得自由 而其時事勢 兵力又與紹興 大不
同 彼之以此攻西厓
以甲午主和故 六字文勢 似以其時朝議爲據實之論 若曰 時議 以甲午主和攻柳相益力
云 則不過上下其句語而事實文順 未知台意 以爲何如 竊料台見 必不以其時議和 同之

秦檜 而攻和者同之胡澹庵 故索言及此 不然 則道不同矣 何敢相爲謀邪云云

五月 上箚 辭職 不允
略曰 臣曾於病初 危極之時 得胡參將書帖 私心 以爲此乃國家重事 處置所當周詳 蓋
以我國方有累卵之危 若外不振於寇賊 內失懽於天朝將士 萬一天心尙未悔禍 運氣愈
復蹇屯 變故之外 又出變故 則事有所不可言者 以此 忍病 作啓草上達 而於臣之心 亦
不敢自以爲可探也 伏承聖敎 怪說異論者 未知何事 而陳奏遷就之事 則臣之前日一啓
實爲罪首
夫 以人臣謀國失宜 旣不能運奇制勝 以復社稷之讎 又不能度意揆事 上慰君父之意 其
罪固不容於刑章 更將何說而自解耶 臣昏愚庸劣 最居人下 乃於板蕩之後 更冒此任 人
非鬼 責最集一身 而疾病癃憊 無復形狀 以此尸居 餘氣 其能望其折衝禦侮 維持國論
乎 伏望聖慈 深惟國事之日急 亟命 鐫臣本職 改卜賢才 以濟時艱

又 上箚辭職 不允
又 上箚辭職 不允
又 上箚辭職 不允

바. 전수기의(戰守機宜)를 상소하다

6월에 상소하여 전수기의(戰守機宜: 싸우고 지키는 전략)를 조목조목 진술하였다.
그 대략은 다음과 같다.

  "왜적이 남쪽 변방에 쳐들어와서 그 형세가 날로 어지러워지고 있으니 진실로
위태롭습니다. 지난날 정밀하게 훈련된 군사로서 요해처를 굳게 지키고, 산성을
수축하며, 청야(淸野)[71]하고 전란에 대비하며, 적병이 쳐들어오면 임기응변으로
대책을 시행하되, 혹은 지키고 혹은 싸우며, 서로간에 의각지세(犄角之勢)로서
협동작전을 전개할 것 등을 여러 번 지시하였으나, 기강이 해이해져서 호령이 시

---

71) 청야(淸野): 견벽청야(堅壁淸野)라고도 한다. 적군이 쳐들어오기에 앞서 우리 성벽의 수비를
   견고히 하는 한편 들판의 곡식을 모조리 걷어 들이며 심지어 백성과 그들의 물자까지도 완전
   히 철수시켜 적군의 군량미나 전쟁물자의 노획을 철저히 막아버리는 방어전술.

행되지 않아, 지난날의 허다한 분부가 한 곳에서도 실행되지 않았으니, 지금 다시 당장 해야 할 일들을 조목별로 이제 나열하고자 합니다.

첫째, 적병은 비록 서울 방향으로 멀리 쳐들어올 계획을 가졌더라도 한편으로는 돌아갈 길이 막히지 않을까 염려하고 있을 것입니다. 지금 3도의 수군이 한산도(閑山島)에 있으니, 만약 (군사) 형세를 크게 벌려 해면에 널리 펼쳐서 바다길을 막아 끊을 듯한 모습을 보인다면, 적세를 견제하여 묶어 둘 수가 있어서 그들이 깊이 쳐들어올 수 없을 것입니다. 이것이 오늘날 가장 긴요한 방책이며, 이런 뜻을 급히 통제사(統制使)에게 비밀리에 유시(諭示)하여, 임기응변으로 형세를 보아가며 대처하게 하는 것이 어떻겠습니까?

둘째, 경주(慶州)에 있는 제장들은 왜적과 가까이 여러 번 대치하여 군사들이 자못 정예합니다. 만약 한 마음으로 힘을 합쳐 왜적을 처리하는 계책을 세우고, 또 의병(疑兵: 가짜 군사)을 곳곳에 설치하여, 왜적으로 하여금 진격해도 두려운 마음이 있게 하며, 퇴각할 때는 추격당할까 두려워하게 하고, 머뭇머뭇 퇴각할 즈음에는 출기불의(出奇不意: 예상하지 못하는 장소, 시기에 기습하는 것)로 기회를 타서 공격하면 비록 적은 수의 군사로도 많은 적을 대적할 수 있으니, 지금 다시 각별하게 다짐받아 약속(군법)을 정하소서.

셋째, 군대의 눈과 귀는 오로지 초탐(哨探: 적의 상황을 탐색함)하고 후망(候望: 관측소)하는 데에 달려있으나, 요즈음 장수들은 이를 전혀 모르고, 적이 문밖에 와서야 비로소 깨달아 알고, 놀라 정신없이 흩어져 도망칩니다. 무릇 적을 이기는 방법은 달리 있는 것이 아니라, 내가 먼저 손을 쓰면 내가 승리하고, 적이 먼저 손을 쓰면 적이 승리하는 것이니, 그 기틀은 오로지 초병(哨兵)의 탐지와 멀리서 망보는 일의 밝은지 그렇지 않은지에 달려 있을 뿐입니다. 이 일은 비록 전에도 주의 환기한 일이 있습니다만 지금 다시 경각심을 가지고 살피도록 문서로 명령해 두소서.

넷째, 안팎 인심의 동요가 날로 심하여, 적의 소식을 겨우 듣기만 해도 흉흉하여 두려워하지 않음이 없고, 모두 흩어져 도망치려는 마음뿐입니다. 인심이 이와 같다면 비록 높은 성이나 깊은 해자, 견고한 갑옷이나 날카로운 병기 등이 다 쓸데없고 서로 이끌어 흙더미가 쏟아져 내리는 것 같이 무너질 뿐입니다. 각별하게 힘써 진정시켜, 지난날처럼 수습할 수 없을 정도로 무너지지 않게 하소서.

다섯째, 경상우도의 의령(宜寧) 같은 고을은 참으로 낙동강 정암(鼎巖)나루[72]

---

72) 정암진(鼎巖津): 정암(鼎巖 솥바위)나루. 경남 함안군 군북면과 의령군 의령읍의 경계 남강(南

를 요해처로 삼는데, 만약 강면(江面)에 마름쇠와 나무 함정을 많이 설치하고, 또 언덕 위에는 목책과 토루(土壘)를 설치하여 탄환을 피할 수 있게 하면, 왜적을 막을 수 있습니다. 이 밖에, 삼가, 합천, 고령, 안음, 가야 같은 곳의 산성으로 지킬 만한 곳에 있는 백성들을 잘 타일러, 왜적이 쳐들어오면 기한 내에 성에 들어와 지키게 하며, 청야(淸野)를 하여 대기하게 하고, 호남 같은 지역도 역시 같은 방식으로 시행하소서.

여섯째, 의령에 있는 장수들의 군사는 천여 명에 지나지 않아 적을 막을 수 없으나, 오직 김덕령(金德齡)[73]의 군사만은 조금 많아 급할 때 의지할 만한데, 지금 군량을 지급해 줄 수 있는지 모르겠습니다. 순무어사 서성(徐渻)[74]을 급히 가서 보게 하여, 군사를 위로하며, 또 도원수를 통하여 법으로 단속하고, 순변사와 양도(兩道) 병사는 서로 의각(犄角)의 형세를 이루도록 하소서.

일곱째, 각도의 군사훈련은 지금까지 오래 해 왔습니다. 비록 대단히 성취하지 못하였으나, 쓸 만한 군사가 없지 않으니, 순무어사가 가는 곳마다 점검하여 상벌을 시행하게 하소서. 그 밖에 활 잘 쏘는 군인을 정선(精選)하여 뽑아 적군이 쳐들어오면 수령이 친히 이끌고 때에 맞게 구원하러 달려오게 하소서.

여덟째, 무기가 부족합니다. 만일 전투에 나가서 화살이 떨어지면 비록 백만의 군사가 있어도 쓸 곳이 없습니다. 활과 화살 같은 물건을 내지의 전쟁 피해가 적은 곳에서 많이 만들어내고, 여러 진영으로 연속하여 실어 보내어 사용함에 모자라지 않도록 하소서.

아홉째, 지난해 행주(幸州) 전투에서, 우리 군사가 먼저 요해처를 점거하였기 때문에 적의 무리가 비록 많았으나 쳐다보며 공격하기가 어려웠기 때문에 마침내 꺾여 패배하고 말았습니다. 지금 마땅히 권율을 시켜 적이 쳐들어올 길에, 미리 산의 모양이 삼면은 높게 가파르고 오직 한 면에서만 적을 제압할 수 있는 땅을 골라서 군사들이 머물 곳으로 삼으라고 하소서. 만일 적이 멀리까지 쳐들어와

江)에 있는 나루터. 강 가운데 솥 바위가 있다. 중요 교통로이자 방어 요해처였다.

73) 김덕령(金德齡, 1567-1596): 임진왜란 때 의병장. 여러 차례 전공을 세웠다. 이몽학의 반란 때 내통했다는 무고로 서울로 압송되어 고문 끝에 옥사하였다. 현종 때 신원(伸寃)되었다. 숙종 때 병조판서 정조 때 의정부 좌찬성에 추증되었다. 본관 광산(光山). 시호 충장(忠壯)

74) 서성(徐渻, 1558-1631): 호 약봉(藥峯). 시호 충숙(忠肅). 문과. 검열, 전적. 병조좌랑. 임진왜란 때 황정욱(黃廷彧)의 종사관으로 임해군, 순화군과 함께 함경도로 갔다가 포로가 되었으나 탈출하였다. 조정에 돌아와 지평. 삼남지방 암행어사. 경상우감사. 도승지. 병조판서. 계축옥사 때 단양으로 유배되어 11년간 지냈다. 인조반정으로 형조, 병조판서. 영의정에 추증. 학문을 즐기고 주역에 뛰어났다. 본관 달성. 율곡 문인. 저서 약봉집.

중과부족(衆寡不足)으로 대적하기 어려우면 제장들이 각자 자기 군사를 거느리고 그곳을 나누어 지키며 서로 응원하도록 하소서.

열째, 적의 무리가 만약 수가 많아서 장사진(長蛇陣)을 만들어 공격해 오면, 모름지기 결사대를 뽑아, 적들이 쳐들어올 때 길가의 초목이 무성한 곳에 몰래 잠복하여 적으로 하여금 우리 모습을 보지 못하게 하고, 협로(夾路: 큰길에서 갈라져 나온 좁은 길) 좌우에 매복하여 있다가, 예상하지 못할 때에 뛰어나와 활을 어지러이 쏘면, 적은 반드시 놀라 흩어져 물러갈 터이고, 그들이 먼 길을 달려온 형세를 저지할 수 있을 것입니다. 미리 이와 같은 작전을 지시하소서."

7월에 군사훈련은 오로지 병조(兵曹)에서 책임지고 담당하도록 건의하였다.

그 대략은 다음과 같다.

"대저 오늘의 천만 가지 시책이 모두 성공하지 못하고 있어도, 오직 족식(足食),[75] 연병(練兵) 두 조항은 왜란을 극복하는 제일의 방책으로 삼았습니다. 지난 겨울, 훈련도감(訓鍊都監)을 설치하고, 신에게 명하시어 그 일을 담당하도록 하셨는데, 신은 포수 1천 명을 모아 가르치고 훈련하여 재간(才幹)을 완성하게 하였습니다. 대개 포수 1천 명에다가 창도수(槍刀手: 창, 칼 쓰는 군사), 궁전수(弓箭手: 활 쏘는 군사)를 섞어서, 잘하고 못하는 군사로 조잡하게나마 갖추었으며, 또 쓸 만한 장수를 얻어 맡겼으니, 급할 때에는 책응(策應: 알맞게 헤아려 대응함)도 할 만합니다.

지난날 황조(明)의 정통(正統)[76]의 변란 때, 우겸(于謙)[77]이 병부(兵部) 상서

---

75) 족식(足食): 백성들의 먹을거리를 넉넉하게 하는 것이다. 논어 안연 제7장에, 자공(子貢)이 정사(政事)에 대하여 질문하니, 공자께서 "양식을 넉넉히 하고 군병을 충분히 갖추면 백성들이 (국군(國君))을 믿게 된다(子貢問政 子曰 足食 足兵 民信之矣)"고 하였다.

76) 정통(正統): 명나라 제6대, 제8대 황제인 영종(英宗)의 연호. 1435−1449년까지를 말한다. 영종은 정통 14년에 몽골 오이라트부(部) 추장 에센이 침입해 오자 친정(親征)하며 출전하였으나 대패하고 자신은 포로가 되었다(토목의 변). 이때 연경(燕京)의 조정에서는 병부시랑 우겸이 영종의 동생을 새 황제(대종(代宗) 경태제(景泰帝)라고 함)로 추대하고 민심을 수습하여 나라를 지켜내었다. 에센은 이용가치가 없어진 영종을 석방해 돌려보내니 자금성에 유폐하였으나 조정에는 불안감이 생기게 되었다. 1457년 환관 등이 새벽에 영종을 모시고 나와 복위시켜 버려(탈문의 변) 다시 황제가 되고 연호를 천순(天順, 1457−1464)이라 하였다. 두 번 황제가 되었다.

77) 우겸(于謙, 1398−1457): 명나라 병부시랑. 토목의 변으로 황제가 포로가 되었을 때 조정은 당황하여 남경으로 천도해야 한다는 주장이 제기되기도 하였으나, 우겸이 "남쪽으로 도망친 송

가 되어 정용(精勇)한 군사를 불러 모집하여 도성에 12영(營)을 설치하고, 관리로서 재주와 용맹을 가진 자를 뽑아 그 군사를 나누어 통솔하게 하고, 주야로 훈련하여, 끝내 강한 외적(外敵)을 깨뜨리고 천하를 다시 안정시켰습니다. 지금 이의(異議)하는 자 중에 혹 군사훈련은 급무가 아니라고 하는 자가 있습니다만, 진실로 생각이 모자라는 데에서 나온 것입니다.

그러나 운화(運化: 천리(天理)가 운행하여 변화함)를 주장하고 인심을 날로 흥기(興起)하게 하여 군정을 일신(日新)하는 것은 곧 병조가 맡을 일입니다. 엎드려 바라건대 전하께서는 (군사를) 훈련하여 성과를 내는 일을 본 병조의 관리에게 오로지 책임을 맡기시고, 병조는 장수된 관리에게 책임을 지우고, 장수는 초관(哨官)에게 책임을 지우고, 초관은 기대총(旗隊總)에게 책임을 지워, 체제를 확립하고 나면, 마음과 힘이 오로지 하나가 될 것이니, 어떠한 일이 이루어지지 않겠으며, 또 어떠한 명령이 시행되지 않겠습니까? 그렇게 하지 않으면, 사람들 마음이 대수롭지 않게 여기게 되어 저절로 해이하게 될 것이니, 비록 아침저녁으로 엄명을 내린들 제대로 거행될 수 없을 것입니다" 하였다.

명을 받들어 효릉(孝陵)[78]을 알현하였다.

'효릉 가는 길에서 느낌' 이라는 율시(律詩) 한편이 있다.

9월에 인재를 널리 뽑기를 계청하였다.

아뢰어 말한 내용은 다음과 같다.

"세상의 변란을 다스려 정상(正常)으로 돌아가게 하는 데에는 인재를 얻는 것이 가장 급합니다. 고인(古人)도 말하기를 '비록 명주실과 삼(麻) 실을 가졌다 하더라도 왕골이나 띠풀을 버리지 말라' 하였으니, 조그만 재주를 가진 자도 반드시 뽑아야 한다고 말한 것이며, 또 '비록 강대국(희(姬)씨나 강(姜)씨 집안)[79] 여

나라의 예를 보지 못했는가?" 하며 연경 사수(死守)를 주장, 영종의 아우를 새 황제로 옹립하고 나라를 위기에서 구출하였다. 뒤에 영종이 복위한 뒤 대역죄로 처형당하였다. 헌종(성화제) 때 신원되었다. 시호 충숙(忠肅). 명 왕조 우국충절의 표상이다.

78) 효릉(孝陵): 조선 12대 왕 인종(仁宗)과 왕비 인성왕후(仁聖王后)의 무덤. 쌍분(雙墳)으로 합장되어 있다. 현 고양시 덕양구 원당리 속칭 서삼릉(西三陵)의 하나.

79) 희강(姬姜): 주(周) 나라 왕성(王姓)이 희씨(姬氏)이며, 제(齊) 나라 왕성이 강씨(姜氏)였다.

자가 있다 하더라도 여윈 못난이를 버리지 말라'80) 하였으니, 신분이 천하다고 버려서는 안 된다고 말한 것입니다. '순무우(葑)를 캐고 순무우(菲)를 뜯음은 하체(下體: 뿌리) 때문이 아니다'라고 한 것은 단점은 버리고 장점을 취하라고 말한 것입니다. 이 세 가지 이야기를 가지고 보면 사람 쓰는 방법을 모두 다 갖춘 것입니다.

그런데 지금은 사람들에게 모든 것을 다 갖추기 바라니, 비록 백 가지 장점이 있어도 한 가지가 부족하면 버리고 뽑지 않으며, 또 가문(家門)으로 한정하고 지위와 명망으로 비교하여, 비록 탁월한 재주가 있으나 불행하게도 비천한 출신이면 사람들이 모두 업신여기고 쳐다보지 않습니다.

여기에다가 또 남의 결점을 찾는 데 뛰어나며, 흠터를 찾는 데 교묘하여, 한 세대를 들어 올릴 만한 재주를 가진 사람이 모두 헐뜯는 속에 들어가 있어서 온전한 사람이 없습니다. 이런 사정인데 초야(草野)에 버려진 현인(賢人)이 없도록 하며 서적함희(庶績咸熙)81) 되기를 구하는 것은 역시 어렵지 않겠습니까?

옛날에, 사람을 뽑는 방법은 아주 넓어서, 혹은 노예에서 발탁하고, 혹은 항오(군졸)에서 뽑으며, 혹은 고수(賈竪: 상인)에서 떨쳐 일으켰는데, 오직 재주로만 뽑고 그 나머지는 묻지 않은 것이, 진실로 까닭이 있었던 것입니다. 삼가 이 시기에 절실하게 등용해야 할 사람을 10조로 나누어 이 아래에 열거하고자 합니다.

첫째, 재주와 지혜, 식견과 사려가 있고, 병법에 통달하여 장수의 임무를 감당할 수 있는 자.

둘째, 학술(學術)이 있고 당면한 사무(事務)를 알며, 사랑이 있고 청렴 근실하여, 재주가 고을 수령을 감당할 만한 자.

셋째, 지혜와 배짱이 있어 말을 잘하며 외국에 사신의 임무를 받들 수 있으며, 적중(敵中)에 출입하여 그들의 동정을 탐지할 수 있는 자.

넷째, 집에서는 효도와 우애를 하여 한 고장의 모범이 되며, 의롭지 못한 것에 분개하여, 관리가 되면 나라를 위해 몸을 바칠 만한 자.

다섯째, 문장이 특이하여, 외교 언사를 잘하는 자.

---

80) 雖有絲麻 無棄菅蒯 雖有姬姜 無棄憔悴 凡百君子 莫不代匱: 춘추좌전 성공(成公) 9년조(九年條) "비록 명주실이나 삼실을 가졌더라도 왕골이나 띠풀을 버리지 말아라. 비록 강대국(희(姬)는 주(周) 왕실의 성(姓)이며 강(姜)은 제(齊)의 국성(國姓)임)의 미녀가 있다 해도 여윈 못난이를 버리지 말아라. 무릇 모든 군자(君子)는 인재 부족할 때에 대신 쓰여지지 못함이 없다" 삼국사기 열전 설총전에도 이 대목이 실려 있다.
81) 서적함희(庶績咸熙): 서경 요전(堯典) 제8장. 정사가 잘 이루어져 많은 공적이 널리 베풀어지다.

여섯째, 씩씩하고 힘이 있어 활을 잘 쏘며, 혹은 칼과 창을 잘 쓰거나, 혹은 무거운 것을 지고 빨리 달리거나, 혹은 겁이 없어 적진에 뛰어드는 것을 겁내지 아니할 자.

일곱째, 농사짓는 법을 잘 알아, 백성들에게 농사를 권장하고, 마른 땅 습한 땅을 잘 구별하여 황무지를 개간하여 둔전을 만들어 낼 만한 자.

여덟째, 재물을 다루는 데 능숙하고, 혹은 바닷물을 구워서 소금을 만들거나, 혹은 산에 가서 쇳물을 끓여내어, 사방으로 옮겨 이것을 저것으로 바꾸어 만들고 거래하여 이익을 올려 재물을 넉넉하게 하는 자.

아홉째, 셈법[算法]에 밝아 셈을 잘하며, 군량을 조달함에 저울눈에 실수하지 않는 자.

열째, 잔재주가 있어 창과 칼을 만들 줄 알며, 염초(화약)을 만들어 내는 방법을 깨치거나, 조총, 대소포(大小砲)와 성(城)을 지켜내는 기계를 만들 줄 아는 자입니다."

===

六月 上箚 條陳戰守機宜
略曰 倭賊衝斥南邊 其勢日肆 固已岌岌矣 前者 以精鍊軍卒 堅守要害 修築山城 淸野待變 敵兵之來 使之臨機設策 或守或戰 互相犄角等事 屢爲申飭 而紀綱解弛 號令不行 前日許多分付之事 無一處擧行 更以今日所宜行者 條列于後

一 賊兵雖有長驅西向之計 而一邊不無歸路見阻之慮 今三道舟師在閑山島 若大張形勢 分布海面 若將橫截海路之狀 則足可以牽綴賊勢 不得深入 此 今日最爲要策 急以此意 密諭于統制使 使之臨機 觀勢處之 如何
一 慶州諸將 近與倭賊屢爲相角 士卒頗精 若能同心協力 以爲控扼遮截之計 而又多設疑兵 使賊進有所懼 退恐追躡 逡巡退却之際 出奇乘之 則雖少可以敵衆 今更各別申飭 定爲約束事

一 軍中耳目 專在於哨探候望 近日將官 全不知此 賊至門外 方始覺知 蒼黃潰散 凡勝賊之道 無他 我先爲計 則我勝 敵先爲計 則敵勝 其機只在於哨探瞭望之明不明如何耳 此事 前雖申飭 而今更知委警省事

一 中外人心 動搖日甚 纔聞賊報 無不洶懼 皆有潰散之心 人心若此 則雖有高城深池
堅甲利兵 無所用之 相率土崩而已 各別務加鎭定 毋使如前日之板蕩不可收拾事

一 慶尙右道宜寧等處之軍 固以洛東江鼎津爲據險之地 若於江面 多設菱鐵木窄 又於
岸上 設柵及土壘 以避鐵丸 則可以禦賊 此外 三嘉陜川高靈安陰伽倻等處 山城可守處
曉諭人民 賊若來犯 則刻期入保 淸野以待 湖南等處 亦一樣施行事
一 宜寧諸將之軍 不過千餘 無以禦敵 惟金德齡之軍 稍多 緩急 似可倚仗 而今不知軍
糧可以支給與否 巡撫御史徐渻 急急往見 慰撫軍中 且爲約束 而通於都元帥及巡邊使
兩道兵使 使之互相猗角事

一 各道鍊兵事 目下去已久 雖未能大段成就 而不無可用之軍 巡撫御史 隨所到點閱
以行賞罰 其他 能射軍人 亦各精抄 如有賊變 守令親自押領 趁時赴援事

一 軍器不足 萬一臨戰 矢盡 則雖百萬之軍 無所用之 弓矢等物 多數造作於內地未殘
破之處 連續入送于諸陣 毋使乏用事

一 上年幸州之戰 我軍先據險 故賊衆雖多 仰攻爲難 竟至敗衄 今宜令權慄 凡於賊來
路 預擇山形 三面陡絕 獨以一面制賊之地 以爲住兵之所 如有賊兵長駈 衆寡難敵 則
諸將各率其兵 分據其地 相爲應援事

一 賊衆若多 其勢須作長蛇陣而來 須擇死士 當其來時 潛埋路傍草樹茂密之處 使賊不
得見其形 而伏於左右夾路 亂射出其不意 則賊必驚潰退走 可沮其長驅之勢 依此預爲
約束事

七月 啓請以鍊兵全責兵曹
略曰 大抵今日千萬施爲 皆不濟事 只有足食鍊兵二條 爲撥亂第一策 去冬 設訓練都監
命臣句管其事 臣欲聚炮手一千名 敎訓成才 蓋炮手一千 而雜以槍刀弓箭之手 使長短
之兵粗備 而又得將帥之可用者 任之 可以策應於緩急之際

昔 皇朝正統之變 于謙爲兵部 招募精勇 設十二營於都城 擇官之有才勇者 分統其軍
晝夜訓練 卒能摧破强寇 而天下再安 今之議者 或有以鍊兵爲非急務 誠出於未之思也

然 而主張運化 使人心日起 而軍政日新者 乃兵曹之任也　伏望 自上以訓練成效 專責本兵之官 而本兵之官責將官 將官責哨官 哨官責旗隊總 體統旣立 而心力專一 則何爲不成 何令不行 不然 則人情忸於尋常 自至弛廢 雖朝夕嚴令 不可爲矣

奉命 謁孝陵
有 孝陵道中有感詩一律
九月 啓請廣取人才
啓曰 撥亂反正 人才爲急 古人云 雖有絲麻 無棄菅蒯 言小才必取也 雖有姬姜 無棄憔悴 言賤者不遺也 采葑采菲[82] 無以下體 言舍短而錄長也

執此三說 而用人之道 盡矣 今則於人 必欲其備 雖有百長 而一事不足 則棄而不取 又以門地限之 以位望相較 雖有卓越之才 不幸而出於冗卑之中 則人皆屑越而不顧 如此而又工於吹毛 巧於索瘢 擧一世之人 皆在訾謗之中 無一全人 以此而求其野無遺賢 庶績咸熙者 不亦難乎

古者 取人之道 甚廣 或拔於奴隷 或出於行伍 或奮於賈竪 惟才是取 不問其他 良有以也 謹以切於時用者 分爲十條 開列于後

一　有才智識慮 通曉兵法 可堪將帥之任者
一 有學術 識時務 慈詳廉謹 才堪守令者
一 有膽量 善於言辭 能奉使外國 及出入賊中 哨探動靜者
一 居家孝悌 爲一鄕矜式 慷慨殉國 可堪入官者
一 文章特異 善於辭命者
一 勇力善射 或善用刀劍 或能負重疾走 或有膽氣 不怕登陣者
一 能知稼穡之務 勸民耕種 辨燥濕之宜 開墾荒廢 作爲屯田者
一 善於理財 或煮海爲鹽 或卽山鑄鐵 能移此易彼 變遷貿易 興利足用者
一 能通曉算法 善於計 調度軍食 不失錙銖者
一 有巧性 能制造槍刀 或曉解煮取焰焇 能造鳥銃大小砲 及守城器械者

---

82) 채봉채비(采葑采菲): 순무우를 캐고 무를 캐다. 시경 패풍(邶風) 곡풍(谷風) 장 "순무우를 캐고 무를 캐는 것은 그 뿌리 때문이 아니다."

사. 군량 조달 방법을 계청하다

군량 조치하기를 계청하였다.

그 대략은 다음과 같다.

"오늘날의 위급한 형세는 진실로 여러 가지지만, 대책이 없어 팔짱끼고 있는 문제는 오직 군량 한 가지뿐입니다. 서울에 저축된 것은 겨우 몇 달 지탱할 정도이고, 지방의 창고는 한결같이 텅 비었으며, 민간에서 사사로이 저축하고 있는 양식도 다 바닥이 났습니다. 지금 가을 곡식이 익을 때인데도 공사(公私) 간의 형편이 위태롭기가 이와 같으니, 내년에 무슨 물자로 명군에게 필요한 양식을 공급할 것입니까?

이뿐만이 아닙니다. 불행하게도 적세(賊勢)가 다시 치열해져서 명군(明軍)이 다시 출병하게 되면, 우리나라에게 군량을 책임지고 조달하라 할 것인데, 그러면 우리 군신(群臣)들은 군수물자를 결핍시키는 죄로 모두 죽임을 당하더라도 일 그르친 죄를 용서받기에 부족할 것입니다.

지금 의론하는 자들 중에 혹은 은을 캐서 곡식을 사 오자 하거나, 혹은 베를 내어 곡식을 사 오자 하는 등의 주장은 비록 많은데, 실제 응용을 하려고 해보면, 바람을 잡는 것 같아, 끝내 효험이 없습니다.

그러므로 오늘날 재물을 만들어내는 방법에는 별도 다른 방법은 없습니다. 이 앞에 진술해 올린 대로, 각도의 공물(貢物), 진상(進上)을 죄다 쌀로 하고, 또 상번(上番) 군사 호수(戶數)의 봉족(奉足)[83]들과 각사(各司)[84] 노비의 신공(身貢)[85]도 모두 쌀로 하면, 일 년에 10여만 석은 얻을 수 있으니, 우리나라 군사를 훈련하는 데 쓸 수 있고, 명군들이 필요로 하는 물건을 공급할 수도 있습니다.

이는 곧 대단한 규모의 이재(理財)로서, 이렇게 하지 않고는 어려움을 구제할 수가 없으니, 해당 조(曹)를 시켜, 이 가을 수확의 계절에 급속히 시행시켜, 내년

---

83) 봉족(奉足): 정정(正丁)이 군역에 나가면, 즉 상번(上番)하면, 그의 군역에 필요한 제반 비용과 가족의 생계를 돕도록 조정(助丁)을 주었는데, 이를 봉족(奉足) 또는 보인(保人)이라 하였다. 정군(正軍) 1명에게 봉족을 2명 이상 주었다.

84) 각사(各司): 정부의 관아(官衙)를 통틀어 부르는 말.

85) 노비신공(奴婢身貢): 노비 가운데 사노비와 공노비가 있고, 국가의 소유에 속하는 공노비에는 관아에 근무하는 노비 외에 지방에서 생활하고 있는 외거노비가 있는데, 이들은 노동을 바치는 대신 신공(身貢)을 바쳤는데, 납공노비(納貢奴婢)라 불렸다.

의 급한 일에 대처할 수 있게 하는 것이 마땅합니다.

이 외에, 또 소금 굽는[煮鹽] 방책이 이재(理財)하는 데 긴요한 일이 됩니다. 주(周)나라 시대에 염관(鹽官)을 두었다는 말이 있고, 강태공(姜太公)을 제(濟) 땅에 봉하니 곧 물고기잡이와 소금[漁鹽]의 이익을 얻었다고 하였으며, 그 후에, 제 환공(桓公)이 관중(管仲)에게 나라 경영하는 방법을 물었을 때, 관중이 소금의 방책으로 대답하였으며, 그 후 한(漢)나라, 당(唐)나라, 송(宋)나라 이래 별도 담당 관리를 두어 관장하게 하였습니다.

일찍이 『요동지(遼東誌)』를 살펴보니, 역시 염분(鹽盆: 소금가마) 몇 곳, 염군(鹽軍: 소금 굽는 일에 종사하는 자) 몇 명이라고 실려 있어, 비로소 명 조정에서도 염법(鹽法: 소금에 관한 제도)을 중시한다는 것을 알았습니다.

소금은 사람의 일상생활에 없으면 안 되는 물건이며, 그 절실하게 필요로 함이 오곡과 같아서, 산골짝 사람들에게는 해변에서 멀리 떨어져 있기에 소금 귀함이 금과 같습니다. 진실로 제대로 된 방법으로 조처하여, 소금이 유통되기 편리하게 하면, 백성들 사정이 편하게 되어, 수고는 적고 효과는 많을 것입니다.

지난번 조정 의론으로 염철사(鹽鐵使)를 특별히 설치한 것은 그 뜻이 우연하게 나온 것이 아닌데도, 의론이 시끄럽게 일어나, 끝내 폐지되었으니, 진실로 한스러운 일입니다.

염리(鹽利: 소금 생산의 이로움)를 일으키는 데에는 다른 방법이 없고, 단지 해변에 염호(鹽戶: 소금 굽는 일을 하는 백성)를 불러 모아 잡역을 없애주고, 수탈당하는 일을 막아주며, 또 서로 약속하기를 매일 매월 소금 구운 수량을 계산하고, 생산량을 나누어서 약간은 거두어들이고, 그 나머지는 스스로 쓰거나 팔게 하면, 염호는 모두 해변에 모여들 것이고 염분(鹽盆)은 날로 많아져서, 관으로 들어오는 수량도 끝이 없을 것입니다. 그것을 각처의 배로 물길을 따라 실어 날라서 시장을 통하여 흩어 팔면, 육지에 사는 사람들은 서로 손잡고 바닷가로 가는 폐단이 없어져서 사방에서는 환성이 들끓을 것입니다.

올해 바닷가에서 하는 일이 힘들었기 때문에 민간에서 소금 얻기가 비싼데, 만약 때에 따라 비싸거나 싼 것을 서로 팔고 사게 하면, 오직 이 한 가지 일의 이익으로, 군량과 종자를 천석 또는 만석이나 많이 얻을 수 있으니, 이것이 오늘날 재물을 얻는 일로서는 가장 큰 것입니다.

이외에 또 둔전(屯田)하는 일이 더욱 때맞춰 계획하고 힘써 시행토록 권장해야 할 정사(政事)인데, 지난날처럼 느긋하게 행해지지 않도록 해야 합니다. 이것은 모두 호조(戶曹)에서 맡아서 긴급하고 절실하게 시행해야 할 일이며, 나아가서 실적을 고과하여 평가함으로 내실 있게 거행하면, 나라의 계획에 큰 도움이 되어, 큰일이 이루어질 것입니다."

군량 조치하기를 다시 계청하였다.

계청하기를 다음과 같이 하였다.

"군량이 바닥난 것이 금일의 가장 절박한 근심이니, 이것을 조치하지 않고서는 다른 일은 해낼 수 있는 방책이 없습니다. 그러나, 양곡을 조치하는 일은 몇 조항으로 충분하니, 첫 번째는 작미(作米: 貢物을 쌀로 바꾸어 납부케 함)하는 것이고, 두 번째는 조세(租稅)로 받는 것이고, 세 번째는 곡식을 모으는[募粟] 일이고, 네 번째는 곡식을 무역(貿易)해 오는 것입니다. 만약 이 네 조목이 잘 처리되어 착실하게 시행된다면, 아마 양식을 계속 공급할 길이 있을 듯하여, 해야만 할 일을 삼가 이 아래에 열거하겠습니다.

첫째, 서울에 상번(上番)하는 군사로 기병, 보병을 내는 호(戶)의 봉족과 별도로 정한 갑사(甲士)를 내는 호의 봉족을 빠짐없이 처리하여, 모두 미곡을 바치게 하되, 한 사람마다 쌀 좁쌀로 5말씩을 바치게 하고, 각사(各司)의 노비, 제원(諸員),[86] 장인(匠人), 악생(樂生), 악공(樂工)의 봉족은 모두 미곡 5말씩을 바치게 하면, 그 수가 10여 만석에 이를 것이니, 현재 있는 군사 수효에 따라서 편리하게 바치게 하여, 그 관청에 각기 보관해 두었다가, 혹은 조선(漕船)으로 서울로 운반하기도 하고, 혹은 남방에 군량을 보급하는 일로 쓰기도 하되, 사목(事目: 업무처리 시행령)을 정하여 시행하소서.

둘째, 서울에서 평상시 소용되는 각처의 산료(散料)[87]는 한 달에 2,700여 석인데, 별도 경비는 이 숫자에 들어있지 않습니다. 호조에서 미리 1년 12달의 용도를 계산하여, 만약 한 달에 해당하는 용도가 3천석이면 1년에는 합계 3만 6천석이 될 것이고, 이외에 명군이 왕래하는데 지급하는 수량도 1,2만석은 반드시 필요할 것이니, 그렇게 계산해 둔 뒤에 마음 놓고 쓸 수 있습니다. 금년의 전세(田稅) 원수 총합계액에서 경비와 별도로 지급하는 수를 빼고, 그 나머지 수량은 깡

---

86) 제원(諸員): 조선시대 승문원, 교서관, 상의원, 사옹원, 사복시, 전설사 등에 배치되어 있던 하인들을 말한다.
87) 산료(散料): 월급. 4계절 첫달에 주던 녹봉(祿俸)을 매월로 나누어 지급한다.

그리 따로 저축하여, 오로지 군량으로 쓰되, 다른 용도로는 쓰지 못하게 하여, 군량에 대비하소서.

셋째, 모곡(募穀)하는 일은 민간에서 자원해서 바치는 사람이 없지는 않겠으나, 다만 정해진 숫자(목표량)가 너무 많으면, 나라가 불신(不信)을 살까 염려됩니다. 모두 깊이 숨겨놓고 내놓지 않을 것이며, 그들이 이처럼 한다고 해서 억지로 내놓게 하면, 백성들의 원망이 일어날 것입니다. 요즈음 모곡에 폐단이 생겨, 부질없이 백성을 괴롭히기만 하고, 일에는 도움이 되지 않은 것은 이 때문입니다. 호조를 시켜, 양곡의 석수(石數)를 헤아려 결정하여 간편하게 바칠 수 있게 할 것이며, 그 바치는 바의 다소(多少)에 따라서, 즉시 상(賞)을 주어 백성들에게 믿음을 잃지 않도록 하소서.

넷째, 곡식을 무역해 사들여 얻는 일은 끝끝내 머뭇거릴 일이 아닙니다. 그런데, 의주 중강(中江)에 막 시장이 열려, 요동의 곡식을 자못 실어 올 길이 생겼으니, 은량을 널리 풀어, 가을에 곡식값이 쌀 때를 타서, 많이 사들여 고을 창고에 쌓아 두소서" 하였다.

겨울에 군국기무[88](군사와 국가의 기본이 되는 중요한 일) 책 한 권을 올렸다.

계청하기를 다음과 같이 하였다.

"신이 병으로 신음하는 동안 공무에 조금 여가가 생겼기에, 삼가 우국(憂國)의 생각을 이기지 못하여, 난리 이후의 일을 수습하는 과정에서 보고 들은 것을 모아 10조목으로 분류해 보았습니다.

첫째는 척후(斥候)이고, 둘째는 장단(長短)이며, 셋째는 속오(束伍)이고, 넷째는 약속(約束)이며, 다섯 번째는 중호(重壕)이며, 여섯 번째는 설책(設柵)이고, 일곱 번째는 수탄(守灘)이고, 여덟 번째는 수성(守城)이며, 아홉 번째는 질사(迭射)이며, 열 번째는 통론형세(統論形勢)이옵니다."

전교(傳敎)하여 말하되 "이 책을 보니, 그 나라를 위하는 마음이 지극하다. 곧 번듯하게 시행하라. 한 벌을 베껴서 들이라고 비변사에 말하라" 하였다.

비국(備局)에서 회계하기를 "영상이 올린 10조목의 책자를 정서(淨書)하여 들이

---

88) 군국기무(軍國機務) 일책(一冊): 서애전서에는 전수기의(戰守機宜) 10조(十條)로 되어 있다.

옵니다. 이 책은 병가(兵家)에게 가장 절실한 것이오니, 본 비변사에서 책을 많이 만들어 관계관들에게 보내겠습니다. 병조, 훈련도감, 도원수, 8도 감사에게 나누어 보내어서, 받아 읽고 익혀 실효를 거두도록 하는 것이 어떠하겠습니까?" 하니, 임금이 대답하기를 "계문대로 하라" 하였다.

===

啓請措置糧餉
略日 今日危亡之勢 固爲多端 而拱手無策者 惟糧餉一事而已 京城積蓄 僅支數月 外方倉庫 一樣罄竭 民間私儲 亦盡 今於秋成之際 公私之勢 廩廩如此 明年更將何物 而接濟乎

不獨此也 賊勢不幸更熾 而天兵出來 責辦糧餉於我國 則本國群臣 雖以乏軍興之罪 萬被誅戮 而不足以贖誤事之罪矣 今之議者 或以爲採銀貿穀 或以爲出布貿粟 其爲說雖多 而求其實用 則有同捕風 卒無效驗

故 今日生財之道 別無他法 前此所陳 以各道貢物進上 盡爲作米 又以上番軍士戶奉足各司奴婢身貢 皆作米 則歲可得十餘萬石 旣可以鍊我國之兵 又可以接濟天兵 此乃理財之大段規模 非此 不足以濟艱危之勢 令該曹 及此秋成之際 急速施行 以救明年之急 爲當

此外 又有煮鹽一策 爲理財要務 成周之時 有鹽官之說 太公封於濟 卽便漁鹽之利 其後 濟桓公間爲國於管仲 仲對以鹽筴 其後 自漢唐宋 別置使而領之

嘗考遼東誌 亦載鹽盆幾處 鹽軍幾名 始知皇朝亦重鹽法也 鹽者 人生日用之不可闕者 其切於需用 與五穀相等 而山谷之民 稍遠海邊處 則貴鹽如金 苟能措置有方 使鹽利通行 則民情所便 不勞而功多 頃者 因朝議 別設鹽鐵使 意非偶然 而議論紛起 遂至罷革 良可恨也

夫興起鹽利 別無他方 只是招集海邊鹽戶 除其雜役 不得侵撓 而又與之相約 計日月所煮之數 薄取分數 而其餘使之自賣自食 則鹽戶皆集於海邊 鹽盆日多 而入於官者無恨

(限)矣 因以各處船隻 從江路輸運 從市直散賣 則陸地之民 無提攜(携)入海之弊 而歡
聲四起矣

今年海上役苦 民間得鹽爲貴 若能隨時貴賤彼此販賣 則惟此一事 軍糧及種子 可得千
萬石之多矣 此其今日生財之大者

此外又有屯田 尤當及時講究力行 勸課之政 毋使如前日之悠泛 此皆戶曹急切當行之
務 更爲磨勘 著實擧行 以補國計 以濟大事

更請措置糧餉
啓曰 糧餉竭乏 最爲今日切迫之患 此若不爲措置 則他無可爲之策 然 其措置糧穀 不
過數條 一曰 作米 二曰 收稅 三曰 募粟 四曰 貿粟 此四條 若料理得宜 著實行之 則
庶有繼粟之路 謹以應行事 宜條列于後

一 京城上番軍士 騎步兵戶奉足 定別甲戶奉足 通融均鋪 皆令納米 每一人納大小米
中五斗 各司奴婢諸員匠人樂生樂工奉足 皆納米五斗 則其數將至於十萬餘石矣 從其
見在軍數 輕便捧納 各置于其官 或以漕船輸運於京師 或補南方軍糧事 爲事目施行

一 京中常時所用各處散料 一月 二千七百餘石 別例經費 不在此數 戶曹先計一年十二
月用度 若

一月該用三千石 則一年共三萬六千石 此外 如天兵往來支給之數 亦必有一二萬石 然
後 可以倚用 今年田稅元數 總會計 除經費及別例上下之數 其餘盡數別儲 專擬軍餉
勿得他用 以待軍興事

一 募粟事 民間不無願納之人 特以定數太多 又恐國家失信 皆深藏不出 以其如此 而
抑勒括出 則民怨騰起 近日募粟之弊 徒爲病民 而無益於事職 此故也 令戶曹更爲勘定
石數 使之輕便易納 又隨其所納多少 登時行賞 無使如前失信於民事

一 貿粟所得 終是不優 然 義州中江 方爲開市 遼東之粟 頗有轉輸之路 量發銀兩 乘
秋穀賤時 多數貿得 積置州倉事

冬 進軍國機務一册

啓曰 臣抱病呻吟 公務稍暇 竊不勝其憂國之念 收拾亂離以後 耳目所及 思慮所得者
彙爲十條 一曰 斥候 二曰 長短 三曰 束伍 四曰 約束 五曰 重壕 六曰 設柵 七曰 守
灘 八曰 守城 九曰 迭射 十曰 統論形勢云云

傳曰 觀此册 其爲國之意 至矣 可卽著實施行 一件謄書 以入事 言于備邊司 備局啓曰
領相所進十條册子 繕寫以入 此書最切於兵家 自本司 多數傳書 分送于兵曹訓練都監
元帥八道監司等處 使之傳習 以收實效 如何 答曰 依啓

둔보: 둔전(屯田)과
보루(堡壘) 설치를 건의하다, 54세

선조 28년(1595) 을미

정월 정축일(4일)에 차자(箚子)를 올려 사직을 청하였다. 윤허하지 않았다.

차자를 올려, 강 연안에 둔보(屯堡:둔전과 보루)를 설치할 것을 청하였다.
　그 대략은 다음과 같다.

　　"왕립신(汪立信)[1]의 건의를 가지고 유시하신 성지(聖旨)를 엎드려 보았사온
대, 신이 일찍이 헤아려보니 우리나라 진관제와 매우 근사하며, 곧 신이 전일에
진술한 점도 바로 이것이었습니다.
　　삼가 의론해 보면, 동진(東晉)과 남송(南宋)은 나라를 강좌(江左: 장강의 동쪽
편 즉 건강(建康))에 세운 것은 같은데, 진(晉)나라는 장강(長江)을 이용하여 유
요(劉曜: 前趙), 석륵(石勒: 後趙)을 방어할 수 있었으나, 송(宋)나라는 몽고(蒙
古)를 막을 수 없었습니다.
　　대개 진(晉)나라는 번진(藩鎭) 제도를 가지고 있어서, 몇 군(郡)을 합쳐 한 큰
대진(大鎭)을 두어, 대장이 거느리게 하며, 병력도 나누지 않았기 때문에 그 형세
가 한 지방의 적을 감당하기에 넉넉하였으나, 송나라는 나라를 세운 초기에, 오
대십국(五代十國) 시대의 미대(尾大)의 근심[2]을 경계하느라, 번진의 권력을 없애

---

1) 왕립신(汪立信): 남송(南宋) 말기의 초토사(招討使). 당시 재상인 가사도(賈似道)에게 장강(長
　江) 연안에 둔영(屯營)을 설치하고 4개의 대진(大鎭)을 설치하여 수비를 강화하기를 건의하였
　으나, 채택되지 못하였다. "내륙의 고을에 무엇 때문에 많은 군사를 주둔시킬 필요가 있는가?
　모두 강변으로 보내야 한다" 가사도가 원군(元軍)에게 패전한 소식을 듣자 애가 타 죽었다.
2) 미대(尾大)의 근심: 나무 막대기 끝이 너무 굵으면 반드시 부러지고 꼬리가 너무 굵으면 흔들

모두 군현으로 삼고, 병력도 나누어서 힘이 약해졌으므로, 적이 한 군(郡)에 오면 한 군이 격파되고, 한 현(縣)에 오면 한 현이 격파되어, 외적이 내지로 쳐들어오는 것을 제어하기에 넉넉지 못하게 되었던 것입니다.

그 때문에 왕립신이 건의하기를, 강회(江淮)3)제군을 합하여 네 개의 대진으로 하고, 내지의 병력을 총출동하여 힘을 합하여 외적을 막도록 청하였던 것입니다. 그때, 이 건의를 채용하지 않았는데, 그 후, 문천상(文天祥)이 역시 이 방책을 진술하였습니다. 이것으로 보면, 비록 위급한 때를 당하여도, 구제할 방책이 아주 없지는 않았던 것입니다.

우리나라의 진관제도도 대개 이러한 뜻이 있습니다. 신이 삼가 우리나라 지형을 따져 보면, 서울 같은 험고(險固: 험준한 방어처)를 가진 곳은 없습니다. 왜냐하면 한강과 임진강이 앞뒤에 빙 둘러 있고, 동북쪽에는 고산준령이 가로막고 있으며, 서쪽에는 큰 바다가 두르고 있어, 곧 이른바 천연적인 요충이 되기 때문입니다.

조종조(祖宗朝: 조상님의 시대)에, 경기도에는 4진관(鎭管)이 있었으니, 곧 수원, 광주 2진은 한강의 남쪽에 있어 그 문호(門戶)가 되고, 양주는 서울의 왼쪽에 있어, 동북쪽을 막고, 장단은 서울 뒤에 있어, 북쪽을 오로지 방비하며, 강화, 교동 두 읍은 바다 가운데 있어서 소속된 곳 없이 바다 쪽을 방어하는 데 전력(專力)을 기울이도록 하였습니다.

충청도에는 4 진관이 있는데, 충주는 2령(죽령, 조령)의 길이 모이는 곳을 차지하고 있어 한강 상류를 지켜 방위하고, 청주는 조금 남쪽에 있어 추풍령, 황간, 김천 쪽을 방위하고, 공주는 바로 호남을 방위하는 곳에 자리잡고 있으며, 홍주(洪州)는 서해를 막아 방위하고 있습니다. 강원도 원주는 충주와 더불어 의각지세(犄角之勢)로 서로 돕는 형세를 이루고, 회양(淮陽)은 북쪽 길을 맡았으며, 안으로는 양주(楊州)와 서로 의지하고 밖으로는 철령(鐵嶺)의 관문을 지키며, 강릉은 해변에 있는 고을과 힘을 합하여 동해를 방위하고 있습니다.

다른 도를 이와 같이 미루어 보면 그렇지 않은 도가 없으니, 이것은 소소(小小)한 규모나 배치가 아니요, 실로 군정(軍政)의 큰 원칙이며 방위하는 좋은 계책인 것입니다.

수 없다(末大必折 尾大不掉) (춘추좌전 소공 11년 12월) 절도사의 세력이 너무 커지면 조정에서 통제하기 어려움을 비유한다.

3) 강회(江淮): 양자강, 회수(淮水)지역. 즉 현 중국 강소성, 안휘성 지역.

진실로 이 제도를 잘 유지시키려면, 진관에 적임자를 두어, 각기 그 소속 고을을 거느리고, 평시에는 법에 따라 조련하고, 일이 생기면 군사를 정돈하여 각기 신지(信地: 미리 약속된 땅)를 지키며, 대장의 명령을 듣고 싸우거나 지키게 하면, 국가의 내외 형세가 반석처럼 편안할 것이니, 어찌 토붕와해(土崩瓦解)[4]하여, 적병이 열흘도 못 되어 도성으로 갑자기 쳐들어오는 변이 있겠습니까?

지금 사변이 날로 급해지고 인심이 큰물 넘쳐흐르듯 흩어지기가 지난번보다 심한데, 이른바 진관의 법을 이 앞에 비록 글로 내려 사방에 단단히 일렀으나, 잠잠하여 아무런 보고도 없었는데, 오직 평안감사 이원익만이 며칠 전 평양 진관의 군사를 모이게 하여, 성 밖에서 크게 사열하며 3일을 하루도 빼지 않고 훈련한 뒤에 끝내니, 그 군용을 본 사람들이 모두 칭찬하여 마지않았다고 합니다.

무릇 일은 반드시 힘을 쏟아 경영한 후에 효과를 볼 수 있는데, 이것은 신이 진작부터 생각해 온 것입니다만, 지금 성상(聖上)의 뜻이 여기에 미쳤으므로 다시 함께 진술하는 것입니다. 병서(兵書)에서 '반드시 차지하고 있어야 할 땅이 있고, 반드시 지키고 있어야 할 성(城)이 있다'고 하였으므로, 더욱 의미를 밝히지 않을 수 없습니다.

우리나라 도성은 한강을 험고(險固: 험하여 지키기 좋은 지형)로 삼고 있습니다. 그러나 만약 충주를 잃으면, 적병이 상류로부터 쳐내려오는 것이 마치 물동이를 지붕에 거꾸로 세워 놓은 것 같아, 지킬 수가 없습니다. 만약 충주에 아무 탈이 없으면, 적병이 비록 쳐들어오더라도 강 따라 내려와야 할 것이니, 그 형세는 다소 늦추어질 것입니다. 그 때문에 충주의 중요성은 서울과 같습니다.

지난날, 충주 진관의 군사를 병영으로 들게 하지 않고, 충주로 들어가게 조치한 것은 역시 충주에서 차츰 조련하여 중진(重鎭)으로 만들려는 것이었는데, 그 일이 시행되었는지 여부는 아직 듣지 못하였습니다,

둔보(屯堡: 둔전(屯田)과 보루(堡壘))하는 일은 비록 하고 싶어도, 군사도 없고 군량도 없어서 쉬운 일이 아닙니다만, 그러나 역시 한 말씀 올리겠습니다.

예부터 상란(喪亂: 국토를 잃고 백성이 이산됨) 뒤에, 백성들은 반드시 재물을 다 잃고 떠돌며 머물러 살 곳이 없어집니다. 그러므로 모여 사는 것[團聚]을 쉽게 할 수 있도록 해야 합니다. 그 모여 사는 곳으로는 반드시 지형을 잘 택해야

---

4) 토붕와해(土崩瓦解): 흙이 무너져 내리고 기와가 조각조각 깨어짐. 일이 근본부터 글러 먹어 도저히 어찌할 수 없게 됨을 말한다.

하는데, 논밭이 기름져 농사지으면서도 방어할 수 있는 곳에서 모여 살게 해야 합니다.

또 우두머리를 두어 거느리게 하여 그 살아갈 방도를 관리하게 하고 농우(農牛)와 씨앗을 대어 주면, 사방의 백성들이 점점 모여들어, 하나가 열이 되고, 열이 백이 되며, 백이 천으로 될 것입니다. 농사철에는 책임량을 주어 경작을 권하고, 틈이 나면 군사훈련을 하며, 인력이 좀 많아지면 영책(營柵: 방어 울타리)을 세우게 하여, 오랫동안 유지해 나가며 일을 조리(條理)있게 해나가면, 안으로는 토적(土賊)을 방어할 수 있고, 밖으로는 외적(外敵)의 침입을 막을 수 있습니다.

한 곳에서 이렇게 할 것 같으면, 다른 곳도 마찬가지일 것이니, 기맥(氣脈)이 연락되도록 하여, 형세가 서로 의지하게 되면, 비록 전쟁이 벌어져 충돌하는 사변이 있더라도 무슨 염려가 있겠습니까?

지난해 거가(車駕)가 환도하였을 때, 경기도 사람들이 힘센 자는 도적이 되고 약한 자는 죽어 구렁을 메웠으며, 도로가 불통(不通)되고 있었습니다만, 용진(龍津)에 둔보를 설치한 뒤부터 동쪽 길이 뚫렸고, 독성, 양지, 용인, 경안, 죽산에 둔보를 설치한 때로부터 유민(流民)들이 자못 편안히 모여 살 수 있게 되어, 도적이 잠잠해졌습니다. 난후(亂後)에 있어서 단취(團聚)5)의 유익한 점이 이와 같았습니다.

다만 경기도만 꼭 그렇게 할 것이 아니라, 만일 왜적이 통과하여 파괴된 땅마다 이렇게 처리하면, 곳곳이 이와 같아져, 그 원대한 경영의 계책으로 얻는 이익이 어찌 적겠습니까? 대개 안으로부터 밖으로 미치고, 가까운 데로부터 먼 곳으로 미치는 법으로, 계획이 두루 조리에 맞아 사방으로 퍼질 것이니, 이른바 생취훈련(生聚訓練: 백성을 모아 기르고 군대를 훈련함)은 모두 이런 계획에 달려있는 것입니다.

강 연안에 둔보를 설치하는 일을 만약 군사들을 풀어서 하려면 과연 어렵습니다. 그러나, 원주 흥원창으로부터 지평, 양근에 이르고, 광주(廣州)를 거쳐 서울에 이르는 데 있어, 그 오르내리는 것이 겨우 수백리일 뿐이며, 그 한가운데 용진(龍津)이 있으니, 그 용진의 위쪽을 방어사 변응성을 시켜서 나루터와 요해처를 두루 살피며, 백성들이 살 만한 비옥한 토지를 살펴서, 지휘하여 나누어주어 살게 하고, 또 호조를 시켜 얼음이 풀린 뒤에, 급히 수백, 수천 석의 소금을 풀어

---

5) 단취(團聚): 친척이나 친구가 아닌 사람들이 한데 모여 마을을 이루어 생활한다.

배로 실어다가 나누어 주고, 또 종자를 조금씩 나누어 주면, 백성들 가운데 소문을 듣고 모여 살기를 원하는 자가 반드시 많아질 것이며, 둔보의 일도 나날이 이루어져 갈 것입니다.

용진 아래쪽으로, 광진(廣津), 삼전도(三田渡) 같은 곳도 역시 이와 같은 조치를 할 수 있고, 서울 밖 삼강(三江)⁶⁾의 백성들을 더욱 보살펴 살아갈 방도가 있게 해야 합니다.

경상도에 금년에 해야 할 조치는 더욱 이러한 점에서 시급한데, 잘 알지 못하겠으나, 방백, 수신(帥臣: 병사(兵使)와 수사(水使)), 수령들의 마음이 능히 여기에 미칠 수 있을지요? 신은 몸이 아프고 정신이 혼미하여 말에 두서가 없으나, 삼가 성상의 뜻에 감격하여 황공한 마음을 무릅쓰고 감히 아룁니다."

차자를 올려 방어하는데 마땅히 해야 할 일을 개진(開陳)하였다.⁷⁾
그 대략은 다음과 같다.

"신은 병중에 조용히 생각하니, 왜적의 속내는 측량하기 어렵고, 봄날은 닥쳐와, 걱정되는 일이 한두 가지가 아닙니다. 삼가 사려가 미치는 대로 혼미함을 뿌리치며 아룁니다.

첫째, 옛날부터 말하는 '기미(羈縻)'는, 다만 얼마의 기간 동안 약속을 따르면서 우리가 계책 쓸 시간을 벌고자 함인데, 만약 '기미'만 믿고 대책이 없다면, 이 '기미'는 적을 오산(誤算)시키기는커녕 도리어 자신을 오도(誤導)하게 합니다. 가령 적군이 다행히 바다를 건너 물러가더라도, 우리나라에 남겨진 깡그리 파괴된 형세가 하나도 수복된 것이 없다면, 그들이 다시 쳐들어오는 일에 무슨 어려움이 있겠습니까?

하물며 워낙 바다를 건너가지도 않았으니, 충돌이 벌어질 일이 아침저녁에 달렸는데, 장차 어찌할 것입니까? 원하오니, 이러한 뜻을 원수 이하의 장수들에게 특별히 당부하셔서 게을러 일을 그르침이 없도록 하소서.

둘째, 오늘의 형세는 왜적이 물러갔느냐 아니냐를 따질 것 없이, 모두 수군을

---

6) 삼강(三江): 한강(광나루–두물머리), 북한강, 남한강의 세 지역을 가리킨다.

7) 역자주(譯者註): 이 앞에 올린 차자(箚子)가 "연강둔보(沿江屯堡)"의 설치인데, 비변사에서 한 조치는 동년 9월 1일 독성(禿城)을 수축한 일만 말하고 둔보에 관한 내용은 없었다. 병환 중임에도 올린 차자로 추측된다.

중요하게 여겨야 마땅합니다. 들으니, 수군의 격군(格軍: 노 젓는 군사)이 굶주린 지 오래되어 얼굴색도 사람 같지 않고 한두 달 지나지 않아 다 죽을 것 같은데, 지난해 사망한 군졸의 해골이 아직도 해변에 쌓여 있다 하니, 너무나 참혹하고 슬픕니다. 국가가 도로에 유랑하는 백성들까지도 창고를 열어 구제하는데, 하물며 무기를 들고 전투에 뛰어드는 군졸들이 죽는 것을 앉아서 보기만 하고 구제하지 않아서야 되겠습니까?

전라도의 군현은 비록 거덜났다고 하더라도 광주, 나주 같은 큰 고을의 창고 곡식은 아직도 저축에 여유가 있으니, 급히 1, 2천 석을 풀어 구제하면, 군졸들이 아마 몇 달간 연명할 수 있을 것입니다. 이후에 마땅히 더욱 둔전하여 곡식을 생산하는 데 힘을 쏟아, 양식을 계속 대어주는 계책을 삼아야 하며, 느긋하게 세월이나 보내며 다시 시기를 잃는 일이 되어서는 안 됩니다.

셋째, 들으니, 왜국이 우리나라의 유민과 포로로 잡힌 사람들을 모아서, 농사꾼으로 삼아, 부산, 동래 사이에서 농사짓게 하고 있다 하며, 또 들으니 섭(葉)참장이 왜영(倭營)에서 돌아와서 하는 말에, 김해의 섬에 우리나라 사람들이 무수히 모여 살고 있으며 왜적을 따라 바다를 건너가려는 자도 있다 합니다. 대저 백성이 상성(常性: 일상의 성품. 여기서는 애향심이나 애국심)을 잃는 것은 단지 편리한 데를 따르기 때문인데, 왜적이 이들을 여러 가지로 유혹하여 자기들을 위하여 부려먹고 있는 것이니, 이를 작은 염려라 생각해서는 안 됩니다.

큰일을 이루는 자는 인심을 근본으로 삼는데, 어찌 인심이 이와 같고서야 일을 수습할 수 있겠습니까? 신은 일찍이 남해(南海) 한 지방은 땅은 넓고 비옥하며, 수군이 그 앞을 가로막아 주고 있다고 여기고 있었습니다. 김해, 창원 및 좌우도의 왜적에게 함락된 고을 백성이 스스로 몸을 빼내어 돌아오면, 모두 그 땅(남해)에 살게 하며, 농우와 종자를 주어 각자 생업을 가지게 하면, 왜적 속에서 이 소문을 듣는 자들은 돌아오지 않을 자가 없을 것이요, 만약 우리 백성이 다 나와 버리면, 적의 형세는 저절로 외로워질 것이니, 이해가 걸린 것이 어찌 크지 않겠습니까?

지금 특별히 생각이 깊은 자를 보내어, 면사첩(免死帖: 처벌을 면제하는 글)을 많이 가지고 내려가서 효유하여 안심시키고 차츰차츰 지난 일을 씻고 나오게 하는 것이 어떻겠습니까?

넷째, 경상도 여러 진의 군량과 군졸을 조발하는 일은 오랫동안 두서가 없었습니다.

오늘날의 일은 마땅히 군사 수효에 맞추어 군량을 비축하여야 하지, 군량 때문에 군사를 줄여서는 안 되며, 또 군량은 마땅히 내지(內地)에서 얻어야 하고 군사는 방어해야 할 곳에서 얻어야 합니다.

이러한 뜻을 전에도 문서로 지시하였으나, 지금 다시 유시(諭示)를 내려서 시행하는 것이 어떠하겠습니까?

다섯째, 대구는 직로(直路: 서울에서 똑바로 가는 큰길)에 위치하며, 또 한 도의 중앙으로, 땅이 매우 비옥합니다. 금년에 크게 농사일을 벌려서 흩어져 유랑하는 사람들을 불러 모으면, 고을을 이루게 되어 후일을 도모할 수 있습니다. 또 청도, 밀양의 산촌 요해처에는 가는 곳마다 특별히 둔보를 설치하고 그곳의 용력이 있는 간사인(幹事人: 중심이 되어 일을 처리하는 자)으로 둔장(屯長)을 삼아, 농사와 지키는 일을 하도록 긴급히 유시를 내림이 어떠하겠습니까?

여섯째, 요즈음 둔전을 조치하는 일에 있어서, 경상도는 타도와 비교하여 더욱 중요하니, 농우와 씨앗을 긴급히 조치하여 농사 시기를 잃지 않도록 하는 것이 어떠하겠습니까?

일곱째, '오랑캐가 중원을 어지럽히니, 군졸을 발탁하여 장수로 삼았다'[8]라고 하였는데, 이것은 무엇을 말하는 것입니까? 대개 사변(事變)이 급해지면 심상(尋常: 일상적인 대책)하게 대응할 수 없다는 것입니다.

용인(用人)의 방법은 넓게 쓰는 것을 귀하게 여기고 좁게 쓰는 것을 귀하게 여기지는 않으니, 그 때문에 '현인을 등용하는 데는 친소(親疎)나 귀천(貴賤)을 따지지 않는다'[9]고 하였고, 주공(周公)이 선비를 등용할 때[10] 반드시 백옥(白屋: 허술한 초가집)의 미천한 선비를 맞이하는 데서부터 시작하였으며, 후대(後代)로 내려와서 관중(管仲)[11]도 제나라 정승 때 도둑 두 사람을 등용하였으며, 안영(晏嬰)[12]도 훌륭한 말[言] 한 마디 때문에 자기 수레 모는 사람을 대부(大夫)로 삼

---

8) 오랑캐가 중화(中華)를 어지럽히다. 『서경(書經)』 "순전(舜典)" 제20장.
9) 입현무방(立賢無方): 현인(賢人)을 등용하는 데 일정한 방법이 있지 않다. 『맹자(孟子)』 "이루(離婁)장구" 제20장
10) 주공이 선비를 등용할 때: 주공이 성왕(成王)을 보필할 때, 머리 한번 감으면서 세 번이나 감던 머리털을 움켜쥐고, 밥 한끼 먹으면서도 세 번이나 입 속의 밥을 뱉어내어 가면서 미천한 선비(白屋之士)를 맞이하였는데, 하루에 만난 사람이 70명을 넘었었다. 안씨가훈(顔氏家訓)
11) 관중(管仲): 춘추시대 제(齊)나라 재상. 환공(桓公)을 도와 환공의 패업(霸業)을 성취해 줌.
12) 안영(晏嬰): 춘추시대 제(齊)나라 영공(靈公), 장공(莊公), 경공(景公) 3대에 걸친 재상. 안영의 마부가 의기양양하게 말을 몰고 다니는 것을 본 아내가 제대로 처신하지 못한다고 꾸짖자 마

앉는데, 오늘날 사람 쓰는 방법은 반드시 먼저 문벌을 따지니, 문벌이 과연 왜적을 격파할 수 있겠습니까?

아니, 신은 여기에서 또 느낀 바가 있습니다. 잘 다스려지는 세상에서는 재주 있는 어진 사람이 윗자리를 차지하며, 시골에는 내버려 둔 현자가 없어, 그 때문에 모든 업적이 훌륭하다는 칭송하는 소리가 나오나, 세상이 어지러울 때는 윗사람이 꼭 모두 훌륭하다고 할 수 없으며, 아랫사람이 꼭 모두 어리석다고 할 수 없습니다.

『춘추』에 무씨(武氏), 윤씨(尹氏), 잉숙씨(仍叔氏)의 자식 이름이 쓰여 있는데, 모두 문벌이 높은 사람들입니다만, 그 당시 의봉인(儀封人), 장저(張沮), 걸익(桀溺), 하궤(荷簣)[13] 같은 무리들은 모두 비천한 지위에 떨어져서 밭이랑 가운데서 탄식하고 있었습니다.

세상의 도의가 떠오르는지 내리막 치는지에 있어서 이것은 큰 기틀이요 큰 저울이니, 문지(門地: 문벌, 지위)나 천류(賤流: 천민, 유민)를 따지지 말고, 오직 실지 재능 있는 자를 찾아내야 합니다.[14]

지금 국가가 옛적에 없던 변란을 겪었는데, 이를 구제하기 위해서는 일상 하던 일이나 따르며 옛것을 고수하고 있어서는 안 되며, 사람 쓰는 한 가지 일은 더욱 중요합니다.

또 신이 살피건대 우리나라 사람들은 남방의 선비들을 많이 기용하고, 서북(西北) 사람의 기용은 거의 없거나 극히 드뭅니다. 실제로 서북이라고 인재가 없지 않습니다. 왜변 이후에 칠방(七方)이 와해되었으나, 거가가 서행(西幸)하매, 평안도 사람들이 분주히 공돈(供頓: 음식과 잠자리를 제공함)하고, 심력을 다 써가며 군병을 조발하고 군량을 실어 날랐으며, 명군을 맞아 인도하였습니다. 이 때문에 제도(諸道)를 수복하였으니, 그들의 수고로움이 매우 많았습니다만, 지금에 와서는 조정에 벼슬하는 사람은 한 사람도 없습니다. 왕왕 벼슬을 희망하는 사람이 와도 실망하여 돌아가지 않는 사람이 없습니다. 이러한데, 어떻게 한 지방의 인

부가 행동을 겸손하게 하였다. 안영이 이상하게 여겨 까닭을 묻자 마부가 사실대로 대답하니, 안영이 그를 대부(大夫)로 추천하였다.

13) 의봉인(儀封人), 장저(張沮), 걸익(桀溺), 하궤(荷簣)는 논어(論語)에 등장하는 하급관리이거나 은자(隱者)들이다.

14) 역자주(譯者註): 이 대목은 반계수록과 통색찰요(通塞撮要)에 전재(轉載)되어 있어 후세 많은 학자들의 참고가 되었다.

심을 위로하며, 장래에 크게 권고를 할 수 있겠습니까?

신은 청하오니, 담당하는 조(曹)로 하여금 널리 인재를 찾아서, 함경도 사람도 함께 종종 발탁하여, 인재들로 하여금 다투어 권장하여 남북 간에 간격이 없도록 하는 것이 어떠합니까?

여덟째, 왜적과 우리는 만세에 걸쳐 반드시 갚아야 할 원수 간입니다. 지금 비록 때를 만나지 못하고 있으나 그 와신상담(臥薪嘗膽)하여 반드시 복수하겠다는 생각은 잠깐이라도 풀어 놓을 수 없습니다. 그러나 복수는 빈말로나 아무런 일도 하지 않고서는 이룰 수 없습니다. 반드시 안으로는 굳게 참고 견디는 뜻을 가져야 하고, 밖으로는 오래도록 한결같은 정책을 유지해야 합니다. 군신 상하가 한결같은 마음으로 변치 않으면서, 먼저 계획을 세우고 오래도록 지속해 나가기를 기약해야 합니다. 월(越) 나라는 10년간 생취(生聚: 백성을 기르고 재물을 모음)하고, 10년간 교훈을 삼아, 20년간을 한결 같은 마음으로 애쓰고 중도에 그만둔 바가 없다가 때를 기다려 움직였던 것입니다. 이 얼마나 대단한 정성이며, 얼마나 대단한 고생을 한 것입니까?

만약 뜻이 굳지 못하고 계획을 미리 세우지 못하여 이리저리 왔다 갔다 하면 돌아올 결과는 없습니다. 아침에는 갑(甲)의 말을 따라 어떤 일을 행하고, 저녁에는 을(乙)의 말을 따라 그 일을 그만두며, 오늘은 저쪽을 향하여 가고, 내일은 이쪽으로 와서, 알맹이 있는 공로(功勞: 노력)는 근거 없는 소문에 덮이고, 자잘한 절차로 큰일이 방해되어, 세월이 다 지나가도록 한 가지 일도 이루어진 것을 볼 수 없을 것입니다. 대개 일을 벌이려면 반드시 계획을 세워 시작해야 하며, 착수하였으면 반드시 성공을 해야 하는데, 우리나라 일은 오래 지속하지 못하여, 가까이는 한두 달 길어도 불과 일 년에 중도폐지하지 않는 일이 없어, 만약 이런 구조가 계속 남아 있다면 해낼 수 있는 일은 없을 것입니다.

아홉째, 서경(書經)에서 순(舜)의 덕을 칭찬하기를 "여러 사람과 의논하여서 자기 뜻을 버리고 남의 의견을 따른다"라 하였으며, 또 말하기를 "증거 없는 말은 듣지 않으며, 의론하지 않은 계책은 쓰지 않는다" 하였는데, 이 두 가지 말은 상반된 것 같으나, 실제로는 함께 시행하여도 서로 어긋나지 않습니다. 대개 앞에서는 널리 의견을 취하고 뒤에서는 자세히 살피는 것이 남의 말을 듣고 쓰는 요령입니다.

아랫사람 무리가 진술한 것에 이해득실이 반반이면, 역시 마땅히 그 단점을 버리고 장점을 취해야 하며, 오직 임금의 밝은 거울 같은 판단과 큰 도량으로 권형(權衡: 판단 기준)을 먼저 세워, 현혹되거나 혼란에 빠지는데 이르지 말아야 합니다.

　우서(虞書)에서 또 말하기를 "신하들은 말로써 아뢰고, 임금은 공적(功績)으로써 분명히 시험한다"라 하였습니다. 사람을 등용하는 방법은 진실로 말로써 먼저 하여야 하나, 말하고서 실제가 없는 자도 또한 있습니다. 그 때문에 '공적(功績)으로 분명히 시험한다'라는 말이 그 뒤에 이어지는 것입니다. 이와 같이 된 후에 앞세운 명목에 따라 그 실효를 따질 수 있으며, 거짓이 끼어들지 못해야 치도(治道)가 확립될 것입니다. 한 사람, 한 가지 일을 가지고 말씀 올리는 것이 아니고, 모든 것이 이와 같으므로 삼가 유념하기를 바랍니다."

　대답하기를 "이 계사(啓辭)를 보니, 경이 병중에 있으면서도 충언과 지론이 높고 깊어, 깨달음을 준다. 말단(末端)의 용인(用人) 이하 몇 조목은 더욱 지당하다. 서북 사람의 인사문제는 내 마음에 꼭 맞다. 별도로 전조(銓曹: 이조)에 명령하여 거행하겠다" 하였다.

을미(22일) 조강(朝講)에 참석하였다.

　왜란이 일어난 후부터 경연(經筵)이 오랫동안 폐지되었다가, 이에 이르러 비로소 경연을 열었다. 홍문관에서 육선공(陸宣公)15)의 주의(奏議)16)를 강(講)하기를 청하였는데, 이는 당면한 정무에 절실하였기 때문으로 선생의 뜻이었다. 임금은 "주의(奏議)가 어찌 진강(進講) 자리에 나올 수 있는가?" 하여, 주역(周易)으로 바꾸어 강(講)하게 되었는데, 날마다 강한 것이 상수(象數)17)의 지엽적인 것에 지나지 않았다.

　왜란을 처리하고, 올바른 데로 돌이키거나, 왜적을 토벌해 복수하거나, 군사문제를 처리하여 왜적을 방어하거나, 인재를 등용하여 개기(改紀: 정치를 개혁하여 새

---

15) 육선공(陸宣公): 육지(陸贄, 754－805)의 시호. 중국 당(唐) 나라 덕종(德宗) 때 한림학사, 중서시랑 문하동평장사. 국정을 총람하였다. 783년 주자(朱泚)의 난으로 임금을 호종하여 봉천으로 피난하여 국가기무를 처리하였는데 서조(書詔)가 매일 수백 통이었다. 뒤에 배척을 받아 충주별가로 좌천되어 죽었다. 후인들이 그의 주의(奏議)를 모아 육선공주의를 편찬하였다. "백성은 나라의 근본이요, 재물은 백성의 마음이다. 그 마음이 상하면 그 근본이 상하게 된다(民者邦之本 財者民之心 其心傷則其本傷)." 육선공주의에 나오는 말이다.

16) 주의(奏議): 중국에서 신하가 임금에게 올리는 글을 부름. 문장을 장중하게 하려고 대구(對句)가 많은 4,6문(四六文)이 많이 쓰이고 역대 명신(名臣)의 글을 모범으로 삼았다. 육선공주의가 가장 유명하다.

17) 상수(象數): 주역의 괘(卦)에 나타난 형상과 변화를 말한다.

롭게 함) 하는 등의 일은 논의된 바가 없었다.

==

二十三年 乙未 先生五十四歲
正月 丁丑 上箚 辭職 不允

上箚 請措置沿江屯堡
略曰 伏覩聖旨所論汪立信之議 臣曾已參商我朝鎭管之制 爲近之 而卽臣前日所陳者
是也 竊嘗論之 東晋與南宋 其立國江左 則一也 而晉猶能以長江禦劉石 宋不能以禦蒙
古者 蓋晉則有藩鎭之制 合數郡而置一大鎭 使大將領之 兵力不分 故其勢足以當一方
之賊 宋則於立國之初 懲五季尾大之患 罷藩鎭之權 而悉爲郡縣 兵分勢弱 賊至一郡
一郡破 至一縣 一縣破 不足以制戎虜內侵之禍 故汪立信建議 請以江淮諸郡 合爲四大
鎭 而盡出內地之兵 幷力禦胡 時不能用 而其後文天祥亦陳其策 以此觀之 雖當危急之
際 而未嘗無可救之策也
我朝鎭管之制 大槩有此意 臣竊以我國形勢論之 無有如都城之險固 蓋漢江與臨津 環
繞前後 東北則有高山大嶺 橫截遮蔽 而西有大海環之 卽所謂天險也

祖宗朝 京畿有四鎭管 卽水原廣州二鎭在漢江之南 而爲其門戶 楊州在國都之左 以蔽
東北 長湍在其後 專備北方 江華喬桐二邑 以在海中 故無所隷屬 而使之專力於防海

忠淸道 四鎭管 忠州據兩嶺之會 護衛上流 淸州稍南 而備秋風黃澗金山之路 公州正當
湖南之衛 而洪州備禦西海 江原道原州 則與忠州爲犄角輔車之勢 淮陽 則當北路 內與
楊州相犄 外防鐵關 江陵 則合海邊之邑 備禦東海 推之他道 莫不皆然 此非小小規模
小小布置 實軍政之大綱 禦侮之良策也

苟使此制不墜 鎭管得人 各率其屬 平時則依法操鍊 有事則整兵飭旅 各守信地 以聽大
將之令 以戰以守 則國家內外之勢 安如盤石 豈有土崩瓦解 使賊兵不旬日 而徑造都城
之變哉

今 事變日急 而人心之渙散 有甚於曩時 所謂鎭管之法 前雖下書 申飭四方 寂然無聞

惟聞平安監司李元翼 頃日 會平壤鎭管之兵 大閲於城外 歷三日而罷 見其軍容者 皆嘖
嘖不已

凡事 必須經營費力而後 可以見效 此 臣之夙昔所念 故 今因聖旨之及 而又并陳之耳
若夫兵書所謂 地有所必據 城有所必守者 尤不可不講也
我國都城 以漢水爲固 然 若忠州有失 則賊兵從上流而下 如屋上建瓴 不可防守 若忠
州無故 則賊雖來 而當從下流 其勢稍緩 故忠州之重 與京城相等 前日 以忠州鎭管之
軍 不入兵營 而使入忠州者 亦欲於忠州漸次操鍊 使成重鎭 而亦未聞施行與否

至於屯堡之事 雖欲爲之 無軍無食 不可易爲 然 亦有一說焉 自古喪亂之後 人民必蕩
析流離 無所止泊 故 易於團聚 其所團聚之處 必擇其形勢 湊集土田肥饒 可耕可守處
而居之 且爲之置長以領之 經紀其生理 資以農牛穀種 則四方之民 漸次來集 自一而爲
十 自十而爲百 自百而爲千 農時 則勸科耕作 有隙 則練習兵事 人力稍盛 則設爲營柵
久而不廢 而爲之有條理 則內可以防守土賊 外可以遮遏外寇

一處如此 他處亦然 使氣脈連絡 形勢相倚 則雖有衝突之變 何憂之有 往歲 車駕還都
京畿之民 强者爲盜 弱者塡壑 道路爲之不通 自龍津之屯設 而東道得通 自禿城陽智龍
仁慶安竹山之屯設 而流民頗得安集 盜賊爲之屏息 團聚之有益於亂後也 如此

不但京畿爲當然 如經賊殘破之地 依此經理 處處如此 則其於經遠之計所益 豈淺淺哉
蓋由內而及外 自邇而及遠 布置周遭條理四達 則所謂生聚訓鍊 皆在是矣

沿江設屯之事 若欲發軍爲之 則果爲難成 然 自原州興元倉至砥平楊根 以及廣州京都
上下纔數百里耳 而龍津正居其中 其龍津以上 宜令防禦使邊應星歷視津渡要害 及人
民可居土地肥饒之處 指揮分布 而令戶曹於凍解之後 急發鹽數百千石 以船隻輸去 分
給 又推種子稍稍散給 則民之聞聲願聚者 必多 而屯堡之事 積日可成矣

龍津以下 如廣津三田渡 亦可依此措置 而京城外三江之民 尤當保合 使有生路 然後
可也 慶尙道今年措置之事 尤急於此處 未知方伯帥臣及守令之意 能及此否乎 臣病久
神昏 言無頭緒 伏有感於聖旨之下 惶恐敢達

上箚 陳防守事宜

略曰 臣 病中黙念 賊謀難測 春汎日迫 寒心之事 不一而足 謹以思慮所及者 撥昏啓達

一 古所謂羈縻者 只欲持循時月之間 而我得以爲計 若但恃羈縻 而不爲之備 則是羈縻不足以誤敵 而反以自誤也 假使賊幸而渡海 在我蕩然之勢 無一收拾 其再來何難 況元不渡海 而衝突在於朝夕 則將若之何 願以此意 別爲申飭元帥以下 毋得弛慢以誤事

一 今日之勢 無論賊退與不退 皆當以舟師爲重 而聞舟師格軍饑餓已久 面無人色 不過一二月 將盡死 而前年死亡之卒骸骨 堆於海邊云 極爲慘惻 國家 於道路流離之民 猶且發倉賑濟 而況荷戈赴戰之卒 坐視其死而不救 可乎 全羅道郡縣 雖云蕩敗 然 如光羅州大邑倉穀 尙有餘儲 急發一二千石以救之 則軍卒庶可延命於時月之間 此後 尤當盡力於屯田出穀之事 以爲繼糧之計 不可悠悠度日 更失其時也

一 聞 倭國聚合我國流民被虜者 定爲農軍 耕種於東萊釜山之間 又聞葉參將自倭營還言 金海島中 我國之人無數聚居 有欲隨倭渡海者云 大抵民失常性 惟便利是從 而倭賊多盤誘哄 使爲己用 此非小慮也

成大事者 以人心爲本 豈有使人心如此 而可以濟事者乎 臣嘗以爲南海一境 土廣且腴 而舟師遮其前 如金海昌原及左右道 陷賊之民 自拔來歸者 悉處於其中 與以農牛穀種 各有生業 則賊中之傳聞者 無不來歸 若我民盡出 則賊勢自孤 利害所關 豈不大哉 今別遣有心計者 多持免死帖 下去 多盤曉諭 稍稍刷出 何如

一 慶尙道諸鎭 軍糧及調發軍卒之事 久無頭緒 今日之事 當計軍而備糧 不可因糧而減軍 又當取糧於內地 取軍於防所 此意 前雖知委 今更下諭施行如何

一 大丘 當直路 而且居一道中央 土甚肥饒 今年 若大張耕農 招集流散 可以成鎭 而爲後日之圖 且於淸道密陽山村要害 去處 別設屯堡 以本處勇力幹事人 爲屯長 且耕且守事 急急下諭何如

一 近日屯田措置等事 慶尙道比他道 尤重 急急措置農牛穀種 俾無失時如何

一 蠻夷猾夏 拔卒爲將 此言何謂也 蓋事變旣急 則不可尋常應之也　蓋用人之道 貴廣
而不貴狹 故云 立賢無方 周公擧士 必先白屋 下此 如管仲相齊 擧盜二人 晏嬰因一言
之善 而薦其御者爲大夫 今世用人 必先論門地 夫門地果能擊賊乎
抑 臣於此又有感焉 世治 則賢才在上 而野無遺賢 故庶績咸熙 而頌聲作 世亂 則在上
者未必皆賢 在下者未必皆愚 春秋書武氏尹氏仍叔氏之子 皆門地高顯之人 而其時 如
儀封人沮溺荷蕢之流 皆沈淪於冗卑之位 歎息於壟畝之中 世道升降 此其大機大槪　勿
論門地與賤流 惟實才是求而已

今 國家値前古所無之變 其所以救之 不可循常守舊 而用人一事尤重 且臣觀 我國人多
用南方之士 西北 則絶無而僅有 其實 西北亦未嘗無才也 變故以後 七方瓦解 車駕西
幸 平安道之人奔走供頓 竭其心力 調發軍兵 輸運糧餉 迎導天兵 卒以此收復諸道 其
勞甚多 而卽今 無一人立仕於朝者 往往有所希冀而來者 莫不失望而歸 夫如是 何以慰
一方之民心 而爲將來之大勸乎 臣請 令該曹廣加搜訪 與咸鏡道之人 間間擢用 使人才
競勸 而無間於南北 何如

一 倭賊與我 有萬世必報之讐 今雖未免與時消息 而其薪膽必報之念 不可頃刻而弛也
然 復讐亦不可空言無事而可也 必內有堅忍之志 外有悠久之政 君臣上下 斷斷一心 先
立規模 以久遠爲期 如越十年生聚十年敎訓 二十年間一念 無所作輟 待時以動 此是什
麼精誠 什麼筋骨 若志不堅 樹計不先定 游移前却 無所歸宿 朝從甲者之言 而行一事
暮聽乙者之說 而廢其事 今日向那邊做 明日向此邊來 實功掩於浮談 細節妨於大體 雖
沒歲終年 而不見一事之成矣 大槪 作事 必謀始 旣已爲之 則必要其成 我國之事 不能
耐久 近者一二月 遠不過一年 無不中廢 若此規模仍存 事無可爲矣

一　書稱舜之德曰 稽于衆 舍己從人 又曰 無稽之言 勿聽 不詢之謀 勿用 斯二者似相
反 而實則幷行而不相悖 蓋博取於前 而精察於後 聽言之要也 至於群下所陳 利害得失
相半 亦當棄其所短而取其所長 惟在於明鑑大度之中 權衡先立 不至眩亂而已 虞書又
云 敷奏以言 明試以功 夫進人之道 固當以言爲先 然 言之而無實者 亦有之 故以明試
以功 繼之 如是然後 庶幾循名責實 虛僞不齒 而治道立矣 不但就一人一事上言之 大
槪如此 伏惟留念焉
答曰 見此啓辭 卿在病中 而忠言至論尙 且如此深 用感焉 末端用人以下數條 尤爲至
當 西土人事 此卽予意 別令銓曹擧行

乙未 入侍朝講

自亂後 經筵久廢 至是始開筵 弘文館請講陸宣公奏議 以其切於時事 先生意也 上曰
奏議豈至於進講 遂講周易 逐日所講 不過象數之末 其於撥亂反正 討賊復讎 治兵禦敵
用人改紀之事 無所發明云

기축옥사 때 억울한 죄인의 신원을 청하다, 54세

선조 28년(1595) 을미

기축옥사(己丑獄事)[1]**로 억울한 죄를 덮어쓴 사람의 신원(伸冤)을 청하였다.**

호남 선비 나덕윤(羅德潤)[2] 등이 상소하여 기축옥사 때 억울하게 죽은 사람들의 원통함을 풀어달라고 청하였다. 선생이 다음과 같이 회계(回啓)하였다:

"국운이 불행하여 역적의 변이 진신(縉紳: 벼슬아치)에서 나왔습니다. 옥사가 처음 막 일어났을 그때, 전하께서 너무 파급되지나 않을까 염려하는 말씀이 있었고, 옥석(玉石)[3]이 함께 불타지 않도록 조심하라고 하셨는데, 만약 그 당시에 일을 담당하여 옥사를 살핀 신하(정철)는 지극한 마음으로 넓게 미루어 보아서, 명확히 묻고 밝게 판단하여, 사사로운 마음을 털끝만큼도 그사이에 끼워 넣지 않았어야 했습니다. 원악대대(元惡大憝: 죄악의 우두머리)와 법에 연좌하도록 정한 자를 제외하고, 그 나머지 사람들로 비록 평시에 교유하였으나 역모 사실을 모르는 자, 한두 번 만나기만 한 자, 한두 번 편지를 주고받은 자와 비방하는 자리에서나 소문에 의해 이름이 나온 자들은 모두 이번 기회에 신원(伸冤)하여 풀어주면 사람들이 마음으로 크게 감복하며 억울한 마음이 풀릴 것입니다.

그러나 당시에는 그렇지를 못하였습니다. 그 근원은 실로 몇 년 전 조정이 분열되어 피차간에 형색(形色: 당파)으로 나뉘었는데, 이른바 한쪽 편 사람들이 이 기회를 타서 (다른 당파 사람들을) 담당 관청으로 잡아와 연좌시키는 계책을 썼기 때문입니다.

---

1) 기축옥사(己丑獄事): 선조 22년 기축년 정여립 난 때의 옥사(獄事)를 말한다.
2) 나덕윤(羅德潤, 1557−1621): 나주의 사인(士人). 정개청의 제자. 의금부 경력.
3) 옥석(玉石): 옥(玉)과 돌. 즉 죄 없는 사람과 죄인.

그래서 당시의 권력자에게 알랑거려 의기투합(意氣投合)하고, 특정인의 숨은 의도에 맞추어 죄를 얽으려 상소하는 자들이 상소문 담당 관청에 줄을 서 있었습니다.

위로는 대부(大夫)로부터, 아래로 위포(韋布: 가죽 띠와 베 옷, 즉 가난한 선비)에 이르기까지, 손발을 까딱하기만 하면 모두 죄인으로 지목하여 얽어 집어넣어, 3년 동안 대옥(大獄)을 벌려 별별 억울한 일이 생겼는데, 한 사람도 이 일의 실상을 면류관(冕旒冠: 임금님) 아래 꿰뚫어 아뢰지 못하였으니, 이는 뭇 신하들의 (제 역할을 제대로 하지 못하여) 나라를 저버린 죄가 매우 심합니다. 골고루 죄가 있어 한 사람의 허물로만 돌려서는 안 될 것입니다.

사변(옥사)이 처음 막 일어났을 때, 전하께서 윤음(綸音: 임금이 훈유(訓諭)하는 말씀 또는 문서)을 선포하여 풀어 줄 수 있는 문을 다 열고, 천은(天恩)을 크게 내려 숨겨진 억울함을 다 씻어버리도록 하였기에, 그 때문에 죄적(罪籍)에 올라 있던 사람 가운데 살아남은 자들은 거의 다 은혜를 입었으나, 유독 최영경(崔永慶), 정개청(鄭介淸), 류몽정(柳夢井), 이황종(李黃鍾)같이 이미 죽은 자들만은 함께 신원되지 못하였습니다.

최영경은 특별히 전하의 명으로 이미 신원되고 벼슬도 내려졌으나, 정개청, 류몽정, 이황종 같은 무리들은 비록 인품의 고하(高下)가 있고 죄를 입은 시점의 선후(先後)에 차이가 있으나, 억울하기는 매 마찬가지입니다.

정개청은 호남 사람 가운데 더욱 이름난 사람으로 평생을 학문과 행실에서 스스로 훌륭하다고 자부하고 있었는데, 우연히 한 편(篇)의 글 때문에 몸을 망치는 데 이르렀으니, 나덕윤의 무리들이 발을 싸매가며 천리를 달려와 대궐문을 두드리며 억울함을 호소하는 것이 마땅합니다.

신들은 생각하기에, 정개청, 류몽정, 이황종 등에 대하여 특별히 유생들의 상소를 윤허하여 모두 신설(伸雪: 죄를 깨끗하게 씻어줌)하고, 그 이외에 소장(疏狀)에 이름을 들지 않은 사람도 역시 많을 것이니, 의금부(義禁府)로 하여금 기록을 열어 상세히 따지고, 한꺼번에 용서하여 묶인 것을 풀어주소서. 황천(黃泉)에서 호소할 곳 없는 무리들에게까지 은혜를 두루 입도록 하면, 날로 새롭게 하는 정사(政事)에 보탬이 작지 않을 것입니다."

왕명을 받들어 경기도를 순시하러 나갔다.

9월에 차자를 올려 직책(職責)에서 풀려나 돌아가 근친하기를 청하였다. 윤허(允 許)하지 않았다.

그 대략은 다음과 같다.

"엎드려 삼가 생각하니 임금과 부모는 꼭 같습니다. 공의(公義)와 사정(私情) 은 경우에 따라 그 경중(輕重)이 바뀌기도 하는데, 신은 84세 된 어머니가 멀리 남녘에 있어서, 기식(氣息: 숨)이 거의 끊어질 지경으로, 아침에 저녁을 기약할 수 없는 형편입니다.

신이 공직에 있는 까닭에 돌아가 살피지 못한 지가 벌써 3년이 되었으니, 신이 어머니를 그리워하는 것이나 어머니가 신을 염려하는 것이 어찌 잠깐인들 느슨 해지겠습니까? 신은 심한 병이 온몸을 두루 감아 오랜 세월 베개에 엎드려 지내 며, 직명(職名)은 가졌으나 오랫동안 정무(政務)를 돌보지 못하였으니, 이런 상태 에서 관직에 오래 머무는 것이 의리상 어떤 이유가 있겠습니까? 신은 진실로 무 상(無狀)한데 받은 은혜는 깊어 이 어려운 시기에 어찌 감히 떠나겠다고 말씀 올 리겠습니까만은, 다만 신의 형편이 절박하여 이렇게 하기에 이르렀사오니, 머물 러 봤자 세사(世事)에 보탬이 되지 못하고, 가는 것은 오히려 사정(私情)을 얻어 펼 수 있습니다. 엎드려 청하오니, 자애로운 성상께서는 속히 신의 직책을 벗겨 주시어, 신이 죽기 전에 몸을 이끌고 가서 목숨이 다해가는 어머니를 돌보도록 해 주소서."

10월에 휴가를 얻어 남쪽으로 근친하러 가다가, 여주(驪州)에 이르러 부름을 받 아 조정으로 돌아왔다.

그때 조야(朝野)가 다 선생이 떠나가는 것이 부당하다고 여겼다. 임금도 머물러 있기를 매우 고집하였다. 선생이 더욱 힘써 청하여, 행차가 여주에 이르렀는데, 임 금이 사관(史官)을 보내어 불렀다. 선생은 어머니가 계신 남녘을 바라보며 눈물을 흘리고, 돌아왔다.

경기, 황해, 평안, 함경도 도체찰사에 임명되었다.

계청하여 병조판서 이덕형(李德馨)을 부사(副使)로 삼고, 한준겸(韓浚謙), 최관 (崔瓘)4)을 종사관(從事官)으로 삼아, 사무를 의론하게 하였다.

<추가로 덧붙임>

지금 왕조실록을 살펴보니, 을미년 10월 6일 을사일에, 선생이 상계하기를, '오랫동안 근친하지 못하였더니, 들으니 노모께서 이 때문에 마음에 염려되어 병이 났다고 합니다. 체직(遞職)하고 귀근(歸覲)하기를 청합니다' 하니, 임금이 '가서 근친하고 올라오라'고 영을 내려서, 조정을 하직하고 여주에 이르렀다. 그 당시 왜적의 상황은 중국 조정에서 (풍신수길을) 왜왕으로 책봉하는 사신이 이미 내려왔고, 왜병도 이미 군사를 철수해 태반이나 바다를 건너갔다.

그런데 건주위(建州衛)5)의 거추(巨酋)인 노을가적(老乙可赤)6)의 병세(兵勢)가 매우 커졌다. 이 앞에, 우리나라 피난민 10여 명을 쇄환(刷還)7)하면서 문서로 통고해 온 적이 있었다. 때마침 우리 변장(邊將)이 삼(蔘)을 캐는 호인(胡人) 다수를 잡아 죽여 그들을 분노케 하였는데, 장차 원수를 갚겠다고 떠들어 형세가 매우 급해졌다. 조정의 의론에 대신(大臣)이 사가(私家)를 돌볼 때가 아니라고 여겨 드디어 조정으로 소환하는 명이 나왔다. 하교(下敎)하기를 "모든 일에는 주장(主張)하는 사람이 있은 연후에 운영하는 일에 조리(條理)가 선다. 하삼도(下三道)는 이미 우상(右相)에게 맡겼으니, 또 도체찰사를 맡아 나머지 4도(四道)를 다 관리하라" 하였다. 선생은 마침내 경기 등 4도를 체찰(體察: 왕명으로 군무를 총괄 지휘함)하라는 명을 받들었다.

4도 순찰사에게 군병(軍兵)들을 교련(敎鍊)하라고 통유(通諭)8) 하였다.

그 지시 대략은 다음과 같다.

"본직(本職)이 4도의 사무를 체찰하라는 명령을 받아 지금 막 막부(幕府: 지휘부)를 열어 계획을 세워 조치한다. 나라의 형세가 어렵고 위태롭기 날로 심한데

---

4) 최관(崔瓘, 1563－1630): 호 미옹(迷翁). 문과. 충청감사, 전라감사, 경상감사, 한성판윤, 호조판서. 본관 강화(江華).

5) 건주위(建州衛): 명나라 영락제가 만주의 남쪽에 살고 있는 여진족을 지배하기 위하여 설치한 위(衛). 위(衛)란 군대의 단위부대의 명칭인데, 나라 밖에 설치하면서 그 부대가 주둔하는 지역의 명칭이 되기도 하였다. 건주위는 처음에는 길림(吉林) 부근에 있었으나, 뒤에 혼하(渾河) 부근으로 이전하였다.

6) 노을가적(老乙可赤): 청(淸) 태조(太祖) 누르하치.

7) 쇄환(刷還): 살던 곳을 떠나 유랑하는 사람들을 원거주지로 돌려보냄.

8) 통유(通諭): 조선시대 상부 관청에서 하부 관청으로 지시, 명령할 때 작성하는 문서 양식.

남쪽 북쪽에서 흔단(釁端: 분쟁의 실마리)이 번갈아 생겨, 그 형세가 진실로 위태롭다.

오늘 조치할 일은 비록 다단(多端)하다고 하겠지만 폐단과 병통을 바르게 고쳐 개혁함에 지나지 않는다. 약소한 백성들을 사랑하고 보호하여, 나라의 근본을 공고하게 한 뒤에라야, 군량을 조치하고 군사를 훈련하며 성지(城池)를 수축할 수 있다. 또 지세의 험한 것을 살펴서 공액지계(控扼之計: 적을 제압하여 지켜냄)로 삼고, 군기(軍器)를 준비하며 봉화(烽火: 통신)를 단단히 챙겨야 할 것이니, 이것이 그 큰 착안 사항이다. 가령 감사는 수령을 감독하고, 곤수(閫帥: 병사, 수사)는 변장(邊將)을 신칙하여, 마음과 힘을 다하여 주야로 정성껏 힘써서 태세를 갖추어 틈이 없게 막으면, 국사가 비록 위급하여도 아직은 구제할 가망이 있지만, 만일 지난날의 인습에 젖어서 할 일은 팽개치고 장난치듯 세월을 보내기만 하면 국사는 어찌할 수 없는 지경에 놓이게 될 것이다.

체찰사의 명령이 감사, 병사에게 시행되지 못하고, 감사, 병사의 명령이 진관(鎭管)의 절제사(節制使)에게 시행되지 못하고, 진관의 절제사의 명령이 첨사(僉事)와 도위(都尉) 이하에 시행되지 못하며, 첨사와 도위의 명령이 초관(哨官)에게 시행되지 못하며, 초관의 명령이 기총(旗總), 대총(隊總)에게 시행되지 않으면, 비록 훌륭한 계책을 얻어 아침저녁으로 떠들어 대어도 하나도 보탬이 되지 않는다.

오늘에 겪는 폐단은 단정히 앉아 있기만 하고 아무것도 하지 않아서 생긴 것으로, 기강이 서지 않고 체통이 무너져 이 지경에 이른 것이다.

지금 주상께서 명령이 시행되지 않으면 일의 실효가 없는 폐단을 깊이 징계하시어, 특별히 성의(聖意: 임금의 특별한 마음)를 내어 대신으로 여러 도의 일을 나누어 담당시키시니 우연한 일이 아니다.

본직(本職)이 비록 매우 노둔하고 용열하여 스스로 밝은 성지(聖旨)를 받드는 데 보탬이 될 수 없음을 알지만, 이미 그 자리에 있어서 도피할 길이 없은즉, 부득이 먼저 기강과 체통에 관한 일을 각도에 문서로 확실히 통지하니, 지금 이후로는 모든 군정(軍政)에 관계된 일은, 한결같이 조종조(祖宗朝)에서 법을 제정한 뜻에 따라 반드시 진관에서 소속된 고을을 통솔하게 하고, 소속 고을은 역시 진관의 명령을 받들어 감히 어기거나 건너뛰지 못하게 하며, 감사, 변장은 또 체찰사의 명령을 받들어 체통을 크게 세우고, 기강을 크게 드러내게 하며, 호령이 실행되게 하여 어렵고 위태한 형세를 구제해 내려 하는데, 이와 같이 하는데도 수령 이하에서 오히려 생각을 바꾸지 않고 그 전처럼 느릿느릿 행동하면, 오직 국법이 있을 뿐이지 체찰사가 사사롭게 할 수 있는 바가 아니다.”

이 패문(牌文) 속의 사연(辭緣: 말 뜻)은 기획되자, 즉시 전달되었다고 한다.

11월 임신일(4일)에 남한산성의 형세를 순시하겠다고 계청하였다. 남한산성은 광주(廣州)에 있는데, 서울 수십리 밖에 있으며, 곧 온조왕(溫祚王)의 옛 도읍으로 형세가 장엄하다. 선생은 만약 곡식을 쌓고 둔병하며 성을 수리하면 중진(重鎭)으로 삼을 수 있으니, 서울의 형세가 자연히 튼튼해질 것으로 생각하여, 본도 감사에게 이문(移文)하여 그 속에 먼저 창고를 지으라고 하였다. 계청하여 체찰 부사와 함께 친히 가서 순시하고, 형세를 가르쳐 주고 오겠다고 하였다.

임금이 허락하였다.

병자일(8일)에 돌아와 보고하였다.

병술일(18일)에 사직서를 제출하였다. 불윤하였다.

무자일(20일)에 다시 사직서를 내었다 불윤하였다.

경인일(22일)에 세 번째 사직서를 내었다. 불윤하였다.

12월 갑진일(6일)에 체찰사 사직서를 내었다. 불윤하였다.

==

請伸雪己丑冤枉

湖南士人羅德潤等 上疏請雪己丑冤死之人 先生回啓日 國運不幸 逆賊之變出於縉紳之間 方獄事之始起也 自上已慮波及之患 以玉石俱焚爲戒 若使其時 當事按獄之臣 推廣至意 淑問明辨 不以一毫私意 參錯於其間 除元惡大憝及律所應坐者外 其餘 雖平時交遊 而未知逆謀者 及一再見面 一二書往來者 與出於告訐 出於風聞者 皆次第伸釋 則人情大服 冤枉得伸

而當時則有不然者 其源 實出於近年以來 朝廷分裂 形色彼此 所謂一邊之人 既假此

以爲收司連坐之計 故 其投合時好 希望風旨 投疏羅織者 相續於公車之下 而上自大夫
下及韋布之士 動足搖手 擧在指目之中 三年大獄 冤楚萬狀 而無一人以事狀 徹聞於冕
旒之下 此則群臣負國之甚 均有其罪 未可專咎於一人也

方事變之初 自上 渙發綸音 悉開放釋之門 天恩大霈 幽冤盡洩 惟其如是故 罪籍中生
存者 幾盡蒙恩 而獨有已死之人 如崔永慶鄭介淸柳夢井李黃鍾等 未得一時昭雪 永慶
則特出上命 旣爲洩冤 又加贈爵 而介淸夢井黃鍾之類 雖人品有高下 被罪有先後 而其
爲冤枉則一也 介淸則於湖南人中尤有名稱 平生以學術行檢自任 而因偶然一篇之著論
以至於滅身 宜羅德潤輩千里裹足叩閤訴冤也

臣等之意 介淸夢井黃鍾等 特允儒生之疏 悉加伸雪 而此外未及擧名於疏箚者 亦多有
之 令義禁府詳細開錄 一體宥釋 使解網之 恩普被於窮泉覆盆之下 則其於維新之政 所
補不細云云

承命 出巡京畿

九月 上箚 請解職歸覲 不允

略曰 伏以君親一也 公義私情 迭爲重輕 臣有八十四歲之母 遠在南中 氣息奄奄 朝不
謀夕 臣因公故 不得歸省 已三年於此矣 臣之念母 母之憂臣 豈頃刻而少弛 且臣危病
纏身 長年伏枕 職名雖在 曠闕居多 此而久留 於義何據 臣誠無狀 受恩深厚 當此艱虞
豈敢言去 第臣之情勢悶迫 至於如此 留旣無益於世事 去猶獲伸於私情 乞伏聖慈亟命
遞免臣職 使臣得扶曳於未死之前 往見臨命之母

十月 乞假南覲 至驪州 被召還朝

時 朝野咸以先生爲不當去 上亦留之甚固 先生請益力 行至驪州 上遣史官召之 先生南
望庭闈 涕泣而還

拜京畿黃海平安咸鏡道都體察使

啓請 以兵曹判書李德馨 爲副使 韓浚謙崔瓘 爲從事官 以便議事

（追補）

今按王朝實錄 乙未十月六日乙巳 先生啓 以久未歸覲 聞老母因此心念生病 請遞職歸
覲 上令往覲上來 既辭朝 至驪州 時倭賊 則中朝封倭冊使已至 倭亦撤兵 太半渡海 而
建州衛巨酋老乙可赤 兵勢甚盛 前此 刷還我避難人十餘 通書來告 適復有 我邊將擒殺
採蔘胡人多數 挑發其怒 稱將報讐 聲勢甚急 朝論 以爲非大臣顧念私家之時 遂命召還
下敎曰 凡事 有主張之人 然後 經略有條理 下三道 則既委於右相矣 又出都體察使 使
專管其餘四道 先生遂膺京畿等四道體察之命

通論四道巡察使 敎鍊軍兵

略曰 當職蒙差體察四道事務 方開幕府 規畫措置 國勢難危日甚 南北之釁 交作 其勢
固危岌岌矣 今日措置之事 雖曰 多端 不過釐革弊瘼 懷保小民 使邦本更固 然後 措置
糧餉 訓練軍兵 修緝城池 且察地勢險易 以爲控扼之計 措備器械 申飭烽火 此其大段
節目 若監司督帥守令 閫帥申飭邊將 竭其心力 盡瘁晝夜 收拾補綴 則國事雖急 尚有
可濟之望 萬一因循廢墮 玩愒度日 置國事於無可奈何之地
體察使之令 不行於監兵使 監兵使之令 不行於鎮管節制使 鎮管節制使之令 不行於同
僉都尉以下 同僉都尉之令 不行於哨官 哨官之令 不行於旗隊總 則雖有嘉謨善策 朝夕
云云 而一無所益 今日之弊 正坐 紀綱不立 體統渙散 以至於此

今者 自上 深懲命令不行 事無實效之弊 特出聖意 使大臣分領諸道之事 事非偶然 當
職雖甚駑劣 自知不能奉承明旨 有所補益 而既在其地 無路引避 則不得不以紀綱體統
之事 先爲知委各道 今後 凡軍政所在 一依祖宗朝設法之意 必使鎮管督率所屬之邑 所
屬之邑亦承鎮管之令 無敢違越 而監司邊將又承體察使之令 使體統粗立 紀綱粗張 號
令通行 以濟艱危之勢 如此 而守令以下猶不動念 泄泄如前 則國法有在 非體察使所得以
私也

此牌文內辭緣 劃卽傳通云云

十一月 壬申 啓請巡視南漢山城形勢

南漢山城在廣州 京城數十里之外 乃溫王舊都 形勢壯固 先生以爲 若積粟屯兵 修葺城
子 以爲重鎮 則京城之勢自固 移文本道監司 先設倉廠於其中 啓請 與副使 親往巡視

指授形勢而來 上許之

丙子 復命
丙戌 呈辭 不允
戊子 再辭 不允
庚寅 三辭 不允
十二月 甲辰 辭體察使 不允

선조 28년(1595) 을미

유조인[1]이 상소한 일에 대하여 회계(回啓)하였다.
그 대략은 다음과 같다.

"유조인(柳祖訒)이 상소하여 시폐(時弊: 폐단)라고 하며 극진하게 진술하기를,
포수(炮手), 살수(殺手)는 우리나라의 장기가 아니며, 아울러 사천(私賤: 사유 노
비)을 군사로 삼은 것도 잘못이라고 논하였습니다.

대개 오병(五兵)[2]은 함께 사용하여야지, 어느 한쪽에 치우치거나 없애서는 안
됩니다. 우리나라는 비록 활을 장기로 삼지만, 그러나 활은 수십보를 날아가는
기예이고, 조총(鳥銃)은 수백 보를 날아가는 기예입니다. 적과 대진을 할 적에 우
리의 활은 적에게 미치지 못하는데, 적의 총알은 우리에게 비처럼 쏟아지니, 이
런 때는 한신(韓信),[3] 백기(白起)[4]가 장수가 되어도 당해낼 수 없습니다.

근세에 중국에는 조총이 없었는데, 척계광(戚繼光)이 비로소 그 방법을 알아
훈련하니, 도리어 중국의 기예가 되었습니다. 사람의 품성은 너무 멀리 차이가

---

1) 유조인(柳祖訒, 1522−1599): 호 범애(泛愛). 진사. 천거로 우봉 현감. 임진왜란 때 세자익위시
익위로 세자를 모시고 영변까지 갔다. 사재감정. 형조참의 호성원종공신. 호조참판에 추증되었
다. 젊었을 때는 무뢰한이었다. 뒤에 개심(改心)하여 이중호(李仲虎)의 제자가 되었다. 본관 진
주(晉州). "포수, 살수를 혁파하고 궁시(弓矢)만을 숭상하며, 민간의 노복들은 나라의 병사(兵
士)로 쓰지 말 것"을 주장하였다.
2) 오병(五兵): 다섯 종류의 무기(武器). 과(戈: 창끝이 두 가닥으로 갈라진 창), 모(矛: 창끝이 갈
라지지 않은 창), 극(戟: 창끝이 나뭇가지처럼 두 세 가닥으로 갈라져 있는 창), 수(殳: 몽둥
이), 궁시(弓矢: 활과 화살)이다. 후대에 무기의 종류가 많아져 오병(五兵)은 무기를 대표하는
표현이 되었다.
3) 한신(韓信, ?−BC196): 중국 한(漢) 나라 개국공신. 전략 전투에 뛰어났다.
4) 백기(白起, ?−BC257): 중국 전국시대 진(秦)나라 명장, 병법가.

나지 않는 법이니, 오랫동안 익히고서 성공하지 못한다는 것을 어리석은 신은 들어본 적이 없습니다.

그는 또 말하기를 '포수, 살수는 전투에 임해서 가지고 있는 무기를 버리고 도망친다'고 하였는데, 만약 '우리나라 사람의 성품이 모두 겁쟁이여서 적을 보면 잘 도망친다'라고 말하는 것이라면, 활의 사수(射手)는 유독 우리나라 사람이 아니어서 혼자 용감하게 전진할 수 있겠습니까?

그 '진신(縉紳: 벼슬아치)이나 민간에서는 포수, 살수를 모두 한바탕 웃음거리로 삼지 않는 자가 없다'는 말은 맞습니다. 사람 마음이 편안히 제멋대로 하는 것이나 탐을 내며, 세속의 관습은 인순(因循: 낡은 습관을 버리지 못함)에 고질이 되어서, 이처럼 위태롭고 어려울 때 처음 만들어내는 일을 비방하고 헐뜯으며, 허황된 의론으로 시끄럽게 하여, 수탉이 울면 암탉이 따라 울듯이 백단(百端: 온갖 방법)으로 저지하고 있습니다. 뭘 좀 아는 사람마저도 도리어 파란(波瀾)을 고취하고 있으니, 이것이 옳은 일이겠습니까?

대저 세상 운수가 흥기하거나 쇠퇴할 때에 성인은 그때그때의 상황에 맞추어 대응합니다. 만약 '간우(干羽)의 춤[5]으로 평성(平城)의 포위[6]를 풀 수 있으며, 결승(結繩)의 정치[7]로 어지러운 진(秦)나라의 일을 다스릴 수 있다'고 떠들며, 팔짱 끼고 아무런 일도 않고 의젓하게 높이 앉아 있으면서 남쪽 오랑캐의 변란을 해소한다는 것을, 못난 신으로서는 아는 바가 아닙니다.

대저 우리나라는 왜적이 쳐들어올 만한 잘못을 한 적이 없습니다. 다만 2백 년이나 평화로운 세월을 지낸 나머지, 군정(軍政)이 제대로 되지 않았고, 기강이 무너졌으며, 각종 군기(軍器)도 좋지 못하며, 군사들도 훈련되지 않았으며, 군율(軍律)도 밝지를 못하였습니다.

군졸도 모두 밭이랑에서 호미를 메고 있던 백성들로서, 귀로는 금고(金鼓)[8]

---

5) 간우지무(干羽之舞): 방패와 일산을 잡고 추던 춤. 간우(干羽)의 춤을 추니 적대 세력 유묘(有苗)씨가 순(舜)의 덕을 칭송하며 와서 항복하였다는 고사한다. 서경 대우모 제21장.

6) 평성(平城)의 포위: 중국 한(漢)나라 고조(高祖: 유방)가 흉노(匈奴) 묵특선우를 정벌하러 갔다가 도리어 평성(平城: 현 산서성 대동시)에서 7일간 포위당하여 위기에 처하였다가 묵특선우의 아내 알씨(閼氏)에게 뇌물을 바쳐서 겨우 탈출한 고사(故事)

7) 결승지정(結繩之政): 문자(文字)가 아직 없던 때 새끼로 매듭을 지어 의사를 표시하던 때의 정사. 유사(有史)이전의 간이(簡易)한 정사를 이르는 말. 주역 계사전 下. 사기(史記) 오제본기(五帝本紀).

8) 금고(金鼓): 군사가 서로 전투를 하는 마당에서, 돌격 신호로 북을 쳤으며, 퇴각신호로 쟁(錚)을 쳤다.

소리를 들어본 적이 없고, 눈으로는 군기(軍旗)의 색깔도 분간하지도 못하며, 몸으로는 앉고 일어서며 칼 쓰는 법도 모르다가, 무슨 일로 갑자기 강적과 겨루게 되었으니, 바람 소리, 학의 울음소리에도 깜짝 놀라,9) 흙담이 무너지듯 기왓장이 깨어지듯 무너져 버려서, 이 지경에 이르렀던 것입니다.

지금 나라가 거의 파멸된 나머지 무너진 것들을 새롭게 혁신하려고 밤낮으로 무기를 수선(修繕)하며, 군신 상하가 마음을 썩히며 손으로 방바닥을 치고, 시간을 아껴가면서 원수를 갚고 치욕을 씻는 마음을 가져야 옳거늘, 뒤돌아보며 한다는 말이 '군사훈련은 급한 일이 아니다'라 하니, 역시 우활(迂闊)10)하여 시무(時務)에 적합지 않다는 것을 볼 수 있습니다.

사천(私賤)을 문제로 삼는 것에 이르러서는 그들은 홀로 국민이 아니라는 것입니까? 지금 사직이 폐허가 되고 생령(生靈)이 다 죽어 나가는데, 국가가 이에 대한 대책이 나올 데가 없어서, 어렵게 몇 천 몇 백의 군사를 끌어모아 훈련하여 적을 막을 계책으로 삼았고, 여러 해 지나는 동안 보완해 왔으나, 제대로 된 모습이 되지 못하여 군대의 모습은 아직 보잘 것 없고, 어려운 일은 눈앞에 가득하니, 뜻있는 인사라면 눈물을 흘려야 할 터인데도, 달리 무식한 무리들은 자기 노비들이 나라의 역사(役事)에 동원되는 것을 싫어하여, 이의(異議)를 선동해 못하는 짓이 없으니, 그들이 뭘 아는지 모르는지 어떻게 보아야 하겠습니까?

그의 상소 끄트머리에서 주장한 '(임금은) 마음을 다스리고 공손함을 유지해야 한다는 법'은 의젓하게 높이 팔짱끼고 천제(天帝)처럼 바라보이게 하여야 하며, '마음은 온화하고 텅 비게 하여 야기(夜氣: 새벽의 맑은 기운)가 넘쳐흐르게 하여야 한다'는 말은 자못 나라 근본을 다스리는 학문으로서야 간절하지만, '오직 새 소리 까치 소리와 바람에 나뭇잎 날리는 소리만 들으소서'라고 한 그 말은 또한 불가(佛家)의 고담(枯淡: 욕심이 없고 담백함)한 병폐에 관계된 것입니다.

대저 제왕의 학문은 경륜을 귀하게 여기니, 반드시 본말(本末: 총론과 각론)을 함께 들어야 하고, 체(體: 원리)와 용(用: 응용)을 모두 갖추어야 합니다. 안으로는 심신(心身)과 성정(性情)의 미묘한 데에서부터 밖으로는 정령(政令)과 시책

9) 풍성학려(風聲鶴唳): 바람소리와 학의 울음소리. 겁을 먹은 사람이 당치도 않은 사물에도 놀라는 것을 비유하는 말. 전진(前秦)의 왕 부견(符堅)이 비수(肥水)의 싸움에서 동진(東晉)의 군사에게 패배하고 도망칠 때에 바람소리, 학의 울음소리를 듣고도 동진의 추격병인가 하여 놀랐다고 한다.
10) 우활(迂闊): 현실에 어두워 엉뚱한 소리를 하는 것.

(施策)에 이르기까지 순서에 따라 조리에 맞게 하며 정밀한 것과 소루한 것, 거대한 것과 세밀한 것 모두 꿰뚫지 않음이 없어서, 크게는 육합(六合)[11]을 경륜하며 작게는 추호(秋毫)처럼 미세한 데에도 부지런히 힘써서, 그런 뒤에 바야흐로 본체(本體)를 밝혀서 응용(應用)할 배움이 되어, 체(體)만 있고 용(用)은 없다는 비난에 귀착되지 않게 될 것인데, 유조인의 견해가 이런 데까지는 미치지 못하는 듯합니다."

임금은 기쁨을 그치지 않고, 병풍으로 만들어 들여와서 옥좌(玉座) 곁에 세워두라고 명하였다.

===

因柳祖訒疏 回啓
略曰 柳祖訒疏 論時弊極陳 炮殺手 非我國所長 幷及私賤爲軍之失

夫五兵竝用 不可偏廢 我國雖以弓矢爲技 然 弓矢乃數十步技 鳥銃乃數百步技 與賊對陣 我之弓矢 未至於賊 而賊之銃丸 雨集於我 當此之時 韓白爲將 不能當矣

近世 中原無鳥銃 戚繼光始得其法 訓練 反爲中國之技 人性不甚相遠 習慣而未成者 非臣愚之所聞也 又曰 炮殺手 臨戰 棄其所執之物而走 若曰 我國人性皆怯怯 見賊善走 則射士獨非我國之人 而獨能勇進乎 其曰 縉紳閭閻 莫不以炮殺手爲一笑場 人情狃於安肆 習俗痼於因循 當此危難之際 詆訾創見之事 浮議紛紜 雄唱雌和 百端沮撓 而有識之士反爲之揚瀾鼓波 可乎

大抵 世運有興替之機 聖人隨時應之 若曰 干羽之舞 可以解平城之圍 結繩之政 足以治亂秦之緒 欲拱手無爲 儼然高居而坐 消南夷之變 非臣愚之所知也

夫我國於倭賊 非有致寇之失 特以二百年昇平之餘 軍政不修 紀綱毁廢 機械不利 行伍不整 約束不明 士卒皆荷鋤農畝之氓 耳不聞金鼓之聲 目不辨旌旗之色 身不知坐作擊

---

11) 육합(六合): 상하동서남북.

劍之爲 何事猝然與强敵相角 風聲鶴唳 土崩瓦解 以至於此

今 於破滅之餘 一新頹圮 晝夜征繕 君臣上下 腐心抵掌 愛惜寸陰 以復讎雪恥爲心 可
也 而顧曰 練兵非所急 亦見其迂遠而不適於時務也 至於私賤 獨非國民乎 今 社稷墟
矣 生靈盡矣 國家於是 計無所出 艱難收拾數十千百之卒 以爲訓練禦敵之計 經年補綴
不成模樣 草草軍容 艱虞溢目 有志之士 可以隕涕 而乃有無識之輩 厭其奴僕之他役
鼓動異議 無所不至 其賢否如何也

末端所論治心持敬之法 儼然高拱 望之如天帝 方寸沖虛 夜氣充溢等語 頗切於根本之
學 而其曰 唯聞鳥鵲之聲 風葉之韻者 亦涉於禪家枯淡之病 若夫帝王之學 貴於經綸
必須本末兼舉 體用該備 內自心身性情之微 外及政事施措之間 循序條達 精粗巨細 無
一不貫 大則經綸六合 小則密勿秋毫 然後 方爲明體適用之學 而不歸於有體無用之譏
祖訓之見 似未及此云云 上喜款不已 命爲屛以入 張之坐隅

45 전란이 소강(小康)인 상황에서의
여러 조치를 취하다, 55세

선조 29년(1596) 병신

정월에 연병규식(鍊兵規式)을 제정하여 4도(四道)에 반포(頒布)하여 시행하였다.

　　"첫째, 옛사람들은 시골 마을의 비려(比閭: 비는 5호, 려는 25호)에서 군사를 내도록 하였다. 지금 이러한 의도(意圖)에 좇아서, 각 읍(邑)[1]은 먼저 관할지역에서 결정하도록 하되, 면(面)에는 어떠어떠한 리(里)를 소속시키고, 한 리에는 어떠어떠한 마을을 소속시키며, 한 마을에는 어떠어떠한 가정을 소속시키는 조치를 하고 나서, 각 면과 리를 그 크기에 따라 나누어 초관(哨官)[2]을 정하고, 그로 하여금 각각 기대총(旗隊總)을 뽑도록 하며, 백성을 뽑아내어 훈련한다. 이것이 통솔하는 법(法: 기본원칙)이다.

　　둘째, 군대를 편제하는 방법은 기효신서(紀效新書)에 따르고 약간 증손(增損: 가감)을 한다. 한 영(營)은 다섯 사(司)를 통솔하고 사(司)마다 파총(把摠)을 두고, 한 사는 다섯 초(哨)를 통솔하고 초마다 초관(哨官)을 두며, 한 초는 세 기(旗)를 통솔하고 기마다 기총(旗總)을 두며, 한 기는 세 대(隊)를 통솔하고 대마다 대총(隊總)을 두며, 한 대는 화병(火兵)을 포함하여 11인으로 구성한다. 이것이 대강(大綱: 큰 원칙)이다.

　　그러나 그 사이 사이에 활용법(상황에 따라 신축적으로 운용)이 있으므로 구애(拘碍: 경직)되어서는 안 된다. 지금 각 리와 각 촌의 주민들은 거리에 따라 합쳐서 대(隊)를 만들되, 사람이 많은 경우에는 3기(旗) 외에 비록 4기, 5기라도 괜

---

1) 읍(邑): 관찰관아(觀察官衙: 관찰사 또는 병사기 있는 관청)를 제외한 지방 수령이 있는 마을.
2) 초관(哨官): 1초(哨: 약 100명)을 거느리는 종9품 무관직.

찮고, 군사 수효가 적으면 1대가 비록 11명을 갖추지 못하여 단지 6, 7명이라도 괜찮다. 그러나 이쪽에서 저쪽으로 옮기거나, 가까운 곳에서 떼어내어 먼 곳으로 갖다 붙이는 것은 안 된다.

편제를 분명히 한 뒤에는 군사는 대(隊)에 소속되며, 대는 기(旗)에 소속되며, 기는 초(哨)에 소속되며, 초는 사(司)에 소속되며, 사는 영(營)에 소속되며, 영은 대장(大將)에게 소속되어, 지휘하는 체제가 어지럽게 되어서는 안 된다.

모든 진지 훈련이나, 또는 군사 징발할 때, 대장은 각 영에 명령을 전하고, 영의 장수는 곧 파총에게 명령을 전하고, 파총은 바로 초관에게 명령을 전하고, 초관은 기, 대총에게 명령하여, 각기 소속 군사를 인솔하여 일제히 약속된 지역으로 달려가게 하며, 시각은 앞뒤로 어긋나지 않도록 해야 하며, 약속보다 늦게 도착하는 자는 군율(軍律)을 적용한다.

셋째, 군사는 비록 수효가 많아도, 대장이 영장(營將)에게 명령을 내리면 그 통솔하는 사람은 단지 5명이며, 영장도 파총에게 명령을 내리면 그 통솔하는 사람도 역시 5명이다. 파총이 초관에게 명령을 내리고 그 통솔하는 사람은 역시 5명이며, 초관이 기총(旗總)에 명령하고 기총이 대총(隊總)에 명령할 때에는 단지 3명뿐이다. 천하에 어찌 5명, 3명을 운용하지 못하는 사람이 있겠는가? 이것은 곧 간략하게 하되 넓게 시행하는 방법이다.

오늘날의 장수된 자들은 모두 군사를 직접 거느리고자 하는데, 그 때문에 심신이 피곤하도록 애써도 제대로 성공하지 못하니, 이 역시 제대로 된 방법을 몰랐기 때문이다.

경기 좌영은 용진에 두고, 이천, 여주, 광주, 양근, 지평, 양주, 포천, 가평 8읍의 군사를 소속시킨다. 이천을 전사(前司)로 삼고, 여주를 좌사(左司)로 삼고, 광주를 우사(右司)로 삼고, 양근, 지평을 중사(中司)로 삼고, 양주, 포천, 가평을 후사(後司)로 삼는다.

경기 우영(右營)은 수원 독성(禿城)에 두고, 수원, 남양, 인천, 부평, 양천, 통진, 김포, 안성의 군사를 소속시킨다.

경기 전영(前營)은 용인 석성산성에 두고, 죽산, 음죽, 진위, 양천, 안산, 양지, 용인, 금천, 과천의 군사를 소속시킨다.

경기 후영(後營)은 파주산성에 두고, 고양, 파주, 교하, 풍덕, 장단, 연천, 삭녕, 영평, 개성부의 군사를 소속시킨다.

좌영의 예에 따라 각 영은 사(司)로 나눈다.

중영(中營)은 서울의 훈련도감의 군사로 한다.

평상시에는 각영, 각사, 각초에서 나누어 조련하고, 대대적인 사열을 할 때에는 5영의 군사가 한 곳에 모두 모인다.

강화와 교동은 바다 가운데 있으므로 자기들끼리 한 영(營)이 되고, 육군의 지휘를 받지 않는다.

군량(軍糧)에 있어서는, 각 영에서 군사 수효를 계산하여 군량을 모으도록 하되, 우선 반년의 양식은 비축해야 하며, 여유가 있으면 점차로 비축을 늘려, 비록 1년, 2년치 양식이라도 많을수록 좋으며, 군량을 관리하는 데 유능한 사람을 뽑아 그 일을 주관하게 한다.

군기(軍器)에 있어서는, 각 영에서 군사 수효를 보고 각자 준비하되, 역시 많을수록 좋다. 기치(旗幟)나 금고(金鼓: 꽹가리, 북) 같은 것들은 책임지고 각 영에서 조치 준비한다.

각 영은 지형지물의 험고(險固)를 가려서, 앞에 평야를 두고 교장(敎場)을 설치할 수 있다. 성(城)과 붕(堋: 사격장), 루(樓: 2층으로 된 망루), 로(櫓: 지붕이 없는 망루)를 짓되, 힘써 튼튼히 하도록 한다.

각 사는 각기 있는 곳에 땅을 골라 작은 보루(堡壘: 토벽)를 만들고, 평시에는 5초(哨)의 군사를 모아 이곳에서 교련하고, 긴급할 때에는 청야(淸野)하여 그 안에 가까운 곳에 사는 노약자들을 인솔해 들이거나, 거두어들인 양곡을 보관한다. 각초와 각리(各里)는 역시 교장을 설치하여 편의에 따라 훈련한다."

선생은 또 군량을 준비하려고, 농사짓지 않는 논을 골라서 매대(每隊)에서 12사람이 10두락의 땅을 함께 농사짓게 하였다. 먼저 수원에서 시행하여 가을에 조세로 8백여 섬을 거두어 독성에 저축하였다. 또 모든 대에는 명령을 내려 가을에 벼, 조, 보리를 각각 자기 마을에 10말 이하를 저축하게 하고 대장(隊長)에게 관리, 단속을 맡기려 하였다.

해마다 저축을 늘려 가며, 가난한 자가 그 곡식을 사용하려 하면 빌려주고 그 이식을 조금 받으며, 유사시에는 군량으로 쓰고, 무사하면 홍수나 한발을 위한 저축으로 삼아, 몇 년 뒤에는 마을마다 축적이 생겨, 불시(不時)에 필요한 수요를 대응할 수 있게 하여, 수(隋) 나라 시절의 의창(義倉)3) 제도와 서로 비슷하게 하려 하

---

3) 의창(義倉): 중국 수(隋)나라에서 빈민 구제 목적으로 시작하여 당, 송, 청나라에서도 시행되었

였다. 일이 시행되고 그 결과가 나오기 전에 선생이 그 자리를 떠났다.

왜국에 사신을 파견하는 일에 헌의(獻議)하였다.

이에 앞서, 명 조정에서 이종성(李宗誠), 양방형(楊方亨)을 책봉사(册封使)로 삼아 왜국으로 나가도록 하여, 장차 평수길(平秀吉)을 일본왕(日本王)으로 봉(封)하려 하였다. 심유격(심유경)이 상시로 왜영을 왕래하며, 그 일을 미봉(彌縫)하려고 하였는데, 이때에 이르러 책봉사가 바다를 건너 왜국에 가려 하였다. 심유격이 우리나라에 외교문서를 보내어 '중신(重臣)을 파견해 책봉사를 수행하여 함께 왜국으로 건너가라'고 하니, 조정의 의론은 어떻게 대처할 바를 몰랐다. 선생이 계문을 올려 말하였다. 그 대략은 다음과 같다.

> "신은 종전부터 매양 의심하기를, 이 도적(심유경)이 끝에 가서는 반드시 따르기 난처한 요청을 하여 흔단(釁端: 분란의 실마리)을 일으키리라 하였는데, 지금 사세가 점점 이에 가까워지고 있습니다.
>
> 지금 평조신(平調信: 소서행장의 참모)이 돌아온 것은, 모양새가 의심스럽습니다. 그 요구하는 것이 통신사 보내는 것에 그치는 것이 아니라, 혹시 그들이 약속을 배반할 경우 핑계로 삼으려는 것이 아닌가 의심됩니다.
>
> 심유경도 제스스로 일이 이루어질 수 없음을 알기 때문에, 도리어 다른 곳으로 허물을 돌려서 자기는 빠져나갈 계책으로 삼으려는 것입니다.
>
> 만일 평수길이 명 사신을 기쁘게 맞이하고, 단지 우리나라 사신이 함께 올 것을 요구하는 것이라면, 평조신(平調信)이 무슨 까닭으로 연일 자기들끼리 밀의하고, 그리고 나서 비로소 유격(심유경)을 만나 보는 것이며, 유격은 역시 무슨 까닭으로 병을 칭탁하고 문을 닫아걸며 명 사신을 대면하지 않고, 다만 하인을 시켜 대신 보고케 하는 것입니까?
>
> 이번 자문(咨文: 외교문서)을 직접적인 말로 거절하면 유격의 장난 속에 그대로 떨어지는 것으로, 그는 이 말을 붙잡고 중국 조정에 급히 보고하여 '책봉하는 일이 이루어지려는데, 조선이 사신 파견을 허락지 않았으므로 왜적이 물러가지 않습니다'라고 할 것이며, 만약 그 말을 따르려고 한다면 역시 인정이나 의리로

다. 흉년에 빈민을 구제하기 위한 비상미(非常米) 저축제도이다. 우리나라도 고려시대, 조선시대에 시행되었다.

보아 차마 할 수 있는 일은 아닙니다. 비록 사신 파견을 허락해도 왜적이 물러갈지, 않을지는 이것으로 반드시 되는 것이 아닌데, 이것이 그래서 난처한 까닭입니다.

그냥 가만히 있을 수는 없으니, 대답하시기를 '일본은 천리(天理)를 거슬러 까닭 없는 군사를 일으켜 우리 생민(生民)을 죽이고, 우리 묘사(廟祠: 종묘)를 불살랐으며, 우리의 왕릉(王陵)을 파헤쳐, 폐방(弊邦)의 사람이면 비록 삼척동자라도 피 철갑을 하고 울음을 삼키면서도 죽음으로 원수를 갚겠다 하지 않는 사람이 없는데, 어찌 감히 화의를 말하겠습니까?

지금 명 조정에서 수고롭게도 훈척대신(勳戚大臣)들을 측량할 수 없는 곳으로 건너가게 하는 것은 요컨대 난(亂)을 풀고 전쟁을 종식시키려는 것인데, 대인께서 이 일을 담당하여 맡은 명령이 무거워 저희 나라를 훈계하며, 배신(陪臣)들로 천사를 수행하여 바다를 건너도록 하는데 이르니, 예의상 문책 받을 일이나, 이것은 실로 명 조정의 체통과 관계가 있습니다.

일본 사람들은 하는 짓마다 반복(反覆: 약속을 뒤집음)하여 믿을 수가 없으니, 비록 조사(詔使: 칙사)가 황제의 위엄으로 임하더라도 오히려 중요한 해결책을 얻을 수 없을 텐데, 거기다 우리나라가 무슨 힘이 있다고 사신 한 사람 보내는 것이 그렇게 중대하거나 가볍다 하겠습니까?

오직 바라건대, 대인께서는 저들의 사정과 형편을 다시 살피시고, 책봉사와 함께 확실히 의논하시되, 눈앞의 일에 구차하게 완비시키려 하지 마시고, 장구한 대책을 세워, 우리나라가 다시는 오늘 같은 잘못된 상황을 겪지 않게 해주시기 바랍니다'라고 하소서.

그리고 그 대답하는 것을 보고 난 뒤 요즈음 왜적들의 동정을 좀 더 살펴서 대처하는 것이 마땅할 듯합니다. 허락하거나 않는 것을 한마디 말로 가벼이 하여 수습하기 어렵게 해서는 안 될 것이니, 이것은 극히 중요한 기밀(機密)입니다. 엎드려 바라오니, 조정의 의견을 널리 모으고 다른 대신들과 숙의한 뒤 자세히 살펴서 결정하여 전하께서 후회함이 없도록 하소서."

임금께서 선생의 말을 따랐는데, 유격은 독촉하기를 그치지 않았다. 그때, 황신(黃愼)[4]이 유격의 접반사(接伴使)로 부산에 있었는데, 임금께서 드디어 황신을 파

---

4) 황신(黃愼, 1560 ~ 1617): 호 추포(秋浦), 문과. 성혼, 이이의 문인. 좌랑, 정언, 지평 때 명나라

견하여 따라가게 하였다.

2월 계축일(16일)에 경기도 한강 연안 고을의 방어 상태를 순시하고 이어서 남쪽 고향으로 귀근하기를 계청하니, 허락하였다.
　시 "정경임(정경세)에게 줌"과 도중에 지은 시 여러 편이 있다.

3월 청명에 금계 선영을 배소(拜掃: 소묘(掃墓))하였다.

계미일(16일)에 임금의 재촉하여 부르는 전지(傳旨)를 받았다.

갑오일(27일) 돌아오는 도중에 또 재촉하는 전지를 받들었다.

4월 정유일(1일)에 조정으로 돌아왔다.
　임금께서 선생이 오는 도중에 말에서 떨어졌다는 말을 듣고, 특히 내구마(內廐馬)를 하사하였다. 선생이 예궐(詣闕)하여 사례하니, 대답하기를 "경이 강물 가운데서 추락했다는 말을 듣고, 너무 놀랐기 때문에 내구마5)를 하사한 것이니, 마땅히 사양하지 말라. 각별히 조리(調理)함이 마땅하다" 하였다.

차자를 올려, 인심을 진정(鎭定)시키기를 청하였다.
　명나라 사신 이종성(李宗誠)이 왜영(倭營)에서 도망쳐 돌아가 버리니, 서울의 민심이 놀라서 흔들렸다. 며칠 안에 (서울에서) 떠나가 버린 자가 반이 넘었다. 재상이나, 임금을 가까이 모시는 높은 벼슬아치로서 몰래 가족을 내보낸 자도 있었다. 선생이 올린 차자의 내용은 다음과 같다.

　　"국가를 유지되도록 하는 것은 인심뿐입니다. 비록 위급한 때라도 인심이 굳게

경략 송응창의 접반사. 세자(광해군)를 따라 남하하여 체찰사의 종사관이 되었다. 명나라 양방형을 따라 통신사로 일본을 다녀왔다. 가선대부 승진, 전라감사. 대사헌. 정인홍의 제자가 성혼을 비난하자 이를 변호하다가 파직 되었다. 정인홍의 탄핵으로 삭탈관직 되었다. 호성, 선무 원종공신. 광해군 때 공조, 호조 판서. 계축옥사 때 이이첨의 사주를 받은 자의 무고로 유배되어 배소에서 사망했다. 우의정에 추증. 시호 문민(文敏). 본관 창원. 저서 추포집, 일본왕환일기 등.
5) 내구마(內廐馬): 궁궐의 마굿간에서 기르는 말(馬). 살곶이 목장에서 길렀다. 내사복시(內司僕寺)에서 관리하였다.

뭉쳐지면 나라가 안정되고, 인심이 흩어지면 나라가 위태롭습니다. 예전 사서(史書)에 실려 있듯이, 모든 관리들이 잇달아 밤을 틈타 숨어버리면 적병이 도착하기를 기다리지 않고서도 나라 형세는 어찌할 수 없게 되어버리는 것을 알 수 있습니다.

요즘, 상사(上使: 명나라 책봉사)가 왜영(倭營)에서 도망쳤다는 소식이 들리자마자 인심이 마치 놀란 물결같이 흉흉해져서 가라앉힐 수가 없게 되었습니다.

며칠도 되지 않아 도망친 사람의 태반은 재상(宰相)과 전하를 곁에 모시던 자들이며, 조정 벼슬아치들 가운데는 가족들을 먼저 보낸 자도 있습니다. 이러한 일들을 다스리지 않으면 비록 금성탕지(金城湯池)6)나 견고한 갑옷과 날카로운 무기를 가졌더라도 다 소용이 없게 되니, 조신(朝臣)들로서 가족들을 먼저 내보낸 자들을 법관을 시켜서 방(坊)이나 마을에서 살펴 분명하게 가려내게 하고, 먼저 떠나버린 자들은 한성부의 5부(五部)를 시켜서 성명을 기록하여 후일의 조처를 기다리게 하며, 이런 뜻을 방(榜)으로 걸어 효유(曉諭)하는 것이 어떻겠습니까?"

홍문관에서 올린 차자에 대하여 회계(回啓)하였다.

차자(箚子)에서 말한 내용은 다음과 같다.

"홍문관이 차자로 의론한 내용 가운데 말한 '경사(京師: 서울)는 팔방(팔도, 전국)의 근본으로 종묘사직이 이곳에 있고 신민(臣民)이 이곳에 있으니, 어찌 매번 내버리고 갈 수 있겠습니까?'라고 한 대목은 이 시기를 구제하는 매우 절실한 방책입니다.

옛날, 변경(汴京: 송나라 수도)이 금(金)나라 군사들에게 유린되었을 때 금나라 기병들이 사방에 그득하였는데, 종택(宗澤)7)은 세 번이나 황하를 건너가서 공격하여야 한다고 호소하였고, 장준(張浚)8)은 건강(建康: 현 남경)으로 가서 주둔

---

6) 금성탕지(金城湯池): 쇠로 쌓은 성(城)과 끓는물로 둘러쌓인 해자(垓子). 아무리 공격해도 함락시킬 수 없는 굳건한 성을 말한다.

7) 종택(宗澤, 1060－1128): 북송 말기 남송 초기의 관리, 군략가. 진사. 금(金) 나라와의 전투에서 여러번 승리. 강왕(康王) 조구(趙構: 남송의 초대황제 고종) 휘하에서 부원수. 동경(낙양)으로 천도하여 국력을 회복할 것을 진언하였으나 간신 황잠선에게 저지당하였다. 시호 충간(忠簡).

8) 장준(張浚, 1094－1164): 북송 말기 남송 초기의 장군. 진사. 시어사 예부시랑. 묘유(苗劉)의

하기를 청하였는데, 이는 중원의 중망(衆望)이 걸렸던 일이었습니다. 실로 천하의 형세는 전진하지 않으면 후퇴하는 것으로, 삼군과 만백성의 마음이 한 사람의 진퇴에 달려 있었습니다.

만약 근본(뿌리)을 지킬 계획을 하지 않는다면 지엽(枝葉: 곁 가지, 잎사귀)을 누가 보호해 주겠습니까?

도성을 옮겨 나라를 보존하려는 주장은 급할 때 일시적으로 하는 것이지 상례(常例)로 삼아 준행해서는 안 되는 것이니, 유신(儒臣)들이 진술한 바는 옛사람의 충성을 바친 의리에 깊이 부합됩니다.

전하께서는 거듭 마음을 다잡고 신하들을 책려하여 사방의 백성들 마음을 분기시켜 중흥의 방책을 진작시키소서."

5월에 사직하는 차자를 올렸으나, 윤허하지 않았다.

차자의 내용은 다음과 같다.

"신이 들으니, 조완도(趙完堵)라는 자가 상소하여 그의 아비 조헌(趙憲)의 군졸들이 마땅히 얻어야 하는 군공(軍功)을 신이 저폐(沮蔽: 막고 가리다)하였다 하고, 또 그는 군졸, 편장, 비장들로서 약간의 재산이 있으면, 5, 6품 관직(官職)을 띠고 있지 않은 자가 없다고 하였는데, 아마 신을 암암리에 지칭하는 것 같습니다.

무릇 소민(小民)이 지극히 어리석으나 귀신같이 아는 것을 보면 그 말에는 반드시 출처가 있습니다. 이는 신이 평소 마음이 편파적이고, 행실이 탐독(貪黷: 돈과 명예를 탐함)한 자라고 하여, 사람들에게 업신여김을 당하게 하고, 그 때문에 어느 한 가지 일인들 그 허실(虛實)을 따질 겨를이 없게 하려는 것입니다.

무릇 대신의 자리는 모든 사람이 우러러본다고 말합니다. 위에서는(임금은) 정성껏 공정하게 일을 처리하여 어려운 일을 구제하기를 바라며, 아래에서는 신의와 염치를 두렵게 알아 비위(非違)를 저지르지 않기를 바라는 것이어서, 모든 관리들의 모범이 되며 사방에 올바름을 드러내야 하기 때문입니다.

지금 신은 스스로 자기 몸을 단속(團束)하지 못하여 뭇 사람들로부터 모욕당하여 곧바로 이름이 거론되며 배척당하는 데 이르렀으니, 이런데도 얼굴을 쳐들

난(亂)을 한세충과 함께 진압하였다. 지추밀원사. 진회(秦檜)가 권력을 잡자 배척당하였다. 시호 충헌(忠獻). 아들 장식(張栻: 호 南軒)은 남송의 유명한 성리학자이다.

* 묘유의 난은 묘부(苗傅)와 유정언(劉正彦)이 일으킨 정변이다.

고 다니면 저를 의지하는 사람이 아니고는 신을 무어라고 말하겠습니까? 대저 신은 그릇은 작은데 임무는 무겁고, 마음으로 애를 쓰지만 일은 서투르며, 충성도 나라를 경영하기에는 부족하고, 재주도 일을 성공시키기 모자라며, 성의는 사람을 움직이기에 부족하고, 힘도 세상일을 진정시키기에 부족하여, 시행한 조치는 거의 다 앞뒤가 뒤죽박죽되니, 사람들 마음이 복종하지 않고 물의(物議)만 들끓게 되었습니다.

조완도가 비방한 일 때문만이 아니라, 신은 묵은 병이 고질이 되어 낭묘(廊廟)9) 가운데를 걸어다니는 시신(屍身) 같으니, 사람들이 비록 말은 안 하더라도 신 역시 스스로 괴로워하고 있습니다.

감히 바라오니, 자애로운 성상께서는 불쌍히 여기사, 신의 직책을 벗겨주시어 민심을 달래어 주소서."

대답하기를 "소인배들이 무함하는 말은 잇빨 사이에(입 안에) 두기도 부족하다. 마땅히 안심하고 사직한다는 말은 하지 말라" 하였다.

정해일(21일)에 사직서를 제출하였다. 윤허되지 않았다.

임금은 사관(史官)을 보내어 안심하고 병을 조리하라고 유시하고, 또 내의(內醫)를 보내어 병을 보살피게 하였다.

기축일(23일)에 다시 사직서를 제출하였다. 윤허되지 않았다.

사관을 보내어 조용히 조리하라고 유시하였다.

왕명을 받들어 성인(城闉: 성문)을 순시하였다.

벌아현(伐兒峴, 부어티, 버티고개)10)에 올라, 한양(漢陽)에 대한 시(詩) 4장을 지어 읊었다.

총병 낙상지(駱尚志)의 편지에 답장을 보냈다.

그때 낙공이 계주(薊州: 현 북경 부근)에 있으면서 선생에게 편지를 부쳐 왔기에

---

9) 낭묘(廊廟): 조정의 정사를 논의하는 건물. 의정부(議政府)를 지칭한다.
10) 벌아현(伐兒峴): 버티고개. 현 서울 용산구 한남동에서 약수동 또는 장충단으로 통하는 고갯길.

답장을 보냈다.

임자일(6월 16일)에 경연에 참석하였다.

7월에 이몽학(李夢鶴)[11])의 역옥(逆獄)이 일어났다.

처음에, 이몽학은 호서(충청도)에서 기병하여 연달아 2읍(邑)을 함락시켜 세력이 매우 맹렬하였다. 선생은 차자를 올려 마땅히 파수(把守)할 일을 의론하였는데, 이윽고 역적이 진격하여 홍주(洪州)를 포위하였을 때, 목사 홍가신(洪可臣)의 책략에 의하여 사로잡혀서 서울로 보내졌다.

사대부로서 연루되어 체포된 자를 선생이 한결같이 지극히 공정하게 다스리니 억울하게 다친 사람이 하나도 없어, 원근지방에서 모두 복종하였다.

유천(柳川) 한준겸(韓浚謙)의 수기(手記)에서 "송유진(宋儒眞),[12]) 이몽학 두 역적의 역옥(逆獄)에서, 공은 옥사를 처리함에 있어 많이 평반(平反: 되풀이 신문하여 바로 잡음)하여 조원(趙瑗)[13]) 이하 훌륭한 사람들이 공의 힘을 입어 풀려나, 사람들이 그 공평함에 감복하였다"라고 하였다.

윤8월에 백관을 인솔하고 복합(伏閤)[14])하였다.

그때, 은밀한 참소가 들어와, 선생이 동궁과 한통속이 되었다고 하였다. 임금이 노하여 계자(啓字)[15])를 봉하여 내려보내고, 동궁으로 섭정을 하도록 하였다.

선생이 백관을 거느리고 힘껏 다투니, 어떤 사람이 선생한테 말하기를 "장차 (섭

---

11) 이몽학(李夢鶴, ?−1596): 임진왜란 도중 어지러운 상황을 이용하여 반란을 일으켜 충청도 홍산현(鴻山縣)을 함락하고 주변 고을들을 휩쓸다가 홍주성정(洪州城: 현 홍성)을 공격하였는데, 목사 홍가신(洪可臣)이 잘 방어하고 있으니, 전세가 불리한 것을 느낀 부하들이 그를 죽이고 투항하여 난이 종결되었다. 본관 전주. 왕족의 서얼 출신.

12) 송유진(宋儒眞, ?−1594): 임인진왜란의 혼란과 대기근으로 굶주리는 백성들을 규합하여 천안, 직산 등지를 근거지로 하여 난을 일으켰다. 서울로 진군하려다가 충청병사 변양준(邊良俊)에게 체포되어 사형되었다. 본관 홍산(鴻山).

13) 조원(趙瑗, 1544−1595): 호 운강(雲江). 조식 문인. 이준민 사위. 부실(副室)이 여류시인 이옥봉. 진사시 장원. 문과. 정언, 이조좌랑, 삼척부사, 승지. 본관 임천(林川). 저서 독서강의, 가림세고.

14) 복합(伏閤): 나라에 큰 일이 있을 때 조정 백관들 또는 유생들이 대궐 문에 엎드려 상소로 청하는 일.

15) 계자(啓字): 계자인(啓字印)의 준말. 임금 도장의 하나. 임금의 재가를 받은 문서에 啓字를 새긴 도장을 찍었다.

정의 명에) 따르는 것이 무방하지 않겠습니까?" 하니, 선생이 "어찌 생각 못하는 것이 그렇게 심한가? 홀로 태종(太宗) 때의 일을 보지 못하였나?"라고 말하고, 복합한 지 한 달 남짓 지나서 (섭정을 그만 둔다는) 윤허를 얻어냈다.

9월 무술일(초5일)에 첫 번째 사직서를 제출하였다. 윤허하지 않았다.

비답 내린 것이 있다.

신축일(초 8일)에 두 번째 사직서를 제출하였다. 윤허하지 않았다.

비답 내린 것이 있다.

병오일(12일)에 세 번째 사직서를 제출하였다. 윤허하지 않았다.

비답 내린 것이 있다.

갑인일(21일)에 네 번째 사직서를 제출하였다. 윤허하지 않았다.

임금이 사관(史官)에게 어찰(御札)을 들려 보냈는데, 타일러 말한 내용은 다음과 같다.

> "지금 같은 때, 나는 하루 해지는 것을 기다리지 않고 물러나도 괜찮지만, 경은 하루라도 재상 자리를 떠나서는 안 된다. 대개 나는 고질병이 있어 기무(機務: 기밀 사무)를 감당하지 못하니 그런 의미에서 물러가도 괜찮지만, 경이 아니면 누가 세상을 구제하는 공을 힘써 해내며, 이 도탄에 빠진 백성을 건지겠는가?
>
> 옛사람은 능히 이기급물(以己及物)[16]하여 남들을 감화시켜 자신에게 되돌아오게 하였다. 그래서 말하기를, "자신의 처지를 잘 미루어서 군주의 처지를 헤아린다"고 하였다. 돌아가 흰 꿩[17] 풀어 놓는 생각을 하는 데 이르고 있으니, 어떻게 해야 사람들과 내가 마음이 같아지며, 나와 다른 사람의 생각이 하나가 될까?
>
> 지금 경이 상소를 올려 해직을 청하기를 두 번, 네 번에 이르니, 그 뜻이 확고하다고 하지 않을 수 없고, 그 성의가 절실하다고 말할 수 있으나, 내가 정사를

---

16) 이기급물(以己及物): 논어 이인(里仁) 제15장에 나오는 말. "자신으로써 남에게 미친다"는 뜻. 주자(朱子)는 의식적으로 하는 것이 아닌 타고난 본성으로 저절로 그렇게 하는 것이라고 했다.

17) 흰 꿩(鷴): 꿩. 온몸이 희고 꽁지가 길다. 한가롭게 유유히 하늘을 나는 새의 뜻. 은거하여 유유자적하게 지내는 생활을 말한다.

물리치고 안 보던 날을 되돌아볼 때, 뭇 관료들을 이끌고 조정에서 쟁변하되 달을 넘기도록 그칠 줄을 모르더니, 장차 나로 하여금 몸과 명분을 모두 잃고 나라가 다시 전복되도록 한다면, 이 어찌 스스로가 처한 것은 잘 살피면서 나라가 처한 상황은 잘 살피지 않는 것으로, 그것이 고인(古人)들이 하였던 일과 다름이 없다 하겠는가?

나는 바라노니, 경은 나를 도우려고 가졌던 전일의 집론(執論: 항상 주장해 온 의론)한 뜻을 오늘날 실행하라. 남아 있기를 간절히 바라노니, 너무 고사(固辭)하지 말고 속히 출사하여 시사(時事)를 처리하라. 다시 바라노니, 이 일로 인하여 물러나려고 마음먹은 까닭을 더욱 밀고 나가라. 나 같은 사람이 뒤따라가며 선처하면, 진짜로 시대를 구제한 재상이라고 말할 수 있다. 지극히 간절함을 이기지 못하며 사직함을 윤허하지 않노라."

기미일(26일)에 초피(貂皮) 이엄(耳掩)[18]을 내사(內賜)[19]하였다.

10월 을축일(2일)에 경연의 조강(朝講)에 참석하였다.

==

二十四年 丙申 先生五十五歲

正月 定鍊兵規式 頒行四道
一 古人 以鄕井比閭出軍 今依此意 各邑先求地面有某某里 一里有某某村 一村有某某家 各以其面其里 分其闊狹 定爲哨官 使之各出旗隊總 抄民鍊習 此乃提綱挈領之法也

一 分軍之法 依紀效新書 而稍加增損 一營統五司 司有把摠 一司統五哨 哨有哨官 一哨統三旗 旗有旗總 一旗統三隊 隊有隊總 一隊並火兵十一人 此其大綱也

---

18) 이엄(耳掩): 조선시대 방한용 난모(煖帽). 관복을 입을 때 사모(紗帽) 아래에 착용한다. 모피 등을 사용하여 머리 부분과 이마, 볼, 어깨까지 덮을 수 있고 눈과 코 부분만 내 놓을 수 있으며 끈이 달려 맬 수 있었다.
19) 내사(內賜): 임금이 신하에게 비공식적으로 물건을 내려 줌. 신하가 큰 공을 세우거나 치하할 필요가 있을 때 주로 행하여졌다.

然 其間有活法 不可拘泥 今 從各里各村居民 附近團結爲隊 人多 則三旗之外雖四旗
五旗 皆可 軍少 則一隊雖不具十一人 只六七人 皆可 不可移此以就彼 離近而附遠 然
其分數旣明 軍士係於隊 隊係於旗 旗係於哨 哨係於司 司係於營 營係於大將 則臂指
之勢不可亂也

凡習陣 或調發時 大將傳令於各營 營將卽傳令於把摠 把摠卽傳令於哨官 哨官令旗隊
總 各率其軍 齊赴信地 不可時刻參差先後 期而後至者用軍律

一 軍雖數多 而大將令營將 則所統只五人 營將令把摠 則所統亦五人 把摠令哨官 則
所統亦五人 哨官令旗 旗總令隊 則只三人而已 天下豈有不能運用五人三人者哉 此乃
操約施廣之道 今之爲將者 皆欲身領軍士 故雖勞神疲精 而不能成形 其亦惑矣

京畿左營 龍津 以利川驪州廣州楊根砥平楊州抱川加平八邑之軍屬焉 利川爲前司 驪
州爲左司 廣州爲右司 楊根砥平爲中司 楊州抱川加平爲後司 右營 水原禿城 以水原南
陽仁川富平陽川通津金浦安城之軍屬焉 前營 龍仁石城山城 以竹山陰竹振威陽川安山
陽智龍仁衿川果川之軍屬焉 後營 坡州山城 以高陽坡州交河豊德長湍漣川朔寧永平開
城府之軍屬焉

各營分司依左營例 中營 京城訓練都監之軍 常時 則分操於各營各司各哨 大閱 則五營
之軍都會一處 江華喬桐在海中 故 自爲一營 不隷於陸軍

軍糧 各營計軍而聚糧 或備半年之食 有餘則漸次貯備 雖一年二年之食 多多益善 出能
幹糧餉者 主其事 軍器 亦視各營軍數 各自準備 亦多多益善 其旗幟金鼓之屬 責令各
營措備 各營皆擇形勢要險 前臨平野 可設教場處 築城堞樓櫓 務令完固 各司所在處
亦擇地爲小壘 平時 則合五哨之軍 教鍊於此處 有事 則率近處老弱 及糧穀 淸野入保
於其中 各哨各里 亦設教場 以便訓練云

先生又欲備軍糧 令每隊擇閑曠水田 十二人共治十斗之地 先行於水原 秋得租八百餘
石 儲之禿城 又欲令每隊 秋出稻粟麥各十斗以下儲於其村 委隊長檢察 逐年加儲 貧民
之願食者 許糶 而略取其息 有事則以爲軍糧 無事則以備水旱 數年之後 村村有蓄積
可應不時之需 與隋時義倉之制相近 事不果行 而先生去位

獻遣使倭國議

先是 天朝以李宗誠楊方亨爲冊封使 出來 將郃封平秀吉爲日本王 沈遊擊常往來倭營
彌縫其事 至是 冊使將過海 遊擊移咨我國 令遣重臣 跟冊使同渡 朝議不知所處

先生啓曰 臣從前每疑 此賊末稍必爲難從之請 以起釁端 今之事勢 駸駸近之 今此調
信之回 形色可疑 恐其所要 不止於通信 亦或欲爲背約 而特假此爲辭 沈惟敬亦自知其
事不了 反欲歸過於他地 爲自解之計

如使平秀吉欣迎天使 只要我國使臣同來而已 則平調信何以連日與其類密議 然後 始
見遊擊 遊擊亦何以稱病閉門 不面見天使 而但下人傳報耶 今此咨文以直辭拒之 則正
墜於遊擊作弄之中 而執此馳報中朝曰 封事將成 而朝鮮不許遣使 故 倭賊未退 若欲順
其所言 則亦非人情義理之所可忍爲 而雖許遣使 倭之去否 未可必此 所以難處者也

無已 則當答之曰 日本 逆天悖理 無故興兵 虔劉我生民 焚夷我廟社 拔掘我丘陵 弊邦
之人 雖三尺童子 無不抹血飮泣 以爲有死而已 豈敢言和 今天朝勞動戚大臣 涉不測之
地 要在解紛息兵 大人以當事 衝命之重 敎戒小邦 至以陪臣隨天使渡海 禮義當然見責
此亦實關於天朝大體

第以日本之人 所在反覆 不可憑信 雖詔使以皇靈臨之 尙未得其要領 更亦何有於小邦
而以一使爲重輕哉 惟望大人 更査彼中情形 並與冊使商確 毋苟完目前 而爲長遠之圖
使小邦得免再誤於今日云云

以觀其所答如何 而益察近日倭賊動靜 而處之 似爲宜當 不可於一言之間 輕爲許與不
許 使難收拾 此乃極重機關 伏望廣收廷議 與他大臣熟議 審處而裁 自聖夷俾無後悔

上從先生言 旣而遊擊督之不已 時 黃愼以遊擊接伴使在釜山 上遂遣愼行

二月癸丑 啓請巡視京畿水上郡邑防守形止 仍歸覲南鄕 許之

有寄鄭景任 及途中諸作

三月清明 拜掃金溪先塋

癸未 承催召傳旨

甲午 在途 又承催旨

四月丁酉 還朝
上聞 先生道中墜馬 特賜內廐馬一匹 先生詣闕謝
答曰 聞卿至於水中墜落 極以爲駭 所以賜內馬 宜勿辭 且各別調理 宜當

上箚 請鎮定人心
天使李宗誠 自倭營逃歸 京師震動 數日內去者太半 宰相臺侍 亦有潛出家屬者 先生上
箚曰 國家之所以維持者 人心而已 雖危難之際 人心凝固 則國安 人心離散 則國危 如
前史所載 百官接踵宵遁 則不待敵兵之至 而可知國勢之不可爲矣

近日 上使出營之報纔至 而人心洶洶 如驚濤駭浪 不可止息 數日之內去者 太半宰相臺
侍 朝士之中 亦有先出家屬者 此而不治 則雖有金城湯池堅甲利兵 皆無可爲 朝臣之先
出家屬者 令法官覺察坊里之間 先爲出去者 令漢城府五部書其姓名 以待後日處置 以
此意掛榜曉諭如何

因弘文館箚子 回啓
箚曰 弘文館箚論中 所謂京師八方之根本 廟社在此 臣民在此 何可每委而去之云云者
尤爲切要於救時之策

昔 汴京淪於賊藪 胡騎四面充斥 而宗澤三呼過河 張浚請進駐建康 以係中原之望 良以
天下之勢 不進則退 三軍萬姓之心 係於一人之進退 若以根本爲不守之計 則枝葉何所
芘覆 至於遷國圖存之說 出於一時之倉卒 非可遵行而爲例 儒臣所陳 深得古人獻忠之
義 自上更加體念 而責勵群臣 以起四方之心 以振中興之策

五月 上箚辭職 不允
箚曰 臣聞 有趙完垜者上言 臣沮蔽其父憲軍卒 所當得之軍功 又以爲垜 卒褊裨 稍有

財産者 莫不帶五六品職 似亦暗指於臣也 夫小民至愚而神 其言必有所在 此必臣平日
秉心偏頗 行己貪黷 見輕於人 未暇論一事之虛實也 夫大臣之位 是曰具瞻 上之欲 其
開誠布公 弘濟艱危 下之欲 其畏義知恥 不爲非違 此所以儀刑百僚 表正四方者也

今 臣自不能檢其身 爲庶人所汚衊 以至擧名直斥 若是而抗顔 非據人謂臣何 大抵 臣
器小任重 心勞事拙 忠不足以謀國 才不足以濟事 誠不足以動人 力不足以鎭物 施爲擧
措 率多顚錯 使人心不服 物議沸騰 不但爲完堵所詆而已也 加以臣積病沈痼 行屍於廊
廟之中 人雖不言 臣亦自悶 敢望聖慈怜愍 遞免臣職 以慰民心云云

答曰 細人搆陷之言 不足置諸齒牙間 宜安心 勿辭

丁亥 呈辭 不允

上遣史官 諭安心調理 且遣內醫看病

己丑 再辭 不允

史官來 諭從容調理

承命 巡視城闉

登伐兒峴 賦漢之陽四章

答駱總兵書
　時 駱公在薊州 寄書於先生 故答之

壬子 入侍經筵
七月 李夢鶴逆獄起

初 夢鶴起兵湖西連陷二邑 勢甚鴟張 先生上箚 論把守事宜 既而賊進圍洪州 爲牧使洪
可臣所擒獻 士大夫有連累被逮者 先生一以至公治之 無一橫罹 遠近咸服

韓柳川手記曰 宋李兩賊之獄 公治獄多所平反 趙瑗以下表表之人 賴公得釋 人服其公平

閏八月 率百官 伏閤
時 有左腹之讒 謂先生附托東宮 上怒封下啓字 使東宮攝政 先生率百官 爭之甚力 有一人言於先生曰 將順 莫無妨否 先生曰 何不思之甚也 獨不見太宗時事乎 伏閤月餘蒙允

九月 戊戌 初度呈辭 不允
有批答
辛丑 再度呈辭 不允
有批答
丙午 三度呈辭 不允
有批答
甲寅 四度呈辭 不允
上以御札遣史官 論之曰 當今之時 予可以不瘝終日而退避 卿不可一日而離於相位 蓋予有痼疾 不堪機務 其義可去 非卿 誰能辦濟世之功 而拯此塗炭之民也 古人 能以己而及物 感物而反身 故曰 善恕己量主 以至思歸而放其鷴 何則人與己 其心同也 吾與物 其思一也

今 卿上章乞解 至再至四 其志不可不謂之確 而其誠可謂切矣 顧乃於謝政之日 率庶僚而廷爭 踰月而不知止 將使予身名具喪 家國再覆 是何審於自處 而不審於所以處國家耶 其無乃異於古人之所爲者乎

予願 卿將前日執論之意 體今日 願留之懇 毋庸固辭 速爲出仕 以濟時事 而更願 因此而益推其所以欲退之意 如予者 隨後善處 則眞可謂救時之相也 無任至懇 所辭不允

己未 內賜貂皮耳掩

十月 乙丑 入侍朝講

이순신(李舜臣) 구원하기, 56세

선조 30년(1597) 정유

정월 경신일(29일)에, 왕명을 받들어 경기도를 순시하러 나갔다. 임금께서 불러 보고 마장(馬粧)1)을 하사하였다.

2월 계미일(22일)에 조정에 돌아왔다.

정해일(26일)에 차자를 올려 사직하였다.

　이 앞에, 왜장 평행장이 졸왜(卒倭: 부하) 요시라(要時羅)를 우병사 김응서(金應瑞)의 진영으로 보내어 비밀리에 말해주기를 "행장(行長)과 청정(淸正)이 공(功)을 다투다가 틈이 생겼는데, 지금 화의가 이루어지지 않은 것도 역시 청정이 관백(關白: 풍신수길)을 교사(敎唆)하여 실패케 한 것이다. 이제 청정이 일본에서 나오는데, 배 위에 어떤 모양의 깃발이 반드시 걸려 있을 터이니, 조선(朝鮮)은 수전을 잘하니까 바다에서 요격하면 청정을 생포할 수 있고, 행장의 원한도 제거될 것이다"라고 하였다.

　대개 왜인들이 전에 우리 수군(水軍)에게 패배하였고 통제사(統制使) 이순신(李舜臣)이 오랫동안 한산도(閑山島)에 주둔하고 있어, 행장이 조선 수군의 다과(多寡)와 허실(虛實)을 알려고 이러한 말로 속였는데, 김응서가 이 일을 위에 보고하니, 임금은 조정에 의논해 보라고 내려보냈다.

　이때 원균(元均)이 충청병사로 있으면서 이순신과 틈이 벌어져 있었다. 반드시 모함해 버리려고, 군대 일로 상소하여 말하기를, '이순신은 싸우지 않고 머물러 있기만 한다'면서 침해(侵害)하는 말을 많이 했다. 임금께서 그를 포장(襃獎)2)하며,

---

1) 마장(馬粧): 말을 치장하는 데 쓰이는 여러 가지 물건.
2) 포장(襃獎): 칭찬하며 더 힘쓰라고 권장한다.

제4부 임진왜란 총사령관　401

품계를 자헌대부(資憲大夫)[3]로 올려주고 전라병사로 삼아, 총애하기를 날로 크게 하였다.

이순신은 평생 임금 좌우 사람들을 섬길 줄 모르는 사람이며, 또 (예전에) 선생이 그를 천거하였을 당시 선생을 헐뜯었던 대신이 이순신을 넘어뜨려서 선생에게 연좌하려 하였다. 안팎이 합세하여 논의가 자자하였는데, 마침내 이순신에게 부산 앞바다로 가서 청정을 맞아 공격하라고 하였다.

이순신은 행장의 말을 믿을 수 없다고 의심하였으나, 이미 명령이 내려지니 부득이 병선을 이끌고 전진하였는데, 청정은 이미 며칠 전에 서생포(西生浦)로 돌아와 머물고 있었다.

임금은 이순신이 기회를 맞춰 진격하지 않아 군기(軍機)를 그르쳤다고 진노하여, 장차 중죄(重罪)를 내리고 원균으로 대신하려고 하였다.

선생은 '통제사는 이순신이 아니면 안 됩니다. 지금 일이 급한데 장수를 바꾸어 한산도를 지키지 못하면 호남도 지킬 수 없습니다'라고 집요하게 다투었으나, 임금은 더욱 노하기를, 비변사가 (선생께) 아부하면서 정직하지 않다고 말하니, 여러 신하들이 모두 두려워하였다.

선생은 국사(國事)의 성패(成敗)가 매우 중요하다고 여겨 더욱 며칠을 두고 힘써 다투니, 임금은 선생에게 경기도 군읍(郡邑)을 순시하라고 명령하였다.

재신(宰臣)들을 인견하여 이순신의 죄를 일러주고, 또 말하기를 "우리나라에도 석성(石星)이 있다. 이순신이 이를 믿고 그러는 것이다" 하였다. 그때 중국 조정에 석성이 병부상서가 되어 군사 일을 주관하여 권한이 컸으므로, 그런 까닭으로 하교(下敎)한 것이다. 이에 최황(崔滉)[4]이 그 결정에 찬성하여 이순신이 마침내 죄를 입게 되었다. 선생은 조정에 돌아오자 사직하는 차자를 올렸으나, 윤허하지 않았다.

그 후 원균은 과연 대패하여 호남지방이 와장창 깨어져 버린 것은 모두 선생의 말처럼 된 것이었다.

경인일(29일)에 또 차자를 올려 사직하였다. 윤허되지 않았다.

---

3) 자헌대부(資憲大夫): 정2품의 품계. 판서(判書)급이다.
4) 최황(崔滉, 1529－1603): 호 월담(月潭) 본관 해주. 문과. 검열. 정언. 수안군수 때 치적을 올렸다. 대사간. 이조참판. 성절사(종계변무 공으로 평난광국공신 3등이 됨) 해성군(海城君). 임진 왜란 때 호종. 좌찬성. 영의정에 추증.

3월 계사일(초 3일)에 또 차자를 올려 사직하였다. 윤허되지 않았다.

을미일(5일)에 또 차자를 올려 사직하였다. 윤허되지 않았다.

무술일(8일)에 또 사직하는 차자를 올렸다. 윤허되지 않았다.

경자일(10일)에 정사(呈辭)[5]를 올렸으나, 윤허되지 않았다.

임인일(12일)에 또 정사를 올렸으나, 윤허되지 않았다.

병오일(16일)에 또 사직하였으나, 윤허되지 않았다.

경술일(20일)에 또 사직하였으나, 윤허되지 않았다.

4월 임술일(초2일)에 또 사직하였으나, 윤허되지 않았다.

===

二十五年 丁酉 先生五十六歲

正月 庚申 承命出巡京畿 引見賜馬粧

二月 癸未 還朝

丁亥 上箚辭職

先是 倭將平行長使卒倭要時羅 來右兵使金應瑞陣 密言 行長與淸正爭功有隙 今此和事不成 亦淸正敎關白敗之 今 淸正自日本來 船上當有某樣旗號 朝鮮善水戰 若邀之海中 則淸正可擒 而行長之怨除矣

---

5) 정사(呈辭): 조선시대 관리가 어떤 사정으로 임금께 사직, 휴직, 휴가를 청하는 문서.

蓋倭人曾敗於舟師 而李統制舜臣久住閑山 故行長欲知舟師多寡虛實 故爲此語以誑之
應瑞上其事 上下其議 是時 元坪爲忠清兵使 與舜臣有隙 必欲陷之 上疏言兵事 語多
侵舜臣 以爲逗留 上襃獎之 增秩爲資憲 復爲全羅兵使 寵眷日盛 舜臣平生不能事左右
且爲先生所薦時 大臣有謀毁先生者 欲擠舜臣 而連及先生 內外合勢 論議藉藉 遂令舜
臣往邀清正於釜山前洋

舜臣疑行長言不可信 而旣有命 不得已 遂引兵船前進 而清正已於數日前 還泊西生浦
上震怒 以爲舜臣臨機不進 失誤軍機 將加重罪 而以元均代之 先生以爲統制使非舜臣
不可 今 事急而易將 使閑山不守 則湖南不可保 執爭之 上愈怒 謂備邊司依阿不直 諸
臣皆懼

先生以國事成敗至重 猶力爭之數日 上命先生出巡京畿郡邑 而引見宰臣 諭舜臣之罪
且曰 我國亦有石星 故舜臣恃此而然耳 其時 中朝石星爲兵部尙書 主兵事 權重 故敎
之 於是 崔滉贊其決 舜臣遂獲罪 先生還朝 上箚辭職 不允 其後 均果大敗 而湖南瓦
解 悉如先生言

庚寅 又上箚辭職 不允
三月 癸巳 又上箚辭職　不允
乙未 又上箚辭職　不允
戊戌 又上箚辭職　不允
庚子 呈辭　不允
壬寅 又呈辭　不允
丙午 又辭　不允
庚戌 又辭　不允
四月 壬戌 又辭　不允

47 정유재란(丁酉再亂) 발발, 56세

선조 30년(1597) 정유

8월 을축일(7일)에 왕명을 받들어 경기도에 나가 순시하였다.

왜적이 다시 출동하여, 양호(兩湖: 호남과 호서지방)가 와해되고, 9월에는 경기 지방에 들이닥치니, 임금이 선생에게 나가서 적을 막으라고 명하였다. 선생이 명을 받들고, 즉시 나가서 강면(江面: 한강 남쪽지역)을 순시하며, 경기 우방어사 유렴(柳濂)으로 안성, 죽산, 양성, 용인, 양지, 진위의 군사를 거느리고 양성(陽城) 무한 산성(無限山城)[1]을 지키게 하고, 별장 조발(趙撥)[2]로 수원, 남양, 김포, 양천, 통진, 부평 등의 군사를 거느리고 독성(禿城)[3]을 지키며, 좌방어사 변응성으로 여주, 이천, 양근 등의 군사를 거느리고 파사성(婆娑城)[4]을 지키게 하며, 강을 따라 그 일대를 왕래하면서 강의 얕고 깊음에 따라 경비하도록 하였다. 안성군수 유몽경(柳夢經)[5]은 무한산성을 지켰다.

차자를 올려 스스로를 논변(論辨)하고 사직하였다. 임금께서 비답으로 위로하였다.

---

1) 무한산성(無限山城): 안성시 양성면 방신리 산 40번지에 있다. 삼국시대 축성된 것으로 추측되며 성 안에 운수암(雲水菴)이 있고, 못이 있으며, 고성(古城)의 흔적이 있어 옛 고을 터의 자취로 보이다.

2) 조발(趙撥): 미상(未詳)이다. 다만 수원 판관 조발이 독성 아래에서 여막을 치고 술을 준비해 기다리다가 백의종군 떠나가는 이순신 장군을 위로하였다는 난중일기의 기록이 있다.

3) 독성(禿城): 경기도 오산시 지곡동 162번지. 삼국시대 축조된 것으로 보이며, 성안에 세마대(洗馬臺)가 있다. 1593년 권율이 근왕병을 이끌고 이곳에 진을 쳤다가 왜적을 격파한 곳이다.

4) 파사성(婆娑城): 여주군 대신면 천서리에 있다. 삼국시대에 축조된 것으로 보이며, 임진왜란 때(1593) 서애 선생의 발의로 승군장(僧軍將) 의엄(義嚴)이 승군(僧軍)을 동원하여 수축하였다. 남한강 상류를 감시하기에 편리한 요충지이다.

5) 유몽경(柳夢經, ?-?): 본관 문화. 무한산성을 지키지 못하고 도주하여 훗날 참형에 처해졌다.

신사일(23일)에 조정으로 돌아왔다.

선생은 평생 말이나 안색으로 표현하며 사람을 거느린 적이 없었기에, 사람들도 감히 사사로이 끼어들지 못하였다.

국정을 담당한 지 오래인데, 남의 원망에는 일일이 신경쓰지 않고 내버려 두니, 기분 나빠하는 자가 매우 많았다. 온갖 계책으로 모함하였으나 기회를 얻지 못하다가, 이때에 이르러 선생이 왕명으로 순시 나간 때에 제독 마귀(麻貴)가 서울에 있었는데, 그에게 참소한 자가 있어, 말하기를 "류모가 이번 행차에 가족들을 거느리고 왜적을 피하여 성을 나갔습니다" 하였다.

마귀가 이 말을 믿고, 형군문(邢軍門: 형개)에게 통지하여, 그 주문(奏文) 속에 포함되기까지 하였고, 또 유언비어가 또 궐내로 퍼져 들어가, 온갖 갈래로 미혹시켰다.

이윽고 적병이 점점 가까이 오자, 임금은 중전(中殿)을 피란 내보내려 하니, 양사(兩司)에서, 이렇게 하면 인심이 더욱 흔들려서 서울을 지킬 수 없다고 매우 심하게 쟁론하였다.

임금이 "들으니, 대신도 그 가족을 먼저 내보낸 자가 있다고 하는데, 대간이 이것을 따지지 못하고 도리어 중전을 가지고 말하니, 대신이 권력을 가진 모양이구나" 하였는데, 대개 선생을 지칭한 것이다.

대사헌 이헌국(李憲國)6) 공이 선생과 타 대신들의 가족이 있는 곳을 열거하면서 논변하였고, 선생도 차자를 올려 논변하고, 뒤따라 사직하였다. 임금은 대답하기를 다음과 같이 하였다.

> "차자를 살펴보고, 경에게 깊이 사과한다. 지난날, 가족을 먼저 내보낸 사람들이 많은데도, 따지는 자들이 도리어 나에게 허물을 돌려, 내가 사사로이 분한 것을 어쩌지 못하였는데, 논자들은 또 몇 사람을 거론하며 가로막았다. 그 당시, 대신이 가족을 내보냈다는 말은 모르는 사람이 없었다. 그 때문에, 그 논계로 인하여 우연히 언급되었는데, 후에 대간의 계사를 보니, 과연 이는 와전된 것이었다. 일소(一笑)에 붙이기를 당부한다. 어찌 이것 때문에 사직할 수 있겠는가? 경은 마땅히 사직하지 말고 빨리 올라오라."

---

6) 이헌국(李憲國, 1525－1602): 호 유곡(柳谷) 문과. 검열, 정언, 장령. 도승지 대사헌. 임진왜란 때 형조판서로 세자 호종. 좌의정. 호성공신 3등. 본관 전주. 완성부원군에 추봉. 시호 충익(忠翼).

경기, 황해. 평안, 함경 등 도(道)의 군사를 징발하여 서울에 들어와 방위하도록 하였다. 그때 적세(賊勢)가 위급하여 인심이 물방울처럼 흩어져 성중(城中)이 텅 비었다. 각사(各司: 여러 관아)의 전복(典僕: 소속 하급직원)들도 도망쳐 거의 아무도 없었다. 선생은 관할하는 4도의 군사를 징발하여 서울에 들어와 방위하도록 하니, 도착한 자가 수 만명이었다. 경기도 군사로서 아래 위 강여울을 나누어 지키게 하고, 황해도 등의 군사는 성가퀴를 나누어 지키도록 하였다. 궁궐을 입직하여 지키는 일이나 명군에 대한 필요한 물품 공급도 이들 군사의 힘으로 모양이 갖추어졌다.

대개 선생이 처음 체찰사가 되어 4도에 분부하여 군사를 조련하고 대오(隊伍)를 짓는 법률을 정비하여 엄정하고 분명(嚴明)하지 않음이 없도록 하였는데, 그 때문에 변란을 당하여 호령하니, 감히 뒤처지는 사람이 없고, 도착한 뒤에도 도망친 사람이 하나도 없었다.

9월 정미일(20일)에, 어가를 호종하여 한강 여울에 나가 순시하였다.

그때 경리 양호(楊鎬)[7]가 평양으로부터 와서 처음으로 우리 임금을 만났다. 동작(銅雀)[8]으로 순시 나갔을 때, 와전된 말이 흉흉하였으나 아무 일도 손 쓸 수 없었다. 동작 부교(浮橋)에 이르니, 명군이 주상의 앞뒤를 둘러싸, 호종하던 여러 신하들은 길이 막혀 건널 수가 없었고, 선생 홀로 뒤따라갔다.

경리가 임금과 함께 순시하면서 '류모가 어디에 있느냐' 하고 묻고, 마땅히 곁에 있도록 해야 한다고 하면서 선생을 앞으로 가까이 불렀다. 임금은 곳곳에서 말을 세우고 승지를 명하여 장병들을 위로하면서, 선생에게 말하기를 "군대의 위용(威容)이 이와 같이 된 것은 경의 힘이로다" 하였다.

임자일(25일)에, 왕명을 받들어 경기, 호서 지역으로 나가 순시하였다.

왜적이 물러간 뒤, 임금께서 여러 대신들에게 명하여 각도로 나뉘어 가서 백성들을 불러 위로하고 조문하게 하였다. 선생은 왕명을 받들어 경기, 충청 등 지역으로 나가 순시하였다.

---

7) 양호(楊鎬, ?－1629): 명나라 관리. 하남성 출신. 정유재란 때 경략조선군무사. 울산 도산성(島山城) 전투에서 패전하고도 승리했다고 허위로 보고하였다가 파면되었다. 후금(後金)과 사르후 전투에서 패전하고 책임을 물어 사형되었다.

8) 동작(銅雀): 동작나루. 한강 남안에 있는 나루터. 현 서울시 동작구 동작동 이수천 입구. 부교(浮橋)는 필요시 이곳과 강북쪽 서빙고 나루를 연결하는 다리였다.

10월에 부름을 받아 조정에 돌아왔다.

==

八月 乙丑 承命出巡京畿

賊再動 兩湖瓦解 九月 賊逼京畿 上命先生出禦賊 先生承命 卽行 出巡江面 令京畿右
防禦使柳濂 督率安城竹山陽城龍仁陽智振威等軍 守陽城無限山城 別將趙撥帥水原南
陽金浦陽川通津富平等軍 守禿城 左防禦使邊應星 以驪州利川楊根等軍 守婆娑城 因
往來沿江一帶 警備淺灘 安城郡守柳夢經 守無限山城

上箚 自辨 仍辭職 御批慰解 辛巳 還朝

先生 平生 未嘗以辭色徇人 人不敢干以私 當國日久 任怨不顧 不悅者甚衆 百計謀陷
而未得其便 至是先生承命出巡時 提督麻貴在京 有人讒於貴日 柳某今行 率家屬避賊
出城 貴信之 傳通於邢軍門 至載奏文中 飛語又入內 熒惑萬端

俄而賊兵漸近 上欲使中殿出避 兩司 以爲如此則人心益搖 而京城不可守 爭之甚固 上
日 聞 大臣亦有先出其家屬者 而臺諫不能論 反以中殿爲言 大臣可謂有權矣 蓋指先生
也 大司憲李公憲國 歷擧先生及他大臣家屬所在 以辨之 先生亦上箚自辨 仍辭職

上答日 省箚 爲卿深謝 頃日 人多先出家屬 而論者反爲咎予 予果不任私憤之際 論者
又只擧數人而塞之 其時 適有大臣家屬出去之說 人無不知之 故 因其論啓而偶及之 後
見臺諫啓辭 則果是訛傳也 當付之一笑 豈可以此辭職乎 卿宜勿辭 斯速上來

徵京畿黃海平安咸鏡等道兵 入衛京師

時 賊勢危急 人心渙散 城中一空 各司典僕逃散殆盡 徵先生所管四道兵 入衛京師 至
者數萬人 以京畿兵 分守上下江灘 以黃海等道兵 分守城堞 至於禁衛守直 天兵支供之
事 亦皆賴此得成模樣 蓋 先生初爲體察使 分付四道 使之操鍊軍兵 部伍法律 無不整
齊嚴明 故 臨變號令 無敢後先 旣至 亦無一人逃走者

九月 丁未 扈駕出巡江灘

時 經理楊鎬 自平壤始至邀主上 出巡銅雀時 訛言洶洶 莫的所爲 至銅雀浮橋 唐卒擁
主上先後 扈從諸臣 道阻不得渡 獨先生追行 經理共上巡視 仍問柳某安在 當使在側
召先生近前 上到處駐馬 命承旨勞慰將士 謂先生日 軍容至此 卿之力也

壬子 承命出巡京畿湖西
賊旣退 上命諸大臣 分往各道 招撫弔慰 先生承命 出巡京畿湖西等道

十月 承召還朝

48 양호(楊鎬)와의 마찰, 56세

선조 30년(1597), 정유

11월 무신일(21일)에 왕명을 받들어 남쪽으로 내려갔다.

그때, 경리 양호(楊鎬)와 제독 마귀(麻貴)가 장차 왜적을 치러 남쪽으로 내려가려 하니, 임금은 선생이 먼저 내려가 군량을 조치하라고 명하였다.

<추가 보충>

오리선생(梧里先生) 연보(年譜)를 살펴보면, 정유년 10월 14일에 해직(解職)을 청하는 차자를 올렸다고 되어 있다. 전월에 공(公)이 성주(星州) 체찰사 영(營)에 있었는데 병이 심한 중에도 업무를 처리하고 있었다. 소환하는 명을 듣고 공이 힘껏 달려 동대문 밖에 이르러 차자를 올렸더니, 임금이 대답하기를 "체찰사를 바꾼다" 하며, 사관(史官)을 보내어 유시(諭示)하기를, "영상 류성룡으로 체찰사를 대신하게 하였으니 곧 남하(南下)할 것이다"라고 되어 있다.

12월 대부인(大夫人)을 봉화(奉化)로 찾아뵈었다.

그때 대부인께서 난을 피하여 봉화(봉화군 춘양면 도심촌)에 계셨다.

제독 마귀(麻貴)를 예천(醴泉)에서 맞이하였다.

선생은 제독의 대군이 이미 영(嶺)을 넘었다는 말을 듣고, 안동에서 예천으로 달려가 맞이하고 인사하려 하였으나, 제독은 예천으로 들어오지 않고 곧바로 풍산(豐山)으로 향하였다. 선생은 풍산에 뒤쫓아 도착하여 제독과 상견(相見)하였다.

제독이 남쪽 지방의 왜적의 형세가 어떤지 묻고, 또 "이번 행동이 의정(議政)의 생각에는 어떻습니까?" 하였다. 선생이 대답하기를 "왜적은 너무나 흉악한 놈들이

나, 명나라 군사의 위엄이 크게 떨치니, 틀림없이 싹 쓸어버릴 것입니다" 하니, 제독이 대답하기를 "옳소" 하였다.

경리 양호(楊鎬)를 용궁(龍宮: 현 예천군 용궁면)에서 맞이하였다.

상소를 올려 직위(職位)에서 전출(鐫黜: 내쫓음)하기를 청하였다. 윤허되지 않았다.

당초 양 경리가 처음 이르렀을 때 어전통사(御前通事: 통역관) 심우승(沈友勝)에게 말하기를 "너희 나라의 일은 마땅히 류모(柳某) 같은 사람으로 보좌하게 해야 한다" 하였는데, 훗날 선생을 무함하는 자가 있어, 경리에게 말하기를 "류모는 공(公: 양호)이 일을 성공해 낼 수 없다고 말했답니다"라고 하면서, 흉보기를 그치지 않았다.

그것으로 인하여 무함과 날조(捏造)가 많이 생겼는데, 경리(經理) 관문(館門)에 비방하는 글을 써 붙이기까지 하니, 경리가 그 말을 믿게 되었다. 이에 평소 선생을 좋아하지 않던 자들이 다투어 무함을 꾸며대었는데, 못할 짓이 없었다.

이에 이르러 경리가 접반사(接伴使)에게 사사로이 말하기를 "류모가 형(邢) 군문(軍門)에 득죄(得罪)하였다가, 군문(형개)이 온다는 말을 듣고 이곳으로 도피하여 왔다. 군량 운반하는 일은 오로지 윤승훈(尹承勳)[1]에게 맡기도록 해야겠다" 하였다.

통사 송업남(宋業男)이 이 말을 선생께 전하였는데, 선생은 귀담아 듣지 않았는데, 이윽고 퇴근한 접반사에게 선생이 그 일을 물었더니, 접반사는 "그러한 말은 없었습니다" 하였다.

오후에 백도사(白都司)[2]가 문안 인사하였다. 통사 백응준(白應俊)이 와서 말하기를, "지평 남이공(南以恭)[3]이 백도사에게 말하기를 "이곳에 관량관(管糧官)이 많

---

1) 윤승훈(尹承勳, 1549-1611): 호 청봉(晴峰) 시호 문숙(文肅). 문과. 정언. 임진왜란 때 선유사, 조도사. 충청도 관찰사. 대사헌. 이조판서, 영의정. 본관 해평(海平).

2) 백도사(白都司): 명나라 관직명. 도독의 차관(差官: 특정 임무를 띠고 파견된 관리)을 일컬음.

3) 남이공(南以恭, 1565-1640): 호 설사(雪蓑). 문과 장원. 지평, 교리. 이원익 종사관. 북인의 영수가 되어 서애 선생을 주화오국이라고 탄핵하였다. 북인이 대북 소북으로 분열할 때 소북이었고, 뒤에 유영경의 유당(柳黨)과 분리하여 남당(南黨)의 영수였다. 홍문관 부제학, 호조참판. 인조반정 후 최명길의 천거로 이조판서. 청나라로 보내는 인질을 다른 사람으로 바꾼 사건으로 파직되었다가, 사망 후 복구되었다. 권모술수에 능하고 담론을 좋아하였다. 본관 의령(宜寧). 저서 설사집(雪蓑集).

소. 또 의정께서 점검(點檢)한다고 하니, (나는) 할 일이 별로 없는데, 무엇을 하면 되겠소?" 하니, 백도사가 "노야(老爺: 양호)께서 말하기를 '류모가 형(邢) 군문에 득 죄해 피하여 왔으니, 반드시 나를 수행하여 앞에 갈 것이므로, 군량 운반을 감독하 거나 재촉할 수가 없을 것인데, 네가 모름지기 이곳에 남아서 군량을 재촉하여 보 내라' 했답니다" 이에 송업남의 전한 바가 잘못된 것이 아님을 비로소 알게 되었다.

선생은 진퇴 운신(運身)이 낭패하여 드디어 상소를 올려 직위에서 전출(鐫黜)해 줄 것을 청하였다. 윤허하지 않았다.

오성부원군(鰲城府院君, 백사 이항복) 수기(手記)에 이렇게 기록되어 있다.

"명나라 군사가 우리나라에 와 있을 때, 여러 장수들이 각기 아문(衙門: 사령 부)을 차리고 위세를 부려 여러 방면으로 폭력을 행사하여 행패부린 일이 많았 다. 우리나라 여러 신하들은 각자 마음속에 두려움을 품고 구차하게 책임을 미루 는 것이나, 다투고, 염치를 가리는 일이라고는 없었다. 교제하는 가운데 선물을 주고받을 때는 더욱 경망하고 자잘해져서 의리 잃는 것을 깨닫지 못하는 일도 많았다.

양 경리가 부임해 와서 자못 공을 좋아하지 않아 말로 표현하기까지에 이르니, 위태롭게 여기는 자도 있었다. 뒤에 경리가 안동에 군사를 주둔하였을 때, 공이 공무로 만나 보려고 하니, 경리가 만나주지 않고 욕보이는 말을 많이 하였다. 역 관들이 그 말을 전하니 따르는 자들이 얼굴색이 변하였으나, 공은 행동거지를 천 천히 하며 조금도 동요하지 않았다. 역관(譯官)이 물러나와 사람들에게 말하기를 "노야(老爺)는 류모(柳某)가 철석간장(鐵石肝腸)을 가진 것도 모르고 이처럼 도 리를 어지럽히는구나" 하였다.

경리가 서울로 돌아왔다. 하루는 내가 공과 함께 공당(公堂)에 있는데 경리아 문의 역관(譯官)이 와서 공을 알현하더니, 여러 장수들의 뜻을 차례로 말하고, 그 래서 자기가 공과 여러 장수들이 교환(交驩)하도록 중개(仲介)를 하고 싶다고 하 였다.

공이 정색을 하고, "공무가 아닌데 어찌 사사로이 교제하리요. 오직 마땅히 공경하여 대우할 따름이요" 하니, 그 사람이 감히 다시 말하지 못하였다.

그때, 나는 좌중에 앉아서 암암리에 대단하다고 칭선(稱善)하였다. 돌아와 친한 사람들에게 말하기를 "선비가 이해관계에 임해서는 마땅히 이와 같아야 한다.""

양 경리를 수행하여 울산(蔚山)으로 달려갔다.

===

十一月 戊申 承命南下
時 楊經理麻提督將南下 上命先生先往 使措置糧餉
『追補』
按梧里先生年譜 丁酉十月十四日 請解職箚 前月 公在星州體營 疾甚從事 以聞命召還
公力疾來 詣東城外 進箚 答曰 只遞體府事 遣史官諭之 柳相成龍代爲體相 卽南下

十二月 省大夫人于奉化
時 大夫人避亂 在奉化

迎麻提督于醴泉
先生聞 提督大軍已踰嶺 自安東馳到醴泉 欲爲竢候 而提督不入醴泉 直向豐山 先生追
到豐山 與提督相見 提督問南邊賊勢如何 又曰 今行 於議政之意如何 先生答曰 倭賊
窮兇極惡 天威大振 必有掃淸之期 提督答曰 是矣

迎楊經理于龍宮
上狀 請鐫黜職名 不允

初 楊經理始至 語御前通事沈友勝曰 汝國事當使如柳某者補之 後有人搆先生於經理
曰 柳某謂公不可成事 短之不已 因多爲誣捏 至貼謗書於經理館門 經理信其說 於是
素與先生不悅者 爭起搆陷 無所不至

至是 經理與接伴使私語曰 柳某得罪於邢軍門 聞軍門之來 逃避來此 運糧等事 專委尹
承勳爲之 通事宋業男卽以此言傳於先生 而先生不敢信聽 旣而接伴使退 先生問之 接
伴使曰 無是語

午後 又有白都司伺候 通事白應俊來言 持平南以恭言於白都司云 此處管糧官多 且有
議政檢勅 別無所事 何以爲之 都司曰 老爺言柳某得罪軍門 逃來 必且隨我前去 運糧

催督不可爲 云汝須仍在此 催發軍糧 於是 始知業男所傳 非誤也 先生進退狼狽 遂上
狀言狀 仍請鐫黜職名　不允

鰲城手錄
天兵在國 許多諸將 各以衙門之重 凌暴多門 東國諸臣 各懷內懼 競以苟苟 延責爲事
莫有廉恥之事 至於交際贈遺之間 沾沾鄙瑣 不覺失義者 多矣

楊經理之來 頗不悅於公 至形言語 人或危之 後 經理駐兵安東 公因事上謁 經理不見
語多侵凌 譯人傳語 從者失色 公擧止徐緩 不爲動 譯者退 謂人曰 老爺不識柳某有鐵
石腸 如是亂道耶

及經理還京 一日 余與公同在公堂 經理衙門譯官有來謁公 語次道諸將之意 因欲自爲
介而使公交驩諸將 公正色曰 非公事 何敢私交 惟當敬以待之 其人不敢復言 時 余在
座暗暗稱奇 歸語所親曰 士臨利害 當如是

隨楊經理 赴蔚山

49 전란은 끝나가는데 선생을 공격하는 자들이
온 나라에 깔리다, 57세

선조 31년(1598) 무술

정월에 조정으로 돌아오라는 명을 받았다. 돌아오는 길에 봉화에서 대부인을 찾아뵈었다.

며칠을 머물렀다.

2월 을축일(10일)에 조정에 돌아왔다.

조정으로 돌아가는 길에 운암(雲巖)[1]을 지났는데, 지은 율시(律詩) 한편이 있다. 운암은 단양(丹陽)에 있는데, 경치가 아주 뛰어났다. 조신(曺伸)[2]이 지은 작은 정자가 있었는데 난리가 일어난 후에 관리되지 못하고 지키는 사람도 없어서 선생이 일찍이 표범 가죽 한 장을 주고 사 두었다. 퇴관(退官)한 뒤 와서 쉬려는 뜻이 있어 한 일이었으나 관직에 매인 몸이라 그렇게 할 수가 없었다. 이때 그 아래를 지나게 되어 바위에 시를 써 두고 지나갔다.

그 후에, 선생을 공격하는 자들은 논밭이 온 나라에 두루 깔려있다고 말하기까지 하였다. 선생이 다른 사람들에게 보낸 편지 가운데서 '탄핵 문안 속에는 단양(丹陽) 의 푸른 절벽도 아울러 들어있다'라 한 대목이 있는데, 바로 이곳이다.

---

1) 운암(雲巖): 충청북도 단양군 대강면 황정리에 있는 바위 언덕. 그 위에 수운정(水雲亭)이 있다.
2) 조신(曺伸, 1454－1529): 호 적암(適菴). 역관. 사역원정(司譯院正). 본관 창녕. 시호 효강(孝康). 김천 출신. 점필재 김종직의 서처남(庶妻男). 문장에 능하고 시를 잘 지었다. 중국어와 일본어에 능통하여 사신을 동행하여 중국과 일본으로 가서 문명을 떨쳤다. 왕명으로 김안국과 이륜행실도를 편찬하였다. 중종 때 문장에 능한 사람을 우대하는 뜻으로 서출이자 역관인 그를 공조판서에 추증하였다.

정묘일(12일)에 사직서를 제출하였다. 윤허하지 않았다.

3월에 사직하는 차자를 올렸다. 윤허하지 않았다.

　대답하기를 "몸을 추스려 출사(出仕)하라. 내가 편치 못한데, 사직서를 내고 안 나오는 것이 괜찮은 것인가?" 하였다.

또 사직하는 차자를 올렸다. 윤허하지 않았다.

　대답하기를 "이 어렵고 위태로운 때를 당하여 대신(大臣)이 어찌 가벼이 물러날 수 있겠는가? 비록 비방과 험담이 있더라도 더욱 마땅히 국사에 힘을 다해야지, 경솔히 스스로 지나치게 근심함은 옳지 않다. 나의 지극한 뜻을 체득(體得)하여, 다시는 사직하지 말라" 하였다.

또 사직하는 차자를 올렸다. 윤허하지 않았다.

　대답하시기를 "내 뜻은 이미 유시(諭示)하였으니, 전에 말한 뜻을 따르는 것이 좋으며, 사직하지 말라" 하였다.

또 사직하는 차자를 올렸다. 윤허하지 않았다.

　대답하기를 "지금은 대신이 사퇴할 때가 아니다. 경은 마땅히 따르고 빨리 조리하여 출사하라" 하였다.

또 사직하는 차자를 올렸다. 윤허하지 않았다.

　대답하시기를 "여러 번 사직서를 올렸는데, 경의 간절한 성의를 모르지 않으나, 자못 지금은 국가가 위급하여 대신이 사퇴해도 괜찮은 때가 아니다. 마침 또 명나라 조정에서 문서가 빈번하게 이르러 의론해야 할 일이 많은데 늦출 수 없다. 원하노니, 경은 병든 몸을 부축하여 금일 안으로 출사하라. 얼굴을 대면하여 상의하려 한다" 하였다.

4월 경신일(6일)에 임금을 수행하여 서강(西江: 현 마포 서강대교 북단 나루터)으로 가서 진법을 연습하였다.

신미일(17일)에 사직서를 제출하였다. 윤허하지 않았다.

임신일(18일)에 사직하는 차자를 올렸다. 윤허하지 않았다.

===

二十六年 戊戌 先生五十七歲

正月 被召 還省大夫人于奉化

留數日

二月 乙丑 還朝

是行 路過雲巖 有詩一律 雲巖在丹陽 景致絕勝 有曺伸小亭 亂後 棄不守 先生嘗以豹
皮一張 購得之 有退休之志 而繫官不得遂 至是 行過其下 題詩石上而去 其後 攻先生
者 至以爲田園遍一國 先生與人書 有丹崖翠壁幷入於彈文中之語 卽此地也

丁卯 呈辭 不允

三月 上箚辭 不允

答曰 調理出仕 予不平 而呈辭不出 無乃不可乎

又 上箚辭 不允

答曰 當此艱危之時 大臣豈可輕退 雖有謗毀 尤當竭力國事 未宜輕自過慮 體予至意
勿爲更辭

又 上箚辭 不允

答曰 予意已諭 可遵前旨 勿辭

又 上箚辭 不允

答曰 此非大臣辭退之時 卿宜從速調理出仕

又 上此辭 不允

答曰 累上辭章 非不知卿之誠懇 頗今國家危迫 非大臣可辭之日 適又天朝文書沓至 多
有議處 未可以遲緩者 願卿扶病 今日內出仕 欲面與相議

四月 庚申 扈駕往西江 習陣
辛未 呈辭 不允
壬申 上箚辭 不允

정응태(丁應泰) 무주(誣奏) 문제를 계기로 탄핵되다,
57세

선조 31년(1598) 무술

7월 임자일(29일)에 왕명을 받들어 형(邢) 군문을 벽제(碧蹄)에서 맞이하였다.

8월 병진일(초3일)에 형 군문을 따라 서울로 들어왔다.

9월 병술일(초4일)에 주사(主事) 정응태(丁應泰)¹⁾를 모화관(慕華館)에서 맞이하였다.

23일 을사일, 백관(百官)들을 거느리고 복합(伏閤)하였다.
처음에 과도관(科道官) 주사(主事) 정응태가 경리 양호를 탄핵하는 글을 황제에게 아뢰었는데, 그 내용은 울산에서 군사를 잃고도 사실대로 아뢰지 않았으며, 또 달리 일을 그르친 20여 가지 죄가 있다고 무함하는 것이었다.
우리나라에서 그 일을 듣고, 즉시 최천건(崔天健)²⁾을 보내 억울함을 변명하는 글을 올렸다. 헌부(憲府: 사헌부)에서 계문하기를, 그 일이 중대하니 마땅히 시임(時任)대신을 다시 보내야 한다고 하였는데, 그 의중(意中)은 선생을 보내야 한다는 것이었다. 임금께서 좌상 이원익을 명하여 보냈다.

---

1) 정응태(丁應泰): 명(明)나라 병부(兵部) 찬획주사(贊劃主事)로 조선에 과도관으로 파견되었다. 과도관(科道官)이란 육부(六部)의 급사중과 도찰원(道察院)의 15도감찰사를 통칭하여 일컬음. 관원들의 행동을 규찰하는 사찰 기관이다.
2) 최천건(崔天健, 1568-1617): 호 분음(汾陰). 문과. 예조 좌랑, 도승지, 진주사(陳奏使). 형조 판서. 소북파 유영경에게 붙어 이조판서가 되었다. 파직과 복관을 거치다가 뒤에 김제남(金悌男)의 일파로 몰려 유배당하여 죽었다. 본관 전주.

정응태가 정주(定州)에 도착하여, 이 좌상(李左相: 이원익)을 잇달아 보낸 것을 듣고, 크게 화를 내어, 또다시 우리나라가 양호와 한통속이 되어 함께 사실을 덮어 속인다며 탄핵하고, 그리고 (우리나라가) 왜적을 인도하여 요동(遼東)을 범하려 한다고 무함하였다.

9월 23일 을사일

그 소식이 비로소 이르자, 임금께서 진노하여, 그날로 정사(政事)를 보지 않고, 대신들에게 서정(庶政)의 품의 결재를 동궁에게 받으라고 유시하니, 조정이 허둥대며 어찌할 줄을 몰랐다.

그 당시 이 좌상(이원익)은 연경으로 달려갔고, 우상 이덕형은 유(劉) 제독을 따라 순천에 있었으므로 선생 홀로 의정부(議政府)에 있었다. 드디어 2품 이상 관원을 이끌고 복합(伏閤)하여 정사 보시기를 청하였다.

임금은 윤허하지 않고, 또 정응태를 피하려 평산(平山) 온천(溫泉)에 수레로 행행(行幸)하려고 사복시(司僕寺)에 명하여 말을 세워두라고 하니, 뭇 신하들이 더욱 놀라서 어찌할 바를 몰랐다.

24일 병오 또 복합하였다. 그날 선생은 탄핵 당하였다.

선생은 백관을 인솔하고 연일 힘써 다투고, 또 대신을 보내어 변무(辨誣)하기로 의론하고, 이덕형을 진주사(陳奏使)로 삼으려 하였으나, 임금의 마음은 더욱 굳어져서 끝내 정사를 보지 않아, 조정이 모두 황황하였다.

때마침 형 군문의 차인(差人)이 예궐하여 남군(南軍: 명나라 남쪽 지방 군사, 절강병)의 군량이 떨어졌으니, 즉시 풍채 좋고 힘 있는 과도관(科道官) 4~5명을 보내어 군량 운송을 독촉해 달라고 말하였다. 정원(政院)에서 품계하였으나 임금은 대답하지 않았다. 차인이 선 채로 독촉하여 날이 저물어서야 명을 받았다.

그 당시, 선생은 막 대궐 뜰에서 정사를 보십사하고 계청 중인데, 이조판서 홍진(洪進)[3]이 관안(官案)을 가지고 선생 앞에 와서 보낼 사람의 점안(點案: 대상자 선발)을 물었다. 창졸간이라, 전한(典翰) 김신국(金藎國),[4] 집의(執義) 황정철(黃廷

---

3) 홍진(洪進, 1541–1616): 호 인재(訒齋). 문과. 홍문관 정자. 직제학. 임진왜란 때 호군(護軍)으로 호종. 승지. 한성판윤. 대사헌. 이조판서 (4번) 호성공신 2등. 본관 남양. 영의정 추증. 시호 단민(端敏).
4) 김신국(金藎國, 1572–1657): 호 후추(後瘳). 생원. 임진왜란 때 의병활동으로 참봉. 문과. 검

喆),5) 병조정랑(兵曹正郎) 윤횡(尹宖)을 찾아내었는데, 한 사람을 아직 찾지 못하였다. 지평(持平) 송석경(宋錫慶)6)을 가리키며, "이 사람이 괜찮을까요?" 하다가, 이윽고 "지평 이이첨(李爾瞻)7)이 재간이 있습니다" 하였다. 드디어 이 4 사람으로 계품(啓稟)하고, 형 군문에 통보하였다.

그 당시 이이첨이 벼슬자리에 있으면서, 몰래 틈을 엿보며 온갖 계책을 비밀리에 써 오다가, 이번 일로 또 격노하여, 곧 혼자 상계(上啓)하기를 '선생이 연경에 변무하러 가기를 스스로 청하지 않는다'며 탄핵하고, 또 '변무하는 일이 급하니, 마땅히 그날로 시임대신을 보내야 한다'라고 하였다.

동료들의 뜻과 달라 혐의를 피한다고 집으로 돌아가서, 왕명을 기다리며 (군량 과도관으로) 출발하지 않았다. 윤횡(尹宖)8)의 상소가 잇달아 들어와서, 선생을 침해하는 말이 더욱 험하였는데, 임금이 '그 말이 맞다'라고 하며 하교하기를 "시비(是非)를 다투고 있는 대간(臺諫)은 내 보낼 수 없다" 하여, 이이첨을 머물러 있게 하고, 송석경을 대신하여 보냈다.

25일 정미, 서 과도관에게 문서를 보내었다.

선생은 이미 탄핵 당하였으나, 국사가 급하고 의정부(議政府)에 사람이 없어, 구태어 피하지 아니하고, 힘써 직책을 수행하였다. 한편으로는 임금께 정사를 보시라

열. 도원수 권율의 종사관. 정언. 소북(小北)의 영수가 되었다. 삭탈관직. 광해군 때 임해군 옥사에 관련한 공으로 익사공신(翼社功臣). 우참찬, 호조판서. 인조 때 평안도 관찰사. 이괄의 난 때 연좌 의심을 당했으나 무사하였다. 정묘호란 때 이정귀와 함께 후금과 화약(和約)을 체결하였다. 병자호란 때 남한산성으로 인조를 호종하였다. 볼모로 가는 소현세자를 심양(瀋陽)까지 배종(陪從)하였다. 본관 청풍.

5) 황정철(黃廷喆, 1547−1626): 문과. 승문원 부정자. 형조좌랑. 임진왜란 때 평안감사 송언신의 종사관. 병조정랑이 되어 광해군을 배종하였다. 지평. 승지. 호조참의 광해군 10년 병을 칭탁하고 낙향하였다. 본관 장수. 황희의 7대손.

6) 송석경(宋錫慶, 1560−1637): 호 졸암(拙庵). 최흥원(崔興源)의 사위. 문과. 승정원 주서. 지평, 홍문관 수찬, 교리. 광해군 때 세자시강원 보덕, 동부승지, 나주 목사. 대사헌. 본관 은진.

7) 이이첨(李爾瞻, 1560−1623): 호 관송(觀松). 광릉(光陵) 참봉으로 임진왜란 때 세조(世祖)의 위패와 어진(御眞)을 잘 지켜내었다. 문과. 세자시강원 사서(司書). 광해군의 신임을 받았다. 영창대군을 후계자로 삼으려는 선조와 소북(小北)파에 저항하다가 원배령(遠配令)이 내려졌으나 선조의 갑작스런 승하로 유배가 풀리고 예조판서가 되었다. 대제학. 대북(大北)파의 영수가 되었다. 계축옥사를 일으켜 영창대군을 강화도로 안치시켜 죽도록 하고 김제남을 사사(賜死)하였다. 인목대비를 서궁에 유폐하였다. 인조반정으로 이천으로 도망치다가 잡혀와 참수되었다. 본관 광주(廣州). 이극돈(李克墩)의 후손.

8) 윤횡(尹宖, 1560−?): 문과. 홍문관 수찬, 병조정랑. 본관 파평.

고 계청하고, 한편으로는 과도관에게 이유를 밝히기도 하였는데, 글의 취지가 통열하고 절박하여 누누(累累) 수백 마디에 달하였다. 과도관이 감동되어 그 말을 믿고 받아들였다. 이튿날 또 형 군문에게도 문서를 보내었는데, 군문이 그 실상을 통절하게 알게 되어, 위로와 권면이 지극하였다.

임금은 아직 정사를 보지 않고 있어, 선생은 백관과 함께 분주하게 진청(陳請)하였는데, 얼굴이 근심으로 지쳐서 파리하였다. 하루 이틀 사이에 불만을 가진 자들이 벌떼처럼 일어나 상소하여 선생을 공격하였는데, 어조가 더욱 참혹하였다.

26일 무신 차자를 올려 스스로를 탄핵하고 사직하였다. 윤허하지 않았다.

그 대략은 "신은 나라의 크나큰 변란을 만나서 처리한 것이 전도(顚倒)되어, 뭇사람들의 마음이 분개하며 원망하고 있습니다. 대저 조정은 하루를 서 있더라도 하루의 기강이 있는 법이고, 공론은 곧 나라의 기강입니다. 대신이 범죄를 저지르고도 공론에 개의치 않고 평소처럼 편안히 지내는 것이 어찌 조정을 위하는 바가 되겠습니까? 고인(古人)이 비록 한 조각 배 위에 앉아 있을지라도 거취를 구차하게 해서는 안 된다고 한 것은 진실로 까닭이 있는 것입니다.

신은 불행하게도 머물러 있어서는 안 되는 자리에 머물러 있어서 이처럼 낭패하게 되었으나, 신은 자기 마음을 스스로 믿어서가 아니라 혈성(血誠)으로 나라에 보답하는 것이 본래 소원이었습니다. 엎드려 청하오니 여론을 굽어살피사 신의 관직을 빼앗아주소서" 하였다.

27일 기유 진주사(陳奏使) 보내는 일로 대궐에 나아가 업무를 아뢰었다.

예문관에서 차자를 올렸는데 그 대략은 다음과 같다.

"오늘의 일에 있어서, 군문(軍門: 형개)이 전하를 위하여 위로하고 권면하고 있으며, 급사(給事)도 전하를 위하여 분명하게 결백하다 하고 있으니, 전하께서는 마음에 결단하소서. 전혀 마음을 돌려 들어주시지는 않으시며, 사직은 외물(外物: 내 일이 아님)로 여기고, 왜적을 토벌하는 일도 나머지 일(하찮은 일)이라고 교계(敎誡)하시니, 신 등은 알지 못하겠습니다. 사직을 내버리고 왜적을 놓아주면 악명(惡名)을 씻을 수 있겠습니까?

상하를 갈라놓고 기밀의 사무를 사절하면서, 이것이 혐의를 피하는 조치와 임기응변에 대처하는 도리라고 말씀하시니, 신들은 알지 못하겠습니다. 정사를 들고 보시면 억울함을 씻는 데 방해가 되겠습니까? 여러 아래 사람들의 마음속 생각에는, 명 조정에 변무하는 일을 어려워하는 것이 아니라, 가까운 곁에서 울적한 마음으로 계시는 전하를 근심하고 있어, 허둥지둥 정신이 나가 위태롭습니다. 연일 복합(伏閤)하였던 것은 먼저 반드시 전하의 품의 결재하는 길을 열어 놓고 나서 변무할 사행(使行)을 정하려는 것입니다.

저 화(禍)를 즐겨 요행으로 여기는 무리들이 감히 때를 타서 틈을 보아 뛰어들어, 원통함을 씻는다는 명분을 빙자하여 뒤로는 사람을 모함하는 계책을 마음대로 하며, 전하에게 국사를 보시라고 청하는 일에 대해서는 책임을 면하려고 한다고 하며, 스스로 가기를 청하지 않은 것을 두고는 피할 길을 만들어냈다고 말합니다.

오호라! 요즈음 사람 마음이 점점 위태로워져서 아침저녁에도 어떻게 될지 모를 판입니다. 비록 새벽부터 근심하며 부지런히 일하는 노성(老成)한 신하가 조정에 있어도 오히려 진정시킬 수 있을까 염려되는데, 궁문(宮門)을 오래 닫게 하고 재상 자리가 텅 비게 하려고 하니, 그 계책이, 아! 참혹합니다.

엎드려 바라오니, 하루빨리 여론에 순응하셔서 궁문을 활짝 여시고 신하들을 등대(登對)시켜 그 마음을 이끌어 사무치게 하소서. 명나라에 진주(陳奏)하는 그 한 가지 일은 아주 확실하게 헤아려서 하시되, 변무도 하고, 왜적을 진멸하기도 하며, 사직과 나라를 안정시키소서. 간사하게 배척하는 기세는 자연히 햇빛을 보고 소멸될 것이며, 정직(正直)의 열매가 해나 별의 광명처럼 빛날 것입니다." (예문관 대교(待敎) 심집(沈諿),9) 검열(檢閱) 유석증(俞昔曾)10) 등이 올렸다)

28일 경술. 차자를 올려 자신을 탄핵하였다.

하루 앞에, 승문원(承文院) 정자(正字) 유숙(柳潚)11)이 간사(奸邪)한 자들의 뒤

---

9) 심집(沈諿, 1569－1644): 호 남애(南崖) 1569년 문과. 승문원 예문관 검열. 광해군 때 장령. 정인홍에 반발하여 탄핵 당하였다. 인조 때 도승지, 형조판서. 남한산성에 호종. 예조판서 때 아들이 심기원의 역모에 연루되어 유배되자 지병이 악화되어 사망하였다. 시호 효간(孝簡) 본관 청송.

10) 유석증(俞昔曾, 1570－1623): 호 독송(獨松). 1597년 문과. 예문관 검열. 병조좌랑. 광해군 때 지평. 나주목사를 2회에 걸쳐 역임하여 선정을 베풀었다. 본관 기계.

11) 유숙(柳潚, 1564－1636): 호 취흘(醉吃). 1597년 문과. 승문원 정자. 서애를 극도로 비판하였다. 수찬. 광해군 때 교리, 지평, 부제학, 대사간. 대북파로 계축옥사에 참여. 인조 때 이이첨의 심복으로 지목되어 유배되었다. 본관 고흥(高興). 유몽인(柳夢寅)의 조카.

를 이어 글을 올려 선생을 공격하였다.

이날, 선생은 대궐 뜰에 있으면서 종일 국사를 계문(啓聞)하고 있었으나, 이 같은 극단적인 모함이 있었다는 사실을 전혀 모르고, 날이 저물어 집에 돌아온 뒤에야 비로소 듣고 알았다. 이튿날 차자를 올려 자신을 탄핵하였다. 그 대략은 다음과 같다.

"엎드려 생각하건대, 신은 탄핵(彈劾)을 입은 바가 중대하여, 마땅히 물러나서 엎드려 죄를 기다려야 하며, 결코 조정의 반열(班列)에 얼굴을 쳐들 수가 없습니다. 다만 때가 바야흐로 위급하여, 어제는 공의를 범함을 무릅쓰고 두 번이나 대궐 앞에 나아가 국사를 아뢰는데 참예하였고, 또 신이 사신(使臣) 직을 봉행하는 등의 일을 계문하였는데, 승문원 정자 유숙이 또 상소를 올려 신의 죄악을 있는 말 없는 말 죄다 하였습니다.

상소가 이미 어전(御前)에 올라갔는데, 신은 전혀 듣지 못하고 국사를 이처럼 아뢰었으니, 신의 종적이 외롭고 위태롭기가 귀머거리나 맹인 같습니다. 세상에 다니면서 이런 일을 겪으니, 신이 대신의 자리에 있을 수 없음을 알 수 있고, 이번 사신 직 봉행(奉行)도 어찌 이러한 자에게 시킬 수 있겠습니까?

들으니, 상소 가운데 역시 충성되고 올바른 사람을 뽑아 보내라 말하였는데, 이는 실로 공의(公議)입니다. 지금 특별히 대신을 보내어 나라를 통틀어 가장 중대한 일의 옳고 그름을 밝히려고 하는데, 돌이켜 생각해보니, 죄악이 낭자하여 나라 안에서 가장 천하게 버림받은 사람을 뽑아 보낸다면, 명나라 황제를 감동시켜 우리 뜻을 받아들이도록 하는 일을 바랄 수 있겠으며, 신 역시 무슨 얼굴로 중국 조정의 사대부를 만나 옳고 그름을 논변할 수 있겠습니까?

신이 지금 이 말을 하면, 신을 죄주려 하는 자들은 또 반드시 멀리 사신 가는 일을 회피하려고 한다는 죄목으로 돌릴 것이지만, 그러나 사리는 이와 같아, 사생과 영욕에 구차하게 얽일 수 없습니다."

신해일(29일)에, 동성(東城) 밖으로 나가 어명을 기다리며, 시직원을 올렸다. 윤허하지 않았다.

이이첨(李爾瞻), 유숙(柳潚) 및 유생 홍봉선(洪奉先),[12] 최희남(崔喜男)[13] 등은

---

12) 홍봉선(洪奉先, 1565-?): 생원. 본관 남양.
13) 최희남(崔喜男, 1562-?): 생원. 본관 화순(和順).

모두 이모(李某: 이산해)의 문객(門客)이었다. 이모가 선생을 원수처럼 미워하여 반드시 무함에 빠트리려고, 그 아들과 함께 눈에 띄지 않는 복장으로 나귀를 타고 모의하는 장소에 새벽부터 밤까지 왕래하며, 선생을 짓밟을 수 있을 듯한 것은 무엇이나 극단으로 써먹지 않음이 없었다.

이때에 이르러 최희남 등이 황해도로 가서 무뢰배를 불러 모았는데, 군역을 면제받으려는 자 수십명이 유생이라고 거짓말하며 모여들었다.

홍봉선이 먼저 자기 당 이호신(李好信)[14] 등을 모아서 성균관에 들어가 상소하려 하였으나, 관학(館學: 성균관) 제생(諸生: 학생)들이 따르지 않을까 염려하여, 거짓말로 형 군문(邢軍門)과 과도관(科道官)에게 변무하는 문서를 올리려 한다고 말하니, 제생들이 이를 믿었더니, 홍봉선이 이호신을 만나 귀에 대고 오래 말을 주고받고 나서야, 비로소 소매 속에서 상소의 초고(草稿)를 꺼내는데, 곧 선생을 무함하는 상소였다.

제생들이 모두 흩어졌으나, 홍봉선, 이호신등은 자기 도당 약간명과 함께 상소를 올렸다. 고사(故事)에 관학생(館學生)들이 상소한 예를 보면, 상소에 참여했는지 불참했는지의 명단을 의정부(議政府)에 올리게 되어있었다. 이날 이호신등이 즉시 보내 올리지 않으니, 의정부에서 연달아 사람을 보내어 독촉하였다.

최후에 의정부의 구종(驅從)인 지귀수(池貴壽)가 이호신 등이 빙 둘러 서 있는 것을 보고, 그 하인들에게 큰 소리로 "어째서 단자(單子: 명단)를 올리지 않느냐? 유생들이 상소하여 어진 재상을 잡아가려는데, 너희들은 또 나를 잡아가려느냐?" 하니, 이호신 등이 대로(大怒)하여 곤장을 쳤다.

지귀수가 끝내 굴복치 않고, 밖으로 나와 사람들에게 말하기를 "유생들의 주장은 이와 같이 옳지 않다. 내 비록 하인이지만 어찌 애통하여 한탄하는 마음이 없겠는가?" 하였다. 홍문관이 차자를 올려 말하였다.

"나라 운수가 불행하여 재난을 만나 갑자기 미친 도적의 변을 겪고 뒤엎어지는 가운데서 스스로 빠져나올 수 없었더니, 우리 황상(皇上)께서 경천(敬天)하는 성의를 깊이 격려하여 특히 예전에 없던 은혜를 소낙비처럼 내려주셔서, 크게 병력과 군량을 풀고, 문무의 중망(重望)을 가진 자들을 보내어 군사 일을 관장하게

---

14) 이호신(李好信, 1563−?): 호 나진(懶眞). 1589년 사마시. 1603년 문과. 예문관 검열, 정언. 광해군 때 고향 포천에 물러나 있다가 인조 때 부제학, 대사간. 서애 선생 탄핵할 당시는 생원이었다. 본관 전주. 정종(定宗)의 7대손.

하셨습니다.

이제 남쪽 변경에서 승전하였다는 보고가 아침 저녁에 이를 판인데, 저 정응태가 간교한 계책으로 그 사이에 끼어들어 재앙을 만들었습니다. 무릇 (황상의) 명령을 받아 우리나라에 와서 자기 직무를 성심껏 해온 모든 사람들을 무함 가운데에 빠뜨렸으며, 왜적을 인도하고 황제를 배반한다는 말로 우리나라까지 모함하여 황제의 귀를 현혹하는 데까지 이르렀습니다.

이와 같은 간사한 계책은 장차 반드시 국가 대사를 무너뜨리게 할 수 있지만, 황제의 거울(총명)이 미혹되지 않아, 정론이 뒤이어 일어나 퍼지고 군사 활동도 시종 한결같아져서, 하늘같은 황제의 토벌하는 공로가 거의 끝을 볼듯하니, 이 간사하게 가로막는 짓이 정의를 범할 수 없음을 이미 증험하였습니다. 그러므로 저 무함하는 말은 이미 거의 밝혀졌습니다.

다만 이 한 문서를 만들어 황제께서 듣고 알도록 하는 일은 아직 이루지 못하였으니, 진주(陳奏)하는 행차는 하루가 급한데, 잘못된 의론이 마구 생기고 대신은 참소를 입어, 조정의 일은 아주 조각조각 찢어졌으며, 왜적을 평정하는 주문(奏文)을 기초하는 일도 역시 주재(主宰)하는 곳이 없어 황급하고 심란한 가운데 있습니다.

시일은 쉬이 흘러가는데 온 나라의 지극한 고통과 긴급한 일이 점점 적체되어 가니, 신들은 머리를 모아 번민하고 한탄하여 심담(心膽)이 다 썩으려 합니다.

무릇 간사한 자들이 남들을 무함할 때에는 반드시 전하의 마음이 흔들리는 데를 편승하는 법입니다. 그러므로 저 화(禍)를 바라는 무리들이 변무(辨誣)를 급하게 하지 않았다는 말을 꺼내어 좋은 제목으로 삼아 지시하여, 올바른 사람을 해치고 착한 사람을 그르치려 하며, 도리어 변무해야 하는 일은 망쳐버리게 만들고 있습니다. 보고 듣는 것마다 분통 터지지 않는 것이 없는데, 간사하고 아첨하여 사람을 다치게 하며 나라를 해치고 있으니, 아, 이 또한 비참합니다.

신들이 곰곰이 살펴보니, 윤횡(尹宖), 유숙(柳潚) 등은 대신을 거짓 죄로 날조하는 상소로 사류(士類)들을 일망타진하려는 계책을 부리니, 극히 교묘하고 음험합니다. 몇 사람 무뢰배들은 유생의 이름을 거짓으로 빌리고, 다른 사람의 지시 사주(使嗾)를 받아 간사한 무함을 더욱 심하게 하니, 시경(詩經)에서 말한 "참소하는 사람은 끝없이 물고 늘어진다.[15]" 한 것이 바로 이런 경우를 말하는 것입니다.

---

15) 참소하는 사람이 끝없이 물고 늘어진다(讒人罔極): 시경 상호지십 청승(青蠅: 쉬파리)장.

대저 류성룡은 전하의 지우(知遇)16)를 입고 시종(侍從)의 반열(班列)에 선지 이미 30여 년입니다. 이 위태로운 시기를 당하여 국사를 두루 살펴보아 손 안 댄 곳이 없으며, 왕령(王靈: 왕의 신비한 힘)을 받들어 난리를 평정할 효험을 거두려 심력(心力)을 다 소비하였으니, 오래도록 임무를 담당함이 당연하며, 그동안의 일 처리가 잘 되었는지 못하였는지는 전하께서 잘 통촉하신 바로서, 지금 한 가지의 흠도 받아들일 수 없으니, 깨끗한 몸가짐과 성심으로 나라를 근심한 것은 고인(古人)과 견주어도 부끄럽지 않으며 깨끗하게 스스로를 지켜, 함부로 교유함을 좋아하지 않았던 것은, 사람들 이목(耳目)에 그대로 남아 있어 더욱 무함(誣陷)할 수 없습니다.

지금 혹은 뇌물을 공공연하게 행하여 (탄관오리들이) 문 앞을 메우고 방문에 줄지어 있다든가, 혹은 불꽃 같은 세력으로 권세를 부려 자기 파당(派黨)들을 죽 늘어놓았다거나, 혹은 나라 일은 잊고 사사로운 이익을 따랐다거나, 혹은 요직(要職)에 있으면서 일을 그르쳤다고 하며, 비방, 날조하는 말이 이르지 않는 데가 없고, 끝내는 반적(叛賊)이라고까지 말합니다.

이런 연유로 뒤를 캐기 시작하여 음험한 말을 지어내고 모함하여 죄를 베 짜 듯 엮어낸 것은, 성룡 한 사람만을 모함에 빠뜨리는 것이 아니고 한 세상의 청류(淸流)들을 몽땅 극죄(極罪)의 자리에 던져 넣어 버렸으니, 흉악한 일을 좋아해 참혹한 화란(禍亂)을 부채질하는 것으로 실로 애통합니다.

군량을 독촉하는 일은 긴급한 일인데, 왕명으로 사무를 담당한 자들이 앞뒤로 서로 쳐다보기만 하며, 어떤 자는 불평하는 말을 여러 사람이 앉은 자리에서도 꺼내고 있습니다.

대간(臺諫)을 독촉하는 일에 내보내는 것은 유독(惟獨) 한 사람만이 아닌데 어떤 자는 감히 기피한다는 말을 하고 있습니다.

대개 상소장을 올린 것은 비록 오래전부터 모함하려 했던 일이지만, 어사(御史: 여기서는 군량 독촉하는 일 담당)로 뽑히자 그가 크게 화를 낸 것입니다.

마침 변무하는 일로 (무함할) 기회를 얻게 되어, 스스로 말하되, '이 한 가지 일로 위로는 임금의 귀를 노엽게 하고 아래로는 자기 사사로운 목적을 성사시킬 수 있다'고 하며, 서로 손뼉 쳐대며 일어나 말도 안 되는 말을 지어내어서, 감히 전하의 밝음을 속이는 꾀를 마음대로 부리고 있습니다.

---

16) 지우(知遇): 인격, 학문, 재능 등을 인정받아 두터운 대접을 받음.

또 사행(使行)을 스스로 청하지 않은 일을 가지고는 규피(規避: 약삭빠르게 피함)한다고 하고, 전하께 정사를 보시라고 청하는 것을 가지고는 색책(塞責: 책임을 미봉함)한다고 합니다.

대저 사행(使行)을 청하는 일은 사세(事勢: 일의 형세)에 따라 방해받기도 하지만, 정사(政事)를 보시라는 것은 여러 신하들이 시급하다고 여기는 마음인데, 도리어 규피하고 색책한다고 지목하고 있으니, 그 속임수를 꾸며대는 말이 여기에서 극에 도달하였습니다. 오히려 무슨 다른 말을 하겠습니까?

오호라! 인주(人主: 임금)의 직분은 재상을 잘 가려내는데 있고, 일을 맡겨 놓으면 반드시 책임을 완수하도록 하는 데 있으며, 그렇게 한 뒤라야 대업을 성공할 수 있습니다.

그래서 한기(韓琦)[17]는 발호(跋扈)한다는 참소를 만났지만, 임금은 참소한 왕도(王陶)[18]를 쫓아내었으며, 사마광(司馬光)[19]은 간사하다는 참소를 만났지만, 참소한 종맹(宗孟)[20]은 배척을 당하였으니, 그 명쾌한 분별과 과감히 결단하는 마음은 천년이 지나도 상상해 볼 수 있습니다.

하물며 이때보다 더한 위급한 일이 없는 때에, 전하께서는 다 무너졌던 나라 실마리를 경영하는 데 있어 전하의 계획을 크게 도운 사람으로는 어떤 사람이 있습니까?

엎드려 바라옵니다. 전하께서는 좋고 싫음을 밝히시고 간사함과 정당함을 분변하여서, 국사를 맡은 신하가 낭발(狼跋)[21]에 이르지 않게 하고, 무함을 풀어주는 조치를 하여서 완집(完集: 완전하게 이룸)에 속히 나아가게 하면, 아마 공론을

---

17) 한기(韓琦, 1008-1075): 중국 북송인. 진사. 지주안무사로 촉지방(사천성)의 기민을 구휼하고, 서하(西夏)의 침참입을 방어해 내는 등 문무에 걸쳐 이름을 떨쳤다. 재상이 되어 10여 년간 국정을 담당하였다. 위공(魏公). 신종(神宗) 즉위 후 왕도에게 탄핵되어 지방관으로 쫓겨났다. 왕안석의 신법을 반대하다가 은퇴했다. 시호 충헌(忠獻)

18) 왕도(王陶): 중국 북송(北宋) 어사중승. 재상 한기(韓琦)가 멋대로 날뛴다고 탄핵하였다가 자신이 쫓겨났다.

19) 사마광(司馬光, 1019-1086): 북송인. 진사 한림학사 상소좌복야. 왕안석 신법 반대. 은퇴하여 자치통감(資治通鑑) 편찬. 태사 온국공 시호 문정(文正). "빈부귀천(貧富貴賤)은 천분(天分)이며 충효(忠孝)는 인분(人分)이다. 천분에 근거하지 않는 신법은 옳지 못하다."

20) 종맹(宗孟): 포종맹(蒲宗孟)을 말한다. 사마광(司馬光)을 간사하다고 참소하였으나 자신이 축출당하였다.

21) 낭발(狼跋): 시경 빈풍(豳風) 낭발(狼跋)장. 이리가 앞으로 나아가 턱살이 밟히고, 뒤로 물러나 꼬리가 밟힌다. 진퇴양난(進退兩難)에 빠짐.

크게 신장하여 원통함을 빨리 씻을 수 있을 것이며, 성인(聖人: 임금)께서 하는 일이 부족한데 이르지는 않을 것입니다.

신들은 오랫동안 외로운 충성을 품고 전하 가까운 반열(班列)에서 분에 넘치는 대우를 받아왔는데, 지금 다사다난한 때에 감히 전하의 총명을 번거롭게 하는 듯하나, 다만 송나라가 남쪽으로 강을 건너 천도하였을 때, 역시 극히 험난하고 혼란스러웠지만, 그 당시의 현명한 분들은 나라를 경영함에, 먼저 몰래 붕당(朋黨) 결성으로 국론이 결정되지 못하는 것을 근심하였고, 그 다음으로 야만족들이 힘을 믿고 침범하는 일과 국위가 떨치지 못하는 것을 염려하였습니다.

오늘날은 시비를 밝게 분변하는 것이 실로 급하고 절박한 일입니다. 본관(本館: 홍문관)은 곧 공론(公論)을 다루는 곳인데, 이와 같은 때에 끝내 한 말씀도 올리지 않으면 당세(當世)에 겉으로 드러남이 없고, 후세에도 밝게 보여주지 못할까 염려됩니다. 훌륭한 사람이 아프고 굶주리며 샛밥 차례도 오지 않는데, 신들의 변변치 못한 마음도 역시 이런 점에 있으니, 전하께서는 오직 이점을 유념해 주소서" 하였다. (김륵,[22] 홍경신,[23] 심액[24] 등이 올렸다)

대답하시기를 "그런 말에 하나하나 따질 것 있는가? 마땅히 유념하겠다" 하였다.

그 후 기사년(己巳年)에 정우복(鄭愚伏: 정경세)이 상국 장유(張維)[25]에게 보낸 편지에서 다음과 같이 썼다.

---

22) 김륵(金玏, 1540−1616): 호 백암(柏巖). 문과. 승문원 권지부정자. 지평. 임진왜란 때 영남안집사(嶺南安集使)로 초모문(招募文)을 지어 의병을 모집하였다. 대사헌, 홍문관 부제학(서애선생 탄핵 당할 때였음). 안동대도호부사. 광해군 때 김직재 무옥(誣獄)으로 삭탈관직. 이조판서에 증직. 구강서원(龜江書院)에 배향. 본관 예안. 퇴계문인. 저서 백암집 5책. 시호 민절(敏節)

23) 홍경신(洪慶臣, 1557−1623): 호 녹문(鹿門). 문과. 예문관 검열. 홍문관 응교, 부제학, 승지, 대사성. 본관 남양.

24) 심액(沈詻): 미상(未詳).

25) 장유(張維, 1587−1638): 호 계곡(谿谷). 문과. 검열. 인조반정에 참여하여 정사공신(靖社功臣) 2등. 대사헌, 부제학, 대제학, 이조판서. 원종추숭론(元宗追崇論)에 반대. 병자호란 때 강화론 주장. 예조판서, 신풍부원군. 우의정에 임명되었으나 모친상으로 사퇴. 장례 후 병사(病死)하였다. 양명학적 사고방식. 이식(李植)은 그를 양명학파라고 지적하였으나, 송시열은 주자학파로 칭송하였다. 한학 4대가의 한사람이라는 칭호를 받았다. 백사 이항복의 시장(諡狀)을 찬술하였다. 영의정에 추증. 본관 덕수(德水). 김상용(金尙容)의 사위. 효종비 인선왕후의 아버지. 김장생 문인. 시호 문충(文忠). 저서 계곡만필, 계곡집 등.

"백사(白沙: 이항복)에게 시호(諡號) 내리기를 청하는 시장(諡狀)이 왔기에, 태상(太常: 봉상시)에서 새벽에 일어나 손을 씻고 읽어보니, 그려낸 것이 이 어른을 제대로 그려내었고, 매우 친절하게도 한 구절 한 글자가 모두 아주 공정하여, 감탄함을 금할 수 없었소.

오직 무술년(戊戌年) 사이의 일은 조금 사실을 놓친 곳이 있는 듯하오. 정응태(丁應泰)의 주문을 변무하러 가는 사행(使行)에 서애(西厓)께서 곧 자청하지 않은 것은 사행을 꺼려서가 아니오. 그의 마음은 실로 위기가 번갈아 발생하는 급한 시기에 모든 책임을 한 몸에 모아 감당하고 있으면서, 갑자기 이를 뿌리치고 스스로 사행(使行)가기를 요청하는 일은, 의리로 보아 미안한 일이며, 임금의 마음도 그와 같은지 알 수 없었던 것이오.

"때 맞추어 사행(使行)을 청하지 않았다"는 말은 조어(措語: 엮어 만든 말)로는 맞겠지만, 그 아래 함부로 '선조노(宣祖怒: 선조가 노하였다)' 3자(字)를 붙이는 것은 실록과 틀리지 않나 염려되오.

대개 이이첨 등 여러 간사한 사람들이 밤낮으로 살펴서 이 노인을 무함에 빠뜨릴 계책을 세운 것이 하루 이틀이 아니었소. 이때에 이르러 기회를 잡아, 유숙(柳潚)이 병조낭관(兵曹郎官)인 주제에 맨 먼저 상소를 올려 사행(使行)을 꺼렸다고 말을 만들어, 임금을 격분시키려 했으나, 뜻밖에 노하지 않았소.

애옹(厓翁: 서애 어른)께서 누차 자신을 탄핵하는 차자를 올렸으나 다정하게 유시(諭示)하고 허락지 않았소. 대간에서 여러 날 논집(論執: 논의하여 고집함)한 연후에 비로소 체직하는 명을 내리셨던 것이오.

설사 약간 노의(怒意)가 있었다 하더라도 그 사이에는 좀 곡절이 있었소. 지금 기록한 대로라면 선왕(先王)의 대신(大臣)을 진퇴(進退)시키는 도리가 아닌 듯하니 잘 헤아려서 정정(訂正)하면 다행이겠소?" 하였다.

10월 갑인일(초2일)에 사직하는 차자를 올렸다. 윤허하지 않았다.

그 대략은 다음과 같다.

"전하께서 참소(讒訴)를 입은 것은 참으로 천하의 극변(極變)이며, 미신(微臣)이 죄에 걸린 것도 역시 신하로서의 큰 죄입니다. 경중(輕重)과 대소(大小)는 비록 따질 수 있겠으나, 전하께서는 물러가실 도리(道理)가 없고, 신에게는 물러갈 길이 있습니다. 변고를 만난 이래로 앞뒤로 내린 성교(聖敎)는 애통하고 절박하였으니, 감히 스스로 자리에 편히 계실 수가 없어서, 비록 사직(社稷)이 중대하고 국토와 인민이 중요하지만, 이 모두를 여사(餘事: 여유가 있으면 하는 일)로 여기며 급급(汲汲: 조급히 서두름)해 하였습니다. 오직 윤기(倫紀: 인륜)를 무겁게 여겼기 때문으로, 이는 진실로 천리(天理)와 사람들 마음으로써 그만둘 수 없어 자연히 그렇게 된 것이었습니다.

신들이 청한 것도 역시 같은 도리(道理)입니다. 나라에는 하루라도 임금의 명령이 없을 수 없고, 신하는 하루라도 품의하여 그 결과를 받드는 일이 없을 수 없음이 바로 이 도리입니다. 하늘의 운행과 같고, 해가 항상 뜨고 지는 것과 같아, 그 사이엔 숨 한번 쉴 틈도 없습니다.

전하께서 퇴피(退避)하겠다는 성교(聖教)를 듣고서, 그저 예예하면서 하교하신 말씀만 받들다가 물러 나와야겠습니까? 아니면 피눈물 흘리며 옷자락을 잡고서라도 간(諫)하여 그 일을 말려야 하겠습니까? 비록 옛사람도 이 경우를 당하면, 저희 신들이 요즈음 대처한 것에 지나지 않을 것입니다.

지금 스스로 처한 입장에서 다른 사람의 처신에 대한 교지(教旨)를 내리시니, 신은 더욱 황공하여 바닥에 굴러떨어질 것 같아 할 말을 모르겠습니다. 대저 임금이 욕을 당하면 신하는 죽어야 한다는 것이 신하의 큰 절개이니, 신이 비록 혼암하고 용열하지만 어찌 이를 모르겠습니까? 다만 신하의 입장에서는 무죄(無罪)의 자리에 스스로 처한 연후에야, 나라를 위한 임무를 담당할 수 있습니다.

지금 신을 두고, 앞에서는 규피(規避)[26]하며 불충(不忠)한 죄가 있다고 하고, 뒤에서는 사당(私黨)을 심고 권세를 탐한 죄악이 있다고 하니, 큰 재를 넘어 바다 밖이 신이 죽을 장소이며, 조정의 정승 자리는 이미 신이 있을 자리가 아닙니다. 나라 가운데서는 끓는 물처럼 말이 더욱 흉흉한데, 신이 비록 얼굴을 쳐들고 부끄러움도 없이 나가서 진주사행(陳奏使行)을 처리한다고 한들 사람들이 어찌 용납하겠습니까?

조정도 죄를 짊어진 사람을 사신으로 보내어 나라의 사명(使命)을 욕되게 하며 또 장차 천자의 궁정까지 욕되게 할 수 있겠습니까?

엎드려 청하니, 성명하신 전하께서는 크게 분발하시어 결단을 내리사 빨리 신의 직책을 빼앗아주시고, 다시 충성스럽고 나라를 근심하는 사람을 뽑아 대신으로 삼아, 명나라 조정에 주청하여 원통한 무함을 밝게 풀어내도록 하소서. 글을

---

26) 규피(規避): 재물이나 이익을 구하면서 죄는 회피한다.

쓰며 눈물이 나와 제대로 상달될지 모르겠습니다."

을묘일(초4일)에 또 사직하는 차자를 올렸다. 윤허하지 않았다.

그 대략은 다음과 같다.

"엎드려 생각하니, 조정이 대신을 대우하는 데는 스스로 체모가 있어, 유죄(有罪)이거나 무죄(無罪)이면, 그에 따라 예(禮)에 맞추어 마땅히 진퇴(進退)를 하도록 해야지, 소나 말을 묶어 끌어내듯이 해서는 안 됩니다. 대신이 된 자도 역시 조정의 체모를 돌아보아 진퇴할 때에 조금이라도 염치를 가지고 있어야지, 감히 자기를 무상(無狀)하다고 여겨 스스로 종이나 하인 같다고 해서는 안 됩니다.

신은 조정에 선지 30여년에 한 가지 일도 나라에 보답한 것이 없습니다만, 말로(末路)에 바로 한 글자 '간(奸)'자를 얻고 말았습니다. 성명(聖明)하신 전하의 지우(知遇)해 주신 은혜를 외면하고, 임금께서 함육(涵育)[27]해 주신 혜택을 저버렸으니, 오히려 무슨 말을 하겠습니까?

어제 저녁에, 의정부 서리(胥吏)가 유생들이 신을 공격한 상소를 등서(謄書)[28]하여 가지고 와 보여주었습니다. 말하자니 입이 더럽고, 보자니 눈이 놀랄 지경이었습니다. 신의 묵은 허물을 꺼내어 신의 폐부(肺腑: 가슴 속)를 공격하고 신의 죄목을 열거하였는데, 옛날의 노기(盧杞)[29]와 이임보(李林甫)[30]도 이보다는 지나치지 않을 것입니다.

신은 외람되이 어리석고 재주 없는데, 차지해서는 안 되는 자리에 오래 있었으니, 비록 부승(負乘)[31]의 재앙으로 도적이 이를 것이 멀지 않다는 것을 알고 있

---

27) 함육(涵育): 은덕을 베풀어 학식과 덕성을 닦게 한다.

28) 등서(謄書): 베껴 쓴 문서.

29) 노기(盧杞, 734-785): 당(唐) 덕종(德宗) 때 재상. 간신의 대명사. 노기가 죽은 뒤 덕종은 "노기의 충정과 청렴을 모르고 사람들은 간사하다고 하는데 나는 깨닫지 못하겠다"고 하였다. 명 재상 곽자의(郭子儀)가 병이 들자 노기가 문병왔는데, 곽자의는 모두 물리치고 혼자 노기를 만났다. 이유를 물으니, 노기는 음험하게 생긴 추남인데 혹시 가족들이 보고 웃어서 노기의 원한을 사게 되면 우리 집에 큰 화가 닥칠 것이라 하였다.

30) 이임보(李林甫, ?-752): 당(唐) 현종(玄宗) 때 19년간 재상을 역임하였다. 국정을 농단하기를 "입에는 꿀이 있고 뱃속에는 칼을 감추고 있다"고 하였다. 안록산과 불화하여 안록산 난이 일어난 원인을 만들었다.

31) 부승(負乘): 주역 해괘(解卦) 육삼효사(六三爻辭). 負且乘 致寇至 짐 지는 자는 아래에 있어서 남들에게 짐을 보여주어 서는 안 되는데 수레를 타고 있어 짐이 무엇인지 잘 보이게 되므로 도

었으나, 역시 사람들이 이처럼 극도로 노할 줄을 몰랐습니다. 고집 세어 물러설 줄 모르고, 우매함을 무릅쓰고 외람되이 자리를 차지하여, 천일(天日) 아래에서 얼굴을 쳐들고 백료(百僚)의 윗자리에서 국정(國政)을 살폈으니, 이 역시 어찌 옳다 하겠습니까?

엎드려 청하오니, 자애로운 성상께서는 빨리 명하여 신의 직책을 빼앗아 충성스럽고 올바른 대신에게 주어, 조정의 벼슬자리를 깨끗하게 하고, 사신(使臣)의 직책을 받드는 체모(體貌)를 무겁게 하소서. 그리고는 유사(有司)로 하여금 신을 조사하도록 하여 전후(前後)의 범죄를 다스리게 하고, 시원하게 내쫓아 버리는 일을 시행하소서."

또 사직하는 차자를 올렸다. 윤허하지 않았다.

그 대략은 다음과 같다.

"나라의 일은 시각을 다투는데, 신의 일 때문에 대신의 자리가 비어, 진주사(陳奏使)의 행차 시기가 아직도 정해지지 않았으니 신은 걱정으로 낭패하여 죽으려도 죽을 수 없습니다. 엎드려 전하의 '그 말이 무엇 따질 것 있는가'라는 비답(批答)을 보니, 신의 죄는 만 번 죽어도 될 죄인데 성은이 이처럼 관대하게 포용해 주시니, 신이 어찌 감격하지 않을 수 있겠습니까?

신은 당초에 대간(臺諫)의 계문을 듣고, 이는 조정 신하들 사이에 국사를 가지고 서로 간절하게 조심시키는 말이며, 또 논의한 바 한 가지 일은. 신이 스스로 처한 도리로 보아 마땅히 받아들여 허물로 삼고, 미처 하지 못한 것을 빨리 마치라는 뜻으로 여겼습니다. 그 때문에 얼굴을 쳐들고 공무를 행하였으며, 조정에 나가서 사신 보내는 일을 처리하였던 것입니다.

마지막에 가서, 성균관(成均館) 유생들이 상소하여 있는 힘을 다 써가며 공격하였는데, 그 말단(末端)에서 따진 것들에 이르러서는 신은 차마 읽을 수도 없고 또 차마 쓸 수도 없습니다. 대저 관학(館學: 성균관)이란 많은 선비들이 모인 곳으로, 그들이 주장하는 것은 마땅히 한세상의 공론(公論)이라 하겠습니다.

'사신(使臣) 문제는 따질 것도 못 된다' 하셨다 하여, 머리를 쳐들고 기운을 분

적이 반드시 빼앗으러 오게 될 것이다. 재능이 못되면서 높은 자리를 차지하고 있으면 재앙을 자초하게 됨을 비유하는 말.

발하여 양양하게 정당(政堂)으로 들어간다면, 이 앞의 일에서는 비록 권간(權奸)으로 정해지지 않았지만, 정당(政堂)에 들어가는 순간 권간이 되는 것이니, 자고로 어찌 국가 공론이 없는 나라가 있겠습니까? 또 어찌 공론을 멸시하고 대신 노릇을 할 수 있겠습니까? 또 온 나라 사람들이 권간이라고 손가락질하는데 어찌 나랏일을 담당하는 자가 될 수 있겠습니까? 성명하신 전하께 감히 바라오니, 빨리 조치를 내려주소서.”

무오일(6일)에 진주사(陳奏使)에서 면직되었다.

기미일(7일)에 전농리(동대문 밖)로 이거하였다.

신유일(9일)에 영의정 자리에서 해임되었다.

을축일(13일)에 부원군(府院君)32)에 하비(下批)33)되었다.

갑술일(22일)에 왕십리(往心里)로 이거하였다.

  그때, 대간의 논의가 매우 준열하여, 언제 화(禍)가 닥칠지 예측할 수 없었으니, 사대부들도 연루될까 두려워 문안하는 자도 없었다.

  이항복(李恒福) 공이 비변사(備邊司)에 있다가 서리(胥吏)를 불러 말하기를 “수레를 빨리 몰아라. 내가 풍원부원군(豊原府院君)께 인사 올리려 한다” 하니, 이 말을 듣는 자들은 의롭게 여겼다.

  통제사(統制使) 이순신(李舜臣)이 고금도(古今島)34)에 있으면서 선생이 탄핵되어 장차 파직될 것이라는 소식을 듣고, 울음소리도 내지 못하고 크게 탄식하여, “세상 일이 하나같이 이처럼 되어 가는가?” 하고, 이때부터 매번 배 안에 물을 떠 놓고 남모르게 기도를 하였다고 한다.

---

32) 부원군(府院君): 정1품 공신의 작호(爵號). 실직(實職)은 아니고 존경의 칭호이다.

33) 하비(下批): 관직에 추천할 때 삼망(三望)이라고 하여 세 사람을 추천하는 법이지만, 그렇게 하지 않고 한 사람만 단독 추천하여 임명하는 것을 말한다.

34) 고금도(古今島): 전라남도 완도군 고금면에 있는 섬. 명량해전 이후 이순신장군이 이곳에 통제영을 설치하였다. 이순신 장군이 전사했을 때 유해가 이 섬에 83일간 안치되어 있었다. 충무사(忠武祠)가 있다. 고구마가 이 섬에서 재배되다가 육지로 전래되어서 ‘고금도에서 나온 마’라는 뜻으로 고구마라고 한다는 이야기가 있다.

오성부원군(鰲城府院君, 이항복) 수록(手錄)

임진년(壬辰年)에 공께서 탄핵받았을 때 사제(私第)에 물러나 엎드려 있으면서 감히 공당(公堂)에 들어오지 못하였다. 내가 찾아뵈었더니, 오직 깊이 자신의 허물이라고 하며 자책할 뿐이었다.

무술년(戊戌年) 가을에 탄핵당하여 동교(東郊)에 있을 때, 내가 찾아뵈었더니, 웃고 맞이하면서 "공은 일찍이 내 집 문에 온 적이 없더니, 오직 기성(箕城: 평양)에서 한번 찾아왔고,35) 이번에 다시 찾아오셨구려. 공은 반드시 남들이 찾아오지 않을 때만 찾아오니, 우습구먼" 하였다.

종일토록 이야기를 나누었는데, 가슴 속에 쌓인 것을 숨기지 않고 모두 풀어내었고, 한 번도 원망하거나 미워하는 안색을 나타낸 적이 없었다.

사직서를 올렸으나, 윤허하지 않았다.

사직서를 올렸다. 휴가를 주었다.

11월 사직서를 올렸다. 휴가를 주었다.

병술일(5일)에 부포(釜浦)36)로 이거하였다.

무자일(7일)에 사직서를 올렸다. 휴가 기간을 늘려 주었다.

경자일(19일)에 파직(罷職: 관직에서 파면)되었다.

*이날 이순신 제독이 전사하였다.

신축일(20일)에 남쪽(안동)을 향해 출발하였다. 독임리(현 남양주시 수석동 미음나루)에서 숙박하였다.

계묘일(22일)에 용진(龍津: 현 양평군 양서면 양수리 앞 나루)을 건너 양근(楊

---

35) 선생은 왜란으로 파천할 때 개성에서 탄핵 당하여 파직된 후 평양에서 부원군에 서용될 때까지 계속 무관(無官)인 상태였다. 평양의 무관인 상태에서 오성부원군이 방문한 듯하다.

36) 부포(釜浦): 현 서울 성동구 금호동(옛 지명이 무쇠막임)으로 추정되었다.

根) 대탄(大灘: 양평군 양서면 대심리 앞 한강 나루터)에서 숙박하였다.

이날 도미천(渡迷遷)[37]에 이르러 멀리 삼각산(三角山)을 바라보고, 말에서 내려 네 번 절하고 갔다. 대개 이곳을 지나면 서울의 산천을 다시 볼 수 없기 때문이었다. 지은 시(詩)가 있으니,

> 전원으로 돌아가는 길 삼천리(三千里)
> 조정에서 입은 깊은 은혜는 40년.
> 도미천에서 말을 세워 머리 돌려 돌아보니,
> 종남산(終南山:서울 남산을 비유) 빛깔은 옛날과 다름없구나.

갑진일(23일)에 양근 성덕리(聖德里)[38]로 옮겨 묵었다.

선생은 파직 명을 듣자 무거운 짐을 벗은 듯이 느끼고, 향리로 돌아갈 생각이 강물 넘치는 듯하여 하루가 끝나기를 기다리지 못할 마음이었다.

온 가족이 함께 모여 가는 길이라서 등에 메고 손에 들고 가던 주머니가 모두 텅 비어 버렸다. 성덕리에 며칠간 머물며, 남중(南中)[39]으로 사람을 보내어 양식을 얻어오게 하였다.

기유일(28일)에 비로소 남쪽으로 출발하였다.

양근에 사는 강씨(姜氏) 성(姓)인 족인(族人: 먼 친척)과 진사 김언수(金彦琇) 제공(諸公)이 선생이 귀향하는 도중에 먹을 양식을 마련하지 못해 떠날 수 없는 것을 보고, 각기 쌀 말을 내어 도와주었기에, 이에 의지하여 길을 갈 수가 있었다. 늙은 말 한 필뿐이어서 자제들은 모두 걸어갔는데, 엎어지고 자빠지기도 하여 제 모습이 아니었다.

어떤 자가 시배(時輩: 시류를 타고 세력을 휘두르는 사람)에게 말하기를 "길에서

---

37) 도미천(渡迷遷): 『동국여지승람』에 "경기도 광주시(廣州市) 동쪽 한강 용진(龍津) 하류에 도미진(渡迷津)이 있고, 그 건너 북쪽 언덕을 도미천(현 팔당역에서 남양주 조안면 방향의 강변 길)이라 한다. 동쪽(상류)으로 봉안역까지 7~8리나 빙빙 둘렀는데, 신라 방언에 흔히 물 언덕 돌길을 천(遷: 벼랑)이라 불렀다"라고 하였다.

38) 성덕리: 현 양평군 강하면의 마을 이름.

39) 남중(南中): 지난날 양근군 남중면을 말한다. 옛 양근군에는 남시, 남중, 남종 등의 면(面)이 있었다. 현 광주군 남종면과 양평군 강하면의 사이로 추측되었다. 조선 시대에 군기시 시장(軍器寺柴場)이 있었다고 한다.

류 정승 행차를 만났는데, 짐바리가 길을 막았으며 노비에 이르기까지 모두 말을 타고 지나가더라" 하였다고 한다.

신해일(30일)에 충주(忠州) 금탄(金灘)40)에서 숙박하였다.

그때 명나라 장수 경력(經歷) 오서린(吳瑞獜)이 가까이 있어서 선생이 온다는 말을 듣고, 배첩(拜帖)41)을 보내어 문안하고 만나 보려 하였으나, 선생은 죄를 지어 귀향하는 중이어서 감히 예를 받아들일 수 없다고 사양하였다.

12월 임자일(초1일)에 일찍 출발하여, 황강역(黃江驛)42) 앞의 냇물 가에서 말을 쉬게 하였다.

"바위 위에서 얼음 샘물 소리를 듣다" 율시 한 편이 있다.

밤에 덕산촌(德山村)43)에서 숙박하였다.

산길이 좁고 험한데 눈보라까지 심하게 일어나, 지척을 분간하기 어려웠다. 선생은 하인들을 시켜서 부싯돌을 쳐서 불을 내어 서로 비추게 하였다. 2경(二更: 밤 9시에서 11시 사이)이나 지나서 비로소 덕산에 이르렀다. 그때 전쟁의 뒤끝이라 촌락이 모두 없어졌는데, 유독 산속에 한 마을이 있었다. 어렵사리 찾아 이르러 노숙을 면할 수 있었다.

계축일(초2일)에 운암(雲巖)44)에서 숙박하였다.

단양행(丹陽行) 시 한 편이 있다.

병진일(초5일)에 도심촌(道心村)45)에 이르러 근친하였다.

---

40) 금탄(金灘): 충주의 남한강과 달래강이 합치는 곳 인근의 나루. 한강 뱃길의 시발점인 듯하다.
41) 배첩(拜帖): 타인을 방문할 때 사용하는 봉투 크기의 붉은 종이에 쓴 명함. 이름, 고향, 직함 등을 기재한다.
42) 황강역(黃江驛): 제천시 한수면 역리에 있었던 역참(驛站). 현재는 충주댐 건설로 수몰되었다. 월악나루 북쪽 역리 앞.
43) 덕산촌(德山村): 제천시 덕산면 덕산리.
44) 운암(雲巖): 충북 단양군 단성면 사인암리로 추정되었다. 이곳에 선생의 작은 재실이 있었다.
45) 도심촌(道心村): 봉화군 춘양면 도심촌리. 임진왜란 때 백씨 목사공께서 대부인을 모시고 피란했던 곳으로 지금은 유적비가 있다.

도심촌은 태백산 아래에 있다. 그때 목사공께서 대부인을 모시고 그곳에 피란하고 있었다. "산속의 집에서 밤에 누워 빗소리를 듣다", "솔잎을 먹으며" 등 10여 편의 시를 지었다.

정사일(초6일)에 삭탈관직(削奪官職)[46) 되었다.

===

七月 壬子 承命迎邢軍門于碧蹄

八月 丙辰 隨邢軍門入城

九月 丙戌 迎丁主事應泰于慕華館

二十三日 乙巳 率百官伏閤

初 科道官主事丁應泰 劾奏經理楊鎬 喪師蔚山 不以實聞 及他誣罔誤事二十餘罪

本國聞之 卽遣崔天健上本伸辨 憲府啓 當再遣時任大臣 以重其事 意在先生 上命左相李元翼往 丁應泰到定州 聞李左相繼往 大怒 又劾本國符同楊鎬 共爲欺蔽 且誣引倭犯遼

九月二十三日 乙巳 其報始至 上震怒 卽日不視事 諭大臣稟決庶政於東宮 朝廷遑遑 時 李左相赴京 李右相德馨從劉提督在順天 獨先生在政府 遂率二品以上 伏閤 請視事不允 且欲駕幸平山溫井 以避應泰 命司僕寺立馬 群臣尤恐失措

二十四日 丙午 又伏閤 卽日被劾

先生率百官 連日力爭 且議遣大臣辨誣 以李德馨爲陳奏使 上意愈牢 終不視事 擧朝遑遑 會邢軍門差人詣闕 言南軍乏糧 卽發風力科道四五員 催運糧餉 政院啓稟 上不答 差人立催 日晚方承命

時 先生方在闕庭 啓請視事 吏曹判書洪進持官案 詣先生前 問其可去者點案 倉卒 得典翰金藎國執義黃廷喆兵曹正郎尹宖 未得其一 指持平宋錫慶曰 此可否 旣而曰 持平李爾瞻有才幹 遂以四人啓之 報軍門

---

46) 삭탈관직(削奪官職): 죄 지은 자의 관직과 품계를 빼앗고 사판(仕版: 벼슬아치 명부)에서 이름을 지워버림.

時 爾瞻在班 陰伺間隙 百計奇中 因此又激怒 卽獨啓 劾先生不自請行 且言辨誣事急
當卽日遣時任大臣 而同僚意異 避嫌而出 仍還家 待命不發行 尹宖疏繼入 而語侵先生
尤峻 上是其說 且敎曰 爭是非之臺諫 不可出 留爾瞻 代之宋錫慶

二十五日 丁未 呈文于徐科道
　先生旣被劾 而以國事方急 政府無人 不敢遽避 俛俛行仕 一邊啓請視事 一邊陳辨於
科道 辭旨痛迫 縷縷數百言 科道爲之感動 信納其說 翌日 又呈於邢軍門 軍門亦痛知
其實狀 慰勉甚至

上猶不視事 先生與百官 奔走陳請 憂悴滿顏 而一日二日之間 不悅者蜂起 陳疏以攻先
生 而語益加慘

二十六日 戊申 上箚自劾 仍辭職 不允
略曰 臣遭國家莫大之變 處置顚倒 群情憤惋 夫有一日朝廷 則當有一日紀綱 公論 國
之紀綱也 大臣自負罪犯 不恤公論 晏然如平日 則何以爲朝廷 古人雖處一葉舟上 而去
就不可苟 良有以也
臣 不幸 處非所據 狼狽至此 非臣自信己心 血誠報國之始願也 伏乞俯察輿情 褫奪臣
職

二十七日 己酉 差陳奏使 詣闕啓事
　藝文館上箚 略曰 今日之事 軍門爲殿下慰勉之 給事爲殿下昭雪之 而殿下斷之於心
莫之回聽 以社稷外物 討賊餘事爲敎 臣等未知 棄社縱賊 而方可雪惡名乎

阻隔上下 謝絶機務 謂避嫌之擧 處變之道 如是 臣等未知 視事聽政 有妨碍於雪冤乎
群下之情 不以辨釋於天朝爲難 而以湮鬱於咫尺爲悶 遑惑危迫 連日伏閤 必欲先通稟
決之路 方定辨誣之行

而彼樂禍幸事之輩 敢乘時投隙 而出托名雪冤之事 陰逞陷人之計 以請殿下視事 謂之
塞責 以不請自往 謂之規避 嗚呼 近日以來 人心益危 若不保朝夕 雖宵旰憂勤 老成在
朝 猶恐其不能鎭定 乃欲使宮門久閉 鼎台俱空 其爲計也 吁亦慘矣

伏願 亟徇輿情 洞開宮門 登對臣僚 導達情意 陳奏一事 極其商確 以之辨誣 以之滅賊
以之安社稷定國家 則其邪孼之氣 自然見晛而潰滅 正直之實 昭若日星之光明矣 （沈
諿俞昔曾等）

二十八日 庚戌 上箚自劾
先一日 承文正字柳潚 繼諸奸 上疏攻先生 是日 先生方在闕庭 終日啓事 而全不知有
此罔極之讒 及日暮還家 然後 始得聞知 翌日 乃上箚自劾
　略曰 伏以臣被論旣重 當退 伏待罪 決不可抗顔朝列 特以時方危急 昨日冒犯公議 再
詣闕下 隨參啓事 且啓臣奉使等事 承文正字柳潚又上疏 極陳臣罪惡 疏已進御 而臣全
不聞知 啓事自如 臣之蹤跡 孤危羣瞽 行世據此 可知 非但臣不可居大臣之位 今此奉
使亦豈可使如此者爲之乎

聞 疏中亦言 使忠正者 差遣 此實公議也 今特遣大臣辨釋擧國莫大之事 而顧使罪惡狼
藉 爲國內最所賤棄者 差遣 其何望於感動皇聽 臣亦何顔見中朝士大夫 論辨曲直乎 臣
今爲此言 罪臣者又必以規避遠行之目 歸之 事理如此 死生榮辱 有不可苟也

辛亥 出東城外待命 呈辭　不允
李爾瞻柳潚及儒生洪奉先崔喜男等 皆李某之門客也 李某讐嫉先生 必欲擠陷 與其子
微服騎驢 晨夜往來謀所 以傾軋先生者 無所不用其極

至是 喜男等 往黃海道 召募無賴之徒 謀免軍役者數十人 托稱儒生 奉先先聚其黨李好
信等 將入館陳疏 而恐館學諸生不從 詐言 將呈文于邢軍門及科道官辨誣 諸生信之 及
會奉先與好信 往來附耳語良久 始自袖中出疏草 乃誣先生疏也

諸生悉皆散去 奉先好信獨與其徒若干人 呈疏 故事 館學生上疏例 呈進不進單子于議
政府 是日 好信等不卽呈送 政府連遣人促之

最後 政府馹從池貴壽見好信等環立 大聲叱其下人曰 何不進單子 儒生等上疏 旣捉賢
宰相 汝輩又欲捉我乎 好信等怒而杖之 貴壽終不屈 出謂人曰 儒生所論不直如是 吾雖
下人 豈無痛惋之心乎

弘文館上箚曰 國運不幸 遭罹厄會 猝遇狂賊之變 不能自撥於顚覆之中 而惟我皇上 深
獎敬天之誠 特需無前之恩 乃大發糧兵 而使文武重望來管軍事 南邊全捷之報 朝夕且
至 而彼丁應泰之奸謀巧計 乃敢交孼於其間 凡受命東來 而盡瘁其職者 皆入詆陷之中
而至以引賊叛君等語 搆陷我國 以眩皇聽

若如此奸之計 則將必壞了大事 而皇鑑不惑 正論隨起布置 軍機終始如一 而天討之功
庶幾得完 則此邪翳之不能犯正 已可驗矣 然則彼誣之辭 幾已昭白 特未及做此一本
以達天聽 則陳奏之行 一日危急 而邪議橫生 大臣被讒 朝家之事 甚至潰裂 如奏草戡
定之事 亦無所主張 遑慌之中

時日易徂 使一國至痛至急之擧 漸至稽滯 臣等 聚首悶惋 心膽欲腐 凡奸邪之所以搆
陷人者 必乘君心所動處 故 彼幸禍之輩 乃拈出辨誣不急之語 指作好題目 欲售其賊賢
害正之計 而反使辨誣之事 至於壞敗 瞻聆所及 莫不憤痛 憸佞之傷人害國 吁亦慘矣

臣等竊見 尹宖柳瀟等 疏其搆捏大臣 而網打士類之計 極其巧險 而數三無賴之徒假儒
生之名 聽人指嗾 奸誣益甚 詩所云 讒人罔極者 正謂此也

夫柳成龍蒙被知遇 侍居從列已至三十餘年矣 當此危劇之時 環顧國事 無一着手處 而
奉戴王靈 將收撥亂之效 殫竭心力 久當應務之地 則其間作事之得失利鈍 亦聖鑑之所
洞燭 今不須容贅一事 至於淸素持身 赤心憂國 方之古人 亦無所愧 而孤潔自守 不喜
交游者 在人耳目 尤不可誣也

今者 或以爲賄賂公行 塡門排戶 或以爲勢焰薰灼 爪牙布列 或以爲忘國循私 或以爲當
途誤事 其詆捏之語 無所不至 而終以叛賊 緣此發跡 作爲陰慘之辭 其所以羅織者 非
獨陷一成龍 而欲使一世淸流 盡投於極罪之地 則好兇煽禍之慘 良可痛也

若催軍餉 事係至急 承命句當者 前後相望 而或以不平之語 發於衆坐之中 臺諫之出使
非獨一人 而或謂之忌其敢言 蓋疏章之發 雖由於傾軋之宿計 而御史之差 實激其怒 辨
誣之事 適得其會 自謂因此一事 可以上怒天聽 而下濟己私 相與抵掌而起 乃造不近之
語 敢逞欺明之計 而又以不自請行 以謂規避 請殿下視事 爲塞責

夫請行 或妨於事勢 視事 群情之所急 而反以規避塞責目之 其言之紕繆 至於此極 他尚何說

嗚呼 人主之職在於論相 而必能委任責成 然後 可以匡濟大業 故 韓琦遭跋扈之讒 而王陶見黜 司馬光遇奸邪之譖 而宗孟被斥 其明辨果決之意 千載可想 況 危迫之甚莫如此時 殿下以爲贊襄聖筭 而經紀已殘之緒者 有何人耶

伏願 殿下明其好惡 辨其邪正 使任事之臣 不至狼跋 而釋誣之擧 速就完集 則庶可以恢張公論 亟雪冤痛 而聖人之所作 至此而無所歉矣

臣等久抱孤誠 忝居近列 在今多事之日 似不敢瀆聖聰 第以宋南渡 亦極險攘 而當時大賢之謀國 先以陰邪朋結 國論未定爲憂 而繼以夷虜憑陵 國威不振爲慮 則今日之辨明是非 實係急切 而本館乃公論所在 若於此時 終無一言 則恐無以表著於當世 而垂揭於後世矣 善人在患飢不及餐 則臣等區區之意 亦在於此 惟殿下留意焉（金玏洪慶臣沈詻） 答曰 其言何足數 當留念

後 己巳歲 鄭愚伏與張相國維書云 白沙請謚狀來 自太常 晨起盥讀 則不惟摸寫 得此老 極其親切 一句一字 皆有稱停 不勝歆歎 唯戊戌間事 微似有失實處 丁奏辨誣之行 西厓未卽自請 非憚行也 其意實慮危機交急之日 身當百責之萃 遽請撥置自行 義有未安 而不知聖意之有屬

其曰 不以時請行者 措語固當 而其下輒係之以宣祖怒三字 則恐非實錄 蓋爾瞻諸奸之日夜窺伺 謀欲擠去此老者 非一日矣 至是乘機 柳潚以兵郎 先登上章 以憚行爲辭 以激上怒 而未遽怒 厓翁累箚自劾 而敦諭不許 臺諫多日論執 然後 始命遞職 設使微有怒意 其間儘有曲折 若如所錄 則似非先王進退大臣之道 幸加商訂如何

十月 甲寅 上箚辭職 不允
略曰 殿下之所被者 固天下之極變也 微臣之所坐者 亦人臣之大罪也 輕重大小雖有可論 但殿下無退道 而臣有退道耳 自遭變以來 前後聖敎 哀痛切迫 不敢自安於位 雖以社稷之大 土地人民之重 皆以爲餘事 而汲汲焉 唯倫紀之爲重 此固發於天理人心之不能自已然

臣等之所請者 亦是一道 國不可一日而無君命 臣不可一日而無稟承 斯道也 如天之運
如日之恒 無間可容息 其聞殿下退避之敎 其將惟諾承受而退乎 抑將泣血牽裾諫止其
事乎 雖使古人當此 恐不過如臣等近日之所處也

今 以自處與處人爲敎 臣尤遑懼隕越 不知所言 夫主辱臣死 臣之大節 臣雖暗劣 寧不
知此 但人臣自處於無罪之地 然後 可以爲國任事 今臣 前有規避不忠之罪 後有植私貪
權之惡 嶺海之外 爲臣死所 廊廟鼎軸 已非臣地 國言愈甚洶洶若沸 臣雖欲抗顔無恥
出治使事 人豈容之

朝廷亦可使負罪之人 仍辱國命 又將羞辱於天子之庭哉 伏乞聖明大奮乾斷 速褫臣職
更出忠正憂國之人 以爲大臣 奏請天朝 昭釋冤誣 臨書涕泣 不知所達

乙卯 又上箚辭職 不允
略曰 伏以 朝廷之待大臣 自有體貌 有罪無罪 當進退以禮 不可牛維而馬繫 其爲大臣
者 亦顧念朝廷之體貌 進退之間 稍存廉恥 不敢以其己之無狀 而自同於厮隷賤僕 臣立
朝三十餘年 無一事報國 而末路正得一箇奸字 孤聖明知遇之恩 負君父涵育之澤 尙何
言哉

昨暮 有府吏謄書儒生攻臣之疏 來示 言之汚口 見之駭目 發臣宿慝 攻臣肺腑 列臣罪
目 古之盧杞李林甫之不過如此 臣猥以孤拙 久當非據 雖知負乘之灾 致寇非遠 而亦不
知人怒之至於此極也 而頑不知退 冒昧竊據 抗顔於天日之下 百僚之上 揆之國體 亦豈
宜然

伏乞 聖慈亟命褫奪臣職 改授忠正大臣 以淸廊廟之器 以重奉使之體 仍下有司 治臣前
後罪犯 快施流放之典

又 上箚辭職 不允
略曰 國家之事 急於晷刻 而以臣之故 大臣虛位 陳奏之行 亦未時定 臣憂懼狼狽 求死
不得 伏覩聖批 以爲其言何足數 臣罪當萬死 而聖恩優容如此 臣寧不感激 臣當初聞
臺諫之啓 乃是朝著間 因國事而互相警切之語 且其所論只一事 在臣自處之道 當受以
爲罪 勉所不及 故 抗顔行公 出治使事

最後 館儒之疏 則攻之不遺餘力 至其末端所論 則臣不忍讀 且不忍書 夫館學乃多士之
所聚 所論當爲一世公論 使臣以爲不足數 而抗首奮氣揚揚 入政事堂 則前此雖未必爲
權奸 而到此方始爲權奸矣 自古豈有無公論之國家 又豈有蔑其公論 而可以爲大臣 又
豈有舉國之人指以爲權奸 而仍爲國任事者哉 敢望聖明 早賜處置

戊午 遞陳奏使
己未 移寓典農
辛酉 遞領議政
乙丑 府院君下批
甲戌 移寓往心里
時 臺議甚峻 禍將不測 士夫畏連累 無相問者 李公恒福在備局 呼吏曰 促駕 吾將往拜
豊原 聞者義之 李統制舜臣在古今島 聞先生被論將罷 失聲太息曰 時事一至於此乎 自
是 每於船中 酌水潛禱云

鰲城手錄
壬辰 公被論 退伏私第 不敢入公堂 余訪見 惟深引過而已 及戊戌秋 被彈在東郊 余往
訪 則出笑迎曰 公未嘗至我門 惟一訪於箕城 再訪於此 公之來 必於人所不來時來也
可笑 終日談論 展盡底蘊 無有餘隱 一不見其忿懟色

呈辭 不允
呈辭 給由
十一月 呈辭 給由
丙戌 移寓釜浦
戊子 呈辭 加給由
庚子 罷職
辛丑 發南行 宿禿任里
癸卯 渡龍津 宿楊根大灘
是日 到渡迷 望見三角山 下馬四拜而行 蓋過此 則不復見京山也 有詩云

田園歸路三千里
帷幄深恩四十年

立馬渡迷回首望
終南山色故依然

甲辰　移寓楊根聖德里
先生聞罷命　如脫重負　浩然還鄉　有不俟終日之意　而百口相聚　囊橐俱竭　少住聖德里
送人于南中　齎糧以來

己酉　始發南行
楊根有族人姜姓　及金進士彥琇諸公　見先生以糧資難辦不得行　各出米斗以助故　賴此
作行　而只有老馬一匹　子弟皆徒步　顚沛百狀　而有人言于時輩曰　道逢柳相行　卜馱塞路
至於婢僕　亦皆乘馬而去云

辛亥　宿忠州金灘
時　唐將吳經歷瑞獜在近　聞先生來　以拜帖來問　欲相見　先生謝以得罪回籍　不敢當禮
十二月　壬子　早發　休馬于黃江驛前溪邊

有　石上聽氷泉詩一律

山路險狹　風雪又作　咫尺不辨　先生令下人　扣石出火以相照　二更後始抵德山　時　兵火
之餘　村落皆盡　獨有一村在山中　艱難尋至　得免露宿

癸丑　宿雲巖
有　丹陽行　一篇
丙辰　抵道心省觀
道心在太白山下　時　牧使公奉大夫人　避亂于其處　有山齋夜臥聞雨　食松葉等　作十餘篇
丁巳　削奪官職

제5부

향리에서의 나날들

하외(하회)로 돌아오다, 58세

선조 30년(1599) 기해

정월 정유일(16일)에 서계(西溪)[1]에 가서 노닐었다.

2월 을축일(15일)에 하외(河隈)를 향하여 출발하였다.

병인일(16일)에 금계(金溪)[2]에 가서 성묘를 하였다.

정묘일(17일)에 비로소 하외에 도착하였다.

3월 계미일(초4일)에 옥연서당(玉淵書堂)에 나가 있으면서 사객(謝客: 찾아오는 손님 만나기를 사절함)하였다.

  선생의 얼굴빛 붉어짐이 날로 심하여, 감히 손님을 받아들일 수 없었다. 비록 동지(同志)가 와서 지나가며 들리더라도 모두 문에 이르러 헛되이 돌아갔다.

  그때 유천(柳川) 한준겸(韓浚謙)이 경상감사가 되어 고을 경계에 도착하자, 곧 찾아뵈려 하였으나, 선생은 편지를 보내어 오지 못하게 하였다. 그때 가까운 고을 사람들이 선생이 참소를 입어 조정을 떠났다고 여겨 상소를 올려 억울함을 다투려 하였다. 선생이 듣고 친한 사람에게 급히 편지를 보내 힘써 중지하라는 말을 전해주도록 하였다.

  재차 편지하여 "이런 일은 천부당만부당 하며 나를 더욱 낭패시킬 것이오. 여러 분들이 무슨 고생을 해가며 이런 일을 하여 화(禍)를 거듭 만들려 하오? 알지 못하

---

1) 서계(西溪): 도심촌의 서쪽에 있는 운곡천. 경북 봉화군 춘양면 서벽리에서 흐름을 시작한다.
2) 금계(金溪): 현 경북 안동시 서후면 성곡리(능골). 선친 감사공의 묘소와 재사(齋舍)가 있다.

겠소만, 정자(程子), 주자(朱子)께서 조정을 떠날 때, 그 당시의 뜻을 같이한 선비들이 서로 모여 억울함을 다투었던가요? 내가 감히 옛 사람의 일을 끌어들여 나와 비교하는 것이 아니라, 다만 그런 일을 하는 것이 부당하다고 말하는 것이오.

요즈음 선비들 습성이 아주 무너져 임금의 수레 아래에 상소장이 계속 이어져 있어 내가 부끄럽게 여겨 왔소. 어찌 스스로 이런 일을 보일 수 있겠소? 저들은 반드시 이것을 가지고 말을 꾸며내어 나와 경임(景任: 정경세(鄭經世))이 그렇게 하도록 일을 꾸몄다고 할 텐데, 누가 그것을 변무할 수 있겠소? 또 평생 씻기 어려운 욕이 될 것이오. 모름지기 인편을 통하여 극력 중지하도록 해 주시오. 소홀히 하면 안 되오" 하였다.

을미일(16일)에 서당 곁에 국화를 심었다.

무술일(19일)에 사당에 나가 전배(奠拜: 술잔을 올리며 절함)를 행하였다.
그때 아들 진(袗)이 신주를 받들고 도심촌으로부터 돌아와 사당에 안치하였다.

옥연서당 앞 강변에 나가서 매화를 감상하였다.

임인일(23일)에 초옥(草屋)3) 세 칸을 짓도록 하였다.

갑진일(25일)에 옥연서당에 나가서 매화를 감상하였다.

기유일(30일)에 옥연서당으로 갔다.
그때, 정사(精舍: 서당)의 복숭아꽃이 활짝 피었는데, 선생은 이러한 물건이 나와 무슨 관련이 있는가? 라고 여겼다. 모름지기 산수와 바람과 꽃을 따라야 하는데 그동안 도무지 마음을 붙이지 못하였다가, 바야흐로 마지막에 이른 진리의 경지였다. 그리고 절구(絕句) 한 편을 지었다.

---

3) 초옥(草屋): 서애 선생이 삭탈관직되고 향리에 돌아오니 마땅히 기거할 집이 없었다. 급히 초가삼간을 짓게 하였다. 그 뒤 63세 때 서미동에 농환재(弄丸齋)를 지어 거처를 옮길 때까지 이곳에서 생활하였다. 어느 땐가 없어졌는데(풍수해로 무너짐), 1993년 대구대학교 박물관에서 발굴조사를 시행하여 옛 유구(遺構)를 파악하였는데, 하회동 787번지라고 한다.

4월 신해일(초2일)에 어머니를 풍산(豊山)에서 맞이하였다.

그때 대부인의 나이가 이미 88세였다. 선생이 삭탈관직(削奪官職)되고도 그 화(禍)의 불씨가 사그라들지 않음을 듣고 밤마다 닭이 처음 울 때면 반드시 일어나 의복을 갖추고 상 위에 물을 떠 놓고 하늘을 향하여 손 모아 빌기를 "내 아들은 집에서는 효자이고 나라에서는 충신입니다. 하늘에 계시는 황천(皇天)께서는 이 같은 허위로 무함하는 것을 감히 못하게 해 주소서" 하면서 수십일을 빌었는데, 다른 사람들은 알지 못하게 하였다.

정사일(8일)에 어머니를 모시고 만송정(萬松亭)에서 잔치를 차렸다.

갑자일(15일)에 옥연서당으로 갔다.

윤달(4월) 신사일(초3일)에 옥연서당으로 갔다.

신축일(23일)에 옥연서당으로 갔다.

화죽(花竹: 줄기에 얼룩점이 있는 대나무)을 심었다.

6월 병신일(18일)에 옥연서당으로 갔다.

을사일(28일)에 왕명으로 직첩을 되돌려 주었다가, 얼마 안 되어 도로 걷어갔다.

임금이 직첩(職牒)을 환급(還給)하니, 삼사(三司)에서 의론하여 따졌다. 임금이 옥당(玉堂:홍문관)의 차자에 대답하기를 다음과 같이 하였다.

"탄핵(彈劾)한 일이 실정에 너무 지나치니, 그 사람 본인도 승복(承服)하지 않을 뿐만 아니라, 주변의 사람들도 역시 승복하지 않고 있다. 주화(主和: 화의를 주장함) 두 글자를 가지고 탈을 잡아 말을 하다가, 진회(秦檜)[4]라고 비유하기까

---

4) 진회(秦檜, 1090-1155): 중국 남송(南宋)의 간신(奸臣). 1131년부터 24년간 재상의 자리에 있었다. 금(金)나라에 대한 철저 항전(抗戰)을 외치는 군벌과 명분론, 양이론의 입장에서 실지(失地) 회복을 주장하는 여론을 누르고 금나라와 중국을 남북으로 나누어 영유하기로 합의하고, 그 조건으로 남송은 금나라에 대하여 신하(臣下)의 예를 취하고 세폐(歲幣)를 바쳤다. 문자(文

지 이르렀는데, 진회는 오랑캐의 지시를 받아 처자를 보전하였으며, 몰래 송(宋)나라로 들어와서 금(金)나라를 위한 계책으로써 화의를 주장하고 악비(岳飛) 등을 죽였지만, 지금 류모(柳某)는 왜적의 지시를 받아 몰래 음모를 부려 처자를 보전하고 주화(主和)를 했다는 것인가? 이런 주장이 사람들 마음을 복종시키고 국시(國是)를 정할 수 있겠는가?

그의 마음은 종사가 장차 망할까 민망히 여겼고, 명나라 조정에서 이미 화의를 허락하도록 하였기에, 그 때문에 권도(權道: 임시 방편)로 그 일을 성취시킨 것이었다. 똑바른 도리로 다스린다면 나 역시 감히 잘못이 없다고 할 수 없는데, 원래의 사정은 이와 같음에 지나지 않았다. 아! 아! 그때는 누군들 따라가지 않을 수 있었겠는가? 지금에 와서 다투어 빠져나가려 하면서 "나는 그런 일 없어. 나는 그런 일 없어" 하는데, 모두 우상(右相: 당시의 우의정은 이항복이었다)에게 죄인(罪人)이 된다.

또 중론(衆論)을 배격하고 한밤중에 사신을 보냈다는 주장은 더욱 말할 거리도 못 된다. 그때 조정의 의론을 널리 거두어 모아 정한 것이고, 조정의 의론을 빼앗아 그르쳤다고 한다면 승정원(承政院)에서 고증(考證)하면 바로 알 수 있을 것이다. 과연 중론을 어기고 혼자서 사신을 보냈다 할 수 있는가? 이런 등속의 주장을 하는 말은 모두 공박하지 않아도 저절로 무너지게 되어있다. 하물며 전에 이미 공론을 따라 직책을 혁파(革罷)하였는데, 이제 여러 달을 지났으니 지금 어찌 그 관직을 회복해서는 안 된다 할 수 있겠는가?"

처음에 대간(臺諫)에서 선생이 화의(和議)를 하였다고 공격하였을 때, 우의정 이항복이 상소하여 말하기를 다음과 같이 하였다.

"신이 일찍이 남중(南中)에 있을 때 이원익(李元翼)과 더불어 시사(時事)를 말하였습니다. 신이 말하기를 '오늘날의 나라 형세는 마치 사람이 목구멍에 기(氣)가 막힌 것 같아 모든 맥(脈)이 끊어지려 하니, 반드시 먼저 이 기를 급히 내리고 난 뒤 살아날 길을 논의할 수 있을 것'이라 하였는데, 이 말은 오직 이원익만 들었고 다른 사람들은 알지 못합니다. 그렇지만 신이 어찌 감히 다른 사람이 모른

字)의 옥(獄)을 일으켜 반대파를 탄압하고, 장군 악비(岳飛)를 모함해 죽였다. "악비가 도대체 무슨 죄를 지었는가?" 하는 물음에, "막수유(莫須有, 있을지도 모르지 않은가?)"라고 한 대답이 유명하다.

다고 숨겨 모른 척하겠습니까? 지금 이런 일로 성룡(成龍)을 죄 주었으니, 다음 차례 삭탈관직당하는 일이 신의 몸에 닥칠 것입니다."

임금께서 정직하다고 하였었다. 그래서 비답 가운데 특별히 거론하여 삼사(三司)를 창피하게 하였던 것이나, 얼마 있다가 그들의 논의에 따르고 말았다.

7월 임신일(25일)에 앞산에 올라 유람하고 옥연서당에 갔다.

8월 경인일(14일)에 금계(金溪)로 가서 선영(先塋)에 배소(拜掃)하였다.
길에서 한 사람을 만났는데, 벌거벗은 채 소를 타고, 두 다리를 소뿔 사이에 걸치고 있었다. 선생의 말을 빼앗아 가 버리니, 자제들이 노하여 잡아다가 무례함을 죄주려 하였는데, 선생은 껄껄 웃고 그만두게 하였다.

임진일(16일)에 하외로 돌아왔다.

을미일(19일)에 서천군(西川君) 정곤수(鄭崑壽)5) 공이 찾아왔다.
선생이 옥연서당에서 전송하였다.

정유일(21일)에 송림에서 친척 사람들과 모였다.

9월 갑인일(초8일)에 목사공(백형)과 함께 배를 타고 옥연서당 앞 강물에서 노닐었다.
약소한 주연을 가진 뒤 저물어 돌아왔다.

을묘일(초9일)에 대부인을 모시고 헌작(獻酌: 술잔을 올림)을 하였다.

---

5) 정곤수(鄭崑壽, 1538–1602): 호 백곡(栢谷). 문과. 상주목사, 강원도 관찰사. 승지 대사성 병조 참판 임진왜란 때 의주로 호종. 청병진주사(請兵陳奏使)로 명나라에 갔다. 원병을 얻어온 공로로 판돈녕 부사. 예조판서. 호성공신 1등. 서천부원군. 영의정에 추증. 시호 충민(忠愍)에서 충익(忠翼)으로 되었다. 본관 청주. 초명은 규(逵)였으나, 곤수로 개명하였다. 정구(鄭逑)의 형이다. 퇴계문인. 백곡집.

10월 정축일(초하루날)에 대부인께 헌수(獻壽: 장수를 빌며 술잔을 올림)를 하였다.

무인일(초2일)에 예천군수 노경임(盧景任)6)을 겸암정에서 전송하였다.

  이날, 옥연서당에서 묵었다.

임인일(14일)에 약포(藥圃) 정상국(鄭相國)7)이 내방하였다.

옥연서당에 갔다.

계묘일(15일)에 국화를 따다.

  앞서, 서당 동쪽 끝에 작은 밭을 일구어 국화를 심었었다. 이때에 이르러 꽃이 활짝 피었다. 선생이 그 가운데를 소요하면서 "채국동리(採菊東籬)"8)를 제목으로 자제들에게 시를 짓게 하였다.

  홀연 패랭이를 쓴 두 사람이 울타리 밖을 따라 지나면서 감탄하며 "국화가 참 아름답도다" 하니, 또 한 사람이 "이 집 주인은 어진 분이로구나! 집은 초라하여 겨우 세 칸인데, 유독 이 꽃을 심어 이처럼 활짝 피게 하였으니, 어진 분이 아니면 이처럼 할 수가 없지" 하였다.

11월 신해일(11일)에 옥연서당에 갔다.

을묘일(15일)에 옥연서당에 갔다.

---

6) 노경임(盧景任, 1569-1620): 호 경암(敬菴). 문과. 홍문관 정자. 임진왜란 때 충청도와 상주에서 의병 활동. 사헌부 지평. 예조정랑. 4도체찰사 이원익 종사관. 예천 군수. 성주 목사 때 정인홍의 탄핵으로 파직. 도승지에 추증. 낙동강변에 은거하여 여생을 보냄. 본관 안강(安康). 선산 출신. 겸암선생 사위 장현광 생질. 서애문인. 경암집. 하상송정기(河上松亭記)가 있다.

7) 약포 정상국(藥圃 鄭相國): 정탁(鄭琢, 1526-1605)을 말한다. 약포(藥圃)는 호이다. 문과. 이조좌랑, 도승지, 대사헌, 이조참판. 임진왜란 때 좌찬성으로 호종한다. 우의정. 정유년에 옥중의 이순신을 극력 신구(伸救)하였다. 좌의정, 서원부원군, 호종공신 3등. 본관 청주. 퇴계, 남명 문인. 약포집, 용만문견록(龍灣聞見錄)이 있다. 시호 정간(貞簡)

8) 채국동리(採菊東籬): "동쪽 울타리 아래에서 국화를 꺾어들다" 도연명의 연작시 음주(飮酒) 가운데 나오는 구절이다. 세상사와 아득히 멀어진 탈속(脫俗)의 심경을 상징하는 구절이다.

병인일(26일)에 옥연서당에 갔다.

머물러 자고 돌아왔다.

12월 신축일(26일)에 판서(判書) 김찬(金瓚)⁹⁾의 부고(訃告)를 들었다.

지은 제문이 있다.

김창원¹⁰⁾에게 편지를 보내어 학문을 논하였다.

그 대략은 다음과 같다.

"지금 사람들은 옛사람들의 학문을 한 경로에 대하여 일반(一斑)¹¹⁾도 보지 못하였으면서 허탄하고 교만하여, 뻣뻣이 얼굴을 들고 정자(程子)와 주자(朱子)를 낮추어보는데, 이런 풍조가 날로 자라나 못난 사람이 자기가 불초한 줄도 모르고 있으니, 개탄스러워 탄식하지 않은 적이 없었으나, 뭐라고 상대하여 말을 일러줄 사람도 없고, 사람들 역시 반성할 생각을 하려 들지 않으니, 어쩌면 좋겠는가?

그러나 도리라는 것은 아주 밝아서, 다만 눈앞에 있는 것이네. 비록 상산(象山: 陸九淵)이나 양명(陽明: 王守仁)이 지금 세상에 다시 태어난다 하더라도, 나는 쉽게 항복하는 깃발을 세우지 않을 것이네. 하물며 지금 세상의 소위 '술지게미나 먹고 묽은 술 마시는 사람(녹록한 소인배)'들 수백 수천이 있더라도, 어찌 나의 털 한 올이나마 움직일 수 있겠는가? 그대의 소견이 다행히도 괴각(乖角)¹²⁾되지 않으니, 끊임없이 노력하게. 이설(異說)에 휘감기지 말게. 그러면 어찌 서로 사귀는 행복을 누리는 데에 그치겠는가?"

---

9) 김찬(金瓚, 1543–1599): 호 눌암(訥菴). 문과. 삼사(三司)의 관직을 두루 역임한다. 임진왜란 때 파천에 반대. 이산해 탄핵. 양호조도사(兩湖調度使)로 군량 공급. 명나라 상대로 외교업무. 이조판서. 경제에 밝고 외교적 수완이 뛰어났다. 본관 안동. 시호 효헌(孝獻)

10) 김창원(金昌遠): 김홍미(金弘微, 1557–1605)를 말한다. 창원(昌遠)은 자(字)이다. 호 성극당(省克堂). 문과. 승문원 부정자. 부수찬. 형인 김홍민(金弘敏)과 더불어 문명을 떨쳤다. 청송부사를 거쳐 강릉 부사로 부임하였는데 마침 을사년(1605) 대홍수 때로 수재를 구휼하는 격무로 현직에서 별세하였다. 본관 상주. 겸암 선생 맏사위. 서애 문인.

11) 일반(一斑): 표범의 한 얼룩점. 진서(晉書) 왕헌지(王獻之) 전(傳)에 "대통 속으로 표범을 보면 얼룩점 하나만 보이고 표범 전체는 볼 수 없다"에서 유래하여, 얼룩점 하나를 보고 표범 전체를 안다, 또는 표범 전체를 알랴?의 뜻으로 사용한다.

12) 괴각(乖角): 성질이 비꼬이다. 소의 뿔이 가지런하지 못하고 각각 다른 방향으로 뻗은 것을 말한다.

뒤에 또 답서(答書)에서,

　　"학문의 뜻을 논의한 바가 매우 적실(的實)하네. 우리들이 평소 행동을 똑바로 한다고 하지만, 성의가 없다면 살아있는 둥 마는 둥 하고, 겉과 속이 한결같지 못하여, 그 때문에 필경에는 생각이 내 것이 되지 못하고, 텅 비고 엉성하여 쓸모가 없는 것이 되고 마는 것이니, 간절히 바라기는 가까이 있는 데에서 힘써야 할 것이네.

　　다만 '하나의 진실된 이치가 마음속에 뭉쳐 있다'라고 한 것은 말의 뜻이 분명치 못하네. 대개 이치는 형체가 없으니, 오직 공경하며 당연한 이치를 따라 행동을 한결같이 하여 마음이 밖으로 내달리지 않게 하면, 저절로 이르는 곳이 있을 것이며, 이단(異端)들이 어둡고 컴컴한 속에서 모여 정신을 희롱하는 것과는 다르네. 깊이 바라노니, 옛날 낡은 생각은 씻어버리고 한결같은 맛으로 사서(四書) 가운데에 고요히 마음을 잠겼다가 활연(豁然: 환히 깨달음)한 효과를 거두게나."

　　또 말하기를 "10여 년 이래로, 벗들이 거의 다 세상을 떠나버려, 도의에 관한 이야기가 귓가에 조금도 들리지 않았는데, 요즘 보내준 편지를 받아보니 내 뜻이 세 번이나 깨우치게 되었네. 나는 이일을 감히 마음에서 잊어버리지 않았으나, 지금에 이르도록 조금도 참된 뜻을 터득하지 못하고, 이따금 깊은 구덩이 속으로 빠져들기도 하였는데, 지금은 그러나 눈앞에 나아갈 길이 날마다 더욱 역력히 드러나고 있으니, 이 일로 조용히 살펴본다면 수많은 성인께서 전해 준 종지(宗旨)[13]가 한 줄로 꿴 구슬과 같다는 것일세."

또 말하기를

　　"요즈음 무슨 책을 보고 있으며 생각은 어떠한지? 만약 마음을 다스리고 성품을 기르는 공부에 관한 일로 세월을 보내다 보면, 저절로 세상의 허다한 시끄러운 일들이 나의 영혼(靈魂)을 더럽히지 못하며, 또 늙음이 다가오는 것도 알 수 없게 될 것이네. 평생 이러한 뜻을 알면서도, 있는 둥 없는 둥 하는 사이에, 지금은 백발이 머리에 가득하게 되었네. 그러나 가난과 괴로움, 배고픔과 추위가 나를 크게 흔들지 못하는 것은 내 손아귀에 (마음을 다스리고 천성을 수양하는) 이 파병(欛柄: 칼자루)을 쥐고 있다는 믿음에 힘입어서라네."

---

13) 종지(宗旨): 근본 말씀(가르침).

하루는 도사(都事) 배용길(裴龍吉)14)이 와서 뵈었다. 말하기를 "저는 옛것을 좋아하는 마음이 매우 굳습니다. 잠깐 보기에 지금 사람들은 옛사람들이 처신한 것만 못한 것 같습니다" 하였는데, 누르기 힘든 불만과 고민이 가득하고 불평하는 마음이 말에 나타나서, 사람들에게 많은 원망을 가지고 있는 듯하였다. 선생은, "옛것을 좋아하는 마음이야 진실로 훌륭하지만, 그러나 남들이 옛사람만 못하면 미워할 줄 알고, 자기가 옛사람만 못하면서 미워할 줄 모르니, 병근(病根)이 어디에 있을까?" 하였다. 용길이 부끄러워하며 사죄하였다.

===

二十七年 己亥 先生五十八歲

正月 丁酉 遊西溪

二月乙丑 發向河隈

丙寅 省墓于金溪

丁卯 始到河隈

三月癸未 出玉淵書堂 謝客

先生以火色日甚 不敢接賓客 雖同志來過 皆至門空回 時 韓柳川爲嶺伯到界初 卽欲來訪 先生 以書止之

時 近邑人 以先生被讒去國 欲陳疏訟冤 先生聞之 急貽書所親 使轉告 力止之 又再書曰 此事 千不是 萬不是 使吾狼狽益甚 諸人何苦而爲此 以重其禍耶 未知 程朱去國當時同志之士 爲之相聚訟冤否乎 吾非敢引古人事以自比 只言其必不當爲也 近日士習極敗 公車之下 章疏相續 吾嘗恥之 豈願親自見之耶 彼必執以爲辭 以爲吾與景任主張 爲之 則誰能辨之 且爲平生難洗之辱矣 須從便通之 使之極力止之 不可忽也 云云

乙未 種菊

戊戌 行奠拜于祠堂

時 子袗奉神主 自道心出來還 安于祠堂

_____

14) 배용길(裴龍吉, 1556－1609): 호 금역당(琴易堂) 본관 흥해. 배삼익(裴三益)의 아들. 진사. 임진왜란 때 안동의병장 김해(金垓)의 부장으로 활약하였다. 정유재란 때 화의 반대를 상소하였다. 1602년 문과. 검열, 대교, 사헌부 감찰, 충청도 도사. 김성일 문인. 서애 선생, 조목, 남치리에게 사사(師事)하였다. 역리(易理)에 밝았다. 금역당집이 있다. 이때는 문과 합격 전이었다.

出玉淵 觀梅

壬寅 作草屋三間

甲辰 出玉淵 觀梅

己酉 出玉淵

時 精舍桃花盛開 先生以爲此物關我何事 要須從山水風花 都不着心 方是究竟法[15] 仍書一絶

四月辛亥 迎大夫人于豊山

時 大夫人年已八十八矣 聞先生削職 而禍焰猶未已 每夜鷄初鳴 必起而衣服 酌水置床上 向天祝手曰 吾子 在家爲孝子 在國爲忠臣 皇天在上 不敢虛誣如是者 凡數旬 不使人知之

丁巳 奉大夫人 設酌于松亭

甲子 出玉淵

閏月 辛巳 出玉淵

辛丑 出玉淵

種花竹

六月 丙申 出玉淵

乙巳 命還職牒 未幾還收

上還給職牒 三司論之 上答玉堂箚曰 論事過情 非但其人不服 旁觀者亦不服矣 以主和二字爲執言之地 至比之於秦檜 檜受虜人之旨 保全妻子 而潛來于宋 所以爲金人謀 力主和議 殺岳飛等 今柳也 亦受倭賊之旨 潛通陰謀 保其妻子 而主和耶 是說足以服人心 而定國是乎

蓋其心 悶宗社之將亡 天朝旣令許和 故權就一事 律之以直道 則子亦不敢不謂之誤也 原情不過如此而已 嗟嗟 其時 孰不靡然 到今 爭自脫然曰 余無是也 余無是也 云爾 則皆右相之罪人也 且排衆論 夜半遣使之說 尤不足道 其時 廣收廷議 定 奪其廷議在政院可攷也 果爲違衆而獨遣使乎 這等說話 皆不攻自破 況前旣從公論 革職 已經歲月 今何可不復其職乎 云云

---

15) 구경법(究竟法): 궁극적인 진리의 세계(류명희 역 『류성룡 시 111』 388쪽).

初 臺諫之以和議攻先生也 右議政李恒福上疏言 臣曾在南中 與李元翼語及時事 臣謂今日國勢 如人氣窒喉間 百脈將絕 必先急下此氣 然後 生道可議 此言唯元翼聞之 他人不知 然臣何敢謂人不知 而隱黙自諱乎 今旣以此罪成龍 則次第鋤削當及臣身矣 上直之 故批中 特舉之 以愧三司 旣而竟從其議

七月 壬申 登覽前山 仍往玉淵
八月庚寅 出金溪拜疏掃
路遇一人 騎牛露體 以兩脚掛牛頂 掠先生馬而去 子弟怒其無禮 將捉而罪之 先生呵止之
壬辰 還河隈
乙未 西川君鄭公崑壽來訪
先生送之于玉淵
丁酉 會族人于松林
九月 甲寅 與牧使公 乘舟遊玉淵

小酌 暮還
乙卯 奉大夫人 獻酌
十月 丁丑 獻壽于大夫人
戊寅 送盧醴泉景任于謙庵
是日 宿玉淵
壬寅 藥圃鄭相國來訪
出玉淵
癸卯 採菊
先是 草堂東邊 開小圃 種菊 至是 花盛開 先生逍遙其間 以採菊東籬爲題 令子弟賦之 忽有二人戴蔽陽子 從籬外過去 歎曰 美哉 菊花 一人曰 此家主人 其賢者乎 白屋僅三間 而獨植此花如此之盛 非賢不如此

十一月 辛亥 出玉淵
乙卯 出玉淵
丙寅 出玉淵
留宿而還

十二月 辛丑 聞金判書瓚訃

有祭文

與金昌遠書 論學

略曰 今人於古人論學路徑 未有一斑之見 而虛誕驕傲 抗然欲下視程朱 此風日肆 鄙人
不自知其不省 未嘗不慨然發歎 而無人告語 人亦莫肯省念 奈何

然 道理昭然 只在眼前 雖使象山陽明生今之世 僕未應遽竪降幡 矧今世之所謂餔糟啜
醨者 雖百千 寧能動吾之一髮哉 如君所見幸未乖角 千萬勉之 勿爲異說所撓 則豈但交
遊之幸而已哉

後又答書曰 所論爲學之意 甚的實 吾輩平生行己 正坐無誠意 若存若亡 表裏不一 故
畢竟 所見 不爲吾有而爲空疎 無用之物 深願左右之勉之也

但 一段實理 凝聚在方寸之云者 語意未瑩 蓋理本無形 惟敬而循其所當然之理 動靜專
一 心不外馳 則自有所至 非如異端 聚弄精神於冥然窂窂之中也 深望濯去舊見 一味潛
心於四書中 以收豁然之效

又曰 自十餘年來 朋儕凋盡 耳邊絕不聞道義之談 近奉來示 三發我意 僕於此事 不敢
忘諸心 而至今無寸分眞得 往往墮落坑塹中 然 其眼前路脈 日益了了 以此靜觀 千聖
相傳宗旨 如一繩貫珠耳

又曰 近日看何書 意思如何 若從事於治心養性之業 以此度日 則世間許多紛紛者 自不
能累吾之靈臺 而亦不知老之將至矣 平生每知此意 而若存若亡 至今白髮滿頭 然其貧
苦飢寒 不能以大撓者 只賴此欛柄在手耳

一日 裵都事龍吉來謁 因言 己好古之心甚篤 纔見今人不如古人處 必憤懣不平 形之於
言語 以故多怨於人 先生曰 好古之心 固善 然 他人不如古人 則知惡之 自己不如古人
則不知惡 病根安在 龍吉憗謝

52 왕명으로 직첩을 돌려주었다, 59세

선조 33년(1600) 경자

정월 경신일(15일)에 옥연서당에 나갔다.

경오일(25일)에 옥연서당에 가서 보허대(步虛臺)에 소나무를 심었다.

2월 계미일(초9일)에 목사공과 함께 겸암정사1)에 갔다가 옥연서당에서 묵었다.

한식(寒食)날 금계 산소를 배소(拜掃)하였다. (목사공과 함께 갔다)

정유일(23일)에 하외로 돌아왔다.

무술일(24일)에 옥연서당에 가서 모란을 심었다.

3월 경술일(초7일)에 국화를 심었다.

임자일(초9일)에 옥연서당에 나가서 매화를 관상(觀賞)하였다.

기미일(16일)에 대부인을 모시고 옥연서당에 나가서 꽃을 관상하였다.

퇴계 선생의 연보(年譜)를 지었다.

---

1) 겸암정사는 부용대(芙蓉臺)의 서편 끝에 위치하고, 옥연서당은 동편 끝에 위치한다. 거리가 약 500미터이다.

그때 이정(而靜) 김윤안(金允安),2) 사열(士悅) 김태(金兌)3)가 연보 편차(編次)하
는 일로 옥연서당에 와서 모였다.
선생이 지은 절구(絕句) 4수가 있다.
그 하나는

은미(隱微)한 말씀 끊어진지 오랜데 스승님은 어디 계신지
부족한 후학(後學)은 혼자 떨어져 일마다 어려워라
남겨주신 책 홀로 품고서 한숨이 절로 나오네
요금(瑤琴)은 줄이 끊어져 퉁겨볼 수도 없는데.

또 하나는

서림(西林)에서 머리 돌려 추억하니 마음은 아득하고
계상(溪上: 도산)에서 강학(講學)하던 그 해가 생각나네.
지척에 있는 진리의 근원 찾다 끝내 못찾고
날은 저물어 지팡이에 기대어 탄식만 하네.

4월에 퇴계선생의 연보가 완성되었다.
그 발문이 있다.

을미일(22일)에 옥연서당에 나갔다.

5월 갑진일(초2일)에 옥연서당에 나갔다.

보허대에 대나무를 심었다.

---

2) 김윤안(金允安, 1562－1620): 이정(而靜)은 자(字)이고, 호는 동리(東籬)이다. 임진왜란 때 형
김윤사(金允思), 김윤명(金允明)과 함께 의병장 김해(金垓) 휘하에서 활동하였다. 광해군 때 문
과 급제. 대구 부사, 대사간. 병산서원에 서애선생 위패를 봉안하는 데 공을 세웠다. 화천서원
(花川書院)에 배향되었다. 본관 순천. 안동시 풍천면 구담리 출신. 겸암 서애 문인.
3) 김태(金兌, 1561－1609): 호 구담(九潭). 임진왜란 때 창의(倡義)하였으며, 화왕성 회맹에 격문
을 기초하였다. 학식과 재덕이 출중하였으나 초야에 묻혀 지냈다. 김상헌(金尙憲)이 비명(碑銘)
을 지었다. 본관 안동.

6월 경인일(19일)에 옥연서당에 나갔다.

7월 을사일(초4일)에 의인왕후의 부음을 들었다. 옥연서당에 나가서 서쪽(서울)을 향해 거애(擧哀: 애도(哭)하는 예)하였다.
  사가(私家)에 신위(神位)를 감히 설치할 수 없어, 단지 서쪽을 바라보고 곡하며 절하였다.

경술일(초9일)에 겸암정사에 가서 곡(哭)을 하였는데 변복(變服: 상복으로 갈아입음)을 하였다.

8월 임오일(12일)에 옥연서당에 나갔다.

갑신일(14일)에 금계에 가서 배소(拜掃: 성묘)를 하였다.
  목사공과 함께 가서, 배소(拜掃)하였다. 국상 중이므로 소찬(素餐)으로 간략하게 차려놓고 거행하였다.

을유일(15일)에 하외로 돌아왔다.

무자일(18일)에 보허대를 증축하고 달관대로 이름을 고쳤다.

계사일(24일)에 옥연서당에 갔다.

병신일(27일)에 겸암정사에 갔다.

10월 경진일(초10일)에 옥연서당에 갔다.

기해일(29일)에 '『대학』을 읽고 느낀 것(讀大學有感)' 절구 10수를 지었다.
  후에 김창원(金昌遠)에게 보낸 편지에서 "지난해 10월 29일 밤에 '대학 격물설(大學格物說)'을 생각하다가, 자못 깨달은 곳이 있는 듯하여, 새벽에 일어나 되는 대로 절구 10수를 지었네. 지금 기록하여 보내니 올바로 고쳐주게. (보내는 시의) 말편(末篇)의 인심(人心)과 도심(道心)은 진실로 둘 다 마음인데, 이것은 인심으로 알고 저것은 도심으로 아는 것은 어떤 사물(事物)이 그렇게 하는 것일까? 이 물건이 어둡지 않아야 여기에 정일(精一)4)한 공효(功效)가 있는 것인데, 요즈음 이런 생각이 자못 더욱 분명해지니, 곧 깨달음이 있는 것 아니겠는가?" 하였다.

선생은 일찍이 말하기를 "『대학(大學)』, 이 한 책은 첫머리부터 끝까지 모두 격물치지(格物致知) 공부인데, 그 요점은 '지(止: 머무름)' 한 글자에 달려있다. 뜻은 마땅히 성(誠)까지 가서 머물러야 하고, 마음은 마땅히 정(正)까지 가서 머물러야 하고, 몸은 마땅히 수(修)까지 가서 머물게 되면, 집안은 제(齊)에서 머물고, 나라는 치(治)에 가서 머물고, 천하는 평(平)까지 가서 머물고, 임금은 인(仁)에 가서 머물고, 부모는 자(慈)에서 머물고, 자식은 효(孝)에 머물고, 붕우는 신(信)에서 머물게 되니, 이것이 그 큰 요점이다.

자잘한 것들로 따져 본다면, 눈은 단(端)까지 가서 머물며, 손은 공(恭)까지 가서 머물며, 음성은 정(靜)에 머물러 있어야 한다는 종류들인데, 경례(經禮) 삼백(三百)과 곡례(曲禮) 삼천(三千)5)이 다 마땅히 머물러 있어야 할 곳에 있지 않음이 없다. 소위 격물치지(格物致知)는 오직 머물러야 하는 곳을 알아서 머무르게 하려는 것일 뿐이다"6)라 하였다.

또 일찍이 학설을 지었는데, '회재(晦齋) 이언적 선생의 "대학장구보유(大學章句補遺)"는 경문(經文)의 잘못된 곳을 분석하여 고쳐 놓았다'고 논하였다.

11월 계묘일(초3일)에 왕명으로 직첩을 돌려주었다.

선생은 왕명을 듣고 절구 한 수를 읊었다.

> 죽창(竹窓)에 찬 눈 내리는 쓸쓸한 밤에
> 천 리 밖의 대궐은 꿈속에 아련하네
> 흰 머리의 늙은이가 새 우로(雨露: 임금 은혜)에 젖으나
> 어찌 성명(聖明)하신 임금의 조정에 거듭 잘못을 저지르랴

---

4) 정일(精一): 서경 우서에 보이는 유정유일(惟精惟一)의 준말이며, 순수하고 깨끗하며 한결같이 변하지 않음을 이르는 말.

5) 경례(經禮) 삼백, 곡례(曲禮) 삼천: 경례는 예법의 대강(大綱)을 말하고, 곡례는 몸가짐에 대한 상세한 예법을 말한다. 예기(禮記)의 예기(禮器) 18장에 經禮三百 曲禮三千 其致一也라 하였고, 중용장구 27장에 優優大哉 禮儀三百 威儀三千이라 하였으며, 논어에도 經禮三百 曲禮三千 亦可以一言而蔽之曰 毋不敬이라 하였다.

6) 최고의 선(善)의 자리에 다다라서 그 자리에 계속 머물러 있어야 한다는 뜻.

선생은 사람들에게 말씀하기를 "이것은 내 마음 속에서 흘러나온 말이다" 하였다.

12월 임자일(13일)에 산릉(山陵)7)에 참례하려 서울로 떠났다.

그때 조정 바깥에 있는 파산관(罷散官: 실직(實職) 없이 품계(品階)만 가진 벼슬 아치)은 모두 국상(國喪)에 참예하도록 하려는 논의가 있었다.

문인(門人)들이 편지로 선생의 행지(行止: 참예 여부)를 물어오니, 대답하기를 다음과 같이 하였다.

"서울의 친구들이 편지하여 산릉(山陵)에 와서 만나자는 말이 매우 많으나, 내 생각으로는 조정의 예절은 엄숙함을 위주로 하니, 각자(各自) 마음 내키는 대로 함부로 나아갈 일은 아닐세. 조정에 반차(班次)도 없고 맡은 일도 없기 때문에, 감히 그 사이에 끼어들 수 없네. 초야(草野)에 있는 자들은 심산궁곡 중에서 슬피 울며 이리저리 뛰어다니는 것이 그들의 떳떳한 본분일세.

요즈음 비로소 성문 밖 궐문에서 곡림(哭臨)하는 사례가 있는데, 이것이 과연 예에 합당한지 모르겠네. 수십 년 전에는 이러한 규례가 없었는데, 요즈음 비로소 듣게 되었네. 나쁜 선례를 만드는 것인데 누구를 위한 것인지 모르겠네.

상(喪)을 치르는 일에 있어서 상궤(常軌)를 벗어나서 해서는 안 될 일을 범하는 것을, 옛사람들은 영애(佞哀: 아첨하여 함께 슬퍼함)한다고 말했네.

요즈음의 일에는 이것과 비슷한 일은 없었네. 나 같이 비천한 사람은 죄를 짓고 숨어나 겨우 쉬고 있는데, 비록 다행히 큰 은혜를 입었으나, 공의(公議)에서 아직 시비하고 있는지 알기 어렵고, 몸에는 상례(喪禮)에서 입을 옷(관복)도 없고, 조정의 반열에 서 있지도 않아, 마음으로는 비록 가고 싶지만 예(禮)로는 감히 갈 수가 없네. 퇴도(退陶) 선생께서 문정왕후(文定王后)의 상(喪)이 났을 때, 조정 밖에 있어서 갈 수가 없다고 하신 것이 한 예(例)일세. 귀하의 견해로는 어떻게 여기는지 알 수 없으니, 가부를 헤아려 의심을 가려주면 다행이겠네."

이윽고, 예조(禮曹)의 관문(關文)8)이 내도(來到)하고 또 시론(時論)도 더욱 준열(峻烈)해져서, 선생은 드디어 출발하였다. 기축일(20일)에 동대문 밖의 전농리에

---

7) 산릉(山陵): 왕과 왕비의 무덤으로 인산(因山: 장례) 전에 아직 이름이 정해지지 않은 것.

8) 관문(關文): 상급 관청에서 하급 관청으로, 또는 동등한 관청 사이에 보내는 문서 양식.

도착하였다. 경인일(21일)에 동성(東城: 동대문) 밖 길가에서 재궁(梓宮: 임금이나 왕비의 상여)을 곡송(哭送: 곡을 하여 전송함)하고, 그날로 출발하여 광주(廣州) 땅 어떤 마을로 돌아와 인가에서 묵었다. 무인일(29일)에 (하회로)돌아와서 옥연서당으로 건너갔다.

===

二十八年 庚子 先生五十九歲
正月 庚申 出玉淵
庚午 出玉淵 種松步虛臺
二月 癸未 與牧使公 出謙庵精舍 宿玉淵
寒食 拜掃金溪 (與牧使公同往) 丁酉 還河隈

戊辰(戊戌의 착오로 보임) 出玉淵 種牧丹
三月 庚戌 種菊
壬子 出玉淵 賞梅
己未 奉大夫人 往玉淵 賞花
撰退溪先生年譜
時 金而靜允安 金士悅兌 以年譜編次 來會玉淵書堂

先生有詩四絕
其一

微言久絕人何在
末學分離事亦難
獨抱遺編興一喟
瑤琴絃斷不堪彈[9]

---

9) 요금현단불감탄(瑤琴絃斷不堪彈: 요금의 줄 끊어져 감히 탄주할 수 없네): 퇴계선생의 매화시 (梅花詩)에 막향요금탄절현(莫向瑤琴嘆絕絃: 요금을 향하여 줄 끊어졌다 탄식하지 말게나)이라 는 구절이 있다. 서애 선생은 퇴계 선생의 연보를 완성하고 발문을 쓰면서 스승의 이 시구(詩 句)를 추억한 듯하다. *요금(瑤琴): 옥으로 장식한 거문고.

又

西林回首意茫然
尙憶臨溪講學年
咫尺眞源尋不到
一節惆悵暮雲邊

四月 退溪先生年譜成　有跋文
乙未　出玉淵
五月　甲辰　出玉淵
種竹于步虛臺
六月　庚寅　出玉淵
七月　乙巳　聞懿仁王后喪　出玉淵　西向擧哀 (擧哀: 애도(哭)하는 예)하였다.
以私處　不敢設位　只西望哭拜
庚戌　往謙庵　哭臨變服
八月　壬午　出玉淵
甲申　往金溪拜掃
與牧使公同往　拜掃　以國恤　略設素餐　而行之
乙酉　還河隈
戊子　增築步虛臺　改名達觀臺
癸巳　出玉淵
丙申　出謙庵
十月　庚辰　出玉淵
己亥　有讀大學有感　十絶

後　與金昌遠書曰　前年十月二十九日　夜思大學格物說　似有悟處　晨起謾書十絶　今錄奉
求正　末篇　人心道心　固皆心　其知此爲人　知此爲道者　何物也　此物不昧　精一之功在是
比來此意思　頗益了了　無乃有悟耶　云云

先生嘗曰　大學一書　從頭至尾　皆是格致工夫　其要在一止字　意當止於誠　心當止於正
身當止於修　以至家止於齊　國止於治　天下止於平　君止於仁　父止於慈　子止於孝　朋友

止於信 此其大者

就其小者而論之 則目止於端 手止於恭 聲止於靜之類 經禮三百 曲禮三千 莫非有所當
止者 所謂格致 惟欲知其所止而止之耳 又嘗著說 論李晦齋大學章句補遺 折改經文之誤

十一月 癸卯 命給職帖
先生聞命 有詩一絕

竹窓寒雪夜蕭蕭
千里楓宸夢裏遙
白首縱霑新雨露
豈宜重誤聖明朝

先生語人曰 此乃僕肝膈中流出語也

十二月 壬午 西赴山陵
時議 在外罷散官 皆令哭國喪 門人有以書問先生行止 答曰 京中親舊有書 言來會山陵
者甚多 鄙意 以爲疑朝廷之禮以嚴爲主 非人人徑情冒進之地 故無班於朝 無任於事者
不敢與於其間

其在草野者 悲號奔走於深山窮谷之中 乃是常分 近日 始有城門外闔門哭臨之例 未知
此果合禮耶 數十年前無此規 而近日始聞之 未知作俑者爲誰 凡喪事之過其常分 而犯
其所不得爲者 古人謂之佞哀

近日之事 得無類 是耶 如鄙人者 罪戾餘喘 雖幸蒙大恩 而公議之有無難知 身無喪服
立無班列 情雖欲赴 禮不敢赴 退陶先生於文定之喪 猶以在外不能赴 此亦一例 未知明
見以爲如何 幸量示可否 以破疑晦云云 旣而禮曹關文來到 時論又甚峻 先生遂行

己丑 到東大門外典農
庚寅 哭送梓宮於東城外路邊 卽日發 還宿廣州地村舍
戊寅 還渡玉淵

53 목사공 상과 대부인 상을 당하다, 60세

선조 34년(1601), 신축

3월 임인일(초4일) 대부인을 집으로 모셨다.

대부인께서는 목사공의 거소(居所)에 계셨는데, 선생은 목사공과 함께 지성으로 즐겁게 모셨었다. 혼정신성(昏定晨省)할 때마다 반드시 목사공을 기다렸다가 함께 들어갔고, 먼저 들어가거나 나중에 들어간 적이 없었다. 집안사람은 물론 비복들도 모두 이 사실을 살펴보고 마음속으로 알고 있었다.

이때에 이르러 목사공께서 병이 들어 증세가 매우 위급하였다. 선생은 대부인께서 놀라 근심하시다가 병이 될까 염려하여 둘러대는 말로 선생의 집으로 옮겨 모신 것이다.

계묘일(초5일)에 목사공이 별세하였다.

처음 목사공께서는 전해 겨울 말부터 병이 들었는데, 날로 심해 고질이 되었다. 선생은 지성으로 보살피고, 약물은 반드시 먼저 맛보고 난 뒤에 올렸고, 하루도 편안히 잠들지 못하였다. 이때에 이르러 구완해 내지 못하였다.

5월 임자일(초3일)에 목사공을 금계에 장례하였다.

선생이 지은 묘지(墓誌)와 제문(祭文)이 있다.

해원부원군(海原府院君) 윤두수(尹斗壽)의 부음(訃音)을 들었다.

선생은 깊이 놀라 애도하였다. 사람들에게 보낸 편지에서 "이 사람은 오늘날 쉽게 얻을 수 있는 사람이 아니다. 지난 임진년 사이에 만일 다른 사람으로 하여금 일을 담당하게 하였더라면 우리들은 남아있지 못하였을 것이다. 근래 자못 공평한 의론을 주장하였는데 갑자기 이 지경이 되었으니 운수로구나. 어쩌겠는가?" 하였다.

8월 병술일(21일)에 대부인 상(喪)을 당했다.

12월 서용(敍用)한다는 왕명이 내려왔다.

을유일(22일)에 대부인을 금계에 장례하였다.

　　그때, 추위가 심하여 사람들은 넘어지고 자빠지고 하여 벌벌 떨지 않는 자가 없었는데, 선생은 물이나 음식을 입에 대지 않고 종일 호곡(號哭)을 하여 얼굴색이 아주 새까맣게 되었다. 조객(弔客)들이 감탄하지 않은 자가 없었으며 눈물을 흘리는 자도 있었다.

병술일(23일)에 하외로 반곡(返哭)[1]하였다.

===

二十九年 辛丑 先生六十歲

三月 壬寅 奉大夫人于家

大夫人在牧使公所 先生與牧使公 至誠娛侍 每於晨昏定省之時 必相待同入 未嘗或先或後 家人婢僕亦皆審觀而竊識之 至是 牧使公有疾 證勢危劇 先生懼大夫人驚憂致疾 以權辭 奉遷于先生之第

癸卯 牧使公捐館

初 牧使公自前年冬末 得疾 日益沈痼 先生至誠扶護 藥物必先嘗而後進 未嘗一日安寢 至是 不克救

五月 壬子 葬牧使公于金溪

先生撰墓誌又有祭文

聞尹海原斗壽訃

先生深加驚悼 與人書曰 此人 在今日不易得 往在壬辰間 若使別人當之 吾輩已無餘矣

────────────────

1) 반곡(返哭): 반곡(反哭)이라고도 한다. 시신을 매장하고 상여가 오던 길을 따라 되돌아와 집에 이르러 신주를 모셔놓고 슬프게 곡을 하는 것.

近亦頗主平論 而遽至此 數也 奈何

八月 丙戌 丁大夫人憂

十二月 敍命下

乙酉 葬大夫人于金溪
時 寒甚 人莫不顚仆戰掉 而先生水飲不入口 終日號哭 面色深墨 弔客無不感歎 至或
有流涕者
.

丙戌 返哭于河隈

54 상례증고 편찬, 61세

선조 35년(1602) 임인

2월 신종록(愼終錄)을 지었다.

4월에 영모록(永慕錄)을 지었다. 서문(序文)과 발문(跋文)이 있다.

겨울에 상례고증(喪禮考證)을 편찬하였다.

　선생은 상중(喪中)에 『예기(禮記)』를 읽고, "그 기재된 것이 너무 넓고 복잡하여 참고하기 어렵다는 점이 염려되어, 이에 가례(家禮)에 실려 있는 여러 항목을 대강(大綱)으로 삼고, 그 사이에 절목(節目)을 종류별로 나누어 붙여 상, 중, 하 3편으로 만들며, 또 양씨(楊氏)[1]의 복제도식(服制圖式)을 가져다 조문을 쫓아가며 그 아래에 보이게 하여, 참고해 보기 편하게 한다"고 하였다.

염근리(廉謹吏)[2]로 기록되었다.

　그때, 이항복(李恒福) 공이 이 염근리(廉謹吏) 선정(選定)하는 일을 주관하였는데, 사람들에게 말하기를 "서애(西厓)의 성덕(盛德)은 한마디로 말할 수 없는데, 지금 이렇게 선정하여 기록하는 것은 미오(郿塢)[3]의 무함을 씻으려는 것이다" 하였

---

1) 양씨(楊氏, ?-?): 양복(楊復)을 말한다. 중국 남송(南宋) 복주(福州) 사람. 주자의 제자이며 황간(黃榦)과 절친하였고, 예학에 밝았다. 저서에 의례도(儀禮圖), 의례도해(儀禮圖解), 가례잡설부주(家禮雜說附註) 등이 있다.

2) 염근(廉謹): 조선시대 공사간(公私間)에 깨끗하고 검소하게 지낸 관리를 뽑아, 생존시에는 염근리(廉謹吏)라고 하고 사후에는 청백리(淸白吏)라고 하였다.

3) 미오(郿塢) : 중국 후한(後漢) 말기 권신(權臣)인 동탁이 쌓은 성채(城砦). 동탁은 헌제를 옹립하고 장안으로 수도를 옮겼으며 스스로를 태위 미후(郿侯)로 삼았다. 미(郿: 현 섬서성 미현)지역에 30년을 지탱할 수 있는 양식을 쌓고 만세오(萬歲塢)라고 불렀다. 사욕을 채우기 위하여

다. 문홍도(文弘道)4)가 무술년 계사(啓辭)에서 이 말을 사용하였다.

==

三十年 壬寅 先生六十一歲

二月 作愼終錄

四月 作永慕錄 有序跋

冬 修喪禮考證

先生喪中 讀禮記 患其記載浩博而雜出 難於參考 於是 以家禮所載群目爲綱 而其間節
目 各以類附分 爲上中下三編 又取楊氏儀禮服制圖式 見於逐條之下 以便考閱云

錄廉謹

時 李公恒福主是錄 語人曰 西厓盛德 不可以一節名 今錄於此選者 欲洗郿塢之誣耳
蓋文弘道戊戌啓辭語也

갖은 횡포를 무자비하게 부리다가 왕윤, 여포 등에게 살해당하였다.

4) 문홍도(文弘道, 1553－1603): 문과. 지평, 수찬, 의정부 사인. 정인홍 일파로 북인으로 행세하
였다. 서애 선생을 왜국과 화의(和議)를 주장하였다고 모함하며, 탄핵하여 체직케 하였다(주화
오국). 그러나 이 탄핵 때문에 크게 현달치 못하였다. 본관 남평. 문익점의 후손. 정인홍 문인.

⑤⑤ 대부인의 3년의 복상을 끝내다, 62세

선조 36년(1603년) 계묘

정월에 임금이 명하여 음식을 내려 주었다.

10월에 복상(服喪)을 끝냈다. (탈상(脫喪)하였다.)

　그때 선생은 극도로 노쇠한데다 거상(居喪)하느라고 몸이 파리하게 되었다. 3년의 기간 안에 장례 및 제사 절차의 일은 반드시 친히 경영하였고, 정리(情理)와 의식(儀式)을 다 갖추었으며, 자제들로 대리하도록 한 일이 없었다. 묘소에서는 반드시 새벽과 저녁으로 곡을 하였다. 비록 바람이 불어도 - 그 아래로는 기록이 빠져 있다.

갑술일(초10일)에 금계로 성묘하였다.

신사일(17일)에 하외로 돌아왔다.

==

三十一年 癸卯 先生六十二歲

正月 上命賜食物

十月 服闋

時 先生衰老已極 居喪致毀 三年之內 葬祭之節事 無大小 必親自經紀 備盡情文 未嘗使子弟代理 其在墓所 必晨昏哭省 雖風 以下缺

甲戌 省墓于金溪

辛巳 還河隈

부원군의 관직을 회복하다,
호성공신록에 기록되다, 63세

선조 37년(1604) 갑진

3월 부원군의 벼슬을 받았다. 상소(上疏)하여 사퇴하고, 치사(致仕)[1]하기를 청하
였다. 허락하지 않았다.

　그 대략은 다음과 같다.

　　"신의 동향인(同鄕人)이 서울에서 돌아와, 신의 관직을 회복해주시는 교지(敎
　旨)를 전해 주었습니다. 신은 받들어 읽고 나서 황공하여 눈물이 흘렀습니다. 대
　저 신은 나라를 섬김에 아무런 공이 없고, 공의(公義)로는 형벌로 죽임당하여 시
　장이나 사람 많이 모이는 곳에 내다 버려져, 나라 사람들에게 사죄토록 해야 하
　는데도, 오직 성덕으로 크게 용납하시고 은혜를 골고루 내리시어 시골 논밭 사이
　에서 가쁜 숨을 쉬며 연명케 해주시니, 신이 비록 지극히 완악하지만 어찌 다행
　인 줄을 모르겠습니까?

　　신은 죄과(罪過)가 이미 많은데, 집안에는 액운이 거듭 일어나, 형을 잃고 어
　머니도 잃었습니다. 외로운 한 몸이 되어 형상과 그림자로 서로 위로할 따름으
　로, 아침저녁으로 죽음만을 기다리니, 다른 생각은 전혀 없습니다.

　　오직 바라기는 죽기 전에 대궐문 안에 다시 들어가 전하를 멀리에서라도 바라
　보고, 그런 뒤에 구학(溝壑: 도랑이나 골짜기)에 물러나서 묻히고 싶습니다.

　　바로 이러한 때에, 큰 은혜를 갑자기 받으니, 신은 마땅히 잔해(殘骸)를 이끌고
　기어서라도 앞으로 나아가, 궐하(闕下)에서 공손히 사례하여야 하오나, 다만 신은
　상(喪)을 치른 나머지 근심이 쌓여 마음이 상하였으며, 나이도 60을 넘고 나니 쇠

---

1) 치사(致仕): 늙어 벼슬을 사양하고 물러남.

약함에 피곤이 겹쳐 병이 뼛속에 스며들어, 근력에 힘이 남아 있지 않습니다. 벌레 같은 목숨이 죽었어도 한참 늦었을 텐데, 다만 한스럽기는, 은혜를 입고도 사은(謝恩)을 채 하기 전에 밝은 시대를 영원히 하직할 것 같습니다. 가지가지 불행이 이 지경에 이르렀으니, 실로 하늘이 하는 일이라, 다시 어찌하오리까?

다시금 엎드려 생각해 보니, 죄를 짓고 남은 목숨이 부당하게도 대신(大臣)으로 자처하며 망녕되이 (치사를) 청하여 천둥 벽력 같은 위엄을 건드렸습니다. 그러나 임금과 부모의 은혜는 하늘같이 크며, 신하의 의리는 만 번 죽더라도 오히려 남아 있습니다. 설사 두려움이 지나쳐 감히 해서 안 된다 여기면, 스스로 소원(疎遠)해지는 것입니다. 신은 평소 품은 생각이 있는데 말하지 않고 묵묵히 물러간다면, 그 행위는 지난날 해오던 과오와 교만을 거듭하게 되어 헤아릴 수 없는 책망을 받게 될 것입니다. 역시 신의 분수로 보아 마땅히 해야 할 일은 아닐 것입니다.

이에 여러 달을 생각하여 끝내 스스로 그만둘 수 없어, 감히 죽음에 임하여 슬픈 소리로, 비상한 임금의 은혜를 청합니다. 성명하신 주상의 밝은 살핌을 받게 될 수 있다면 특별히 유사(有司: 담당부서)에 내려보내셔서, 신의 관직을 벗겨주소서. 편리한 대로 하시되, 혹은 전의 관직에서 치사(致仕)하게 하시면 더욱 만만(萬萬)으로 도용(陶鎔)[2]되겠나이다.

지금 견마(犬馬)같은 신의 나이가 60을 넘어 70을 바라보니, 치사할 나이 앞에 남은 햇수가 많지 않습니다. 일찍이 대신으로 있었다고, 때마침 조정에 수록(收錄)하라는 명까지 주셨는데, 병으로 나아가지 못합니다. 백방으로 생각한 나머지 오직 이 한 길만이 조금이나마 저의 마음에 받아들일 수 있겠습니다. 그리하여 부득이 어리석음을 무릅쓰고 호소하니, 엎드려 바라건대 자애로운 성상께서 긍휼히 여겨 주소서."

주재설(主宰說)을 지었다.

강릉대도호부사 김홍미(金弘微)가 찾아와 뵈었다.

그때, 김공은 강릉 임소로 부임는 길이었다. 선생은 옥연서당에서 송별하였는데,

---

2) 도용(陶鎔): 도(陶)는 흙을 구워 질그릇 만든다는 뜻, 용(鎔)은 광석을 녹여서 쇠를 뽑는다는 뜻. 임금이 신하를 잘 인도하여 인재로 길러내는 것을 비유한다.

증별(贈別)한 여러 시작(詩作)이 있다. 술을 몇 순배하고 일어섰는데, 김공이 홀연 분개하며 길이 탄식하여 말하기를 "선생을 황야에서 몸 굽혀 지내게 하는 요즘 일에 마음이 아픕니다" 하였다.

　선생이 깜짝 놀라 "영공(令公: 대도호부사의 존칭)이 어찌해서 이런 말을 내는가? 영공이 어찌해서 이런 말을 내는가? 늙은 신하가 아무 공적이 없어서 국사(國事)를 이 지경에 이르게 하였는데, 성은이 하늘 같아 시골 논밭 가운데서 목숨을 이어가게 해 주셨네. 지금껏 7년이나 오랫동안 털끝만 한 것도 다 하늘같은 주상이 주신 것일세" 하였다. 뒤이어 오래 눈물 흘리면서, 율시 한 편을 지어 마음을 나타내었다.

　시에서

　　　성주(聖主)의 넓은 은혜 무거운데,
　　　외로운 신하는 죄와 허물이 많아.
　　　한마디 말로도 보답 드리지 못하니,
　　　모든 계획이 다 어긋나 버렸네.
　　　나무 끝에 부는 바람 남쪽에서 오기 더디고,
　　　북쪽을 바라보니 궁궐 구름 아득하구나.
　　　오직 몇 줄기 눈물만 남았으니,
　　　보내어 한강 물결에 흩뿌리리.

　또 송별시를 지어, 좌중의 모든 사람에게 각기 운에 따라 화답하도록 하여 (김홍미에게) 주고, 제목을 붙이기를 "임영송별첩(臨瀛送別帖)3)"이라고 하였다.

6월에 옥연서당에 갔다.

　하루는 강가를 거닐다가, 자제(子弟) 6, 7인이 마침 바위 위에서 바둑을 두고 있는 것을 보고, 발걸음을 돌려 돌아왔다. 다른 날 자제들을 이끌고 우연히 그곳에 이르러 그 바위를 가리키며 웃고 말하기를 "이 돌은 표면의 생김새가 평평하니, 바둑판 하기에 딱 맞다. 마땅히 '난가(爛柯: 도끼자루 썩는다)'라고 이름을 지어야겠다"

---

3) 임영(臨瀛): 강릉(江陵)의 옛이름. 별칭(別稱). 강릉부 객사(客舍)의 이름도 임영관(臨瀛館)이다.

하니, 자제들은 황공하여 등에 땀을 흘렸다.

7월에 호성공신록에 기록되었다.

'충근(忠勤)정량(貞亮)효절(效節)협책(協策)'이란 호칭(號稱)이 첨가되었다.

계유일(24일)에 소명(召命: 부르는 어명)이 있었다.

8월 갑신일(6일)에 상소하여 소명(召命)을 사퇴하고 아울러 공신책록(功臣策錄)에서 지워 주기를 청하였다. 윤허하지 않았다.
　그 대략은 다음과 같다.

　　"더러운 흙 같은 어리석은 신은 외람되이 천은(天恩)을 입어 부름을 받기에 이르렀으니, 감격한 나머지 조심스럽고 황공하기 그지없어, 몸 둘 바를 모르겠습니다.
　　신은 마땅히 잔해(殘骸)를 이끌고 당일로 길을 나서야 마땅하오나, 불행하게도 신은 7월부터 볼기 사이에 나쁜 종기가 생겨서, 연일 뜸을 떴더니 화독(火毒)마저 발생하면서, 종기의 형세가 넓게 퍼지고 모두 너무 익어 터져버렸습니다. 방 안에서는 사람을 부려가며 지내지만, 천리(千里)를 기어가려면 어떤 방도도 다 소용이 없습니다.
　　신은 받은 은혜가 깊어 견마(犬馬) 같은 작은 정성으로나마 스스로 어떻게 할 수 없는데, 이번 성대한 조치를 받고 국문(國門)에 다시 들어가 대궐을 바라보는 것이 진실로 신의 지극한 소원이지만, 위급한 병이 몸을 감싸고 있어 이러지도 저러지도 못하게 되어, 몸을 주무르고 슬피 애통하며, 다만 눈물만 흘리고 있습니다.
　　또 엎드려 생각하면, 신은 일찍이 대신(大臣)의 반열에 있으면서 관직 수행을 잘못하여 끝내 조그만 효과도 없었습니다. 신이 죄만 있고 공적이 없는 것은 이미 명백한데, 이러한데도 다시 훈적(勳籍)을 더럽히고 거듭 이정(彝鼎)[4]을 욕보

---

　4) 이정(彝鼎): 이(彝)는 술통보다 좀 작은 주기(酒器)로 제기(祭器)로 쓰였다. 후세에 종묘(宗廟)에 상비(常備)되었는데, 공로 있는 신하의 이름을 새겨 오랫동안 전해지도록 하였다. 정(鼎)은 쇠로 만든 발이 셋, 귀가 둘인 솥. 하(夏)나라 우(禹) 왕이 전국의 쇠를 모아 아홉 개의 정(鼎)을 제작하여, 왕위 전승의 보기(寶器)로 사용하였다.

이면 성명(聖明)한 조정의 수치가 됩니다. 이는 신이 스스로 마음속에서 반성하며, 밤낮으로 부끄럽고 두려워하는 까닭이라서, 더욱 나아갈 바를 모르겠습니다.

엎드려 생각하기에, 거룩하신 전하께서는 신의 간절한 마음을 밝게 살피사, 훈적(勳籍) 가운데서 신의 이름을 깎아 없애주어서, 신으로 하여금 죽기 전에 시골 밭두덩에서 분수에 맞게 조금이라도 편안히 지내도록 하여 주소서. 은혜에 흠뻑 젖은 채 눈 감고 죽을 수 있으면 실로 신의 다행히 되겠습니다."

9월 기유일(초2일)에 다시 부름이 있었으나, 사퇴하였다.

충훈부5)가 보낸 화사(畵師)를 사절하며 돌려보냈다.

그때 충훈부에서 화사(畵師: 화가)를 보내어 초상화(肖像畵)를 그리게 하였으나, 선생은 그때 막 상소하여 훈적(勳籍: 공훈 기록)을 사퇴하고 있었으므로, 사절하며 되돌려 보냈다.

정경임(경세)에게 편지를 보내 학문을 논하였다.

선생은 『주자서절요』를 우복(愚伏: 정경세 호)에게 보내고, 그 편에 편지를 보내어 말하기를 다음과 같이 하였다.

"이 책 가운데 무한한 광풍제월(光風霽月)6)이 들어있지만, 세상의 독자들은 다만 먼저(先) 누에고치 실(蠶絲)이나 쇠털(牛毛) 같은 세세한 데에서 실마리를 찾아 토론하지, 하늘같이 높고(天高) 바다같이 넓은(海闊) 흉중(胸中: 마음)은 잃어버림을 면치 못하고 있소.7) 지금 중국에서는 논의가 분분하여 노(老) 선생(퇴계선생)께 누(累)를 끼치고 있지만, 그들이 똑바로 하지 않아 제대로 읽지 못해 그러한 것일 뿐, 선생님께 무슨 상관이 있겠는가?" 하였다.

우복이 편지로 '선향(先向)'의 선(先)자를 단(但)자로 바꾸기를 청하니, 선생이 또 대답하기를 "사람들이 잠사(蠶絲) 우모(牛毛)를 할 수 없을까 염려하는데, 진

---

5) 충훈부(忠勳府): 공신(功臣)들의 일을 담당하는 관부(官府)이다.

6) 광풍제월(光風霽月): 비 온 뒤 부는 시원한 바람과 환히 빛나는 달. 마음에 응어리가 없어지고 깨끗이 씻어진 상태.

7) 중국 원(元) 나라 오징(吳澄)이 지은 "회암선생주문공화상찬(晦庵先生朱文公畵像贊)"에 나오는 말.

실로 할 수 있다면 해활(海闊) 천고(天高)는 그 속에 들어있는 것이니 별나게 다른 일이 아닐세. 보여 준 선(先)을 단(但)으로 바꾸자는 말은 매우 타당하나, 『중용』에서 말하기를 '존덕성(尊德性: 덕성을 수양해 높임)'하여 '도문학(道問學: 진리(도)를 묻고 배움)'한다고 하였지, '도문학' 하여 '존덕성' 하라고 하지 않았네. 그 선후(先後)를 다투는 것이 얼마나 되겠는가만, 필경은 귀착처(歸着處)를 향하여 앞으로 나아가려는 것이니, 생각해 보지 않을 수 없네.[8]

생각해 보니 퇴계 노선생께서는 이 책(中庸)의 구절을 뽑아 엮어서 후인들에게 남겨주셨는데 요즈음 집집마다 가지고 있네. 그런데 도학이 날로 무너져 가고 세상 도리도 날로 썩고 있으나, 이것이 이 책의 잘못이 아닐세."

선생은 젊을 때부터 세상의 학자들이 문의(文義)의 말단에 매달리고, 근본 원류(原流)에 대한 공부에는 흠결이 많은 것을 근심하였다. 언제나 학자는 그 심지(心志)를 안정시키고, 생각은 깨끗하고 밝은 것을 귀하게 여겨, 사물의 이치를 능히 밝혀낸 연후에, 궁리하던 격물(格物)의 공(功)에 비로소 도달하게 되는데, 만약 마음 바탕에 배양 함축하는 힘이 없으면, 이른바 배우고 묻고, 생각하고 판단하며, 돌이켜 살펴보며, 몸을 다스리는 일이 무엇을 근거로 하여 증빙(證憑)될 것인가?

선생은 사람들과 학문을 논함에 있어서 반드시 방심(放心)[9]을 수습하는 것을 제일의 일로 여겼으며, 이에 이르러 존덕성 도문학의 선후를 논의하신 것으로, 사람들에게 보여주려는 뜻이 더욱 절차탁마(切磋琢磨)하는 데 보탬이 되었다. 선생은 또 유교와 불교를 구별하여 논하면서 "유교와 불교의 분변은 한 가지 일로 다룰 수

---

8) 『중용(中庸)』 제27장에서 "君子 尊德性而道問學 致廣大而盡精微 極高明而道中庸 溫故而知新 敦厚而崇禮(군자는 덕성을 높이고 학문을 세세히 하며, 광대함을 지극히 하고 정미(精微)함을 다하며, 고명(高明)을 다하고 중용을 따르며, 옛것을 잊지 않고 새로운 것을 알며, 후덕을 도타이 하며 예를 높인다.)"라 하였는데, 여기서 학자들 사이에 존덕성을 먼저하고 도문학을 해야하는지, 반대로 도문학을 먼저하고 존덕성을 하는지에 대한 논쟁이 있었다. 육구연(陸九淵)은 존덕성이 먼저라고 하였고, 주자(朱子)는 도문학을 먼저해야 한다고 하면서, 존덕성은 곧 정신적인 수양을 의미함으로 선불교(禪佛敎)라고 비판하였다. 우리나라에서도 퇴계선생은 존덕성을 강조하였고, 송시열은 도문학을 주장하였다.

9) 방심(放心): 맹자(孟子) 고자상(告子上) 제11장에 "人有鷄犬 放則求之 有放心而不知求 學問之道 無他 求其放心而已矣(사람이 닭과 개를 잃으면 찾을 줄 알되 마음을 잃고서는 찾을 줄 알지 못하니, 학문하는 길은 다른 것이 없다. 그 방심(放心: 잃어버린 마음)을 찾는 것일 뿐이다.)" 방심(放心)은 잃어버린 마음이며, 구방심(求放心)은 잃어버린 마음을 찾는 것이다. 학문(學問)은 곧 잃어버린 마음을 찾는 것, 즉 물욕을 절제하고 인의(仁義)를 따르는 것이라고 맹자는 주장하였다.

없다. 모름지기 두 집(신념)의 입장에 서서, 근원에서 일어난 우두머리를 자세히 살펴 분석해 보아야 한다. 만약 여기에서 분명히 보고 알게 되면 눈앞에 흑백이 비교될 것이다. 지금 사람이 있어서, 한 사람은 남쪽으로, 한 사람은 북쪽으로 발을 움직여 길을 가는데, 걸음걸음은 비슷해 보이지만 지향하는 곳은 다르다" 하였다.

양명집(陽明集)을 읽고, 지은 시 두 편이 있다.

그 하나는 양명의 학설을 배척한 것이고, 또 하나는 속학(俗學)을 구제한 것이다. 시의 서문에서 다음과 같이 말했다.

"양명학과 주자학의 배치되는 큰 요점은 단지 '치지격물(致知格物)' 4자(四字)에 있어서 의견을 달리 세움에 있다. 주자는 말하기를 '사람 마음의 신령(神靈)스러움은 앎(지식)이 있지 않음이 없고, 천하의 사물은 이치가 있지 않음이 없으니, 사람으로 하여금 사물을 접하여 이치를 궁구하여 앎을 이루게 하였다'[10]라고 했는데, 양명은 '이(理)는 내 마음 안에 있어서 외부에서 찾을 수 없다'라고 여겨, 그 학문을 논함에 한결같이 양지(良知: 배우지 않고도 알 수 있는 마음의 본체)를 위주로 하고 있다.

옛날 맹자께서는 이치와 의리가 마음을 기쁘게 하는 것을 논함에 반드시 이목(耳目: 감각기관)을 가지고 비유하였으니, 사람들이 쉽게 알 수 있는 비유로 밝히려 했기 때문이다.

눈은 천하의 색을 볼 수가 있지만 천하에 색이 없으면 눈이 무엇을 볼 수 있으며, 귀는 천하의 소리를 들을 수 있지만 천하에 소리가 없으면 귀가 무엇을 들을 수가 있으며, 입은 천하의 맛을 분변할 수 있지만 천하에 맛이 없으면 입이 무엇을 분변할 수 있으랴. 이는 안과 밖을 합하는 도리이니, 오로지 안에 있는 것은 옳고 밖에 있는 것은 그르다고 해서는 안 된다.

그러나 양명설을 하는 사람에게 이 말을 들려주면, 반드시 이렇게 말할 것이다: '사람은 다만 눈이 밝기만 구하면 된다. 눈이 밝으면 천하의 색을 보기 어렵

---

10) 대학장구(大學章句) 제 5장에 궐문(闕文: 빠진 글자)이 있어, 주자가 보충한 글이다(補亡). "所謂致知在格物者 言欲致吾之知 在卽物而窮其理也 蓋人心之靈 莫不有知 而天下之物 莫不有理 惟於理 有未窮 故其知有不盡也(이른바 격물치지라는 것은 나의 지식을 지극히 하고자 한다면 사물에 나아가 그 이치를 궁구함에 있음을 말한 것이다. 인심(人心)의 신령함은 앎(지식)이 있지 않음이 없고 천하의 사물은 이치가 있지 않음이 없건마는 아직 제대로 궁구하지 못하였기에 그 앎이 지극하지 못한 것이다.)

지 않다. 다만 귀로 잘 듣도록 하면 된다. 귀가 잘 들리면 천하의 소리를 듣기 어렵지 않다. 다만 입으로 (맛보는데) 이상이 없도록 하면 된다. 이상이 없으면 천하의 맛을 저절로 알아내게 된다'

지금 눈과 귀와 입을 내버려 둔 채, 색깔을 밝게 찾으며, 소리를 잘 들으며, 맛을 알아내는 일을 하게 하면, 색과 소리와 맛이 저절로 밝게 되고 잘 듣게 되고, 잘 분변하게 될 것이겠는가?

이 말이 한번 나가니, 천하가 휩쓸려서 말참견할 사람이 없게 되었다. 그러나 눈으로 본다고 하더라도 평상인들이 보는 것은 이루(離婁)[11]가 보는 것보다 못할 것이며, 귀로 듣는다고 하더라도 평상인들이 듣는 것은 사광(師曠)[12]만 못할 것이며, 입으로 맛을 알아낸다 하더라도 평상인의 앒은 역아(易牙)[13]보다 못할 것이다. 이는 곧 선각자들이 홀로 깨친 것이므로, 배우는 것이 귀하게 여겨지는 까닭이다.

만약 서책을 내버리고, 눈을 감고 방 안에서 다만 본심(本心)과 양지(良知) 사이만을 일삼는다면, 비록 일시적으로 응정(凝定: 집중, 생각이 정리됨)하는 힘을 약간 얻겠지만, 이른바 3천 3백이나 되는 경례(經禮)와 곡례(曲禮)의 광대함을 다하고 정미(精微)함을 다하는 것에 대해서는 끝내 성인(聖人)처럼 될 수는 없을 것이다.

아! 가정(嘉靖)[14] 이후에 말학(末學)[15]의 폐단이 입과 귀로 들락거리는 사이에 이미 극에 달하였다. 양명(陽明) 그 역시 굽은 것을 펴려다가 지나치게 곧아 버린 자인가?[16] 그렇지 않으면 선가(禪家: 불교)에서 말하는 개두환면(改頭換面)[17]하여 한 세상을 농가(籠駕: 농락)하는 자가 아닌가?

---

11) 이루(離婁): 옛날 눈이 아주 밝은 사람.

12) 사광(師曠): 춘추시대 진(晉)나라 악사(樂師). 음율(音律)에 밝은 것으로 유명하다. 청력(聽力)이 뛰어났다.

13) 역아(易牙): 춘추시대 제(齊)나라 환공(桓公) 때 요리사. 요리 솜씨가 뛰어났으나 자기 자식을 죽여 요리하여 환공께 바쳐 아첨하고 뒷날 환공을 밀실에서 굶어 죽게 하여 천하의 간신(奸臣) 대명사가 되었다.

14) 가정(嘉靖): 중국 명(明)나라 제11대 황제 세종(世宗) 가정제(嘉靖帝, 1507−1567. 재위, 1521−1567)의 연호(年號).)

15) 말학(末學): 1) 미숙하고 천박한 학문. 2) 후진(後進)의 학자. 후학(後學), 후배(後輩).

16) 교왕이과직(矯枉而過直): 굽은 것을 펴려다가 지나치게 곧게 되어버림. 잘못을 바로잡으려다 그 정도가 지나치게 되었다. (후한서 중장통(仲長統) 열전)

17) 개두환면(改頭換面): 머리를 고치고 낯을 바꿈. 1) 겉모습만 바뀌고 내용은 그대로인 것. 2) 상

두 편의 시는 각각 뜻하는 바가 있다.

시 내용은

> 왕양명은 논설마다 마음(心)이 곧 이(理)라고 하면서,
> 이(理)는 내 마음속에 있지, 책에 있지 않다고 하였네.
> 사람이 비록 입이 있어 맛을 알 수 있다고는 하지만,
> 곰 발바닥과 생선의 맛을 분변해야 비로소 허술하지 않다네.
> 도(道)는 천만 갈래로 다르거늘 하나의 법(法)으로 귀착시키다니,
> 영토가 호(胡: 중국의 북쪽 변방)나 월(越: 중국 남쪽 변방)로 나뉘었어도 다
> 내 집이라는 격일세.
> 지금 천하는 홍수가 극심하여 산 언덕에 차오르는데,
> 애달프다! 누가 다시 수로를 파내어 물이 빠지게 할까?

또

> 가정 년간의 말학(末學) 폐단은,
> 지엽적인 문제를 따지는데 한이 없었네.
> 한갓 주례(周禮)만이 천하를 구제한다는 말만 들었지,
> 명당(明堂)[18]이 하루종일 텅 빔을 돌아보지 않았네.
> 어둑한 곳 비추는 데 지름 한 치의 거울을 잊지 말며,
> 배를 갓 띄우려 할 땐 반드시 반돛 바람이라도 받아야지.
> 저 시끄럽고 어두운 데를 바라보려면,
> 한결같이 자성(自省)해야 효험을 보리라.

어떤 사람이 묻기를, "양명의 본심(本心)의 설이 가정(嘉靖) 년간 문의(文義)의
폐단을 구제할 수 있겠습니까?" 하니, 선생은, "옛사람은 불 때문에 괴로움을 당하
는 자를 보고, 가서 '물에 뛰어들어라' 하고 가르쳤는데, 물과 불이 비록 다르지만,
사람 죽일 수 있는 것은 마찬가지이다. 양명이 송(宋)나라 말기 문의(文義)의 폐단

황에 따라 이전의 태도를 버리고 마치 다른 사람인 양 돌변하는 것.

18) 명당(明堂): 고대 제왕이 정교(政教)를 베푸는 곳. 임금이 조회를 받고 정령을 펴는 곳. 정전
(正殿).

을 구제하려 하여, 오로지 본심의 설을 주장하였는데, 그 유폐(流弊)가 도리어 문의의 폐단보다 더 심하다는 것을 알지 못하였다"라고 하였다.

시교설(詩教說)을 지었다.

회재변명소를 초(草)하였다.

아들 진(袗)을 대신하여 지었는데, 제출해 내지 못하였다.

10월 계유일(27일)에, 아들 균(袀)을 곡(哭)하였다.

지은 제문과 애사가 있다.

12월에, 금계에 가서 배소(拜掃)하였다.

==

三十二年 甲辰 先生六十三歲

三月 拜府院君 上疏辭 仍乞致仕 不許
略曰 有臣同鄕人回自都下 傳致臣復職官敎 臣奉讀 惶懼爲之涕淚 夫 以臣事國無狀
律以公義 當肆諸市朝 以謝國人 只緣聖德涵洪 曲加恩貸 使之苟延喘息於田畝之間 臣
雖至頑 寧不知幸 臣虋孽旣重 家禍重仍 喪兄失母 單獨一身 形影相弔 朝夕待盡 無復
餘念 唯欲於未死之前 重入脩門 瞻望雲宵 然後 退塡溝壑
乃於此時 忽蒙大恩 臣當扶曳殘骸 匍匐前進 恭謝闕下 第臣於喪禍之餘 積憂傷心 年
踰六十 衰憊轉劇 病纏骨髓 筋力無餘 螻蟻之命 死固已晚 只恨受恩未謝 而將永辭明
時 種種不幸 至於如此 天實爲之 亦復奈何

仍伏思念 罪戾餘喘 本不當以大臣自處 妄有陳乞 以干雷霆之威 然君親之恩 與天同大
臣子之義 萬死猶存 若過以畏懼 不敢之 故 自同於疎遠之 臣有懷 不言黙黙退處 則迹
涉違慢重 自納於不測之誅 亦非臣分義所當爲

玆以思之累月 終不能自止 敢聲將死之哀聲 以求非常之洪造 如蒙聖主怜察 特下有司

祗免臣職 使之從便 或以前職致仕 尤出萬萬陶鎔 今臣犬馬之齒 踰六望七 前去致仕之
年 不多 亦嘗從事於大臣之後 適蒙朝廷收錄之命 而病未能進 百般思惟 獨此一路 稍
可得通 故 不得已冒昧籲呼 伏希聖慈矜憫

作 主宰說

金江陵弘微來謁
時 金公赴江陵任所 先生送別于玉淵書堂 有贈別諸作 酒數行 且起 金公忽慨然 長歎
曰 使先生而遜于荒 時事可傷
先生愕然曰 令公何爲出此言 令公何爲出此言 老臣無狀 使國事至此 而聖恩如天 俾延
性命於田畝之間 至今七年之久 絲毫皆天之賜也
仍涕泗久之 作一律以寄意

詩曰

聖主洪恩重
孤臣罪釁多
一言無報效
萬計悉蹉跎

風樹南來晚
宮雲北望賒
惟殘數行淚
寄洒漢江波

又有送別詩 令座中諸人 各和韻以贈 題曰 臨瀛送別帖

六月 出玉淵

一日 遡洄江滸 見子弟六七人 方圍碁於岩石上 乃却步而回 異日攜子弟偶履及其處 笑
指其石曰 是石面勢平正 合於碁局 宜名以爛柯 子弟等惶恐汗背

七月 錄扈從功

加 忠勤貞亮效節協策號

癸酉 有旨召

八月 甲申 上疏辭召 并乞鑴免勳錄 不允

略曰 糞土愚臣 濫蒙天恩 至被宣召 感激之餘 兢惶亦甚 無地措躬 臣當扶曳殘骸 卽日
就道 不幸 臣自七月 臀際生出惡腫 連日灼炙 火毒兼發 腫勢蔓延 悉成爛瘡 一室之內
須人起居 千里匍匐 百計無由

臣 受恩深厚 犬馬微誠 自不能已 當此盛擧 重入國門 瞻望雲天 固臣至願 而危病纏身
狼狽滋甚 撫己悲悼 只自流涕 因又伏念 臣曾在大臣之列 敗官覆餗 卒無寸效 臣之有
罪無功 亦已明矣 如是而更忝勳籍 再辱彝鼎 爲聖朝羞浼 此又臣之所以內自循省 日夜
慚懼 尤不知所出者也

伏惟 聖明照察臣懇 於今勳籍中 鑴去臣名 使臣於未死之前 少安愚分於壠畝之中 涵
泳恩澤 瞑目待盡 於臣實爲幸甚

九月 己酉 再召 辭

謝遣忠勳府畫師
時 忠勳府送畫師 來求圖像 先生以時方上疏 辭勳籍 謝還遣

與鄭景任書 論學
先生 以朱子書節要 遺愚伏 因與書曰 此中有無限光風霽月 但世之讀者未免 先向蠶絲
牛毛上 尋討頭緒 而失却天高海闊底匈次 卽今中原論議紛紛 累老先生者 正坐讀不善
耳 何預於先生耶

愚伏 以書來稟 先向之先字 請易以但字 先生又答曰 人患不能蠶絲牛毛耳 苟能之 海
闊天高在其中 非別樣事 示喩先爲但 甚當 中庸言 尊德性而道問學 不曰 道問學而尊
德性 所爭先後幾何 畢竟向望歸宿處 不可不思耳

嘗念退溪老先生抄節此書 以遺後人 近來家有之矣 然而道術日壞 世道日敗 此非書之

罪也云云

先生自少時 患世之學者 徽繞於文義之末 而欠却本源工夫 常以爲所貴乎 學者以其心
志安定 思慮淸明 能著於事物之理 然後窮格之功 始有所措 若於心地間 無培養含蓄之
力 則所謂學問思辨省察克治 亦何所憑據哉

其與人論學 必以收放心爲第一事 至是 所論尊德性道問學先後 其示人之意 尤益澤切
先生又嘗論儒釋之辨 有曰 儒釋之辨 不可就一事 說須就二家 本源起頭處 仔細看破
若於此看得分明 則眼前黑白較然矣 今有人一南一北 運脚趨程 步步相似 只是向往處
異耳云云

讀陽明集 有詩二篇

其一 闢陽明說 其一 救俗學 詩序曰 陽明與朱子學 背馳大要 只在於致知格物四字上
別立意見 朱子謂 人心之靈 莫不有知 天下之物 莫不有理 使人卽物窮理 以致其知

陽明 則以爲理在吾心 不可外索 其論學 一以良知爲主 昔孟子論理義之悅心 必以耳目
爲喻 蓋就人之所易知者 以明之也

夫目固足以見天下之色 然天下無色 則目何有見 耳固足以聽天下之聲 然天下無聲 則
耳何所聽 口固足以辨天下之味 然天下無味 則口何所辨 斯固合內外之道 不可專以在
內者爲是 在外者爲非也 然使爲陽明說者聞此 必曰 人但可求明於目 目明 則天下之色
不難見也 但可責聰於耳 耳聰 則天下之聲 不難聽也 但可使口不爽 口不爽 則天下之
味 自可辨也 今捨其目與耳與口 而役役焉求明於色 求聰於耳(聲) 求辨於味 則色與聲
與味 其能自明自聰自辨乎

斯言一出 天下靡然 莫有容喙者矣 然 目雖有見 而常人之見 不如離婁 耳雖有聽 而常
人之聽 不如師曠 口雖有辨 而常人之辨 不如易牙 斯乃先覺之所獨得 而學之所以爲貴
也

若捐去書册 瞑目一室 但事於本心良知之間 則雖一時凝定之力 稍若有得 而所謂三千
三百致廣大盡精微者 終不能如聖人矣

吁 嘉靖以後 末學之弊 已極於口耳出入之間 陽明其亦矯枉而過直者歟 不然 無乃禪家
所謂改頭換面 以籠駕一世者耶 二篇意 各有所在云

詩曰

陽明每說心爲理
理在吾心不在書
人雖有口能知味
　味辨熊魚始不疎

道有萬殊歸一法
地分胡越儘吾廬
如今天下懷襄甚
怊悵何人更鑿疏

又
嘉靖年間末學弊
尋枝摘葉儘無窮
徒聞姬轍[19]周天下
不顧明堂盡日空

燭幽莫忘徑寸鑑
行船須倚半帆風
看他擾擾昏昏地
一念回光便見功

人有問 陽明本心之說 可以救嘉靖文義之弊乎 先生曰 昔人見有困於火者 却敎去投水
水火雖異 其爲殺人則同 陽明欲救宋末文義之弊 而專爲本心之說 不知其流弊 反有甚

---

19) 희철(姬轍): 희(姬)는 주(周) 나라 왕성(王姓)이다. 철(轍)은 법칙, 규범의 뜻. 주례(周禮)로 번
　　역한다.

於文義也云
作 詩教說

草 晦齋辨明疏

代子袗作 不果出

十月 癸酉 哭子袊

有祭文及哀詞

十二月 拜掃金溪

정일품 봉조하 봉록을 받다;
지행합일설을 짓다, 선생 64세

선조 38년(1605) 을사

정월 무인일(초3일)에 하회로 나왔다. 인재설(人才說)을 지었다.

신사일(초6일)에 전문(箋文)[1]을 올려 감사하다는 말을 올렸다.
  그때 3공신(호성, 선무, 청난 공신)의 회맹(會盟)하는 제례(祭禮)가 이루어졌다. 교서 1축(軸: 두루말이)과 은 7량, 마구간 말 1필, 표리(表裏: 옷의 겉감과 안감) 2단(端)을 하사하여 보내왔다. 또 본도 감사에게 명하여 장리(長吏: 고을 원)를 보내어 문안하게 하고, 아울러 쌀, 콩, 술과 안주를 보내 왔다. 선생은 전문(箋文)을 올려 감사하다는 말씀을 올렸다.

2월 신해일(초7일)에 옥연서당에 나갔다.
  계속 머물렀다.

지행설(知行說)을 지었다.
  그 대략은 다음과 같다.

  "성현의 학문은 비록 행함을 중요하게 여기지만, 앎을 더욱 귀하게 여겼다. 비록 행함을 독실하게 하더라도 앎이 지극하지 않으면, 배운 것이 드러나지 않으며 행함에 잘 살펴지지 못함을 면할 수 없고, 끝내는 미세한 데까지 미치지 못하여

---

1) 전문(箋文): 나라에 길흉(吉凶)에 관한 일이 있을 때 신하가 임금에게 올리던 4,6체(四六體)의 글. 설날, 동짓날, 임금의 생일에 지방관은 전문(箋文)을 올려 진하(陳賀)한다(경국대전 예전).

지극한 수준에는 이르지 못하게 된다. 역(易)에서 말하기를 '멈출 곳을 알고 멈추면, 더불어 기미(幾微)[2]를 알 수 있고, 끝내는 데를 알고 끝내면, 더불어 대의(大義: 인간으로서 지켜야 할 도리)를 지킬 수 있다'라고 하였으니, 이는 성현께서 처음부터 끝까지 근본과 말단을 관통(貫通)해 가며, 앎을 말한 것에 지나지 않는다.

그러나, 고인께서 앎이라고 이르신 것은 진지(眞知: 참 앎)이다. 그 때문에 말씀하시기를 "아침에 도를 들으면, 저녁에 죽더라도 괜찮다"고 하신 것이다. 지금은 언어나 문자의 몇 조각을 주워 모아, 성(性)을 논하고 리(理)를 논하여, 스스로 안다고 생각하면서, 거의 자기 마음과 몸에는 관계없다고 여기니, 모두 덕을 버린 것이다. 이런 것을 가지고 앎이라고 여기면, 어찌 앎과 실천의 거리가 천리(千里)만 될 뿐이랴?"

정사일(13일)에, 도화천(桃花遷)[3]을 수리하였다.

찰방 김윤사(金允思), 김태(金兌)가 수행하였는데, 바위 사이에 (도화천)이름을 썼다.

지행합일설(知行合一說)을 지었다.

왕양명이 지(知)와 행(行)은 하나라고 하면서, 주자의 주장을 힘써 비난하였다. 선생이 이 논설을 지어서 그 잘못을 밝혔다.

계해일(19일)에 금계(金溪)로 갔다.

'금계잡영'이라는 시가 있다.

3월 신사일(초7일)에, 상소하여 봉조하(奉朝賀)[4] 봉록(俸祿)을 사양하였다. 윤허하지 않았다.

그때, 충훈부에서 선생이 훈구대신으로서 시골에 물러가 있으니, 정일품(正一品) 봉조하(奉朝賀) 록(祿)을 지급할 것을 계청하였다.

---

2) 기미(幾微): 낌새. 쉽게 알 수 없는 미묘한 움직임.

3) 도화천(桃花遷): 하회마을 북쪽 강 건너에 있는 부용대에 겸암정사와 옥연정사 사이의 벼랑길.

4) 봉조하(奉朝賀): 조선시대 세조 이래로 퇴직한 고위관료를 대우하던 훈호(勳號)로, 담당 직사(職事)는 없으며, 단지 정조(正朝), 동지(冬至), 탄일(誕日) 등의 하례식에 참석할 뿐이며, 소정의 녹(祿)을 지급하였다. 본래 정원이 15명이었으나 뒤에 정원을 없앴다. 당상관 이상의 관리가 치사(致仕)한 뒤 본인과 그 적장손(嫡長孫)과 기타 자손이 임명되었으며, 차등을 두어 소정의 녹이 지급되었다.

녹패(祿牌)가 내려오니, 선생은 하는 일 없이 녹을 받아먹는다는 것은 미안한 일이라 여겨 상소하여 사양하였다. 그 대략은 다음과 같다.

"조정에서 신을 황송하게도 훈신(勳臣)의 끝에 넣고, 궁핍하여 굶주린 상태로 있는 것을 애처롭게 여겨, 특별히 넉넉한 구제의 은혜를 베푸시니, 이는 진실로 국가에서 아랫사람을 잘 대우하는 지극한 사랑입니다. 그러나, 신이 분수에 맞게 지켜야 하는 도리로서는 감히 편안히 지낼 수 없습니다.

지금 신은 이미 노쇠하고 병도 깊어서 조정에 나가 출사할 수 없고, 멀리 바깥에 물러나와 엎드려 지내는데, 대저 일도 하지 않고 양식을 축내는 것을 상고인(上古人)은 공손하지 않다고 여겼습니다. 신이 비록 지극히 어리석지만 감히 이러한 의리마저 잊겠습니까? 엎드려 청하오니, 자애로운 성상께서는 저의 어리석은 충정을 굽어 살펴주셔서, 다시 유사(有司)에게 하명(下命)하시어, 주신 명령을 도로 거두도록 하시어, 신으로 하여금 저의 분수에 맞게 편안히 지낼 수 있게 해주소서."

회답하기를 "지금 경의 상소에서 경의 마음을 모두 살펴 알 수 있지만, 원훈(元勳) 대신으로서 물러가 황야에 있으므로, 본도(本道)를 시켜 봉록을 주도록 한 것은, 실로 늠료(廩料: 녹봉으로 주는 쌀)를 계속 주려는 뜻에서 나온 것인데, 지금 또 사양하니, 내가 매우 마음이 좋지 않다. 그러나, 훈구대신을 우대하는 예(禮)는 마땅히 이와 같이 하여야 한다. 어찌 일하지도 않고 밥을 축낸다고 사양하는가? 나라의 간절한 뜻을 알아주지 않는다는 말인가? 경은 안심하라. 사양하지 말라" 하였다.

무자일(14일)에 하회로 갔다.

'상리(上里)5) 시냇가에서 말을 내려 바위 위에 앉다'라는 시 절구 한 편이 있다.

저녁에 겸암정사에서 잤다.

기축일(15일)에 옥연서당에 갔다.

---

5) 상리(上里): 현 안동시 풍산읍에 있는 마을. 풍산 류씨가 조선 초기 하회에 입향(入鄉)하기 전에 살던 곳.

4월 무진일(24일)에 아들 여(袽)가 죽었다.

　지은 제문과 행장이 있다.

5월 정축일(초4일)에 옥연서당에 갔다.

6월 기사일(26일)에 중대사(中臺寺)6)에 갔다.

　율시 2편이 있다.

7월 무인일(초5일)에 자파산(慈坡山: 잘패)7)의 선조 무덤을 성묘하였다. 옥연서
당으로 돌아왔다.

9월 경인일(19일)에, 형수 정부인(貞夫人) 이씨(李氏)의 상차(喪次: 빈소)에 가서
곡을 하였다.

　그때, 선생은 오랫동안 한열증(寒熱症)을 앓아왔는데, 힘을 내어 곡(哭)을 하러
달려가니, 자제와 빈객들이 몸이 상할까 염려되어 거듭 가지 말도록 말렸다.

　선생은 "내 비록 병중이나, 그래도 기동(起動)할 수가 있다. 형수의 상(喪)에 어
찌 차마 가 보지 않는단 말인가?"하고, 드디어 가서 곡을 하고 애달픈 마음을 다 쏟
아내었다. 성복(成服)한 뒤에 돌아왔다.

서미동8)으로 거처를 옮겼다.

　그때, 하외 마을과 옥연서당은 새로 물난리를 겪어서, 숲의 나무도 휩쓸려 갔으
며, 풍세(風勢)도 더욱 어지러워 조양(調養: 조섭)하기에 불편하였다. 선생은 서미
동이 깊은 산 속에 있어서, 외부 손님을 응접하는 번거로움이 없겠다고 여겨, 드디

---

6) 중대사(中臺寺): 안동시 풍산읍 서미리 북쪽 보문산 아래 큰 바위 밑에 있던 절. 6.25 때 소실
　되었다가 동명(同名)의 절이 풍산읍 안교리에 재건되었다.
7) 자파산(慈坡山): 하회 입향조인 선생 6대조 전서공(典書公) 휘(諱) 종혜(從惠)의 묘가 있던 풍
　산읍 하동(北東)에 있는 노리. 전서공 묘는 중앙고속도로 개설에 따라 도로선에 포함되어 지금
　은 하회로 천장(遷葬)되었다.
8) 서미동(西美洞): 안동시 풍산읍 신양리 북쪽 약 3km에 있는 마을. 현재 중앙고속도로 서안동
　출구 북방에 있다. 학가산 기슭이 된다. 지금은 서미리(西美里)가 서미리(西薇里), 즉 '아름다울
　미'가 '고사리 미'로 바뀌었는데, 이는 선생 별세 후 한참 뒤에 청음(淸陰) 김상헌(金尙憲) 공이
　이곳에 은거한 사실이 있는데, 중국 백이숙제(伯夷叔齊)의 채미(採薇)한 고사(故事)를 따서 고
　쳤다.

어 그곳으로 거처를 옮겼다.

강릉 김 부사(府使)의 부음을 듣고 곡(哭) 하였다.

김공은 호가 성극당으로 학문과 문재가 있어 선생께서 애중(愛重)하였다. 오고
간 학문을 논하는 편지가 매우 많다. 이때에 이르러 강릉 임소에서 죽으니, 선생이
통석(痛惜)하게 여겼다.

절구 한 수가 있으니,

삭풍(朔風)이 으르렁거리며 서림(西林)을 흔들더니,
천리 밖에서 서신이 와서 나쁜 소식 전하네.
백수(白首) 인간인 나만 살아남아서,
누구와 함께 마음을 주고받을 것인지.

또 글을 지어 영전(靈前)에 보내어 제사하였다. "왜란이 발발했던 임진 계사년에
는, 철인(哲人)도 위축되었고, 홍수가 나서 산이 무너지는 것은, 옛 현인도 책망하
지 않았는데, 그대가 이 지경에 이른 것은, 하늘의 재앙이 아님이 없구려"9)라는 말
이 있었다.

11월에 서미동에 초당을 지으려 하였다.

살던 집의 방이 콩알처럼 작고 조용한 곳도 아니어서, (서미동에) 세 칸짜리 집
을 지어, 깃들어 사는 곳으로 삼으려 한 것이다.

제왕기년록을 지었다.

당요(唐堯)10) 갑진년부터 편년(編年)을 시작하여, 25년 무진년에 단군(檀君)이
임금이 되었고, 은(殷)나라 무정(武丁) 갑자년에 단군이 신이 되었다. 이런 방식으
로 연도(年度)를 묶어서 중국과 우리나라를 통틀어 합하여 한 책으로 만들어, 이름
을 '제왕기년록'이라고 하고, 찾아보기에 편리하게 하려다가, 완성하지 못하였다.11)

---

9) 성극당 김홍미 공이 강릉 부사로 있으면서 수해를 당한 주민들 구휼에 힘쓰다가 병사한 일을
   가리킨다.
10) 당요(唐堯): 중국 요(堯) 임금을 말한다. 제요도당씨(帝堯陶唐氏)라고 한다.
11) 중국 고대사에서 요(堯)의 즉위년은 상원갑자(上元甲子) 갑진년(甲辰年)이다. (소강절(邵康節

三十三年 乙巳 先生六十四歲
正月 戊寅 出河隈

作人才說

辛巳 上箋 陳謝
時 三功臣會盟 祭禮成 賜下敎書一軸 銀七兩 廐馬一匹 表裏二端來 又上令本道監司
遣長吏存問 并致米豆酒饌 先生上箋陳謝

二月 辛亥 出玉淵
仍留

作知行說
略曰 聖賢之學 雖重於行 而尤以知爲貴 雖篤行而知未至 則未免爲習不著 行不察 終
不足以通微而詣極也 易曰 知止止之 可與幾也 知終終之 可與存義 是聖賢貫終始 通
本末 不過曰知而已

然 古人之所謂知者 眞知也 故曰 朝聞道 夕死 可也 今之掇拾於言語文字之末 論性論
理 自以爲知 而略無干涉於心身者 皆德之棄也 以此爲知 奚啻千里

丁巳 修桃花遷
金察訪允思金兌從 仍題名石間

作知行合一說
王陽明合知行爲一 力詆朱子之論 先生作是說 以辨之

癸亥 出金溪

의 주장) 우리나라 단군(檀君)이 조선을 건국한 해가 요임금 25년 무진년(戊辰年)이다. 조선의
유학자들은 대체적으로 우리 역사를 기자조선부터 시작하고 있는데 대하여, 선생은 단군부터
시작하고 있음을 알 수 있다.

有金溪雜詠

三月 辛巳 上疏辭奉朝賀祿 不允
時 忠勳府 以先生勳舊大臣 退在鄉曲 啓請給正一品奉朝賀祿 祿牌下來 先生以無事而
食 爲未安 上疏辭
略日 朝廷以臣 忝在勳臣後 哀其窮餓 特於規例之外 別施優恤之恩 斯固朝家體下之至
仁 然 於臣分義 有不敢自安者 今臣 旣以衰朽沈痼 不能趨朝 屛伏遠外 夫無事而食
於上古人 以爲不恭 臣雖至愚 敢忘斯義 伏乞聖慈俯察愚衷 更下有司 還收成命 使臣
得安愚分

答日 今觀卿上疏 具悉卿意 以元勳大臣 退去荒野 令本道給俸 實出於繼廩之意 而今
又辭之 子甚缺然 然優待勳舊禮 宜如是 豈以無事而食 爲辭 不體朝家之盛意乎 卿其
安心 勿辭

戊子 出河隈

有 上里溪邊下馬坐石上詩 一絶

夕 宿謙庵

己丑 往玉淵

四月 戊辰 子袖歿

有 祭文行狀

五月 丁丑 往玉淵

六月 己巳 出中臺寺

有 詩二律

七月 戊寅 省先祖墓于慈坡山

還玉淵

九月 庚寅 哭嫂貞夫人李氏于喪次
時 先生久患寒熱證(症) 力疾往哭 子弟賓客懼致傷 更諫毋往 先生曰 吾雖病 尙能起
動 兄嫂之喪 何忍不見 遂往哭盡哀 因成服而還

移寓西美洞
時 河隈玉淵 新經水患 林木蕩然 風勢益亂 不便調養 先生以西美洞在深山中 無外客
應接之煩 遂移寓焉

哭金江陵訃
金公 號省克堂 有文學 爲先生所愛重 往復論學書尺 甚多 至是 歿于江陵任所 先生痛
惜之
有詩一絶

朔風號怒動西林
千里書來報惡音
白首人間惟我在
不知誰與更論心
又爲文以祭之 有 歲在龍蛇 哲人其萎 洪水崩山 昔賢所非 君而至此 莫非天時 之語

十一月 作草堂于西美洞
以所居室斗小 無閑靜處 作三間屋 爲棲息之所

作帝王紀年錄

自唐堯甲辰 始編年 二十五年戊辰 檀君立 殷武丁甲子 檀君爲神 以此係年 通中原東
國 合爲一錄 名之曰 帝王紀年錄 以便觀覽 未克成編

58 농환재가 낙성되다; 병세가 심해지다, 65세

선조 39년(1606년) 병오

2월 정묘일(28일)에 형수 정부인(貞夫人) 이씨(李氏)를 금계에 회장(會葬)하며
참예하였다.

　제문과 만사가 있다.

3월 기사일(초1일)에 선영을 배소(拜掃)하였다.

경오일(초2일)에 서미동으로 돌아왔다.

무인일(초9일)에 은암(銀巖)에 노닐고, 저물녘에 돌아왔다.

　은암은 서미리 동구 밖 5리쯤 떨어진 곳에 있는데, 천석(泉石)이 매우 뛰어나다.

초당이 낙성되었다.

　공력을 많이 들이지 않아, 몇 달 지나서 낙성되었는데, 겨우 바람과 햇빛을 가릴
수 있었다. 바깥에 울타리가 없어 자제와 손님들이 모두 그 너무 허술한 것을 염려
하지 않는 사람이 없으나, 선생은 편안히 여기면서, 그 집 이름을 농환(弄丸)1)이라
고 지었다.

　일찍이 자제에게 말하기를 "사람들이 이욕(利慾)의 장소에 드나들면서 염치를
모두 다 잃고 부끄러운 줄도 모르는 것은 다 만족(滿足)을 몰라서 그렇게 하는 것

---

1) 농환(弄丸): 여러 개의 구슬을 손에 쥐고 떨어뜨리지 않으면서 놀리는 기예. 여기에서는 역리
(易理)의 탐구를 말한다. 소강절(邵康節)의 자작진찬(自作眞贊)에 "농환여가 한왕한래(弄丸餘
暇閑往閑來: 구슬 가지고 노는 여가에 한가로이 왕래함)"라 하며, 자신이 단 주(註)에 환(丸)은
태극(太極)이라고 하였다.

이다. 진실로 만족을 모르면, 비록 오정(五鼎)2)의 음식을 먹이고, 부귀한 집에 살게 해도, 오히려 만족하는 마음이 있겠느냐?

지금 이 집이 비록 누추해도, 바람과 비를 가리고 추위와 더위를 겪어낼 수 있다. 이것보다 나은 무엇을 구하겠느냐? 무릇 사람이 편안함을 귀하게 여기면 척척(戚戚: 근심함)한 마음이 없게 된다. 마음이 편안해졌다면, 어딘들 살 수 없겠느냐?" 하였다.

율시 한 편이 있다.

옛 사람은 도(道)를 근심하였지 가난을 근심하지 않았는데,
나에게 부귀란 역시 티끌 하나일 따름이네.
나방이가 등불을 사랑하는 것은 유혹에 이끌린 탓이고,
사람이 화택(火宅)3)에 사는 것은 단지 낡은 습관대로 사는 것일세.
공(空)4)를 관찰하려 면벽(面壁)5)을 하다 도리어 의심에 빠지고,
범을 꿇어앉히고 용을 길들이려다 마침내 이루지 못하네.
늙어 생(生)의 갈림길에서 슬퍼 바라보다,
문을 닫아걸고 야윈 몸 뉜 채 이 봄을 보내려네.

집의 서쪽에 작은 시내가 있는데, 바위 사이에서 흘러나와 맑으나 깊지 않아 사랑스러웠다. 때때로 그 곳에서 시를 읊다가 흥이 다하면 돌아왔다. 또 집의 북쪽에 작은 못을 파고, 시냇물을 끌어들여 섬돌을 따라 흐르게 하여, 그 졸졸 흐르는 소리를 듣기도 하였다.

---

2) 오정(五鼎): 중국의 고대 예법에, 대부(大夫)의 제사상에 다섯 개의 솥에 다섯 종류의 고기(소, 양, 돼지, 물고기, 고라니)를 요리하여 올렸다.

3) 화택(火宅): 불난 집. 불교 법화경(法華經)에 나오는 비유. "아이들이 불난 집 안에서 정신없이 놀고 있다. 불난 사실을 알려줘도 이해하지 못한다. 이때 아이들에게 좋은 선물을 받아가라고 꾀면, 그것을 받으려고 집 밖으로 나와서 불에서 구원된다."

4) 공(空): 불교의 근본 사상. 인간을 포함해 일체 만물에 고정 불변하는 실체가 없다는 사상. 모든 존재는 인연으로 생멸(生滅)하는 존재이므로 상호의존적이어서 일정함이 없다는 것이다.

5) 면벽(面壁): 얼굴을 벽쪽으로 향하고 좌선(坐禪)한다. 중국 남북조시대, 달마(達磨)가 석벽(石壁)을 향하여 좌선하기를 9년이나 하였다는 고사로, 좌선의 별칭이 되기도 한다.

4월에 조명설(釣名說)을 지었다.

임금께서 즉위 초기에 유술(儒術)을 숭상하여 장려하니, 많은 선비들이 학문에 정성을 기울이고, 정자와 주자(程朱)의 글이 아니면 읽지 않았다. 이윽고, 시간이 지나면서 점점 변하더니, 이 정주(程朱)의 이름을 걸고 세상에 나아가서 지엽적인 일에서 낭패를 면하지 못한 자도 있었다.

세상에서는 드디어 심경(心經)6)과 근사록(近思錄)7)은 이름을 낚는 미끼라고 지목하여 학습하는 사람이 하나도 없었다. 둘째 아들 단(褍)이 심경 배우기를 청하니, 선생이 기뻐서, 이 글을 지었다.

5월 신묘일(초4일)에 하외로 갔다.

계사일(초6일)에 옥연서당으로 갔다.

병신일(초9일)에 서미동으로 돌아왔다.

7월 을해일(초8일)에 하외로 갔다.

성유록의 뒤에 발문을 썼다.

선생은 그동안 앞서거니 뒤서거니 받은 비답(批答)8)과 교지(敎旨)9)를 모아서 한

---

6) 『심경(心經)』: "마음을 다스리는 글" 주자(朱子)의 재전제자(再傳弟子)인 남송(南宋)의 서산(西山) 진덕수(眞德秀)가 경전의 좋은 내용을 간략히 뽑아 엮은 책 이름. 심성(心性)을 수양하기 위한 책이다. 명(明)나라 초기 정민정(程敏政)이 심경에 관련된 각종 자료를 발췌하고 보완하여 심경부주(心經附註)를 지었다. 조선에서는 퇴계 선생이 심경에 심취하여 신봉(信奉)함에 따라 조선 중, 후기에서는 근사록과 함께 유자(儒者)의 필독서(必讀書)가 되었다.

7) 『근사록(近思錄)』: 주자(朱子)가 동래(東萊) 여조겸(呂祖謙)과 함께 주돈이(周敦頤), 정호(程顥), 정이(程頤), 장재(張載)의 글에서 주요 내용을 뽑아 엮은 책. 대체(大體)에 관계되고 일용(日用)에 간절한 글을 선정하였다. 논어 자장편(子張篇)에서 자하(子夏)의 말, 즉 "博學而篤志 切問而近思. 仁在其中矣(배우기를 널리 하고 뜻을 독실하게 하며 간절히 묻고 가까이 생각하면 인(仁)이 이 가운데 있다)"에서 근사록(近思錄) 책 이름을 정하였다. 근사(近思)란 높고 멀리 있는 것에 마음을 두지 않고 비근(卑近)한데 나아가 생각한다는 뜻이다. 조선 시대 유학자들의 필독서였으며, 선생도 도산서당에서 퇴계 선생으로부터 배웠다.

8) 비답(批答): 신하가 올린 상소나 차자의 말미(末尾)에 임금이 내린 대답.

9) 교지(敎旨): 임금의 명령 또는 관직에 임명하는 문서 첫머리에 교지(敎旨)라는 표기가 있는 문서를 지칭한다. 관직의 임명에 있어서는 4품 이상의 관직인 경우에 교지라 하였고, 5품 이상의

권의 책으로 만들고, 이름을 성유록(聖諭錄)이라고 하였다.

그 책 뒤에 쓰기를 "소신(小臣)이 무상(無狀)하여 군친(君親)의 그지없는 은혜를 받고도 무엇 하나 도와 보답한 것이 없고, 마지막에는 쌓인 죄가 무거워 이처럼 낭패하게 되었다. 그런데 오히려 목숨을 보전하여 시골에서 먹고 쉬고 있으니 임금의 큰 은혜 아님이 없다. 벌레 같은 나의 조그마한 정성을 끝내 바칠 날이 없어, 삼가 평일에 받은 교지를 한 권의 책으로 만들어, 아침 저녁으로 이마를 조아려 절하고 바라보며, 읽으려 한다. 스스로 감격을 멈출 수 없구나" 하였다.

8월 기유일(13일)에 서미동으로 돌아왔다.

추석이 곧 되므로 선영(先塋)을 배소하고자, 친히 제물을 살피려고 갔다.

경술일(14일)에 금계로 가서 성묘하였다. 임자일(16일)에 하외로 돌아왔다.

그때 오래도록 비가 와서 길이 진흙탕이 되어 매우 힘들었다. 선생은 또 몸의 상태도 편안하지 못하였다. 이 전에 금계(선영)로 갈 때, 자제들이 대신 가기를 청하였는데, 허락하지 않았고, 이때는 선비(先妣: 돌아가신 어머니)의 제사날이어서, 금계로부터 곧바로 하외로 돌아오려 하니, 자제들이 바로 서미동으로 돌아가 조섭(調攝)하기를 청하였는데, 선생은 역시 허락하지 않고, 말하기를 "내 기력을 보니, 제사 날에도 괜찮을 것 같다" 하고, 이윽고 길에 올랐다.

9월 갑술일(초8일)에 서미동에 돌아왔다.

'서미동에 돌아와서' 라는 시 절구 3편이 있다.

임진일(26일)에 종인(宗人)들과 모여 선조묘(先祖墓)에 제물과 술잔을 올렸다.

이에 앞서, 목사공께서 "선조의 분묘가 여러 곳에 흩어져 있어서, 향화(香火: 제사)를 잇지 못하는데, 자손들의 세대가 점점 멀어지면, 혹시 묘소 가는 길이 어디 있는지도 알지 못하는 자가 있을 것이다" 하였다.

드디어 종친들과 일 년에 한 번씩 제사 올리기로 의논을 정하였기에, 준수하고 폐지하지 않았다.

관직에 있어서는 고신(告身)이라 하였다.

11월 을해일(초10일)에 임금이 초피(貂皮)로 만든 귀마개를 하사하였다.

12월 을사일(11일)에 죽은 누이 숙인(淑人)[10]의 여친(旅櫬: 멀리 이동하는 관(棺))을 신양리[11]에서 곡(哭)하여 보냈다.

숙인은 계사년(1593)에 죽었는데, 이때 이르러 광주(廣州) 땅으로 반장(返葬)하였다.

선생은 월초부터 병이 있어 나들이 하기 어려웠으나, 이날 여친(旅櫬)이 산 너머로 지나간다는 소식을 듣고, 힘껏 달려가 곡을 하려고 하였다. 그때 눈보라가 크게 일어나 실인(室人)이 만류하기를 "일기가 매우 춥고, 한질(寒疾)로 한참 괴로운데, 만약 이를 무릅쓰고 거듭 움직이시면 반드시 크게 몸이 상하실 것입니다" 하였다.

선생은 듣지 않고, 말하기를 "나는 이 누이가 죽었을 때 천리 밖에 있어서 위문하거나 한번 통곡할 수도 없어서, 평생 큰 한이 되었다. 하물며 지금 상여가 먼 곳으로 가는데, 내가 비록 병이 있지만, 정(情)으로써 어찌 나가 보지 않는단 말인가?" 하고, 드디어 나가서 곡을 하고 슬픈 마음을 다 쏟아 놓으며, 10여리를 따라가 송별하고 돌아왔다.[12]

그런 뒤부터 병세가 더욱 심해졌다. 당초에 만류하지 못했음을 뒤늦게 한스러워하는 사람이 있었는데, 선생은 "질병은 운수(運數)이다. 누이동생의 빈소에 오빠가 곡하는 일은 인정으로 보아 편안한 것인데, 어찌 후회해서 되겠는가?" 하였다.

무신일(14일)에 병의 증세가 더욱 위급해졌다.

선생은 평소 지낼 때 엄숙하게 공경하는 것으로 스스로 몸가짐을 해서, 하루 종일 근엄하였다. 비록 실인(室人)이나 자제들도 한쪽으로 몸을 기대거나 자세가 흐트러진 모습을 본 적이 없었다. 병이 심하지 않으면 반드시 옷을 가지런히 입고 반듯하게 앉아, 고서(古書)를 읽고 가르치되, 게을러 그만두는 법이 없었다.

신양 마을에서 상여(喪輿)를 전송하고 돌아온 뒤로부터 기력이 고르지 못하였다.

---

10) 숙인(淑人): 정3품 당하관과 종3품의 배우자 품계.

11) 신양리: 안동시 풍산읍 신양리. 서미동 남쪽 5리쯤에 있다.

12) 누이 숙인의 부군은 정호인(鄭好仁)으로 갑자사화 때 참사(慘死)당한 충정공 행(行) 대제학 정성근(鄭誠謹)의 후손인데, 숙인은 임진왜란 때 친정 모친을 따라 남하 피란하다가 태백산 아래(도심촌)에서 병사하여 친정 선영인 안동 능골에 매장되어 있었는데 이때 시가(媤家) 연고지(경기도 광주, 현 하남) 진양 정씨 선영으로 반장되었다.

그러나 오히려 아침에 일어나 관을 쓰고 띠를 띠고서 외당으로 나가 자제들과 퇴도(退陶: 퇴계)선생 문집을 교정하고, 사람이 지녀야 할 올바른 길을 강론하다가, 밤이 되어야 끝내고 헤어졌다. 병의 증세가 날로 심해지는 것을 알지 못하였다.

선생은 퇴도 문집의 편질(編帙: 편찬된 내용과 책의 권수)이 너무 많아서 연구하거나 읽는 데 쉽지 않다고 여겨, 『주자서절요』의 예를 모방하여, 약간의 구절을 산삭(刪削: 깎아 지워 버림)을 하고 별도로 한 질(帙)을 만들어 후학들이 보고 외우기에 편리하게 하려 하였으나, 이윽고 병이 위급해져서 성과를 이루지 못하였다.

신유일(15일)에 김태(金兌) 군이 와서 문병(問病)을 하였다.

선생은 시를 주면서 말하기를

늘그막에 새로 병이 몸을 감고 도니,
지치고 쇠약한 목숨이 더욱 위태하구나.
어찌 길흉 점치기를 기다리랴,
늙으면 떠나야지 남은 걱정 하나 없네.
고맙고 정다운 벗들이 모여 고맙게도
지난날의 약속을 굳이 찾아 주는구나.
다시 서로 만나 볼 수 있을까?
허황한 말 쏟아냈으니 한바탕 웃어넘기게.

===
三十四年 丙午 先生六十五歲
二月 丁卯 會葬嫂貞夫人李氏于金溪
有祭文輓詞
三月 己巳 拜掃先塋
庚午 還西美洞
戊寅 遊銀巖 乘夕而還
巖在洞口五里許 有泉石之勝

草堂成

功力纖薄 得成於數月之後 僅蔽風日 自外無藩籬 子弟及賓客 見者 無不慮其大疎 而
先生處之怡然 名其齋曰 弄丸
嘗語子弟曰 人之所以出沒於利慾之場 廉恥都喪 以不知恥者 皆不知足之心使之也 苟
不知足 則雖餉之以五鼎之食 居之以高明之室 尙安有厭足之心哉 今此屋雖陋 然可以
蔽風雨 度寒暑矣 過此何求 夫人貴於安適 無戚戚之懷耳 心既安 則何處不可居乎

有詩一律

古人憂道不憂貧
富貴於吾亦一塵
蛾愛燈花應眩惑
人居火宅只因循

觀空面壁還嫌怪
伏虎調龍竟未馴
白首臨岐猶悵望
閉門羸臥又經春

堂之西 有小溪 出自巖石間 淸淺可愛 有時吟詠於其間 興盡而歸 又於堂北 鑿小池 引
溪水 循除而注之 聽其琮琤之聲

四月 作釣名說
上卽祚之初 崇獎儒術 士多向學 非程朱之書 不讀 既而時尙漸變 或有假此名以進 而
未免狼狽於末節 世遂以心經近思錄 指爲釣名之餌 絶無學習者 次子禕請受心經 先生
喜 作是說

五月 辛卯 出河隈
癸巳 出玉淵
丙申 還西美洞
七月 乙亥 出河隈

跋聖諭錄後

先生裒集前後所承批答 及有旨 爲一册 名曰 聖諭錄 其後曰 小臣無狀 受君親罔極之
恩 無一補報 末路罪積釁重 狼狽如此 然 猶保全性命 食息於田野之間 莫非洪造 螻蟻
微忱 終無得效之日 謹錄平日所承敎旨 爲一册 庶幾朝夕稽顙瞻拜 而讀之 且感不能自
已云

八月 己酉 還西美洞

以秋夕 將拜掃先塋 欲親檢祭物而行之也

庚戌 往金溪拜掃 壬子 還河隈

時 久雨泥淖 行途艱甚 先生又氣候不寧 前此金溪之行 子弟請代往 不許 至是 以有先
妣忌祭 自金溪 欲直還河隈 子弟又請還西美洞 調護 先生亦不許曰 看吾氣力 行祭之
日 無幾 遂行

九月 甲戌 還西美洞

有 還西美洞 三絕

壬辰 與宗人會 奠於慈坡先祖墓

先是 牧使公以先祖墳塋 散在諸處 香火不繼 且子孫漸遠 或不識墓門者 有之 遂與宗
人 定議歲一祭之 故遵守不廢

十一月 乙亥 內賜貂皮耳掩

十二月 乙巳 哭送亡妹淑人旅櫬于新陽里

淑人歿於癸巳 至是 返葬廣州地 先生自月初 已有疾 不堪出入 是日 聞旅櫬過山外 欲
力疾往哭 時 風雪大作 室人諫曰 日氣極烈 寒疾方苦 若更衝冒 必致重傷 先生不許曰
吾於此妹之喪 在千里外 不能撫尸一慟 平生大恨 況今旅櫬遠歸 吾雖有病 情何忍不見
遂往哭盡哀 追送十餘里而還

自後 病勢益篤 有以當初不能挽行追恨者 先生曰 疾病 數也 兄哭弟喪 人情所安 豈可
悔哉

戊申 症勢增劇

先生年居 莊敬自持 終日儼然 雖室人子弟 未嘗見其有欹側解弛之容 非甚病 亦必整衣

端坐 講論古書 未或怠廢 自新陽送喪而歸 氣甚不平 然 猶朝起冠帶 出就外堂 與子弟
讎校退陶先生文集 因講論義理 至夜 分始罷 不知症勢之日加也

先生以退陶文集編帙 浩穰 未易究讀 欲倣朱子書節要例 略加刪節 別爲一帙 以便後學
觀誦 旣而因病劇 不果成

辛酉
金君兌來問疾 先生以詩贈之曰

暮歲纏新病
殘羸命益危
吉凶寧待卜
衰謝已無疑

多荷情朋集
猶尋舊日期
更能相見否
一笑寫荒詞

59 자제들에게 유계를 남기다;
시집 관화록(觀化錄)을 남기고 조화(造化)에 들다, 66세

선조 40년(1607) 정미

정월 계유일(초9일),
　병을 기록한 시 한 편이 있다.

기묘일(15일)
　'상원일(정월 대보름날) 병중에 읊다'라는 절구 한 수가 있다.
　계사일(29일) '정월 그믐날'이라는 절구 시 한 편이 있다.

　허노재(許魯齋: 許衡)[1]의 "모든 보양은 다 거짓이고, 마음을 힘써 다잡는 것이 긴요하다"라는 시의 구절을 써서, 둘째 아들 단(禧: 도암)과 셋째 아들 진(袗: 수암)에게 보이면서, "이것은 허노재의 명언이다. 너희들은 마땅히 종신토록 몸으로 익혀 잊지 말아야 한다"라고 하였다.

2월 갑오일(초 하루)에, 초당으로 옮겨 거처하였다.
　선생은 평일에, 비록 자잘한 일일지라도 살아가는 절도를 반드시 삼가 지켰고, 행동은 예에 합당하게 하였다. 이에 병이 위독해지자 거처하는 방이 깊숙하여 조섭하는 것이 번거롭고 시끄러우며, 또 예법에 질병이 들면 정침(正寢)으로 옮겨야 하

---

1) 허노재(許魯齋): 중국 금말원초(金末元初)의 학자 허형(許衡, 1209－1281)을 말하며 노재(魯齋)는 호이다. 시호 문정(文正). 주자학자. 하남성 농민 출신으로 주자(朱子)의 영향을 받아 성리학을 하였다. 국자제주(國子祭酒)에 임명되어 관제(官制)를 정하였다. 쿠빌라이 칸에게 중국의 전통적 방식으로 통치하기를 건의하여 채택시켰다. 화북지방에 주자학이 성행하게 된 것은 그의 공적이다.

는 것이므로, 드디어 초당으로 나가 지내었다.

그 후부터는 부녀자들을 물리치고 가까이 앞에 오지 못하게 하였으며, 비록 시중 드는 여자 종이라 해도 다만 바깥에서 종종걸음으로 다닐 뿐이고, 감히 방 안에 들어오지 못하였다.

'초당으로 옮겨 살다'라는 시 절구 한 수가 있다.

> 자고 먹는 것 모두 내 몸이 관여하는 것 아닌가,
> 누구와 함께 거두어야 할지 모르겠네.
> 해를 넘기고 초당 가는 길을 처음 나서니,
> 봄날 처마에 아침 해 비치고 새소리도 새롭네.

무술일(초 6일)에

시 한편을 지었다.

> 백이와 숙제는 백세에 뛰어난 훌륭한 스승인데,
> 나는 8, 9세 때 꿈에서 뵈었지.
> 어찌 알았으랴 66년 흘러,
> 서산(西山)에 병으로 누워 10일 동안 굶주리고 있네.
> (네 자가 빠졌음)나쁘지 않지만,
> 다만 홀로 좋은 봄을 저버릴까 염려되네.
> 풀들이 한들거리는 햇볕 드는 언덕에서 도(道)를 듣는데,
> 어느 날 봄옷을 전당(典當) 잡혀야 할지 알 수 없구나.

경자일(초 7일)

원근의 빈객들이 다투어 와서 문후(問候)하려 하고 혹은 머물러 돌아가지 않는 다는 말을 듣고, 한 사람 한 사람 맞아 볼 수 없어서, 드디어 시를 지어 사례하였 다. 시에서 말하기를

> 여러분의 옛 정 두터운데 크게 감사하오.
> 생사가 걸린 때에 헤어지면 안 되는데.

열흘만 떨어져서 서미동에서 쉬고자 하오만,
그 뒤 서로 만날 기약은 아직 없구려.

또 절구 한 편을 지어 여러 사람들이 차운하도록 하여 살펴보았다.

형님의 아들 심(襑)²⁾에게 명하여 수기(壽器: 棺)를 만들게 하였다.

선생은 또 말하기를 "옛 사람은 평소 지낼 때는 상(床)에서 누워 자다가 그것을 염(殮)하는 데 썼다. 요즘 사람들은 꼭 문짝을 떼어내 염을 하는데, 아주 나쁘다. 나무를 가진 게 있으면, 미리 소형(小型)으로 정교하게 두 개를 만들어 평소 지낼 때 쓰면 어찌 안 될 일이겠느냐?" 하였다.

임인일(초9일)에

'김협(金協)³⁾에게 주다' 및 '태운(太雲)에게 주다' 등을 지었다.

계묘일(10일)에

절구 한 수를 지었다.

사람이 살아 여기까지 온 것이 어떻게 된 것일까?
사대(四大)⁴⁾는 종래부터 잠시 빌려온 것이지만,
유독 청력(聽力)만은 참으로 없어지지 않네.
문밖의 딱다구리 나무 쪼는 소리를 누워 듣다니.

갑진일(11일)에, 글로서 빈객들에게 고하였다.

선생은 옛 지인들이 계속하여 문안한다는 말을 듣고, 글로서 고하기를 "저는 병세가 위중해져서 하루가 더욱 급해지고 있습니다. 왕왕 희미하게 듣기를 어진 손과

---

2) 심(襑): 서애 선생 형님이신 겸암 목사공의 셋째 아들.

3) 김협(金協, 1546－1638): 호 충효당. 1592년 임란 시 체부(體府)에 발탁되어 병기(兵器)를 연구, 화전(火箭)을 개발한다. 의학에도 조예가 있어 선조의 시의(侍醫)를 지냈으며, 혜민서(惠民署) 주부(主簿)에 임명되었으나 사퇴하였다. 본관 순천. 서애 문인. 구담(九潭) 출신. 93세까지 장수하였다.

4) 사대(四大): 네 가지 큰 것. 머리, 몸통, 팔, 다리. 또는 지수화풍(地水火風).

벗들이 이어서 문병 온다고 하고, 혹은 (기다린 것이) 여러 날에 이른다고 하니, 생사가 걸린 이때 정의(情誼)로 보아 마땅히 한 분 한 분 만나보고 영결해야 하지만, 기력이 마음에 미치지 못하여 그렇게 하지 못합니다. 오직 바라기는 여러 어지신 분들께서 이 성의를 살펴 주시기 바랍니다. 모든 저의 집안일에 관계된 하실 말씀이 있는 분은 꺼리지 마시고 말씀해 주십시오, 친히 대면하여 만나야 할 분은 역시 자제끼리 서로 일러 주시면 매우 다행이겠습니다" 하였다.

을사일(12일)에

시 한 수를 지었다.

숲 속의 한 마리 새 울음을 그치지 않고,
문 밖에서는 떵 떵 나무 베는 소리 들리네.
한 기운 모이고 흩어짐은 역시 우연인데,
다만 한스러운 것은 평생 부끄러운 일 많았으니
너희 아이들아 힘쓰고 또 힘쓰라.
충효 외에는 할 일이 없음을.

정미일(14일)에,

교지(敎旨)로 부름을 입었으나, 병으로 사양하였다.

전 거창 군수 이보(李輔)가 와서 문안하였는데, 시를 주어 사례하였다.

시에서

백리 넘는 길을 5년째 거듭 찾아주었는데,
해쓱한 얼굴 더욱 늙었으나 옛정은 여전하구려.
남계(南溪)5)에서 맺은 약속 평생 잊지 않았는데,
회화나무 버드나무 그늘 속에 작은 초당이 묻혔구려.

---

5) 남계(南溪): 군위(軍威)에 있는 선생 조부모의 산소 인근에 있다. 선생이 남계 서당을 지었고, 뒤에 남계서원이 되었다. 그곳은 원래 선생의 진외가 연안 이씨의 문중의 세거지였다.

무신일(15일)에,

시 두 편을 지었다. 그 하나는

자상(子桑)⁶⁾이 병이나 3달이 되었는데,
자여(子輿)가 문병가서 살펴보았더니,
풍운(風雲)이 고상한 뜻 흔들어,
태산을 조그마한 산으로 보네.
지인(至人)⁷⁾은 원화(元化: 조화의 큰 힘)에 올라,
심성(心性)은 무위(無爲: 아무 간섭을 받지 않음)를 즐기네.
이에 진실로 깨달은 바가 있다면,
형해(形骸: 육신)는 내버려도 그만인 것.
나는 실로 아무것도 아는 것이 없고,
되돌아보니 차마 못하겠네.
밤을 새어 아침이 될 때까지 끙끙대고 있으니,
다만 남들의 웃음거리만 되는구나.

계축일(20일)에

시 '산새 소리를 듣다'라는 절구를 하나 지었다.
무오일(25일)에 절구 한 수를 지었다.

앞산 뒷산 넘어 마음에 그리운 벗들,
반생(半生) 반사(半死)인 내 몸, 속으로 읊조리네.
정신은 나가 버렸고 기력도 다 되어,
편지로 알리고 싶으나 양쪽 다 굳이 보낼 이유도 없네.

---

6) 장자(莊子) 대종사(大宗師) 편에 나오는 이야기. 자상(子桑)과 자여(子輿)는 친구였다. 자상이 병이 들어 자여가 문병을 가서 보니 자상이 매우 신음하며 마치 노래하는 듯, 우는 듯하였다. 자신이 이렇게 된 것은 부모의 뜻인가, 하늘과 땅의 뜻인가, 사람들 탓인가? 그 슬퍼하는 이유를 물었더니, 자상이 "슬퍼하는 것이 아니다. 그저 나를 낳아주신 부모님이 처음부터 나를 가난하게 하려고 하지 않았을 것이다. 하늘과 땅도 사사로움이 없으니 나를 가난하게 하려고 하지 않았을 것이다. 그럼에도 나를 이렇게 되도록 한 것은 아마 천명(天命)이겠지" 했다고 한다.

7) 지인(至人): 도덕이 최고의 경지에 도달한 사람.

계해일(30일)에

　시 한 편을 지었다.

　　기력(氣力)을 보니 날마다 쇠미해지고,

　　정신도 점점 혼미해지는구나.

　　어제 들리던 소리 오늘 듣지 못하고,

　　어제 하던 말 오늘은 말하기 싫어지네.

　　오늘 이러한데,

　　내일 아침은 어떨까?

　　또 앞으로는 어찌 될까?

　　어찌 이른바 말하려 해도 소리가 안 나오고,

　　보려고 해도 빛이 없다는 것 같네.

　　옛사람의 일을 나는 할 수 없지만,

　　아직도 이 길을 따라갈 수는 있네.

　　옛말에 도철(塗轍)[8]이 있다 하더니,

　　즉 이것이 하나의 도철이로군.

　　현명한 사람 어리석은 사람 다 함께 하는 길이요,

　　귀하고 천한 사람들도 같이 쫓아가는 길일세.

　　천년만년에 걸쳐

　　누가 면할 수 있으리.

　　통달한 사람이 나를 위해

　　곁에서 보고 한바탕 웃네"

3월 갑자일(초하루)에
이날 눈보라가 크게 일어났다.
절구 하나를 지었다.

　　산란한 마음 수습하느라 10년을 보냈는데,

---

8) 도철(塗轍): 길과 수레바퀴 자국. 근사록(近思錄) 도체(道體) 32장. 길을 따라서 수레바퀴 자국
　이 따른다(循道隨轍)는 말로, 성현이 이루어 놓은 길을 따라가면, 사리에 맞는 올바른 길(도리)
　로 가게 됨을 말한 것.

지금 온갖 근심 쳐들어오니 감당하기 어렵네.
산전(山田) 보리 막 파종했으리라 생각되는데,
오늘(甲子日) 눈보라가 서림(西林)9)을 흔드네.

병인일(초3일)에, 임금께서 내의(內醫)를 보내어 간병하게 하였다.

임금은 선생이 병중이라는 말을 듣고, 승정원에 전교(傳敎)하여 말하기를 "대신이 멀리 밖에서 병중에 있는데, 본도 감사(監司)는 어찌 한 마디도 아뢰지 않는가?" 하고, 내의(內醫)를 시켜 약을 가지고 가서 병을 구완하라고 하였다.

선생은 내의가 내려온다는 소식을 듣고, 감격하여 눈물을 흘리며 "천은(天恩)이 망극합니다" 하였고, 도착하자, 자제들로 문 밖에 나가 절하여 맞이하게 하였으며, 선생은 몸에 조복(朝服)을 걸치고 만나 보았다.

경오일(초7일)에

이날 증세가 더욱 급해졌다. 오후에 조금 차도가 있자 절구 한 편을 지었다.

세상사는 어렴풋하여 꿈속인데,
억지로 찾아보려니 참으로 웃음만 나오네.
가만히 생각하니 지금 서계(西溪)에는 따뜻한 바람이 불텐데,
목련 꽃은 얼마나 많이 피었을까?

금계 재사(齋舍)의 스님이 문병하러 왔다가 감히 이름을 통(通)하지 못하고 돌아갔다. 선생이 그 일을 듣고, 시를 지어 보내며 말하였다.

네가 문 앞에 왔다는데 나는 알지 못하였네.
알았다면 마땅히 한 마디 약속했으리라.
청명(淸明), 한식(寒食)은 해마다 오는 일이데,
절기(節氣) 차례를 찾다보니 괜히 절로 슬퍼지는구나.

---

9) 서림(西林): 중국 소동파(蘇東坡)의 시 제서림벽(題西林壁)에 "不識廬山眞面目 只緣身在此山中
(여산의 진면목을 알 수가 없으니, 내 몸이 이 산속에 있기 때문이네.)"이라 하여, 산의 참모습
을 알 수 없음을 의미한다.

임신일(초9일)에

시를 지었다.

> 큰 병을 만나 어느덧 백일이 넘었는데,
> 입은 맛을 모르고 눈은 광채가 없어졌네.
> 기력도 이미 다했고 정기(精氣)마저 다 없어져,
> 마른 나무 같은 형체로 부질없이 침상에 얹혀있네"

유소(遺疏: 유언상소)를 기초하였다.

선생은 비록 시골에 물러나 지냈지만, 임금을 사랑하고 나라를 근심하는 일념(一念)은 게을러지지 않았다. 조정의 정사(政事)에 잘못이 있거나 잘된 일이 있으면, 걱정하거나 기쁜 안색을 반드시 얼굴 표정에 나타내었다.

갑진년(1604) 가을에, 사람들의 입소문으로 듣기를, 조정에 올바름을 잃은 일이 있다고 하니, 눈물을 흘리면서 걱정과 탄식을 하고, 침식(寢食)이 편치 못하기가 여러 날 이어진 적도 있었다.

병오년(1606) 겨울에, 임금은 임해군(臨海君)이 민간에게 폐를 끼쳤는데도 조정에 간(諫)할 사람이 없다고 승정원에 탄식하는 전교(傳敎)를 하였었는데, 선생은 이 전교를 얻어서 벽에 붙여놓고 엄숙하게 소리내어 읽으며, "옛사람께서 '크도다! 왕의 말씀이여. 한결같도다! 왕의 마음이여'[10]라고 말씀한 것이 바로 이것이다" 하였다.

언젠가 차자를 올려 (하고 싶은) 말씀을 올리려 하였다. 그 첫 번째 올린 차자에서,

"본월 14일에 신은 병이 무거워 사람 노릇 할 수 없는 가운데, 보름날 연회에 와서 참석하라는 부르심을 받았습니다. 신은 병중에 이 일을 듣고 북쪽을 향하여 슬피 통곡하였습니다. 신은 아무런 공로가 없는데도 시골로 물러나 가정에서 죽을 수 있으니 은혜가 망극한데, 목숨이 다 되어 요순(堯舜) 같은 시대를 길이 하직하게 되니, 이것을 신은 슬퍼합니다.

---

10) 대재왕언(大哉王言) 일재왕심(一哉王心):『서경(書經)』"상서(商書)"『함유일덕(咸有一德)』제9장에 나오는 말.

옛사람은 죽을 때 유표(遺表)[11]를 올려 신하된 의리를 폈습니다. 지금 신은 마음이 어둡고 정신마저 허황해져서 별달리 할 말이 없으나, 다만 나라에 큰 난리가 났던 때를 생각하면, 아직도 남아있는 걱정거리가 많습니다. 하루아침에 흔얼(釁孽)[12]이 다시 일어나면, 국토를 방어할 수 없을 것이니, 어찌 장래에 무사(無事)할 것을 보장할 수 있겠습니까?

오직 바라건대 성명(聖明)하신 전하께서는 마음깊이 생각하셔서, 덕을 닦고 정사를 바로 세워 근본을 세우는 데 길이 유념하시고, 공정하게 듣고 관찰하여 여러 사람의 마음을 다 살피시며, 백성을 양육하고 어진 사람을 등용하며, 군정(軍政)을 분명하게 다스리고 능력있는 장수를 가려 뽑아 일을 맡기고 결과에 책임을 지우소서. 신이 하고 싶은 말은 이것뿐입니다.

진주(晉州)는 나라의 한쪽에 치우쳐 있는데, 중간에 지휘할 주장(主將)이 없어서 이 역시 불안한 일이 아닐까 염려됩니다. 말이 뒤죽박죽이고 정신이 혼미하여 할 말을 모르겠습니다. 삼가 백배(百拜)를 올립니다" 하였다.

이어 올린 두 번째 차자에서

"엎드려 생각하니, 신의 나이 이제 66세입니다. 목숨이 이미 다 되어 이치로 보아도 구차하게 연명하기 어렵습니다. 성은을 내려 내의(內醫)를 보내어 병을 치료하게 하니, 신은 감격하여 몸 둘 바를 모르겠습니다. 슬프고 두려워서, 감히 목숨이 거의 끝나가는 때에, 죽음을 앞두고 애처로운 울음을 다하여 크나큰 은혜에 사례드립니다.

옛사람은 유표(遺表)를 올려 신하가 죽으면서도 임금께 대한 의리를 잊지 못하는 뜻을 편 사실이 생각납니다. 신이 비록 못난 사람이지만 마음속 깊이 이 일을 사모하고 있습니다.

엎드려 생각하오니, 국사가 지금 비록 약간 평화로워져서, 대란(大亂)이 지나간 듯하나, 아직도 남은 염려가 많습니다. 엎드려 청하오니, 거룩하신 전하께서는 깊이 생각하여, 공정하게 듣고 보시고, 뭇 아래 사람들의 마음을 다 받아들이

---

11) 유표(遺表): 죽을 즈음에 임금께 심정을 밝히는 표문(表文).

12) 흔얼(釁孽): 틈 흔, 재앙 얼. 재앙의 뜻. 주역 제 19괘 임(臨) 괘의 전(傳)에 "忘禍亂則釁孽萌 是以浸淫 不知亂之至也(화란을 잊으면 재앙이 싹트니, 이 때문에 점점 빠져서 혼란이 닥침을 알지 못하는 것이다.)"

며, 군정(軍政)을 개혁하고, 어진 사람을 등용하는 일에 길이 유념하소서. 근본이
굳어지게 되면, 변두리 일에는 근심이 저절로 없어질 것입니다. 신의 바라는 것
은 단지 이것뿐입니다. 그 나머지는 신이 정신이 혼미하여, 더 보탤 수가 없습니
다. 엎드려 바라기는 전하께서 불쌍히 여겨 (저의 말을) 받아주시면 천만다행이
겠습니다. 삼가 우매한 자가 죽음을 앞두고 올리나이다" 하였다.

하루는 아들 진(袗)에게 말하기를 "사람들이 혹시 내가 애가 타서 중심이 흔들린
다고 여기더냐? 나는 그런 일이 없다. 오직 우국(憂國) 일념만이 굳어져서 뱃속에
가로 맺혀 있는 듯하다. 지난번 류기(柳禨)에게 들으니, 조정에서 무슨 일을 벌일
것이라 해서 걱정스럽게 여겼는데, 이미 3일이 지났지만, 아직 마음이 놓이지 않는
다. 해바라기가 해를 향하듯이 마음이 절로 이처럼 되는구나" 하였다.

형님 아들 기(禕)[13])에게 명(命)하여 유계(遺戒)[14])를 받아쓰라고 하였다.

첫 번째, 죽고 사는 것은 항상 있는 이치이다. 내 나이 66세인데, 사람 할 도리는
다했으니 다시 무엇을 그리워하랴. 다만 너희들이 마음에 걸리는데, 나는 이미 경사
스런 좋은 일을 너희에게 끼쳐 줄 수는 없게 되었고, 집안일은 보잘것없게 되었다.

오직 바라노니, 너희들은 좋은 일을 힘써 생각하고, 좋은 일을 힘써 행하라. 너희
아비처럼 못나게 처신하지 않으면 아마 가문(家門)은 보전될 수 있을 것이다. 부지
런히 힘쓰고, 부지런히 힘쓰라.

나는 세상에 공덕을 쌓지 못하였으니 죽은 뒤에 마땅히 박장(薄葬)[15])을 하라. 옛
날 정 정승(鄭政丞) 댁에서 예장(禮葬)을 하였을 때, 제대로 처리를 못하여 사람들
말을 많이 들었다. 이처럼 해서는 안 된다. 장례(葬禮)는 시기를 넘기지 말고 빨리
하는 것이 옳다.

너희들 기(氣)가 약하니, 범사를 스스로 보전하여 지탱해 내는 것으로 위안 삼도
록 힘쓰라. 나는 생각해 오기를 지금 세상에서는 상례(喪禮)와 제례(祭禮)가 사치
하여 남보다 낫게 하려는 데 힘쓰고 있으나, 실상 보기 좋게만 하는 데 불과하다.
우리 집은 이미 가난하다.

---

13) 기(禕, 1561-1613): 서애 선생 형님 운룡(雲龍)의 둘째 아들. 익위시 세마, 사도시 주부. 낭천
   (현 화천) 현감.
14) 유계(遺戒): 죽을 때 후손에게 당부하는 훈계(訓戒).
15) 박장(薄葬): 후장(厚葬)의 반대말로 간단하게 장례를 치르는 것을 말한다.

또 '대부(大夫)의 예(禮)로 장례(葬禮)하고 사(士)의 예(禮)로 제례(祭禮)를 행하는 것'[16]이 길례(吉禮: 제사 의례)이다.

삼가하여 네모진 약과(藥果)[17]를 쓰지 말라. 만일 꼭 쓰려면 약과 한 그릇에 과실을 섞어 간략하게 차리는 것을 정식(定式)으로 삼고, 어기지 말아라. 소묘(掃墓)할 때의 그릇 수도 간략하게 하여, 고기 없는 밥, 나물, 국으로 하라. 정성과 공경으로 하면 되지 그릇 숫자가 무슨 관계랴.

너희 형은 불행히 일찍 세상을 떠났고, 외로운 손자는 아직 어른이 되지 못하였으니, 모든 일은 너희들에게 달려있다. 삼가서 하고, 삼가서 하여라.

두 번째는, 내 평생 악한 일을 많이 해서 너희들이 알지 못하는 것도 있다. 죽은 뒤에 삼가 남들에게 비문(碑文)을 청하지 말라. 만사(輓詞)도 스스로 만들어 보내온 것만 쓰라. 삼가하여, 많은 것이 좋다고 여겨 조정에 청하지 말라. 그 나머지는 말할 수 없으나, 이번 례(例)에 비추어 일체 줄여서 하라.

세 번째는, 내 평생 허물을 쌓아서 나라에 보답을 제대로 하지 못하였으니, 박장(薄葬)을 하고, 후장(厚葬)을 하지 말라.

네 번째는, 옛날에는 망건이 없었으나 지금은 있으니, 내 뜻에는 염습할 때 검은 비단으로 망건을 만들어 품관(品官: 품계)을 나타내는 관자(貫子)를 달아 두는 것은 마땅하나, 번거롭게 가례(家禮: 주자가례)를 그대로 따를 필요는 없다.

다섯 번째는, 내가 병이 이미 심하지만, 집안일로 몇 조목 써서 경계(警戒)로 삼으니 준행하여라. 우리 집은 가난하여 노복(奴僕)이 없다. 행여 몇 사람 사패(賜牌) 받거든, 그중 남자 종 두 사람을 선택하여 제사 노비(祭奴)로 삼아 종손(宗孫)에게 소속시키고 다른 곳으로는 보내지 말라. 이것이 큰(중요한) 조목(條目)이고, 그 나머지는 서로 화목한 가운데 적의(適宜) 처리하라. 내가 미리 염려하지 않는다.

여섯 번째는, 사람들이 집에서 가업을 지켜나가는 데는 스스로 체통이 있어서, 문란해지면 안 된다. 우리 집은 불행하여, 주부(主婦)가 없다. 후일에 숨길 수 없는

---

16) 중용 제18장에 "父爲大夫子爲士 葬以大夫祭以士(아버지가 대부이고 아들이 사(士)면 장례는 대부의 예로 하고 제사는 사(士)의 예로 한다.)"

17) 사주약과(四注藥果): 사주(四注)는 지붕이 사방으로 처마가 있어 빗물이 사방으로 흘러내린다는 뜻에서 사각형의 의미이다. 약과(藥果)는 유밀과의 대표적인 음식으로 다과상(茶果床)이나 과반상(果盤床)에 쓰이는데, 자연 과일을 사용하거나 과일이 나지 않는 계절에 곡식 가루로 과일 모양으로 만들어 썼다. 그 후 변하여 조선시대 원형(圓形)이 되었다가 제사상에 쌓아 올리기 불편하여 방형(方形), 즉 네모진 모양으로 되었다. 뒤에 또 모양이 변하여 둥글게 만들어져서 지금은 약과판에 박아낸 모양으로 되었다.

일(죽음)이 있으면 대처하기 어려운 일이 많을 것이다. 지금 너희들에게 상세하게 말한다. 너희 형이 비록 죽었으나, 그의 아내가 살아있으니, 역시 한 집안의 총부(冢婦: 맏며느리)이다. 너희들은 모든 집안의 대소사(大小事), 즉 제사로부터 노비, 전답 등의 일을 모두 마땅히 총부에게 여쭈어 시행하라. 만일 불가(不可)한 일이 있으면 이 유언을 가지고 은근하게 계고(戒告)하여, 어기거나 실패하지 않도록 하라. 이와 같이 몇 년을 지나서 종손(宗孫)이 성인(成人)이 되기를 기다리면, 집안을 지켜낼 수 있을 것이고, 체통을 잃는 일도 없을 것이다.

그렇게 하지 않으면, 집안에 이미 실인(室人)이 있고, 또 동생 아내들도 있는데, 각자 자기 뜻대로 행하고 각자 자기 마음대로 맡아 버려, 이것을 저것으로 바꾸고, 혹 마음대로 팔아넘기기라도 하면, 사소한 종사(宗事)라도 하루아침에 깡그리 무너질 것인데, 내 마음을 위로함도 아니니, 너희들에게도 함께 책임이 있다. 신중히 하고 신중히 하라. 집안에 사당(祠堂)을 세우려 하였으나 우선 편한 대로 지나다가 보니 아직 이루지 못하였다. 이것은 비록 삼년상 도중이라도 만약 쓰다 남은 미곡(米穀)이 있으면 힘에 맞추어 짓되, 화려하고 아름답게 할 필요는 없고, 단청(丹靑)도 하지 말라. 앞뒤로 다섯 감실(龕)이 있는 집이면 신주(神主)를 받들고 제사 올리기에 넉넉하다. 우리 집 조상님들의 사당 제도는 이와 같으니, 준행(遵行)할 수 있을 것이다.

오직 성실, 오직 효도, 오직 온화, 오직 친목하라. 이것이 집안을 지키는 큰 요점이다. 너희들이 이 네 가지를 빠트리거나 철저하지 못함을 염려하지 않고, 나약한 것만 염려하여, 일이 생겼을 때 결단하지 못하면, 간고(幹蠱)[18]하기를 바라는 나의 뜻을 너희들이 저버리게 된다. 주의를 기울이고 또 기울이라. 실인(室人)은 의지할 곳이 없으니, 만약 살 곳을 잃고 떠돈다면 잘한 일이 못 된다. 이것도 큰일이다. 나머지는 너희들이 형세를 잘 살펴보고 선처하여, 남들에게서 웃음을 사지 말라.

자제에게 명하여 다른 사람의 서적을 기록하여 반환하도록 하였다.
또 행장(行狀) 써 줄 것을 바라서 여러 어른들로부터 보내온 행장초(行狀草)를 찾아 한 축으로 봉하여 흩어져 없어지지 않도록 하였다.

병중에 지은 시를 관화록(觀化錄)으로 이름 지으라고 명하였다.

---

18) 간고(幹蠱): 간부지고(幹父之蠱)의 준말. 아들이 아버지가 실패한 일을 회복한다는 뜻. (주역 고괘(蠱卦)에서 나오는 말.)

경진일(3월 17일)에

김태(金兌)에게 준 시에서

오후 음기(陰氣: 구름)가 서쪽 창문에 이르러,
날이 이미 어둑어둑해지고 나는 눈이 침침해졌는데.
피곤하여 스스로 어떻게 할 수 없어서,
김군의 난학(鸞鶴)같은 모습을 보고 싶은 차에,
뜻과 기운이 솟구쳐 푸른 하늘에 흰 구름 생긴 듯하네.

임오일(19일)에

심해진 병중에 읊은 절구 4수가 있다.
그 첫째는

양명(陽明)의 심즉리(心卽理)는 유학자들과 달라서,
아플 때는 쾌활한 마음 가지는 일이 중요하다지.
어디서 쾌활한 마음 얻을지 알 수 없고,
다만 끝없는 괴로움만 보일 뿐이네.

둘째는

가슴 속에 연기 같은 기운 피어나 아직 남았는데,
아프고 나서 이와 같은 때는 한 번도 없었네.
눈이 흐려 사람을 보아도 안개 속 같고,
때때로 알아듣기 어려운 헛소리나 지르네.

셋째는

술 취해 쓰러져 자는 것은 정말 어려운 일이구나.
수백 번이나 누웠다가 일어나니 무엇 하는 짓인가?
오직 평생 익혀온 것은 글자뿐이라,
때때로 베개 곁에 옛날처럼 찾아오네.

넷째는

의원은 병중에 시 읊기를 피하라고 하는데,
나 비록 알지만 오늘도 저절로 읊조리고 있네.
그러나 한두 글자도 제대로 안배(按排)[19]하지 못하고,
오직 착 가라앉은 채 혼미한 마음 다스리고만 있네.

또 자제들에게 일러 말하기를 "지난해 말을 타고 동구(洞口)를 지나가는데, 살구꽃이 만발하여 붉은 노을 같았다. 지금 날이 따뜻하니, 생각하기에 꽃이 이미 핀 듯하다" 하고,

시 짓기를,

나그네로 서미동(西美洞)에 살아온 지 2년,
보이는 것은 오직 풀 우거진 언덕뿐이었지.
무엇보다 생각나는 것은 지난 봄 2월 그믐,
필마(匹馬)로 야인의 움막을 지나가는데,
숲에서 비죽 나온 살구꽃 몇 가지,
붉은 노을타고 떠오르는 아침 해 따라 아양 떠는 듯했지.
병이 깊어 지금은 문밖을 나서지 못하고,
누워서 마음으로 경치를 상상하니 어찌 그 맛을 안다고 하랴.
사람은 정이 있어 쉬이 그 맛을 살리지만,
산 새 꽃들은 모두 영원히 본디 그대로인걸.

계미일(20일)에
산승 학기(學己)가 문안하니, 시를 주어 이르기를,

죽음과 삶은 거침없이 흘러,
기운 하나가 모였다 흩어져 가는 것.

---

19) 안배(按排): 알맞게 배치한다. 여기서는 운율(韻律)의 안배함을 말한다.

옛 어른들도 이런 말씀을 하셨는데,
내 살아온 길 어찌 슬퍼할 것이랴.

갑신일(21일)에

날이 어두워져 개구리 소리를 듣고, 절구 한 수를 지었다.

만물은 비록 미물(微物)이라도 다 제 나름의 즐거움이 있어,
때를 만나 즐거움을 마음껏 즐기네.
봄날 연못에서 즐기는데 밤사이에 천기가 바뀌어도,
그것이 공(公)인지 사(私)인지 구분할 필요가 있겠는가.

정해일(24일)에

김협(金協)이 하직하고 돌아가니, 시를 주어 말하기를,

밤낮으로 함께 지내기 두 달 동안,
찬 서리 매운 바람에도 추운 줄 몰랐네.
국담(菊潭)20)은 본래 망창(莽蒼)21)한 곳이나,
인간사(人間事) 이별의 어려움을 새삼 깨닫게 하네.

신묘일(28일)에

연릉(延陵: 연릉부원군 이호민(李好閔))의 편지 속에, 신승(神僧)이 진퇴(進退)를
모두 잊었다는 말이 있었다. 그 뒤쪽에 쓰기를,

나아가는 것도 잊으려 하고
물러나는 것도 잊으려 하니,
잊으려는 마음이 도리어 망녕되어,
우리집 대문의 영(寧) 자(字) 하나만도 못하오.
한스럽기는, 내 평생에 할 일을 다하지 못하였으니,

---

20) 국담(菊潭): 안동시 풍천면 구담리 소재 국담정사(菊潭精舍)를 말한다. 김협이 은거해 생활한
곳이다.
21) 망창(莽蒼): 하늘과 들판을 함께 볼 수 있는 곳. 즉 가까운 거리임을 의미한다.

지금 일이 어찌 개탄스럽지 않겠소?

시름에 겨워 멍하니 바라보기만 하오.

4월에 손님을 사절(謝絶)하라고 명하였다.

이 앞에서는, 병이 비록 심해도 오히려 때때로 문병 오는 바깥 손님을 맞아 만나 보았는데, 이때에 이르러 손님을 사절하라고 명하면서 "안정(安靜)을 취하여 조화 (造化)²²)로 돌아가련다" 하였다.

임술일(30일)에

밤에 두견새 우는 소리를 듣고, 시 짓기를

산은 말이 없는데
두견새가 우네.
두견새 울고 울어도 산은 대답도 않네.
산이 비록 말이 없어도 뜻은 이미 알고도 남네.
으스름 달이 떠오르는데, 매화가지만 환히 보이네.

5월 병인일(초4일)에

누이 아들인 이찬(李燦)²³)의 편지를 보고, 답장을 손수 썼다. 정묘일(초5일)에 이날 밤 사람들 부축을 기다리지 않고 홀로 일어나 말씀하기를 "오늘 밤은 개운하 여, 마치 아프지 않는 사람 같으니, 이상하구나" 하며, 홍범(洪範)을 마지막 편까지 읊었다.

무진일(초6일) 진시(辰時: 8시) 정침(正寢)에서 생을 마감하였다.

이날, 해 뜰 무렵, 큰 호랑이가 울타리 밖에서 소를 노려보고 있으니, 노복들이 큰소리를 질러대었다. 아들 진(袗)이 선생이 놀랄까 염려하여 급히 나가 중지시키

---

22) 조화(造化): 1) 천지 만물을 창조하고 성장시키는 신, 하느님. 2) 자연(自然). 여기서는 죽음의 완곡한 표현으로 보인다.

23) 이찬(李燦, 1575-1654): 호 국창(菊窓). 젊어서부터 병을 자주 앓아 독학으로 의술을 공부하 여 명의로 이름이 났다. 인조(仁祖)의 병을 치료하여, 공조 정랑, 군위 현감, 금산 현감에 임명 되었으나, 곧 병으로 체직되었다. 본관 여주. 서애 문인. 선생의 생질이다. 계암(溪巖) 김령(金 坽)의 매부. 국창선생 문집이 있다.

려 하니, 선생이 천천히 단(褍)에게 말하기를 "네 동생이 미련하구나. 사람이 범을 봤는데 놀라지 않게 하려는 것이 되겠느냐?" 하였다. 진시초(辰時初: 7시경)에 자제들에게 명하여 임금이 보내준 내의(內醫)를 청해 오도록 하였다. 내의가 밖에서 약을 달이느라 곧 들어오지 않으니, 여러 번 명을 내려 독촉하였다. 방에 들어온 뒤에 손을 잡고 이별하며 "멀리까지 와서 병을 돌보아 주니, 천은이 망극하오. 그대도 매우 수고하였소. 며칠이면 서울에 도달하겠소? 부디 몸 조심하오" 하였다.

곧 시자(侍者)에게 명하여 초당의 한가운데 침석(枕席)을 정리하라고 하여 자리를 옮기려고 하니, 곁에서 모시던 사람이 움직이는 것이 힘들까 염려하여 옮기지 말 것을 청하였는데, 듣지 않았다. 초당의 한가운데로 부축받아 자리를 옮기자 북쪽을 향하여 반듯이 앉아서 평온히 서거(逝去)하였다.

선생은 일찍이 말하기를 "내 평생 세 가지 한(恨)이 있다. 임금의 은혜를 아직 갚지 못했으니, 첫째 한이고, 벼슬 지위가 너무 지나친데 일찍 물러나지 못했으니, 둘째 한이고, 망녕되이 도(道)²⁴⁾를 배우려는 뜻이 있었으나 이룬 것이 없으니, 셋째 한이다" 하였다.

갑술일(12일)에 임금께서 부음(訃音)을 듣고, 명을 내려 승지를 보내어 조문(弔問)을 하도록 하였다.

승정원에 전교(傳敎)하여 말하기를 "대신(大臣)이 서거(逝去)하였으니, 내가 매우 서럽고 애통하다. 승지가 가서 조문하는 것이 좋겠다" 하였다.

정해일²⁵⁾에 동부승지 이유홍²⁶⁾이 임금의 명으로 와서 조문하였다.

6월 계사일(초2일)에 유소(遺疏)를 비변사에 내려보냈다.

승정원에 전교하기를 "풍원부원군의 유차(遺箚: 유언으로 올린 차자(箚子), 유소와 같음)는 위에서는 임금부터 마땅히 체념(體念: 깊이 생각함)해야 하지만, 비변사

---

24) 도(道): 선생이 말씀하신 뜻은 "인간이 가야 할 올바른 길(道義)"인 듯하다.

25) 선조실록에는 조정에 부음(訃音)이 도착하고 승지를 보내어 조문하도록 한 조치가 을해일(乙亥日: 13일) 자에 기록되어 있다. 정해(丁亥)는 을해(乙亥)의 착오로 보인다. 丁과 乙의 탈초 혼동인 듯.

26) 이유홍(李惟弘, 1566–1619): 호 간재(艮齋). 문과. 승문원 정자, 부수찬, 지평, 부제학. 소북(小北)으로 분류되었다. 광해군 때 폐모(廢母) 사건 때 유배되어 배소에서 사망. 본관 전주. 광평대군 6세손.

에 내려 의론해야 할 곳도 있다" 하였다.

비변사에서 회계(回啓)하기를 "전교로 말씀하신 류모(柳某)는 평소에 임금을 사랑하고 나라를 근심하는 마음이 간절하기 그지없더니, 임종(臨終)에 미쳐서는 이 두 차자를 올렸는데, 글의 뜻이 비장(悲壯)하고 간절합니다. 그가 말한 '백성을 기르고 어진 이를 등용하며 정사를 밝게 하고 군정(軍政)을 다스리며, 좋은 장수를 신중히 골라서 일을 맡기고는 성과를 책임지게 하는' 일은 모두 마땅히 시급하게 해야 할 시무(時務)입니다. 이것은 바로 오늘날 상하(上下)가 함께 체념(體念)해야 할 일이지만, 진주(晉州)가 한쪽 구석에 위치하고 있는데 그 가운데 주장(主將)이 없어서 걱정이라는 대목에 이르러서는 더욱 남쪽 지역에 대하여 마음을 기울여 죽을 때까지 잊지 못하는 정성을 알 수 있습니다.

진주는 울산에서 멀리 떨어져 있는데, 그 사이에는 텅 비어서 다시 어떤 관방(關防: 방어 요새)도 없고, 지금 비록 임시로 옮기더라도 사실 장기 대책이 아닙니다. 본도(경상도) 감사와 병사를 시켜 형편을 살펴 헤아려서 군사 정황(情況)을 찾아 묻고, 상세한 계문(啓聞)을 하게 한 뒤에, 다시 의론하여 조치하는 것이 마땅하다고 생각되어 감히 회계합니다" 하였다.

전교하기를 "그렇게 하라" 하였다.

병신일(초5일)에, 시강원(侍講院) 사서(司書)인 류항(柳恒)[27]이 동궁(東宮: 세자)의 명으로 와서 조문하였다.

기해일(9일)에, 예조좌랑(禮曹佐郎) 구헌(具憲)[28]이 임금의 명으로 치제(致祭)[29]하였다.

신축일(11일)에, 시강원 사서 류항이 동궁의 명으로 치제(致祭)하였다.

---

27) 류항(柳恒, 1574-1647): 호 구봉(九峯). 문과. 예조좌랑. 광해군 때 류영경의 일파(소북)로 삼수(三水)에 유배. 인조반정 후 양양부사. 강원도 관찰사. 본관 전주. 류영경(柳永慶)의 조카.

28) 구헌(具憲, 1565-1614): 문과. 호조좌랑 정언. 류영경의 일파(소북)로 창성(昌城)에 유배되었다. 본관 능성(綾城).

29) 치제(致祭): 임금이 제물(祭物)과 제문(祭文)을 보내 죽은 신하를 제사 지내는 일.

7월 정유일(초7일)에, 안동부(安東府) 서면(西面)[30] 수동(壽洞) 마을 뒷산에 장례하였다.

자좌오향(子坐午向: 남향)의 언덕이다.

처음 서울의 사대부들은 선생이 별세했다는 소식을 듣고 모두 사청(射廳: 훈련원 대청) 옛터에 위패를 설치하고 곡을 하였으며, 시민(市民: 서울에 전(廛)을 벌리고 있는 상인)들도 역시 흰 옷과 흰 두건 차림으로 저자 문을 닫고 와서 곡을 하였는데, 부모를 잃은 듯이 슬퍼하면서 예를 갖추었다. 그리고 줄을 서서 포목(布木: 베) 등으로 부의(賻儀)하였다.

국법(國法)에, 대신(大臣)의 상(喪)이 알려지면, 조정과 시장을 3일간 정지(停止)하는 법인데, 이때에 이르러 시장 상인들이 3일 외에 하루 더 (시장을) 정지하였다.

길거리를 다니면서도 눈물을 흘리며 말하기를 "우리들이 이 어진 정승을 잃은 것은 마치 어린아이가 어미를 잃은 것 같아, 못 살겠구나" 하였다. (선생의) 이웃 고을의 사람들도 선비와 품관(品官) 따질 것 없이 모두 비통하여 어이 어이하면서 탄식하고, 분주히 와서 조문하였다. 향교, 서원에서도 역시 서로 이어가면서 제사를 맡아 올렸다.

장례 때에는 사대부와 유생으로서 장지에 모인 사람이 4백여 인이 되었고, 졸곡(卒哭)할 때까지 술과 고기를 먹지 않는 사람도 많았다.

사람들은 이 몇 가지를 생각하여도, 선생의 덕화(德化)가 사람들에게 깊이 스며든 것을 알 수 있다고 하였다.

광해군 6년(1614) 만력 42년 갑인

4월 정해일(초5일), 위판(位版: 위패)을 받들어 병산서원(屏山書院)에 안치(安置)하고 석채례(釋菜禮)[31]를 행하였다.

서원은 하회 동쪽 상류로 5리 떨어진 곳에 있다. 풍산에는 옛날 풍악서당(豊岳書

---

30) 서면(西面): 안동 부치(府治)의 서쪽, 현 풍산읍 구역이다.

31) 석채례(釋菜禮): 석전례(釋奠禮)라고도 한다. 석(釋)은 놓는다는 뜻이며, 전(奠)은 올린다는 뜻으로, 채소를 진설하고 폐백(幣帛)을 올린다는 의미이다. 예기(禮記)에는 선사(先師: 공자를 말함)께 드리는 간소한 제사라 되어있으며, 음력 2월, 8월의 상정일(上丁日: 그 달 첫 번째 드는 丁의 날)에 문묘(文廟)나 사당, 향교, 서원 등에서 지내고 있다.

堂)이 있었는데, 선생은 서당이 관도(官道)에 놓여있고, 주변이 시끄러워 장수(藏修)[32]하는 장소로는 적합하지 않다고 여겨, 본현(本縣)의 학자들에게 이곳으로 옮겨 지으라고 타일렀고, 선생은 이곳에서 발자취를 남기기도 하였다. 이때에 이르러 유생들이 그 옆에 사당을 세웠다.

==

三十五年 丁未 先生六十六歲

正月 癸酉
有記病詩 一篇
己卯
癸巳
有 正月晦日詩 一絶
書許魯齋 萬般補養皆爲僞 只有操心是要規之句 以示襦衿日 此乃魯齋名言也 汝等當終身體念 可也

二月 甲午 遷居草堂
先生平日 雖於起居細微之節 亦必謹之 動合於禮 至是病篤 以所居之室 深奧煩聒 且以禮 疾病遷于正寢 遂出寓草堂 自後 揮斥婦女 不使近前 雖女奴之供役者 但自外趨走而已 不敢輒入房內

有移寓茅堂詩 一絶 日
眠食皆非關本身
不知收取與何人
經年始出茅堂路
春旭明簷鳥語新

---

32) 장수(藏修): 예기(禮記) 제18 『학기(學記)』에 "君子之於學也 藏焉 修焉 息焉 遊焉(군자는 학문과의 관계에서 배운 것을 마음에 간직하고(藏), 익히고 실천하며(修), 쉬면서 학예를 익히고(息), 놀면서 견문을 넓힌다(遊))"

戊戌

有詩一篇

伯夷叔齊百世師

我年八九夢見之

寧知六十六年後

病臥西山十日飢

(四字缺)亦不惡

只恐孤負好春時

聞道陽坡草欲動

不知何日典春衣³³⁾

庚子

聞遠近賓客爭來問候 或至留連 而未能一一迎見 遂作詩以謝

詩曰

多謝諸君舊情厚

死生之際不相離

十日攜被眠西洞

此後相逢未有期

又作詩一絕 令諸人次韻以觀

命兄子裬治壽器

先生又言 古人平居 寢臥於床 以此爲斂 今人必撤戸以斂 極可惡 如有木 預作小樣二

精緻 仍爲平居之用 何不可之有

壬寅
有贈金協 及贈太雲等作

癸卯
有詩 一絕

人生到此可奈何
四大從來亦假成
獨有眞聰猶不去
臥聽門外斲木聲

甲辰 書告客位
先生聞 知舊相繼來問 以書告之曰 生 病勢彌留 日益困劇 往往微聞 賢賓友相繼問訊
或至累日 死生之際 情當一一迎見永訣 氣力有所不及意 莫之遂 唯望諸賢 契諒此誠意
凡幹弊家事 有可告語者 勿憚告諭 如有欲親面而見者 亦因子弟相告 幸甚

乙巳
有詩 一首

林間一鳥啼不息
門外丁丁聞伐木
一氣聚散亦偶然
只恨平生多愧怍
勉汝兒曹更勉旃
忠孝之外無事業

丁未 有旨召 辭以疾

李居昌輔來問 以詩謝之

詩曰

五載重尋百里餘
蒼顔加老舊情如
平生每憶南溪約
槐柳陰中掩小廬

戊申 有詩 二篇
其一曰

子桑三月病
子輿往觀之
風雲動高懷
泰山看毫釐
至人乘元化
心性樂無爲
於此苟有得
形骸亦可遺
而我實無知
顧乃不忍斯
呻吟夜達朝
獨爲人所嗤

癸丑
有聞山鳥聲詩 一絕

戊午
作詩一絕

山前山後意中友
半生半死吟裡身
精神已去氣力盡
欲寄音書兩無因

癸亥
有詩一篇

氣力看看日微
精神漸漸加昏
昨聞之聲今不聞
昨語之言今懶言
今日如此
尙可明朝
又將如何
豈所謂欲語無音
欲視無光者然耶
古人之事吾不能
尙有此塗可循
旣曰塗轍
卽是一介塗轍
賢愚所共
貴賤同趍
千古萬古
誰能免夫
達人爲余
傍觀一笑

三月 甲子
是日 風雪大作
因作一絶

十年收拾散亂心
到此難堪百慮侵
想記山田方種麥
甲子風雪動西林

丙寅　上遣內醫看病

上聞先生有病　傳于政院曰　大臣在外病中如此　本道監司　何無一言以啓　令內醫貴藥往
救　先生聞內醫下來　感激垂涕曰　天恩罔極　旣至　令子弟等　迎拜於門外　加朝服於身而
見之

庚午
是日　症勢益急
午後　少間　作詩一絕

人事微茫如夢中
强欲尋之眞一笑
黙念西溪風日暖
辛夷花發知多少

有金溪齋舍僧來到　不敢通名而去
先生聞之　作詩寄之曰

汝到門前我不知
知之當有一言期
淸明寒食年年事
節序相尋只自悲

壬申
有詩曰

大病看看百日强
口無滋味眼無光
氣力已盡精華竭
土木形骸徒在床
草遺疏
先生雖退處畎畝　而愛君憂國一念　靡懈　如聞朝政有失有得　憂喜之色　必形於外　甲辰秋

因人聞 朝家有一事失宜 爲之涕泣憂歎 寢食不安者 累日

丙午冬 上以臨海作弊於民間 而朝廷無能言者 傳敎于政院 先生得此傳敎 貼壁而莊誦
曰 古人所謂 大哉王言 一哉王心者 此也

嘗欲上箚開陳 前箚曰 本月十四日 臣病重 不省人事 伏奉召命來參仲朔宴 臣病間 聞
有此事 北向悲慟 臣無狀 退死牖下 天恩罔極 大命已窮 永辭堯舜之時 此臣之所悲也

古人死 有遺表 以伸臣子之義 今臣昏暗 精神已荒 別無所言 但念國家大亂 獲弭而餘
憂尚多 一朝孽蘗復生 溪壑無厭 寧保無事於將來 唯望 聖明深思 永念修德立政 以立
根本 公聽並觀 以盡群情 養民用賢 修明軍政 愼擇良將 委任責成 臣之欲言者 唯此而
已 晉州 僻在一隅 中間無主將 此亦恐未安 辭蹙神昏 不知所言 謹百拜

後箚曰 伏以 臣今年六十六世 大命已盡 理難苟延 伏蒙聖恩 遣醫治病 臣不勝感激 悲
懼 敢於垂盡之際 罄此將死之哀鳴 以謝鴻恩 仍念 古人有遺表 以伸 臣子死 不忘君父
之義 臣雖無狀 竊有慕焉

伏念 國事今雖少平 大亂獲弭 而餘憂尚多 伏乞 聖明深思 永念公聽並觀 以盡群下之
情 改紀軍政 立政用人 根本旣固 則邊圉無患 臣之所欲者 惟此而已 其他 臣神氣已
昏 不能附及 伏希 殿下哀怜 財幸千萬 謹昧死取進止

一日 謂子袗曰 人或以我爲怛化 而有動於中乎 我無是也 唯憂國一念段段 如結橫在肚
裡 向因柳袗聞 朝廷有某事可憂 今已三日 而心猶未釋 如葵藿之向日 其性自能如此云
云

命兒子袽 書遺戒
一日 死生常理 吾年六十六 人事已盡 更何所戀 但念汝等 吾旣無以貽善慶 家事零替
惟願 汝輩力念善事 力行善事 無如汝父無狀 則家世庶可保矣 勉之勉之 吾無功德於世
死後當薄葬 往時 鄭政丞家有禮葬 處置未盡 多取人言 不可如是 葬不過時 速爲可也

汝輩氣弱 凡事務自保支以慰 吾念 今世喪祭 務爲侈勝於人 其實不過觀美 吾家旣貧

且葬以大夫祭以士 吉禮也 愼勿用四注藥果 如必欲爲之 則藥果一器 雜以果實 略設以
爲定式 不可違也 拜掃器數 亦從略 蔬食菜羹 在誠敬而已 器數何關 汝兄 不幸早死
孤孫未長 凡事在汝輩 愼之愼之

二曰 吾平生積惡 汝輩所不及知 死後 愼勿請人爲碑 挽亦自爲而送者 用之 愼勿求於
朝中 以多爲善也 其他 不能言 照依此例 一切省約爲之

三曰 我平生積戾 報國無狀 薄葬 勿厚葬

四曰 古無網巾 今有之 吾意 襲時 以黑繪爲網巾 懸品貫子用之 爲當 不必以家禮爲諉

五曰 吾病已困 家事數條書爲戒 以備遵行 吾家貧 無奴僕 幸得賜牌數口 其中奴子二
口 擇爲祭奴 因屬宗孫 勿以他處 此其大者 其餘共相和睦 處置得宜 非我所預憂也

六曰 凡人家持守家業 自有體統 不可紊亂 吾家不幸 無主婦 後日 如有不諱 事之難處
者 多 今爲汝輩詳言之 汝兄雖死 其妻尙在 亦一家冢婦也 汝輩凡家中大小事 自祭祀
奴婢田畓等事 皆當聽稟於冢婦 行之 如有不可之事 則以此遺言 懇懇戒告之 使無違敗
如此數年 以待宗孫之長 庶於守家 體統無失也

不然 則家中旣有室人 又有同生諸婦 各行其志 各任其意 移此易彼 或任意放賣 些少
宗事 一朝蕩敗 則非所以慰我之心 而汝輩與有責矣 愼之愼之 家中欲立祠宇 因循未成
此則雖三年內 若有用餘米穀 則隨力營建 不必務於華美 勿設丹雘 前後五架屋 足以奉
主享祀 吾家先世 祠堂之制如此 可以遵行 唯誠唯孝唯和唯睦 此是大段守家之道 汝輩
不患其四者有闕 所患懦弱 臨事無斷 以負我望汝幹蠱之意 愼之愼之 室人無所依接 若
失所流離 亦非所以善處也 此其大者 其他 在汝輩觀勢善處 勿取人笑而已

命 子弟錄還他人書籍

又搜取諸公所求行狀草 封爲一軸 使勿遺失

命 病中所作詩 爲觀化錄

庚辰

贈金君兌詩曰

午末陰氣至西窓
日已曛今我沈沈
困困不能自主張
欲見金君鸞鶴姿
激仰意氣生靑雲

壬午

有病甚詩四絕

其一曰

陽明格物異諸儒
病裡要存快活功
不知快活何處得
只看辛苦自無窮

其二曰

胸中未逐如烟起
病後都無似此時
眼昏見人如霧裡
時時譫語聽難知

其三曰

倒身甛寢眞難事
百臥百起何爲哉
唯有平生文字習

時時依舊枕邊來

其四日

醫言病裡忌吟詩
我雖知之亦自爲
更無安排一二字
只從沈滯撥昏思

又謂子弟曰 前年 騎馬過洞口 見杏花爛漫如丹霞 今 風日和暖 想已開花

因作詩曰
二年客西洞
所見惟草墟
最憶前春二月末
匹馬經過野人廬
林外杏花三兩枝
丹霞爛漫媚初日
病甚如今不出門
風光臥想知何益
人生有情感易生
山鳥山花兩無極

癸未
山僧學己來謁 以詩贈之曰

死生悠悠爾
一氣聚散之
昔賢有此語
吾生安足悲

甲申
昏聞蛙聲 作一絕
萬物雖微皆自得
得時行樂好縱橫
春塘一夜天機動
不必公私辨界程

丁亥
金協辭歸 贈詩日

晝夜相從二月間
風霜雖苦不知寒
菊潭自是莽蒼地
更覺人間此別難

辛卯
見延陵書 有神僧進退兩忘之語
因書其後日

進欲忘
退欲忘
欲忘之心還亦妄
不如吾門一寧字
恨吾平生未曾事
事今如何不慨然
生悵望

四月 命謝客
先是 病雖革 猶時時迎見外客來問者 至是 命謝客日 欲安靜 還造化也
壬戌
夜聞杜鵑聲 作詩日

山無語
杜宇啼
杜宇啼啼山不答
山雖無語意已足
淡月飛上梅梢白

五月 丙寅
見妹子李燦書 手書答之

丁卯
是夜 不待人扶 任意起動曰 今夜豁然 若無疾之人 可怪 因誦洪範 至于終篇

戊辰 辰時 終于寢[34]
是日 平明 有大虎從籬外窺牛 奴僕輩大聲叫呼 子袗恐先生驚動 急出止之 先生徐謂褊
曰 汝弟癡矣 欲人見虎不驚 得乎 辰時初 命子弟請內醫 內醫以煎藥在外 不卽入來
屢命促之 旣至 握手爲訣曰 遠來看病 天恩罔極 君之勤苦 亦甚矣 幾日可達京都耶
千萬保重 卽命侍者 整枕席於堂之中間 欲遷居 侍者恐致勞動 請勿遷移 不聽 扶移堂
中 北向正坐 恬然而逝

先生嘗曰 吾平生有三恨 未報君親之恩 一恨也 爵位太濫 而不能早退 二恨也 妄有學
道之志 而無成 三恨也

甲戌 訃聞 命遣承旨致弔

傳于政院曰 大臣卒逝 予甚慟悼 可令承旨往弔

丁亥 同副承旨 李惟弘 以上命來弔
六月 癸巳 命下遺疏于備邊司

---

34) 종우침(終于寢): "잠자듯 생을 마감하였다"는 뜻. 연보 편집자는 '이제 그만 염려하시고 평안히
    쉬소서'라는 염원으로 이런 표현을 한듯하다.

傳于政院曰 豊原府院君遺箚 自上 當爲體念 下于備邊司 亦議處 備邊司回啓曰 傳敎
云云柳某 平日 愛君憂國之心 惓惓不已 及其臨終 進此二箚 辭意悲切 其曰 養民用賢
明政修軍 愼擇良將 委任責成 皆時務之當急者 此正今日上下之所共體念 而至於以晉
州僻在一隅 中間無主將爲憂 益見留心南事 至死不忘之誠也

晉州去蔚山僻遠 中間空闊 更無關防 今雖權宜移設 實非久遠之計 令本道監兵使 審度
形便 詢訪軍情 詳盡啓聞後 更議處置 爲當 敢啓 傳曰 允

丙申 侍講院司書柳恒 以東宮命來弔
己亥 禮曹佐郎具憲 以上命致祭
辛丑 侍講院司書柳恒 以東宮命致祭
七月 丁酉 葬于安東府西面壽洞里後山
子坐午向之原
初京中士大夫聞先生之訃 皆於射廳舊基 設位而哭 市民亦以白衣白巾 輟市來哭 如喪
父母 因列狀 致賻布

國法 聞大臣之喪 停朝市三日 而至是 市民等 於三日之外 加停一日 垂涕於道曰 吾等
失此賢相 若赤子失其母 不可活也 隣邑之人 無論士子品官 皆悲慟 咨嗟奔走來弔 鄉
校書院 亦相繼致祭 至葬時 士大夫及儒生來會者 四百餘人 有不食酒肉卒哭者 亦多
人以爲惟此數事 可見先生德化入人之深也
四十二年 甲寅

四月 丁亥 奉位版 安於屏山書院 行釋菜禮
院在河廻東上流五里 豊山舊有豊岳書堂 先生以堂在官道 喧鬧之側 不合藏修之所 諭
本縣學者 移建于此 有先生遺躅在焉 至是 儒生立祠其側

60 별세 후의 관련 기록들

광해군 12년(1620) 경신

9월 모일(某日)에, 병산서원에 있는 위판을 받들어 여강서원(廬江書院) 퇴계 이 선생 사당에 부향(祔享)[1]하였다.

인조 5년(1627) 정묘

10월 남계(南溪)서원에 위판을 받들어 모셨다.

서원은 군위현 서쪽 5리 되는 곳에 있으며, 곧 선생이 창건한 남계서당(南溪書 堂) 옛터이다.

인조 7년(1629) 기사

2월에 문충(文忠)이라는 시호(諡號)[2]가 내려졌다.

도덕박문(道德博聞: 도덕이 높고 견문(見聞)이 해박(該博)함)하니 "문(文)"이라 하고, 위신봉상(危身奉上: 자기 몸이 위태로워도 임금을 잘 받듦)하였으니 "충(忠)" 이라 한다.

3월에 병산서원에 위판을 다시 모시었다.

병산서원에 사당을 세운 뒤, 사림(士林)들이 서로 말하기를 "선생의 도학(道學) 은 퇴도 선생으로부터 전해진 것이니, 이(퇴계) 선생의 사당에서 함께 제사를 받음 이 마땅하다"고 하였다.

---

1) 부향(祔享): 조상이나 선생의 사당에 위패를 모셔두고 함께 제사 올림.

2) 시호(諡號): 왕, 왕비를 비롯하여 벼슬한 사람이나 학덕이 높은 선비들이 죽은 뒤 평생의 행적 에 따라 임금으로부터 받은 이름. 한 평생을 공의(公議)에 부쳐 엄정하게 평론하고 대표적인 행적에 걸맞는 두 글자로 요약하였다.

경신년(1620)에 병산의 위판을 받들어 존도사(尊道祠)³⁾에 합사(合祀)하여 제향을 올렸다.

그 후에, 학자들이 또 선생의 장구(杖屨)⁴⁾ 하신 곳이 사라져서는 안 된다고 여겼다. 또 중국의 병산서원(주자의 스승인 유자휘(劉子翬)를 모신 서원)과 담로서원(주자를 모신 서원), 두 서원은 한 고을에 함께 있다. 이 건녕(建寧)⁵⁾의 고사(故事)를 좇아서, 다시 향사(享祀)를 회복하여, 병산서원에 위판을 모시었다.

인조 9년(1631) 신미

9월 도남(道南)서원에 위판을 봉안하였다.

서원은 상주(尙州) 치소(治所) 동쪽 15리 떨어진 곳에 있다. 예전부터 포은(圃隱: 정몽주), 한훤당(寒喧堂: 김굉필), 일두(一蠹: 정여창), 회재(晦齋: 이언적), 퇴계(退溪) 다섯 선생을 사당에 모시고 제사를 올리고 있었다.

이때에 이르러 선생을 배향(配享)하여 제사를 함께 모시게 되었다.

인조 21년(1643) 계미

10월 27일 삼강(三江)서원에 위판을 봉안하였다.

서원은 용궁현 남쪽 10리 되는 곳에 있다.

숙종 15년 (1689) 기사

10월. 빙산(氷山)서원에 위판을 봉안하였다.

서원은 의성현에 있다. 예전에 회재, 모재(慕齋: 김안국) 양 선생을 모시고 제사를 올렸는데, 이때에 이르러 선생을 아울러 제사하였다.

<『연보』의 기록은 여기까지이다.>

---

3) 존도사(尊道祠): 여강서원(호계서원)의 사당(祠堂) 이름.

4) 장구(杖屨): 지팡이와 짚신. 학덕이 높은 어른이 지팡이 집고 짚신을 끌며 천석(泉石)을 거닐어 발자취를 남겼다는 뜻

5) 건녕(建寧): 중국 복건성 건녕부(建寧府). 이곳에 무이산이 있고, 주자(朱子)와 관계되는 유적이 많다. 이 고을 안에는 주자를 모신 서원인 병산서원과 담로서원이 함께 있다. 선생의 위패를 병산서원에서 여강서원으로 옮길 때의 명분은 한 고을 안에 위패를 두 곳에서 모시는 예가 없다는 것인데, 중국의 건녕부 무이산에서 바로 두 곳에 모실 수 있다는 전례(前例)가 발견된 것이다.

『간본연보(刊本年譜)』에 그 후의 기록이 등재되어 있어 아래에 옮겨 번역 수록한다.

정종(정조) 18년 (1794) 갑인

4월. (정조) 임금께서 친히 제문을 짓고 승지를 보내어 가묘(家廟: 서애 선생 댁의 사당)에 사제(賜祭)하였다.

제문은 아래와 같다.

임금께서 승지 이익운(李益運)[6]에게 치제(致祭)토록 하며 말씀하기를 "영남지역의 오래된 집안에는 옛 물건 중에 볼만한 것이 있을 테니 가지고 오면 좋겠다" 하였더니, 이익운이 당장서첩 2권과 시화첩 1권을 가지고 와서 바쳤다.

임금이 보시기를 마친 뒤 친히 제권문(題卷文)을 지으려고 영부사(領府事) 채제공(蔡濟恭)[7]을 시켜 글을 지어 올리게 하였다.

또 내각(內閣: 규장각)에 명을 내려 류이좌(柳台佐)[8]를 불러 그 글을 주어 보내게 하며, 말하기를 "중국 장수들의 서첩 2권과 화첩 1권은 고상(故相: 옛 정승) 문충공 류성룡과 주고받은 것으로 지금 남아 있는 것이다. 한 자 넘는 화폭(畫幅) 속의 글자 사이에 자상하고 두터운 정의(情誼)가 한없이 넘쳐흐르고 있는데, 무한하고 간절함이 격의 없어서 가끔 사람을 위로하는 때도 많고 장자(長者)의 풍도가 있으며, 전수(戰守: 싸우든가 지킴)하는 기략(機略)을 논하는 일과 봉공(封貢)의 장단점과 재덕(才德)을 추켜올려 칭찬함과 충의(忠義)를 격려 권장함에까지 말하고 있으며, 또 이른바 '더불어 말을 할 만한 사람과 말을 나누는 것은 옳지만 아무 사람과 다 그렇게 할 수 있는 것은 아니다'라고 하였는데, 이런 점에

---

6) 이익운(李益運, 1748－1817): 호 학록(鶴麓). 문과 정언, 승지, 경기도 관찰사, 대사헌, 예조판서. 스승 채제공을 위해 변무하다가 수차례 파직, 유배를 겪었다. 본관 연안 채제공(蔡濟恭) 문인. 시호 정숙(靖肅).

7) 채제공(蔡濟恭, 1720－1799): 호 번암(樊巖). 본관 평강(平康). 문과. 승문원 권지부정자. 지평, 정언, 수찬, 교리. 도승지, 예조 병조판서, 좌참찬, 우의정. 좌의정(이때 영의정, 우의정 없는 독상(獨相)을 3년간 하였다) 정조(正祖) 후반기 개혁의 중심이었다. 화성 건설, 신해통공 조치, 이조전랑 통청권 혁파 등을 이룩했다. 시호 문숙(文肅). 순조(純祖) 때 관작이 추탈되었다가 회복되었다.

8) 류이좌(柳台佐, 1763－1837): 호 학서(鶴棲). 문과. 정언, 교리, 예조 참의. 우승지, 예조 참판. 내각(규장각) 초계문신. 본관 풍산. 선생 8대손. 저서 학서문집, 주의휘편(奏議彙編), 천휘록(闡揮錄), 주서기송(朱書記誦), 백세운경록(百世隕結錄) 등.

나아가 보면 "고상(故相)"을 "고상(故相)"이라고 한 까닭을 지금도 새삼 상상해 볼 수 있다. 어찌 단지 진기한 옛 물건이라고만 말할 것인가?

또한 내가 "고상"에 대하여 감모(感慕)하는 마음을 억누를 수 없는 것에 특별함이 있다. 풍기(風氣)는 날로 경박해지고 인재(人才)는 점차 줄며 사람들은 진퇴(進退)를 (당론이) 가리키는 대로만 향해 움직여 한결같이 헛글에 묶여 있는데, 모든 세상 다스리는 법전과 예악과 군사, 농업의 일을 가슴 속에 미리 저장해 놓았다가 상자를 뒤집듯 쏟아내었으니, "고상(故相)"은 어떤 사람이었던가!

일찍이 그가 남긴 문집을 가져다 보고 훌륭한 점을 가려내 실제에 응용하려고 생각하였으니, 곧 경기도 각 고을에 1만 명의 군사를 양성해야 한다는 주장으로, 새로 설치한 장용영(壯勇營)9)의 제도와 은연중에 딱 들어맞았으니, 그것에 의거(依據)하여 두루두루 처리한 일이 매우 많았다.

화성(華城)을 축성(築城)할 때, 길이를 계산하고 높낮이를 재며 토산물(土産物)을 바치는 노정(路程)을 따져보며, 모든 담장은 일제히 우뚝하게 하고 종횡으로 교차하는 큰 길은 모두 질서있게 하였는데, 많은 사람들이 마음을 쏟아 성을 이룩함으로 큰북(鼛: 큰 역사(役事)를 시작하거나 끝낼 때 치는 북) 울릴 필요도 없어진 것 모두 고상(故相)의 유책(遺策)에 힘입지 않은 바가 없다.

자신이 그 당시 조정에 쓰임을 입었으며, 세운 계획은 중국 사람들의 마음을 기울이기에 넉넉하였고, 말(言)은 후세에 드리워져, 계획하여 의론한 방략이 지금에 이르러 국가를 이롭게 하고 있다. 산하(山河)는 예와 같고 전형(典刑)은 멀지 않은데 후세에 끼친 풍도와 미덕이 사람들을 위연(喟然: 한숨쉬며 탄식함)히 탄식하며 구경(九京)10)을 사모하는 마음을 일으킨다. 이 어찌 눈 깜짝할 사이의 의론이나 바람에 흔들리는 쑥대처럼 불안정한 상태의 질문으로 이루어 낼 수 있을 것인가?

전(傳)11)에서 이르기를 "기둥이 두텁지 않으면 무게를 지탱할 수 없다" 하였

---

9) 장용영(壯勇營): 정조 9년(1785)에 국왕의 호위를 강화하기 위하여 장용위를 설치하였고, 1788년 장용위로 개칭하였으며, 도성 중심의 내영(內營)과 수원 화성 중심의 외영(外營)으로 확대하였는데, 기존 5영보다 비중이 높았다. 순조 2년에 폐지되었다.

10) 구경(九京): 중국 춘추시대 진(晉)나라 경대부들의 무덤. 구원(九原)이라고도 한다. 예기 단궁하(檀弓下)와 진어(晉語)에 나온다. 趙文子與叔向 游於九京 曰 死者可作也 吾誰與歸(조문자가 숙향과 함께 구경(九京)을 거닐었다. 말하기를 죽은 사람을 살릴 수 있다면 나는 누구를 살려 함께 돌아갈까?) 즉 죽은 어진 대부 가운데 믿고 의지할 분을 찾고 싶다는 뜻.

11) 『국어(國語)』 "노어상(魯語上)"에 나오는 말.

는데, 무겁기로는 나라만한 것이 없고, 기둥으로는 재덕(才德)만한 것이 없다. 혹시라도 "고상(故相)"에게 부끄럽지 않을 자, 아 드물도다" 하였다.

또 채제공에게 명하여 어제문(御製文) 뒤에 발문(跋文)을 쓰라고 하였다. 그 발문에서 말하기를 "정조대왕 18년 봄에 임금께서 은대(銀臺: 승정원) 근신(近臣)에게 류문충공께 사제(賜祭)하라고 명하시고, 하교(下敎)하시기를 '영남(嶺南)을 추로지향(鄒魯之鄕)이라 부르는데 옛 유적(遺蹟)으로 볼 만한 것이 있을 테니 가지고 오라'고 하였다. 복명(復命)할 때 황조제장들의 만력(萬曆) 임진년 당시 문충공과 주고받은 서화첩을 바쳤다. 임금께서 보시고 문충공에게 더욱 크게 감동하셨다. 친히 운한신편(雲漢宸篇)을 지어 서화첩 뒤에 써서 돌려주셨으니, 어찌 그리 성대한 일인가?

사람이 하늘 밑에 살면서 어떤 시기 다른 사람에게 지우(知遇)를 입으면 곧 세상의 기이한 일이라고 하는데, 엄하기로는 스승의 문하에서, 높기로는 군부(君父)에게, 멀리는 천하의 사람들에게, 더 멀리는 후일을 계승한 임금에게 대대로 세상의 기이한 일이라는 일컬음을 받는 바이니, 그런 일을 한 몸에 다 모아 겸하여 가질 수 있는 것인가?

문충공이 한창 젊어서 퇴계 선정(先正)의 문하에 나아갔을 때 퇴계 선정께서 놀라며 말하기를 "이 아이는 하늘이 내었다" 하시고 심학(心學)을 홀로 전하였다. 올라가 선조 임금을 만나 몸소 좌우에 모시었으며, 끝내는 척수(隻手)로 하늘을 떠받치는 공훈을 이루고, 멀리는 널리 황조제장들이 마음을 기울여 승복하게 하였다. 편지들이 모두 친한 벗 사이의 교제와 같을 뿐만이 아니었으니, 이것은 천고에 드문 일이다.

2백년 뒤에 지금 또 주상(主上)을 만났는데, 전하께서 공이 나라에 큰 훈공을 세운 것을 추념(追念)하시고 말하기를 "성실함을 잊을 수 없다. 같은 때 있지 못한 것이 한이다" 하시었고, 예악이나 병농에 관한 큰 조치를 오직 문충공의 유책으로 고려하여 실시하였으며, 개연히 공에게 의지하고 싶다는 생각을 가져서 친필로 밝게 드러내는 글을 쓰셨으니, 추장(推奬)함이 융중(隆重)하였다.

이는 문충공 한 사람의 영예일 뿐만이 아니다. 후세에 교훈이 된 간책(簡策)에는 누구인들 우리 성상께서 선조(宣祖)의 뜻하신 일을 계술(繼述)하는 달효(達孝)를 우러르지 않겠는가?

옛 은(殷)나라 고종(高宗)이 옛날 선정(先正)인 보형(保衡: 즉 이윤(伊尹))을 돌이켜 생각하여, 말씀하시기를 "나의 열조(烈祖)를 도운 공(功)이 황천(皇天)에 이르렀다" 하였는데, 백세(百世)가 지난 뒤 이 글을 읽는 사람은 깨닫지 못하는 사이에 우리 성상께서 하신 오늘의 일을 감탄하지 않을 수 없을 것이다. 신(臣)은 망녕되이 그 옛날의 고종만이 오로지 훌륭하다고 말할 수 없도다. 아 아름다운지고!

임금께서 신에게 어제문을 쓰라 하시고 또 신에게 명하여 어제문 뒤에 발문을 쓰라 하시니, 신은 가슴이 두근거려 감히 사양하지 못하고 삼가 이처럼 쓰는 것이다.

임금이 각신(閣臣) 서영보(徐榮輔)[12]에게 명하여 규장(奎章)의 보배로 잘 보관하라고 하시고, 나의 발문과 아울러 한 첩을 만들게 하여 내려주셨다."

6년 뒤 경신년(1800) 봄에 경상도 유생 유학(幼學) 정광익(鄭光翊)[13] 등이 병산서원 청액(請額)하는 일로 상소를 올리며 복합(伏閤)하였는데, 상소 속에 동강(東岡) 선생(金宇顒)의 청천(晴川)서원 청액도 들어 있었다.

임금이 소수(疏首)에게 상소를 받들고 정원으로 들어오게 하고 우부승지 이익운(李益運)을 시켜 선유(宣諭)하여 하교하기를

"만약 류문충공의 공훈이 탁월하나 본원(本院: 승정원)에서 지금도 선액(宣額)하지 않았다고 상소한다면, 매우 특이한 일이다. 어찌 유생들의 상소 올리는 것을 기다리겠는가? 조정에서 마땅히 특별한 은전(恩典)을 베풀 것인데 우연히 미처 겨를이 없었던 것이다.

김문정(金文貞: 김우옹) 서원을 분원(分院)하는 일은 나 역시 알고 있으나, 하나의 상소로 두 서원에 사액(賜額)하는 것은 체통이 매우 무거운데 신중함을 제대로 갖추지 못하였다. 규정 밖의 일로 복합하니, 이 때문에 사액 내리는 비답을 하지 못하니, 너희들은 물러나 돌아가도록 하여라" 하였다.

순종(순조) 32년(1832) 임진 4월. 전승지 경주부윤 정예용을 보내어 가묘(家廟)에 치제하였다.

---

12) 서영보(徐榮輔, 1759−1816): 호 죽석관(竹石館), 문과. 성절사 서장관. 규장각 직각. 홍문관 부제학. 예조판서. 이조판서. 대제학. 뒤에 아들도 대제학이 되어 아버지, 본인, 아들 3대가 대제학을 역임하였다. 본관 달성. 고조부, 증조부, 조부가 3대 정승을 역임한 가문. 저서 죽석문집. 교초고(交抄考), 어사고풍첩(御射古風帖) 등.

13) 정광익(鄭光翊, ?−?): 약포(藥圃) 정탁(鄭琢)의 후손. 약포선생 속집(續集)을 찾아내 고증하여 뒤에 간행토록 하였다.

철종 14년(1863) 계해. 병산서원의 사액(賜額)을 입었으나 철종이 승하(昇遐)하여 끝내 선액(宣額: 편액을 받음)을 얻지 못하였다. 사림(士林)이 지금까지 통석(痛惜)해 마지않는다.

10월 30일 교리 이계로(李啓魯)[14]가 입직(入直)했을 때 사액(賜額)[15]을 청하는 상소를 입계(入啓)하였다.

비답(批答)에 "묘당(廟堂)을 시켜 품의 조처토록 하겠다" 하시고, 비답 끄트머리에 "내가 마땅히 체념(體念)하겠다" 하셨다.

11월 12일 대신(大臣)들이 문안차 입시하였을 때 영의정 김좌근(金左根)이 회계(回啓)하였는데, 비변사(備邊司)에서 아뢰기를 "교리 이계로의 상소를 살펴보니 문충공 류성룡의 도학(道學)과 훈업(勳業)의 실상이 남김없이 갖추어져 있으며, 병산서원의 선액(宣額)하는 일을 청하였는데, 비답의 취지(趣旨)에는 상소한 말을 묘당으로 하여금 품처(稟處)하게 하겠다는 명이 있었습니다. 류문충공의 도학과 훈업은 사림의 사표(師表)가 되며 국가의 선정(先正)으로 열성조(列聖朝)께서 숭보(崇報)하신 일이 갖추어져 있습니다. 주향(主享) 서원에 은액(恩額)이 끝내 빠진 것은 정말로 은전(恩典)을 내릴 겨를이 없었던 것으로서, 이는 사원(祠院)을 거듭 설치하는 것과는 다릅니다. 유신(儒臣)들의 소청대로 허락해 주심이 어떠하겠습니까?" 하였다.

전교(傳敎)하시기를 "허락한다" 하였다.

===

四十八年 庚申

---

14) 이계로(李啓魯, 1828-1886): 호 석림(石林) 본관 진성(眞城). 예천 호명 출신. 허전(許傳)과 류주목(柳疇睦)의 제자. 문과 승문원 정자, 교리 지평 이조좌랑 승지 부제학 대사성 이조참의. 현풍현감, 안동 부사. 1863년 병산서원 사액을 주청하였다. 1879 안동 부사 때 애련정(愛蓮亭: 송재 이우가 안동 부사 때 건립. 현재 안동 민속촌에 이건되어 있음)을 중수하였다.

15) 사액서원(賜額書院): 조선시대 왕으로부터 서원명(書院名) 편액(扁額: 현판)과 서적, 노비, 학전(學田) 등을 받은 서원. 서원이 지닌 교육 및 향사적(享祀的) 기능이 국가의 인재양성과 교화정책에 깊이 연관되므로 조정에서 특별히 편액 등을 내린 경우 이러한 은전을 받은 서원을 사액서원이라고 칭하며, 비사액서원과는 격을 달리하였다. 도덕과 충절이 뛰어난 인물을 제향하는 서원에 허락하였다.

九月日 奉屏山位版 祔享于廬江書院退溪李先生廟

天啓七年 丁卯

十月 奉安位版于南溪書院

院在軍威縣西五里 卽先生所創南溪書堂舊址

崇禎二年 己巳

二月日 贈諡曰 文忠

道德博聞曰 文 危身奉上曰 忠

三月 日 復奉安位版于屏山書院

屏院立祠之後 士林相與言曰 先生之道 傳自退陶 合食於李先生之廟 爲當 庚申歲 奉屏山位版 祔享于尊道祠 其後 學者又以爲先生杖屨之地 不可湮沒 且屏山湛盧 一邑兩院 自有建寧故事 復享 奉安位版于屏山書院

四年 辛未

九月 日 奉安位版于道南書院

院在尙州治東十五里 舊祠圃隱寒喧一蠹晦齋退溪五先生于廟 至是 以先生配享

十六年 癸未

十月 二十七日 奉安位版于三江書院

院在龍宮縣南十里

今上 己巳

十月 奉安位版于氷山書院

院在義城縣 舊祠晦齋慕齋兩先生 至是 以先生幷享

正宗 甲寅(1794)

四月 親製祭文 遣承旨 賜祭于家廟

祭文見下

上敎致祭承旨李益運曰 嶺南故家舊蹟之可以備覽者 持來可也 益運以唐將書帖二卷詩
畵帖一卷 賞進 上覽訖 親製題卷文 使領府事蔡濟恭書進 仍命內閣 招致柳台佐 付送
其文曰 皇朝諸將書帖二卷畵帖一卷 與故相文忠公柳成龍 往復贈遺者也 其尺幅淋漓
之間 委曲情款 渾無畦畛 往往多勞人 長者之風 而至論戰守之機宜 封貢之便否 才德
之推詡 忠義之激勸 又所謂可與可語者語 而非可人人得也 蓋卽此而故相之所以爲故
相 今猶可想見 豈直日 舊蹟之珍玩而已哉 抑子之起感於故相者特有之 風氣日漓 人才
遞降 趨舍指湊 一皆爲虛文所束縛 而凡經世大典 禮樂兵農之事 儲峙胸中 倒篋而出
如故相者何人哉

嘗取見其遺集 思欲采掇而措諸實用 則近畿列邑養兵一萬之說 暗契於壯營之新制 而
營之設施規模 據依而彌綸之者爲多 華城之築 所以計丈數 揣高卑 程土物 百堵齊轟
九衢咸秩 而衆心成城 鼛鼓不勝者 亦無不於故相之遺策駁賴之 夫身用於當時 則帷幄
之謀 足以傾華人之心 言垂於後世 則擬議之略 至今爲國家之利 河山如故 典刑無遠
而遺韻餘烈 使人喟然而起九京之思者 此豈目睫之論 飛蓬之問 所能致哉 傳曰 不厚其
棟 不能任重 重莫如國 棟莫如才 倘故相之無愧色焉 於乎唏矣

又命蔡濟恭跋御製文後 其跋曰 十八年春 上命銀臺近臣 賜祭于柳文忠公 敎曰 嶺南呼
稱鄒魯 如有古蹟之可覽者 持以來 及其復命 賞皇朝諸將當萬曆壬辰 與文忠往復書畵
帖以進 上覽之 尤有所曠感文忠 親製雲漢宸篇 書其後以還 何其盛也 嗚呼 人於兩間
一或知遇於人 便屬人世奇事 況嚴而師門 尊而君父 遠而天下之人 又遠而後嗣王之世
世所稱人世奇事 其可以一身之咸萃而兼有之乎

若文忠 方其少也 初拜退溪先正 先正驚曰 此子天所生 卒以心學單傳 上而遇宣廟之聖
躬克左右 終成隻手擎天之勳 遠而博皇朝諸將傾心推服 書牘唧尾 不啻若紵衣縞帶之
契 此固千古罕有 今乃於二百年之後 又遭主上 殿下追念公有大勳勞於國家 曰 篤不忘
恨不同時 凡於禮樂兵農大施措 惟文忠遺策 是考是程 慨然有九京之思 以至宸翰昭回
獎諭隆重 此非獨文忠一人之榮 垂之簡策 孰不仰我聖上繼述宣廟志事之達孝矣乎 昔
殷宗追思 昔先正保衡 若曰 佑我烈祖 格于皇天 百世之下 讀是書者 不覺感歎我聖上
今日之事 臣則以爲罔俾高宗專美於古昔也 猗歟休哉
上旣命臣書御製 又命臣跋御製文後 臣悸恐不敢辭 謹書之如此 上命閣臣徐榮輔安奎
章之實齊恭跋文 幷作一帖以下

後六年庚申春 道儒幼學鄭光翊等 以屏山書院請額事 陳疏伏閣 而疏中並舉東岡先生
晴川院額事矣 上命疏首奉疏入政院 使右副承旨李益運宣諭下敎 若曰 柳文忠功勳卓
越 本院之至今不宣額 甚是異事 何待儒生陳疏 朝家當別施恩典 而偶爾未遑 金文貞書
院分院事 予亦知之 以一疏兩院賜額 甚體重 且無謹悉 伏閣係是格外 以此不爲賜批
爾等退歸

純宗壬辰四月 遣前承旨慶州府尹鄭禮容致祭于家廟

哲宗癸亥 蒙額屏山書院 而哲宗昇遐 竟不得宣額 士林至今痛惜

十月三十日 校理李啓魯入直時 請額入啓 批曰 令廟堂稟處 尾附事 予當體念矣 十一
月 十二日 冬至 大臣問安入侍時 回啓領議政金左根 備邊司啓曰 卽見校理李啓魯上疏
則備盡文忠公柳成龍道學勳業之實 仍請屏山書院宣額事 批旨有疏辭令廟堂稟處之命
矣 柳文忠道學勳業之爲士林師表 國家先正 列聖朝所以崇報者備矣 主享書院之訖闕
恩額 誠未遑之典也 此與祠院疊設有異 依儒臣所請 許施何如 傳曰 允

제6부

해제와 평가

해제(解題)와 평가(評價)

류영하(柳寧夏)

가. 생애 개관: 온몸을 나라에 바친 삶

서애의 휘(諱)는 성룡(成龍)이며, 자(字)는 이현(而見), 호(號)는 서애(西厓) 또는 운암(雲巖)이다. 본관(本貫)은 풍산(豐山)이다. 관찰사(觀察使) 입암(立巖) 중영(仲郢)의 둘째 아들이며, 목사공 겸암(謙庵) 운룡(雲龍)의 아우이다.

중종(中宗) 37년(1542) 10월 1일 경북 의성현(義城縣) 사촌리(沙村里)의 외가(外家)에서 출생하였다. 사촌마을은 지금도 선안동(先安東) 김씨(金氏)가 세거하는 의성군 관광마을로, 서애의 외조부 진사(進士) 송은(松隱) 김광수(金光粹)는 연산군 때 낙향한 효우(孝友)와 학문, 덕망이 높은 은사(隱士)였다.

서애는 어릴 때부터 총명하여 6세에 대학(大學)을 배우고, 8세에 맹자를 읽었다. 13세에 서울의 동학(東學)에서 중용(中庸), 대학(大學)을 강론(講論)하니, 강관(講官)이 크게 칭찬하면서 후일에 반드시 대유(大儒)가 될 것이라 하였다.

21세에 도산(陶山)에 가서 퇴계 이선생(李先生: 이황)을 배견(拜見)하고 그의 문하(門下)에 수개월을 머물면서 근사록(近思錄) 등을 수업하였는데, 퇴계선생은 "이 사람은 하늘이 내었으니, 후일에 반드시 나라에 큰 공을 세울 것이다" 하였다.

23세에 생원, 진사시에 합격하고, 25세에 문과(文科)에 합격하여 벼슬길에 올랐다. 57세에 파직(罷職)될 때까지 외직(外職)으로는 상주 목사, 경상도 관찰사를 각각 1년 정도씩 복무한 것을 제외하면 줄곧 중앙 조정에서 청현직을 지냈다. 그동안 홍문관 부제학, 대사간, 대사헌, 예조, 형조, 병조, 이조 판서를 역임하고 우의정, 좌의정을 거쳤으며, 전시에는 평안도 도체찰사, 3도 도체찰사, 4도 도체찰사를 역임하였다. 선조 26년(1593) 임진왜란 발발 이듬해에 영의정에 올라, 왜란이 끝나갈 즈음까지 나라를 중흥(中興)하고 산하(山下)를 재조(再造)함에 있어 총 사령탑으로 온몸을 바쳐 국정을 이끌었다.

임진왜란 1년여 전에 이순신과 권율을 추천하여 국방의 요해지(要害地)에 주장(主將)으로 임명되게 하였다.

왜란이 발발하자 선조(宣祖)가 파천(播遷)하는 도중 임진강 동파에서 요동 망명을 마음속에 품은 채 국난타개의 방책을 하문(下問)했을 때, 누구는 '의주로 피란하였다가 위급한 경우는 압록강을 건너 명나라에 내부해야 합니다' 하였고, 또 다른 사람은 '북도(北道: 함경도)는 군마(軍馬)가 날래며 함흥과 경성(鏡城)의 지세가 험하니 믿을 만합니다' 하였는데, 서애는 '명나라에 내부(內附)한다는 말은 안 될 말입니다. 임금께서 한 발자국이라도 우리 땅을 벗어난다면 조선은 우리 땅이 안 될 것입니다. 지금 동북쪽의 여러 도(道)는 여전하며, 영남, 호남의 충신 의사들이 벌떼처럼 일어날 것인데 어찌 나라를 버리는 일을 의논한다는 말입니까?' 하였다. 나라를 사수(死守)해야 할 결의를 확고하게 함과 아울러 의병을 포함하여 우리 국민의 힘으로 반드시 나라를 재건해야 함을 천명한 것이다.

서애는 왜란 도중에 온몸을 던져 외교, 국방, 민생에 이르기까지 종횡무진의 역량(力量)을 최대한 발휘하여 마침내 산하(山河)를 재조(再造)하는 위업을 달성하였다. 명나라 사신 사헌이 조선에 가서 서애가 일하는 모습을 보고 감동하여 재조산하(再造山河)할 인물이라 평하였다. 그러나 전쟁이 끝날 무렵 당인(黨人)들의 공격을 받고, 탄핵당하여 삭탈관직되며 안동부 풍산현 하회동 고향으로 돌아왔다. 그리고 후세들이 다시는 국난을 겪지 않도록 경계하기 위해 징비록(懲毖錄)을 집필(執筆)하였다. 그러던 중 1604년 다시 부원군(府院君)에 서용(敍用)되었으나 사양하였고, 호성공신(扈聖功臣) 2등에 녹훈(錄勳)되었지만 역시 사양하였다. 1607년 향년(享年) 66세로 풍산현 서미동(西美洞) 농환재(弄丸齋: 초당(草堂)이름)에서 역책(易簀)하였으며, 풍산현 수동리(壽洞里)에 안장(安葬)되었다. 영남의 선비들은 서애의 위패(位牌)를 병산서원(屏山書院)에 모시고 향사(享祀)하였다. 1629년(인조 7년)에 문충(文忠)이란 시호(諡號)가 내려졌다.

1892년 임진왜란 300주기를 당해 고종(高宗)은 서애 류성룡 가묘(家廟)에 치제하였다. 지제교(知製敎: 교서 작성담당)인 수당(修堂) 이남규(李南珪)[1]는 제문(祭文)에서 "목릉(穆陵: 선조)의 중흥하던 시기(임진왜란)에, 공을 세운 분들이 많았는데, 그 중에 제일은 누구인가? 바로 문충공(서애)일세. 도산(陶山: 퇴계 선생)에서

---

1) 이남규(李南珪, 1855－1907): 호 수당(修堂), 본관 한산(韓山), 충남 예산 출신. 한말의 항일 운동가. 이산해 후손. 위정척사적 민족의식. 을사늑약 때 청토적소(請討賊疏). 민종식 의병의 선봉장 추대. 1907년 일본군에 의해 살해됨.

훈육을 받은 인물들 중에, 온갖 재능을 가진 분들로 가득 차 있었는데, 그 중에 적통(嫡統)은 누구인가? 역시 문충공일세. ― 위기를 당해서도 태연히 대처하고, 계책이 서면 즉시 단행하였으니, 드디어 막힌 운수가 돌아와 태평한 세상이 되었고, 하늘의 태양도 다시 밝아졌도다.(穆陵中興 奏庶膚功 疇最記宗 維文忠公 陶山誘掖 群飮各充 疇嫡厥統 亦維文忠―臨危若安 有謀輒斷 回否爲泰 天日重煥)"라고 하였다. (수당유집(修堂遺集) 책8 제문)

나. 임진왜란을 극복한 전시(戰時) 총사령관(總司令官)

임진왜란은 동 아시아에서 대륙세력(명 제국)에 대하여 해양세력(왜)이 공격한 최초의 전쟁이었다. 그 이전 시대에는 해양세력이라 불릴만한 세력이 존재하지 않았다. 그 전쟁에서 불행하게도 조선이 전쟁터가 되었다.

임진왜란은 종래의 왜(倭)의 군사활동(예컨대 왜구(倭寇))과는 차원이 달랐다. 파병된 전투 인원의 규모도 15만의 대규모였고, 기간도 6년이라는 장기였으며, 무기체계도 조총으로 무장하여 기존의 전쟁과는 판이하였다. 참전국도 조선, 명, 왜 등으로 완전히 국제전쟁이었으며, 종전의 육전(陸戰) 중심에서 해전(海戰)의 중요성이 부각된 전쟁이었다.

이 미증유의 국가 운명이 걸린 전쟁에서 조선의 다행이라면 체(體)와 용(用)을 갖춘(정책과 실무를 겸비한) 인물인 서애 류성룡이 왜란 발발 2년 전 정승의 반열에 올라 온몸을 바쳐 국사에 임하였고, 전쟁 초기부터 좌의정, 영의정, 도체찰사 등의 직책을 담당하여 정무(政務)와 군무(軍務)의 총사령관 역할을 수행한 사실이다. 왜란 발발 초기에 병력규모와 장비면에서 월등한 우세를 보인 왜군이 파죽지세로 진격하여 나라가 백척간두에 섰다. 그러나 약 3개월이 지난 후 왜군의 진격은 평양에서 멈추었고 뒤에 조선군과 명군에 의해 패퇴(敗退)당하여 종국에는 부산 연안으로 물러나 칩거하게 되었고 결국은 맨주먹으로 전면 철군하였다.

그 까닭이 무엇이었을까? 곧 류성룡이 왜란 1년 2개월 전에 계급을 7단계 건너뛰어 발탁하여 전라좌수사로 배치한 이순신이 왜 수군(水軍)을 격파하여 남해 바다의 제해권을 확보하였으며, 또 한편 백성들의 애국심에 호소하여 그 결과 궐기한 의병(義兵) 활동으로 왜군은 병참선에 막대한 피해를 입는 등, 진격하려야 할 수 없는 난국에 빠져들었던 것이다. 그 이후로는 왜군에게는 패배, 후퇴밖에 없었다.

류성룡은 왜란 발발 이전부터 왜에 통신사 파견을 주도하였고, 그 결과를 명에 주문(奏聞)하였으며, 장수들을(이순신, 권율) 천거하였고, 성(城)과 무기 상태를 점검케 하고 제승방략을 진관제로 고치자고 건의하는 등 왜란에 대비하였으며, 발발 이후에는 초기부터 전쟁을 지휘하였고, 이후 국가체제 개혁 및 군사력의 체계적 조직화, 자원 동원 체제의 구축 등의 추진을 주도하였다.

이 과정에서 류성룡은 조선군의 통제와 군율유지, 조선군과 명군의 작전 조정, 왜와 명군의 강화 움직임 및 정전(停戰)에 대한 견제, 군량 조달, 정병(精兵) 양성 및 전술 배치, 전투현장의 지휘, 전시 국방 체계 개혁 및 조직화, 명군 상대로 전투참여 독려 등의 정책을 주도하여 전세를 뒤집는 데 절대적 역할을 한 지휘탑이었다.

임진왜란에서 조선을 구한 수훈갑(殊勳甲)은 누구인가? 서애 류성룡과 충무공 이순신을 거명(擧名)하는 데 주저함이 있는가?[2] 조선이 임진왜란이라는 미증유의 국난에서 그나마 패망하지 않을 수 있었던 것은 이 두 사람의 영웅이 운명적으로 만나 육지와 조정(朝廷)에서는 류성룡의 활약, 남해 바다에서는 이순신의 활약이 있었기에 가능하였다고 하겠다. 류성룡과 이순신의 이러한 만남과 협업을 송복 교수는 '위대한 만남'이라 일컬었다.[3]

왜란의 막바지에 왜군은 조선의 선진 기술을 탈취하려 여러 기술자(도공(陶工) 포함)를 납치하려고 혈안이 되면서 남해안 곳곳에 둔병(屯兵)하고 있는 상황에서, 조정에서는 왜란 극복에 절대적인 공로가 있는 류성룡을 제거하려는 책동(策動)이 벌어지고 있었다.

예부터 공(功)이 너무 높으면 신상이 위험하다고 하였다. 그 결과 주화오국(主和誤國)이라는 엉터리 죄목으로 탄핵, 파직, 삭탈관작되어 낙향하였다. 선조가 이듬해에 주화오국이라는 죄명이 잘못된 죄목임을 실토하고 관직을 되돌려 주었다. 선조가 왜 그렇게 하였을까?

전쟁이 끝나가자 승리의 수훈갑이 류성룡에게 있음이 공론으로 정착되고, 명(明) 사신 사헌이 외교문서로 선생에게 명명해준 대로, 서애가 재조산하(再造山河: 전쟁으로 없어질 뻔 한 나라를 다시 세움)를 한 인물로 인식되던 국면이었다. 그러자 선조는 전쟁 승리의 원인을 명나라 군대가 와서 도와준 은혜라는 의미인 재조지은

---

2) 백권호, "류성룡 주도의 임진왜란 대응전략", 『서애 연구』 제3권, 2021, 7쪽.
3) 송복, 『이순신과 류성룡의 위대한 만남』, 지식마당, 2007; 이종각, 『일본인과 징비록』, 한스북스 2022, 5, 6, 180쪽

(再造之恩)으로 규정하고 싶었다. 명나라 군대를 끌어들인 것은 자신이 의주로 파천하여 이루어낸 것이라는 논리를 만들고 싶었던 것이다. 명(明)에 내부(內附: 귀순)하고자 했던 자신의 과오를 오히려 명군을 불러오기 위해 의주까지 몽진했다는 논리로 바꾼 것이다. 그것이 선조와 북인들이 연대하여 서애 선생을 '주화오국'이란 엉뚱한 명분을 붙여 탄핵한 것이다. 선조가 주화오국이 잘못된 죄목임을 실토하고 관직을 되돌려준 것은 서애에 대한 그런 처사를 1년 후에 번복한 것이라 볼 수 있다(주화오국에 대한 자세한 설명은 뒤에 이어진다).

그럼에도 서애는 그 전쟁의 전후 사정과 전쟁 수행의 각 과정을 기록하여 우리나라가 다시는 이런 전쟁을 겪지 않도록 조심하여 나라를 잘 지켜내야 한다는 『징비록(懲毖錄)』을 저술하는 것으로 생(生)의 마무리를 장식하였다.

서애의 공훈이 정당한 평가를 받는 데는 긴 세월이 걸렸다. 역사적인 국보 132호 『징비록』도 서애를 축출하고 집권한 붕당들에 의하여 배척당하고 읽히지 않았다. 서애가 제대로 평가된 것은 정조(正祖) 임금을 통해서였다.[4] 정조가 수원에 화성(華城)을 축조하는 과정에서 참고자료를 찾다가 그의 문집(서애집)에서 산성설(山城說)을 읽은 것을 계기로 징비록과 그의 창의성, 통찰, 지혜, 리더십을 재발견한 것이다. 축성법이라든지, 적교(吊橋), 염업(鹽業), 중강개시(中江開市), 작미법(作米法) 등 그의 시책은 훗날 실학사상(實學思想)의 뿌리가 되었다.[5]

다. 경세(經世)

서애는 임진왜란을 당하여 위급한 가운데 광해군(光海君)을 세자로 봉하도록 주청하여 나라의 근본을 다졌다. 선조의 요동내부책(遼東內附策)을 저지하여 우리나라가 주도적인 위치에서 전란을 수습하는 기초를 세웠고, 외부의 도움이 필요한 상황이었음에도 건주위(建州衛: 누르하치)의 원조는 거절하였다. 명나라의 평안도 둔전(屯田) 요청도 거부하여[6] 명군(明軍)의 영구 주둔 획책을 방지하였다.

---

4) 이헌창, "서애 류성룡의 경제정책론", 『류성룡의 학술과 경륜』, 태학사, 2008, 174쪽.
5) 이헌창 앞의 논문, 116쪽. 백권호, "류성룡의 실학사상과 그 실천에 관한 연구", 『서애연구』 창간호, 2020; 서재진, "자기초월과 공공성 자향의 리더 류성룡", 『서애 류성룡의 리더십』, 2019, 143 – 146쪽.
6)「선조실록」선조 30년 3월 15일, 동 30년 4월 13일.

조선의 사대부들은 명 황제의 신하로 자처하였으나 서애는 자주적인 자세를 유지하였다.7) 그러면서도 왜군의 조선 침략은 명을 정벌하려는 의도라고 주장하여 명의 군사원조를 얻어내었다.

기존의 성리학적 고정관념을 탈피하여, 작미법, 면천법, 속오군을 시행하였다. 사대부들의 기득권에 상처를 주는 조치임에도 나라의 부흥을 위해 필요하기에 추진하였던 것이다. 중강개시나 소금 생산 정책은 당시로서는 획기적인 정책이었다.

그러나 이러한 개혁 조치는 전란 도중 또는 서애가 물러난 뒤에 사대부들의 기득권이 침해되었다는 이유로 대부분 폐지되었다. 그러나 두고두고 학자들의 (특히 실학파의) 논의의 대상이 되었고, 우여곡절 끝에 다시 시행되기도 하였다.

서애 개혁의 요체는 신분제의 완화와 경제적 불평등을 낮추는 것이었다. 그러기 위해 많은 제도 개혁은 필수였다. 특히 양명학이 사민평등(四民平等)을 내세우고 있으므로 개혁 추진의 밑받침이 되기에 적합하였기에 서애의 개혁을 양명학의 영향으로 보기도 한다. 겉은 주자학, 속은 양명학(外朱內陽)이라는 평도 있었다.8)

갑오년(1594) 겨울에 『전수기의 10조(戰守機宜十條)』를 지어 임금께 올렸다. 그 서문(序文)에서 "임금께서 비변사에 내려주신 전수도(戰守圖)를 보고 저의 좁은 소견으로 증손(增損: 일부 보태거나 빼기도 함)하여 20조를 만들고 장차 임금께 올리려다 미처 못하였습니다. 왜란이 발생한 뒤 그 책을 잃어버렸는데, 지금 모두 기억하지 못하나 예측한 가운데 적중한 것이 없지 않았습니다. 지금도 한(恨)으로 남아 있습니다. 왜란을 수습하는 과정에서 보고 들은 것과 생각이 미치는 대로 얻은 내용을 모아 지금 10조로 만들었습니다" 하였다. 이순신 장군의 『난중일기』에 "저물녘에 서울 갔던 진무가 돌아왔다. 좌의정 류성룡의 편지와 『증손전수방략(增損戰守方略)』이라는 책을 가지고 왔다. 이 책을 보니 수전, 육전, 화공전 등 모든 싸움의 전술을 낱낱이 설명했는데, 참으로 만고의 훌륭한 책이다"라는 기록이 있다.

이 책도 왜란 도중에 실전(失傳)되었으나, 증손(增損)이라는 표현으로 볼 때, 전수기의 10조의 원본일 가능성이 크다고 사료된다.

전수기의 10조는 당시 병법(兵法)에 어두웠던 조선의 문무관원들에게 꼭 필요한

---

7) 송복, 『위대한 만남 서애 류성룡』, 지식마당 2007, 11, 184-185쪽, 429-431쪽(자강파와 의명파) 명 황제 기패 참배 거부, 명의 분할역치 저지 등.

8) 서재진, "자기초월과 공공성 지향의 리더 류성룡", 송복·서재진 공편, 『서애 류성룡의 리더십』 제3장, 110쪽, 133-137쪽; 서재진 "류성룡 유연 리더십의 학문적 토대", 『서애연구』 제3권, 2021, 164쪽; 전상인, "류성룡 주도 국가개혁의 역사학", 『서애연구』 제3권, 2021, 69쪽.

내용 10조목을 설명하고 있으며, 척후, 장단(長短) 등의 조목은 오늘날 군사학에서도 긴요한 내용이다.

사학계(史學界: 당의통략)에서는 서애를 남인의 영수라고 지목하고 있으나, 그는 당쟁을 기본적으로 싫어하였다. 그러나 북인과 서인으로부터는 집중적으로 공격당하였다.[9]

라. 개혁과 실학사상

서애(1542-1607)는 16세기의 인물이다. 16세기는 대항해시대로서 세계사적 변혁기의 개막이었고, 그 파고(波高)는 동아시아의 조선에까지 밀려왔다.[10] 즉 임진왜란도 대항해시대의 영향이 없었다면(조총의 일본 전래) 발발하지 않았을 것이다. 서구(西歐)의 해양문명이 동양에 도래하여, 중화주의 세계관이 도전받게 되었으며, 국제교역이 확산되었고, 상업의 시대가 열리고 있었다. 1557년에는 포르투갈이 중국의 마카오를 조차(租借)하기에 이르렀다.

상품, 화폐 경제가 발달함에 따라 종교나 사상 측면에서도 새로운 변화가 일어나, 주자학이 일방적으로 지배하던 중국에서 상인과 수공업자, 무신(武臣), 서민층 사이에 양명학(陽明學)이 점차 세(勢)를 확산하고 있었다.

일본도 조총이라는 신무기와 이와미 은광(銀鑛)의 은(銀) 생산이 괄목할 만하게 증가하여 국력이 신장되었으며, 그러한 과정에서 풍신수길은 전국시대를 끝내고 1587년 일본을 통일하였다.

조선은 '성리학의 유토피아'에 안주하고 있었다.[11] 과거제를 매개로 사대부 문화가 뿌리를 내렸고 사대부 계급 외의 일반 백성들은 오로지 통치의 대상이 되었다. 도덕이 권력을 장악하는 '도덕정치'가 득세하였다. 관리들은 행정관료라기보다 도학지사(道學志士)였다. 세계사적인 흐름에서 고립하여 '나라가 나라가 아닌 처지(其國非國)'로 전락하였다.

---

9) 정만조, "서애 류성룡의 정치활동과 정치론", 『류성룡의 학술과 경륜』, 태학사, 2008, 1, 18, 233쪽.

10) 전상인, 앞의 논문, 59-62쪽.

11) 송복, 『류성룡 나라를 다시 만들 때가 되었나이다』, 시루, 2014, 33-34쪽; 전상인, 앞의 논문, 69쪽.

조선의 이러한 상황을 놓고 이이(李珥) 등은 개혁해야 한다고 목청을 높였으나 원론적, 당위적인 지적에 머물렀고, 방법론이 부재하여 어떤 방법, 어떤 과정, 어떤 절차를 거쳐 무엇을 개혁하자는 구체성은 찾아볼 수 없었다.

이 같은 상황에서 어떻게, 어떤 수단을 동원하여, 그 누가 할 것인지에 대한 방법론을 제시한 거의 유일한 인물이 있었다면 바로 서애였다. 체(體)는 있는데 용(用)이 없던 시대에, 본체도 알고 방법론도 아는 가장 현명한 정치인이었다.12) 후에 정약용은 류성룡의 이러한 점을 중시하여 실학사상의 원조라고 평한 바 있다.

서애는 "경학(經學)을 공부하는 것은 시무(時務)를 알기 위한 것이며, 역사를 탐구하는 것은 오늘을 알기 위한 것이다"라고 하였다. 그만큼 세상을 바라보는 눈이 실제적이며 창의적이라 할 수 있었다. "무릇 책을 읽는 데에는 주해(註解)를 먼저 보아서는 안 된다. 경문(經文)을 반복하여 상세히 음미하여 나름대로 뜻을 파악한 뒤 주해를 참고하면 경문의 뜻에 환해질 수 있다"고 하였다. 즉 기계적 학습 대신 주체적 사색을 강조하였다.13)

국방력 강화

당시 조선 군대의 상황을 보면, 명령체계도 없었고 식량과 무기마저도 병사들 개개인이 마련해야 했다. 장수들에게는 녹봉을 주지 않아 휘하 병졸들을 수탈하여 생활했고, 군대의 수도 허수(虛數) 투성이었다. 반면 왜군은 전국시대(戰國時代)를 겪은 산전수전 다 겪은 노련한 군대였다.

서애는 국방력 강화를 위해 방어전략으로 제승방략(制勝方略)에서 진관제(鎭管制)로 변경하기를 주장하였는데, 왜란 초기에는 반대론에 부딪혀 실시되지 못했다가 1594년에 이르러 부분적으로 시행했다. 또 조선의 군대는 병농합일(兵農合一)의 부병제(府兵制)였는데, 직업군인제인 훈련도감(訓鍊都監)의 설치를 건의하고, 초대 도제조(都提調)에 임명되었다. 지방에 속오군(束伍軍)을 설치하였는데, 일반 양인(良人)들만 부담하던 병역 의무를 양반, 서얼, 향리, 공천(公賤), 사천(私賤)까지 확대하여 포함시켰다. 일종의 국민개병제였는데 양반 종군(從軍), 천인 충군(充軍)을 양반 사대부의 반대를 무릅쓰고 실시한 것이다14). 천인 충군이란 면천(免賤)이라는

---

12) 송복, 앞의 책 29-34쪽; 전상인, 앞의 책, 64쪽.
13) 권대봉, "류성룡의 교육적 배경과 자기주도적 평생학습", 『서애연구』창간호, 2020, 287쪽.
14) 전상인, 앞의 논문, 76쪽.

반대급부가 주어지는 방식이었다.

주권강화(主權强化)

국가 존망의 시기를 당하여 나라의 주권(主權), 국체(國體), 국격(國格)을 수호
유지하는 것이 무엇보다 큰 역할이었다.[15] 국왕이 전란을 피해 국경을 넘는 일(요
동내부책)을 저지한 것과 세자 책봉을 서둘러 유사시를 예비한 것, 명 조정의 분할
역치(分割易置)를 저지한 것, 명(明)의 군사적 지원은 수용하면서 자주권은 최대한
지키고자 한 것 등은 서애가 나서지 않으면 될 수 없는 일이었다.

이재(理財) 증대

조선의 입장에서 임진왜란은 '군량(軍糧)의 전쟁'이었다.[16] 국가의 재정이 극도
로 궁핍한데다가 전쟁으로 인한 납세(納稅) 공민(公民)인 농민의 현저한 감소에 따
른 결과였다.

재정 문제를 해결하기 위한 서애의 대책은 조세체제(租稅體制)를 제도적으로 개
혁하는 것과 국부(國富) 자체를 증대시키는 것이었고, 이를 위해서는 공납제(貢納
制)에 대한 대대적인 개혁이 필요했다.

서애는 공물작미의(貢物作米議)에서 공납의 품목은 특산물에서 미곡(米穀)으로
바꾸어 통일하고, 부과단위는 호(戸)에서 토지 소유면적으로 변경하였다. 그러나
이 공물작미법은 시행되긴 했으나 후에 반대세력들에 의하여 폐지되었다. 광해군
때 이원익에 의하여 선혜법으로 이어졌으며, 후에 숙종(肅宗) 때 전국에 걸쳐 대동
법(大同法)으로 다시 부활 시행되었다. 공물작미법은 대동법의 효시였던 것이다.

서애는 또 소금 생산을 증대시키고 이를 유통시켜(소금에는 일종의 화폐기능이
있음) 국부를 증대시키려 하였다. 소금은 생필품으로서 염호(鹽戸: 소금생산자)를
권력자의 수탈로부터 보호해주고 이익을 보장하면 곧 생산이 크게 늘어나게 되어
군량미 확보뿐 아니라 국부에도 엄청나게 기여하는 것이었다.

또 압록강 국경에 중강개시(中江開市)를 설치하여 명나라 만주지역과 국제무역
을 하고 우리나라 베와 은, 동, 무쇠를 중국의 곡물과 교환할 수 있게 하였다.[17] 사

---

15) 송복, 앞의 책, 276-285쪽; 전상인, 앞의 논문, 76-79쪽.
16) 전상인, 앞의 논문, 79-80쪽.
17) 백권호, 앞의 논문, 120쪽.

사롭게 국제무역에 나서면 사형까지 시켰던 당시에 혁명적인 발상이었다. 무역이 백성들의 생업에 크게 기여함을 알고 시행한 것으로, 전통적 농본상말(農本商末) 정책의 대반전이 되기도 했다.

사회통합

서애는 만에 하나로도 믿을 희망이 있다면 그것은 민심이라고 했다.[18] 민심이 풀어지면 아무것도 할 수 없다고 생각한 것이다. 전쟁에서 군사력의 열세보다 더 큰 문제는 민심이반이었다. 오늘날 방식으로 보면 백성들을 체제 안으로 적극 끌어들이는 사회통합과 국민형성을 모색하였다. "민심을 얻는 근본은 달리 구할 수 없고 오직 요역(徭役)과 부렴(賦斂)을 가볍게 하여 휴식할 수 있도록 할 뿐입니다." "백성이 하늘처럼 여기는 것은 오직 먹는 데 있을 따름입니다" 하였다.

서애의 시(詩) 가운데 '우영(偶詠)'이 있다.

玄天墮寒露	하늘에서 찬 이슬 떨어져
滴在靑荷葉	푸른 연잎에 맺혀 있는데
水性本無定	물의 성질은 본래 고정되어 있지 않으며
荷枝喜傾側	연잎 줄기는 흔들리기 잘하지
團明雖可愛	동글동글하여 예쁘기는 하나
散漫還易失	어수선하여 굴러 떨어지기 쉽구나
從君坐三夜	그대와 마주 앉아 밤 늦도록
請問安心法	연잎 줄기가 흔들리지 않도록 하는 방법을 알고자 하네

안심의 심(心)은 심(芯)(같은 글자임)인데 사물의 중심, 중앙을 뜻하는 것으로, 곧 연잎을 버텨주는 하지(荷枝)이다. 즉 나라와 조정(荷葉. 荷枝)을 튼튼히 해 그 안에서 살아가는 백성(이슬)의 삶을 안정시키는 방법을 찾아 밤늦도록 노심초사하는 심정이 잘 그려져 있다.

민심을 얻는 데 있어서는 자발성(自發性)과 합법성(合法性)을 강조하였다. 무공

---

18) 이헌창, 앞의 논문, 107-109쪽; 서재진, 앞의 논문, 95쪽, 154-157쪽; 심재철, "언론인으로서 류성룡의 리더십", 『서애 류성룡의 리더십』, 2019, 284-285쪽; 전상인, 앞의 논문, 83-84쪽; 백권호 앞의 논문, 223쪽; 백기복, "류성룡의 공익지향의 실용적 리더십", 『서애연구』, 제3권, 2021, 101-105쪽.

(武功)을 세운 노비에게는 면천(免賤)하고, 민간으로부터는 포상을 통해 군량을 모으는 모속(募粟), 정당한 매관매직에 해당하는 공명첩(空名帖)이 대표적인 사례이다. "하나의 벼슬이나 하나의 직책도 꼭 적당한 사람이 맡아야 한다." "인재 발굴에는 도덕성이 절대 기준이 아니며 전문성을 확보하기 위해서는 폭넓은 문호개방이 필수적이다." 하여, 인재를 적재적소에 배치할 것을 건의하고 실제로 시행했다.19)

학문(學問) 치용(致用)

남인의 학문은 대체로 이황의 학설에 영향을 받았다. 그러나 영남지방의 남인(영남남인)과 서울 경기 지방의 남인(기호남인) 간에는 그 경향에서 많은 차이를 보이기도 했다.

영남 남인들은 이황의 학설을 계승 발전시키는 방향, 곧 주자학의 틀 속에서 학문의 방향을 설정하고 있었다면 류형원이나 이익, 정약용 등에게서 볼 수 있듯이 기호 남인들은 다양한 학술(실학), 사상(서학)에 관심을 기울이고 또 적극적인 국가개혁론도 구상하였다. 서애의 경세 사상은 주로 기호 남인에게로 계승되어, 류형원, 이익, 정약용의 저서 등에 많이 언급되었다.20)

서애는 성리학자가 아니라 양명학자라는 주장이 제기되기도 할 만큼 학문 범위는 포용성이 컸다. 서애는 양명학을 배척하지 않은 것일 뿐 양명학을 전적으로 맹신하지도 않았다. 양명학을 교왕이과직(矯枉而過直: 굽은 것을 피려다가 지나치게 곧아 버렸음)이라 하여, 양명학이 성리학의 폐단에 대응하다가 지나치게 나가버렸다고 보았다. 어쨌든 양명학적 사상이라야 할 수 있었던 개혁조치를 한 것으로 보아 양명학도 깊이 연구한 것은 틀림없어 보인다.21)

조선은 성리학 원리주의자의 나라, 국가보다 유교(儒敎: 예(禮))가 더 중요한 나라, '나라가 망하는 것은 작은 것이요, 예를 지키지 못하는 것은 큰 것'이라는 나라였다. 오직 도덕지향의, 도덕쟁탈전을 벌이는 거대한 극장(국가의 도덕 지향성)이라는 평판을 받는 나라였다. 따라서 서애의 개혁 조치는 파직된 뒤 훈련도감 이외

---

19) 권대봉·현영섭 공저, "서애선생 연보에 나타난 류성룡의 국가 인재등용 관점 분석", 『서애연구』 제5권, 2022; 전상인, 앞의 논문, 81–82쪽; 백권호, 앞의 논문, 221–222쪽; 김동삼, "류성룡의 전략적 인재관리", 『서애연구』 제3권, 2021, 256–286쪽.

20) 이헌창, 앞의 책, 109쪽, 159쪽, 172–174쪽.

21) 권오영, "서애 류성룡 경학사상의 심학적 성향", 『류성룡의 학술과 경륜』, 태학사, 2008, 1, 18, 23쪽, 33–39쪽

에는 모두 폐지되었다. 이는 바로 성리학 원리에 충실한 기득권층으로부터 배척받은 결과였다. 그러나 후대의 실학자들은 서애의 주장과 시책에서 자신의 논리를 가다듬었다. 노론 사관 아래에서는 서애나 이순신은 설 땅이 없었다. 개혁의 여운(餘韻)이 기호 남인에게 연결되었고, 이는 실학의 태동이었다.[22]

백이숙제(伯夷叔齊)만 위대하고 유하혜(柳下惠)는 인정받지 못하였다. 위기에서 죽어도 좋다고 하면서도 현실적으로는 돌파 능력이 전혀 없는 행위와 풍조는 근세 식민지와 전란 등을 겪고 나서야 비로소 자각하는 것이었다. 이와는 반대로 서애는 학자이면서도 실용적이었다.[23]

서애의 성품은 온건, 차분하였으며, 사람을 대하거나 국사를 처리함에 있어서 지성(至誠)으로 임하였다. 호방(豪放)한 풍류남아(風流男兒)는 아니었다. 강신(强臣)의 면모와는 거리가 멀었으며, 보기에 따라서는 권력의지가 부족하다고도 볼 수 있었다. 그래서 직간(直諫)한 적이 없다는 비판도 있었다.[24]

마. 세 가지의 무함(誣陷)

조선은 무함의 나라였다. 무함은 없는 사실을 꾸며대서 사람을 어려운 함정 속에 빠트리는 것이다. 서애에게 닥친 무함을 세 가지만 살펴본다.

주화오국(主和誤國)

임진, 정유 7년 전쟁 동안 조선은 왜적과 화친(和親)한 적이 없었다. 왜군의 철퇴는 오로지 왜군의 사기저하와 전투력 상실, 그리고 풍신수길의 죽음 때문이었지, 당사국들의 강화(講和) 때문이 아니었다. 화의 사실이 없는데도 주화오국(主和誤

---

22) 이수건, "서애 류성룡의 사화경제관", 『서애 류성룡의 경세사상과 구국정책(상)』, 서애선생기념사업회, 2005.

23) 정만조, 앞의 책, 239쪽 ㈜12. "서애의 정치체질은 급진적이고 강경한 투쟁보다는 합리적이고 온건하며 현실적 성향을 보였다. 그래서 명분을 내세워 과감한 논리를 펴는 율곡의 주장 및 경장론을 위험시하고 급진적이라 경계하였다." 즉 기묘사화의 재판이 될 수 있음을 경계한 것이다. "이를 율곡은 서애가 재주는 뛰어나는데, 때로 이해(利害)에 흔들린다(자기에게 동조하지 않는다)라고 비판하였다."

24) 선조실록, 서애 졸기. 백권호, 앞의 논문, 235쪽. 심재철, 앞의 논문, 261쪽; 류을하, "임진왜란 기간 류성룡, 이순신의 관계와 정유년 위기의 극복", 『서애연구』 제4권 2021, 256쪽.

國)으로 탄핵당하는 일이 있었다.

서애는 왜란 말기에 주화오국(主和誤國)이라는 무함을 받아 탄핵당하고 그 결과 파직 및 삭탈관직되었다. 그는 영의정으로서 국사를 총괄하여 짊어지고 있었으므로 대외 교섭도 담당했다.

왜란 발생 이전에는 예조판서로서 일본의 사절 접대나 우리 통신사 업무를 담당한 적이 있지만, 전란 발생 이후에는 왜국과의 교섭은 명나라에서 독단하였고, 조선 조정에서 관여할 수 있는 상황이 아니었다.

중국의 외교는 전적으로 자신들의 국익에 따르는 것이었고 약소국의 주장은 필요할 때만 수용하는 것으로 당시 조선으로서는 강화교섭에 끼어들기 어려웠다.[25]

서애는 전란을 진두지휘하면서도 시종일관 강화(講和)에는 부정적이었다. 왜군을 국외로 격퇴하는 것만이 근본적인 방법이라고 여겼다. 다만 조선의 국력이 약하여 혼자서는 격퇴할 수 없는 현실을 한(恨)스러워 할 뿐이었다.

왜란 초기에 평양성에서 왜적이 제시한 강화는 속임수에 불과하였지만, 명군(明軍)이 벽제관 전투에서 패전한 뒤 송응창, 이여송이 추진한 강화에 대하여는 명나라가 왜적에게 속임을 당하지 않을까 우려하였고, 또 우리나라를 제쳐놓고 비밀리에 추진하는 것에 강력히 반대하였다. 명군 총책임자인 송응창과의 불화를 무릅쓰고 반대하여 여러 가지 마찰이 발생하기도 하였다.

그러나 전쟁이 장기화하고 국력은 갈수록 고갈되고 있는데, 명나라는 계속 화의를 추진하고 있어 직설적으로 반대만 하고 있을 수도 없는 상황이었다.

선조 27년(1594) 5월에 명나라는 참장(參將) 호택(胡澤)을 보내어 조선이 명나라에게 왜국(倭國)을 위한 봉공(封貢: 제후로 봉하고 조공을 허락함)을 요청하라고 강압적으로 종용하였는데, 그 요청은 따르기도 거절하기도 난처하였다.

당시 서애는 병환으로 휴가중이었음에도, 왜국과의 교섭은 명나라 황제가 전적으로 담당하고 있으니 명(明)이 기미책(羈縻策)[26]을 하고 싶으면 하되 우리의 입장에서는 받아들일 수가 없다고 자문(咨文)하였는데, 호택(胡澤)이 강압하여 부득이 문서 가운데 "계(計)"자를 "관(款)"자로 고쳐준 것이 있었다.

5월 22일에 전라감사 이정암(李廷馣)[27]이 상소하여 차제에 왜국과의 강화가 필

---

25) 조백상, "협상가로서 류성룡의 리더십", 『서애 류성룡의 리더십』, 2019, 370쪽.

26) 40장의 각주 68 참조.

27) 이정암(李廷馣, 1541–1600): 호 사류재(四留齋) 본관 경주. 문과. 이정형(李廷馨)의 형. 연안부사 때 선정을 베풀었다. 임진왜란이 발발하자 아우 이정형과 함께 황해도에서 의병을 일으켜

요하다고 하였다. 선조가 대노(大怒)하니, 삼사(三司)에서 이정암을 엄중하게 처벌하라고 탄핵하였다. 선조실록 5월 25일자에 의하면 "영상(領相)이 병으로 휴가중에 있으니-" 하였고, 26일 어전회의에서 성혼(成渾)이 이정암을 신구(伸救)하려다가 임금의 큰 노여움을 산 일이 있었는데, 그 날자 기록에도 "류성룡, 심수경이 병으로 참석치 못하였으니-"하였다.

즉 실록과 연보에 의하면 서애는 이정암 강화 상소와 관련회의에 병중으로 참석치 못한 것이다. 그러나 서애는 이정암이 비록 서인의 당파에 속하지만 우국충정 때문에 죄인이 되는 것을 막으려고, 27일에 비변사 낭청(郎廳)을 대신시켜 아뢰기를 "우민(愚悶)한 마음이 지극한 데서 나온 것으로 망령되이 소회를 진달한 것에 불과하다"고 신구(伸救)하였다.

여러 해가 지난 1598년에 북인들은 이 문제를 거론하며, '성혼과 모의하여' 강화를 주장한 이정암 편을 들었으니 곧 주화(主和)한 것이라는 주장을 제기하여 서애가 왜국과의 화의를 주도하여(主和) 나라를 그르쳤다(誤國)고 탄핵하였던 것이다.[28] (이 때문에 훗날 송시열은 성혼도 주화오국했다고 비난하였고 성혼의 외손자인 윤선거 부자(父子)가 오랫동안 변무했다.) 그러나 서애는 "나는 화(和)자 한마디도 한 적이 없다"고 하였다.

오직 국력이 약하여 명나라의 외교에 소극적인 저항밖에 할 수가 없었고 피폐한 나라를 살려낼 시간을 벌어야 할 필요가 있었을 뿐이었다.

탄핵당한 이듬해 1599년 6월 28일에 왕명으로 선생에게 직첩을 되돌려 주었을 때, 삼사(三司)에서 의론하여 따졌다. 이때 선조가 옥당(玉堂: 홍문관)의 차자에 대답하기를 다음과 같이 하였다.

"탄핵(彈劾)한 일이 실정에 너무 지나치니, 그 사람 본인도 승복(承服)하지 않을 뿐만 아니라, 주변의 사람들도 역시 승복하지 않고 있다. 주화(主和: 화의를 주장함) 두 글자를 가지고 탈을 잡아 말을 하다가, 진회(秦檜)[29]라고 비유하기까

4일간의 치열한 전투 끝에 연안성(延安城)을 지켜 승리하였다. 전주부윤. 전라도 관찰사. 명나라에서 참장(參將) 호택(胡澤)을 보내어 조선이 일본을 위해 봉공(封貢)을 요청하라고 강요하였을 때, 차제에 왜와 화친함이 필요하다고 상소하였다. 정유재란 때 해서초토사. 선무공신 2등. 월천부원군. 좌의정에 추증. 성혼, 이제신과 교유. 저서 사류재집, 왜변록(倭變錄), 서정일록. 시호 충목(忠穆).

28) 「선조실록」 선조 31년, 12월 1일, "양사(兩司)가 류성룡의 삭탈관작을 요청하다"
29) 51장의 주 6 참조.

지 이르렀는데, 진회는 오랑캐의 지시를 받아 처자를 보전하였으며, 몰래 송(宋)나라로 들어와서 금(金)나라를 위한 계책으로써 화의를 주장하고 악비(岳飛) 등을 죽였지만, 지금 류모(柳某)는 왜적의 지시를 받아 몰래 음모를 부려 처자를 보전하고 주화(主和)를 했다는 것인가? 이런 주장이 사람들 마음을 복종시키고 국시(國是)를 정할 수 있겠는가?

그의 마음은 종사가 장차 망할까 민망히 여겼고, 명나라 조정에서 이미 화의를 허락하도록 하였기에, 그 때문에 권도(權道: 임시 방편)로 그 일을 성취시킨 것이었다.

똑바른 도리로 다스린다면 나 역시 감히 잘못이 없다고 할 수 없는데, 원래의 사정은 이와 같음에 지나지 않았다. 아, 아, 그때는 누군들 따라가지 않을 수 있었겠는가? 지금에 와서 다투어 빠져나가려 하면서 "나는 그런 일 없어. 나는 그런 일 없어" 하는데, 모두 우상(右相: 당시의 우의정은 이항복이었다)에게 죄인(罪人)이 된다.

또 중론(衆論)을 배격하고 한밤중에 사신을 보냈다는 주장은 더욱 말할 거리도 못 된다. 그때 조정의 의론을 널리 거두어 모아 정한 것이고, 조정의 의론을 빼앗아 그르쳤다고 한다면 승정원(承政院)에서 고증(考證)하면 바로 알 수 있을 것이다. 과연 중론을 어기고 혼자서 사신을 보냈다 할 수 있는가? 이런 등속의 주장을 하는 말은 모두 공박하지 않아도 저절로 무너지게 되어 있다. 하물며 전에 이미 공론을 따라 직책을 혁파(革罷)하였는데, 이제 여러 달을 지났으니 지금 어찌 그 관직을 회복해서는 안 된다 할 수 있겠는가?"

처음에 대간(臺諫)에서 선생이 화의(和議)를 하였다고 공격하였을 때, 우의정 이항복이 상소하여 말하기를 "신이 일찍이 남중(南中)에 있을 때 이원익(李元翼)과 더불어 시사(時事)를 말하였습니다. 신이 말하기를 오늘날의 나라 형세는 마치 사람이 목구멍에 기(氣)가 막힌 것 같아 모든 맥(脈)이 끊어지려 하니, 반드시 먼저 이 기를 급히 내리고 난 뒤 살아날 길을 논의할 수 있을 것이라 하였는데, 이 말은 오직 이원익만 들었고 다른 사람들은 알지 못합니다. 그렇지만 신이 어찌 감히 다른 사람이 모른다고 숨겨 모른 척하겠습니까? 지금 이런 일로 성룡(成龍)을 죄 주었으니, 다음 차례 삭탈관직당하는 일이 신의 몸에 닥칠 것입니다."

이항복의 이 말에 임금께서 정직하다고 하였었다. (이 책의 본문 제52장 참조) 강화를 그렇게 반대하고 주화오국을 떠들던 북인들은 자기들이 집권하던 1607년에 왜국과 국교회복(강화)을 획책했다.

10만 양병(養兵) 반대 주장설

서애가 별세한 후 상당한 기간이 흐른 뒤에 느닷없이 '율곡 이이(李珥)의 10만 양병 주장을 반대하였다'는 무함을 받았다.

이 십만양병설은 이이의 제자이자 사돈인 김장생의 율곡가장(栗谷家狀: 생전 행적)에서 출발되었고 당시의 어떤 다른 근거가 없었던 두찬(杜撰: 근거 출처가 없는 허위 저작)이었다. 이러한 율곡가장을 단계적으로 왜곡하고, 국가의 공식 기록인 선조수정실록에까지 등재하여, 사실인 양 여론몰이를 해 왔으며, 광복 후 지금까지도 유비무환(有備無患)을 화두로 할 때, 으레 등장하는 이야기가 되었다. 이런 일련의 과정에 대한 자세한 논의는 류을하에 의해 치밀하게 고증되어 있다.[30]

무엇보다도 십만양병설이 허위인 이유는 율곡이 임진왜란이 일어나기 9년 전에 사망하였으며, 율곡은 양병보다는 양민을 중시한 학자였다는 사실이다. 십만양병설이 조작된 배경은 왜란 발발 9년 전인 1583년 2월 여진족 니탕개가 함경도 6진(六鎭)으로 침입한 소위 '니탕개의 난'으로 거슬러 올라간다. 니탕개난으로 온 나라가 진동하였는데 7개월 동안이나 계속되었을 때, 선조(宣祖)가 당시 병조판서 이이(李珥)에게 양병(養兵) 계획을 세우라고 지시하였는데, 양병의 주목적은 바로 여진족을 대비하는 데 있었다. 지시를 받은 이이는 2월 15일에 '시무6조(時務六條)'를 올렸는데, 그 가운데 "양병은 양민(養民)이 밑바탕이 되어야 합니다. 즉 밀가루 없이 수제비를 만들지 못합니다(無麵不托)"라고 주장하였다. 이것은 양민(養民)이 안 되었는데 어찌 양병(養兵)이 가능하겠느냐는 말이었다. 더 이상의 논의가 진행되지 않는 가운데 이이는 1584년 2월에 별세하였다.

이이의 양병에 관한 논의의 경과는 "1) 병조판서 당시 선조로부터 양병책을 세우라는 지시를 받았으나, 2) 쇠잔한 민력을 감안하여 선양민(先養民) 후양병(後養兵)의 평소 지론을 내세웠는데, 3) 이에 선조가 실망하자 본인의 옛 주장인 공안개정(貢案改定) 등 국정개혁론을 주장하며 '군인들의 공물 진상 부담을 없애 훈련에 전념토록 하여 양병의 효과를 거두자는 것이 진의(眞意)였다'고 하였다가, 4) 선조가 공안개정을 불허하자 군적(軍籍)의 개정 등 윤허 받은 다른 개혁도 포기하였다"로 요약하여 볼 수 있다.

---

30) 10만 양병설의 허구성에 관한 집중적인 분석에 관해서는 류을하, "10만 양병설의 실체", 『서애연구』 제2권(2020)을 볼 것. 또 송복, 『위대한 만남 서애 류성룡』, 27 – 37쪽; 이덕일, 『설득과 통합의 리더 유성룡』, 91 – 100쪽; 이재호 『한국사(韓國史)의 비정(批正)』, 122 – 183쪽을 참조할 것.

'시무6조'와 양병에 관련된 내용은 율곡전서에 실려 있으며, 선조수정실록에는 이이의 상소 전문(全文)과 선조의 답변도 실려 있다. 이이의 주장은 장기적인 대책이었으며, 당시 주적(主敵)은 여진족이었지, 왜국(倭國)이 아니었다. (민덕기 "이율곡의 십만양병설은 임진왜란용이 될 수 없다" 참조)

이이는 당시 조선의 국력과 재정상태로 보아 양병이 불가능한 상황이라는 것을 알고 있었고, 그의 성리학적 왕도정치 사상으로 본다면, 무리하게 부국강병을 지향하는 것이 달가울 리 없었다. 그의 양민(養民) 안민(安民) 사상으로는 1, 2만의 군사도 아닌 10만 군사의 양병처럼 무리하고 인위적인 계책은 상상이 안 되는 것으로, 선조의 양병책(養兵策) 강구 지시에 양민책(養民策)으로 응수하였던 것이다.

그런데 이이의 사후 13년이 지난 1597년 겨울, 정유재란 피난지 황해도에서 이이의 사돈인 김장생(金長生)은 율곡가장(栗谷家狀: 생전 행적)을 지었다. 율곡가장(家狀)에, "(율곡이) 일찍이 경연에서 '미리 10만 명의 군사를 양성하여 위급할 때를 대비하소서. 그렇지 않으면 10년이 못되어 토붕와해(土崩瓦解)하는 화(禍)가 있을 것입니다' 하니, 정승 류성룡이 말하기를 '아무 일이 없는데 군대를 양성하는 것은 화근을 만드는 일입니다.' - '지금 와서 보면 이문정(李文靖)은 참으로 성인이다'라 하였다"고 기록한 것이다.

이것은 바로 원래 이이의 평소 주장과는 상치되는 것이며, 또 전혀 관련이 없는 사람을 끌고 들어가 10만 양병 반대론자로 조작한 출전(出典)이다. 그것도 원작자가 이이의 사돈인 김장생이 공식 문헌이 아닌 가족 내 행사를 위하여 쓴 문헌인 가장(家狀)인 것이다.

이 기사를 이이의 당시 주장과 비교한다면, "1) 양병 논의는 북쪽에서 니탕개난이 일어났던 1583년 일인데, "일찍이"라며 시기를 특정하지 않았다. 2) 선조와 대면하여 논의한 것인데 경연이라고 하였다. 3) 양병은 선조의 지시인데 이이의 의견이라고 하였다. 4) 선양민(先養民)이 이이의 주장임에도 10만 양병이라고 하였다. 5) 논의 자리에 있지도 않았던 서애를 반대론자로 꾸몄다. 6) 여진족과 전쟁 중인데 아무 일도 없는 시기라 하였다. 7) 자리에 있지도 않은 서애가 '이문정은 참 성인이다'라고 추앙했다는 문구를 작문 삽입했다." 이로써 우리는 이 기록이 허위로 가득 찬 두찬(杜撰)인 것을 알 수 있다.

이 김장생의 율곡가장 기사는, 율곡전서 어디에도 없고, 또 당시 조야(朝野)의 관리 문인 선비들 누구의 글에도, 또 선조실록 어디에도 없는 것이었다.

이 율곡가장은 나중에 율곡행장(栗谷行狀)으로 사용되었는데, 단순한 인물 전기(傳記)가 아니라 왜란의 극복에 아무런 공로가 없던 서인(西人)을 구원하는 발판이자 정체성을 확립하고 결속을 가져다주는 보전(寶典)이 되었다. 전기(傳記)와 찬양(讚揚)이라는 일반적인 목적에서 벗어나 '포폄(褒貶)'이라는 서술방식을 통하여 정치적 기능을 가진 사료(史料)를 만들려 한 것이다.

율곡가장에서 출발한 이이의 십만양병설은 단계적으로 왜곡(歪曲), 변개(變改)를 거쳐 역사적인 사실로 둔갑하는 모습을 보인다. 이정귀(李廷龜), 이항복(李恒福)을 거쳐 이식(李植)에 의하여 선조수정실록에 등재되기에 이르렀다.

1663년(현종 4년) 전라도 고흥 향교에서 간행된 안방준(安邦俊)의 "은봉야사별록"에 새로운 내용의 십만양병설이 실렸다. 이 책은 송시열이 주도한 "율곡 연보"보다 2년 먼저 출간된 것이다.

안방준에 의하면, "임진년 4월 왜적이 대거 쳐들어왔다. 이에 앞서 10년 전에 율곡 이이 선생과 아계 이산해, 동강 김우옹, 류성룡 등 여러분이 경연에 들어갔다. 이이가 아뢰기를 '청컨대 10만 명의 병사를 양성하여─속된 선비가 어떻게 시무를 알리오?" 아계(이산해)가 말하기를 "이현(류성룡)이 틀렸소. 숙헌(이이)이 어찌 소견이 없겠는가?" 운운하였다.

이 글이 왜 허위 두찬(杜撰)인가 하면, 이산해는 1581년부터 1583년까지 모친상으로 충청도 보령(保寧)에 내려가 있어서 조정에 아예 없었고, 따라서 경연 모임에 참여가 불가능한데도, 경연에서 양병 문제를 논의했다는 거짓말을 하고 있기 때문이다.

2년 뒤 1665년, 송시열의 주도로 편찬된 "율곡 연보"에는 "도성에 2만, 각 도에 1만"이라는 내용이 추가로 들어간 새로운 십만양병설이 출현하였다. 양병 논의의 시기는 수정실록의 1582년 9월보다 8개월 뒤인 1583년 4월이라고 하였다. 김장생의 시대로부터 멀어질수록 논의 내용이 더욱 새롭고 구체화되는 이변이 계속되었다.

이발(李潑)의 노모(老母)와 치자(稚子)의 장살(杖殺)

기축옥사(己丑獄事) 당시에 정철(鄭澈)이 위관(委官)이 되어 역당(逆黨)들을 다스렸는데, 반대 당파(동인)의 인물들과 자기와 평소 유감이 있던 사람들 천여 명을 정여립의 일당이라고 무함하여 장살(杖殺) 유배(流配) 삭직(削職) 등으로 처벌한 것은 익히 잘 알려져 있는 사실이다.

그 가운데 이발(李潑) 이길(李洁) 형제도 포함되어 곤장에 맞아 죽었는데, 정철은 이 정도로 만족치 못하고, 이발의 노모(老母)와 어린 아들(稚子)까지도 잡아와서 장살(杖殺)하였다. 여자는 역옥에 관련되어도 신분을 박탈하여 노비로 삼을지언정 죽이는 법은 없었으며, 어린 자식도 죽일 필요가 없는데 죽였으니, 두고두고 가혹한 처사라고 정철을 비난하는 여론이 비등하였다. 이때 정철의 처사는 너무 가혹하여 선조도 '독철(毒澈)이 나의 어진 신하들을 죽였다'고 전교할 정도였다.

그런데 그 아들 정홍명(鄭弘溟)이 아버지에 대한 비난을 벗겨내려고 안방준과 야합하여, 이발의 노모와 치자의 장살은 서애가 위관(委官)이 되어서 한 일이라고 무함하였다.[31] 노모와 치자가 죽은 날은 1589년(경인년) 5월 13일이었다.

이때 서애는 그 전해에 부인상(夫人喪)을 당하였으나 예조판서로 왜국 사신 응대 문제 때문에 장례를 못하고 있다가 4월에 휴가를 얻어 고향 안동에 내려가 5월 20일에 장례를 치렀고, 5월 29일에 우의정에 임명되어 6월 초순에 서울로 돌아왔다.

지방에 체재하여 국정을 담당치도 않았으며, 위관은 정승 가운데에서 임명되는 법인데 서애는 당시 정승도 아니었다. 그리고 우의정이 된 이후에도 위관에 임명된 적이 없었다.

그럼에도 조정에 있지도 않았던 서애가, 된 적도 없는 위관이 되어, 노모와 치자를 죽였다는 허무맹랑한 무함이 나왔고, 이것을 지금도 믿는 학자가 있을 정도이다.

안방준(安邦俊)은 은봉전서(隱峯全書) 기축기사(己丑記事)와 혼정편록(混定編錄)[32]에서 서애가 당시 위관(委官)이었다는 허위 사실을 기록하였고, 이 내용이 정홍명(鄭弘溟), 김장생(金長生)을 거쳐 드디어는 이건창(李建昌)의 당의통략(黨議通略)에까지 수록되고 있으니, 한번 허위 주장이 나오면 그 폐해가 상상을 초월하는 것이다.

바. 징비록

서애의 저술(著述) 가운데 가장 중요한 것으로 『징비록(懲毖錄)』이 있다. 1599년

---

31) 류후장(柳後章), "고조고(高祖考) 문충공부군(文忠公府君) 변무소(辨誣疏)", 『서애전서』 권삼(卷三), 사)서애선생기념사업회, 1991.3 407−414쪽.

32) 혼정편록(混定編錄): 안방준이 쓴 당쟁정치서. 이이와 성혼을 변호하기 위하여 쓴 것으로 서인 편중의 편파적 성격이 농후한 허위 기록이다.

향리로 돌아온 이후 시작하여 1604년경에 마무리하였다. 왜란이라는 미증유의 국난을 겪었는데, 후손들은 이러한 참혹한 비극을 다시는 되풀이 겪어서는 안 된다는 비장한 마음에서 쓴 것이다.

그 서문(序文)에서 "징비록이란 무엇인가? 전란이 발생한 후의 일을 기록한 것이다. 시경(詩經)에 '내가 지난 일의 잘못을 징계(懲戒)하여 뒤에 환난이 없도록 조심한다(毖)'고 하였으니, 이것이 내가 징비록을 저술한 까닭이다"라고 하였다. 동시대인에게는 '징계의 채찍'을, 후손에게는 '경계의 교훈'을 주는 기록을 남기는데 온갖 정성을 기울였다. 징비록은 현재 국보 132호로 지정되어 있다.

징비록은 이순신 이야기에서 시작하여 이순신 이야기로 끝났다고 해도 과언이 아니다. 이순신의 기용에 관한 이야기로 징비록의 서두를 시작하였고, 수군의 승전과 전세의 만회, 이순신의 하옥, 이순신의 재기, 수군의 최후 공격, 이순신의 인품 등의 장이 징비록의 주요 장으로 포함되어 있다. 또한 징비록에서 이순신이 전쟁에 임하는 자세와 전법, 배와 대포의 종류, 심지어 어린 시절의 이야기까지 자세히 적고 있기 때문에 이순신이 역사에서 올바르게 평가받는 근거가 되었다. 가령, 징비록에 "신에게는 아직 12척의 배가 있나이다.' '나의 죽음을 알리지 말라' 등의 감성적 레토릭을 썼기에 이순신이 우리 민족의 가슴에 영원히 남을 수 있었다."[33] 이처럼 이순신의 인품과 전쟁에서의 영웅적인 스토리도 징비록에 기록되었기 때문에 후세에 그의 활약상이 전해진 것이다. (이순신의 난중일기에 본인의 전사(戰死)가 기록될 수 없다.)

류성룡이 없으면 이순신도 없다고 볼 수 있다. 류성룡이 징비록을 남기지 않았다면 이순신의 영웅적 행적도 알려지지 못했을 것이다. 류성룡과 이순신은 조선의 가장 뛰어난 문신(文臣)과 무신(武臣)으로 생애를 보냈다. 하지만 그들이 함께 힘을 모으고 이끌어 주지 못했다면 조선은 임진왜란에서 이기지 못하고 지구상에서 없어졌을 것이다.[34]

그러나 이 징비록이 조선에서는 배제당하고 망각되었다. 반대로 일본에서 1695년 한문으로 된 원문에 일본식 훈점(訓點)을 붙여 간행되었다. 그 이후 일본에서는 현재까지 번역, 영인본 20여 종이 간행되었고, 도쿠가와 막부 시대에는 '징비록 사회현상'으로까지 번졌다고 한다.

---

33) 심재철, 앞의 논문, 256쪽.
34) 심재철, 앞의 논문, 306쪽.

징비록은 모두 16권으로 20만 자가 넘는 대작(大作)이다. 권1과 권2는 서론이자 본론이며 결론으로, 큰 거울처럼 임진왜란 전체를 조명해 준다. 권3에서 권5까지는 근폭집(芹曝集), 권6에서 권14까지는 진사록(辰巳錄), 권15와 권16은 군문등록(軍門謄錄)이라는 부제가 붙은 세부 각론으로 되어 있다. 권16 끝에 마지막 후기(後記)라 할 수 있는 녹후잡기(錄後雜記)가 있다.

서애는 전란 중에 처음부터 끝까지 국가의 추기(樞機: 중대사)에 참여하여 난국을 처리하였으며, 탄핵된 뒤에는 전원(田園)에 물러나 지나간 날의 성패(成敗)의 자취를 세밀히 고찰하고 한 자루의 사필(史筆)에 의탁하여 지나간 일을 징계하고 닥쳐올 일을 강한 위기의식으로 경계한다는 경종(警鐘)을 울렸던 것이다.

징비록은 1633년 서애집이 출간되었을 때 포함되었고, 1642년 당시 의성 현령이던 엄정구(嚴鼎耇: 이길(李洁)의 외손자)에 의하여 목판본으로 간행되었으며, 1647년 서애의 외손(外孫) 조수익(趙壽益)이 경상도 관찰사로 재임하면서 16권 전체를 다시 간행하였는데, 1936년 일제 조선총독부 조선사편수회에서 본인이 직접 쓴 초고본을 영인(影印)하여 간행하였다. 광복 이후 1958년 성균관 대학교 대동문화연구원에서 영인 간행하였고, 1960년 부산대학교 한일문화연구소에서 16권을 완역(完譯)하여 간행하였다. 그리고 "서애선생기념사업회"는 1991년 간행한 『서애전서(西厓全書)』 가운데 징비록 16권 모두를 수록하였다.

가장 아이러니한 것은 우리는 거의 잊다시피 했는데, 적국인 일본에서 대대적으로 징비록이 읽혀지는 일이 발생한 것이다.[35] 우리나라 군신(君臣)과 백성들은 잊

---

35) 이종각 『근현대 영국 일본인 역사가들이 본 징비록』 한스 북스 2020, 9, 20, 4-6쪽. "징비록은 임진왜란이 끝난지 약 백년 후인 17세기 후반 조선통신사를 수행한 역관들에 의해 일본으로 반출되어 교토에서 일본식 훈점(訓點)을 붙여 『조선징비록』이란 이름의 번역본으로 간행(1695)되었다. 이후 징비록은 현대에 이르기까지 약 300년간 일본과 일제강점기의 서울에서 번역, 영인본으로 최소 30여 종 이상 발간되는 베스트셀러이자 스테디셀러가 되었다. 에도시대 중기에는 유학자들의 한시(漢詩)를 비롯하여 대중소설 등에 징비록의 이름을 붙이거나 그 내용이 다루어지고 전통공연에 류성룡이 등장하는 등 일본사회에 '징비록 현상'이 나타나기도 한다. 조선징비록은 19세기 말 일본에 체류 중이던 중국인 학자에 의해 청나라에 전해지고 메이지 초기에는 주일 영국 외교관이 조선징비록의 내용을 처음 영어로 번역하여 임진왜란 관련 영문 저술에 인용하였다. 현재까지 동서양을 가리지 않고 가장 높이 평가되고 가장 널리 알려진 명저 고전이 되었다. (중략) 1980년대 이후에는 일본 각급 학교 교과서 참고서에도 일제히 소개되고 있다. (중략) 징비록을 읽고 앞날에 대비하여야 할 조선(한국)보다 뜻밖에도 옛 적국인 일본에서 더 많이 간행되고 더 많이 읽힌 기현상이 벌어진 것이다. (중략) 류성룡이 '과거의 잘못을 반성하여 앞날의 환난에 조심해야 한다'고 절규했건만 대비하지 못한 조선은 결국 일본

고 있는데 적국인 일본이 열심히 징비(懲毖)하고 있었던 것이다. 더욱 가관인 것은 임진왜란을 겪은 선조대(宣祖代)는 목릉성세(穆陵盛世)[36]라는 말이 있을 정도로 많은 인물이 배출되었다는 시대인데, 국가 존망의 위기를 겪었으면서도 그 자초지종을 기록한 사람은 얼마나 있었을까? 오직 서애의 징비록과 이순신의 난중일기가 있을 뿐 아닌가?

조선의 다른 사대부 성리학자들은 이런 기록을 남기기는커녕 미증유의 국난을 기록한 징비록을 읽지도 않았다. 제갈량의 출사표를 읽고 눈물을 흘리면서도 우리의 소중한 글은 읽는 것마저 거부했다. 조선왕조실록 속에 출사표는 27번이나 언급되고 있지만 징비록은 딱 4번 언급되었을 뿐, 그중 2번도 선생을 비판하는 졸기(卒記)에서였다.

징비(懲毖)라는 말은 흔히 시경(詩經) 소비(小毖) 장의 '여기징이비후환(予其懲而毖後患)'에서 나왔다고 하지만, 이는 그 구절에서 한 자씩을 따서 만든 서애의 조어(造語)이다. 조선시대 한자어 사전(한국한자어사전)에 나오지 않는 말이다.

징비(懲毖)의 주체(主體)는 철저히 '나'이다. 징(懲: 과거 반성)도 내가 하는 것이며, 비(毖: 미래를 경계)도 내가 하는 것이다. 내 과거의 잘못을 반성하여 그 책임을 남에게 전가하지 않고 다시 실수하지 않기 위해 나를 경계(警戒)하는 것이다. 끊임없이 새 방책을 강구하는 것이며, 새로운 미래를 열어간다는 것이다.[37]

사. 저작물[38]

서애의 저술은 병화(兵火)로 많이 산실(散失)되었으며, 남아있는 저작물도 기간본(既刊本)과 미간본(未刊本)이 있었다.

식민지로 전락하여 35년간 질곡에서 신음했다." 이종각 "일본인과 징비록" 『서애연구』 창간호 314쪽; "이선근(李瑄根, 1905~1983)은 성균관대학 총장 시절 펴낸 『서애문집』(1958) 서문에서 징비록을 "불멸의 기록"이라고 격찬하였다."

36) 목릉(穆陵): 동구릉(東九陵)에 있는 선조(宣祖)와 왕비의 능(陵). 목릉성세란 선조시대 훌륭한 인물들이 많이 나와 문운(文運)이 융성했음을 말한다.

37) 송복, "류성룡의 시관(時觀)", 『서애연구』, 창간호, 2020, 제1장 45-46쪽.

38) 서애전서에 수록된 이재호 선생의 해제를 참고하였다.

1) 기간본

1632년에 서애집 본집 20권이 간행되었고, 그 후 별집(別集) 4권과 간본연보 3권이 간행되었는데, 시기는 알지 못한다. 징비록은 1642년에 초간(初刊)되었다.

2) 미간본

(1) 속집편(續集篇)

(2) 별저편(別著篇): 초본징비록, 근폭집(芹曝集), 진사록(辰巳錄), 군문등록(軍門謄錄), 난후잡록(亂後雜錄), 운암잡록(雲巖雜錄), 종천영모록(終天永慕錄), 신종록(愼終錄), 침구요결(鍼灸要訣), 관화록(觀化錄)을 수록하고 있다.

(3) 부록편(附錄篇): 서애의 저술은 아니지만 서애와 관련된 여러 기록을 수록하고 있다. 초본 서애선생 연보, 행장(行狀), 시장(謚狀), 성유록(聖諭錄), 정원전교(政院傳敎), 당장서첩(唐將書帖), 당장시화첩(唐將詩畫帖), 사관논평(史官論評), 유사(遺事), 제가기술(諸家記述), 만장(輓章) 및 제문(祭文), 서애선생문현록 등.

(4) 추록(追錄) 및 사료(史料)편: 속집편에 수록하지 못한 각종 계사(啓辭)를 수록하였다.

3) 각 저서의 수록 내용

(1) 서애집 본집: 시(詩), 주문(奏文), 소(疏), 차(箚), 서장(書狀), 계사(啓辭), 자문(咨文), 정문(呈文), 서(書), 잡저(雜著), 서(序), 기(記), 논(論), 발(跋), 전(箋), 명(銘), 제문(祭文), 비갈(碑碣), 묘지(墓誌), 행장(行狀). 서애전서에 수록된 시(詩)의 총 편수는 888수(首)에 이른다.

(2) 서애집 별집: 시(詩), 소(疏), 차(箚), 계사(啓辭), 자문(咨文), 정문(呈文), 서(書), 잡저(雜著), 발(跋), 명(銘), 제문(祭文)

(3) 간본연보: 서애 선생의 제3자인 수암공(修巖公 袗)이 기고(起稿)했으며, 갈암(葛庵菴) 이현일(李玄逸) 선생이 산윤(刪潤)하였다. 1권, 2권은 선생의 경력을 기록했고, 3권은 부록으로 행장, 언행록, 교서, 제문, 만장을 수록하고 있다.

  (4) 징비록(懲毖錄): 본문 '바'에 상술(詳述)하였다.

(5) 속집편: 시(詩), 주문(奏文), 자문(咨文), 차(箚), 서장(書狀), 계사(啓辭), 헌의(獻議), 서연강설(書筵講說), 정문(呈文), 서(書), 잡저(雜著), 잡록(雜錄), 기(記), 제문(祭文), 묘지(墓誌), 습유(拾遺)를 수록하고 있다.

잡록에 수록된 대통력일록(大統曆日錄)은 책명(册名)이 아니다. 대통력의 월일(月日) 난(欄)에 선생이 당일의 주요사건을 비망록(備忘錄)의 형식으로 기록한 일기이다. 지난해(2022) 11월 24일 문화재청은 일본에 반출되었던 경자년(庚子年 1600) '류성룡비망기입대통력'을 환수했다고 밝혔는데 이것은 서애전서에 수록되어 있지 않은 것이다.

(6) 별저편: 선생이 저술 또는 편찬한 서책(書册)을 수록하고 있다.

가. 초본 징비록: 간본 징비록과 구별하기 위해 붙인 이름. 간본 징비록의 초고본(初稿本)으로 보인다.

나. 근폭집(芹曝集): 임진왜란 중에 임금에게 올린 차자(箚子), 계사(啓辭)를 편집한 책이다. 근폭(芹曝)은 구배헌근(灸背獻芹, 등을 데우고 미나리를 바침)의 뜻으로, 송(宋) 나라 농부가 삼베옷으로 겨울을 나고 봄이 되어 따뜻한 햇볕을 등에 쬐자 이 햇볕을 임금께 드리고 싶어 하였으며, 또 맛있는 미나리를 맛보고는 임금께 드리고 싶어 하였다. 책 말미(末尾)에 공물작미의(貢物作米議), 군국기무10조(軍國機務十條), 신정연병규식(新定練兵規式)이 수록되어 있다.

다. 진사록(辰巳錄): 임진(壬辰) 계사(癸巳)의 진사(辰巳)를 책 이름으로 삼았다. 전란처리의 최고책임자로 직무수행하면서 상황에 따라 대응, 대비하는 방안을 조정에 보고, 건의한 서장(書狀)을 편집한 책이다. 서장 178건이 수록되어 있다.

라. 군문등록(軍門謄錄): 4도도체찰사(四道都體察使)로 재직할 때 임금께 올린 계사(啓辭)와 각 군문(軍門)에 시달한 문이(文移, 公文)를 편집한 책이다.

마. 난후잡록(亂後雜錄): 임진왜란 전란 후의 일들을 기록한 책이다.

바. 운암잡록(雲巖雜錄): 선생은 호로 서애 이외에 운암이라고도 하였다. 그동안 간행된 적이 없고 원본도 어느 때 산실(散失)되었는지 알지 못하나 세간에 필사본(筆寫本) 몇 종류가 전해오고 있는바, 이번에 서애전서에 수록되었다.

사. 종천영모록(終天永慕錄): 조선(祖先)을 영원토록 사모한다는 기록이다.

아. 신종록(愼終錄): 장례 때 자손이 행하는 절차의 하나인 묘지택정(墓地擇定)을 설명한 책이다.

자. 침구요결(鍼灸要訣): 의학입문서 중에서 침구편(鍼灸篇)만을 요약 편저한 것이다. "나는 젊을 때부터 병이 많아 이 중국의 『의학입문』을 얻어 보고 기뻐했지만, 운용의 방술(方術)을 모르기 때문에 시험하지 못하고 있었다. 내가 하회에 물러나 있으니 질병이 있어도 치료할 길이 없었다. 다시 이 의서를 보니 시골 사람도 침술을 조금만 알면 이 방법을 보고 질병을 치료할 수 있다고 여겨 이

방서(方書)를 정리하여 한번 보면 환하게 알 수 있도록 하였다."

차. 관화록(觀化錄): 별세하던 해 병중(病中)에 지은 시편(詩篇)을 엮은 책이다.

카. 기타: 책 이름만 전해지고 원본 내용이 전해지지 않는 것으로, 증손전수방략(增損戰守方略), 의학변증지남(醫學辨證指南), 군안정책(軍案井冊), 팔도군안(八道軍案), 군액횡간(軍額橫看), 난후시고(亂後詩稿), 상례고증(喪禮考證), 동국명신언행록(東國名臣言行錄) 등이 있고, 제왕기년록(帝王紀年錄)을 짓다가 완성치 못하였는데, 조선의 유학자들 대부분이 우리나라 역사를 기자조선부터라고 보는 데 반하여 선생은 단군부터 시작되었다고 하였다.

서애선생기념사업회에서는 이 방대한 기록을 간본편, 속집편, 부록편, 별저편, 추록편 및 사료편으로 편집하여 서애전서(西厓全書) 4권으로 1991년에 간행하였다. 상당수의 글이 번역되었으나, 아직도 미번역 상태인 글이 많이 남아 있다.

아. 서애 류성룡에 대한 조선시대와 근세의 평가기록들

선조실록 졸기(卒記)

"류성룡은 조정에 선지 30여 년, 재상으로 있은 것이 10여 년이었는데 임금의 권우(眷遇: 두터운 신뢰)가 조금도 쇠하지 않아 귀를 기울여 그의 말을 들었다. 경연(經筵)에서 선한 말을 올리고 임금의 잘못을 막을 적엔 겸손하고 뜻이 극진하니, 이 때문에 임금이 더욱 중히 여겨, 일찍이 말하기를 '내가 류모(柳某)의 학식과 기상을 보면 모르는 사이에 심복(心服)할 때가 많다'"고 하였다.

반대로 북인의 위치에서 폄하하는 글도 있었다. 즉 "마음의 규모가 넓지 못하고 마음의 굳셈도 강하지 않아 이해가 눈앞에 닥치면 흔들림을 면하지 못하였다. 그러므로 임금의 신임을 얻은 것이 오래였었지만 직간(直諫)했다는 말을 들을 수 없었고, 정사를 비록 전단(專斷)하였으나 나빠진 풍습을 구하지 못하였다"는 것이다.

선조수정실록 졸기

"병인년(1566)에 급제하여 청요직을 두루 거치고 경연(經筵)에 출입한지 25년 만에 드디어 상신(相臣)이 되었으며, 계사년(1593)에 수상으로서 홀로 경외(京外)의 기무(機務: 주요 기밀과 정무)를 담당하였다. 명나라 장수들의 자문(咨文)과 게첩(揭帖: 문서)이 주야로 폭주하고 제도(諸道)의 주독(奏牘: 공문서)이 이곳저곳에서 모여들었는데, 성룡이 좌우로 수응(酬應)함에 그 민첩하고 빠르기가 흐르는 물과 같았다. 당시 신흠(申欽)이 비국(備局)의 낭관(郎官)으로 있었더니, 문득 신흠으로 붓을 잡고 부르는 대로 쓰게 하였는데, 문장이 오랫동안 다듬은 것 같아, 일찍이 점철(點綴: 흐트러진 글)한 적이 없었다. 그래서 신흠이 항상 사람들에게 말하기를 '그와 같은 재주는 쉽게 얻을 수 없다'고 하였다."

그러나 "국량(局量)이 협소하고 지론(持論)이 넓지 못하여 붕당에 대한 마음을 떨쳐버리지 못한 나머지 조금이라도 자기와 의견을 달리하면 조정에 용납하지 않았고 임금이 득실(得失)을 거론하면 감히 대항해서 바른대로 고하지 못하여 대신(大臣)다운 풍절(風節)이 없었다. ― 이산해(李山海)가 그 아들 이경전(李慶全)과 함께 오래도록 폐척(廢斥)되어 있으면서 성룡을 원망하여 제거하려고 꾀하였다. 그 결과 서애는 무술년에 주화(主和)하여 나라를 그르치고 변무(辨誣)의 사행(使行)을 피했다는 이유로 탄핵당하여 떠나게 되었는데, 향리에 있은 지 10년 만에 죽으니 나이가 66세였다."

"성룡은 임진난이 일어난 뒤 건의하여 처음으로 훈련도감을 설치하였는데, ― 그러나 성룡이 자리에서 떠나자 모두 폐지되어 실행하지 않았는데, 유독 훈련도감만은 존속되어 오늘에 이르도록 그 덕을 보고 있다." (서인 위치에서 폄하함)

홍재전서(정조)

"저 헐뜯는 사람들을 고(故) 상신(相臣: 류성룡)이 처한 시대에 처하게 하고, 고 상신이 맡았던 일을 행하게 한다면 그런 무리 백 명이 있어도 어찌 감히 고 상신이 했던 일의 만분의 일이라도 감당했겠는가?"

이준(李埈: 蒼石)

"분발하는 충의는 하늘과 합하고 강개한 말씨는 또 사람을 감동시켜 끝내는 병화(兵火)를 씻어내고 국가의 안정을 되찾게 하였으니, 선생이야말로 재능에 있어서 체와 용을 갖춘 이로서, 경세제민(經世濟民)의 통유(通儒)라고 하겠다."

당의통략(黨議通略)

"류성룡은 비록 강직한 절개는 모자라지만 그 재주와 식견은 중흥공신의 으뜸이다." "류성룡은 이순신을 추천하였고, 끝까지 보호했으므로 서인과 북인이 그를 미워하였고, 아울러 이순신까지 헐뜯어 모략하는 것이 매우 심하였다." "서인들은 절개와 의리로는 동인을 앞섰으나 공업(功業)의 실상은 동인들보다 못하였다."

동소만록(桐巢漫錄)

"임진왜란으로 나라가 망하지 않은 것은 천운이었다. 나라를 중흥시키고 세상을 다스려 백성을 구제할 수 있었던 힘은 실제로 류성룡, 이원익, 이덕형, 이항복 등 여러 신하들이 충성을 다하고 멀리 내다보는 계책을 도모한 데서 나왔다.""성혼의 제자들은 자기 스승의 흠을 숨기기 어렵다고 판단하고, 그것을 감추기 위하여 나라를 중흥시킨 신하들의 허물을 끊임없이 따졌다.""류성룡의 경우 여러 사람들이 떠들고 비난하며, 아주 심하게 털을 불어서 흠을 찾아내려고 하였다. 노성(魯城)의 부자(父子)와 안방준(安邦俊)이 일마다 꾸며댐이 한두 가지 설이 아니었다. 모호한 설을 지어내어 사람들을 의심스럽고 혼란스럽게 하여 사실인 듯 만들었다.""안방준은 태양을 가리는 무지개이며, 사문(斯文)의 난적(亂賊)이다. 그는 80세가 넘어서도 힘이 넘치고 늙지 않아 기술한 바가 많았지만, 편파적이고 공정하지 못하였다. 근거 없는 말로 이리저리 꾸며대고 아무것이 없는데도 모함하였는데, 서애(류성룡)에 대한 비방이 가장 심하였다."

연려실기술(燃藜室記述)

"공(公)은 수재(秀才)가 되었을 때부터 원대한 포부를 가졌고, 과거에 급제하였으나 부귀와 영달을 담담하게 보았으며, 항상 경세제민의 업(業)에 뜻을 두었다. 예악과 교화 이외에, 군사를 다스리고 재정을 다스리는 일에 대하여 세밀하게 강구하지 않음이 없었으며, 재능은 실무에 대응할 수 있고 학문은 사물에 응용할 수 있었다. 특히 임금의 마음을 바로잡는 것으로써 정치를 이루는 근본으로 삼아 매양 입대(入對)할 때마다 깨끗한 마음으로 성의를 쌓아 의리를 진술하기를 자세하고 간절하게 하였다. 임금이 대단히 중하게 여기고 여러 번 '바라보면 경의가 생긴다'라고 탄복하였다.

명군(明君)과 양신(良臣)이 서로 만난 것은 말세에서 보기 드문 일이었다. 조정의 논의가 대립되어 칭찬과 훼방이 서로 엇갈려, 서애의 정책을 제대로 써 보기 어려웠다. 전란을 만나 국가가 위태로운 때에 임무를 맡아 노심초사하며, 소장(疏章)과 차자(箚子)에서 보듯 일의 시행에 있어 부지런하고 간절하여, 국가의 중흥을 도모한 것은 정원(貞元: 당의 연호) 년간의 육지(陸贄)[39]에 비하더라도 못하지 않았

---

39) 육지(陸贄, 754-805): 중국 당(唐)나라 덕종(德宗. 재위, 779-805)의 충신. 한림학사. 덕종의 시대는 안사(安史)의 난을 겪은 지 얼마 되지 않아 나라가 혼란스러운 상태였다. 주체(朱泚)의 난으로 덕종이 피난 갈 때 호종하면서 '황제 자신을 벌하는 조서'를 반포케 하여 민심을 달래었다. 나라를 다스리는 데 백성이 근본이 되어야 한다고 하였으며 특히 빈부격차에 매우 분개하였

고, 안팎으로 분주하면서 온갖 어려움을 맛본 것은 육지보다 더하였다. 대체로 중흥한 여러 신하 중에서 공적이 가장 드러났다."

기언(記言): 허목(許穆)

"공(公)은 나라가 위태로울 때 장수와 정승의 명을 한 몸에 받아 의리를 밝게 보고 일에 바르게 임하였으니, 충성을 다하였고 어려운 일을 피하지 않았다. 행한 일을 살펴보면 시종 도덕의 올바름으로 귀결되었으니, 공은 덕혜(德慧)와 술지(術智)가 있으면서 예악(禮樂)으로 문채(文彩)를 낸 분이라 할 만하다.

조정의 노신(老臣)들로부터 오래 근무한 서리에 이르기까지 '상국(相國)의 충성'을 말하지 않는 이가 없었다. 힘을 다해 주선하며, 넘어지고 위태로운 것을 능히 붙들고 지탱하여, 끝내 왕업(王業)을 다시 안정시키고 백성의 부자(父子) 형제가 서로 보전하여 지금까지 호의호식하며 즐겁게 생업에 종사하게 된 것은 과연 누구의 힘이겠는가? 공은 사물에 통달하고 민첩하여, 학문은 넓고 성품은 고아하였다. 문장에 능하였는데 특히 사명(詞命: 외교무대에서 응대하는 글과 말)을 잘 지었다."

회은집(晦隱集: 남학명(南鶴鳴))

"영남인들이 말하기를 이원익은 속일 수 있으나 차마 속이지 못하고, 류성룡은 속이려 해도 속일 수 없다."

조선유학사: 현상윤(玄相允)

"항상 경국제세(經國濟世)에 유의하여 예악교화(禮樂敎化)로부터 치병이재(治兵理財)에 이르기까지 강구상실(講究詳悉)치 않음이 없었다. 임진의 난국을 당하여 오랫동안 수상의 자리에 있으면서 국운을 경복(傾覆)에서 만회하며, 흥복(興復)을 탕진(蕩盡)에서 도모하여 그 공헌과 훈업(勳業)이 실로 막대하였다."

위대한 만남: 송복(宋復)

"류성룡과 이순신, 임진왜란은 이 두 인물을 『역사의 인물』로 만들었다. 이 두 사람의 만남, 그것은 우리 역사상 가장 『위대한 만남』이었다. 만일 이 두 사람이

다. 덕종에게 충언을 올리고 대소사를 잘 보필하니 시기와 비방을 많이 받았다. 뒤에 간신 배연령의 모함으로 사천성 충현(忠縣)으로 좌천되어 10년 동안 있다가 사망하였다. 시호 선공(宣公).

만나지 않았다면 우리 역사는 어떻게 되었을까? 오늘날의 우리가 어떤 우리로 존재하고 있을까? 아마도 한민족의 우리가 아닌 중국화된 우리, 혹은 일본화된 우리로 존재하지 않을까?"

난세의 혁신 리더, 유성룡: 이덕일(李德一)

"류성룡의 이런 전시 정책에 큰 불만을 갖고 있던 양반 사대부들이 선조와 공모하여 류성룡을 실각시킨 것이다. 그가 실각한 후 각종 개혁 입법들이 무효화되었음은 물론이다." "임금은 그를 버렸어도 그가 주인으로 섬겼던 백성들은 그의 공적을 알아주었다."

나카무라 히데다카

"류성룡과 이순신은 실로 수어(水魚)의 관계임과 동시에 임진왜란의 쌍벽(雙璧)이라 해도 과언이 아니다."

자. 맺음말

임진왜란 당시 조선에 류성룡이 있었다는 사실은 기적이었다. 체(體)만 알고 용(用)을 모르던 시대에 체용(體用)을 겸비한 인물이 있었다는 것은 성리학 전성시대에 가히 기적적인 일이라 할 만하였다. 그 기적적인 인물이 지인지감(知人之監)으로 이순신을 알아내고 천거하여 수군절도사, 그것도 전라좌수사로 발탁한 것 또한 기적 중의 기적이 아닐 수 없었다.

이순신의 한산도 대첩은 한 성, 한 지역을 지킨 것이 아니라, 호남을 지켰고, 조선을 지켰고, 조선과 중국의 바다를 지켜낸 것이다. 그 이순신과 그 이순신의 버팀목인 류성룡이 있었기에 사실상 오늘의 우리가 있는 것이다.[40] 임진왜란을 이긴 것은 바다에서 이순신이 있었고, 육지에 류성룡이 있었기 때문이라 해도 과언이 아니라고 송복 교수는 그의 『이순신과 류성룡의 위대한 만남』 책에서 주장한다.[41]

서애의 사후 200년이 지난 시점에서 조선의 제22대 임금 정조가 서애를 임진왜

---

40) 송복, 앞의 논문, 51쪽.
41) 송복, 『이순신과 류성룡의 위대한 만남』, 지식마당, 2007.

란 극복에서 최고의 인물로 평가하여 그를 추모하여 지은 제문이 있다. 이 제문의 일부를 이 글의 맺음말로 갈음한다.

> 그 이름 문충공이라
> 저 주나라 기산의 석고(石鼓)와
> 저 한나라의 기린각과 함께
> 그 아름다운 이름 가지런히 짝하여
> 백세 영원토록 사라지지 않으리라.
> 선조 임금이 다시 나라를 중흥함은
> 그 공이 실로 경에게 있도다.
> 분주히 시무(時務)를 아뢰어 왜적을 물리쳤는데
> 뛰어난 책략으로 전쟁을 총지휘함에
> 전심전력 최선을 다하였도다
> 임금의 행차는 다시 서울로 돌아오고
> 전란의 거센 파도는 길이 잠잠해졌도다
> 공훈은 진나라 승(乘: 국사)에 드리울 만하고
> 이름은 조려(趙呂: 조나라 종묘의 큰 종)에 무거워라
> 온 백성 모두들 서애를 칭송하도다
> 농부와 길쌈하는 아낙네들까지도

찾아보기

ㄱ

찬술자: 수암 류진(柳袗)

1582~1635
자(字) 계화(季華), 호(號) 수암(修巖)
서애 선생 제3자
진사시(進士試) 장원(壯元)
봉화, 청도, 예천, 합천 군수
통훈대부 사헌부 지평
병산서원에 종향(從享)
1618년 하회(河回)에서 상주(尙州) 우천(愚川)의 가사리(佳士里)로 이거(移居)
저서: 수암선생문집, 사례집략(四禮輯略), 『초고본서애선생연보(草稿本西厓先生年譜)』

편역자: 류영하

1943~
경북 안동 출신, 본관 풍산.
경북고등학교, 서울대학교 법과대학 졸업
고전번역원 부설 국역연수원 5년 수학.
중소기업은행 이사 및 기은 캐피탈 감사 역임
풍산 류씨 대종회 수석부회장 역임
(현) 서애학회 고문

번역서
학천선생(鶴川先生) 유집(遺集) 2012
백암실기(栢巖實紀) 2013
성담유고집(醒潭遺稿集) 2013
종천영모록(終天永慕錄) 2015

저서
서애 류성룡 선생 소전(小傳) 2014
존요록(尊堯錄)으로 보는 영남(嶺南) 남인(南人)의 예설(禮說) 연구, 석사학위 논문, 2021

징비의 삶, 임진왜란을 이기다

초판발행	2023년 3월 15일
엮은이	류영하
펴낸이	안종만·안상준
편 집	전채린
기획/마케팅	노 현
표지디자인	이영경
제 작	고철민·조영환
펴낸곳	(주) **박영사**
	서울특별시 금천구 가산디지털2로 53, 210호(가산동, 한라시그마밸리)
	등록 1959. 3. 11. 제300-1959-1호(倫)
전 화	02)733-6771
f a x	02)736-4818
e-mail	pys@pybook.co.kr
homepage	www.pybook.co.kr
ISBN	979-11-303-1748-9 93090

* 파본은 구입하신 곳에서 교환해 드립니다. 본서의 무단복제행위를 금합니다.
* 저자와 협의하여 인지첩부를 생략합니다.

정 가   30,000원